"十二五"国家重点图书出版规划项目

河北省国民经济和社会发展"十二五"规划项目

燕赵文库

河北民俗通览

陈旭霞 编

燕赵文库编辑出版委员会
河北大学出版社

图书在版编目（CIP）数据

河北民俗通览 / 陈旭霞编 . — 保定 : 河北大学出版社，2017.5

（燕赵文库）

ISBN 978-7-5666-1148-2

Ⅰ . ①河… Ⅱ . ①陈… Ⅲ . ①风俗习惯 – 介绍 – 河北 Ⅳ . ① K892.422

中国版本图书馆 CIP 数据核字（2017）第 009171 号

丛 书 名　燕赵文库
丛书编者　燕赵文库编辑出版委员会
书　　名　河北民俗通览
编　　者　陈旭霞

责任编辑　赵彩霞
美术编辑　赵　谦
封面设计　李　欣
责任印制　靳云飞

出版发行　河北大学出版社（保定市莲池区七一东路2666号）
排　　版　保定市万方数据处理有限公司
印　　刷　河北新华第一印刷有限责任公司
开　　本　889毫米 × 1194毫米　1/16
印　　张　39.5
字　　数　650 000
版　　次　2017年5月第1版　2017年5月第1次印刷
印　　数　1–1 300
书　　号　ISBN 978-7-5666-1148-2
定　　价　212.00元

《燕赵文库》编辑出版领导小组

《燕赵文库》编辑出版委员会

风物卷主编　袁学骏　杨久信

出版说明

一、燕赵大地，历史悠久，人杰地灵，孕育了一批又一批名人大家。燕赵文化，源远流长，博大精深，是中华民族优秀文化的重要脉系。中共河北省委、河北省人民政府决定编纂出版《燕赵文库》大型丛书，对于保存燕赵文化元素、挖掘其当代价值、构建传承体系、推动当代经济社会发展，都具有重要的意义。

二、本着“整理、传承、研究”和“存史、资政、育人”的宗旨，《燕赵文库》选取具有较高历史价值和深远影响，在思想文化发展史上占有一定地位，并具有借鉴作用的前人著述，以及现当代学者研究河北文化的著述，分为《文献编》和《研究编》两部分。

《文献编》选收现今河北区域，或历史上属于燕赵地域，或长期客居燕赵且著述内容多反映河北文化的名人佳作。时限自古代至民国，按历史时期分为5卷，另有方志档案卷。预计收440余种，490余册。

《研究编》选收现当代学者研究燕赵文化各领域的著述。研究时限自古代至1949年，按研究的内容分为历史、人物、文物、风物、艺术、综合等6卷。预计收260余种，210余册。

为保存和查阅之便，两编各自按卷次编号，以罗马数字和阿拉伯数字分别标明卷次和册次。

三、《燕赵文库》除个别影印的图书外，一律采用简化字横排加新式标点的方式出版。简化字的使用，以2013年6月15日经国务院同意，由教育部、国家语言文字工作委员会组织制定并予以公布的《通用规范汉字表》为准。标点符号的使用，以2011年经国务院同意，由国家语言文字工作委员会、新闻出版总署修订并重新予以公布的《标点符号用法》为准。

四、为保证数字使用的规范和统一，《燕赵文库》的《文献编》一律使用汉字数字。《研究编》中的现当代人的著述，其文字、标点、格式等均按现行出版有关规定使用和处理。

五、凡《燕赵文库》所收图书，均由校勘者、研究者撰写前言一篇。《文献编》的前言主要介绍该书作者生平、版本、内容及其学术价值等；《研究编》的前言主要介绍该书的研究视角、基本观点及在学术界的影响等。

《燕赵文库》编辑出版委员会

前　言

尝试着将散见于“浩如烟海”的河北方志中的民俗资料详加钩稽、梳理与辨析，从而展现出一幅具有河北本土文化性格的、较为清晰醒目的民俗图像，可以方便地了解河北历史上普通大众的日常生活状态，从中具体地了解和认识我们的前人曾经创造了怎样的民俗文化，他们生活在怎样的一种民俗文化之中，他们所张扬的是怎样的一种中华民俗文化精神，从而彰显民众区域认同感和自豪感。同时，“使这一人类创造力与想象力的丰富宝藏为全世界对此感兴趣的人共同分享”①。更为重要的是，在一味追求现代化的今天，能够唤醒民众冷静地认识我们的传统文化中还保存了什么，消失了什么，面对几千年文明的积淀，我们应该怎么做？编写《河北民俗通览》应该就是这样的一项有益、有趣却艰难的工作。

其实，最先做这一项工作的，当始于20世纪20年代胡朴安先生的《中华全国风俗志》，该志可谓独辟蹊径的创新之作。以此为开端，继踵之作续出。尤其是1989年，丁世良、赵放等编著的《中国地方志民俗资料汇编·华北卷》，以整理文献的方式对河北方志中所蕴藏的极为丰富的民俗资料进行了汇总和整理，使纷繁芜杂的方志民俗记述有序、有条理、有体系，不仅是一种有效传承传统文化的合理方式，还是民俗文献学建设上一项不可逾越的基础工作，这对本书具有非常现实的工具性意义。

河北省的风俗，是河北省世居各族人民在长期的历史生活中积淀而成的，它反映了河北省各个历史时期经济形态的发展、社会环境的演进和人们精神状态的变化。俗云：“上导为之风，下行为之俗。”故民俗（即民间风俗）包罗甚广，既表

① 〔美〕阿兰·邓迪斯编，陈建宪，彭海斌译. 世界民俗学［M］. 上海：上海文艺出版社，1990，中文版序：2.

现在人类的物质生活方面，也表现在人们的道德观念、行为和信仰上，并渗透于生活、生产、仪礼、节庆、游艺等各个方面。本书主要从六方面介绍河北的民风民情：一是以衣、食、住、行等方面的资料，展示生活民俗；二是以物产、农事、商贸等方面的记录，展示生产民俗；三是以民间正月至十二月的活动资料，展示岁时民俗；四是以生育、冠礼、婚礼、丧礼、祭礼、杂礼等方面的资料，展示礼仪民俗；五是以祈禳、巫祝、赛会、禁忌等方面的活动资料，展示信仰民俗；六是以娱乐、体育、歌舞、游戏、民间技艺、民间歌谣等方面的资料，展示游艺民俗。“通览”这六方面的内容，具有如下特点：

第一，资料集中、翔实。河北诸多地方志对于民俗的记述往往并非只鳞片爪，大凡岁时节日、人生仪礼、民间信仰、衣食住行、物产等，多能得到比较集中的记述。许多方志中都设置有“风俗”“物产”等卷目，如民国二十四年《阳原县志》，其中专有“礼俗”“生活”两卷，对当地清末民初的衣食住行、礼仪风尚、吉庆娱乐等方面都加以记述。许多地方志中的民俗资料特别翔实而具体入微，如民国二十四年《张北县志》，仅礼俗的记述在一万字之多，而且每一步骤的记录都很翔实。而民国二十三年《井陉县志料·风土篇·歌蹈》收录儿歌、农歌百余条，尤以农歌为多，这些农歌多系农民经验的结晶，与民生相关。“礼俗类”记载当地婚、丧、冠、祭、庆、吊、相见、问候八类，礼俗类记述生动详尽，可与专门的风俗著述相比，甚至比专门的风俗著述还要精详，如民国二十五年《涿县志》载：

男子垂辫者尚有半数；妇女仍一律缠足。女子梳发，前面蓬起，有如日本妇女，后面用红粗绳扎成长髻，约五六寸，形若弯弓。扁簪长约尺二；长簪银质，钻以马兰花。皆附有蛇、蝎、蜘蛛、蜈蚣、蛤蟆、壁虎等五毒式样。耳环每对重约八钱。所着弓鞋，满绣各式锦文，且不分老幼，均扎红布腿带。多袒双臂、衣背心者。装束奇异，已可概见。

仅仅一百五十余字，既写出了服饰的独特性，又表现了服饰表现方式上的创新性乃至服饰的民俗审美，其注重细节的程度不亚于当代的民俗著述。这些记述详备且精彩的资料，是本书辑录的重点。

第二，内容丰富、系统。有的地方志对民俗事象的记述注重程式和细节，并多有评述与专论，这对于探讨民俗事象的内部构造和功能指向具有重要的学术价值。以民国二十四年《张北县志》“婚礼”条为例。该志对通常旧式汉族结婚仪节记述就有送嫁妆、迎亲、拜天地、入洞房、喝喜酒、闹洞房、开脸七条。婚后的记述有贺喜、上拜、“拜街”、认大小、倒宝瓶、拜祖宗、回门、下地饭、归宁九条。此外，还有完婚年龄、完婚日期、贺喜礼物、结婚方式的议婚与订婚等记述。婚礼的程式之多、内容之复杂，让我们既感受了河北民俗思想的意蕴深邃，又获得了具象的河北民俗的真、民俗的情、民俗的美的生动、鲜活记录。再如河北历代地方志所记载的岁时民俗，记述方式基本是以时间为序，叙述了立春、元旦、元宵、二月二、上巳节、清明、端午、六月六、七夕、中元节、中秋、寒衣节、冬至、除夕等各月节俗及主要活动，文字或繁或简，内容有详有略，是目前记录河北岁时民俗的最主要的地方文献，有较高的史料价值和学术参考价值。这些珍贵的资料，本书也给予了高度的重视和精心的编排。

第三，地域特色浓郁。这在本书中主要体现在两个方面。一是在河北民俗性格上。纵观河北民俗，呈现出两大主要特色：

其一，尚武重义。河北地处中原农耕文化与北方游牧文化的中间地带，长城内外，汉胡杂居，虽有经济文化上的友好往来，但更多的是狼烟烽火，兵戎相见。时时防范掠夺战争、不间断的民族融合，形成了河北人面对强敌慷慨悲歌、刚强勇敢，面对友邻重义守信、温和友好的性格特征。典型例子如河北的武术会，“于冬季演习刀枪剑戟拳术等功夫，不但可保卫乡邻，而且可锻炼体魄。且与古人农隙讲武之意，甚相符合”，体现了河北民俗尚武的特点。本书不厌其烦地介绍的岁时民俗中的馈送之风、庆吊往来中的送贺之礼、社交活动中的互助之风等，则从一个侧面反映了河北民俗厚德重义的特点。

其二，尚勤崇俭。河北的气候虽属北温带，但南北温差大，降水量分布不均匀。加之古河北的平原之地正处于济水、黄河之间，“洪水横流，泛滥于天下”①，以及河流泛滥、水土流失，造成了河北省许多的宽梁巨壑，如太行山刀劈斧砍、岩石裸露的高崖深谷等。河北儿女正是在这样的环境中，筚路蓝缕，以启山林，不畏艰苦，刀耕火种，与环境抗争，逐渐形成了耐辛苦、勤劳作的品性风格。民国二十三年《井陉县志料》记：“吃苦耐劳，陉民特著。业农者，无论矣。读书士子，亦

① 杨伯峻．孟子译注［M］．北京：中华书局，1960：124.

概能工作田间，所谓‘半耕半读’也。春冬两季，农作较为轻闲，而沿河居民，烧石灰，安水磨。距河远者，则驮煤运炭，五更起，半夜眠，不敢少逸。其吃苦耐劳，有如此者！”这一记载可谓对河北尚勤民俗性格的聚焦描述。由于常年从事农业劳作的艰辛以及收入的有限，河北人非常重视劳动成果，尚俭的社会风气十分浓厚。以食为例。在河北乡村，人们所食普遍是小米、红薯、高粱等可以充饥的食物，“若米面、肉鲜，则非遇节令之日，或款嘉宾，绝不尝用”。所用食物“盖但求果腹，不问肥甘”。至于所用蔬菜也极为简单，佐餐者，大率田蔬野菜，抑或树叶，冬则白菜。晋州市“菜蔬以咸菜（菜根）为主，夏则佐以茄子，冬则佐以白菜（即菘）。肉味亦唯过年节及庆贺始暂用之”。勤、俭、朴、陋，河北民俗就是在这样的“生命土壤”中不绝如缕地流传了下来。

以上两大风俗特点，具有普遍意义和代表性，构成了河北风俗的底色，奠定了燕赵文化的深厚基础。尽量地搜集那些焕发着地域文化无穷魅力的民俗文化资料，是本书编研的努力方向。

二是在河北民俗特性上。其反映主要体现在三个方面：

其一，共同性。河北位于黄河以北，背山面海，是全国唯一兼具高原、山地、平原、盆地和海洋的省份，其地势从西北到东南形成高原—群山—平原的有序排列。北部，燕山山脉削弱了来自西伯利亚的寒流对坝下的侵袭，同时，又将顺滦河、潮河流域上溯的海洋性季风、温暖气流阻挡于坝下，使坝下地区雨量充沛、气候温润，有利于植物的生长和动物的繁殖。中南部，大部分地区为冲积性黄土平原，适宜发展农业经济。太行山东侧的滹沱河冲积扇和山麓平原地带，地势低平，排水条件好，地下水源丰富，也是宜于耕作的地区。尤其是有一条秦始皇时所修的驰道，沿太行山东麓北上，经邯郸、中山而至于蓟，便利的交通和由此而带来的发达的商业，频频刺激着小农经济“鸡犬之声相闻，老死不相往来”的封闭式意识。河北的先民们就是在这种优越的地理条件和天赋的生存环境中，品饮着自己的生活，造就了河北民俗文化的共同性。这种共同性，在本书中随处可见，如礼仪民俗中婚俗、丧俗、礼俗表现出的很多趋同；岁时民俗中的汉族春节也成为多民族共同的节日；因气候、地理条件的相同，北方民居多火炕的习俗和冬菜窖藏、干储、腌渍的饮食习俗以及河北服饰注重蔽体御寒、色彩单调、造型单一、方便实用耐穿的整体特点等。这种共同性，正是河北大地各民族和谐相处的明证，也是中华文化强大生命力的一种体现。

其二，差异性。河北地区因为有京津的分隔，南北民俗也显现出地方差异。南部临近河南、山东，以农业生产为主业，人口固定，民风古朴传统，重视家族与传统礼仪；北部临近游牧地区，由农牧生计为基础形成的社会生活与纯粹汉族农业区相比，在民俗形态上会有一定的差异。正是这些差异，才更显出文化之斑斓多彩。本书不遗余力地追寻这种差异性，对每一民俗事象的辑录力求做到点面结合，即力求全面反映某一民俗事象在全省流行的概貌，同时尽可能多地介绍不同地区、不同民族在同一民俗事象中的细微区别，如春节吃饺子习俗。卢龙县年三十晚上，吃饺子和挂面，意为长长久久，步步高升；沧县吃饺子前要祭神；霸州也是“起五更吃饺子，饭前敬神、祭祖先、烧纸钱、放鞭炮，以献诸神”。这些记述不仅使河北民俗的独特性得到彰显，使其与其他地方区别开来，而且有助于人们对当下河北人的性格、河北精神的认知。

其三，多样性。河北是个多民族的省份。除古称“华夏”的汉族是河北的古老民族外，满族、蒙古族、回族等少数民族也在河北境内生息繁衍。各少数民族有自己的民族语言、风俗习惯和宗教信仰，使得河北民俗绚烂多彩，具有强烈的民族特征。本书对满族、蒙古族、回族等少数民族各方面的民俗活动亦有充分的反映。如民国二十四年《张北县志》中蒙古族人婚礼、丧礼的记述，民国二十二年《沧县志》中旗俗婚礼、旗俗丧礼、旗俗祭礼的记述，民国二十四年《三河县志》以及 20 世纪 80 年代的新方志，如尚义县、宽城县、玉田县、昌黎县、抚宁县、雄县等中的回族婚礼、回族丧礼、回族祭礼的记述等。这些民俗具有浓厚的民族特色，其中大部分仍旧为今天所沿用。

此外，本书还整理了一批 20 世纪 80 年代河北各地、市、县陆续编修的方志中有特点的民俗资料。整理编辑新志民俗的目的主要有三：一是新方志一般文字简练、朴实、流畅，辑录新志民俗记述使本书更具可读性；二是新志对不同时期民风民俗差异和变迁的记载，较旧志详尽且容量大，可给人一目了然之感，辑录新志民俗记述，使河北风俗具有“通览性”；三是 20 世纪以来，河北的民俗文化发生了重要的乃至根本性的变化。这种变化在改革开放以来的可视层面上特别明显，例如服饰的式样与风格、饮食的结构与习俗、住房的结构与式样、出行的方式与范围，等等，无不被融入现代化的潮流之中，各种现代文化逐步渗透到人们的日常生活之中，悄悄地，然而却是革命性地改变着人们千古积累下来的民风民俗。在精神信仰层面，这种变革更是明显。新志对于这些深层的民俗文化传承现象给予了密切关注，对新时代的移风易俗都有重点记述。辑录新志民俗记述，使本书在资料上具有“当时性”。

需要特别说明的是，河北省古民俗产生于生产力低下、灵魂观念盛行的原始社会和封建社会，同时也随着阶级的产生和阶级斗争的存在、经济的发展、社会的不断进步而变化发展。有些民俗事象被淘汰，有些民俗文化发生了很大的变化，随时而息，随“风”而生。但是，一旦积习成俗，又往往落后于物质文明的发展，仍对经济基础发生反作用。故当今河北的传统民俗中既存在许多体现封建迷信思想的旧风陋习，同时也有随社会不断发展而涌现出的新风良俗。本书以历史唯物主义观点审视河北风俗变化的规律，批判继承，扬优弃劣，保存一地风俗史料，以供民俗学研究，同时它也将以自身的价值有益于学术研究和社会主义精神文明建设。

本书依照《燕赵文库》通例，采用简体横排，其结构和校勘遵循如下原则：

（一）本书以民俗事象所归属的生活形态为依据编排章节。章节下按地区、时间为序排列。所辑录的民俗事象以汉族为主，兼及各少数民族有代表性的内容。

（二）辑录时力求保持地方志中有关记载的文字原貌。同时在所录材料的后面，注明其所出的地方志名称。

（三）本书依据国务院批准的1998年全国县级以上行政区划资料编制。其排列顺序大致为石家庄市、张家口市、承德市、唐山市、秦皇岛市、廊坊市、保定市、沧州市、衡水市、邯郸市、邢台市。

（四）凡原稿空字或模糊不能辨认之文字均在原空字或模糊之字位置用方格（□）空起，以示此处原有字。

（五）本书对志稿中的错误一般不做修改。但明显的错、漏、白字以及衍倒等讹误，径改，不出校记。

（六）繁体字、异体字、俗体字等均径改为规范的简体字；但个别文字如果改为简体，影响其原意的，仍保留。

（七）除20世纪80年代后的新志，原志稿绝大部分系文言文，无断句标点。在整理中按国家使用之现行标点符号进行标点。

本书在编纂过程中，丁世良、赵放等主编的《中国地方志民俗资料汇编·华北卷》是展开本书编研的起点和基础，其他今贤时俊的研究文献，也每多裨益，择善而从，谨在此致以真诚的谢忱。

尽管本书企图资料尽求其全，脉络尽求其清，文字尽求其畅，但由于篇幅和编者水平所限，疏错抵牾之处难免，恳请方家指正。

陈旭霞

2014 年 12 月 30 日

目　　录

第一章　生活民俗

河北的生活民俗，包括服饰、饮食、居住、交通等各方面，不仅反映了河北省各历史阶段的经济形态、生产水平，而且积淀了河北人民的思想观念、精神文化。这些带有鲜明地域性、民族性的生活习俗，随着历史的发展，不断丰富、演化，呈现出缤纷多彩、气象万千的样式。

第一节　服　饰

正定县服饰习俗

新中国成立前，劳动人民多数穿粗布衣。

男人，夏季一般穿紫花布裤子、白褂子。裤子上边加白布腰，打褶，扎腰带。褂子为立领对襟，布结扣。少数老年人还扎黑色绑腿带。紫花布多数是用紫花棉织成的原色布；有的是将白布砸上黄土染成，称假紫花布。冬季一般穿黑色棉裤棉袄，有些人还外加一件紫花大袄或黑大袄。经常推车、挑担外出的人爱穿衩裤（两条裤腿不相连的裤子）。多数人扎绑腿带，穿白布做的袜子和自做的双鼻梁棉鞋。农村人习惯用白毛巾包头，少数老年人戴毡帽或帽壳儿，城镇人多数戴帽壳儿。

女人，中老年冬夏一般都穿黑色或蓝色的大襟褂子和打褶裤子，扎绑腿带，穿自做的鞋袜。青少年穿自织的花条布、方格布衣服，或红、绿布，或蓝底白花的印花布衣服，脚穿自做的花鞋。

城镇商人和居民，一般穿“洋”布（即机器纺织的平纹布）衣服。

男人，夏季穿中式灰裤、白褂，外罩浅蓝或灰色长衫，足蹬布料圆口鞋。冬季穿黑色棉裤棉袄，大袄外罩长衫，头戴帽壳儿，脚穿双鼻梁棉鞋，扎绑腿带。

女人，中老年穿旗盘领上衣，冬季戴头箍或黑绒帽。青年习惯穿红袄、绿裤，外罩花大旗袍，脚穿绣花鞋。未婚妇女用红、绿头绳扎辫子；已婚妇女梳纂儿，佩戴金银首饰及绢花。民国初期，已婚女子改为梳蓬蓬头、戴绢花。女人普遍佩戴手镯、耳坠儿、戒指。

富户人家的衣服多是绸缎料。男人穿大衫、马褂，头戴礼帽，足穿“洋”袜（即针织袜）和尖口皮底鞋。妇女衣服款式与城镇居民大体相同，唯布料较好，并镶些丝绸缘边。

国民政府的官员，少数人穿西服、革履，戴法国盔；多数人穿长衫、戴礼帽。

新中国成立后，50至60年代初，干部、职工、学生和社会青年普遍穿机织平纹布、斜纹布、卡其布、哔叽、华达呢、府绸等布料做的衣服。颜色有白、灰、浅蓝、学生蓝、灰蓝、藏蓝、黑、花等。款式有学生服、中山服、军便服、衬衣、短袖衫等。针织衬衫、秋衣、绒衣已普遍穿用。不少人穿毛衣、皮鞋。青年妇女在新中国成立初期曾一度穿列宁服，后来改为学生服或小翻领上衣。

在社会女青年中，花布衣服很流行。多数妇女已不再穿花鞋、戴绢花，且改用颜色鲜艳的丝绸扎辫子。农村的中老年男女仍穿中式的粗布衣服。

1979年以后，土纺土织在民间已越来越少，的确良、涤卡等各种化纤织物和毛呢已成了人们衣服的主要材料。男女老少，春夏秋冬都有各种不同颜色和款式的衣服，例如有中山装、学生装、西装、夹克、航空服、连衣裙、羽毛衫、登山服、风衣、风雪衣、呢子大衣、各种运动服等。颜色已由原来的青、蓝色发展为多种颜色。

鞋有各种高、平、坡跟塑料底布鞋、五眼鞋、松紧口鞋、青年鞋、襻带鞋，各种运动鞋、旅游鞋、凉鞋、单皮鞋、棉皮鞋等。妇女们已从做鞋的家务劳动中解放出来，90%以上的人都是买鞋穿。帽子有学生帽、工人帽、军帽、太阳帽、大檐帽、塞绒帽以及各种绒线帽。（以上据1992年《正定县志》整理）

井陉县服饰习俗

井陉县境内地势坎坷，土质薄瘠。除第三区北部十数乡外，概不产棉。故衣着粗陋，为本省各县之最。农家衣服，补缀如衲，污垢特甚。夏秋两季，男子着犊鼻裈，赤足破屦，袒裼终日。妇女蛰居家中，所衣较完。但不纺不织，中馈而外，光阴多消耗于补缀一事，无一刻暇晷。棉衣之中，铺垫败絮。每年秋末冬初，售故衣败絮者，盈于市。此类衣絮，俱邑东赵县、荣城、藁城、宁晋、正定诸邑所废弃者。行贾返运，一部西销晋省，一部于本地销售。平民购之，截补御寒，视若拱璧，常人衣只蔽体。除城关与第三区外，衣长服者极少，冬令亦然。居恒无着新衣者，偶有之，他人必讶而问曰："君将会亲拜友乎？何整洁如是?"以故一袭新衣，恒经数十年而不弃。普通所用衣料，以平山、获鹿两县之土布为主，取其耐久也。自正太路成，邑中舶货充斥。少年喜新美，购洋布者渐众，然远不如土布销售之多。丝织品需量极少（近以洋货价廉，即嫁妆、冥衣亦多用洋货，而不用绸缎），绸缎商附设于洋货店内，几至绝迹。

农人好以巾罩头，冬日，或带毡帽（产晋省）及线结帽（洋货店贩运）。业工于矿厂或铁路者，冠常礼帽。商人及士子，与他处略同。妇女终年不冠，农忙工作，罩以蓝布巾（俗名罩头布）。老妪之头巾，四季常着。富者或戴绉帕，然非婚丧年节，多蕴椟而藏，不肯轻用。

农人多着家造鞋，厚固异常，量特重，行于山路，不得不然。一年所用鞋底，什九在伏天制成，取空气湿润、麻不易绝（麻产自山西昔阳县，每年伏期，市间昔阳麻贩最多）。袜亦特坚固，为平原人民所罕见。近今着用洋袜者渐多，但仅限于终年在外之少数学生或商人，普通人家不轻购用也。（以上据民国二十三年《井陉县志料》整理）

灵寿县服饰习俗

衣装　民国初期，本县除少数富户男子穿绸缎和细洋布长衫、马褂之外，一般民众的衣料均为当地出产的粗布（又称土布）。夏季男褂多为小圆领，对开襟（少数人沿袭清代的偏大襟），缀五对蒜疙瘩扣，口袋（多为双）明缝于前襟下部。平时男子好光脊梁，外出时才穿褂子。女褂仍为清代流传下来的款式：小圆领，偏大襟（一般偏向右侧）自领口顺右前肩、腋下，沿大襟缀五对蒜疙瘩或铜制纽扣，并在大襟覆盖的小襟上缝个口袋，右手自腋下向前下侧插进装取东西。男女单裤同式，宽腿大裆，另上五六寸宽的裤腰。穿时于前面折叠掩紧裤腰，系上粗线织成的厚布腰带，俗称"掩腰裤"，前后不分，一样能穿。男子夏装多为原白色或紫花色；女子兼有浅蓝色、蓝色及白底蓝线条或蓝方格诸色。冬季穿棉袄、棉裤（内絮熟棉），肥大臃肿，男女款式悉如夏装。颜色多为蓝、黑。口袋缝于前襟内层左右两侧（女子只留一个），开口于腋下的顺手部位，插手很方便。有的男子外套件偏掩大襟、长至脚踝的棉大袍，或是较小棉袄稍肥大而前后左右均留衩口的对襟“扼领带”，老年人还习惯于棉袍或“扼领带”之外系一条粗而长的布腰带，俗称“战带”。经常推车挑担、从事脚力者好穿“衩裤”，其样式如棉裤，裤脚前面及两侧与裤腰连接，后面臀部全部暴露，穿此裤必须内套单裤。女子棉袄外面常套件布衫，其色多为浅蓝色或靛蓝色。春秋穿夹袄、夹裤，其样式、颜色均如冬装。除夏季年轻人不绑裤腿外，其余季节，人们均习用寸半宽、二尺半长的黑色绑腿带将裤管下端缠扎，俗称“绑腿”。

婴儿夏季穿“肚肚”，颜色多为红或大绿；冬（棉）及春、秋（夹），穿露屁股的“连衣裤”。上衣后襟带个能护住臀部的大尾巴（或另做一块护臀布，上面系于腰）：三五岁间，夏穿带松紧绳的裤衩，冬（棉）及春、秋（夹）穿豁裆“连衣裤”，肩上相连，暴露胳膊，另穿小袄；六七岁开始穿“掩腰裤”，对襟上衣，和大人的服式相同，仅颜色较之鲜艳，“缯花”较普遍。年轻女子亦穿“缯花”衣裳。

抗日战争时期，解放区兴穿二尺半长的大褂子，缀七至九对蒜疙瘩扣。同时，因为敌人的经济封锁，没有染料，人们冬夏均穿白色、紫花色（红土染）和灰色（草木灰染）衣裳。新中国成立后，机织布逐渐代替了土布，花色品种增多，式样不断翻新。50年代初，脱产干部开始穿制服（其中女干部多穿“列宁服”）。颜色夏灰冬蓝，男女同色。布料多为棉织细布，俗称“洋布”。冬天做得肥大些，里边套小袄。制服左上衣兜往往插支钢笔或铅笔。裤腿做得很肥，有的达一尺以上。50年代中后期，裤腿时兴窄瘦，一般不过六寸。同时米黄色“港裤”和栽绒领小大衣在年轻人中盛行，穿衬衣、秋衣、绒衣的也在逐渐增多。“文化大革命”期间，不论男女长幼，以穿一身军绿色服装为荣，军大衣代替小大衣。1980年以后，服装花样繁多，女装、童装的色调尤为鲜艳。各种布料的衬衣、衬裤，人造纤维绒衣、绒裤，春秋衫、裤，皮毛、人造毛、人造革长短外罩，以及羊毛衫、皮夹克、呢大衣、羽绒服、登山服、风衣等，时髦服装均有穿着的。从1985年起，青年穿西装的日益增多。

帽冠　民国前期，一般男子春秋只戴瓜皮帽，俗称“瓜壳”；冬季加戴上露瓜皮顶部、下护双耳及脖颈的“麻护”，或者戴“毛脸筒”帽；夏季外出和下地时，戴自制的麦秸草帽或苇篾凉帽。少数士商则戴礼帽、三块瓦皮毛帽和巴拿马草帽。中老年妇女除夏季以外，常戴前缀朴素帽花的箍帽和包包帽（又称老婆帽），或者缠扎五尺多长的黑色手帕。少女戴华丽的箍帽：或红或绿或紫或蓝，前面高起，上绣花朵、云勾，下垂黑丝流苏如发帘，双侧绣有流云、走水等图案，后边带有一个宽约半尺、长六七寸的帽尾披肩，全帽彩绦裹边，戴上露头顶。小女孩戴仅有刺花、流苏而无帽尾的箍圈；小男孩戴前饰虎面而不露头顶的“麻护”彩帽，上边交叉缀上两条绦带。抗日战争时期，男子不分老少，均戴棕色或白色毡帽。里层剪开，天冷时掀开里层，苫住耳朵。新中国成立前后，男女都蒙羊肚手巾，男子白色，女子间有花色的。50 年代中期，男子开始戴军帽（多为灰色），围针织长围巾；妇女用方形线巾（酱色或蓝色）对折成三角形，蒙在头上。“文化大革命”期间，兴起戴绿军帽之风，年轻妇女戴此帽的亦不少。80 年代，男子戴多种呢料蓝、灰色鸭舌帽，不同年龄及爱好的女子戴多种式样和颜色的针织绒线帽，青年妇女还围红、蓝、绿等各色毛料长围巾。

鞋袜　本县山区、丘陵面积大，穿鞋讲求结实耐穿。七七事变以前，男人穿双脸夹鞋：鞋正前面捏两道“鼻子”，两边为“双脸”；鞋帮为粗布黑色鞋面和粗布白色鞋里夹一层“夹纸”的硬帮；挨鞋底的部位用双线密纳，鞋底用“夹纸”、袼褙数层，中间垫上多层破布，外加粗白布底面，利用伏天以麻绳密纳而成。谚云“男人莫忘秋刹地，女人莫忘伏纳底”，每年伏天，妇女把全家老少需穿的鞋底纳完。鞋底纳好后，随时配帮成鞋。鞋口为圆形，鞋底平直，不分左右，双脚任意去穿。冬天穿的棉鞋俗称“鞥鞋”，中间有道“鼻子”，鼻子上端留衩口。小脚妇女穿尖小鞋，外加套鞋，多为圆口。有的穿木头底高靿套鞋，上与裤管交接。年轻女子和儿童穿圆口绣花鞋。花有偏花和正花之分，绣出多种花草，有的在鞋脸正前面扎“割绒”，有的缀上蓬缨。新中国成立后，硬帮双脸鞋逐步被没脸鞋取代，鞋面由土布逐渐换成冲服呢和灯芯绒，不再纳帮，鞋底也由抗战时期的“毛毛底”改为“千层底”（实仅三层），样式不断变化。50 年代初，男女都兴穿五眼绑带鞋，尔后，女的穿大方口“挎篮鞋”，男的穿小方口鞋。60 年代有了塑料凉鞋，布底鞋多改为塑料底。“文化大革命”期间，男女普遍穿解放鞋。“文革”后期兴起懒汉鞋。近年来，皮鞋畅销于市，年轻妇女穿高跟鞋，男子穿半高跟鞋，一般农民穿塑料底懒汉鞋，做布鞋的已经不多了。

七七事变前，多数人穿家庭做的粗白布袜子，富有人家的年轻妇女开始穿针织线袜（颜色多藕荷）。“穿坤鞋，洋袜袜，里绑腿，外扑拉”，就是形容当时女子穿上线袜，不绑裤腿，故意使其露出来的爱美之态。抗日战争结束，兴起一阵用土纺粗白线织成“洋袜子”的风气。新中国成立后，针织细线袜兴起，初为长达膝盖的高靿袜，需用袜带系住，后变为低靿袜，状如现在的袜头。各种针织线袜，穿前都要上底，“袜子不上底，穷人穿不起”，袜底上绣有各种图案或花草，年轻妇女互相模仿、攀比，显示着她们的针线艺术。70年代以后，各种花色的维尼龙丝袜取代了棉线袜子，式样美观，穿着舒适，结实耐用。

妆饰 明代男女均留满发：儿童总角、垂髫，长大束发于头顶，绾髻插簪，女子加饰钗、钿。清代，男子沿耳前至额上剃去一溜儿头发，其余梳于脑后，分三绺编成一根辫子，近末梢处用头绳绑住，并续系黑丝线“辫穗”。女子未婚，前留发帘（刘海儿）后蓄长辫，并于头顶右侧扎一根小辫，与长辫梳在一起。脑后扎个约二寸长的红头绳圪巴，头顶、脑后扎头绳处插花妆饰，另戴坠子（耳环）、镏子、镯子。婚后，仍蓄发帘、鬓绺，解去大、小发辫，综于脑后盘结成纂儿（发髻），又名圆头，外罩发网，插饰簪、钗、钿花，佩戴坠子、镏子、镯子。中年以后，去掉发帘、鬓绺，首饰亦渐简朴。

民国初期，提倡男子剪掉辫子，响应者寥寥无几。30年代后期剃光头的男子才多起来。

抗日战争时期，政府广泛宣传剪发的好处，因而男子留辫子的仅剩下少数中老年人。脱产女干部及解放区的进步女青年也剪了发辫，成为短发。但在敌占区和游击区内，为防日、伪的拉抢玷辱，大姑娘们将发辫盘成圆头。日军投降后，青壮年女子普遍剪为齐颈短发，只戴发卡，不加首饰。50年代中后期，男子兴起了分头和平头，女子兴起脑后梳两根辫子。进入80年代，年轻女子热衷追求城市的时髦发型。于是，多种样式的卷烫发、波浪式、堆云型、披肩发等广泛流行，不少人戴上了项链、耳环、戒指和手镯；青年男子中也出现相同的烫发、齐颈发等，几乎与女子难以分辨。（以上据1993年《灵寿县志》整理）

晋州市服饰习俗

此处为产棉之区。一般民众衣着率用土布，唯近十数年来，高阳布盛行乡曲。人民贪其价格低廉，不计及质料之坚韧耐久与否，以致用高阳布者转较土布为多。颜色以蓝与黑为主，灰色次之。单衣时常洗濯；棉夹衣则每年拆洗一次，洗后反面用之。男女同衽，不以为嫌。至于洋布与一切丝织品，唯大商富绅间用之，其用西式毛织品者，更寥若晨星。但民国以来城市绅商衣饰酷爱时髦，驯至乡曲小康之家，亦多竞相仿效，往往年甫弱冠，辄翩翩然夏葛而冬裘焉。亦风俗渐奢之一征也。至如冬则用厚絮棉衣一袭，不着长袍短资，夏则衣紫花单衣，只着布鞋，并不着袜。（以上据民国二十四年《晋县志料》整理）

高邑县服饰习俗

普通民众夏多短衫，冬多长袍。盖夏季适在农忙，短衣凉爽，亦便工作；冬季农暇，长袍适体，易蔽风寒。丝织、毛织者极少，多用土布与洋布。土布即棉布，为本地农产物，由妇女自行纺织。洋布则为高阳所出与舶来品两种。每岁用土布约在十万匹左右；高阳布万余匹，舶来洋布千余匹。中上社会间有服丝、麻、毛织者，而为数有限，岁用不过数百匹（丝织品一百余匹、麻织品二百余匹、毛织品三十余匹）。丝、麻多为国货，毛织品则来自外洋。普通民众衣服，皆成于其家人妇女之手，以妇女职业仍守主中馈、事针黹之常也。至商店则多备各色成衣，以供婚丧之需求，缝纫概沿用旧法。其恃手艺谋生而设肆营业者，曰“成衣铺”（县城与车站共十余家），则皆备缝纫机，工作敏速，时间节省，此亦工业上之进步也。（以上据民国三十年《高邑县志》整理）

深泽县服饰习俗

衣装　清末民国间，富户男子穿长袍、马褂，女穿旗袍、短衫。穷苦农民都是夏穿土布衫，冬穿土布袄、土布长袍。不论长袍、马褂、短衫均是长圆领和大襟，从脖领处至右臂下缀蒜疙瘩扣。40 年代末至 50 年代中，男子穿对襟布衫、棉袄，缀蒜疙瘩扣，布衫口袋缝于前襟下端，棉袄口袋有的缝于左右腋下内层，称“插手口袋”。贫苦之家有的只缝做棉裤腿，叫衩裤，套穿在夹裤的外面。颜色通常为蓝、青、黑、灰等，裤子的下口都用一寸宽的带子缠扎，称“绑腿”。至今，八十岁以上老人多用带子绑腿，抗战期间（40 年代初至中期）曾穿紫花褂、紫花裤、紫花棉裤、棉袄、棉袍。50 年代末至 60 年代，衣服款式逐年改革，除少数老年人外，均穿机制服装，80 年代衣服款式更加新颖，青年男女多是穿西服。

男装。长裤：其基本结构是由前后左右四块布片组成。前裤片腰口收有褶裥，后裤片腰口有收省，使腰部收小，臀部宽松，裤腿前后烫缝，裤脚口略小于中裆，腰头装裤带襻七根，前裤片顺裥两只，后袋口装袋盖，脚口做翻边。

贴袋直筒裤：亦称青年裤，前插手袋呈里贴式，后袋呈外贴式，整个裤子的做缝处均缉双道明线针迹，作为装饰，不做卷脚，采用宽形的裤腰襻。

连腰直筒裤：裤腰和裤片缝在一起，裤前片的褶裥是上端缝牢，下端松散成活裥；后裤片的收省是从裤腰开始收下。

此外，80 年代还流行过喇叭口裤、牛仔裤、短裤。其款式变化主要是腰部的褶裥、裤脚的大小、中裆的大小和裤袋等。

衬衫：正中开襟，左胸袋一只，后衣片左右肩胛部各褶裥一只，袖子开衩，袖口褶裥三只。衬衫款式的变化，主要在于领子，有长尖领、中尖领、中方领、小方领、圆角领。腰身有直腰式和曲腰式，下摆有平下摆和圆下摆之分。

中山服：衣领由上下两根领盘组成，平后背，衣片左右对称，布局均衡，前片收胸省和腰胁省，四贴袋，单排五档纽扣，后背无缝，袖子有假开衩。

单排纽西装：单排两粒纽，平驳领，三只开袋，胁省直开到底，正身是六片构成的，后背开衩。

双排纽西装：双排一粒纽，枪驳领，驳角较长，一般至腰节以下二寸半左右，与袋口对齐；左右摆缝开衩，三只开袋。

其他如学生服、军便服、春秋衫等常见男式服装，衣片结构与中山服基本相同。

毛领短大衣：小圆翻领，小驳角，单门，四粒明纽。袖底部收胁省，使腰部略为收紧。斜插袋，缉六分明止口线，内用长毛绒或骆驼绒做里子（也有絮棉做的）；在领子外面配上一只用长毛绒制成的活络套领。

风衣：双排扣，小圆领反驳领，前胸和后背均做水平分制，外系腰带，袖子外缘做缝，斜插袋，饰有肩襻、胸襻、袖襻。

女装。开袋直裙：前后裙片平整，两侧有后倾封闭式的“暗裥”，上端设有两只插袋（也可只做袋口装饰不做袋布）。

双排裥直裙：前裙片正中有一条双面褶裥（俗称阴裥），左右两边的两只是向中间折叠裥的单裥（故称褶裥），褶裥是从上到下直条形的，下摆比臀部狭两分，上半部距腰节缝八寸处封牢，下半部松散。

裙子的式样很多，还有西装裙、八浪裙、八裥裙、插袋喇叭裙等。

直筒裤：裤脚口较大（与中裆同大），裤管挺直，臀围略紧，中裆应略上提。

仿男式领衬衫：与男衬衫相似，上下领独块相连，门襟在右边。

燕子领衬衫：领面与门襟贴边的上端连在一起，领子翻驳以后领面与驳角之间没有缝线，俗称连驳领。曲腰式，腋下收横省，前后衣片均收有腰省、暗插袋，外饰平型缺角袋盖，可做长袖，也可做成短袖。

此外，无领斜襟套衫、扎结领衬衫也很流行。

两用衫：有直腰式、紧腰式等；领子有方角领、尖角领、圆角领以及大翻领和连驳领；省位有直省（即肩省）、横省（即胸省）、领省；袋式有斜插袋、暗插袋、贴袋、横开袋。如尖角翻领，宽腰式，收横形胸省，直插袋（附横开袋），四粒明扣，后衣片独块，平整无缝，这是两用衫中的基本式样。除此，较为流行的还有分割式驳领春秋衫、葫芦领春秋衫、尖驳领春秋衫等。

尖驳领双排扣西装：尖角长驳领，双排二粒纽，前后衣片均为T字型剪开，连接腰省直通到底。

平驳领单排西装：平角驳领，单排二粒纽，肩缝收直省，腰间收双省，暗插袋，外饰平角袋盖，后片做背缝，圆装袖。

中式宽腰棉袄：由独块衣料裁成，连袖式，不做肩缝，开襟，缀有盘花纽扣。

帽冠　民国期间，盛行男子戴帽盔，帽顶上缀黑疙瘩，儿童戴的缀红疙瘩，到冬季在帽盔外套戴“马虎帽”，此帽无顶，前头有帽遮檐、帽脸、缀蒜疙瘩扣，后做帽尾巴，絮上絮棉做成。还有夏戴礼帽、冬戴毡帽、猴帽（用土线或羊毛线织的，平时戴卷起帽檐，遇有严寒天气将帽檐放下，只露两眼，俗称猴帽）。40年代曾一度盛行男女头扎白毛巾。50年代，男子开始春秋天戴军便帽，妇女扎方巾，后扎纱巾，冬季戴棉帽、皮帽。80年代，帽子的样式逐年增多，有工人帽、工作帽、鸭舌帽、绒线帽等。

鞋袜　清末至民国间，男子穿“双脸鞋”，鞋头上用皮子缀成两道眉，鞋后跟缀一道眉，线纳鞋帮，麻绳或线绳纳鞋底，鞋底平直，双脚可换着穿，青年男子穿尖口鞋，女子穿尖尖鞋、绣花鞋。鞋的样式也不断变化，主要是在鞋口、鞋底及鞋后跟上更新。50至70年代，一度盛兴五眼绑带鞋，青壮年妇女穿挎篮鞋，后又兴起长脸松紧口鞋，称“懒汉鞋”。80年代，鞋的款式增多，有松紧口、尖口布鞋，尖头、圆头、方口高跟皮鞋及三接头皮鞋、塑料鞋、泡沫凉鞋、拖鞋、运动鞋、旅游鞋等，样式新颖。

民国时期至40年代，大部分男女均穿白粗布做的夹袜，双层土布高筒，数层布铺垫双线纳做袜底。50年代开始穿针织线袜，高筒，另上袜底。70年代，尼龙、腈纶、丝织袜，各种花色，穿着美观、舒适，结实耐用。80年代，青年妇女夏季又兴起穿特长筒袜。

妆饰 清代男子留独根长辫。民国时，男子长辫基本剪除，少数仍留着短发，一般光头者为多。出嫁妇女绾髻，少儿留小辫或瓦片头（也叫狗屎摊），女孩留独辫。40 年代末，妇女剪成了短发。80 年代始，发型变化颇大，男子有青年头、平头、分头，少数青年留有长发、烫发；女子流行烫发，发式有波浪式、报春式、雅健式、秋菊式、流云式等，少数出嫁青年妇女开始绾髻。

民国间妇女首饰有手镯、戒指、耳环、簪、钗，40 年代末绝迹。80 年代始，青年妇女兴起戴耳环、戒指、项链，并逐年增多。（以上据 1997 年《深泽县志》整理）

赞皇县服饰习俗

衣装 清末民初，男性衣色以土、蓝、黑、灰为主，女性衣色以红、绿、黑、花较多。衣料因贫富差别甚大，贫苦人家多用土布，绸、缎、绢、纱、皮非巨富豪门莫属。衣服款式，男性有长衫、短褂，一般都是圆领大襟。民国后始兴对襟。富者，以长衫为礼服，外出或会客，外加着马褂；贫苦农民，多为遮寒蔽体，方便劳动，并不讲究，男子夏季多打赤膊。女子有衣褂、长裤。衣褂均系大襟，外罩长可及膝。男女裤子均很宽肥，裤腰须掩而系之。成年男女都习惯绑腿。这一服装模式一直延续到新中国成立初期。50 年代，干部服、中山服在学校、机关、团体中流行。“文化大革命”时期，推崇解放（军）便服。80 年代初，西式服装流行。近年，各式中青年男女服装频繁换代更新，人们衣着服式，已非一格。衣料也渐由初级走向高级，由棉布走向化纤和毛料。服装种类男子有中山服、西服、学生服、夹克服、风衣、羽绒服等，女子有各种裙、衫等，不一而足。然而，在农村，那些五十岁以上的男女农民们，仍然不肯放弃那种做工简单、穿着舒适的传统中式服装。一部分行政、事业部门实行统一服装，近年，县内统一着装部门已达三十余个。

帽冠 民国时期，男子戴礼帽、瓜皮帽、毡帽和棉布帽等。礼帽，多是绅士戴用；瓜皮帽系由清代传袭而来，都是男子戴用；中老年妇女多戴绣花头箍。50 年代，礼帽已不多见，只是出现在民间婚典上。布瓜皮帽、毡帽仍有少数老年人戴用。60 年代，大多数壮老年农民甚至部分干部以戴毛巾为主，男为白色，女为花色；在中青年中，干部帽风行。“文化大革命”时期，男子戴解放帽，而女子多戴头巾。80 年代，青年男女中流行的帽式已十分繁多，并因季节不同而异，如男子的太阳帽、鸭舌帽、栽绒棉帽，女子自己钩织的不同式样毛绒捂头帽等。

鞋袜　明、清、民国，县人多着布鞋布袜。春、夏、秋登夹鞋，男式夹鞋大多为低帮、圆头、尖口（或小圆口）单脸鞋；妇女穿尖顶鞋；绣花鞋为少女、少妇专用。冬季登棉鞋。棉鞋有尖口双脸和牛鼻子双脸数种。男子鞋面多属黑色粗布，少女、少妇有用绿、蓝等色。鞋底用细麻绳纳实。每当夏末秋初，便是女人们搓麻绳、纳鞋底的盛期。这些布鞋大都是量足而为，其适脚程度可想而知。新中国成立后，曾先后时兴绑带鞋、方口鞋等。70 年代，松紧口的“懒汉鞋”盛行。鞋面由 50 年代的土布进步到斜纹布、条绒或平绒布。80 年代，鞋种类增多，各式皮鞋、胶鞋、布鞋、塑料鞋在中青年中普遍流行，高跟鞋在妇女中时兴。但是，农民在田间耕作时，仍以着布鞋、胶鞋为多。老年人仍是爱穿布鞋，因为布鞋既传统又舒适。

旧时布袜以双层土布做筒，底子为多层，并用棉线纳实，极是结实。新中国成立后，针织棉线袜出现，但多另缀布底。70 年代开始，色彩美观、穿着舒适、弹性好、耐摩擦的各种尼龙、锦纶线袜和丝袜逐步取代棉线袜，并逐步占据“一统”地位。

妆饰　民国后，男子们剪除了长辫，各种形式的短发时兴，城镇人多留分头、背头和平头，农民则认为剃光头更痛快。除城镇少数女子（主要是那些学堂中的女生）剪五四式短发外，青年女子大多在背后梳一条长辫，婚后，即绾成髻，罩纱网，俗称盘头。男孩多留娃娃头，脑后留一束长发，祈以长寿。50 年代，姑娘的长辫一分为二，或垂背后，或坠胸前，同时齐领短发流行。“文革”初期，女子发式一律短化，青年女子留男式分头。70 年代，青年女子中，短发头较多。80 年代初期，女子烫发曾时兴一时。近年，女子发式不一，根据各自爱好而为之。男子则留平头、寸头、“西发”，少数青年留长发。在农村，老年男子的光头、老年妇女的盘头仍不鲜见。

旧时，妇女首饰有钗、耳环、手镯、戒指、项链等。或金制，或银制，或铜制，或玉制，因家境不同而异。首饰也并非所有女子都佩戴，贫寒人家女子每逢过年，扎一红头绳足矣。新中国成立后，佩首饰者减少。“文化大革命”时期，佩戴首饰被认为是“四旧”的象征，一律禁止。80 年代，首饰佩戴自由，姑娘、少妇佩戴耳环、戒指、手镯、项链者渐次增多，首饰的档次也不断提高。（以上据 1998 年《赞皇县志》整理）

元氏县服饰习俗

旧时，殷实之家夏穿单冬穿棉，春秋两季穿夹衣。一般劳动人民服饰粗劣，以家织粗布为主。男子夏季多赤膊，山区尤多。闺女出嫁时做身好衣裳，买条花裙子，也只在新婚时穿用。一套较好衣裳，往往母女相传数代。

衣装 旧时富户喜穿长袍马褂，多用细布或绸缎制作，一般贫民多穿土布衫、土布袄。无论长袍短衫，多为“大掩襟”，疙瘩扣。男女都穿“掩腰裤”。民国初，男装流行为胸前开口的“对门”衫、袄，年长者则穿“绑腿裤”。重体力劳动者多穿套裤（只有两条裤腿，上绑带）、棉坎肩。夏季则多穿紫花土布裤、白布衫。新中国成立后，机制布逐步取代土布。70 年代后，的确良、涤卡等化纤织物成为农村人服装的常用布料，着呢子、毛料者也屡见不鲜。缝纫机已基本普及，衣服式样也有较大改变。旧式裤袄除一些老年人习惯穿用外，一般年轻人多穿制服。夏有汗衫、衬衣、背心，少女有连衣裙。春秋多穿秋衣，冬有绒衣、毛衣。登山服、风雪衣开始流行。80 年代后，衣服式样日趋新颖，色彩鲜丽，着西服者日渐增多。

帽冠 清代，男人留长辫。民国提倡剪辫，一般平民剃光头。春秋戴“瓜壳帽”，冬季戴“毡帽”“卷卷帽”（俗称羊毛篓），后逐渐改戴“三块瓦帽”。公职人员及一些富家子弟则留分头、背头，戴礼帽。学生留平头、学士头，戴“学士帽”。抗战胜利后，旧式帽冠渐少，人们多喜以羊肚毛巾裹头。新中国成立后，除老年人尚剃光头外，青少年男子多留分头、背头、大平头，多戴“军便帽”。

鞋袜 旧时，平原区民众穿鞋重样式，山区重坚固。男穿平底双脸鞋、单脸鞋，女穿尖尖鞋，口或长或圆。富户多用支贡呢、哔叽呢好料制作，一般民众多用黑土布制作。新中国成立后，“绑带鞋”、松紧口“懒汉鞋”开始盛行，夏季多穿方口鞋，布料不一，多以帆布、条绒、平面绒、礼服呢等为原料。60 年代后，各种式样的塑料底鞋、塑料凉鞋、皮鞋、雨鞋及球鞋盛行。80 年代后，妇女穿高跟鞋颇为流行。

旧时男女均穿家织粗布高筒袜，一般多为白色。新中国成立后，针织线袜由高筒变低靿。70 年代后，各种色彩的丝袜和维尼龙袜逐渐代替线袜。

妆饰 旧时，少女盛行扎单根辫，婚后绾髻。成年女子习戴蓝布巾。抗战时期及新中国成立前，山区女子盛行头罩花色羊肚毛巾。新中国成立后，女子发型变化较大，先为双小辫、剪发头。70 年代后期，青年头、烫发头、披肩发相继出现。春、秋、夏头罩纱巾，冬戴方巾、长巾、绒线帽。近年，毛线帽开始流行。（以上据 1995 年《元氏县志》整理）

康保县服饰习俗

县内居民衣着俭朴，旧时一年四季穿土布。冬棉夏单，春秋夹衣。贫民无换季衣服。土布非本地所产，都来自外地。颜色男黑、白、蓝，女红、绿、紫。贫苦人家白土布用烟煤、草木灰染色。有钱人家穿中式长衫，一般人家穿短衣。民国年间，老人穿有大襟的袄，青年穿对门袄。大襟袄衣襟裹前胸，侧面缀扣，对门袄衣襟两片相等，一面缀扣门子，一面缝桃疙瘩，穿时把桃疙瘩扣进扣门子里。扣门子用布条缝成，缝成的布条绾成桃疙瘩。旧时，裤子不分前后，裆部宽大，男女均穿，裤裆上面缝裤腰，用裤带系住。裤腿口用一寸宽的布带子捆绑，称“绑腿”。该县有在外衣内穿腰子的习惯，冬棉夏夹，形似背心，多用布料制作。鞋用拧好的细麻绳纳底，用线纳帮，尔后绱纳在一起。鞋底平硬，两只可以换穿。女人因缠足鞋较小，一般仅三寸，有三寸金莲的说法。这种鞋前尖呈箭头形，后帮稍高。鞋的样子较普通的有圆口、尖口、方口等。袜子用白布制作，袜筒为双层布，袜底用白布夹破布，线纳而成，比较结实。

该县气候寒冷，有穿皮衣御寒的习惯。一般人都要备大皮袄。皮袄较大，有的要苫住脚面，因此有“口外三件宝，山药、莜面、大皮袄”的说法。皮袄大致分两种，一种为“白茬”，一种为“吊面”。新中国成立前多为前种。1960 年前后，时兴羊羔皮袄，称“羔皮筒子”，轻柔洁白，比较好看。至 1980 年前后，推出活面样式，面料能取下洗涤，待干后再套上，如此往复，既干净又方便。当今皮袄，除上述样式外，还有羊剪绒，多由皮毛厂缝制，其剪去一截羊毛，经化学加工，不失保暖，整洁美观，青老年人均喜爱。还有皮夹克，内挂羔皮或剪绒皮，轻巧舒适，美观大方。过去县内还有戴毡帽子的，此帽用驼毛或牛羊毛擀成，形似半瓜，分两层，一层可翻出来，为两个耳苫子。耳苫子上缝一层皮毛，遇冷可放下来苫住耳朵，比较暖和。这种帽子戴的时间较长，至 1950 年以后，逐渐被更替。

新中国成立后，土布逐渐减少，机纺布、化纤布、毛料、呢绒等增多，衣着质量提高。衣服色彩比较单调，男女都穿黄、黑、蓝、白四种。1976 年后色彩俱全。单衣多由缝纫机制作，棉衣部分由手工缝制。旧时的服式被淘汰，代之以各种制服。衣服款式男女外衣有干部服、中山服、西服、夹克服、风雪衣（男女外衣区别于衣领、衣兜）。内衣有毛衣、毛裤、绒衣、绒裤、背心、衬衣、衬裤、秋衣、秋裤、尼龙衫。1950 年后，普遍穿线袜，着布鞋。1960 年，冬着大头皮鞋。1980 年后，衣服款式增多。青年男女穿西服的较普遍，在夏季伏天姑娘也流行穿裙子。鞋多为胶底、塑料底，由该县鞋厂制作、商店购买。女穿高跟鞋的较多，男穿皮鞋的较多，因县内毛纺织厂生产呢子，城内穿呢子的较多，也有做呢帽、呢子鞋的。

（以上据1991年《康保县志》整理）

蔚县服饰习俗

衣装 清末民初，男子衣色以深蓝、藏青、黑色为主，女子又加墨绿、碎花。少数富户用缎纱、市布衣料，一般平民用大布（粗布）。城镇居民、商人多穿长袍，婚丧、节日期间加穿马褂。劳动者穿斜襟、对襟短袄，下穿褶腰裤（大裆裤）。因冬季寒冷漫长，棉裤又分薄厚几种，裤脚扎绑腿带。年轻女子着宽短袄裤，衣边缀以花边盘，腰系百褶裙，一些职员兴穿制服。县城、西合营等地一些进步学生穿学生服，上衣为直领，前方左胸置一衣兜，前襟下部左右各置一盖兜，下着西装裤，在裤脚下口要置一寸左右挽边，以示“挽回国家利权”之意。

新中国成立初，一些家庭妇女穿窄长大襟袄裤，衣色日渐丰富。50年代，职业妇女流行穿列宁装，男子穿中山服、干部服。“文革”期间，军绿、灰、警蓝衣色风行一时，衣着款式单调。80年代，西装流行，还有猎装、牛仔服、健美服等，时装丰富多彩。近几年，衣料已由过去的市布、斜纹布、灯芯绒发展到化纤、呢子、毛料等。

帽冠 民国年间，市商多戴瓜皮帽、礼帽。多数人冬天戴毡帽、四块瓦或三块瓦帽，士绅有戴土耳其式帽的。夏季有礼帽式草帽、大盘草帽、十八盘草帽。妇女春秋系首帛（黑色），冬季戴适合老年妇女发型的耳掩帽（黑色）。

新中国成立后，男子系毛巾，戴军帽、栽绒帽。妇女春秋围纱巾，冬天围纯毛或化纤围巾。“文革”期间，男女青年以戴军帽为荣。近年，时兴戴前进帽（鸭舌帽）、剪绒皮帽、毛纺织品帽、旅游帽、编织帽、真丝头巾等，因季节不同而变换频繁。

鞋袜 清末，女子仍以缠足为美，穿各色高底鞋或缎面花鞋。20年代，政府废除缠足，学校女教师为查脚员，逐户检查放足情况。女子多穿圆口、尖口绣花鞋。川下男子、城镇商人穿小尖口鞋，农村穿双脸或板尖布鞋，山上人穿实纳帮一道粗眉的“砍山鞋”。袜子大多用布缝制，30年代，机织袜开始流行。

新中国成立后，鞋袜花色品种增多，有解放胶鞋，大小方口、圆口、尖口、一带鞋，塑料鞋。近几年皮鞋、旅游鞋流行。维尼龙袜、丝袜已普及。

妆饰 民国初期，政府令男子剪辫，留齐颈长发；职员和学生留平头、分头、背头；少女留独根长辫，成年女子出嫁前梳上大下小、中间扎红头绳的发髻，已婚妇女梳盘盘头。30年代，部分知识女性剪短发。

新中国成立后，男子留分头、背头、平头。青年女子大多留双辫，年龄稍大的剪短发。80年代，电烫、化学烫流行发式受到青年人的喜爱。

旧时各阶层妇女皆佩戴首饰，有簪、钗、发冠、耳环、戒指、手镯，质地有美玉、玛瑙、翡翠、金银、铜等。富户女子小指、无名指戴金银指甲套。新中国成立后，此俗渐废。近几年，青年女子佩戴发饰、耳环、戒指、项链的又渐渐多起来。（以上据1995年《蔚县志》整理）

尚义县服饰习俗

衣装 清时，少数富户男子穿长袍、马褂，女子穿短上衣，围裙子，用绸缎或“洋”布制作，一般贫民都穿土布袄、裤。上衣圆领带大襟，从脖领至右下摆缀铜扣或结桃疙瘩扣。民国初年，男子开始穿对门布衫、对门棉袄，胸前开口，缀桃疙瘩扣，口袋缝在前襟下端，叫“腰弥子”；棉袄口袋有的缝于左右腋下内层，称“倒插插”。裤子是在裤裆上端缝上半尺宽的裤腰，掩住后，用裤带系住，称“大裆裤”，男女同样。裤子的下口，都用一寸宽的布条缠扎，俗称“带子”，也有叫“绑腿”的。一般农户的衣料颜色通常为白、蓝、黑、灰。儿童和年轻女子也有穿红绿花色的。新中国成立后，机制布逐渐代替手工土布，农民衣料不断更新。解放初期多为平面市布、斜纹布、卡其布，后来逐渐有了灯芯绒、平绒，又发展到涤棉、涤卡、尼龙、腈纶、涤纶、毛料等。随着缝纫机在县内的普及，衣服款式也大为改进。旧式的大襟袄、大裆裤除农村老年人尚有穿着外，一般人上衣为制服，下衣为西裤。夏季有背心、衬衣、汗衫；春秋有秋衣、线衣、棉或毛坎肩；冬季有绒衣、毛衣、棉衣和大衣，一些女子还穿风雪衣、仿豹皮大衣。进入80年代，衣服款式不断变化新颖，花色也由白、蓝、黑、灰向五颜六色转化。县城居民衣着质地日趋精良，青年人大部分穿西装，倾向高档，讲究式样、色彩。

鞋袜 尚义农民穿鞋，重结实耐穿，特别是坝下农民，爬坡上梁，砂石绊脚，更重坚固。劳动男子穿“砍山鞋”，一双鞋有二三斤，笨重异常。民国初年，男子穿“双脸鞋”和“单脸鞋”，前面平缀两道或一道皮脸，后跟立缀一道皮脸，细麻绳实纳鞋帮，粗麻绳纳底，鞋底平直，两脚可以换穿。冬季，富裕人家的男子做毡鞋，用黑市布沿口，绱麻绳纳的底；贫苦人家做不起毡鞋，用破毡皮做“四块瓦”暖鞋，男女同样。有钱人家妇女穿木底高跟尖尖鞋，鞋尖和两帮绣花；穷苦人家妇女穿平底尖尖鞋，除出门走亲、逢年过节穿绣花鞋外，平时穿的鞋，帮用线实纳，鞋底用麻绳实纳。从30年代开始，“没脸鞋”逐步代替“双脸鞋”和“单脸鞋”。鞋口的样式有圆口、尖口、方口等。面料除富裕人家用支贡呢、哔叽外，一般人家均用黑土布。新中国成立后，一度盛兴“挽带鞋”，女子兴“一带鞋”，后又兴“松紧口鞋”。鞋的面料有帆布、条绒、平绒、冲服呢等。冬季穿毡里布面棉鞋、皮鞋。进入60年代后，随着塑料工业的兴起，塑料鞋底和塑料凉鞋以及各色各样的机制布鞋、皮鞋畅销于市，人们穿鞋由重坚固耐用变为讲究美观。妇女穿高跟皮鞋和坡跟鞋。

新中国成立前除少数富有人家穿“洋袜子”外，绝大部分人穿布袜子。双层土布做筒，数层破布铺垫做底，袜底和后跟用线密纳，青年人穿的袜底纳有花纹、花朵。冬季有的人做棉袜子穿。牛羊倌、车夫经常外出，用羊毛或牛毛擀毡袜穿，十分暖和，但比较笨重。新中国成立后，针织线袜上市，开始兴高筒的，后变为低勒的，穿时都要上底，底面纳有各种花纹图案。从70年代开始，维尼龙线袜和丝袜逐渐代替了棉线袜子，穿着美观、舒适，较棉线袜结实耐用。

妆饰 清朝年间，男人留辫子。民国初年剪去辫子剃光头，戴毡帽。春夏戴毡瓜壳，秋冬戴有耳毡帽，天冷时掀开里层苫住耳朵。耳苫上根据穷富缝兔皮、猫皮、狗皮和狐狸皮。毡帽有雇毡匠做的白色毡帽，也有市场买的紫绒毡帽。少数富家子弟、公职人员、学生、教师留背头、分头，春夏戴“布瓜壳”，秋冬戴“火车头帽子”和狐狸皮帽子。妇女发型，清朝末年和民国初年，婚前梳独根辫子垂后，婚后绾成发髻，戴网子，插簪子。冬天戴圆形平顶绒线或丝线帽。

新中国成立后，男子除老年人尚有剃光头外，一般男子均留背头、分头、平头。春、夏、秋戴军便帽。颜色依年龄大小，分蓝、灰、黄等各色，冬季戴毡帽、狐狸皮帽、狗皮帽、兔皮帽。妇女发型变化较大，不论婚前婚后剪发头盛兴，后又梳双小辫，短者梳于耳下，长者垂于胸前或背后。“文化大革命”期间，辫子又当“四旧”剪去，年轻女子留青年头，中年妇女又重梳起了剪发头。70年代后期，各色发型相继出现，烫发头由城镇逐步传到农村，样式五花八门，有爆炸式、钢丝式、麦穗式、波浪式等。头上罩有纱巾、棉毛头巾或围巾，青年妇女戴起了各种各样的绒线帽。进入80年代，鸭舌帽和呢子军便帽盛行，冬季兴剪羊绒帽子。

清末和民国年间，女子盛行穿耳戴环。富有人家挂金质或银质耳环、耳坠、耳钉，穷家女子只穿线悬珠。个别男孩怕养不大，也有戴耳环的。富有人家子女脖颈戴金银项圈，胸佩“长命百岁”锁。穷苦人家子女有用红头绳挽一制钱戴在脖颈上，曰“长命锁”。一般人家姑娘均备有发卡、手镯、戒指、串珠等首饰。姑娘出嫁时，向婆家索要头簪、钗、项链、牙签、耳环、手镯、戒指等。

新中国成立后，首饰逐渐淘汰，女子不再穿耳戴环。进入80年代，女子又兴戴耳环、戒指，佩项链，城镇个别青年男子也有戴戒指者。（以上据1999年《尚义县志》整理）

张北县服饰习俗

衣服为民生日用所需之物，除城市人间有着丝毛织品（由平津贩购来）者外，其余乡间妇女，遇有婚丧，着洋布衣或麻织品，购自城市。所有全县男人及平时妇女，虽云四季衣服，实际仅着二季衣服：一为皮衣，一为夹衣。春末及秋初之际，均着夹衣，秋末及春初之候，均着皮衣，棉衣、单衣多不着用，纱衣更不一见焉。草帽、扇子，实寥寥不得多觏。布匹购自城市，贩自平津；成衣出自本地。妇女衣服，喜尚红、蓝、绿色，男人喜尚白、黑二色；均属宽大样式，而窄小时髦之装束，百不获一焉。

县内的蒙古族人喜着紫、黄二色。贫者着布衣，富者着绢缎。唯妇女首饰最为讲究，富家头戴均属金银、珍珠、宝石之属，价值千万。（以上据民国二十四年《张北县志》整理）

阳原县服饰习俗

表一（男子）：

时间	大别	种类	式样	质料	颜色	备考
清代	礼服	大褂	袖及身长，较袍均短六寸，无领	贡缎、喀喇、宁绸或纱	黑或藏青	四季有单、夹、棉、皮之不同
		长袍	身长及足腕，袖长及手或过手	贡绸、宁绸、纱或斜纹布	蓝或青、紫	
		春帽	帽顶有红丝缨，下有绒或缎檐	帽外为缎或绒，里为绸或布	黑色	春、冬用
		凉帽	帽如倒露（漏）斗形，满覆红毛或线缨	以藤皮缀成，里有竹皮圈	白色	夏、秋用
		长靴	靴靿长及小腿之半，先厚底，后渐薄	外用贡缎或绒，或用绫	黑色	四季通用

续表

时间	大别	种类	式样	质料	颜色	备考
清代	常服	长衣	有领，身长及足面，袖长及手或过手	纱、贡绸、斜纹布、洋布及市布	黑、藏青、蓝、蔚蓝	以上（左列）各服，均有四季单、夹、棉、皮之不同，但农工质料均用砖路大布，此外皆不用也
		小袄	身长及腰长，余同长衣	同上	同上	
		裤	身长及足腕，有裤衩，以带束口	同上	同上	
		腰子	此为本县特别衣，如坎肩然。但在袄内	砖路大布或洋布	红或蓝	
		袜	上口仅与裤口接，但过裤口一二寸	市布或大布、绫等	白，间有蓝色	
		鞋	有云头、福字头，双脸、单脸之别	脸用皮，其余用缎、绒或绫	黑、蔚蓝、藏青	
民国	礼服	帽	有毡帽头、十八盘草帽及皮瓜帽之别	毡帽用毡，草帽用麦根，皮瓜帽用羽绫或贡缎	毡帽灰或紫，草帽本色，皮瓜帽黑色	毡帽冬用，草帽夏用，皮瓜帽则春秋用
		马褂	身长及腰下，有领，先为宽袖而短，后窄而长	五年来，人造麻、丝质最多	同前清色	四季有单、夹、棉、皮之不同，农工仍用大布，他皆不用
		长袍	式同前清，唯较窄瘦，近亦渐宽大	同上	同前清色	
		呢帽	如清代草帽式	以羊毛制成	黑色或灰色	春秋用
		草帽	如清代式，唯周围较小，盖系洋化矣	以国产草制辫而成	草色	夏用
		皮帽	初为卷檐式，近改为土耳其式，无檐	由猫皮至水獭、貂皮不等	黑灰色或紫黑色	冬用
		皮鞋	完全西洋式，与各地流行者同	牛、羊皮，由西法制成者	黑色或黄色	四季用
	常服	同前清时	袜子，则已十之四五用洋袜。而十八盘草帽，则仅限于农人，余均洋式草帽。瓜皮帽之用，亦较前清为少。其余仍同清末	五年来，人造麻、丝诸质流入最多，余同清代质料，洋式袜则系洋线织成。鞋则均无前脸。羽绫、哔叽、贡绸已断绝	洋袜各色皆有，而鞋则仅黑色，余仍与清末同	农工阶级一切衣服，仍用定州砖路诸大布，其质料、式样均同前清。唯无面羊皮袄裤及大袄，则为农工特用之衣，其他阶级不用也

表二（女子）：

时间	大别	种类	式样	质料	颜色	备考
清代	礼服	氅衣	无领，袖长齐手，身长齐腰，对门无襟，中以带结，无扣，袖口有翠蓝金花挽袖，四周有黑贡缎沿宽约四寸之边，边内又有宽约寸八之绣花丝边。此种样式，俗谓之大包边	贡缎为上，宁绸次之，贡绸又次之	黑及藏青色	氅衣只限于已嫁妇女，闺女待字者不衣之。且此服仅仕宦、士人之妻服之，商家妇人服者仅十分之一，农工阶级更无服者矣
清代	礼服	裙	有百褶者、有无褶者，皆有裙花，系以金线绣成，裙花位置则在前后之正中。此外下有各色缎边，边内又有花边。另有最花美者，为龙凤裙，前后绣彩龙，旁绣彩凤	贡缎为上，洋绉次之，湖绉又次之	红色最上，蓝、绿、白、古铜及黑色皆有。大约三十以内者用红、绿、白色，余则中老年人用之	此裙除仕宦、士人外，商人妇女亦用之，唯质料稍次。农工阶级妇女用者，则十不得一，仅结婚时，例衣裙一次，然多系借来者，自备者特少也
清代	常服	长衣	有领、有襟，其余式样与氅衣相同，挽袖及周围缎边、花边之类亦同，亦有大包边式者	贡缎为上，花缎次之，洋绉、湖绉又次之，清末亦有代以德国缎、洋缎或泰西宁绸者	五色均有，不过以年之老少分之，年愈老者色愈深，至黑为止	长衣则穷富皆有，不过质料较次，甚至去挽袖、花边等附饰物。若农工阶级，则用市布或洋布以代，边用洋缎，或竟不用。富人四季有分，商人则单夹二件，农工则仅一单大衣，无论何时套之而已
清代	常服	小袄	有领、有襟，袖长及手，身长及腰下，清末则长及膝，有单边者，亦有双边者	洋绉、湖绉、德国缎、洋缎、泰西宁缎、市布等	五色均有，亦以年老少分之	做客小袄，富人用丝织品；若在家时，富人亦不过市布、花洋布等。农工则仍用砖路大布

续表 1

时间	大别	种类	式样	质料	颜色	备考
		裤	裤长至脚面，有散腿裤，有束腿裤。有单边者，亦有双边者，亦有无边者。另有一种套裤，下半与裤无异，但无裆。意盖加以取暖，有时亦为省料而美外观也	质料同小袄	同小袄	其情形同小袄
		腰子	式同男子	洋布或小绸子	红色	农工阶级仍用大布
		裤腿带	约缚于裤及鞋间，用以代袜。裤腿在内，带缚于外。若系金或花丝绣彩花裤腿，则不用带矣	裤腿用贡绸或竹布，带则丝织或线织	裤腿天蓝色，带则五色相间	农工阶级裤腿用绫或大布，带则线织
		鞋	本县贫富之家，妇女皆缠足至小，大者仅五寸，小者三寸半，通常四寸余。鞋式则前尖后圆，底为高跟，难以笔述其形；鞋之前部均绣各色彩花，底之高跟亦有绣花，至为美观。但五十岁以后，即系素鞋	鞋身用贡缎或绫，底系木质，外粘缎面或白漂细布，或代以细纱	鞋身色最尚红，少妇用之；次为黑，老妇用之；其余各色均有。底则皆用白色	仕宦、士人之家，妇女鞋皆用缎。商人阶级，则做客时衣缎鞋，在家衣绫鞋。农工阶级，则做客时衣绫鞋，在家衣大布鞋
民国	礼服	氅衣	无缎边、花边，通身绣五色团花，式与清末略同，但袖窄	贡缎	黑	民初仍用旧式氅衣，后则取消，代以长衣。有上述氅衣者，全县不过十件耳
		裙子	民初，旧式未改。后改素式筒裙，无褶无边，下有丝线穗，后亦取消。近数年来，下又有花边	贡缎、花丝葛、物花葛等	黑、古铜、天蓝、紫色等	仕宦、士人家多改良，但农工家则仍旧，商人则半改良、半仍旧

续表 2

时间	大别	种类	式样	质料	颜色	备考
	常服	长衣	民初，仍旧。后去挽袖，后又去花边，一律以青缎褶边压于长衣之四周、领袖及襟上。今则又以旗袍代之，有缘边者，亦有素者，但均短袖，长不及肘，最近忽又长袖矣	除前项质料外，又加麻织品若干	五色皆有，年老者多用黑色或藏青色	其情形同裙子
		小袄裤腰子	式同前清	除前项质料外，又加麻织品若干	色同前清	其情形同前清
		袜	民国以后，全县妇女皆放足。幼女皆天足。故布用裤腿带，皆衣袜子，但皆为旧式短布袜子。衣洋袜者，则百不一二也	漂布、市布、竹布、砖路大布等。洋袜则线织	白色，线洋袜则五色均有	商家用白漂布，农工阶级仍用大布，仕宦、士人家则有用丝袜及线袜者，但属少数
		鞋	由高跟变为平底，其他做法仍同。唯天足者，别有时亦反高跟	质料同前清，唯底易木以布或布。亦有自平津买皮鞋者，但属少数	色亦同前清。天足少女亦恒衣红、黄、绿色，但非有制绝不衣白鞋，此则本县特点	其情形同袜子

附　首饰：

时间	大别	种类	质料	备考
清代	首部	耳环	金、包金、镀金、银、翠玉等	商、工、农妇皆有，但皆银质
		髻簪	同上	有板簪、扒簪二种。贫家皆有，但皆银质
		銮架	同上。但以玉质者多	有爪、斧、镫、戈、盾五件，插于髻上，但贫家无之
		鬓花	镀金、点翠、鸟毛者多	插于两鬓，但贫家无之

续表 1

时间	大别	种类	质料	备考
		压发花	同上	有三块或五块之分，压于眉上二寸部位，但贫家无之
		耳挖子	镀金、包金、银等，无玉者	插于左鬓，可以取耳秽。贫家亦有，但皆银质
		冠子花	镀金、点翠、乌毛者多	插于鬓中部位。贫家亦有，但皆银质
		压鬓花	同上。无玉质者，间亦有珠者	插于冠子两旁，长与髻相等。贫家无之
	腕部	钏	金、包金、镀金、银、玉、翡翠等	佩于手腕。贫者皆有，但为银质，且多空者
		豆豆（又名弹弹）	玛瑙、金珀	佩于手腕，紧结钏位。贫者无之，有亦伪仿
	手部	戒指	金、包金、镀金、银、玛瑙、翠等	贫者亦有，但多为银及玛瑙等
		指甲套	镀金、点翠、乌毛者，银加珐琅花者，纯金者，纯银者	富家妇女左手四、五两指甲，长二三寸不等，故用套以保护之。贫家有银质
	颈部	链子	银质者多，间有金者，恐全县无几也	以链子系兜兜者多，贫家亦有
	襟头部	牙签	银质者多	以银作绳，上系于襟头之纽扣，下系银洋一元或半圆，元有三眼，更系牙签一、耳挖一、小刀一，故名为牙签，实三件也。均以银制。贫者此物多于富者，盖富人往往反不佩之
民国	首部	耳环 髻簪 冠子花	民国十年以前，妇人结髻虽仍旧，然仅于髻上插簪，纵横各一；后并此亦免去，仅耳环耳。冠子花仅于做新妇第二日一插，质同前	近年结髻者固多，而仕宦、士人家之妇女剪发者亦不少，首部饰品，几悉无用。间有佩耳环者，亦属十不足一。但贫者绾髻仍旧，然无资以买首饰，纵佩耳环，亦系他学作品耳
	腕部	钏	质同前清时，唯较细小耳	民国十五年以前，多镀金者，现多佩玉质者，然仅佩一

续表 2

时间	大别	种类	质料	备考
		手表	有金、银、钢及嵌宝石等不同	佩此妇女，千无其一，贫者绝无手表
	手部	戒指	质同前清	民国十五年以前，情形同前清。十五年以后，新式妇女皆佩戒指圈一。金或包金两种，旧式则佩玉及玛瑙者，绝不再用银质。贫家妇女则无资购此闲物矣。与前清之人必四件者情形大异矣
	颈部	链子	质同前清	中等以上妇女因带兜兜，故须用链子。贫家则无之矣

（以上据民国二十四年《阳原县志》整理）

怀安县服饰习俗

春夏及秋，无论单夹棉衣，多用棉织大布，纯属国产，来自高阳、砖路等处。男尚青、白、蓝色，女喜红、绿、紫色，衣多短装，裤均扎腿，喜窄不喜宽，盖以农民经济紧缩，亦属自然演成之习尚也。迨冬时，凡中资之家以及肩贩车夫，均着盖臀半大皮袄，以御严寒，但极贫之户仍以大布棉衣抵抗一冬。在城一方，平时常服线呢、洋布，衣制亦较乡村时样，而着长袍者，尤为多数。然以富力薄弱，普通能常服绒呢、绸缎者，仍属寥若晨星矣。唯在外游学诸生，交际既广，接触亦多，所着服装较为特异。男有洋装革履，女多剪发旗袍。此又为一县之特色，夫可以普通服装视焉。城镇妇女在昔装饰颇复杂，满头蓄长发，梳架子，上插簪钗，前戴条帽，上配各种帽花，双耳穿孔戴环，面施朱粉，缠做小脚穿木底高跟带色华鞋；平时衣盖臀大袄，遇大礼则穿裙，外套氅衣。所需材料，以家之贫富不同，适用装饰材料，亦各互异。首饰有金、银、珠、玉之分，衣裙有绸、缎、布、麻之别。色则青年尚红绿，老年尚灰黑。式样以宽展为大方，百数年来，无大变更也。近十数年中，因受外界之影响，装饰骤然大变，剪其发而放其足，傅淡粉而不施朱，头不挂丝，耳不戴环，色彩尚素。形状忽宽忽窄无定式，且有衣旗袍而乳臀毕现，风飘裙而膝肉外露，盖非此不足以表示曲线矣。然此特属摩登女子之装饰，在社会上亦居少数耳。至普通一般剪发者，青年亦多，中年妇女虽未剪发，而首饰皆无形取消矣。足穿平底素鞋，上穿半身小袄，下围黑裙，较之昔日简单多矣。其卖笑者流，率皆剪发，其装束亦竭力仿效时髦，然皆不适中，类属非驴非马，加以举动特殊，一见即知其非良家妇女也。乡村妇女服旧装饰者，占九十分之上。但头皆转变圆式，而佩戴首饰者，亦罕见矣。身着短衣，寻常皆系土布。其青年妇女，间亦有穿各种洋布者，色喜红、绿、紫、粉，式多后时，且仍涂朱傅粉，以缠小脚为贵。（以上据民国二十三年《怀安县志》整理）

万全县服饰习俗

乡村农民，衣服俭朴，不尚修饰。多衣大布，纯系国产，服色男尚青白，女尚红绿。缠足之风既未见衰，故仍多弓鞋而梳长髻，其式有平山套、卧龙髻、喜鹊尾、桃儿髻等。其首饰亦繁多笨重，制造不精，普通多铜制，亦有银制并包金、镀金。此乡村服饰之所尚也。至较大村镇及城市，则较阔绰，衣服普通多细布、洋布、绸缎、绒呢。至妇女之服，红绿艳丽者虽不多睹，然花样竞为技巧，质料日见名贵，力事修饰，追逐潮流。盖城市交际既较乡村为广，与外界接触亦多，日趋繁华，自属意中之事。此外，丧礼之孝服为宽袖圆领，纯系古式；婚礼中，新妇拜堂时为凤冠袍带，亦为古装服饰。

男子剪发者虽较普遍，然偏僻之区及泥古不化之辈尚多保存其发辫，不肯率然而去也，至女子之已天足者固多，然缠足如故者亦不乏人。（以上据民国二十三年《万全县志》整理）

围场县服饰习俗

衣装 旧社会，少数富户人家，衣料用绸缎或洋布，一般人家多用粗土布，颜色多为青和蓝。男女上衣分单、棉长袍，短褂。样式都是直立小圆领，偏大襟，胸前左大襟遮住右小襟，在脖领处至右臂下结五个蒜疙瘩扣。到 20 世纪 20 年代，大部分男上衣将偏襟改成对襟，结五个蒜疙瘩扣，口袋缝于前面左右襟下端。棉袄口袋也有缝在左右腰部内层，称“抄手兜”。裤子大多在裤裆上部缝四至五寸的裤腰，穿时在腹前挽褶扎上腰带，称为“挽腰裤”，男女均穿。商人冬穿棉袍，夏穿大褂。城镇妇女有穿旗袍的。冬季男人上衣外多扎条布腰带。日本侵占时公务人员、学生穿草绿色“协和服”、学生服。

新中国成立后，服装逐渐统一，男人多穿中山服、工人服，妇女穿中式服、解放服等。60 年代流行军服。70 年代后，年轻人从穿喇叭裤、筒裤、萝卜裤发展到穿牛仔裤、体形裤等；女上衣流行一字领、大翻领、小翻领、无领等样式。近年来，随着人民生活水平的提高，衣服样式不断变化，主要有西服、中山服、工人服、夹克衫、运动服、牛仔服、裙子、旗袍、毛衣、羊毛衫、防寒服等，妇女服装款式多于男性，夏天城镇妇女以穿各式裙装为主。儿童服装五彩缤纷，样式繁多。衣料也从棉布发展到的确良、涤卡、涤纶、哔叽、呢子、毛料等。县城和县南部，中青年男女基本穿毛衣、呢子大衣、防寒服等过冬。

清代的满族人服装是男女老幼一年四季都穿礼服。分单、夹、皮三种，圆高领，衣袖较窄，呈半圆形，叫箭袖，为了便于骑射，腰束布带，男人贴身穿“汗褟儿”（背心），女孩未婚戴兜肚。男人喜穿长袍、马褂、牛皮乌拉或布鞋。妇女穿旗袍，镶边坎肩，右开襟。天足，穿花盆底鞋，俗叫厚底。男孩喜穿虎头鞋（寓吉祥之意）戴虎头帽，女孩喜穿花鞋、云头鞋、安胡鞋。成年人冬天穿毡疙瘩、棉鞋，春秋穿布鞋。老人喜枕耳枕，春秋喜穿过膝上衣。

县里蒙古族人平时大都穿蒙古服装，即蒙古袍，衣服颜色喜用红、黄、绿、蓝色。分单、夹、皮三种，随季更换。以红、绿等色绸缎作腰带，头戴皮帽或毡帽，在腰带上佩挂吃肉用的刀子，刀鞘镶金属、玉石等作为装饰，妇女上衣袍宽袖大，颜色鲜艳。未婚女子蓄两条长辫，以红、蓝布条缀之，已婚妇女则结发高髻。男女都穿长靴子，都有白茬光板皮衣。清代蒙古王公贵族，受封定爵有官职的遇有庆典节日，着满族官服。

帽冠　清代有功名的满族官员冬天戴暖帽，夏戴凉帽，帽子上带红缨。民国时期不分民族，男人夏季多戴苇笠头草帽，冬天戴毡帽或三开皮帽，春秋有些人戴礼帽或帽衬。日本侵占时农民帽子未变，只是公务人员、学生戴日本式软帽。新中国成立后，男人戴解放帽、军帽、皮帽子、棉帽子。皮帽子主要有狐狸皮、狗皮、羊皮等。妇女冬天戴皮帽子、围头巾。80 年代后，男式帽子样式很多，妇女围头巾、纱巾，戴各式毛织帽、装饰帽。回族男子多戴白色软布帽。

鞋袜　居民对鞋的要求历来是经久耐用，朴素大方。旧社会大多穿家做鞋，妇女学做针线活都从做鞋开始。做鞋前先用糨糊和三四层破旧布做成袼褙，然后根据鞋样的大小剪成鞋底和鞋帮。鞋底一般用四五层袼褙，将各层边都用白布条粘好，最上面一层整面粘上白布或其他色布，用锥子、大针、麻绳密密纳，俗称“纳底子”，纳一双鞋底需四至五天。鞋面多用细布、条绒、冲服呢等，鞋帮一般用双线纳。冬穿棉鞋和毡疙瘩，夏天穿夹鞋。棉鞋有“夹鞋”和“五眼串带”两种，夹鞋有圆口、方口、尖口、松紧口等样式。年轻女子穿绣花鞋，小孩穿虎头鞋、软底鞋等。另外，30年代前，汉族女子讲究缠足，称“裹脚”，因此老年妇女中大部分穿小尖鞋，俗称“小脚鞋”，一般长四五寸。70年代后，鞋式逐渐更新，鞋底一般为麻绳纳底、塑料底、胶皮底。夏天开始流行穿塑料凉鞋、泡沫鞋，雨天穿水鞋。到80年代，城镇和大部分农村青年穿各式皮鞋、旅游鞋、运动鞋等，城镇妇女和农村女青年多穿高跟皮鞋。城镇室内大都穿拖鞋。

旧社会穷人夏天不穿袜子。袜子都是自做的粗布高筒双层袜，称“夹袜子”。纳成硬底，坚固耐用。新中国成立后针织棉线袜兴起，穿前一般将袜底剪开重新缝制上硬底使其耐用。70年代初，各种花色的腈纶尼龙袜、丝袜逐步代替了棉线袜子。80年代后，女袜中又增加了长筒袜、连裤袜等。

妆饰 清代时，男人的发式不分民族一律剃光边发，留顶发向后结成一条辫子，垂于脑后，还装有辫帘子。民国后，男人剪掉辫子，有的留散发，有的留光头。后来青年人逐渐流行分头、背头、平头。妇女发式，姑娘留满发梳独辫，头顶梳有偏桃；结婚后“开脸”“上头”，在头后边盘纂儿，称“疙瘩鬏”，有的年轻已婚妇女，将靠脸部的头发分两部分向上翡起称“梳翡”，这种发式到“文革”前一直都流行。满族盘纂儿与汉族不同，年轻妇女头上戴钿子或戴发撑子，将头发用红绳束于头顶戴上发撑，再将头发束成两缕缠于发撑子上，然后插上扁形簪子；老年女人戴九连环，在头顶上盘纂儿。

民国后，青年女学生开始剪辫梳短发或梳双辫。新中国成立初，未婚女子大部梳短发和双辫，农村已婚妇女仍梳疙瘩鬏，已婚女青年梳短辫，俗称“刷子”。

新中国成立后，男人发式无大变化，以分头、平头、光头、青年头为主。后来男青年留发稍长，老年人仍留短发。妇女发式，除部分老年满族妇女还保留着民族风格外，其余已无区别。“文革”时，农村已婚妇女也剪掉了疙瘩鬏一律梳短发，未婚女子梳短发或短双辫，不允许梳长辫子。

近年以来，女青年流行烫发和披肩发，发式变化多样，种类繁多。未婚女子梳双辫，已婚妇女梳疙瘩鬏的已不多见。（以上据1997年《围场满族蒙古族自治县志》整理）

宽城县服饰习俗

旧时，一般农民用家织布做衣料，颜色多为青、蓝色，服装自做自用。上身穿布衫、短褂、大襟袄，结蒜疙瘩扣，下身为打褶便裤并“扎腿”。儿童多以花兜兜裹身。少数富户、官宦人家及买卖人用机织布、绸缎，夏穿长袍，冬着皮袄、马褂。中青年妇女喜欢穿旗袍。新中国成立后，机织布盛行，服装款式逐渐增多，五颜六色。男女衣料由家织布改为机织平、斜纹布。除一些老年人外，服装款式由大襟衣、对襟衣、打褶便裤向各种制服衣过渡。“文化大革命”时期，人们衣服颜色单调，多为黑、蓝、白色，年轻人喜穿草绿色的衣裤。至 80 年代，服装样式各异，讲求漂亮新颖。涤纶、腈纶等纤维服装比比皆是，毛呢装、西服、夹克、牛仔裤、防寒服、健美服到处可见。女子夏季穿短裙或连衣裙者逐年增多。除棉衣外，大多数人均着购买的成衣，很少自做便衣。

旧时，男女多穿双脸鞋、圆口鞋，着布袜。男人间或穿乌拉。少数富户也穿云字鞋、毡鞋。新中国成立后，由系带布鞋、方口鞋发展到以塑料、橡胶、皮革、泡沫为主要原料的各种鞋类，鞋跟有平跟、半高跟、高跟、坡跟。夏穿凉鞋、拖鞋或便鞋，冬着布棉鞋、大头鞋、棉友鞋、长筒靴，春秋穿胶鞋、布鞋、皮鞋等。袜子也由布袜、线袜逐步发展到锦纶袜、尼龙袜或长筒袜。人们所穿鞋袜一般到市场购买，不再自做自用。

民国初，男人剪掉辮子，剃光头。夏戴草帽，冬戴毡帽。少数富家子弟、教员、学生留背头、分头，戴瓜皮小帽或礼帽、皮帽。女子少年时扎单辫，婚后绾髻，戴网插簪，有时头罩蓝布巾、毛巾。新中国成立后，除老年人尚剃光头外，一般男子或平头、分头、背头，或青年头，戴建设帽或前进帽。女留半发，或梳双辫，或烫发，罩纱巾、头巾、围巾，或各式绒线帽。

过去，女人扎头花、挂耳环、戴戒指、挽镯子，男人戴镏子，大户人家也有挂念珠者，“文革”时绝迹。近几年女人戴戒指、挂耳环、佩项链者日见增多。连眼镜、手表也成为装饰之物。（以上据 1990 年《宽城县志》整理）

清初至民国时期，宽城县满族头饰、服饰有明显特点。头饰方面，男“半剃半留”，即把前额和周围头发剃去，只留颅后发，编成一条大辫，垂于脑后；女幼时与男子无异，到结婚时开始上头、结髻。已婚妇女最有代表性的是两把头（又名“如意头”），即把头发束在头顶上，从中间分成两绺，在头顶上梳成一个横长式的发髻，脑后余发绾成一个扁髻，呈燕尾形，称燕尾式。另外，把两鬓发挑下，用肥皂水贴耳抿成钩形，名为“水鬃”。满族妇女对首饰很讲究，常戴的有大扁方髻、耳挖子簪、压鬓簪、珠花簪、花针、排杆等，多用金、银、玛瑙、玉石等磨制镶嵌而成。满族男子的暖帽和凉帽顶上皆加以红毛一团为饰，出门会客时所戴。妇女帽最富特色的是扇形冠，俗称“旗头”。冠形如扇，用青色绒、缎制成，上面缀有花饰，与旗袍相衬，显得格外艳丽挺俏，端庄典雅。服饰方面，男女皆旗袍（一种旗人服装），富者多绸缎，农民多棉麻布。其款式均无领（清中、晚期习惯加一条假领）、窄袖、左衽，四面或两面开褉，有扣襻、束带。妇女旗袍和男子相同，但领口、袖头、衣襟都绣有不同颜色的花边（俗称“绦子”）。从颜色上看，女多喜绿、粉、月白等色，男则多喜灰、蓝等色。满族喜欢戴佩饰，最常见的是荷包，男女老幼均戴。男的挂在腰带两侧，女的挂在旗袍大襟嘴上。此外，男子有时还戴些日用杂品，如解食刀、匙、牙签、火镰、扇套等。满族“女履旗鞋男穿靴”。靴子有夹有棉，多用缎、绒、布、革制作。妇女天足，喜穿高跟木底鞋，鞋跟镶在鞋底中间，高三五寸不等，或马蹄形，或花盆形，称为“马蹄底”或“花盆底”。

随着社会的发展，宽城县满族在头饰与服饰方面有很大的演变。现主要是五十岁以上男人喜穿青、蓝色套裤，扎裤脚，上穿坎肩、汗褟儿，脚着白袜，穿各种皮或布制乌拉（里絮乌拉草，轻便暖和）、毡疙瘩，头戴毡帽或皮帽。五十岁以上妇女大多喜穿右大襟扣襻衣服，戴耳环、手镯，头顶结髻。有的遇有喜庆、贺寿、外出或逢年过节时，还要插“扁方”等。老年男女爱使长杆烟袋，上系绣有各种图案的烟荷包和其他佩饰。妇女、儿童穿绣花鞋，枕绣花枕头。儿童穿“马蹄袖”袄，上绣猫等图案。青年妇女喜戴耳坠、手镯、戒指。此外，直领、短窄袖、开右大襟、钉扣襻、紧腰身、长至膝下、两侧开衩的女式旗袍也在流行。（以上据 1989 年《宽城县民族志》整理）

迁安市服饰习俗

民国以前，人们的服装几乎均用自纺、自织的布（即土布）制成，大多为手工缝制，绫、罗、绸、缎很少见，仅有青、蓝、白等比较单调的颜色。四季服饰多较短小，上身为短偏衫，俗称“大襟袄”，下身裤为青、蓝色布，上衬十五至二十五厘米的白裤腰，下扎腿带。每逢婚丧嫁娶或过节日，妇女上穿偏衫袄，下穿百褶长裙，男人则穿长袍马褂。

民国初期，有了白市布（时称“洋布”）、蓝士林、格布等各种花色布，逐步代替了土布，服饰改偏衫为对襟袄缀“蒜疙瘩”扣，口袋缝于前襟上，棉袄两腋下里层缝插兜。妇女穿裙子的少见，士官改穿制服。

新中国成立后，人们的服饰发生较大变化，穿制服、军便服、中山服的增多。

夏季穿衬衣、半袖衫、背心，春秋季穿秋衣、秋裤、绒衣、绒裤，逐渐又发展为毛衣、毛裤。衣料也由土布、机制棉布逐渐增加了涤卡、的确良、涤纶等化纤布及羽绒、呢、毛料等。随着缝纫机的普及，有自制服装，也有选购的成衣。服装款式逐渐增多，颜色各异。进入 80 年代，西装开始流行。（以上据 1994 年《迁安县志》整理）

玉田县服饰习俗

衣装　1949 年前，男子着长衫、短袄，带大襟。富人以长衫为礼服，出门做客，外加马褂或坎肩（背心），以示庄重。后改穿对襟褂，下身着长裤，裤口扎腿带。冬季，多扎布腰带。妇女为大襟齐膝短衫和长裤，裤口扎腿带，遇有婚丧等事，外加长裙。男女裤子均为褶裆。内衣，男穿汗褟儿，女穿兜肚。衣着颜色，春、秋、冬以蓝、黑色为主，夏季则多白色和月白色。青年妇女和儿童，多喜花衣。衣料贫富各异，富者多着丝绵、轻裘，贫者多用粗布。20 年代后，中青年妇女盛行着旗袍。

1949 年后，长衫逐渐消失。老年服装无多大变化。中青年男子多穿干部服或中山服，中青年妇女则多着列宁服或短衫，夏季穿连衣裙或短裙。衣料多为平纹、斜纹、条绒、华达呢等，内衣时兴秋衣、绒衣等。60 年代后期至 70 年代，青年人不分男女多穿草绿色军装或仿军装，中老年依旧。80 年代始，服装形式趋于多样化，中山服、西服、喇叭裤、牛仔裤均有人穿。夏季女青年穿裙子，男青年穿短袖衣、短裤。冬季，毛衣、三开棉大衣、呢子大衣、羽绒服比较普遍。衣料为化纤、毛料等。

帽冠　民国时期，男子外出，春秋两季多戴帽盔儿（分为缎料、绒料、布料等），夏季多戴草帽，冬季多戴毡帽头、皮帽或耳套等。富有者则戴礼帽。老年妇女爱戴绒制捂头帽，中青年妇女不爱戴帽，冬季多戴围巾。1949 年后，帽盔儿、毡帽头、礼帽消失，用料不同的解放帽盛行，也有用线织的捂头帽。80 年代，青年男女中流行的帽式因季节而异，式样繁多。

鞋袜　民国时期，鞋子多为黑色，春、夏、秋穿圆口或尖口布底低帮夹鞋，冬季都是鞍形高帮的棉鞋。青年妇女和儿童有的穿花鞋。面料有布、绒、缎之分，男女相同。遇到雨天，多穿雨靴（用桐油刷过的靴子）。袜子一般都是用白、黑或蓝布缝制的，有夹棉之分。城镇居民，有的穿皮鞋或胶鞋，袜子则由线织的长筒袜代替了布袜，各色俱备。1949 年后，鞋袜式样增多，男女不同，随季节、晴雨而异。现在男女流行皮鞋、布鞋、运动鞋、丝袜、尼龙袜等，样式繁多，城乡无大差别，劳动人民多穿塑料底鞋或橡胶鞋，家庭自做的鞋袜，特别是布袜已不多见。

妆饰 民国初年，男子剪掉发辫，初为光头，继平头，后通行分头。妇女有的剪“一刀齐”，有的留发辫。出嫁后梳盘头、髽髻，前留刘海儿。30 年代后乡村妇女剪发的多了，姑娘留长辫的少了。80 年代，中青年男子普遍留长发。妇女烫发的逐渐增多，发型有波浪式、爆炸式等。

旧时妇女的首饰有钗、簪、耳环、戒指、手镯、项链等，分为赤金、包金、镀金、银、铜等品位。1949 年后逐渐绝迹。近年来，青年妇女戴耳环、戒指、手镯、项链者日渐增多。（以上据 1993 年《玉田县志》整理）

遵化市服饰习俗

衣装 清末，一般群众多以青、蓝土布为衣，中等农户五六口之家，一年大体穿用两匹土布，一般染色、裁缝全由家庭妇女动手自做。少数富户商贸穿用绫、罗、绸、缎。男人服饰一般上穿短偏衫，腰扎布带，下穿缅裆裤，扎腿带。女人上衣穿偏衫，下身长裙。富绅穿长衫或长袍、马褂。民国初年，有了白市布（当时叫“洋布”）、花丝葛、麻线、蓝士林等衣料，公务人员多改穿制服。新中国成立后，人民的衣着有了改善，服饰有所更新，长袍改为短衣，穿长裙的妇女已极少见。“文化大革命”期间，人们穿着比较单一，成年男女多穿中山服或仿军装。颜色以蓝、绿、灰三色最多，华丽服饰极少。进入 80 年代，化纤衣料和混纺衣料销量日增，其中涤纶化纤（俗称“的确良”）经磨耐用，价格比较便宜，基本普及到户。人们的服饰也由单一的中山服变得多样化，买成衣穿的逐渐增多，城乡男女青年穿西式服装的已不为罕见。儿童服装也变得新颖别致。

帽冠 民国年间，一般春秋戴帽盔，夏戴麦秸、秫秸皮编的草帽。冬戴毡帽、风帽或耳罩（棉、毛制品）。新中国成立后，夏季防暑用帽基本无大变化，而其他季节，群众多戴棉或夹的黄绿色仿军帽。妇女由于参加田间劳动的需要，逐步养成戴头巾、纱巾的习惯。这种情况一直延续到 80 年代。此后，随着形势的发展，人民服饰的改革，冬季男人多戴各色布料制成的栽麻双耳奉式或苏式棉帽；妇女，尤其是青年妇女，多戴毛线编织帽、毛织围巾、围脖。春秋两季，男的则改戴灰、蓝、绿色化纤或布料工人帽，也有些人戴上了学士帽。而夏季戴草帽的习惯，仍很普遍。但 1984 年以来，塑编太阳帽在青年儿童以及学生中颇为时兴。一般妇女在夏末秋初还有不少人习惯佩戴纱巾。

鞋袜　民国年间，家庭做鞋是妇女一大负担，不论夹鞋、棉鞋一般都是家做自穿。抗日战争时期，人民子弟兵——八路军，也靠广大妇女做鞋支援，叫“做军鞋”。买鞋穿的只有地主和少数富农、城镇豪绅、商人、学生。买的鞋大都是用礼服呢、大绒、冲服呢、皮料做鞋面，用牛皮、鹿皮、白布做鞋底。劳动人民穿纳帮纳底布鞋，样式有双脸撒、大小圆口、长脸舌头鞋。从 1942 年开始，市场有了胶底鞋、水袜子（高靿棉胶鞋），它舒适、耐穿、防水，当时很受群众欢迎。冀东一带的八路军曾发过五眼回力胶鞋。50 年代以来，广大群众认识了胶鞋的优越性，穿用者很多。农村妇女多仿胶鞋制成布底窄帮五眼鞋，称为“解放鞋”，时兴十余年。进入 60 年代，塑料凉鞋问世，它具有水旱两用、物美价廉的特点，夏秋两季城乡人民普遍穿用塑料凉鞋。80 年代以来，泡沫、人造革、海绵底以及各种款式胶、塑底的布鞋、皮鞋相继进入市场，人们可以随意选购，基本结束了自家做鞋自家穿的历史，解除了妇女在做鞋上的一大负担。由于人民生活水平不断提高，1984 年以来，青年妇女穿高跟、半高跟鞋的日多。在农村穿皮鞋的也逐渐增多。

新中国成立前，农民在夏秋季节很少穿袜，多是赤脚劳动。到初冬至早春天凉时，人们才穿自制的布袜。民国年间，市上有了线袜（时称“洋袜子”），可是出于实用耐穿，人们仍多穿布袜。新中国成立后，线袜逐步时兴，因其极不耐磨，多有翻帮上底的穿法，但仍难解除妇女经常补袜之负担。进入 60 年代，尼龙袜问世，但价钱偏高，群众很少穿用。70 年代以来，县针织厂和城关镇、岳各庄公社等办了袜厂，大量生产尼龙、卡丝袜，它具有物美价廉、抱脚耐磨等优点，成了人们喜穿受用之物。（以上据 1990 年《遵化县志》整理）

滦县服饰习俗

滦俗尚俭，民多衣布。布有两种，棉线织者，曰棉花线布；洋纱织者，曰洋线布，皆居民自制。旧志谓，妇女少艳妆，皆衣布，多出自手织。间有衣丝织品或毛织品，则服务于机关暨酬酢于庆吊者也。冠履亦尚质朴。夏戴草帽，尤以居民用席篾编者（俗呼凉帽，价最低廉）为大宗；冬戴瓜皮帽，以布或缎制之，戴皮帽者无多。履多出自女工，购自市肆者，十不二三。滦境气候颇适，夏无酷暑，冬无祁寒，无皮衣者，被棉均可御冬，故衣裘者率富家及公务人员，普通乡民则罕见云。

（以上据民国二十六年《滦县志》整理）

丰润县服饰习俗

衣装 民国初年，富豪人家，男性着长袍、马褂，女性着旗袍或大襟短袄系百褶裙，面料多用绸缎与机织布。无论长袍、短袄，多为圆领，偏开大襟，缀铜扣或襻扣。裤子不分男女皆为掩裆裤，腰系布带，裤脚口扎腿带。平民着土布短衫裤。土布颜色，夏为本色（黄白）、鱼白，秋冬春为毛蓝、黑。

新中国成立后，时兴男穿中山服，女穿列宁服，颜色皆为灰、蓝、黑，十分单调，面料多为棉布。1956 年，服装改革，妇女服装款式花样增多，色彩多变，美化了生活。1958 年反“骄气”，刚兴起的服装改革，立即泯灭，又恢复了蓝、黑一统色调。80 年代起，盛行西服、连衣裙等，服装款式增多，面料以化纤织物为主。尤其女装、童装花样日新月异，五颜六色，随潮流而变。

鞋帽 新中国成立前，富有人家，男子多在春秋戴礼帽或帽头上加红帽饰。冬戴三块瓦皮帽，夏戴草编礼帽；着针织线袜，足登千层底礼服呢（或冲服呢）鞋，冬为高帮棉鞋或皮靴。妇女多戴头巾，老年妇女戴黑色绒布棉帽。平民男子春秋戴帽头儿（黑色带顶瓜皮小帽），冬戴毡帽，夏戴凉帽（细篾编成）；穿白布缝制的袜子，足登实纳帮鞋，冬季穿毡鞋或黑布棉鞋。

新中国成立初，男子多戴八角工人帽、棉军帽。50 年代中期，改戴军便帽、栽绒棉军帽，女子多戴头巾。80 年代起，男子戴鸭舌帽，女子戴各种款式绒线帽。冬日，男女皆佩围巾。穿鞋亦多变化，皮鞋、布鞋、胶鞋、塑料鞋，款式多样。近几年来，男女多喜穿旅游鞋。袜子多为各种维尼龙织袜，棉线织袜、棉布袜已被淘汰。

妆饰 清代，男子前额顶剃光，脑后留发，梳成大辫垂于背后。未婚女子梳长辫一条，垂于背后，辫根扎红绒绳。已婚女子，将发辫散开盘发纂儿于脑后，外戴黑丝线网罩。

女孩多留齐眉短发，顶梳冲天辫，系红绒绳；亦有于耳上各扎一“鬏鬏”。男孩子脑后留一小辫，额顶留桃形或拢梳形长发。

民国时期，男子开始剪辫子，剃光头，守旧老年人留下辫根散披脑后。30 年代起，青年妇女多剪为短发，青年男子留平头、分头者大有人在。50 年代中期，城镇妇女有烫发者。80 年代起，妇女及男青年烫发者增多，式样随潮流而变。

旧时，妇女首饰有钗、簪、耳环、戒指、手镯、项链等，新中国成立后逐渐消失，“文化大革命”期间绝迹。80 年代起，妇女佩首饰者渐多，富有者戴金、银、钻、翠，一般人戴物美价廉的合成物首饰。（以上据 1993 年《丰润县志》整理）

唐海县服饰习俗

新中国成立前，贫富人家的服饰差异明显，从款式到面料均不同，富裕人家夏单冬棉，有的还有皮衣，逢年过节或探客迎宾备有绸缎等高档布料裁制的长袍马褂等衣物，华贵鲜亮，贫苦人家则以土制粗布缝衣，以遮体御寒。

衣装 民国前，乡绅富人、商贾或教书先生等穿长袍马褂，以示身份地位。用料好者非绸即缎，面色光滑艳丽。一般平民穿短衣，男人不论单、夹、棉衣皆为对襟袄，前面缀蒜疙瘩扣，数量非五即七，避讳四、六（有四六不成人说法），裤子是打褶裤，腰部较宽，腹前打褶，用布腰带系住，裤腿口处用寸宽腿带缠扎于脚腕。妇女裤子亦如此，但上衣则不同，前面不是对襟而是偏襟，纽扣由项下向右斜至右腋后直向下，俗称“大襟袄”。用布为手工纺线、土机织布、自染颜色，除夏季单衣多为白色外，其他多是黑、灰、蓝等，布质粗糙且不耐用。

民国初年，衣着无多大变化，出门做事者有穿制服还乡的，用布也为机制，时称“洋布”，质地较土布要好许多。新中国成立后部分农村年轻人也逐步穿起机制布制服。时有平纹、斜纹、条绒、华达呢等。颜色仍以白、黑、蓝、灰为基调。有的年轻妇女穿花布上衣。

60 年代初，因生活困难，带补丁衣服常见。“文化大革命”时期，一度盛行穿绿色军服（多是仿制），衣服色调更为简单，穿花衣服被视为资产阶级生活方式，而带补丁的衣服方显示“革命本色”，故有的裤子并未破，就在膝部、臀部补上两块大补丁。进入 80 年代，服装有了较大变化，样式新颖，有的显得奇特。年轻人追求时髦，着装也赶潮流。有的一件衣服尚未穿旧即已过时，仅就裤腿口宽而言，先是由瘦变肥，当地人称其为喇叭裤。近年此裤又不时兴，裤腿口又再次变瘦，最瘦的脚刚刚可伸入。有的服装是进口或由国内仿制的，花色及样式更为新奇，牛仔裤首先受到男女青年的青睐，穿西服的也日益增多。近年，年轻妇女在夏季穿裙者日增，美观、凉爽。样式有连衣裙、百褶裙、一步裙等。现在制衣面料品种繁多，大体分棉布类、化纤类、毛纺类和丝织品。另外，还有棉毛混纺、毛与化纤混纺。棉布的比重逐年下降，化纤织品日渐增多。过去背心、袜子等是针织品，现在有的制衣布料也为针织，柔软且有弹性。各类布匹花色更是争奇斗艳，如今不仅妇女穿花衣服，有的年轻男人也穿大红大绿及花衣服。

帽冠 劳动人民一般夏戴遮阳草帽，特别是当地农民，就地取材，用马绊草自制凉帽，遮阳蔽日，有的做工也较精致。到冬季有的则戴风帽或毡帽头御寒。劳动妇女除在夏季戴草帽外，其他时间不戴帽子。但有极少数老年妇女，在冬季戴专做的老太太帽。解放后部分农村青年戴“战斗帽”（布制有遮的夹帽）。“文化大革命”期间时兴戴“解放军帽”（多是仿制）。农村妇女下地干活多戴头巾，头巾的花色品种越来越多，开始为棉线机制，后有丝毛制品，至今妇女下地劳动，即使在盛夏也蒙条纱巾防晒而不戴草帽。

鞋袜 新中国成立前后，本地人穿鞋多是自家缝制，布面布底（千层底），圆口，50 年代后有了尖口鞋。之后又出现了方口鞋，其底大于帮，从外边绱，当地称为出底鞋。此类鞋穿着轻便舒适，但怕水也不耐磨，因此有的在底部钉皮底，并将鞋帮用线密密纳实，称纳帮鞋。同期已有了胶底鞋，分高鞡、矮鞡两类，都系带，底能防水，较布鞋耐穿，很适于农民下田穿用。起初，绿色胶鞋较多，当地人称其为“解放鞋”，其他类似的胶鞋则叫球鞋。冬季穿用的棉鞋原为布底布面，前面正中加皮条，脚背处呈鞍形，以棉为絮。50 年代后期有了带带儿的高鞡布棉鞋，有的人在深冬穿毡鞋，保暖好，但笨重。皮鞋因价钱较贵，一般人无力购买。80 年代以后，穿皮鞋的人较多，品种样式呈多样化。另外，从 70 年代开始穿凉鞋的逐年增多，特别是塑料凉鞋，款式新颖，价格低廉，不怕泥水且易洗刷，很受群众的欢迎。现在除老年妇女外，绝大多数人夏季都穿凉鞋。小孩子从会走路，大人就给买小凉鞋穿。

早年稻农育秧或移栽，从四五月就光脚下田，入水冰凉，出水风抽，腿部皮肤皲裂，女劳力也不得不如此。近年有了专用黑色胶面高鞡水靴，轻便柔软，很适宜水田作业。另外，还有旅游鞋、拖鞋。

当地人在新中国成立前穿袜子只为御寒，天气稍暖农民多打赤脚，那时袜子是以布自做，厚而肥大，为了结实以线纳底。新中国成立后有了棉线袜，薄而服脚，但不耐用，底部早早磨破，不得不补，当地人对此有个专称叫“掉袜底”，是妇女的常活儿。自从化纤面世，尼龙袜受宠，其耐磨程度高于线袜多倍，且美观光洁又有弹性。尼龙丝袜薄如蝉翼，能透肤色，近年出现一种专供妇女穿用的高筒袜，深受青年妇女欢迎。

妆饰　旧社会有钱人家的妇女头饰品较多，有簪、环、钗等，以金、银、玉等制作。新中国成立后头饰剧减。“文化大革命”时期除小型发夹外再无其他头饰品。近年又有少数妇女佩戴耳环、项链等金银饰品。（以上据 1997 年《唐海县志》整理）

卢龙县服饰习俗

明代府、县知事分别按正四品和正七品，戴乌纱帽，着长袍官服，腰束金扣玉带。民间男蓄长发，穿肥大右衽长袍，常不系扣，腰束布带，肥裤口扎以腿带，足登“快靴”。女在闺梳辫，出阁梳“纂儿”。头饰铜、银、金、骨、玉等雕刻的簪钗首饰，两耳扎眼佩环，身穿彩色衣裙。长裙拖地不露脚，缠足。在闺着绣花鞋，出阁穿木跟靴子。纽扣，青年为布条蒜结，老年为黄铜珠扣。

清代，满族习俗传入。男性头发四周剃光，中蓄长发一束，梳辫子。女性在闺梳单（或双）长辫，出阁梳“圆头”，外罩以丝网。男穿对襟布条蒜结单、棉短袄，带腰便裤。豪绅富商或大户人家年节会亲友，夏穿右衽长衫，冬穿棉袍或皮袍，外套袍罩，再套对襟“马褂”。女性夏穿右衽长襟短衫，冬穿右衽长襟棉袄。纽扣，青年为云花蒜结，老年为黄铜透花珠扣。绅宦富户年节间，有着镶红绦边拖地长裙者，县城满族人穿旗式长袍。男性夏穿圆口或尖口布鞋，冬穿布制皮夹脸棉鞋，老年人则穿厚大云纹布制棉鞋或毡鞋。女性，汉族人缠足；满族人不缠，被呼为“旗大板”。县城驻有府、县防守御军官或正蓝旗、镶白旗、一百甲兵家属。缠足与不缠足、穿与不穿旗式长袍，为“旗妆”（满人）与“民妆”（汉人）的区别。

清末民初，服饰有变。辛亥革命时，男人剪辫子，剃光头，后有留各式短发者，中山服传入，系照“西服”参照清式短衣改良而成，两袖口后缝钉三个纽扣，象征“三民主义”；裤下口上挽二折，象征“挽回利权”。以后服饰较杂。士绅、商贾和学界留分头、平头，年岁大者留背头，冬戴礼帽、帽盔、皮帽，夏戴巴拿马草帽（面斗）。农民剃光头，冬戴毡帽、布棉帽，夏戴秫秸篾编的凉帽（尖顶或圆顶）。少女梳双辫、大单辫，有戴毛绒线织的缨子帽（也叫快撸），青壮年妇女有留“燕子尾巴”或“香蕉头”的，老妪则仍梳“纂儿”。绅、商、学人夏着对襟便衫、裤，外罩长衫。冬着便棉衣、裤，外穿皮、棉右衽长袍。农民，夏着家织土布对襟汗褂，便单裤，冬穿黑蓝色土布棉衣裤，裤下口扎腿带。县城偶有穿中山服、西服者。日伪时期，伪职人员多着“协和服”。伪满服装，主体仿日“大和服”。

妇女除少数公教人员穿长衫或半袖“旗袍”外，多穿右衽长襟短单、棉便袄，足穿便鞋，结婚时穿红袄绿裤。多数穿家做布便鞋。妇女已放足（俗称“解放脚”），或根本不缠足，穿布做木底后跟尖头靴者，仅限老媪。虽有绫罗绸缎，但民用者极少。所用衣料主要为市布和家织土布。贫苦农民穿衣“新三年，旧三年，缝缝补补又三年”，更有冬为棉衣，春季掏去棉絮为夹，夏季撕上里子为单，秋冬再洗洗补补做夹、棉衣者。

抗日战争和解放战争时期，根据地、解放区各界衣饰趋同。男性剃光头，冬戴毡帽、布棉帽，夏戴凉帽，着旧式便衣裤。地区干部冬穿长身（至膝上部）棉袄，青壮年和民兵多腰束皮带，打布裹腿。女性以梳辫和剪半发者为多，头戴首饰、佩耳环、着大红大绿衣服和脚穿绣花鞋者少。

1949 年 10 月后，公职人员和学生多留平头、小寸头、分头；农民或老者仍以光头居多。夏戴凉帽、大檐草（或布）帽，春季戴布夹帽，冬戴布棉帽、绒帽和皮帽。女性剪半发者居多，姑娘多梳双短辫，老年梳纂儿者仍为数不少。男着中山服、干部服、学生服，部分中老年农民仍着旧式便衣裤，女性有穿花色或条纹右衽便单、棉上衣的。50 年代末，盛行双排扣翻领长、短大衣，长身过膝，短身及臀，领子有长毛绒或兽皮的。60 年代始，衣服式样开始追逐军队服装。男女老幼服装样式无大区别，颜色则不外灰、蓝、黑。丝织品和毛料，县内人民虽有所用，但为数不多。50 至 60 年代，布料从家织土布过渡到平纹、斜纹棉布、条绒。70 年代始用的确良、涤卡、腈纶、涤纶、维纶、尼龙、丙纶等化纤织品，后又有“快八”“阳离子”等。服装件数增多，着“补丁”衣服者城乡少见。鞋履种类渐广，且各有不同用途，除夹、棉布鞋外，流行夹鞋、棉皮鞋、胶鞋、水靴和各式塑料凉鞋、半高跟鞋、高跟鞋、运动鞋和旅游鞋等。

1978 年 12 月以来，男性除留平头、小寸头、大分头外，也有大背头，青少年蓄长发，间有留须者。为学“少林”，也仍有留光头者。女性多剪半发，少数青年妇女有留披肩长发者。1985 年后，烫发者日增，青壮年居多，部分人又扎耳眼，佩戴耳环、戒指、项链。公检法、税务、工商管理、检疫等单位公职人员，按规定依法着装。社会服装有中山服、西服、学生服、运动服、半袖衫、制服短裤、皮夹克、牛仔裤、风雪衣、羽绒服、春秋风衣、冬令各色棉布或毛呢大衣。80 年代，服装有趋同之势，表现为：城乡趋同，从衣饰很难看出是城镇人还是农村人；职业趋同，不易分辨工农学商职业身份；性别趋同，有的青年男女着饰相似。衣料向高档

发展，服式不断翻新。（以上据1994年《卢龙县志》整理）

昌黎县服饰习俗

《诗》云："无衣无褐，何以卒岁。"衣以蔽体，其为用也重矣哉。四民之家，衣服用棉布者居多，以县境西北多山，近山地性高燥，种棉花相宜。近来由美国传来大棉花子，花朵大而绒长，春初布种，仲秋拾花。经妇女纺织成布，谓之家机线布。买自集市外国之洋线，织成布匹谓之洋线布。民众以此二者为大宗，凡单、夹、棉衣皆用之，取其壮而耐久且适体也。其颜色则蓝、青、绛、白、灰、绿不等，亦有染红、黄、紫色者。至夏用草帽，为麦草编就，多系来自玉田县者，或常戴瓜皮帽，以缎、布为主；冬戴皮帽者，属于各机关人暨富家，若商户、农民则罕见焉。鞋多女工自做，亦有购自铺商者。至若呢绒绸缎，夏葛冬裘，上中资产家间购用之；昌黎风俗俭朴，非庆贺事不常着也。（以上据民国二十二年《昌黎县志》整理）

抚宁县服饰习俗

新中国成立前，农民多穿土布（亦称为家机布），家道较富裕户则穿"洋布"。做买卖人家多有穿中式长衫者，一般人家穿短打的为多。新中国成立后，村镇群众则渐穿平纹布、卡其布等，少数富裕者穿华达呢。1970年以后，各类化纤、毛织品逐步取代了卡其布。从服饰的质量到式样有很大飞跃，男服从黑、蓝色而增为多色，女服花色则愈见俏丽。

过去本地区朝鲜族老年人穿本民族服装者多，现在无论老年人、年轻人，服装式样平时与汉族基本一样。一些少年则时常穿着由七色丝绸相拼而成的上衣，远看犹如彩虹一般。女青年有时穿上轻盈的阔裙。中年和老年妇女穿着传统服装的人较多。女服的裙子较长，配上叫作"着高里"的短上衣，和尚领，前襟交叠，靠丝质蝴蝶结系紧。朝鲜族人自古代就喜欢穿白色衣服，亦称"白衣民族"。每逢结婚、祝寿、节日，人们还是身着本民族的服装。（以上据1996年《抚宁县志》整理）

香河县服饰习俗

向用土布、家机，唯求坚实耐久，不尚美观，寻常农家，大率类此；仕族乃有服丝品者，多购自京津，本境无蚕业也。自洋布输入，物美而价廉，争相购用。家机土布，遂不可见。年来布业甚盛，亦系用洋线织成，改良布机，无复从前之笨拙矣。麻料充斥，色泽鲜明，贫富各户，多喜用之。小康之家，冬月则袭羊裘，仅足衣食者，亦必着长袍以蔽膝，外观力求整齐。至鞋帽趋时，日新月异，此风气使然也。（以上据民国二十五年《香河县志》整理）

霸州市服饰习俗

普通衣料，率为粗布。纱自外来，布乃自织。宽面者制衣服，窄面者做鞋袜，坚韧耐久。春、夏、秋，农民多着短服，以便工作。冬着长袍，用御风寒。夹袍、长褂，概不多见。妇女亦系短衣，右襟裙不常着。男子小衣多对襟，腰巾、腿带多沿旧制。夏笠冬帽为男子所必需。普通妇女概不剪发，不戴帽，不围巾，多尚朴素。婚嫁喜衣各随经济，以棉织品为大宗，丝织品、毛织品亦间有之。政界、学界人员，多尚瞻雅。线袜、呢履、时帽、长衣、轻裘、细葛，工商一级介于其间。本地产棉甚多，足供御冬之用。（以上据民国二十三年《霸县新志》整理）

大城县服饰习俗

衣装 当地民风淳朴，旧时就是富豪平日也是穿机织棉布，少数富户衣服用料颇为讲究，绸、缎、纱、绢、皮毛等，贫户之家穿的是自织的“土布”或称“小粗布”，一般为自染的蓝、黑、灰等单色。有一“紫花布”是用原色棉花织成，为土黄色，县西部织土布的多，穿土布的也多，子牙河两岸织土布的少，穿洋布的多，爱讲时兴，因此有“东看粮，西看房，条河两岸看衣裳”之谚。新中国成立初期，衣料有平纹、斜纹、卡其、华达呢等。60年代盛行灯芯绒，以后的确良、针织布、凡尔丁、毛哔叽，相继在市场上出现。近年来，涤纶、腈纶、尼龙绸、中长纤维、优质纱、各色呢子、高尔夫呢为人们广为采用，城乡无甚差别。

清代及民国年间，富户男人习惯冬穿棉袍夏穿长衫，在喜庆等场合外套马褂以示庄重，城镇富家女子多穿旗袍。普通人家多穿短衫短袄，不论长衫短袄，内衬外罩多是大襟。马褂则是对襟均以襻相系。农村男女的裤子，不论单棉，多为肥裤腰、深裤裆。在腰间可对半掩折。贫苦人家还有穿只有裤腿的棉裤，称为“棉衩裤”。上了年纪的男、女一般都有用带子扎裤腿的习惯。中年腰间扎“搭包”（布做的腰带）。

新中国成立初期，在干部职工中流行男中山装，女列宁装，颜色以灰、黑、蓝为主。60 年代，绿军装及冬季穿的军用棉大衣成为青年男女时代服装，之后流行各种男女棉猴、皮（人造革）夹克，夏天流行各种连衣裙和短裙。近年来服装款式逐步多样化，尤其青年男女穿着打扮更为入时，开始流行西装、各种蝙蝠衫、防寒服、喇叭裤、牛仔裤、健美裤。上了年岁的仍以中山服为多。

鞋帽 民国年间，富家多戴礼帽或帽盔儿，冬天戴皮帽。礼帽多配西装。普通人家夏季戴草帽，冬季戴毡帽头，平常将护耳部分内折，严寒时抻下御寒。有一种卷帽平时挽起来在耳朵上，放下时可到颈部只露双眼，俗称“一把揪”。还有一种“将军盔”也叫“公新帽”，棉制，可到肩部。抗日战争时期，男人多数头罩白羊肚毛巾，至新中国成立初期仍较普遍。新中国成立后八角帽盛行，不仅机关干部戴，商人学生也戴。60 年代流行绿军帽，尤其是男女青年学生，几乎每人一顶，冬季戴栽绒棉帽也很普遍。近年来，各种布料的鸭舌帽很流行，县内称之“一出水”。妇女各种帽子与头巾丰富多彩，与京津几乎无大的差别。50 年代前后，人们穿鞋都是自己做，男子穿纳帮鞋和双脸鞋，女子穿绣花鞋。冬季穿单脸棉靴头或草鞋，草鞋是用地梨苗编制而成，是县内的特产，近年来已不多见。

妆饰 清代直到民国时期，妇女腕戴镯子，手戴戒指，耳戴耳坠，已婚妇女梳“盘头”，上插簪子，这些首饰有金质、银质等品种。富户子弟、官宦之家，男子也有戴戒指的。戒指上刻自己的印章，也有刻有“戒烟”“戒酒”字样。50 年代，戴首饰习俗趋于绝迹，近年来妇女戴耳坠、戒指、项链又盛行起来。另在大尚屯、北魏一带中年妇女镶牙者较多，原因是这些地方有掐笼头的副业，这种副业伤害牙齿，所以镶牙成了妇女的习俗。（以上据 1995 年《大城县志》整理）

涿州市服饰习俗

民国年间，男子垂辫者尚有半数；妇女仍一律缠足。女子梳发，前面蓬起，后面用红粗绳扎成长髻，约五六寸，形若弯弓。扁簪长约尺二；长簪银质，钻以马兰花。皆附有蛇、蝎、蜘蛛、蜈蚣、蛤蟆、壁虎等五毒式样。耳环每对重约八钱。所着弓鞋，满绣各式锦文，且不分老幼，均扎红布腿带。多袒双臂、衣背心者。装束奇异，已可概见。（以上据民国二十五年《涿县志》整理）

安新县服饰习俗

1986 至 2000 年，在服饰方面，冬季，青壮年男女多着毛衣、毛裤、毛呢外衣、各种羽绒服、西服，少数为皮夹克、皮大衣，个别女的还穿着短裙、长裙。老年人多着棉衣、棉裤及黄棉大衣，个别人穿着城市新兴服装。夏季，城乡青年男子，着短袖衬衣、各种短衫，下着薄料长裤；城乡青年妇女，服装花样繁多，有各式长短裙、长裤、短裤、短袖衫、裤头等。男女青年在20世纪80年代流行穿喇叭裤，后被直筒裤所代替。城乡老年人，服装最简单，一般上身着汗衫或短衫，下身着长裤、长裤头。春秋季，城乡各种年龄层次的人，最流行的是西装、夹克，部分老年人仍是着中山装，青年人多着西服、皮夹克、各种港衫、休闲服、坎肩，妇女有的着各种布料的套裙，还有的穿牛仔裤等，而牛仔裤已成为这一时期的流行时尚。

城乡人民穿的鞋袜变化也很大。冬天，有棉靴、皮靴、呢子靴、大头靴等；夏天，有皮凉鞋、塑料凉鞋、塑料拖鞋等；春秋，有各种皮鞋、皮靴、塑料底布暖等。妇女夏天多穿长筒袜和各种高跟鞋，冬天多穿各种各样的高跟皮鞋、皮靴等。在修饰打扮上，中青年女子不少人描眉、画眼影、打口红，青年妇女及姑娘多为齐耳短发、烫发、披肩发等，追时髦者，还将黑发染成黄发；青年小伙子为平头、齐脖长发、分头。（以上据2000年《安新县志》整理）

唐县服饰习俗

衣装　清末，官宦身穿蓝绸马蹄袖长袍官服，腰系黄色丝带，外套对襟黑缎马褂，按品级有前后袯黼，夫人和常人穿着无异，只是衣料多为绫罗绸缎等高档织物。唯举人夫人方有凤冠霞帔。富户商贾多穿长袍马褂，妇女穿大襟褂袄和褶裆裤，出门加穿单棉外套子和套裤长裙，外衣之肩、领、边、袖处镶边和刺绣勾牙，棉、单、夹衣四季分明。劳动民众，男穿大襟袄褂和褶裆裤，系布腰带，冬天加穿大襟棉袍，妇女穿着除别于颜色外，纽扣多为银、铜质，春冬穿棉，夏秋穿单。

民国时期，商家富户，缙绅先生，多穿长袍马褂，内穿对襟小袄和褶裆裤，冬天外出加穿狐皮、羊羔皮大衣。官吏多穿西服，妇女多穿大襟袄褂和褶裆裤，出门外加单、夹旗袍，改紧身小袄为宽袍大袖，腿扎黑色带子，面料多为洋布及绸缎织物。劳动民众穿着样式相同，只是面料多为土布、“洋布”，少数穿麻织物。颜色为老穿紫花，少穿白，中年穿灰色。山区男人出门冬天加穿白板老羊皮袄，习于抽搭包。女则以青、白、蓝为主，出门以穿旗袍为时髦，但出门借衣穿为常事。

抗日战争时期，男青壮年以穿土布紫花或灰裤、白褂为时兴，并仿照八路军将褂子做得特别长大以为美（号称二大褂）。妇女多穿花格土布裤褂。

新中国成立后，境内民众仍以土布为主要面料。1958 年以后，以机织布为主，男女青年始穿机制学生服、中山服、列宁服、军便服上衣和前开门挽裤脚制服裤，内套家做衬衣，老年人仍以传统裤褂为主。颜色依旧为青、灰、白、蓝。60 年代制服灰褂较普遍，冬穿中式棉裤袄，外套制服裤褂，出门外加棉军大衣，山区加穿白茬老羊皮袄。面料多为华达呢、人字呢、哔叽呢和斜纹布。

“文化大革命”时期，男女青年以穿绿色军装服和劳动布工作服为美。除中老年人外，青年男女多穿毛衣、绒衣过冬，出门加穿军棉大衣御寒。

改革开放以来，随着人民生活的迅速提高，服饰反映到中青年身上可谓红男绿女，鲜艳夺目，盛极一时。进入 20 世纪 80 年代，发展到各式男女套服、西服、夹克衫，外出加穿棉大衣，内穿秋衣、毛衣、绒衣。女青年穿着四季变化多端，多穿汗衫、春秋衫、蝙蝠衫，各式裙和连衣裙之面料多为腈纶、涤纶等化学纤维织物。农村中老年多穿机制制服。边远山区，除男女青年穿着较为时兴外，中老年人仍以传统中式服装为主。儿童喜穿海、陆、空军及武警等职业仿制童装。到 1990 年时，境内人们穿着整齐，四季分明。

农民春夏季从事田间劳动，男性仍有赤臂（光膀）干活的习惯。

帽冠　清末，商家富户、缙绅先生多戴缎子帽、胎子帽，有功名者戴顶子帽，农民多戴毡帽头，春秋包土布巾为帽，夏戴草帽。

民国时期，商家富户、缙绅先生多戴礼帽，农民始有以羊肚手巾包头为帽。

新中国成立后，男子多包羊肚手巾为帽。60 年代，多戴干部帽、军帽。70 年代，多戴“三块瓦”栽绒帽御寒。80 年代，流行干部帽、工人帽、前进帽和学生帽，夏季流行太阳帽。

旧时妇女无戴帽习惯，抗日战争、解放战争时期，青年妇女以包白色、彩色毛巾为美，老年人戴“老婆帽”御寒。新中国成立后，妇女冬季多以围脖、围巾包头御寒。

“文化大革命”时期，青少年以戴绿色军帽为时髦。80 年代，青壮年妇女流行戴绒线帽、兔皮小帽御寒，春秋多以纱巾包头避风沙。儿童喜戴虎头帽和海、陆、空及武警仿制帽。

鞋袜　清末，男子穿双脸云钩土布棉鞋，春夏秋穿两道眉撒鞋，冬春穿土布袜子。民国时期流行圆口鞋、方口鞋，极少数官商穿皮鞋，并穿“洋线袜子”。农民开始穿土线针织袜子。

新中国成立后，多穿五眼鞋、方口鞋，配以针织纳底袜子。60 年代前后流行“懒汉鞋”，雨天穿胶鞋。70 年代，夏季流行五趾漏风的塑料凉鞋。80 年代流行各种皮鞋、凉鞋、胶鞋、登山鞋、雪地鞋、旅游鞋，农民下地劳动多穿胶底布帮的解放鞋，至此基本结束了妇女们锥帮纳底的繁重的做鞋劳动。

民国前妇女缠足，穿三角形套鞋、木底竹跟鞋，多绑带，饰以绣花。民国放足，多穿圆口鞋、方口鞋、绣花鞋、缨疙瘩鞋，出门穿红绿绸缎绣花鞋。新中国成立后，仍以圆口、方口为主要式样，春、夏、秋流行单带凉鞋、方口鞋。60 年代流行“懒汉鞋”“面包鞋”，夏季流行塑料凉鞋，配以尼龙袜。80 年代流行花样繁多的凉鞋、拖鞋，青年妇女夏季流行穿长筒肉色尼龙袜。

妆饰　清末，婚前女子多留单辫子，两鬓插花，扎耳眼，戴耳环、坠，戴手镯、戒指。婚时梳鬏髻，前戴盖花，后戴髺，配以九凤箍，插戴簪环。壮年改梳圆头，饰以发网。老年改梳纂子，配以银簪，终生不变。民国时期流行垂肩或齐耳短发，少数知识青年以留“共和头”为时髦。抗日战争时期，妇女多剪短发，间有少数留双辫者。新中国成立初，留双辫者居多，以红绿彩绸系于辫梢，间有少量留大分头者。“文革”期间，女青年多留青年头和运动员头。改革开放以来，烫发传入境内，几年间波浪、爆炸、钢丝发等各式烫发流行城乡，学生式、披肩式、单辫等各种发式间于其间，扎耳眼、戴耳环、戴手镯、戴戒指者遍及城乡。

清初，男蓄发辫为朝廷定制。民国初，政府明令剪掉发辫留光头。但多数男性剪掉发辫仍留“刷刷儿”。20 年代以后，教育界人士始流行平头、分头和学生头。农村青年多剃光头。新中国成立后，农村青年始流行分头、平头和背头。“文革”时期，红卫兵破“四旧”时将男蓄须、女留辫作为“四旧”革除。改革开放以来，普遍流行蓄长发，男女难辨。（以上据 1999 年《唐县志》整理）

雄县服饰习俗

清末民国初年，男子多穿青、蓝色衣裤。上衣分大襟和对襟两种，头戴帽盔或毡帽。脚穿圆口布鞋和布袜。喜庆之日更换新衣帽，比较富裕的穿长袍马褂，戴礼帽。女子穿大袄、瘦裤。中老年多青、蓝色，年轻女子多淡红、粉红和绿色。劳动时脱大换小，裤脚扎带，中老年扎青色带，少女多扎彩色带。因缠足，多不穿袜子，只缠裹脚布，穿绣花鞋。青年女子出嫁或遇喜庆日子更换新衣。富裕人家女子，上衣多绣花边配彩线，裤子用彩色绸缎料制作。妇女头饰上，中老年人多梳髻、戴网罩，姑娘多梳长辫子、扎彩色布结。

抗日战争时期，男子夏天多穿白褂子，青、蓝两色裤子，头包毛巾。冬季多内穿小袄，外穿灰色大袄，腰扎“哒叭”，头戴两块瓦毡帽头。女子衣裤多青、蓝、紫色，夏季多穿白底花格上衣。妇女头饰变化较大，中老年妇女剪成长发，由头后翻卷，戴卡子；青年妇女多剪成短发，扎头绳，戴小鬓卡或黑白两色花形卡。

新中国成立初，农村男子衣着变化不大，妇女衣裤为宽袖口、宽裤筒，上衣多对门圆领，衣料多用条绒。男干部职工多穿中山服、军干服、青年服、劳动服，女干部时兴列宁服。冬季多穿翻领短棉大衣。

“文化大革命”期间，中青年男子夏季多穿制服、绿色军服，冬季多穿蓝、绿色棉大衣。女子多穿中式立领、尖领、西装领上衣，围方头巾或头纱，少数老年妇女头戴毛织圆帽。

80年代后，服饰多样化。中青年男子上衣多西服、夹克服、港服，下身多穿筒裤、喇叭裤、牛仔裤等，冬季多穿棉、皮或呢料大衣。春秋两季多戴解放帽、鸭舌帽，冬季多戴棉、皮帽。鞋的种类很多，夏季多塑料或皮制凉鞋，冬季多穿布制或皮制棉鞋、雪地鞋、旅游鞋等。妇女衣着向多样化、高档化发展。中年妇女上衣多着西装或穿套装，春秋两季多穿呢子褂子。青年妇女夏季多穿短袖衫、裙子、旗袍或短裤，着长筒袜，冬季多穿蓝、红、绿色防寒服。中青年妇女穿高跟、半高跟皮鞋者居多，并多烫发。（以上据1992年《雄县志》整理）

徐水县服饰习俗

徐水俗尚俭朴，普通民众多衣土布，以土产棉纱为原料，以旧式木机织成。今日则大加改良，亦有用洋机者，惜洋线多自外来，实为莫大漏卮。近数十年来，洋布亦颇畅行，盛夏之际，亦多有服用湘、川所产之夏布者。各种丝织品，则均来自外埠。（以上据民国二十一年《徐水县新志》整理）

高阳县服饰习俗

本县百数十村居民，十九以织布为业。所有衣料率用土产，每于机头布尾即可为衣，无须购用外货。近年，人造丝盛行，织成后，色泽花纹与绸缎无异，价值既廉，又属美观，因之妇女辈多取为衣料。至城市居民，商业发达，崇尚奢华，冬裘夏葛、呢绒绸纱，步都市之后尘，成普遍之现象。其乡村务农业工之家，则依然质朴，不事修饰。虽小康之家，亦少有冬衣裘、夏衣葛者。倘四季中，以单、夹、棉三种俱全，即已满意，若其拥有新旧数袭，更不多睹。（以上据民国二十二年《高阳县志》整理）

望都县服饰习俗

县西、南两部，地质稍沃，种棉者多。妇女皆习纺织，其他各村妇女亦多以织布为业。居民率衣土布，自织自用，只取其蔽体御寒，不求华美。寻常衣服，棉改夹，夹改单，敝而后已。虽褴褛之衣，犹做鞋履之用，不肯轻于一掷。从前用洋布者甚少，夏葛冬裘、锦衣绣裳者，虽上户亦不数觏。农工之家，布鞋、草笠以为常，非冠、婚、丧、祭不衣新衣，否则皆嗤为奢华。近年渐趋浮华，洋布、呢绒恒见于市，富厚之家、仕宦之人多服之。现在提倡国货，各公务人员、各学生一律易以土布短服，以为民倡，盖崇俭也。（以上据民国二十三年《望都县志》整理）

满城县服饰习俗

衣服向用土布，家机棉线，仕族间有服丝品者，多购自都会商店，本地无蚕业也。村氓妇女每织土布自用，不尚美观。虽购置丝品衣服，嫁娶间有之，常服则无。红绿花布，斜纹条布，喜用国货，以高阳输入者为多，外洋布品价昂，购者甚少。小康之家，近有冬服羊裘者，亦系粗品。鞋帽趋时，日新月异，风气使然也。（以上据民国二十年《满城县志略》整理）

吴桥县服饰习俗

衣装　新中国成立前，县内居民多穿土布，以青、灰、蓝、白色为主，妇女喜用红、绿、紫、黄等色布；少数商人和富户穿绸缎或细布。新中国成立后，土布渐被淘汰，但因本色土布厚实暖和且越洗越白，至今农村仍有人继续纺织自用。

民国初年，无论长袍短衫，多是小圆立领，衣襟从衣领至右臂下侧开合，缀有铜扣和蒜疙瘩扣。富户商人多穿长袍长衫，外套马褂。夏季，老年妇女穿夏布（一种麻织品）衫子。男穿汗褟儿、水裤（长裤衩）。冬天，富家穿皮袍、皮袄；一般人穿棉衣、棉裤；少数人穿坎肩、衩裤（只有裤腿）。无论男女，单裤、棉裤都是大裤裆、大裤腰一个式样。20 年代，城镇妇女多穿旗袍，农村妇女也有穿者。新中国成立前，一般人家做了新衣服只是在过年、过节、走亲访友时穿。平日穿旧衣服。破了，缝缝补补继续穿用。新中国成立后，衣料质量不断提高，细布逐步代替粗布。五六十年代多为平纹、卡其、华达呢、府绸等。70 年代以来，主要布料有化纤布、毛涤混纺、毛呢、毛料等，颜色鲜艳，五光十色。衣服款式繁多，男装主要有中山服、军便服、青年服、学生服、西服等。夏季着衬衣、背心，冬穿各种面料的皮、棉大衣。女装式样更多，分春、秋装与冬、夏装等。男女多穿西裤。80 年代以来，青年人时兴筒裤、喇叭裤、牛仔裤，青年妇女夏穿百褶裙、西服裙、直筒裤、喇叭裙、连衣裙等。

婴儿穿沙土裤、外包小褥子。一周岁左右穿开裆裤，冬穿开裆背带连脚棉裤，外出时罩斗篷。童装多成衣，式样繁多，色彩艳丽。

鞋帽　民国时期，男子夏戴蘑菇形草帽，冬戴毡帽头。青年或小孩帽顶上缀有一颗红色球形丝扣。富家和读书人常戴礼帽。40 年代初期流行“三块瓦帽”，耳垂部位镶栽麻、皮毛等，风雪严冬时便落下耳垂。50 年代初，男子多戴军帽，颜色有黑、蓝、灰等。“文化大革命”时期盛行绿色军帽。80 年代以来，男子流行戴鸭舌帽，妇女们喜戴各种式样的绒线帽。

清末民初，男子多穿双脸夹鞋和圆头低帮的布底夹鞋，冬穿双片明砌脸棉鞋。妇女因缠足，穿尖头鞋，鞋口有圆有尖。有的在鞋帮上绣有花卉等图案，称“绣花鞋”。新中国成立后时兴五眼鞋、方口鞋。70 年代，男女多穿松紧口的“懒汉鞋”，妇女夏穿偏带鞋。80 年代，皮鞋、马靴开始流行，妇女多穿高跟、半高跟鞋，幼儿多穿家做老虎头布、棉鞋。

20 至 50 年代，男女多穿白色布袜，双层白土布做筒，数层布铺垫做底，袜底密针穿纳或纳以花纹图案。50 年代逐渐有了长、短针织线袜，袜底因易于磨破，需另加袜底。70 年代初，尼龙袜、锦纶丝袜取代线袜。

发型　清末，男子留长辫。民初多为光头。新中国成立后逐渐有三七分头、平头、背头。80 年代，青年男子多留长发，也有烫发者。清末民初，女子均为长发。未婚女子梳独辫，婚后梳盘头。老年妇女绾发髻。50 年代，青年女子留双辫，以长为美。“文化大革命”时期，剪长发为短发，或像男子一样留分头。70 年代梳“三面齐”短发。80 年代，中青年妇女始兴烫发，发式有披肩、波浪、流云、菊花等。（以上据 1992 年《吴桥县志》整理）

南皮县服饰习俗

南皮全境分为六区，以地势关系约划为南北两部，一、五、六区为北部，产棉少；二、三、四区为南部，产棉多。故南部各村，家家自为纺织，衣皆棉布，间有以洋纱相间织布者。种地在二三十亩以上之家，皆衣服完整，不至鹑衣百结。至北部三区，亦有自为纺织者，但十无四五，余皆购用洋布或高阳布为衣。全境皆俭朴成风，新旧大小辗转改作，至朽烂为度。鞋，则家做者多，式样不一。穿铺鞋者，皆机关或学生及好为交际应酬之人。农人以布为袜，夏则赤足；机关、学校的多着线袜。冬戴瓜皮便帽，间有戴毡帽者，夏戴草笠，以麦莛、秫皮、马鞭草等为之，皆外境贩来。衣服之色，男子长衣以灰色为主，蓝次之，马褂纯用黑，单衣则白色与紫花色兼用；妇女之衣以蓝色为主，黑次之。总之，衣之种类不一，其料皆用土产，而务为外表美观者又多用印花洋布，实为漏卮，近更习于欧化，间或洋服而着皮履焉。县政府为提倡国货起见，传令各机关及学校，皆用国布为制服。（以上据民国二十一年《南皮县志》整理）

景县服饰习俗

旧时，县内服装鞋帽式样色调单一，质料粗劣。穷苦人家缺衣少被，故常有借衣走亲者。新中国成立后，服饰变化较大，尤其十一届三中全会后，随着开放搞活的形势，衣着式样争奇斗艳，大大脱离了千百年来的习俗，基本上结束了自制自用的历史。旧时，妇女多戴耳坠、簪子和戒指、手镯等，依经济状况，质料各异。新中国成立后，一度消失。近年又有不少戴耳坠、项链、手镯者。

衣装 旧时无论单、夹、棉，男女都穿裹裆裤，裆部肥大，上加半尺左右裤腰，穿时裹折系带，有的做两条棉裤腿以带系腰间，称衩裤。50 年代始，裹裆裤渐被制服裤取代。进入 80 年代，式样渐新渐杂，筒裤、喇叭裤、牛仔裤、健美裤等逐年增多。

清代，男子上衣为长袍马褂。民国年间，马褂渐少，富者常外加罩衫，不穿棉袍时也穿长衫。其时无论男女，短上衣亦为大襟式。穷苦百姓夏季多赤膊，有的用家织布做无领无袖汗褂，对襟、腋下三根布条相连。纽扣为疙瘩扣，富者用铜制空心疙瘩，穷者用布条网结制成蒜疙瘩。三四十年代后，对襟式渐流行。50 年代流行中山服、列宁服、学生服等。此时服色以青、蓝、灰为主。“文化大革命”时，军装褂风靡一时，绿色成了主色。70 年代末开始，服装色式冲破传统，单衣如西服、裙服、“T 恤衫”“蝙蝠衫”等；冬装如各式大衣、风雪衣、羽绒服，等等。

帽冠 以新中国成立为界，帽形变化极大。旧时主要有帽盔（城北称帽垫）、礼帽、草帽、毡帽头、马虎帽、将军帽等。贫穷者或光头或包布手巾。抗日战争时期，军政人员包羊肚手巾；中老年妇女戴盆形帽、帽箍。新中国成立后有制服帽、前进帽（鸭舌帽）、栽绒帽、各式皮帽等；妇女戴长形、方形围巾、编织帽、翻毛帽等。“文化大革命”时军帽流行，男女都戴。

鞋袜　夹鞋，旧时县内多穿家做鞋，男式以青布为主色，圆口，多数用线纳帮，线绳或麻绳纳底；另有“双脸鞋”，又称“鞑鞋”。女式亦以青布料为主，圆口或尖口，有的鞋头绣花；另有缠足女人所穿的尖鞋。新中国成立后，妇女开始穿襻带鞋。再后，无论男女都穿方口鞋、五眼鞋、松紧口鞋，力士鞋、球鞋也渐增多。60 年代后期，塑料凉鞋开始流行。进入 80 年代，鞋样多不胜举，各式皮鞋、牛仔鞋、旅游鞋等随处可见；色调不一，红、黄、蓝、白、黑、紫、绿等都有，并附有各种饰物。

旧时棉鞋，鞋帮由两片组成，俗称“两块瓦”。男式多将鞋帮纳成菱形图案，有的纳成云锦花纹。另有草鞋，系蒲草编制，内絮麦秸。“毡窝”极少，仅富户穿用。50 年代后开始出现五眼棉鞋。70 年代买鞋穿者渐多，棉鞋式样随之增多。进入 80 年代，皮棉鞋、马靴等已不属罕见。

旧时幼儿不分男女，多于鞋头绣花或做各种兽形，有“猫脸鞋”“猪头鞋”“虎头鞋”等。近年来，童鞋花样繁多，款式各异。

旧时不论男女，均穿布袜，袜跟、尖、底用线实纳，有的于脚心部位纳花。40 年代出现手摇织袜机，织成袜筒，截开缝上布底。50 年代后，机织袜逐渐普及。70 年代后，尼龙袜、弹力袜、丝袜等花色品种多不胜举。

妆饰　旧时女子发型标志婚否，未婚者蓄单辫，额前有刘海；婚后梳髻开脸（去掉刘海，绞面部汗毛）。清末，男子绝大多数剪了辫子，剃光头。抗日战争时，共产党号召剪齐耳短发。新中国成立后，男子留分头、寸头者渐多，女子亦有部分人蓄双辫子。进入 80 年代，女子发型花样渐多，除烫发外，有的留短发如运动式，有的留长发，或马尾式或披肩式，或头顶梳髻。男青年也有烫发、蓄长发的。

旧时，幼儿戴项圈、长命锁、银五件等，妇女戴簪钗、耳环、耳坠、绫花、戒指、手镯等，新中国成立后多废止。80 年代后，青年男女戴戒指，女子戴项链、耳坠者渐增。（以上据 1991 年《景县志》整理）

安平县服饰习俗

衣装　旧时，农民多用自织的土布或粮食换来的估棉、估衣、粗布缝制衣服，大多数群众破衣烂裳。夏季，男子赤上身，穿短裤。冬季衣不蔽体者甚多。闺女出嫁，做身绸缎衣裳、买条裙子的已属富户，贫家女子大多买不起，即使买了也只在新婚之日穿一二天，过后压在箱底，辈辈相传。衣服样式不论长衣短褂，女衣是带大襟的，从脖颈至右臂下缀蒜疙瘩扣或铜纽扣；男衣是对襟的，也用蒜疙瘩扣或铜纽扣。裤子一般缝半尺宽的裤腰，掩住后用布条腰带系住，俗称“掩腰裤”。为了劳动方便，出现了只有裤腿而没有裤裆的“棉衩裤”。少数商贾、富户绫罗绸缎，长袍马褂。

新中国成立后，人民生活逐渐改善，衣服质料不断提高。50 年代多穿细布、卡其布，60 年代多穿灯芯绒、平绒、府绸等。70 至 80 年代，的确良、涤卡、涤纶、呢子、毛料等畅销。

50 至 60 年代初，县城男装中山服、女装列宁服较为流行，农村变化不大。“文化大革命”期间，衣服多为灰、蓝、黑，样式一般多为学生服或工人装，年轻人不论男女，以着绿军装、戴绿军帽为时髦。十一届三中全会后，人民生活日益提高，服装式样也不断翻新。男装以中山装、解放装、西装为主；女装夏天有衬衣、裙子，春秋有西服、套裙、蝙蝠衫等。冬季，不论男女，大都穿毛衣、绒衣、棉衣、风雪衣、呢大衣、羽绒服、皮夹克等。衣装颜色呈五颜六色之势。

鞋袜　旧时，本县农民男穿双脸鞋，线纳鞋帮，线绳子纳底。直脚，两脚可以换穿。后变化不大，只是鞋口有所改变，如圆口、尖口和方口等。小脚妇女穿尖尖鞋，大脚妇女穿绣花鞋，鞋面和鞋帮上绣有各式花朵。50 至 60 年代，增加了五眼鞋、松紧口鞋。进入 80 年代，五颜六色、样式繁多的人造革鞋、塑料鞋、皮鞋、运动鞋、旅游鞋等迅速普及全县。

旧时，农民大多穿土布制作的袜子，土布做帮，袜底用布铺垫后，也用双线纳底。年轻男人穿的袜子，在底心还纳有各式花朵。50 年代后粗线袜、洋线袜逐渐代替了布袜。70 年代起，尼龙线袜和丝袜逐渐普及。

妆饰　清朝，男人留辫子，戴帽盔儿。30 年代后，有少数富家子弟、学生留背头、分头，戴礼帽。大多数老百姓剃光头，戴瓜皮帽，老年人冬季戴毡帽。以后，逐步戴“三块瓦”帽。抗日战争时期，人们仿照陕甘宁边区的风俗，头箍羊肚手巾。新中国成立后，老年人仍剃光头，青年人留平头、分头。60 年代，大部分人戴解放帽。近年来，青年人留长发，老年人留短发。多数夏日戴太阳帽，冬季戴鸭舌帽和各种绒线帽。

妇女头饰，民国时期少年扎辫，婚后绾髻。婚前梳独根辫子，辫根缠红头绳，辫子越大越美。新中国成立后，发型样式多样，不论已婚和未婚，有剪发头、双小辫，短者梳于颊下，长者垂于背后。70 年代后期，青年头、烫发头、披肩发等各种发型相继兴起。（以上据 1996 年《安平县志》整理）

武强县服饰习俗

衣装　清时，富户男子一般穿长袍马褂，贫民则穿土布衫、裤。长袍短衫内衬外罩皆长圆领大襟，从脖领处至右臂下缀铜扣或结疙瘩扣。裤子是在裤裆以上缝上半尺的宽裤腰，掩住后，用裤带系好。裤腿用带系之，谓“绑腿”，男女皆同。民国初年，男子有穿对襟布衫、棉袄的，胸前开口缀蒜疙瘩扣。颜色多为蓝、黑、白、灰，儿童和年轻女子也有穿红、绿颜色的。新中国成立后，人民生活水平不断提高，衣服款式大为改进。旧式的大襟袄和“掩腰裤”除老年人尚有穿着外，其他人已不复见。一般男成年人穿“制服”，上衣四口袋或者三口袋，裤为前开口，左右侧二口袋，中老年男子特别是机关干部穿中山装。70 年代开始穿筒裤、喇叭裤。80 年代开始流行西装。春秋穿绒衣绒裤、毛衣毛裤、棉毛坎肩、尼龙衫、风雪衣。夏穿背心、汗衫、裤衩，冬季穿棉袄、棉裤、派克服、夹克服、大衣。一般成年妇女穿西服，上衣二口袋，下衣右侧开口，左右二口袋，颜色多为灰、蓝、白、黑；年轻女子穿裙子，颜色多为红、白花等。

头饰帽冠　清代，男人蓄辫。民国时期，少数富家子弟和教员、学生等留背头、分头，戴礼帽，一般老百姓剃光头。新中国成立后，除老年人尚剃光头外，中年男子有的留背头，青少年留分头，戴草帽、单帽、棉帽、栽绒帽。80 年代兴起鸭舌帽。旧时及新中国成立初年，少年女子扎辫，婚后绾髻，戴网子，插簪子，佩耳环。新中国成立后，妇女发型变化很大，有剪发头、双小辫。70 年代，青年头、烫发头等各式发型相继兴起，并罩有纱巾、头巾、围巾，青年女子戴各种样式的绒线帽。

鞋袜　旧时一般穿家做布鞋，线纳鞋帮，麻绳纳底，底面平直，年轻女子多绣花其上。均穿布袜。新中国成立后先后兴起松紧口鞋，鞋面多为条绒、平绒布料。从 60 年代开始，塑料鞋底、塑料凉鞋和各种各样的机制布鞋畅销于市。70 至 80 年代，先后兴起穿皮鞋、大头鞋、旅游鞋，青年女子有的穿高跟鞋。袜子多穿尼龙袜。（以上据 1996 年《武强县志》整理）

广平县服饰习俗

衣装 新中国成立前，富家衣料以细布（俗称洋布）、绸缎为主，男子冬装为长袍、马褂，夏季为长衫（俗称大衫子），其颜色多种；贫家穿土布，男子冬装为开襟短袄或棉袍子（俗称大袄）、带腰拐裆裤子，其颜色多为黑、蓝、灰。干重活者穿衩裤（只有两腿没有裤腰、裤裆的棉裤）。贫家男子夏装为开襟短褂（俗名汗褂子）、带腰拐裆裤、汗褟子（无袖、无领汗衫），其颜色均为白色和土色。新中国成立后，大袍、长衫渐被淘汰。50年代，青年男子开始穿制服（中山装、学生装），针织服装（绒衣、绒裤、背心）开始流行。60年代，时兴草绿色军服。80年代，部分青年穿西服，农村中老年男子仍是中式裤褂。

旧时，女子均穿带襟衣、袄和带腰长裤，其颜色中老年多为黑、蓝、灰、青。少年颜色、花式多种。富家女子出嫁、走亲系裙。50年代以后，青年女子多变为开襟上衣。80年代，青年女子除穿裙外，衣服花样变化多端，不胜枚举。一至三岁儿童冬季穿“褡褡裤”（上衣、下衣和脚连在一起的开裆棉裤），夏季戴五毒兜肚（上绣蛇、蝎子、蜈蚣等），春秋穿“狼皮褂子”（系找十二姓的“了机头”做成，层层布穗，像狼皮）。

帽冠 新中国成立前，富家男子春、秋、冬多戴帽头（顶有疙瘩的瓜皮形帽）、礼帽，夏季戴凉帽（精制的草帽）。贫穷男子冬季戴无檐毡帽、套头帽（又名猛一钻）、马护子（无顶、带耳掩尾的棉帽）。老年妇女戴“脑包子”（只扣头顶的棉帽）、箍子及无檐平绒帽。富家女子出嫁或走亲戴冠。一至二岁儿童戴老虎头帽子（像虎头，缀有铃子的棉帽），较大的儿童戴风帽（脑后有大尾、顶上有圆眼的围耳大帽）。40年代以后，男子普遍箍白毛巾。50年代以后，青年男子多戴干部帽，女子冬季多围方巾。80年代，男子鸭舌帽流行，青年妇女及儿童各种花式帽繁多。

鞋袜 新中国成立前，男子多穿圆口、尖口、气眼黑色布鞋，唯劳动者穿“两道眉鞋”（鞋帮遍纳，前有两眉，非常结实）。袜子多是土白布缝制。青少年女子穿绣花鞋，其颜色多种。幼儿穿“老猫鞋”（绣有虎头，套在“褡褡裤”上的方鞋）。新中国成立后，球鞋、各种胶底鞋和机织袜子（俗名洋袜子）流行，女子绣花鞋减少，方口带襻鞋较多。60年代以后，夏季男女多穿塑料凉鞋。80年代，男女青年穿皮鞋者颇多。

妆饰 新中国成立前，男子多为剃光头，富家青年也有留分头者。男孩留“马鬏”，女孩留丫辫。青年女子留独辫，扎红头绳，以长者为最美。结婚梳纂儿（盘髻），为已婚标志。新中国成立后，青少年男子多留分头、背头、平头，中老年仍为光头。青年女子，不论结婚与否，多为剪发头或齐肩双短辫。80年代，青年女子开始吹风烫发，其样式、名目繁多。男青年长发黑须者间有之。

新中国成立前，女子首饰有耳环（俗名耳坠子）、戒指、手镯、发钗。新中国成立后逐渐减少，“文革”时绝迹。80年代，戒指、耳环又在部分女青年中流行，手镯、项链偶有戴者。（以上据1995年《广平县志》整理）

成安县服饰习俗

成境荒僻闭塞，向为自给自足之农业社会。农业之主产品为棉花。一般农家妇女，农作之余，多事纺织以为副业。五十年前，此出品尚为多数民众之普通衣料，少数商学两界，其衣料亦多为国产之丝织品。虽其时帝国主义的魔手已伸入中国，但在吾县市场上则无舶来货物品也。至近年来，整个农业社会日趋没落，农民之副业日趋衰退。吾县土布之销路遂一跌不堪再振，渐为外来品压倒。外来布匹以舶来品居多，虽亦间有高阳出品，但其销路不大；而舶来布匹又以日本出品为多，西欧各国次之。由是，舶来布匹销路日广，一般民众在衣料上渐与舶来货相依。（以上据民国二十年《成安县志》整理）

磁县服饰习俗

昔时男女制衣多用粗布，靛染蓝色。女子皆穿短衣，一裤一衫，冬则袄外尚套一单褂。富者探亲戚时，下更加扎裙子。虽扎短衣，务求宽大肥裕。又皆穿耳、缠足、搽脂抹粉，颇形丑陋。唯近年来，城镇各处以教育渐兴，颇知革改，但人数甚少。男女贫者只着短衣，富者除短衣外，夏有大衫，冬又有大袍、马褂。昔亦全为蓝色，近则夏多白色，冬多青色。又帽巾、鞋袜，昔均自造，近多为舶来品。所需粗布，多系自织。至于一切洋布，皆购自外方。（以上据民国三十年《磁县县志》整理）

武安市服饰习俗

合邑妇女以纺织为事，各人所衣之衣，多为自织之布。农民终年短装，虽严冬亦无衣长衣者，衣皆布制。男子夏日衣半臂，短裤露骭，冬棉袄，皆以家机布制；

蓝靛染，以色深为美观，名曰“黑布”，浅者曰“蓝布”。妇女夏日着短衫，朴洁可爱。近俗渐趋奢侈，士、商、富民多改服舶来品，亦有衣绮罗者，农民布衣仍旧。（以上据民国二十九年《武安县志》整理）

沙河市服饰习俗

最西部一带，产棉甚少，衣服粗恶。度口川内居民，鹑衣百多，触目皆是，棉袍、马褂等衣，几于绝无仅有。中部丘陵一带，产棉较丰，皆自为纺织，间有以洋纱相间织布者。种地在二三十亩以上之家，衣服大致完整。东部一带，在沙河南者，毗连永年，为产棉最多区域；在沙河北者，虽产棉极少，因居民多业纺织，故衣服亦不逊于南部。唯新旧辗转改作，至朽烂为度，全境略同。鞋则自造者多，购之鞋肆者，皆公务员及学生或商人。农民以棉布为袜，夏则赤足。公务员、学生则多着线袜。冬则瓜皮便帽，间有戴毡帽者；夏则草笠，以麦莛为之，皆自外境贩来。衣服之色，男子衣以深蓝色为主，灰色、黑色次之，单衣则白色、蓝色与紫花色兼用；妇女之衣，以深蓝色为主，黑色次之。总之，衣之种类不一，其料皆用土产，犹有淳朴遗风。唯近年渐染欧风，富户多购用各色洋布，且间有着洋服革履者，不但漏卮难塞，亦风气之忧也。（以上据民国二十九年《沙河县志》整理）

新河县服饰习俗

全县人民朴素，不以衣服之华丽相夸耀。衣多布制，非嫁娶宴乐时，虽富室亦少衣绸帛，但近稍奢侈。农民衣服多以洋布为之。以呢类为衣者亦日多，西式衣冠，向所罕觏。其色尚青、蓝，老人尚灰，男子夏日则尚白，农夫多着紫棉布，其色褐、黄、红、绿浓耀，儿童多着之。民国初，衣服尚狭小，近尚宽大。至于衣饰，男女异制。男子着长袍短褂，冬季有于裤外复套以上无裆之服者（俗称套裤）。冠以着帽佃或呢毡帽为多，年老有着风帽者，又有所谓耳套者，以棉为之，边缘以皮，严寒时老者及儿童用之。男子夏日或袒其上体，或只着坎肩，雨则着油鞋，戴箬笠。亲丧守制衣冠，皆以白布为缘，不衣帛，不理发，古风犹存；亡人服装犹用清制，长袍马褂、高靴顶戴。女子衣饰，多沿明代制，家居多不着裙，傅粉、穿耳，积习难返，首饰、戒指、钗钏诸饰，尚未尽革。儿童衣服，其制近古，四五岁幼童，夏多裸体，唯女着兜肚；男儿八岁，亦须着衣，谚语所谓“露七不露八”者也。自女子剪发放足以来，服装顿改；男子服装，亦日趋新异矣。（以上据民国十

八年《新河县志》整理）

清河县服饰习俗

全县普通农户，用棉布为衣。妇女均以纺织为工作，粗而坚，衣一袭，恒数年不敝。冬色尚蓝，黑次之；夏尚白，紫花次之。农家夏无着长衫者。间有购纱线自织，俗名“洋线布”。至常服洋布者，仅富家男女及学界、商人。丝葛绸缎等类，除庆贺、会亲友外，平时服用者绝少。农工之家，即老人亦夏不穿葛，冬着一老羊裘者有之。鞋袜多自制，其式样或铲鞋，或方口鞋。近年妇女尚坤鞋，类多平底、方口；机器袜近亦畅行。帽式，多瓜皮小帽，间有着俄国式皮帽者，夏购大檐草帽。衣服样式，宽窄长短时有变迁。近来妇女中之妆饰品，渐趋于奢；时髦青年衣着绒呢、足穿革履、项围羊毛巾者，已露萌芽。亦社会由俭趋奢之渐也。（以上据民国二十三年《清河县志》整理）

临城县服饰习俗

衣装　朝代更替，社会变革，人们的服装无论颜色、式样，还是用料和质量，都随着社会潮流和人们经济条件的不同在不断地发展着。

新中国成立前，有“夏季穿灰白，秋穿蓝，冬穿青，青少年不穿黑老蓝（深蓝）”的说法。夏季中老年服装的颜色以紫花（土黄色）、紫蓝色居多，冬季以青色和黑老蓝色居多。青少年妇女服装的颜色，一般是“红装绿裹”，红衣绿裤。抗日战争时期，在外工作人员和民兵多穿灰色服装。“文化大革命”时期，盛行军绿（草绿色）服装。现在的服装则是色彩缤纷，而且穿红挂绿已不为妇女所独有，青少年男性有的也穿上了红、绿等彩色带花服装。

新中国成立前，服装样式一般为斜开襟、缀蒜疙瘩形纽扣，扣分布、铜、铁、锡、玉等数种。无论男女，一般都穿短衣斜襟的“布衫”和袄，下身则是大裆缅腰长裤。用布制或线织的腰带扎腰，用二寸宽、二尺长的绑腿带扎腿。有的绅士、富户冬季穿长袍（大袄和皮袄），外罩马褂。春秋两季穿单长衫，同样是斜襟、缀蒜疙瘩形的纽扣。40 年代，对襟上衣、前开口裤逐步增多。50 年代，农村服装无大变化，国家机关工作人员多穿制服。60 年代后期，劳动服、绿军便服在中青年干部和学生中盛行。80 年代后，服装款式增多，市场上相继出现了军服、中山服、工作服、运动服、学生服、西装、老板服等。青年服装款式更是丰富多彩，夏季女性盛行裙装，男性多穿汗衫、短裤或衬衣、长裤。

新中国成立前，服装的布料绝大部分是土布；新中国成立后，“洋布”才增多，继而出现了斜纹、哔叽、华达呢、条绒、单（双）面卡其等。70 年代后，化纤布料、棉毛混纺布料逐渐占据布匹市场。90 年代，仿皮革布料开始盛行。

帽冠 新中国成立前，农村的青壮年男性，春秋和初冬一般是用土布制的头巾包头，夏季光头不戴帽。中老年男性春秋两季，有的戴瓜皮小帽，俗称“帽头”和“帽壳”；冬季有的戴毡帽、帽套（俗称“摩护帽”），老年戴风帽（俗称“脑头”）。妇女用带色土布包头，也有的老年妇女冬季戴风帽。儿童戴老虎头帽。绅士中有戴礼帽的。农民在热天和雨天戴草帽、凉帽和斗笠。新中国成立后，帽子式样多样化，有军便帽、军棉帽、八角帽、鸭舌帽、工人帽、干部帽、学生帽、安全帽及各式各样的草帽、礼帽和童帽。

鞋袜 新中国成立前，绝大部分人穿土布“两道眉”鞋。冬季穿“一道眉”土布棉鞋（俗称“靴头”）。老年穿毡靴（俗称“毡乌拉”）。新中国成立后，鞋的样式增多，出现了解放鞋、球鞋、力士鞋、“懒汉鞋”。80 年代后，各式各样的布鞋、皮鞋、胶鞋、塑料鞋、人造革鞋在农村普及。

新中国成立前，大部分人穿的是白土布做的夹袜和棉袜。新中国成立后，出现了线袜、尼龙袜、尼龙丝袜、毛巾袜和毛袜。

妆饰 旧时，妇女多佩戴手镯、耳环、戒指、项链、银钗。新中国成立后逐渐减少。80 年代后，青年女子中戴耳环、戒指、项链者日渐增多。

清代男子蓄辫，民国后剪掉辫子，农家男子多剃光头，少年儿童普留刘海。有的独生子在脑后蓄一绺头发，称留“九十九”。未婚女子多为独根长辫，婚后盘髻。

新中国成立后，除农村中老年男子外，剃光头者日渐减少，有分头、背头、平头、学生头等样式。50 年代，农村女子发型无多大变化，妇女干部多为齐耳短发或双辫。“文化大革命”期间，青年女子多留羊角短辫。80 年代后，女子发型多样化颇为普遍，有“钢丝”“螺旋”等样式。（以上据 1996 年《临城县志》整理）

南和县服饰习俗

新中国成立前，衣料多为土布。穿手工缝制的对襟掩襟衫、袄，掩腰绑腿裤、衩裤。只有富豪、商家、官吏和文人等才穿长衫、袍、马褂，为洋布和绸缎料。百姓多自做粗布鞋袜。青年妇女穿花衣、绣花鞋。官宦多穿棉、毛线袜（称“洋袜”），皮鞋，皮袄。清朝，男子留长辫，民国男人剃光头，戴布帽（马护）、线帽、毡头（猴帽）、帽盔（瓜皮帽），幼儿多戴虎头帽。妇女多戴耳环、戒指、手镯。日伪时期，官太太曾穿旗袍。

新中国成立后，机制布料增多。特别在干部、职工和学生中多灰、黑制服，大衣（俗称“大氅”），球鞋、力士鞋，留平头、背头。妇女剪短发，青年妇女留短发。内衣时兴裤衩、背心、秋衣、绒衣、毛衣等，衣料新兴平纹、斜纹、条绒、平绒、大纹呢、华达呢等。在颜色上，蓝色逐渐增多，特别是学生蓝、北京蓝兴盛一时，曾有“挣钱不挣钱，穿身学生蓝”之说。“文化大革命”中，青年男女多穿草绿军装、军帽、绿胶鞋（称“解放鞋”）。中老年也穿军大衣，戴军棉帽或栽绒帽。从40年代直到60年代，男女普遍头包毛巾。

改革开放后，服装款式向多种样式转化。在青壮年中，西服、中山服、筒裤、喇叭裤、牛仔裤、港澳衣裤等同时出现。女青年多梳长发、披肩发、运动发、烫发等多种发型，穿多种花色样式的裙子、衫、袄，用各种纱巾、头巾、围脖。高跟、半高跟皮鞋，凉帽，高靿靴，秋衣，毛衣，羽绒袄，呢子大衣等也较普及。穿长筒袜、紧身服（健美衣），戴耳环的人数呈增长趋势。男青年留胡须、留长发，也有烫发的。穿西服、系领带、戴各种眼镜大为流行。春秋穿印有图纹的针织衣裤的屡见不鲜。各种皮鞋、凉鞋较普及。夏穿汗衫、背心、短裤，冬穿毛呢、羽绒服、呢大衣等，衣料从棉纤向化纤转化。袜子多为尼龙袜、玻璃丝袜。绒线帽、毛线织帽和皮帽最为时兴。总之，服饰由简朴实用型向健美装饰型发展。（以上据1996年《南和县志》整理）

第二节　饮　食

正定县饮食习俗

新中国成立前，中等生活水平的人家，每日三顿吃玉米面饼子。有的人家在磨玉米面时放些黄豆，使蒸的饼子更好吃一些。穷苦人家吃高粱面或山药面饼子、糠饼子、菜饼子、“苦累”等。晚上喝菜粥，用少量小米，放入红薯、蔓菁、干菜、胡萝卜之类熬成。人们常说，穷苦人家糠菜半年粮。多数人家烧柴做饭，锅内下半部分用小米熬稀粥，上半部分靠边贴一圈饼子，饭熟饼子也熟。饼子背面有一层锅巴，酥脆香甜。城北一些农户在炎热的夏季习惯吃小米水饭。劳动强度大的人喜欢吃小米干饭。冬季吃两顿饭。小麦面平时根本吃不上，只有逢年过节吃一顿或几顿，整个三夏大忙季节也不过吃“三大顿”或“五大顿”。富裕人家也是以玉米饼子为主食，午饭好一些。经常吃大米、白面的只是一些富户的当家人。

新中国成立后，人民生活水平逐渐提高。70年代以后，人们经常吃的食品有馒头、包子、面条（麻酱面、炸酱面、卤面、原汤面等）、油条、烧饼、烙饼、饺子、大米粥、小米粥、玉米面粥等。逢年过节或待客，一般是八个盘子的酒菜，八个碗的饭菜。近年来发展为十六个盘子、八个碗的菜。滹沱河南的群众待客，除上述菜以外，最后每人一碗杂烩菜。城北一些村庄的群众待客是先吃饺子，然后再上菜喝酒。

回民以米、面为主食，吃掌教宰的牛、羊、鸡的肉，忌食非反刍动物的肉，喜浓茶，忌烟酒。（以上据1992年《正定县志》整理）

井陉县饮食习俗

陉民日常所食，黎藿居多。夏秋之际，妇女提荆篮采于山野间者，三五成群，触目皆是。男子于农忙时，尚得粒食，妇女则终年莫变也。食菜大致为两类：一是野菜。如槐、柳、榆、杨、椿、杏等树叶，以及山间黑汗叶（山菜名，喜阴地，多年生植物，叶为纺锤状，夏令开小黄花，秋结实）、羊桃叶（田边生，有高至四五尺者，一年生植物，如桃叶形，内富乳汁）等属之（其食法，先以开水煮熟，再用冷水淘洗干净，即可和面，蒸作菜饼或和米煮食。如再泡以酸米汤，更可加盐调食）。二是田菜。如北瓜、萝卜（有红白二种）、莱菔（俗名白萝卜）、蔓菁、白菜、菠菜、莙荙、菜缨（即萝卜叶、蔓菁叶）、豆叶、瓜尖、大小蓟等属之（菜缨、豆叶之食法与野菜同，唯必须泡以酸米汤。北瓜、萝卜等则可直接煮食。又白菜一项，本地视为上等菜，除年节外，家人不肯轻食，只留待客用）。

本地习惯，每日三餐，冬季间有两餐者。春初，河水解冻，水磨业发达，农家以糠和谷，磨为终年食面，俗名水磨面。富家做早晚干粮，贫家多以蔬菜做午时干粮，谓之“菜饼”。亦有拌蒸苦累者。男有干粮；女多食菜羹、菜饼、苦累。稍富而雇佣工者，食略佳。早晚餐以小米为主，杂面菜汤为辅。午膳以小米面、玉茭面、黍米面等蒸成干粮，佐以野菜、小米稀粥。贫者，半糠半菜而已，又有取坏枣和糠轧面（本县各区多产枣，佳者粜于市，家人不肯轻食。而秋风摇落之枣与簸枣时拣出之坏枣，则和糠轧面，作为平素食料，间亦有不和糠者），而包以水磨面蒸为饼者，俗名“包皮甜饼”；或以软柿和黍（不去糠）面蒸饼，俗名为“柿子窝窝”。其质糙味浓，皆平原之民食所不能下咽者，而陉民则甘之如饴。岁时令节，婚丧庙会（醮期）所食较平日稍佳。酒（本邑产多枣酒）、麦，家人不轻用，唯留之以款待戚友。肉则更不多用焉。合境数百乡，除沿绵河两岸少数有稻田诸乡、第三区少数产棉诸乡、第二区少数附近矿厂诸乡，民食较为优良外，余则大同小异。邑谚云：“糠菜半年粮。”可证井陉民食之一斑矣。

考邑民总数，为十九万余口（据民国十九年户口调查数），粮银总数为一万五千余两。平均每两粮银，计地约三十亩。是陉民每人约种二亩有奇。山田瘠壤，二亩所产，安能供一人所需！即益以副业，亦绝不足以资仰事俯畜之用。近年世局多故，晋省当局辄禁粮出境，只由获鹿县（今鹿泉市）以东余粮，补吾邑不足。陉民所食，遂大受影响。（以上据民国二十三年《井陉县志料》整理）

灵寿县饮食习俗

本县地形狭长而复杂，各地习惯差异较大。平原地区一年四季，每日三餐；丘陵、山区，每年农历九月至次年二月，每日两餐，其余月份因天长活重才改为每日三餐。南营以上深山区，五冬六夏均为每日两餐。新中国成立前，穷人过着糠菜半年粮的日子，富有人家，纵然囤里装满小麦，吃的仍以粗粮为主。例如良同大地主彭家 17 间通仓装满小麦，莫说长工、下人吃不上，就是当家的，每天也要吃两顿粗粮。饮食品种方面，南营以下广大地区，夏、秋多以玉米、高粱等面（有的掺菜）贴成的饼子和小米煮熟再加冷水而成的米汤为主，佐以咸菜、黄菜或腌辣椒，冬季“干粮”中增加馏山药。米汤改为玉米面粥、小米稀粥，或是蔓菁、山药等加少许玉米面（或小米）做成的“菜饭”，或者鲜萝卜、大白菜等熬成的浆汤（若加少许杂面即为较上乘饭菜）；春季基本沿袭冬季食谱，但因粮食渐缺，山药面、细谷糠、萝卜干以及柳芽、榆钱、洋槐花、嫩杨叶等野菜逐渐成为主要食粮，除做成饼子、菜饭、菜汤之外，有时用大量的杂菜掺少许粗面拌“炒面”、糗“拿糕”、蒸“苦累”等。过节、待客一般要吃细粮（白面为主）。统一的节日食品是过年的饺子、二月二的煎饼（现在已少）、端午节的粽子、腊八的糜，其他如馒头、花卷、包子、豆包、黏糕、豆腐、烙饼、合折、扒糕、凉粉、挂面、面条、面片、大米饭以及炖猪肉、杂烩菜、炒鸡蛋等，亦为节日、待客常用食品，而以过年花样最多。南营以上深山区，由于高寒地少，农产品仅有山药蛋、玉米、莜麦、黏谷及连豆角、菜豆角等，一年四季主要是熘、煮、炒山药蛋，煮玉米楂稀饭（夏秋热天稀饭中加冷水，冬春天冷则不加）。缺少蔬菜，春季采集大量杨叶、椿叶及猪耳朵叶（车前子叶）、鞋底片（野生地叶）、嫩蒿苗（比茵陈稍大）、兔莴苣、黑寒牙叶等，煮熟晾干或糟成黄菜长年食用。秋季还采集杏叶，煮泡后切成细丝当菜吃。莜麦面是过节、待客的“细粮”，多用以做成“壳篓”，蒸熟后另加卤汤。过年包饺子则用精加工的玉米面，蒸糕用黏谷米面掺进豆角豆（因无枣）。

人们在以粗粮为主的情况下，为了调剂口味，做出许多花样食品，主要有以下几种：

杂面。绿豆和豇豆，有的配少量黄豆，加些小麦，磨成细粉即为杂面。吃时和成硬面，擀得极薄，切成极细的面条，做成菜饭或另打汤食用。

饸饹。荞麦面或高粱面、山药面等掺榆皮面和面，放置于饸饹床里轧在开水锅内，浇卤食用。

锅贴饼子。玉米面或高粱面、谷子面、山药面、谷糠面等和面（玉米面和谷子面都要先用开水泼面），趁热锅贴于锅边，饭熟饼熟，挨锅一面烤焦成黄褐色，酥脆可口。如果面内掺菜则称菜饼子。

豆包。小豆、豇豆或绿豆加红枣或山药（红白糖更好）煮烂搅匀糗成馅，用稷米面或白面做皮，包成圆形，上锅蒸熟食用。

稷米面馒头。做法与白面馒头一样。

银裹金花卷。黄玉米面、白面各擀为片，黄在内，白在外，卷好蒸熟即为花卷。

豆渣饼。豆腐渣掺玉米面或高粱面，再加花椒、大料面及少量食盐，和面捏成饼子（比锅贴饼子小），蒸熟食用。过去每逢过年，家家做豆腐，豆渣饼是春节期间的主食，生活富裕点的加玉米面，生活差点的加高粱面及细糠面。

煎饼。荞麦面或高粱面调成糊状，在热锅里摊成薄薄的饼，用肉汤或菜汤烩着吃。

合折。稷米面发酵，加水拌成糊状，倒入合折锅内摊匀，烙成焦黄色，熟后趁热对折起来，挨锅有油的一面在外。现在做的少了。

茶面粥。小米或玉米浸透，磨成细面（现多用玉米面），炒熟，拌上杏仁、花生、芝麻、豆腐条，煮成粥喝。

苦累。野菜、青菜、榆钱、榆叶、洋槐花等，掺上玉米面或高粱面，加水放到锅里蒸，熟后拌蒜或辣椒吃。

炒面。谷糠面（炒）掺炒黄豆面，再加入煮熟切好的嫩杨叶或柳芽、榆钱等，放进碗内，加少量水，用筷子边拌边吃。

拿糕。谷糠细面掺少许榆皮面，放入锅内加水成稠糊糊，状如糜，弄到碗内用箸搓着吃，故俗有“拿糕不能拿”的说法。

苦累、炒面、拿糕等，均为旧社会青黄不接季节农民常吃的食品。十一届三中全会后，人民生活大幅度提高，除部分山区农村外，不再吃糠咽菜，馒头、烙饼、面条、油条、水饺成了家常饭。丘陵山区农民不再因为节省粮食而减少每日用餐次数，一年四季吃三顿饭的多起来。（以上据1993年《灵寿县志》整理）

晋州市饮食习俗

食以小米及玉蜀黍为大宗，鲜有食高粱米者，白面则因产量日少，乡曲农家唯待客及过年节始偶一用之。其能间一两日，食杂面一次者（即绿豆或红豆面），即为上等饭食。菜蔬以咸菜（即菜根）为主，夏则佐以茄子，冬则佐以白菜（即菘）。肉味亦唯过年节及庆贺始暂用之。平时三日餐，冬日则减为两餐，习以为常，不存奢望，此诚相沿之美俗也。唯每遇集市或庙会期间，往往引类呼朋，偕入饭馆酒肆，征逐醉饱，一食万钱亦不计较，与在家节缩状况判若两人。此等风气亦不少概见，是社会上矛盾现象之一斑。（以上据民国二十四年《晋县志料》整理）

高邑县饮食习俗

居民既多业农，出作入息率一日三餐。所需多高粱、小米与豆类，佐以蔬菜，间有杂以糠秕者。油类为黑油（即棉籽油）、香油（即芝麻油）、白油（即花生油）三种，皆本地农产物所制造。食盐之出产地为天津塘沽，乃由盐商呈请长芦盐运司购运来高者。燃料，数年前多用农业副产物之五谷秸秆，近来因移造肥料，渐改用煤炭。无烟煤俗称砟子，多来自晋省。烟煤俗呼为炭，则由井陉、磁县、临城及河南之安阳贩运来高。水，概汲井水，邑地宜于凿井，随在可得甘泉，亦居民之幸也。本境生产消费素足相抵，近年食用较奢。民国以前，每届岁晚务闲，中资以下之家多以糠菜充饥，故有“糠菜半年粮”之谚。今则蔬食自甘者，虽非绝无，然亦罕觏矣。值此荒歉频仍，寇攘肆扰，土田有数，生齿日增，长此以往，生产是否可与消费相符，亦一问题也。解决之策，不外民生在勤、立法于俭，而改良农产、抚

绥地方、休养生息、从事救济，尤不容缓矣。（以上据民国三十年《高邑县志》整理）

深泽县饮食习俗

主食 深泽县境内人民习惯一日三餐。羊村、留村、古罗一带村庄到农闲时有些农户一日两餐。每到吃饭时，男性者都喜欢端着碗到街里聚在一起吃饭，习称“饭场”。边吃边聊，说东道西，此俗近几年已不多见。

民国间，人民饮食因贫富而异，富户中多系“土财主”。除过年过节招待亲友、家有病人等食卷子、烙饼、饺子、面条外，日常以小米粥、玉米粥、饼子为主食，贫苦农民全年均以糠菜混吃。主食以高粱面或玉米面掺菜等做锅贴饼子，秋冬煮山药，夏煮北瓜；稀食以小米、玉米面掺菜、山药熬粥。为节约烧柴，锅周围贴饼子、蒸山药，锅里熬菜汤，一锅熟。为调剂生活，玉米面掺菜杂面条熬成粥，称“杂面菜粥”，人们都喜欢吃，此俗延续至今。

粗粮细做花样很多，其主要有：

蒸疙瘩。把玉米面或高粱面掺菜加水，搅拌均匀，放在笼内蒸熟即可，用蒜泥拌后食用。

豆包。用红豆或白豆、红枣加水在锅里煮熟，搅成馅泥，用高粱面或玉米面做皮，包成团子，蒸熟食用。

饸饹。用荞麦面或高粱面，掺榆皮面加水和好面放在饸饹床上，轧成圆条，将水烧开后，放在锅内煮，熟后捞出，加卤即可食用。

咸食。用绿豆面或白面，加水搅成稠糊，在锅里加油，将稠糊摊于锅内做熟，配以醋、蒜食用。

1947 年及新中国成立后，农民生活逐年得到改善，以糠菜度日变为以玉米、小米为主食。尤其是 70 年代后，农民生活逐年提高，变为面粉、大米为主粮。面条、水饺、馒头、烙饼、包子、油条等已成为家常便饭，旧时吃的饼子已成为调剂生活的饭食。

深泽人民喜食烧饼裹肉、扒糕。高庙村的扒糕、西河村的肉糕，闻名周围各县，人们不论到城镇或赶集、上庙总要买几块扒糕吃，清凉爽口。吃个烧饼裹肉，味道鲜美，还要买几个烧饼裹肉带回家，孝敬老人，哄哄孩子，此俗相沿至今。近几年，营养丰富的奶油蛋糕、饼干以及各种罐头等高档食品也颇风行。

菜肴 城镇居民，多现买现吃，荤素搭配，随家境而异。农民旧时常年以素为主。因食油短缺，多素清蒸，现多喜煎、炒，荤素搭配。豆制品为农民传统菜肴，有豆酱、臭豆腐。近几年用西瓜或西红柿同煮熟发酵的黄豆搅拌在一起做豆瓣酱，称“西瓜豆瓣酱”或“西红柿豆瓣酱”。腌白萝卜、红萝卜、大蒜、韭菜花为常年备菜，至今仍相延续。

待客菜肴。旧时一般农户以四盘菜为多，常说“四盘一壶酒”。新中国成立后，随着生活的提高，尤其是80年代始，待客菜肴十二至二十个盘为敬。

婚嫁宴请菜肴。旧时每桌八盘，称“四冷四热”者多见。80年代后，通行冷盘热炒、请厨师做菜。鸡、鸭、鱼、肉俱备。每桌十四盘以上，多者达三十盘。酒类也是高档的。

丧事菜肴。旧时以素食为主。80年代后，荤素搭配已成为丧事的必备菜肴。（以上据1997年《深泽县志》整理）

赞皇县饮食习俗

新中国成立前，农民生活甚苦，饭食极是简便。一般情况下，农忙食干，农闲食稀。干，以饽饽为主，多是高粱、玉米、谷子的面粉掺糠掺菜制成。间或以荞麦面、高粱面制成饸饹、烙饼、包子、水饺等以调节饭食品种。单纯用白面（小麦面粉）制作食品，平时实属少见。用小米蒸制的干米饭（俗称干饭），只有从事重体力劳动的时候才食用。稀，以小米粥为多，或伴以山药、蔓菁、胡萝卜和蔬菜、瓜、豆之类，混而煮之，称之“菜饭”；另外，也有用豆面、高粱面做成稀面条食用；而用白面做成面片或拌成疙瘩下锅做成汤饭虽很普遍，但不常有，大约只有病人和幼儿、老人才有较多的机会食用。菜佐，极不考究，为节省食油，多清蒸或生腌，有一而足。平时，日分三餐；冬寒、农闲时节，为节省粮食，一日两餐。

新中国成立后，人民生活好转，一般年份，饽饽很少掺糠。1957年后，山药成为主食之一。70年代，小麦产量提高，白面食用比例增大。1980年后，人民生活水平大幅度提高，白面制品已成为第一主食。菜佐质量较新中国成立初期也有明显提高，除青菜之外，肉、蛋增多。菜佐多炒食，也食腌制小菜。农家食菜，很少盛盘，大多是将菜锅放在矮桌上，一家相围共食。

自古以来，年节饭食优于平时。赞皇传统的年节饭食有：

馍馍。用白面发酵揉成丘状蒸制而成。或卷以大枣，称为枣馍；不揉成丘状，直接用刀切成的称为卷子。旧时，农民为了节省白面，往往向白面中掺一些白玉米面。

水饺。俗称饺子，以白面（旧时掺以荞麦面、高粱面等）为皮，裹馅而制，馅有素、肉之分，因家境不同、嗜好不同而异。

年糕。以黍米面、小米面（或玉米面）加以煮熟的豆、大枣撒而蒸之，待凉后切成条块，实质是粗粮细作。

豆渣饼。用豆腐渣掺以玉米面并加少量食盐做成饼状蒸制。

熬菜。以大白菜为主料，加以猪肉、粉条、豆腐、炸面食、炸山药等，炒后共煮而成。

在西部山区，熬菜锅中煮水饺是当地特有的吃法。

新中国成立后，人民生活改善，年节饭食又不断增加新的内容，但是传统的饭食在农村仍十分普遍。

民间，筵席大都在婚丧嫁娶时摆设，而喜庆筵席要更丰盛一些。传统的筵设方式是：主食为馍馍，菜主要有炸面食、煮粉条、煮豆腐、炸山药等，分碗而盛，或八碗，或十碗，或十二碗，也有一锅混的，因条件不同而异。近年，人民生活改善，肉食在民间筵席中的比重增加。

酒席是专门为饮酒所设，旧时十分简单，大多是四至八个小盘，分别是炒豆腐、炸薯丝、浆粉条、炒白菜、咸黄豆之类；酒，多是烈性白酒。近年，酒席逐渐丰盛，除冷拼外，还有热炒。一般有鱼、有肉。盘也大了起来，多了起来，少则八个，多则十几个。酒，仍以白酒为主，酒的档次多因主人家庭经济条件而异，大多数主人总是竭力将酒席搞得丰盛一些，以示体面和隆重。（以上据 1998 年《赞皇县志》整理）

元氏县饮食习俗

新中国成立前，境内民众大多生活困苦，主食常年以粗粮为主，伴以糠菜。平原区习惯每日三餐，西部山区到冬闲季节多食两餐。一般以谷子、高粱为主食，逢年过节、麦熟时刻、迎亲待客时稍用细粮。富裕人家除过节外，伏日多用细粮。平时多食谷物，谷子稍碾，称作“二八米”，用米蒸干粮，做主食。贫苦人家则是“糠菜半年粮”，但讲究粗粮细做：高粱面碾细摊咸食，或掺以榆皮面、粘秆面轧饸饹。豆面摊煎饼、擀杂面等。新中国成立后，人民生活逐年提高，民众饮食逐年得到改善，先以玉米为主食，80 年代后，则以小麦为主，馒头、面条、饺子、烙饼成为家常便饭。肉、蛋、豆腐、各种鲜菜等副食品用量也显著增加。旧时，除富户外，群众无饮茶习惯，80 年代后，饮茶已成风气，各种简装饮料也渐盛行。（以上据 1995 年《元氏县志》整理）

康保县饮食习俗

旧社会，康保人民生活贫苦不堪，鸡鸭鱼肉终年不见。常食山药蛋（又名土豆，学名马铃薯）、糜谷黍、草麦、苦菜。县内习惯于忙季三餐，闲季二餐。早食糊糊，午食苦累，晚食山药蛋。

糊糊和稀粥由草籽米熬制。草籽米由毛莠草籽碾出，比较难吃，俗话有“吃了草籽面，干咬不想咽”的说法。灾年苦累用糜黍糠和焖山药搓成碎块，搅拌均匀，以微火烧熟，其做法简便。草籽面和糜黍糠还能做成“打拿糕”，待烧开水后，撒入锅内速搅而成，吃下去难以大便。县内食草麦，多带皮炒熟磨粉，做炒面吃。蔬菜较缺，普遍是腌芥菜、萝卜，还有拌盐水食者。莜面为该地特产，县内中等人家常食。将莜面用开水泼和，成糕状后用手揉，而后置特制砖上推成薄片，卷之成卷，叫莜面窝，放在锅里蒸七八分钟即熟，食时蘸肉汤、蘑菇汤，味美可口，比较耐饿。贫苦者偶食一顿，蘸汤仅盐水或菜汤而已。莜面食法多，有打拿糕、巴巴头、莜面鱼儿等。夏季，县内许多贫困人家食杨树叶，多用开水煮熟腌制。山药蛋当饭又当菜，有焖山药、糊糊煮山药、山药和莜面做的山药鱼儿、山药和莜面打苦累、山药和莜面或白面烙饼、山药丸等十多种吃法。山药当菜吃时可炒食，也可和别的菜熬制，放油、盐、葱等作料，比较好吃。

新中国成立后，康保人民生活水平逐步提高，结束了吃糠咽菜的历史。广大人民以食莜面、白面为主，兼食小米、大米、黄米（黍子米）等。1960 至 1961 年，国民经济困难，粮食短缺。以干山药蔓、瓜蔓磨成面掺入少量莜面合成“代食品”充饥。至 1962 年农业情况好转，广大人民又复以饱餐。1978 年后，农村推行生产责任制，农产品进行交换，康保人民能够吃上外地调入的大米。此外，该地大量种植小麦，白面成了主食的大宗。肉、蛋、油、奶的食量大有增加，主、副食品种日益增多。除沿袭吃莜面、山药外，做法还有所创新。土城子镇把莜麦去皮磨成莜面精粉，可口好吃；山药做成拔丝山药，摆上宴宾餐桌。县内仍习惯一日三餐。城镇早餐多在饭馆、食堂购买，俗称“早点”。品种有炸油条、烧饼、麻花、面包，还有牛奶、豆浆、小米粥。午饭和晚饭多为馒头、大米、莜面，时有豆包子、糖包子、烙饼、面条、肉馅包子、饺子等。副食平时炒一两个菜或熬大菜。至年节菜肴倍增。富裕人家吃肉较多，普通人家吃肉较少。逢年过节宾客来时，要好酒好菜待之。有不少家庭中午不再做主食，购买粮食门市部做好的馒头、花卷、面条等，回家做菜热食，比较方便。夏秋季节蔬菜种类丰富，冬季仅贮存大白菜、圆白菜、山药等。县城机关单位，逢年过节以生活车下坝拉运，但数量不多，价格偏高，吃时甚珍惜。

县内除以炒菜配饭外，也佐以腌菜。腌菜分酸、咸、酱三种，多腌白菜、萝卜、芥菜、芹菜等，有的在腌制时放入辣椒，比较好吃。

以上为该县饮食之大概，另将当今之有特色的饮食记述如下：

山药鱼儿。将焖熟的山药剥去皮，和上莜面在锅内双手推搓，使其成糕块状，然后取出，分成小剂儿，捏成五厘米左右的鱼儿形，摆在竹（铝）箅子上，放入锅内蒸熟，蘸蘑菇汤、肉汤、蛋汤等食之，味美可口。

山药饼。可用白面或莜面做料，将焖熟的山药去皮，和上白面或莜面在锅中双手揉搓，成糕状，取出后分成小剂儿，擀成薄饼，放入锅中慢火烤熟，配以醋蒜汁即可食用。十分好吃，独具特色。

山药糕。用白面与去皮的熟山药置于锅内搓成糕状，分成小剂儿，内包糖，捏成圆形或扁圆形放入烧滚的油锅中，炸成金黄色捞出即食。

开花馒头。将白面粉加水，对上老发面和好，再将发好的面对碱，揉均匀使面稍硬，然后揪成小剂儿，剂儿口朝上用旺火蒸十五到二十分钟即可。

擦酥糖饼。以温水掺麻油和白面粉做面皮，以白面粉拌麻油炒熟做酥面，将皮面擀开均匀地铺上一层酥面，卷成卷揪成小剂儿再按扁包糖擀饼，放入锅内以微火烤熟。有酥、甜、香的特点。

拔丝山药。山药去皮切成滚刀块，用六七成热油把山药炸成金黄色，捞出滤油，再倒入锅中白糖，溶化成稀汁，把山药放入，再撒进芝麻少许，待糖汁包住山药后出锅，桌上放凉水碗，取做好的山药蘸水断丝食之，甜口外脆。

涮羊肉。把羊肉切成五分或一寸长的薄片，或用木工推刨将冻羊肉推成薄片，放入烧沸水的铜火锅中即熟，用筷子夹出，蘸事先备好的佐料汤食之。佐料用芝麻酱、酱豆腐、腌韭菜花、香油、辣椒油、虾油、酱油、醋、葱丝、姜丝、料酒等调制。涮羊肉片鲜嫩醇香，风味佳美。

手把羊肉。俗称“手把肉”，是康保县人民的一种传统吃法。把不剔骨的羊肉劈成三寸左右的小块，置配好的作料放入锅内加水煮，烧二至三小时，捞出即可食用。手把肉有清香可口、肥而不腻的特点。（以上据1991年《康保县志》整理）

蔚县饮食习俗

旧社会，蔚县人民生活贫困，素有“毛糕县”之称，副食以豆制品为上品。蔚县风味小吃种类繁多，历史久远，传统名肴“八大碗”脍炙人口，流传至今。

主食以杂粮为主。河川区、丘陵区和南北两山区因聚居环境不同，饮食习惯各有差异。

河川区和丘陵区，以谷、黍、高粱、山药为主食。明、清至民国时期，一般农民将“早晨粥、晌午糕（高粱糕）、黑夜糊糊熬山药”当作理想的膳食标准。实际上，贫寒之家，每顿糊糊熬山药尚吃不过年关；一般农户做糕经常掺糠；中等较优之家，早食小米饭，午食黍子糕（毛糕）；富有之家，午餐较优，吃黄糕（黍子去皮）或莜麦饺、莜麦馍馍（莜麦卷）、莜麦饸饹。逢年过节、请客迎亲，富有及中等之家方能食用白面、大米。一般农户以腌菜、野菜、萝卜、葫芦、冬瓜等为副食，还食些豆制品，如豆腐、豆腐干、炸豆腐。富有之家冬季储存大白菜，一般农户冬季吃干菜。

南部深山区及北部浅山区，主食以莜麦、山药、野菜为主，用苦菜、青胡麻桃、榆叶经过发酵做馅，莜麦面做皮，包成饺子蒸熟吃，叫“酸饺子”，人们经常食用。

旧时代，在饮食制度上，夏秋习惯吃三餐，冬春吃两餐。

新中国成立初，仍沿袭传统饮食习惯。60至70年代，主食增加玉米、杂交高粱。谷、黍、高粱、莜麦相应减少。十一届三中全会后，农村实行生产责任制，河川区、丘陵区仍以小米、黍子、山药为主食，高粱糕已不多见，黍子糕被黄糕代替。玉米一般作为饲料，杂交高粱已绝迹，普通人口已可吃些白面、大米，少数富裕农民经常吃白面、大米。夏播小麦在高纬地区试种成功后，白面已和莜麦、豆类、山药一样，成为南山农民的主食。副食仍以豆制品为主，同食肉类。蔬菜食用量增加，品种丰富。

近几年，城镇居民饮食改善十分明显，主食以白面、大米为主，经常食用新鲜蔬菜、肉蛋。待客都要做几个或十几个菜，或炒，或烧，或凉拌，以示诚敬。饮用的酒类有白酒、啤酒、香槟等。

深秋，为了冬季食用，不论城镇农村，一般要腌咸菜。将蔓菁去皮，白萝卜、芥菜洗净加盐，腌在一起或单腌，叫老咸菜。因味偏咸，一年四季皆可食用；将红萝卜切丝、芹菜切段、圆白菜切丝，并和鲜辣椒加盐腌在一起称三丝菜，红绿白交错，为初冬下饭的佳肴；将芥菜根擦丝，叶切碎加盐腌制，称烂腌菜，翠白酸咸，既可直接食用，又可和豆腐熬制。随着时代的发展，腌菜习俗也发生了变化，由过去的数量大、品种单调向数量小、品种繁多转化，腌豆角、芹菜、香菜、韭菜、辣椒、大蒜等已很普遍，腌制方法也不断创新，除了加盐，还加糖、醋、酱油、花椒、酒等辅助品。

蔚县群众有晒干菜的习惯，夏秋季将老葫芦去皮，螺旋式横切薄条，晒干储藏，称葫芦条，冬季炒菜做馅十分可口。此外还晒小白菜、茄子、菠菜、黄家菜、雪里蕻、豆角、萝卜片等，冬季食用。

每年上冻前，城镇居民家储存大白菜，为冬季主要蔬菜。近几年入冬后，一些菜贩从保定、石家庄等地贩入韭菜、蒜薹、蒜黄、黄瓜、西红柿、青椒等青菜，虽价格偏高，人们也经常食用，家庭储存大白菜的数量逐年减少。

蔚县风味小吃历史悠久，种类很多，且味美价廉，是广大群众喜食的打尖食品。最著名的有荞面饸饹、“哈猴”包子、素卤豆腐脑、小米煎饼、水晶粉坨、花椒饼、麻花、糖麻叶、莜豆面、馓子、五香豆腐干、五香葵花籽等。有的虽已失传，但大都流传至今。

荞面饸饹。用荞面和成面剂，在饸饹床上挤压成条状入开水锅内，煮熟捞出配以汤料即可食用。民间素有“荞面饸饹肉汤香，赶集上镇充饥肠”之说。荞面饸饹不仅味美，还被赋予美好的象征意义。在婚礼前吃“安棚饸饹”，意为“安棚吃饸饹，白头能到老”；农历二月初二吃饸饹，意为“龙行旧道，人吃饸饹”“龙行旧道五谷丰，人吃饸饹运行通”；除夕吃饸饹，意为“年终岁末，全家和（饸）乐（饹）”。荞面饸饹不仅县人爱吃，外地客人一经食用也赞不绝口。

“哈猴”包子。“哈猴”原名李荣。清末民初，李荣父子三人在县城设包子摊，后发展成二十多人的包子铺。“哈猴”包子面白馅香，名传县内外。做法是将煮熟的白萝卜切碎浸泡十三个小时左右（换水四五次），和熟羊肉拌在一起，放入荤油，加花椒、茴香、大料、姜面、黄酱、葱花、麻油、食盐等调料调成馅，包皮蒸熟即可。

小米煎饼。因原属旅途打尖食品，故又称“尖饼”。做法是将小米面制成面糊，加食盐、花椒面等调味品，在加热的饼鏊上擦油，将面糊盛到鏊上，用一小板摊成圆形，薄一分许，铲起即可食用。也可切成丝炒着吃，或加肉馅当馅饼吃。用鏊将煎饼炕成硬片，称干煎饼。小米煎饼色呈淡黄，薄如夹纸，韧如织绸，既无油腻之弊，又有健胃之效，群众极喜食。干煎饼酥脆咸香，小孩最爱吃。

水晶粉坨。具有地方风味的冷食品。因其色泽透明，称水晶粉坨。黄粉坨用豌豆面制成，白粉坨用土豆粉面制成。售粉坨者用铁礤或细刀将粉擦割成纤细条状放入碗内，加香油、陈醋、盐水、味精、芥末、辣椒油、葱丝等多种调料，香味浓郁。粉坨柔而不黏，滑而不腻，味美适口，清凉消暑，是县内最佳冷饮小吃。此外，蔚县还有荞面粉坨、苦荞粉坨。

素卤豆腐脑。蔚县豆腐脑有独特的地方风味。将豆腐脑放入新鲜的卤汤内，经过浸润一块吃。卤汤从红铜卤汤热锅内舀出，海带、黄花、鸡蛋混置其中，香油、葱花、芫荽等佐料放于上，将青瓷坛内豆腐脑用勺铲成薄片，放入素卤内，其色黄绿相间，以白点缀，嗅之芳香诱人，食之软嫩可口。

花椒饼。将花椒压成粉状和油、盐混合在一起，掺入和好的白面里，擀好烙熟即成。花椒饼和一般烙饼不同，有麻、咸味感。

咸麻花。以面粉为主，将矾、糖稀、食盐、碱加到和好的白面里，搓成绳状，扭卷在一起，放入油锅，炸成淡黄色即成，有咸、香、脆的特点。

五香豆腐干。豆腐切成块或条，晒四个多小时，用清水泡一至二小时。锅内放水，加盐、花椒、茴香、大料、肉桂等调料烧熬十分钟，再放入豆腐干，慢火煮三小时左右即可食用，是县内常食的主要食品小吃。

五香葵花籽。葵花籽放入盐水锅，加花椒、茴香、大料、姜、肉桂等调料和少许碱面，用慢火煮熬，隔二十分钟翻一次，约翻五次，汤少即可捞出，搓掉葵花籽上的黑皮，晾晒后用慢火炒干。蔚县五香葵花籽远销张家口地区各县，是馈赠亲友、招待客人的小吃食品。

“八大碗”是蔚县的传统名肴，历史悠久，风格独具。明清时期已盛行，成为蔚县饮食文化的典型代表。

“八大碗”是全席的总称，包括八碗菜，其中有五色相间的“丝子杂烩”，有肥而不腻的“熇肉”，有隔墙相望的“酌蒸肉”，有荤藏素裹的“虎皮丸子”，有肥瘦相兼的“浑烧鸡”，有鲜嫩别致的“块子杂烩”，有调味精美的“清蒸丸子”，还有素淡清香的“银丝肚”。前五碗属于浑汤菜，后三碗属于清汤菜。浑汤菜调味浓郁，清汤菜清淡爽口。

“八大碗”烹调技巧独树一帜，如“熇肉”一菜的做法，既不同于一般烘炖，又别于普通焖煎，它精选膘厚脂匀的猪肉，切成长方体装进放好调料的高罐里，置之灶边，用缓火煎熇，须经过二十多个小时，使油汁从肉内徐徐渗出，调料渐渐浸入，熇成后，肥而不腻，醇香可口。“块子杂烩”的烹法是厨工将鸡脯肉剁成肉泥与蛋清混合，然后逐勺倾入沸水锅内，使之形成条状，称作“漂丸”。它鲜嫩芳香，似肉非肉，类鱼非鱼，有一种难以言喻的香味。

“八大碗”有固定的衬底佐品，已形成规格，如熇肉用油炸山药衬底，清蒸丸子用白菜片衬底。

“八大碗”除单独成席外，有时增加辅肴，先上八碟凉菜，后上整鸡、整鱼大盘，“八大碗”仍属主肴。

“八大碗”是蔚县人民逢年过节、婚配嫁娶、迎宾待友的传统名菜，县内各地都有擅长烹饪“八大碗”的厨师。新中国成立后这一传统名肴流传至今，蔚县首届人民代表大会召开期间曾用“八大碗”招待人民代表，以示诚意。现在，蔚州宾馆、商业招待所、红旗饭店均承做“八大碗”席，不过传统的肴型已有所改变。

附：粥、糕的做法

粥。即小米饭。蔚县小米素以粒大、黏性大、品质优、营养丰富、含糖量高而著称。焖制的小米饭色黄味香，县内男女老幼皆喜食。具体做法：将小米用清水淘洗数遍，放入开水锅中煮沸，盛出多余的米汤，温火焖制成干饭。小米还可做成小米稀粥、炒米稀粥（将小米用火稍炒），掺少许大米可做成二米粥、二米稀粥。

糕。用高粱面做糕，叫高粱糕；用黍子面做糕，因不去皮叫毛糕；黍子去皮成黄米，用黄米面做糕，叫黄糕。做糕时，用温水将面和好，放入笼屉蒸熟，将其放入瓷盆内，用手蘸适量凉水搋成团，然后蘸菜一块一块吃。本地人习惯吃糕不嚼，而且都爱吃。将搋好的黄糕分段捏成饺子皮状，包入豆馅或红糖成圆形或三角形，包素馅（韭菜、豆腐类）成饺子形，放入热油锅中炸至金黄色，称作炸糕，是待客、逢年过节的佳品。（以上据 1995 年《蔚县志》整理）

尚义县饮食习俗

旧社会，尚义人民生活较为贫困，长期的贫苦生活使人民养成吃苦耐劳、勤俭节约的良好习惯，在饮食方面形成了粮菜混吃和粗粮细做的习俗。

旧时，夏秋农忙季节每日三餐，早晚以糊糊、稀粥为主，劳动人搭配些糠饽饽、炒面或剩饭；中午蒸莜面、焖粥或捞小米饭。冬春昼短夜长，又是农闲季节，一日两餐，上午糊糊煮山药，下午糊糊或稀粥加糠饽饽或炒面。富有人家吃两顿稠饭。

过去小麦种植面积少，产量低，除待客、闹病或逢年过节吃白面外，平时很少吃，常年食用粗粮，有的糠菜半年粮。山药、莜面是坝上人的主粮；小米、山药是坝下人的主粮，素有“坝上三宗宝，山药莜面大皮袄”的传诵，所以，围绕山药、莜面、小米粗粮细做，花样很多。虽无名扬四海的上品，但具有鲜明的地方特色，亦为坝上人所津津乐道。

莜面，是坝上人的主粮。制作莜面比较费事，将莜麦用清水掏净、控干，上锅炒至鹅黄色，磨成莜面。莜麦皮薄，一斤出九两面。莜面吸水性强，一斤面吸一斤水，做二斤饭。莜面味灵，吃时香郁顺口，吃后耐饥耐寒。素有“三十里莜面，二十里糕，十里荞面饿断腰”的说法，这也是坝上劳动人民喜欢吃莜面的缘故。

莜面吃法很多，既可在石板上推成薄如纸的“莜面窝窝”，又可在案板上搓成细似纳底绳的“鱼鱼”，能包“饺子”，亦可轧饸饹，还能擦“山鱼儿”，打苦累，搅“拿糕”，拌“炒面”……特别是莜面窝窝，配上羊肉蘑菇汤、油炝辣椒老陈醋，算得上上等美餐。县内人形容“莜面窝窝一揭锅儿，油炝辣椒蘑菇汤儿。屁股一掀，一挑一片，里外一蘸，骨碌儿一咽”，会亲待客也拿得出手。

山药（马铃薯），粮菜兼用，吃法很多，尤其与莜面、小米搭配起来花样翻新。焖熟的山药掺莜面可以擦成“山药鱼儿”蒸着吃，蘸上鸡蛋汤或肉汤，十分可口。用焖熟的山药掺山药面粉擦成面团擀皮，包肉馅称“玻璃饺子”，蒸熟后呈白玉色，很像玻璃体，十分筋道，具有坝上独特风味，是坝上人待客的上品。用生山药擦丝做馅，用莜面做皮，包“饺子”、擀“囤囤”，别有滋味。用焖熟的山药掺莜面擦成面团，擀成烙饼不亚于白面烙饼。山药切块加小米焖粥，黄白相映，吃起来绵甜可口。拨鱼儿，又名“磨擦擦”。将鲜山药洗净，擦成稠糊状，加少量莜面搅匀，再调以油、盐、酱、葱花等作料，用筷子拨成手指粗的条子，放入笼屉内蒸熟，蘸上汤即可食用。此外，还可焖着吃、烤着吃、煮着吃，等等。

当菜吃的有爆炒山药丝、山药片、凉拌山药丝、熬山药块、山药块炖肉、山药炖萝卜、山药丝拌豆芽、拔丝山药等，味道鲜美，且有营养价值。山药切片晒干，可长久储存备荒。山药干磨面，掺少量莜面，可搓“鱼鱼”、搅“拿糕”、贴饼子，既精韧，又耐饥。

小米，是县内坝下农家的主食。小米的吃法主要是熬稀粥、捞干饭、焖稠粥。小米饭金黄闪亮，吃起来香甜可口，有色、味、香俱佳的特色。可惜，在旧社会也并非劳动人民的家常便饭。一般农忙季节或有客临门方才食用，平时食用的是谷子带皮磨成的糊糊面，也可熬糊糊、蒸糠饽饽。富有人家也只在中午吃一顿小米捞饭或焖粥，早晚喝稀粥。鱼儿钻沙（又名“熬鱼儿”），先用小米熬稀粥，待小米在锅内熬沸，用和好的莜面搓成泥鳅大小的“鱼儿”，煮入稀粥锅内，再加些山药条、菜叶子、盐少许，煮熟即可。在寒冬季节，配以葱花油炝辣椒，吃起来热乎可口，还可治伤风感冒。金黄起面窝窝的做法是将小米用清水淘过，控干水，磨成面，加水调成稀糊发酵后，加少许苏打，倒入铺有蒸布的笼屉内蒸熟，切成方块，呈金黄色，有酸甜味，具有季节特色，深冬或初春食用，可口祛火，久放不馊。摊花儿是用小米面加水搅成面糊发酵，在鏊子上刷油，将面糊倒入鏊子内，加盖片刻即熟，里面嫩黄，外面焦黄，味道鲜美异常。

新中国成立后，人民生活逐步得到改善，特别是十一届三中全会以后，粮食产量有了很大提高，坝上村镇小麦成为主粮的一部分，吃白面成为家常便饭；坝下村镇白面、莜面、小米成为主粮。县内虽不产稻子，但粮库议价大米随便买，农民也能经常吃上大米。油、肉、蛋的需要量也增加很快。糠糊糊、菜饼子、糠饽饽之类已成为过去，但昔日形成的粗粮细做、花样翻新的技巧，依然如故。

旧时，尚义人以食猪、羊肉为主，农历七月十五日开始宰羊，到农历八月，富有人家大量宰杀，这时的羊肉肥嫩、味鲜，素有“八月的羊肉赛人参”的说法。进入腊月，富有人家开始宰猪，一直吃到农历正月，吃不了还可腌制成咸肉，味道特好。

牛、马、驴、骡等大牲畜虽饲养不少，但以使役为主并不宰食，退役的大牲畜多卖给宰杀房。近年来，由于群众生活不断提高，也学城市人讲究低脂肪、高蛋白，大牲畜肉、鸡兔肉成为肉类上品。在吃法上农村以熬、炒为主。把整白条羊切成拳头大小的块，配以全调料炖熟食之，俗称“手把羊肉”，食味甚佳，颇具地方特色，为坝上特有。城镇在吃法上比农村讲究，多以爆、炒、蒸或做馅食用，并配以各种新鲜蔬菜食之，味道更胜一筹。进入 80 年代，城镇吃涮羊肉者较为普遍。

县内，由于冬季严寒漫长，夏季凉爽短促，再加坝上人没有种菜的习惯，鲜蔬菜十分紧缺。夏季较短的时间内有白菜、豆角、西葫芦、红萝卜、韭菜、大葱，冬季很少有新鲜蔬菜。山药蛋、胡萝卜是多数农户的大宗菜。农民养成了吃腌菜、干菜的习惯。

腌菜是农家的主要副食，一年四季不断，每顿饭必备，穷苦人家喝糊糊必须佐以腌菜，否则难以下咽，久而久之形成了“别操心别人吃饺子没醋，操心你喝糊糊没咸菜”的口头语。即使是富有人家也十分讲究吃腌菜，宴会的第一道菜先上腌菜，所以腌菜又叫“头道菜”。腌菜分酸菜和咸菜两种，酸菜不能久放，只吃一季。除了下饭外，酸菜还可熬着吃，炒着吃。酸腌汤拌咸菜，加上葱花、辣椒蘸莜面窝窝，食味特好，比老陈醋毫不逊色。咸菜可以久放，甚至可储存几年。腌菜的种类有芥菜、蔓菁、胡萝卜、圆白菜、长白菜。新中国成立后，蔬菜种类逐渐丰富，腌菜的种类也愈来愈多，辣椒、青椒、黄瓜、芹菜、豆角、西红柿等应有尽有。腌制方法也不断革新，除了加盐外还加醋、酱油、花椒、料酒等，有的还把几种蔬菜搭配起来腌制，如将芹菜、圆白菜、辣椒和大蒜切碎腌在一起，吃时捞上一盘，红白绿交错，松脆酸辣，很开胃。

由于新鲜蔬菜少，坝上人养成了晒干菜的习惯。每到夏秋，农妇把豆角剪成丝晒干储起来，以备待客或过年过节配以肉丝炒菜，很上讲究。把长白菜辫起来晒干，冬季干白菜熬山药蘸莜面窝也很可口。一些穷苦人家每年夏秋要大量挖野甜苣菜晒干储起来，待来年青黄不接时食用。

旧时，除富户、商人、官吏品茶外，一般平民百姓无饮茶习惯，但有客临门或婚丧筵席时用茶招待。在筵席上，除上茶水外还需摆上点心。一般人家摆两碟，富户人家摆四碟。点心有中果、糖枣、蛋糕、八件等多样。城镇有糕点铺，农村逢年过节自制点心。新中国成立后，特别是随着改革开放，糕点加工业发展很快，除商业局、县社、粮食局的国有食品加工厂外，个体户加工厂也很多。各色糕点源源上市，除传统糕点如“尚义大麻花”恢复生产外，还从北京请来师傅，制作京味糕点。

尚义气候寒冷，许多人喜好饮酒。旧志记载，饮酒为“一般人日常必须，下等小户，稍有盈资，亦必沽酒，一饮为快”。县内人喜欢烈性白酒。进入80年代，城镇人已转向饮低度白酒和啤酒，农村仍喜欢饮白酒。（以上据1999年《尚义县志》整理）

崇礼县饮食习俗

历史上基本是种什么吃什么。主食以莜面、玉米、谷黍为主。副食主要是马铃薯（有时亦作主食）。蔬菜主要是圆白菜、胡萝卜，常年腌有咸菜。农忙时一日三餐（多为两干一稀），农闲时两餐。除年节外很少有肉食。80年代以来，随着改革开放，人民生活有了很大程度的提高，膳食结构也得到改善。每逢年节或喜庆的日子，家家户户都能办煎炒的席面。职工生活过去多限于粮油供应品种，只在副食上与农民有些差别，80年代以来亦有很大改善。（以上据1995年《崇礼县志》整理）

张北县饮食习俗

日常食品，以莜面为大宗。每日三餐。早餐，用莜面入锅内，和水搅之成块垒，因农民急欲下地工作，此饭简捷便当，既不费时间，且耐充饥之故。午餐，以莜面用开水和成糕形，以手置板上，推成薄片，卷之成卷，入锅蒸之，名为莜面卷子。此饭稍费时间，不过由妇女预备，尚不耽误工作。晚餐，熬小米粥或再做块垒，或炒余剩之卷子，均可。每日之菜蔬，以腌菜及马铃薯为大宗。食卷子时，浇以腌菜内咸汤及辣椒，亦有浇醋者；至马铃薯或当菜用，或当饭食，每饭均有。此普通之饭食也。若中上之家，遇过节时，均蒸年糕，再用麻油煮之，是为煮糕。端阳节、中秋节、元旦节，均食饺子。中下户，非过年节，不能吃饺子。倘有婚、丧、庆贺等事，均以八大碗为席；平时往来待客，以熬山药粉，或熬豆腐，或炒鸡蛋为菜，烧酒一壶，足矣。饭则有用白面做汤或饼者，亦有做莜面卷子者。有时食猪、羊肉，但不做炒肉、炖肉，多属熬肉，或白水煮肉，蘸醋食之。菜类，除家中自种葱、韭两种及野菜而外，无他菜蔬可食。所需食料，均出自本地，外购者甚少。至于饮水，虽不感困难，但有咸水、淡水之分。淡水之村，有十分之七八；咸水之村，亦有十分之二三。

县内蒙古族人昼间均饮奶子茶。将牛羊奶挤出，放置锅内，加以红茶熬之，再以炒米置碗内，以茶水冲之，谓之“奶子茶”，唯晚间吃饭一次。贫家吃莜面及小米之类；富家吃白水煮大块羊肉，不加五味，用刀切开大块嚼之，唯好饮奶子酒或烧酒。（以上据民国二十四年《张北县志》整理）

阳原县饮食习俗

大别	种类	饭	菜			备考
			件数	质料	调料	
常食	贫民	早饭：谷子面糊糊、山药（马铃薯）、小米稀饭。午饭：高粱面蒸糕、黍子面蒸糕。晚饭：小米饭及稀饭		素熬山药、白菜、豆腐渣、菠菜、韭菜及腌萝卜、芥菜、蔓菁叶等	多数仅用盐为佐，亦有用胡麻油及葱者，但系少数	酒，除宴会及特殊富家外，通用者皆烧酒及黄酒。至于宴会菜名及质料，虽略有出入，然大抵如是。近年旅外者多，往往亦有携南绍及葡萄等酒以饭客者。若所谓香槟及白兰地等名贵之品，本县尚未见于宴席也。至烧酒系高粱烧成，性甘而烈，易醉；黄酒系黄米干榨而成，性至和而味至甘。便酌座自四至六人，大宴座十至十二人
	中产阶级	早饭：小米粥。午饭：黄米糕、莜面窝窝、莜面长鱼、黍子面蒸糕，间有大米、白面。晚饭：小米稀饭，夏日于稀饭中加绿豆		荤油炒或熬豆腐、四时青菜。亦有加以肉丝者，但一年中不过三二十次，恒无肉类也	油、盐、酱、醋、葱、姜、香菜、花椒、胡椒、大料、茴香、料酒、蒜	
	富家	早饭以小米饭为主，间亦佐以大米及白面，午食黄米糕及莜面长鱼等		猪、羊肉为主体，鸡、鸭、鸡蛋及四季青菜为辅，海菜则不常吃	应有尽有	
宴会	便酌	面条、包子、馅饼、糖饼、饺子、馍馍（馒头）、脂油饼、烙饼、烫面饺、大米饭、油炸糕（即以黄米面做成圆饼或饺，更以油炸，饼用豆馅，饺用菜馅）	四碟或加十锦锅	金针炒羊肉、木耳或韭菜炒猪肉、腌鸡蛋或炒鸡蛋、腌猪肉或炒青菜	料约如上，但做法不同	
			三大盘	炖猪肉、煎羊肉、煎鸡肉		
			四大盘	煎羊肉、炖猪肉、煎鸡肉、炖萝卜或鸡糕子，杂盘包括麒菜、肝、腌鸡蛋、熏豆腐干、海米、熏肉		
			四小盘	猪肉炒豆芽、羊肉丝炒白菜、肉丝炒豆腐、炒豆丝、豆腐干		

续表

大别	种类	饭	菜			备考
			件数	质料	调料	
	大宴	大米饭加点心一道	五大碗	杂菜（粉条、鸡子条、肉条）、烧猪肉、煎羊肉、炖猪肘、炖萝卜或海带		
		大米饭加点心一道	八大碗	同前五种，加酱豆腐蒸肉、丸子、鸡蛋或鸡肉		
		大米饭加点心两道	八碟、八碗	碟为海米、海蜇、红菜、绿菜、熏肉、盐鱼、腌鸡蛋、酱牛肉。碗同前		
		大米饭加点心三道	十二碟、十二碗	除同上八碟、八碗外，碟加四水果或四干果，碗加四海碗：溜黄菜、银鱼子、江腰柱、鸽纤米		
		大米饭加点心三道	十六碟、十六碗	除同前外，加四炒菜：炒猪肉、炒腰花、炒鸡蛋、炒羊肉；四蒸菜：整鸡、整鸭、整鱼、整肘子		
		大米饭加点心六道	三十二碟、三十二碗	除同前者外，加四冷荤：排骨、香肠、腊肉、兔肉；四炒菜：玉兰片、烧紫干、冬笋、蟹肉；水果、干果俱用。碗加四喜丸子、烧干贝、八宝粥、冰糖莲子、红烧海参、鱼翅、燕窝、红烧鱼、紫鲍鱼、鱼肚、鱼唇、粉蒸肉、豆豉肉、黄焖鸡、红烧野鸭、拔丝香蕉		

（以上据民国二十四年《阳原县志》整理）

怀安县饮食习俗

普通以小米为大宗，莜面次之，黍米糕又次之，其能常食白面大米者，犹不多睹。小米、黍米均产自本地；莜麦、小麦唯南山有之，产量亦无几，东、西、北面以气候不宜，概无种者。全县所需莜麦、小麦，全赖兴和、张北两县源源接济。

小米多吃捞饭，或熬稀粥。黍米以人力捣面做糕，或用油炸，即市上所卖之炸糕是也。莜面做法甚为复杂，先将莜麦炒熟，磨成细面；食时，仍需极热开水和好，搓成圆式面条，或圈如席卷，铺在笼内，再以开锅蒸出，另调萝卜、绿菜或蒸肉丁、黄酱，拌而食之，方为适口。

饭菜。以马铃薯、回子白、豆腐、白菜为普通。乡下或以黄豆捣面，点浆作熟，不另去滓，俗谓之“懒豆腐”，再和以马铃薯，杂以咸白菜，共融一锅，乃为寻常待遇苦工最普遍之饭菜也。至猪、羊、牛肉，必住城市方面方能享用，尤须经济充裕之家，始得日常动用半斤四两，仍未敢侈意饕餮也。

饮料。大多数不感困难，到处有井，普通深不过三丈，浅仅丈余；唯有乔家房子深至二十四丈，较为特别。此外如陡坡、缠道、古家房子、冀家庄四村，泉井俱无，吃水甚嫌不便；夏用雨后潦水，冬则凿冰化雪，或赴邻村驮水。故谚云：“宁愿赠你三斗米，不肯借予一桶水。”其水来之不易，可想见矣。县城左卫等处，水性清淡甘洁，唯柴沟堡地稍洼下，略带碱性，似与卫生不甚相宜焉。（以上据民国二十三年《怀安县志》整理）

万全县饮食习俗

饮食尚俭朴。虽中资之家，一日三餐，终年不离莜面、小米、马铃薯也，故俗对之有三件宝之称。至饮，以红茶为大宗。（以上据民国二十三年《万全县志》整理）

宽城县饮食习俗

宽城人民喜欢喝粥，吃黏食。习惯一日三餐（农民冬季多为一日二餐）。旧社会，多数人食不果腹，以杂粮粗食和野菜充饥，间或带皮食用，粮菜混吃。50 至 70 年代，人们平时的主食有高粱米、小米、玉米、白薯等，副食有白菜、酸菜、萝卜、土豆、角瓜、茄子、豆角等。多以喝粥伴咸菜、大菜，偶尔吃顿干饭或粗粮细做（煎饼、菜团、轧饸饹、黏糕、发糕）以及豆腐等调剂生活。亮甲台、山家湾子、汤道河一带喜吃“水豆腐”。遇有节日，多以黄米面饽饽、油炸糕或小米干饭拌肉、蛋入餐。都山附近喜吃冻豆腐、饹馇和“血肠”。进入80年代后，人们的食物构成除传统食物外，细粮细菜比例增多。多数农户每隔几日，以包子、烙饼、面条、饺子等面食改善生活。炒菜盛行，花样繁多，肉、蛋、鱼和酒类需求量增加。（以上据1990年《宽城县志》整理）

宽城满族每逢年节，家家要备好正、二月所用的黏饽饽。平日也常以大黄米、小黄米、黏高粱米或者面烙黏火烧，做干饭或苏叶、椴树叶、饽椤叶饽饽等。

平日，满族喜欢喝粥。一般有豌豆粥、杏仁粥、小豆粥、高粱米粥、玉米粥。

肉类以猪肉为主。烹调方法有烧、烤、蒸、炖、煮、燎、煨、炒、炸等。菜肴品种很多，最喜欢白肉片、血肠、七星肘子。

满族冬季爱吃酸菜。多以炖、炒、凉拌、包馅为主。

吃火锅是满族的一种佳肴。其原料主要是羊肉（俗称“涮羊肉”）、猪肉和一些野兽肉、山禽肉，配以酸菜、粉丝、虾仁等。

满族爱吃自己制作的酱，有面酱、大酱两种，这是每个家庭日常必备的调味品。

豆腐是满族最爱吃的副食，其品种有水豆腐、大豆腐、豆腐脑等多种。尤其水豆腐，农户家里来客，多以此为敬。（以上据1989年《宽城县民族志》整理）

迁安市饮食习俗

新中国成立前，县内居民多以地产的小米、玉米、高粱、白薯等为主食。小米、高粱的习惯吃法大体相同，即做米粥或蒸米饭。玉米的习惯吃法是做粥、烙饼、蒸窝头、做菜团子。而白薯的吃法比较普通的是蒸鲜薯或切片晒干碾成面粉，用以蒸窝头、做菜团子、做面汤等。今多用鲜薯经过粉碎提取出淀粉，再用淀粉加工成粉条后，熬粉条为菜或做粉条汤吃。当时，除城关等部分村镇有水浇地种些小麦外，其他地方偶有种植也是旱田麦，产量较低，小麦运进量又很少，所以一般居民很少吃面粉，只有在节日或生小孩时，才能吃上少许面粉，且吃法较单纯。大米则基本全靠运进，吃者很少，一般做米饭或熬粥吃。

新中国成立后，全县一直坚持进行农田基本建设，水浇地面积不断扩大，小麦、水稻的种植面积逐年增多，加之国家调拨运进，使面粉和大米成为人们生活的主食品种。面粉的吃法也不断翻新，面食的做法大体有蒸（馒头、豆包、馅包、花卷、烧麦、饺子等）、炸（油条、炸饼、麻花、馓子等）、煮（水饺、面条等）、煎（烙饼、锅贴等）、烤（面包、烧饼、糕点等）四种。

此外，即使多粗粮地区的群众，也在习惯吃法上有所发展，大胆进行粗粮细做，如用玉米面做发糕、包馅饭，用高粱米或小米面做蒸饼等。

迁安居民的副食品，随着经济的发展繁荣，走过了一个由少到多、由单一到多样化的过程，肉蛋禽及海产品上市供应量逐年增多，烹饪方法包括煎、炒、烹、炸、蒸、煮、炖等，菜种繁多，品味各异。豆制品为人们所喜食，包括豆腐、豆片、豆浆、豆腐脑、豆皮、豆芽、腐竹、腐带等。食用油主要是动物（猪、羊、牛）油、植物（花生、芝麻、菜籽、苏子、豆、葵花籽、棕榈）油，习惯上多用动物油拌馅，用植物油煎、炸、炒等，也有混用者，在烹调副食过程中，多添加一些应时蔬菜及花椒、生姜、葱、蒜、五香粉、米醋、香油、味精等作料，有喜食辣味者，则放些辣椒或胡椒粉，起到刺激或增进食欲的作用。

在主副食的搭配比例上，逐步从以粮食等主食为主向肉蛋禽蔬菜等副食为主的方向过渡，副食品所占的比例逐渐加大。（以上据 1994 年《迁安县志》整理）

玉田县饮食习俗

1949 年前，玉田县中北部地区以玉米、小米、豆类、白薯等为主食，南部地区以高粱为主食。农忙时每日三餐，闲时一些农户每日两餐。早晚多吃玉米糙、高粱或高粱掺饭豇豆粥。中午吃玉米面贴饼子、烀白薯、高粱米饭、小米饭或饭豇豆掺高粱、小米饭。有时吃玉米面摊糊饼、炒疙瘩、贴菜饽饽、蒸丝糕、大豆面的老豆腐等。春节前，几乎家家蒸豆馅的高粱面、玉米面饽饽头。逢年过节或来客一般吃白面饭，有烙饼、馒头、面条、饺子、馅饼等，也有用细玉米面做面食的，称粗粮细做。春季青黄不接时，贫困农户多采集嫩树叶、嫩榆树籽、野菜拌玉米面蒸炒后食用。还有用榆树皮面掺高粱面、白薯面后包大饺子、轧饸饹食用。糠菜饽饽、炒麸子疙瘩也是贫苦农民的主食。1949 年后很长一段时间内，以玉米、高粱、白薯、小米、大豆、小豆、豇豆掺以少许小麦混合碾成的杂面为主食。近年，多以白面为主食，以玉米、白薯、小米、高粱等粗粮调剂生活。稻米逐渐成为南部地区农户的主食之一。

1949 年前，玉田县在冬季以白菜、萝卜、酸菜为多数农户的大宗菜。春季多以干白菜、芥菜（或萝卜）腌制的咸菜，大葱蘸酱佐食。夏秋季以黄瓜、豆角、茄子、西葫芦、南瓜、韭菜、辣椒等为主。1949年后，蔬菜种类逐渐增多，芹菜、西红柿、青椒、菜花、葱头、大头菜、莴笋、蒜薹、蒜黄、土豆等也成为大路菜。食用方法分熬、炒、凉拌等。豆制品和淀粉制品为农村的传统菜。豆制品有豆腐、豆腐片、豆腐干、饹馇、豆芽菜、酱豆腐、辣豆腐、臭豆腐等；淀粉制品有粉条、粉坨、粉皮、凉粉等。

食肉以猪肉为主，兼以牛、羊、鸡肉等，吃法多是炖、炒、蒸，炒肉时多配以鲜菜。近年，瘦猪肉成为抢手货。玉田人民习惯食鱼。1949年前后很长一段时间，洼地农户一年四季吃鱼，鱼多食不完则晒干或腌制后待用。近几年，因河塘干枯，洼地无积水，大都吃养殖鱼，如鲤鱼、白鲢等，食鱼数量减少。食用蛋多为鸡蛋，以炒食为主，也有煮食或腌制后煮食的。鸭鹅蛋多腌制后煮食。

筵席分婚嫁筵席、丧事筵席、节日筵席等。

婚嫁筵席。旧时习惯每桌六人，上桌的菜肴有“八碟八碗”（八个碟菜、八个碗菜）、“十大件”（八个碟菜，八个碗菜，二个大盘）、“十二十”（六个凉菜，六个炒菜；八个碗菜，二个大盘）。大件均为鸡、鱼、肘、肉等。现在多每桌八人，菜肴盛行盘盛，每桌十二至二十六个盘不等，随条件而异。

丧事筵席。旧时，富足人家丧事菜肴丰盛，除上述菜肴外还有用“小四四”（三十二个菜）、“中四四”（四十八个菜）。1949年后，提倡丧事简办，一般用酒肉等招待宾客。

节日筵席。逢年过节，特别是春节，菜肴比较丰盛。富裕之家以盘碗成席。一般人家则以猪肉为主，兼有少量牛羊肉，虽不很讲究，但传统的鸡、鱼、肘是不可少的。

传统的点心有烧饼、麻花、油条、油炸饼、粽子、黏糕、凉糕、枣糕、油炸糕、糖三角、馄饨、包子等。现在风行的有饼干、面包、蛋糕及花样繁多的糕点等。

酒类以烈性白酒为主。近年，一些人已转向饮低度白酒、啤酒、色酒。饮料始盛行，需量渐增。（以上据1993年《玉田县志》整理）

遵化市饮食习俗

新中国成立前，农民多吃粗米。粳米白面只有逢年过节和招待宾客吃上一顿。

最贫困农民一年吃不上一顿大米饭，有的春节也吃不上白面饺子。新中国成立后，农民生活逐步改善。进入 70 年代，人们食用细粮有所增加。80 年代以来，食用大米、白面成了家常便饭。

旧社会，广大劳动人民在封建剥削制度下，吃粮尚且难保，根本谈不上增补副食，只有较为富裕之家逢年过节才能吃上鸡、鱼和猪羊肉，多数人家根本无此奢望。鸡蛋是营养丰富的副食，而农户养鸡下蛋多为卖钱称油、打盐。至于酒类、食糖、糕点、茶叶，更为富户豪商所饮用或做待客送礼之物，穷人很少购买。

新中国成立后，随着生产的发展，市场上鱼、肉类，糕点、烟、酒、茶、糖及各种食品一应俱全，基本能满足群众生活需要。但到三年困难时期，情况大变，所有副食都成了紧俏商品。“文化大革命”期间，限制发展商品生产，副食品奇缺，影响了人民的健康。进入 80 年代，农村商品生产迅速发展，副食品极为丰富，饮食行业兴旺。城镇上烧饼、油条、面包、豆浆成了职工和居民的经济早餐。在农村，豆腐、粉条是家常菜。缺奶的婴儿吃上了奶粉。酒类除散白酒外，有了多种多样的瓶装白酒、啤酒、果酒等，而且销量很大。城乡人民开始讲究吃瘦肉，饮低度酒，增加营养。

新中国成立前，本县人民生活所用燃料，山区靠山柴、木柴，平原赖秸秆和柴草。60 年代，平原烧柴普遍缺乏，多用煤炭来补充，但仍供应不足。进入 70 年代，燃料紧张状况逐步趋于缓和。城镇居民由烧烟煤、白煤球改烧蜂窝煤（无烟），多数户又革新了炉灶。另外有少数户建造了沼气池，用沼气替代柴、煤，还有些职工改烧液化石油气、柴油炉，个别户用上了电炉、电饭锅。（以上据 1990 年《遵化县志》整理）

滦县饮食习俗

县俗饮食最俭。冬夏皆饮水，非世家、商贾无饮茶者。其食皆以粥，贫者粟不舂而碎之以煮，谓之“破米粥”。小康之家，思俭约者，亦多效之。遇农作时，则易之以高粱米，煮半熟，冷水淘之，坚如石子，谓之“换饭”。值令节，乃丰其馔，下逮佣作，酒肉皆恣饮啖，无吝焉。性独嗜酒，虽穷乡僻壤，皆家藏酒，以备不时之需；遇亲友过从，必酬酢以尽量为敬。（以上据民国二十六年《滦县志》整理）

丰润县饮食习俗

新中国成立前，一日三餐皆为粗粮，北部人多以小米、薯类为主，中南部人多以玉米、高粱为主。农民除年节、来客、生病外，很少食大米、面粉。暑伏食面食，有“头伏包子二伏面，三伏饺子就大蒜”之说，称“三大顿”。

每餐稀干搭配，早晚以稀为主，中午以干为主。干食多为贴饼子（南部称“贴饽饽”），用玉米面或高粱面。有时吃干饭，多用秫米或小米蒸制。稀食以粥为主（北部山区称“糊嘟”），用玉米、高粱米磨成的楂、面，或楂面混合熬制；加菜称“菜粥”，用整米（小米、秫米）熬制的称稀饭。

民间多粮菜混吃，粗粮细做，主要有以下几种：

咸食。将未成熟的玉米磨成糊，加菜和盐酱，在锅内摊薄，可做干食。

菜饽饽。用各种可食的野菜或家菜切碎，调以油盐、葱酱做馅，贴在锅内，蒸熟即可。

假糕。用小米、秫米，多加菜，调以油盐，在锅内熥熟即成，多在冬闲时食用。

碾转儿。将未成熟的麦粒炒熟，上磨碾成细条，拌盐酱食用。

饸饹。用秫米面加榆树皮面和成，用饸饹床轧制成条，煮熟拌以菜卤食用。

炒疙瘩。用玉米面加菜，调以盐酱，用水拌成半湿半干，在锅内炒熟，作为干食。

新中国成立后，吃粮不愁，很少粮菜混食。80 年代后，多以大米、面粉为主。为调剂口味，偶尔食些粗粮或粮菜混合食品。

70 年代以前，农家多在春天制作大豆酱，为菜肴的主要调料。秋季腌制咸菜，有芥菜、萝卜、青椒等，为主要佐食菜。春夏秋之季，食些自种的瓜菜或野菜，很少食油。80 年代后，生活水平提高。酱油、醋、味精等各种调料已为普通家庭必备品。

逢年过节、大事小情，亲友之间常相互宴请，须备水酒、办桌席。桌席的档次、规制有：

低档席“九个碗”，共九碗菜，其中两碗凉拌菜，两碗炒菜，两碗丸子（红丸子，用肉、面炸制；白丸子，用肉、淀粉蒸制），两碗方肉，一碗粉条。需要添菜时，一般只添粉条；实惠的添方肉，俗称“九个碗，肉管够”。一般人家过年、丧事及喜事的下席（非新亲席），用此种桌席。至今“九个碗”席仍沿用，专用于丧事，但碗菜的量大、质高，与先时大不相同。

中档席“八八”，为酒菜八碟，饭菜八碗。八碟为四凉（多为松花、腊肠、海蜇、鲜藕之类)、四热(肉类熘炒菜);八碗为鸡、鱼、肉(方肉、白片肉、红片肉,计三碗)、肘(猪前肘子)、丸(为猪肉或羊肉水汆丸子)。30年代后,有改良“八八”席,即另加两个大菜或加火锅,俗称“八八改样儿”。此席多用于富有人家年节、红白事以及一般人家喜事的上席(新亲席)。

高档席“四四”,四菜为一道,用同样的盘子(造型尺寸同,花纹图案同)盛同类的菜,一齐端上。“小四四”为八道菜(三十二盘),“中四四”十二道菜(四十八盘),“大四四”为十六道菜以上(六十四盘以上)。菜的内容有鸡鱼猪羊、山珍海味、干鲜果品、什锦面点,应有尽有;形式为煎炒烹炸、熘烧焖烩,一应俱全,此种桌席为豪门望族专用,非此则不敢问津。

60年代后,兴起了“十大盘”席,与“八八”席近似,后逐渐增加为“十二大盘”“十六大盘”。80年代起,又增加为“二十四大盘”“二十八大盘”“三十二大盘”,内容与质量接近“四四席”。由于生活水平提高,适当提高桌席质量本不过分,但由于互相攀比,形成一股奢靡之风,实不可取。(以上据1993年《丰润县志》整理)

卢龙县饮食习俗

商之庶支孤竹国统治中晚期,已有谷、黍、麦、豆类。古以稻粱并称,被认为是美膳,但孤竹境无稻。孤竹人喜食牛羊。干肉称“脯”(“脩”),肉酱称“醢”,纯肉汁称“羹”,酸菜、泡菜称“菹”,切细瓜菜做成的酸菜称“齑”,腌肉腌鱼称“菹”。时已有醋,称为“醯”,与醢、盐、梅及一种菜(或葱或韭)合称“五味”。糖为麦芽糖,称“饴”。酿酒始于史前,煮烂的黄米加曲糵(酒母)而成。

汉置肥如县。主食原料齐全,粱黍麦菽稷亦品种多样,副食猪羊牛肉类不缺。待客食品一般为大鱼大肉,以樽饮用米酒,饭食为黍米、稷米(黄米)干饭,麦面蒸饼。一人一桌。小户人家,日常糠菜,随地蹲食,遇有待客,小儿围食,高粱米饭加豇豆、白菜熬豆腐、有蒸碗猪肉者为珍贵。

东汉肥如境,今陈官屯、大刘庄、大横阿、卢龙镇、木井、大李佃子、蛤泊等地第四纪冲积平原,已有豪强地主庄园,使用农奴耕种,内部农业、手工业齐全,自给自足。庄园主生活奢侈,鸡鸭鱼豚大酒大肉,待客用小几,主人横于首位,再按“左辅”“右弼”排列,下铺茵席(苇席、竹席),席地跪坐,已有数道菜,由家奴以案(方盘)顺序端上;以樽或斗(方形大酒杯)豪饮,继食麦面点心;依附豪强的佃客称为“徒附”，不编入封建国家的户籍，终日辛勤劳作，不得温饱，日常稀饭糠饼；稍有喜庆，高粱米饭豆糊汤（形似后世“懒豆腐”），无宴席可言。

延至北魏，少数民族食品和食用方式传入，牛羊奶制品增多；已有“手扒肉”，牛羊肉卸成大块，装入瓮内，以牛粪火煨烂，食者围之，以手抓啃。曾徙朝鲜县，带入稻谷，后为旱稻，是节日和农家待客食粮。

清末民初，县境饮食考究。待客宴席，多种多样。官绅大席，有“小四四”（三十二件）、“大四四”（或称“八八”，六十四件）、“满汉全席”（一百零八件）等名目。以“八八”者为例，八个菜为一套。席前首先抓果，各色点心、瓜子、糖果八个，配以茶茗，不算正席；后上八个凉碟、八碟干炸、八盘清炒、八碟热蒸。中间休息，烟茶相待，供予美羹，厨房精制面食点心，称为“腰饭”。续上八小碗、八中碗、八大碗。上大碗时，为用饭始，喜庆日，新郎拜席；丧葬日，孝子谢孝。最后八碗汤菜，下饭或饭后饮用，种类繁多。“满汉全席”冬日上菜时，盘下放特制酒碗点燃温菜，久用不凉；夏日上菜时，盘内放冰，凉菜久用不热。境内用此席者为数甚少。民间待客，东北部“八大碗”，北部“五碗四盘”，中部、西南部“六盘菜”“八盘菜”“七道菜”“八碟四碗”“十二道菜”。

婚娶丧葬和各式喜庆日待客，富户、农宅随条件和水平而异，但办事和礼仪相近。一般亲朋大棚开席；绅商或长者另设雅宴室内开席；新亲和娶送客，新房开席。新娘坐于窗下正中（俗称“炕尖”，叫“坐福”），新亲（新娘姨、姑、妗或嫂）坐左位，陪新亲者（新郎姨、姑、妗及有威望亲朋或媒人）坐右首。新亲宴席结束后即归，不可留宿。第二日，婆家送媳妇回娘家。隔日，娘家父母携女儿至婆家“会亲家”，炕上铺红毡，油漆八仙桌，男女两桌。男席男家岳父居首位，亲家等亲友左右相陪，宴席一般为“十二道菜”或“小四四”或“八碟四碗”。

抗日战争和解放战争时期，根据地和解放区多数封建迷信习俗被剔除，婚、丧事简办。土地改革后，贫苦农民翻身得解放，生活水平有了明显改善，一扫过去沿街乞讨、卖儿鬻女的悲惨境遇，不再为吃穿而终日奔波。

新中国成立后，人民生活水平趋同，主食以高粱、玉米、小米为主。逢节日或待客吃些面食或大米，肉食除猪肉、鸡、鱼外，少量牛羊肉（多用于回民）。民间待客，北半县为“八大碗”，南半县为“八碟四碗”。60至70年代中期，人民生活没有大的变化。

1978年，日常饮食已基本不吃粗粮（高粱、玉米），多以大米白面为主。每逢

五月端阳和八月中秋、春节，家家盘碗满桌，极为丰盛，喜庆待客也比过去更为考究。（以上据1994年《卢龙县志》整理）

昌黎县饮食习俗

国以民为本，民以食为天。食者，人民生活之资也。寻常食品，以高粱、小米为大宗，玉蜀黍次之，黍、稷、稗、米又次之。近年山农栽薯（一名地瓜，又名山芋），其味甘，系咸丰末年来自外国者，可以代食粮，又可以磨粉条，是食品中可以扩充者也。至粳米、麦面，只为款宾客、供庆贺、养老亲之用耳。居民春令碾黄豆和咸盐做酱，或熬酱油，乃常用之物，又磨作水、干豆腐二种，用以佐食。别用黄豆以榨油，曰豆油，与芝麻、苏子、落花生所榨之香油、酥油、花生油同为熬菜之作料。又以红、绿、白小豆磨制粉条，亦家常菜种之一。白菜即古人所谓秋末晚菘，用盐及萝卜、芥菜腌之，皆每饭必需之物也。（以上据民国二十二年《昌黎县志》整理）

抚宁县饮食习俗

该县人民过去以食粗杂粮为主，细粮（面粉、粳稻）甚少，主要用以待客或年节食用。粗杂粮为玉（苞）米、高粱、谷子、白（甘）薯等。平时多吃粥，如高粱米粥、小米粥、苞米小米糙粥等，配以苞米面饽饽、白薯面饽饽，其中以高粱米粥为主。春节时，家家户户用黄米面、糯米面或黏高粱面做红白豆馅饽饽。随着经济的发展，全县从60年代起，逐步推广种植水稻，现在除山区仍以粗粮为主食外，大部地区均以大米为主食。

现该县人早晚仍喜吃粥，中午吃干饭。平日多以熬菜配饭，并配以小菜，如黄豆酱、咸菜或自家腌制的各种小菜，并喜生吃萝卜、黄瓜、生葱蘸酱或生葱拌豆腐；靠海兼搞渔业农家的小菜则多有蟹酱、虾酱、煎小鱼等。随着生活条件的日渐改善，各种炒菜亦成了桌上常菜。

县内朝鲜族人民素以大米为主食，平时最喜欢吃辣椒，几乎每顿饭都有辣椒或用其制成的各种小菜，另外还喜欢吃狗肉，但在办红白事或过节时则绝对禁忌杀狗。他们还喜好生吃牛、羊肝肚，也喜吃生鱼，妇女生孩子喜吃海带（鱼）。现在生食的人已不多了。每逢年节或有大事时，总离不开用黏大米制成的独特食品——打糕。

旧时婚丧喜庆等宴请宾客，一般多发请帖，常由主人登门邀请，或由执宾代主人登门邀请。客人入席时互让首席，年长者及社会地位较高者往往被尊为首席。新姑爷随妻子“回门”则坐首席，不须相让。本地习俗，男女不同席，女客自成一席，往往安排在里面。女客一般不饮酒。

旧席一般讲究八碟（盘）八碗、八碟（盘）四碗。在石门寨、海阳、驻操营等区，酒席名称还有三套碗、四四席、六六席、十二个碟、烂肘子大盘，并配有三道饭：米饭、面条、饺子。请姑爷时中间上果碟，有各样点心供大家品尝。饮酒时先上凉菜（拼盘），热菜依次而上。随着社会的变迁，酒席的质量及盘、碗数量亦不尽相同，往往随主人的经济情况而定。

沿海农民因兼搞渔业，为求吉利，往往有不少忌讳，如吃完饭后忌将碗扣着放，吃鱼忌翻。（以上据1996年《抚宁县志》整理）

香河县饮食习俗

居民日三餐食品，以小米、玉蜀黍、杂豆为主，麦粉、稻米为上品。杂粮系本地产，米面则来自津沽，故寻常除食杂粮及本地产麦外，稻米则非婚丧、节令恒不轻用。菜蔬，乡多自种，城镇则购买，以杂鱼、猪、羊为珍品，必有事始用之，平时小康之家，亦不多用。市肆饭馆，虽陈设酒肉，唯售之过往仕宦、商人，农民殊无敢问津者，其勤俭概可想见。近年则鱼肉满市，几于供不应求，饭店包办酒席，成为习惯，农民每入城市，类多醉饱而归，今昔情形，何啻霄壤。（以上据民国二十五年《香河县志》整理）

霸州市饮食习俗

农民每日三餐，饭、粥、饽、馍，蔬菜佐馔，馒、糕、汤、饼，时或一具。耕作忙时，早、午野餐，渴饮冷水，倦息阡陌。余均每日二餐，肴馔稍备。唯摊商负贩，时常街餐市饭。雇用工匠，日给三餐，麦、面、粱、酒，尚须备具。食粮以玉米、小麦、稷、粱、黄豆、绿豆为主，大麦、荞麦、糜、黍、红豆次之。大米用量无定。城东洼地，每逢积水未消，产稻甚夥，质味俱佳。甘薯产量颇大，为秋冬次要食品。蔬菜，春有青菜、豆芽、藕、韭；夏季豆角、黄瓜、倭瓜；秋冬萝卜、茄、马铃薯、菘、菠菜、芫荽，随意烹调，用途颇广。豆腐、干粉为普通食品，肉食次之。唯年节，家家购买鸡鸭虾蟹间或一食。居民自做豆腐及盐渍萝卜，黄瓜、豆角、白蒜、韭花，用备鲜菜。缺乏果品，以瓜类、花生、小枣消费既多且普。葡萄、梨为中秋必需品。余如桃、李、橘、杏、苹果、香蕉，农家礼品间或用之。茶食店、饭馆，城镇甚多，行商旅客饮食颇便。食粮、蔬菜、芝麻油、鸡蛋、猪肉，除自给外，运销天津等处。唯大米一项，如田无积水，则悉赖外品。（以上据民国二十三年《霸县新志》整理）

大城县饮食习俗

大城人民历来生活俭朴，土地改革前，贫富悬殊，广大农民惯于“糠菜半年粮”；土地改革后虽然生活有所改善，口粮仍以粗粮为主，50 年代平时食用小米、玉米、红白高粱、黑黄豆、山芋等，节日才能吃上白面、大米。60 至 70 年代种植单一，小杂粮几乎绝迹，人们多食用“两杂”，即杂交高粱和杂交玉米；80 年代自由种植，人民生活富裕，以小麦、大米为主食，杂粮则作为调剂，而且当地农民不论农忙、农闲都习惯于一日三餐，有稀有干。

主食。细粮面食有馒头、卷子、发面饼、死面饼、包子、饺子、面条、合子（馅饼）、煎饼等；粗粮面食有窝头、饼子、菜团子、豆馅团子、丝糕、黏糕等。窝头、饼子多用玉米面、小米面、高粱面杂以黄豆或黑豆面，丝糕则用糜子面，黏糕则用黍子或黏高粱面蒸制而成；饭食有大米干饭、小米干饭、秫米干饭等；粗粮细做有饸饹、割豆等，是用绿豆面或高粱面、荞麦面、山芋面掺上榆树皮面或车前子，用饸饹床子、割豆床子轧制成短条，拌上菜卤类似捞面。此外还有粮菜混吃的打糊饼、菜扒拉、有稀有干的尜尜汤等，都是农家的传统食品。在县西部秋末冬初季节，蒸山芋也是农民的主食之一。

汤菜类。汤类有热面汤、片汤、鸡蛋汤、菜汤、杂面汤（绿豆面做的）等；稀食有小米稀饭、绿豆汤、棒糙粥、高粱粥等，冬天粥内多放以山芋、蔓菁、小菜等，香甜适口。菜肴，冬天多熬白菜、萝卜、葱头、土豆等；夏秋以食用黄瓜、西葫芦、倭瓜、菠菜、豆角、茄子、芹菜为大宗。近年来，西红柿、卷心菜、莴笋、菜花、蒜薹传入县内，丰富了农家的菜肴。凉拌、热炒、做馅、腌制等，制作方法很多；肉类以食猪肉为主，兼以牛、羊、鸡、驴肉等。农家多是炖、炒，市场上有熏驴肉、熏鸡、灌香肠等食品，为地方特产。鱼类吃法多为家常熬鱼，贴饼子熬小鱼是农家美食。副食类还有豆腐、粉条、农家自己制作的豆瓣酱、甜面酱等，作为蔬菜的补充。

筵席。近年来，吃喝风大盛，红白事，筵请亲朋都要大吃大喝，讲究排场。农村喜事筵席有“四五”席，即四个盘，五个碗；“四八”席，即四个盘，八个碗；“八八”席，即八个盘，八个碗；十三碗等。盘菜又分“四凉”“四热”“四干（点心）”“四鲜（水果）”等。碗菜都是肉食，如红白肘子、红白剒刀、鸡、鱼、丸子、象眼（用瘦肉做的）等。农村丧事一般不成席，吃份饭，名为“两勺一扤”，也叫“猴戴帽”，即两勺菜、一勺肉。农村喜食油腻，县城喜食清淡，近年来海货如虾仁、鱿鱼、海参等进入筵席，有的一桌筵席达四十样菜之多。但盘菜必须是双数，单数视为不恭。农村多饮用白酒，县城已转向低度酒和啤酒。办喜事喝酒一醉方休，办丧事则一桌只供一瓶，不宜多饮。（以上据1995年《大城县志》整理）

安新县饮食习俗

1993年取消粮食计划供应之后，城乡人民饮食生活变化很大。粮食充足，人们不仅能够吃饱，而且提高了吃的质量。最明显的是千百年以来，以食玉米、小米、红薯等粗粮为主的城乡人民，逐渐把细粮作为了主粮，而把吃粗粮，如吃玉米、小米、红薯面等，当作吃新鲜了。

吃细粮又分标准粉和上白粉两种。人们把细粮做成各种各样的食物，如面条、油馍、油卷、馒头（蒸馍）、油条、水饺等。吃大米的人也越来越多了，小米只用来做小米汤喝。食油的种类也多起来，如豆油、芝麻油、花生油、色拉油等，人们基本不再食用大油（猪油）。在肉食方面，人们大量吃的是猪肉、牛肉、羊肉、鸡肉和鱼虾等。在蔬菜方面，除了一般常见的豆芽、白菜、胡萝卜、白萝卜，还有四季常青的大棚菜如番茄、茄子、辣椒、芹菜等。（以上据2000年《安新县志》整理）

唐县饮食习俗

旧时，境内居民生活俭朴，常年过着糠菜半年粮的生活。农忙日三餐，两稀一干，农闲日两餐。居民以咸为主，兼食酸辣。主食以粮制品为主，有小米干饭、饼子、饸饹、搅疙瘩、拿糕、小米水饭等，白面烙饼、馒头、面条、饺子、大米饭为细粮，玉米面沫子（稀粥）和小米稀粥辅之。

新中国成立后，仍以杂粮制品为主食。1958年以后，以薯干面、玉米面为主食原料，主食增加薯面饼子、烙饼、饸饹、饺子等，白面大米仍为细粮。改革开放以来，随着农业生产的发展，到 1990 年，居民主食已改为以小麦面粉为主食原料，主要制品有馒头、烙饼、包子、果子、面条、饺子等。薯干、玉米、小米等杂粮多作为生活调剂粮种。山区平原居民一年四季经常能吃上大米饭。节令主食除白面、稻米外，五月端午包粽子、九月九摊煎饼、腊八吃八宝粥、八月十五吃月饼等已为居民普遍习俗。

旧时唐县传统副食有豆腐、粉条、牛羊肉、禽蛋类和植物油。且以自养、自种、自制为主。除商家、富户能经常食用外，多数农家副食产品仅有少量自食，多以市场出售补充家庭开支，过节待客方有食用。自养肥猪亦很少自食，即使生活较富裕，副食也简单，多以粗茶淡饭度日。新中国成立之初，农忙方能吃到少量豆腐、粉条和肉蛋类。境内居民从来不吃鱼，60 年代初，在外籍人影响下始试着吃鱼，开始时小鱼杂鱼不吃，仅吃鲤鱼，至今边远山区仍对吃鱼不感兴趣。合作化后，境内大量种植甘薯，尤其食堂化后，薯面变为主粮，农家主妇们以薯面为原料开展粗粮细做，除制作烙饼、饼子、饸饹等主食外，还可做削片子、炸片子、蒸包子、包饺子、粮扒糕、包皮条子、包皮馒头、漏凉粉蝌蚪、旋粉皮、爆炒薯丝等，甚至可以摆一桌山药席，所有饭菜均由薯类制作。制酒工人先用薯干制作淀粉，再用粉渣烧酒、制糖稀、酿醋，还能创造出几十种糕点。农户养猪自食量仍很少，春节杀猪多留三分之一至四分之一自食，其余卖掉。所留猪肉过年不能吃完的，腌制腊肉，多数户延吃半年到八个月不等。糕点为串亲戚、看病人之礼品。改革开放以来，尤其 1986 年以后，豆腐、粉条已为农家常用副食。肉蛋类为农家农忙和待客过节不可少的副食，还购置副食罐头加以补充。煎炒烹炸进入农家。但少数边远山区副食消费水平仍然较低。

民国时期及以前，境内居民多以瓜类、白菜、莙荙、韭菜等为大路菜。秋后农家用萝卜、菜梗叶自制酸菜冬春食用，春天采集柳叶、杨叶、榆叶和各种野菜食用。尤其北罗一代，春天采集柳叶后，可将柳树枝扒秃。新中国成立后，尤其是合作化后，农民有了菜地，且种菜面积不断增加，多种白菜、莙荙、瓜类。进入 80 年代，蔬菜品种增多，而且向精细方向发展。到 1990 年，豆角、蒜薹、黄瓜、茄子、青椒、西红柿、香菜、芹菜、冬瓜、土豆、葱头等已成为普通菜，四季均有蒜薹。大白菜仍作为民间主菜。边远山区蔬菜品种仍显单调，酸菜仍不可少。

地方风味有碗肉、熏肠、烧饼、扒糕、凉粉等。

碗肉。清末民初，唐县皮毛业发达，大量宰杀羊只，羊杂成为无用之物，县城附近居民则以廉价之羊杂开创碗肉小吃，主要由羊杂、羊油、辣椒面和煎饼煮泡而成，春冬天食用解饥、解渴、御寒，且独具风味，价钱低廉，适合农民食用，至今沿袭不衰。

熏肠。民国初期，县城冯家南北肉铺所制熏肠熏肉，曾因味香色美、易存放、能远运，成为出境名品，名扬京津、保定等地。七七事变后，因战争而停业。

烧饼。城乡通用食品，由白面、芝麻、少许植物油和盐和成硬面，推研烤炙而成，有所谓“唐县的烧饼，吃也鼓（面少而鼓的高），不吃也鼓（看着个大实惠）”的美称，至今兴盛不衰，并已传往外地。

扒糕。以荞麦面为原料加水糗制而成，吃时加蒜末、醋和香油，为春夏时令小吃。

凉粉。以团粉面加水糗制而成，吃时加蒜末，配以少许盐、醋、香油，为夏令小吃。

豆浆。改革开放以来，于1986年在县城兴起喝豆浆，主要为县城上班职工食用，一碗豆浆加两个果子为早餐。

唐县小吃，多以临街搭摊而食，80年代后期外地小吃不断引入境内，主要有曲阳县的缸炉烧饼，保定火烧、香肠、火腿肠，山西刀削面，兰州抻面，北京馅饼，朝鲜小菜等。境内高级名菜有不夜天（承包饭店名）的红焖肘子、红焖肉、水氽丸子，县招待所二级厨师杨成群的芙蓉肉、炒鱿鱼、砂锅豆腐，东来顺的涮羊肉。

境内居民自古即有饮酒习俗，战国名酿“醇酎”即用古中山城赵母灵井之水酿制，所谓“醇酎千日”的便是此酒。红枣酒（号称枣杠子）为唐县民间酿制的传统酒。境内居民待客、宾朋相聚、红白事、喜庆、分居、贸易洽谈、调解纠纷、酬谢等均以饮酒相助。80年代以前多以大碗酒、大包肉，数人围桌轮饮，不讲究炒菜，亦不劝酒。改革开放以来，始讲究名酒和炒菜，有四菜八菜之规格，啤酒、露酒进入农家，并兴起劝酒之风。饮者多为男性，妇女饮酒者尚少。

改革开放以前，唐县居民没有喝饮料之习。1970年以前，民间儿童在春节期间自冻冰块而食之。1970年以后，农民自制土冰棍出售。改革开放以来到1990年，机制冰棍、冰砖、雪糕、冰袋、汽水、香槟、果汁露、酸枣露、红枣果茶等饮料充斥市场。

清初，吸烟之习传入境内，均为吸旱烟（烟叶），吸烟器具有烟锅、烟袋、火镰、火石、火绒。清光绪二十六年，外国卷烟传入境内，但多为官商富户吸用，农民多吸旱烟。民国初期，官商富户改吸水烟。抗日战争时期，有些军队战士创出用废纸自裹土纸烟吸用。新中国成立后，此法传入民间，境内青壮年多以此法吸烟。直到 80 年代初逐步减少。1979 年除大量卷烟运销唐县外，带过滤嘴烟也引入境内，高、中、低档卷烟同时并存，到 1990 年民间以烟待客已成习俗。1990 年全县吸烟者逾十万人，占总人口的百分之二十二，每年消耗百万元。虽令烟商在烟盒耀眼处印有“吸烟有害健康”字样，但据 80 年代发展趋势，青少年吸烟者增加，吸烟年龄大有下降之势。（以上据 1999 年《唐县志》整理）

雄县饮食习俗

该县人古来习惯一日三餐。个别村户冬季改为一日两餐。平时，主食以玉米面为主，惯食玉米面饼子、窝头、玉米面薄烙饼、玉米糁子粥、玉米面疙瘩汤。副食以白菜为主，中午多食白菜，早晚则食用自己腌制的咸菜、大蒜、辣椒、韭菜花等。节日时改善生活，根据习俗做不同的饭菜。春节、八月十五多食馒头、粉条炖肉；清明、六月初一等多吃饺子、面菜；二月二摊面菜、煎饼。亲朋来多吃饺子、白面烙饼、炒鸡蛋。富户则以酒肉款待。喜庆日子多设筵席招待宾客，多“四八席”（四盘八碗）、“六八席”（六盘八碗）、富裕人家多“八八席”（八盘八碗）。主食多为馒头或米饭。

80 年代后，人民生活水平提高。平时主食以小麦面粉为主，惯食馒头、烙饼，夏季多食冷汤（面条）。蔬菜除白菜外，还增添了黄瓜、西红柿、芹菜、茄子、蒜苗等，平常也可以吃到肉蛋。节日食俗未变，来客人时较旧时讲究。喜庆日子筵席更加讲究，筵席质量较旧时大为提高，鸡、鸭、鱼、肉、蛋等应有尽有。城镇行老豆腐、炸签子等传统小吃。此外还以肉丝焖饼见长。（以上据 1992 年《雄县志》整理）

高阳县饮食习俗

城市间因工商发达，生活程度提高，食料皆以米面为主体，各种菜蔬及鱼鲜、肉类应有尽有，与都市相同。至乡村农工之家，普通以高粱、小米为主体，菜蔬则自己农田所出产者，以之应用。盖但求果腹，不问肥甘，若米面、肉鲜，则非遇节令之日，或款嘉宾，绝不尝用。此外，商家对于食料，现购者居多；至住户，即不务农之家，亦每于秋后籴足全年粮食，以供食用，非至赤贫之家，绝不零星购用。

（以上据民国二十二年《高阳县志》整理）

望都县饮食习俗

望民凿井而饮，耕田而食。所食者，以小米为大宗，小麦次之，荞麦、高粱、玉蜀黍又次之。中上之户，饭皆粗粝；中下之户，则皆掺糠和菜为食。丰年粮尚不足，一遇凶年，恐慌立至，则树叶、草根亦以充饥，小麦面粉皆不常用。麦秋之后，家家食麦面数日，借酬农工之劳；过节度岁，亦食之，余者收藏备粜，以为度日之费。日常食用，以小米为主要品，不尝酒肉。一年之中，春冬以菜蔬、红薯、白菜，夏秋以萝卜、北瓜等物为菜羹，用以佐餐。俗云“糠菜半年粮”，盖述实也。豆酱一种，家家不备；香油、酸醋，食者恒鲜。昼长之时，日食三餐；昼短减为二餐。集市之间，豆腐、酥酪、火烧、饽饽而外，无他珍馐。城东高岭一带，产谷最佳，小米为粥，香滑适口，皆乐食之。诗云：“唐俗勤俭。”此其遗俗欤。（以上据民国二十三年《望都县志》整理）

满城县饮食习俗

居民日三餐，食品以小米、玉蜀黍、杂豆为重要，麦粉、稻米为上品，均系本地产。年歉或籴自涞源、易县，常年则足用。上品除过节、祭祀、宴客外，恒不轻用。菜蔬，乡多自种，城市则购买。以猪、羊、鸡、鱼等为珍品，婚葬用之，平时宴客、犒工，只腊肉、鸡子等类。市肆饭馆只饼面素品，无酒肉；近则鸡鱼备陈，并可包办酒席，稍稍奢矣。然乡农入城市，尚不敢醉饱而归也。（以上据民国二十年《满城县志略》整理）

吴桥县饮食习俗

旧社会，人民生活困苦，中等以上生活水平的农户以玉米、小米、高粱等为主食，习惯一日三餐。早晚多吃玉米面或小米面饼子、黏粥或小米稀饭。中午玉米面饼子或煮高粱米饭、小米干饭。有时用玉米面、小米面打糊饼、贴菜饽饽、包菜饼子、蒸丝糕、黏糕、轧饸饹等。小麦虽有种植，但产量低，面粉只在过节、农忙、待客时食用或给病人食用。有时要在面粉中掺些白玉米面以充数，或以小米面加榆皮面混合，代面粉作为细粮。春季青黄不接，贫困户或遇灾荒年，采集榆树叶或野菜拌以少量粮食团，蒸成“菜糠谷”“菜团子”，聊以充饥。新中国成立后，人民生活逐渐提高。但仍以玉米、小米、高粱等粗粮为主食。为了调剂生活，有时将粗粮细做。

杂面条。将绿豆或饭豆磨去皮，加水调匀，置阴凉处，稍干，磨成细粉，擀成面条。煮熟后，放些香菜、香油，别有风味。也可用高粱面、玉米面或红薯面，烫后加些榆皮面、白面做成面条，如吃凉面条可配上菜卤、青菜、蒜泥和醋食用，味道更佳。

饸饹。用红薯面或高粱面烫熟，揉成面团，同时将饸饹床子（一种木制轧饸饹用的工具）放在沸水的锅上，将面团置于饸饹床子孔内，轧出细条漏在锅里，煮熟捞出过凉水，拌以菜卤、蒜泥、醋等，食之可口。

黏糕。又称“黄面”。先将黍子碾成米，俗称“黄米”，然后磨成细粉，加水和好，加入枣，捏成窝头形，蒸熟即成，吃起来黏甜可口，为家常便饭中之佳品。多在春节食用。

丝糕。将稷米面、小米面用开水烫好。发酵后，用铲子抿平蒸熟。出锅后，切成菱形块，入口松甜，多在春节食用。

切糕。把黍米或江米（糯米）淘净，小枣浸泡、洗净、烫熟，在竹筛里铺好笼布，三层米、两层枣，用笼布包严，压上重物，用水漫过，烧大火，煮熟后隔夜出锅，吃时切成小块，又黏又甜，且有一股清香味。

粽子。逢端午节、中秋节或庙会，家家包粽子。将江米或黄米淘净泡好，红枣煮熟。用苇叶或竹叶将米、枣包成四角形。用线绳捆好，排入锅内，用重物压好，加水漫过，烧大火煮透，隔夜揭锅。吃时剥去粽叶，黏甜可口，并有粽叶的清香。

鏊子煎饼。以小米面、玉米面为原料，将面粉发酵后搅成糊子，加入适量盐、五香粉等调料，然后支上鏊子（一种凸形底锅），擦少许油，将糊子摊在鏊子上，烧微火，熟后有蜂窝状，松软味美。

黏豆包。以黄米、小豆、白豆、糖为原料。将黄米面加沸水烫好，小豆下锅煮烂，取出，沥尽水，加糖搅匀做成豆沙馅。拍好面皮，包上馅子，团成球形，上笼蒸熟。外黏内甜，黏甜可口。

咸食饼子。南瓜插成细丝，加葱花、油盐、香料等，调匀放入适量面粉和成糊状，锅热擦油，将瓜糊子下锅摊成饼状，烙熟出锅。内嫩软，外香脆。

菜团子。又称菜饼子。将玉米面或小米面和好为皮，夏秋以韭菜、小葱、西葫芦、南瓜、茄子等做馅，冬季主要以大白菜为馅。置馅于皮上，将皮拢合，团成球形，上笼蒸熟。

1978年之后，粮食产量成倍增长，小麦亩产高达三百五十至四百公斤，广大农民多以面粉为主食。

80年代以前，农家以白菜为冬春季主菜，多以辣菜疙瘩或萝卜制的咸菜和大葱蘸酱佐食。夏秋蔬菜有黄瓜、茄子、辣椒、豆角、西葫芦、倭瓜、南瓜、胡萝卜、韭菜、葱、蒜等。80年代采用塑料大棚种菜以后，高档蔬菜如菜花、葱头、莴笋、土豆、蒜薹等进入农家。烹饪技术渐趋提高、多样化。

过去水果品种主要有桃、梨、杏、葡萄、沙果等，因缺乏管理技术，产量很低。80年代以来，果树发展很快，品种增多，葡萄、苹果、梨种植面积广、产量高，收获后除自食外，多数上市出售。除此之外，柑橘、香蕉等南方果品也大量进入县内市场。

县内居民以食猪肉为主，兼食牛、羊、鸡、鱼等肉。吃法多系炖、炒、蒸、炸、煎，并配以各种鲜菜。近几年，人们多喜食瘦猪肉和牛羊肉。

县内居民喜饮烈性白酒，近几年已转向饮用低度酒、果酒、啤酒、香槟酒等，逢年过节或招待亲朋要置办酒、菜。饮酒者多为男子。

逢年过节、婚丧喜庆招待亲朋要摆筵席。筵席等级规格多以碟碗的数量、菜肴的花样而定。如八大碗、十大碗、四顶六、二八席（八碟八碗）、十二八席、十六十席、三十二十席等。碟菜有凉菜、热炒、干鲜果品、糕点、干湿瓜子、糖块等。凉菜主要有猪羊杂碎、松花蛋、灌肠、粉丝等，配以新鲜细菜。热菜主要有蒸煮、炒肉，或用肉配新鲜蔬菜熘炒等。碗菜以鸡、鱼、肉、肘、丸为主，再配以热炒、凉拼等，一级筵席应有鸡、鱼、肉、肘等，平常席上都有肘子，俗有“缺少肘子不成席”的说法。各种菜肴，过去多是咸味。喝酒时用托盘将酒菜一次上齐。酒足，将菜碟一次撤下，随后上饭菜。城东北一带，席撤下再上水饺，称两道饭。

近几年，上席不再用碗，根据菜的花样用平盘或汤盘，菜的味道也有变化，有甜、咸、酸、辣等。（以上据1992年《吴桥县志》整理）

南皮县饮食习俗

该县风气素俭，食取其粗。农民常食以玉蜀黍、高粱、谷子、豆类为主食，麦面者仅麦秋后一二月。最俭之家，则在此一二月内，令佣工食麦，而自己仍食粗粝。其常时唯储之仓囤，以备粜卖。麦或有余，亦必粜之以易粗粮，以麦面适口，用之较费也。佐餐者，园蔬、野菜与酱、醋、白盐，虽有香油，而不多食，非遇婚娶丧祭，不用酒肉，芥菜、萝卜腌作咸菜。冬季所食，白菜最为大宗，若夏之瓜果、冬之红薯，则不过副食品耳。农民昼长时三餐，昼短时或用二餐。早餐多用玉蜀黍、高粱为粥。（以上据民国二十一年《南皮县志》整理）

景县饮食习俗

一般情况为一日三餐，早晚以稀为主，中午以干为主。请人帮忙做活，上午十时左右加餐一顿，称“贴饷”。饭菜质量与有无菜肴，各个时代随家境不同有异。旧时一般人家无条件饮酒喝茶，有人以牛茶棵、枣叶等晒干充茶待客。俗话说，“穷家多巧妇”，县内饭食花样繁多，在一定程度上体现了景县妇女的巧智。

粥以玉米面或高粱面、小米面等熬制，或加入山芋、胡萝卜、蔬菜、野菜等熬菜粥。

稀饭，以小米或大米熬制，或加入绿豆、北瓜、蔬菜等。

小豆腐（城西南称“豆面子”），以菜末为主，加入豆面、盐等熬成粥状。

咸饭，以小米加瓜菜和盐熬制。加入杂面（绿豆面）条，称杂面饭。

水饭，夏季午晚将小米煮熟捞入凉水或凉开水，俗称“凌凌饭”。

干饭，以小米或大米蒸或焖制而成，有的加绿豆。

面条，以白面、杂面等擀压成薄片切成条、菱形块或撕片煮食。旧时穷苦人家以玉米面、高粱面加榆皮面做面条，称“榆面汤”。

捞面，将面条煮熟捞入凉水或凉开水，捞出拌菜或浇卤食用。

焖面，将菜炒熟再加入面条焖制。

饸饹，以玉米面、高粱面、山芋面等加入榆皮面和面，用床子直接轧入开水锅内，煮熟置入凉开水中，捞出拌菜食用。

疙瘩汤，以白面或杂面等和为稠粥状，用筷子拨入锅内，煮熟食用。

水饺，以白面、杂面擀皮，内包菜馅捏成耳朵状煮熟。旧时水饺为农家过节、待客之主食，穷苦人家无面，多包榆面饺子。

馄饨，以白面擀成薄片，切成梯形块，卷馅捏成燕窝形煮制。

饼子，以玉米面、高粱面、小米面、山芋面等，拍成扁圆形，贴于锅帮烧熟。旧时穷苦人家多掺以苜蓿、山芋叶及各种野菜。

窝窝头，以各种粗粮面捏成空底塔形，放在箅子上蒸制。春节时用黍米面（加枣）制成“黄面窝窝”，也称“黏窝窝”。

烙饼，以白面擀成圆片在锅内烙制，分死面饼和发面饼两种，死面饼内加油盐，除干吃还可以加工成焖饼、烩饼；发面饼可加糖做饼，加肉馅做肉饼。

合子又称“烙火烧”，以白面（或杂面）擀成薄片，两片中间夹馅，周围摁严，用锅烙制。

瓜咸食，或称瓜菜饼子，用南瓜或北瓜丝掺入杂面或玉米面、白面，加盐葱花和成糊，摊入锅内，加少许油烙制。

发糕，以小米面或稷面发酵后以笼箅蒸制。

黏糕（切糕），以黍米或江米加枣蒸制。

馒头，白面发酵后揉作圆形蒸制，俗称馍馍；搓成条切块蒸制称卷子；加油拧花，称花卷；卷入红枣称枣卷子。

包子，以白面做皮，包入菜馅用笼箅蒸制称包子；以小豆泥做馅叫豆包；以糖做馅称糖包（有的蒸成糖菱角）。

菜团子，以玉米面或稷米面做皮，包入菜馅蒸制。

面花，用白面做成桃、石榴等水果形状或蛤蟆、兔、猪等动物形状蒸制的叫面花；加枣做成蝶形、盘肠形等叫枣花；两层面片中间夹枣做成的叫枣糕。

拿菇，以苜蓿或萝卜丝、豆角、野菜等掺杂粮面蒸熟拌以蒜泥、盐等调料而成。

常期的生活水平低下，使县内人民养成平时节衣缩食的习惯。广大农民，除节日、待客等特殊情况，平日午晚两餐，均以咸菜佐食；午饭或做熟菜或菜馅，蔬菜也多为自产的大路菜。70年代后期，农民收入大增，生活标准亦不断提高，菜肴种类增多，档次提高。

腌菜，农户均自制腌菜，种类有萝卜、芥菜、胡萝卜、白蒜、韭菜花、白菜帮以及山芋、萝卜缨等。

拌菜，或生或熟，以盐、油调拌佐食。生拌者如黄瓜、菜瓜、小葱、白菜、豆腐等；熟拌者如北瓜、豆角、芹菜、茄子、豆芽、萝卜、马齿苋等。

熬菜，过去因食油量少，多以水熬，如北瓜、冬瓜、白菜、茄子等。甚至过节待客，也只能熬杂和菜，其中以蔬菜为主，再加粉条、豆腐、面丸子或少许猪肉。熬菜上面加点熟肉俗称“猴戴帽”。70年代，炒菜者渐增。

菜馅，一直是粗粮细做、调剂生活的重要手段。做馅蔬菜有北瓜、南瓜、韭菜、茴香、白菜、大葱、萝卜、茄子等。过去穷者常以山芋叶、马齿苋等干菜、野菜做馅。

节日或待客设席，过去只限于富户，70年代后较为普遍。简者八个碗或十个碗，称“庄稼席”；高档者酒菜为八碟、十六碟、二十四碟，包括果品、点心、凉拌、热炒。（以上据1991年《景县志》整理）

安平县饮食习俗

新中国成立前，县民多以玉米、高粱、小米为主食，偶尔改善生活吃白面。习惯于一日三餐，农闲时，条件差的每日两餐。早饭多吃玉米粥或小米粥，冬天吃山药粥。干粮是玉米窝窝头或高粱面饼。中午吃熬菜，在菜的上方蒸上窝窝头或是菜锅的周围贴上一圈饼子，俗称“一锅熟”。晚饭一般是熬点粥，吃点剩干粮。县城以东、以北多以高粱面烙饼（特别薄，比煎饼略厚一点）为主食。人们在粗粮细做上巧变花样，如高粱面和上榆皮面可以包饺子，还可做面条、轧饸饹，有时还吃菜饼、豆包、菜团子、丝黄、炉糕等。青黄不接时，贫困农户多采集嫩树叶、榆钱、野菜拌上高粱面或玉米面蒸“苦类”，有的掺和野菜蒸饼子，用红薯面包大饺子、蒸糠饽饽、吃棉籽疙瘩等。新中国成立后相当长时间，人们仍以玉米、高粱为主食。进入80年代，多以白面为主食，馒头、烙饼、面条、包子、饺子已成为家常便饭，大米稀饭、干饭也成为人们特别是城镇居民的常用饭食，玉米、小米、红薯等成为配食，高粱面饼、玉米面饼则为改善食品。粗粮细做之风仍然保持，如炉糕、灯盏等仍常摆上农家饭桌。

旧时，白菜、萝卜为冬季的大宗菜。蔬菜淡季多以萝卜腌制的咸菜和大葱蘸着佐食，夏季则以豆角、茄子、西葫芦、茴香、韭菜为主。新中国成立后，蔬菜种类逐渐增多。近年来，西红柿、菜花、葱头、土豆、蒜薹、芹菜、蒜黄等已成为大宗菜，食用方法主要有熬、炒、凉拌或做馅几种。

肉类以猪肉为主，兼食牛、驴、羊、鸡肉等，吃法多是炖、炒、做馅等。以前，人们喜吃肥肉，近年则瘦猪肉走俏。

以前人们喜喝高度、烈性白干酒。近年，爱喝低度白酒的人数渐增，啤酒自80年代初进入寻常百姓家，现已成为一年四季之饮品。

逢年过节，婚嫁喜事，招待亲朋贵宾等摆筵席，请长者或客人上座，然后按辈行排列。筵席有多种，多以肉席为主，有八碟八碗、十二碟十二碗等规格。八碟一般有四冷四热，十二碟则六冷六热。凉菜主要有猪肝、猪肚、猪耳、松花蛋、粉丝、银耳等；热菜一般是肉和菜熘、炒。碗菜就是鸡、鱼、肘、条肉、炖肉、肉丸子、豆腐等。上菜程序，先是凉菜，再上热菜，先鸡后鱼，餐者先饮酒，酒足上大菜吃饭，最后上米饭和汤。（以上据 1996 年《安平县志》整理）

武强县饮食习俗

新中国成立前，贫富悬殊，一日三餐的内容大不相同。富者可鸡鸭鱼肉，山珍海味，而穷人则只能有啥算啥。一般习惯为早晨稀粥，中午以干为主，晚上仍以稀为主。新中国成立后，生活水平逐渐相近，一般早、晚玉米面粥或小米稀饭，中午小米干饭（近年亦有大米干饭）、水饺、冷热面等，制作习惯因时而异。面粉食用方式主要有馒头、包子、饺子、面条、油条、烧饼。玉米面主要制作窝头、饼子、团子、糊饼、粥。高粱面主要制作窝头、饼子、黍黍饼。荞麦面主要制作扒糕。在粮食尤其是面粉缺乏时，蒸馒头一般要掺一部分玉米面，面条里面是高粱面，外面裹一层面粉，称之为“包皮汤”。80 年代后，主食以馒头为主，附以包子、水饺、面条、米饭、烙饼、油条等。有史以来，人们常在节日、庆日、闲暇之时，搞花样食品，主要有小米面煎饼、豆包、咸食、火烧、烧饼、切糕、黏窝窝、血糕、馅饼。

武强人有制咸菜之俗，秋季腌萝卜、芥菜，春晾晒后以腌菜汤熬之制成“红咸菜”食用。夏秋食葱，小葱多蘸酱生食，大葱则除作葱花外，还同芫荽共拌生食。其他蔬菜则生熟吃法均有，西葫芦、茴香、韭菜多做馅用。肉的食用一般为做馅，生炖、炒，氽、炸丸子等，鱼的吃法有炖和炸。旧时，无食酱油之习，皆为自己做酱。酱的食用，一般用作炒菜（未用酱油前）、拌菜（柳花菜等）。豆腐食用习惯是拌、煎、炸、冻。

武强人历来有饮茶、酒之习。旧时，富户人家有的饭前饮酒，饭后饮茶，穷苦农民酒极少饮，茶则无习，惯饮冷水。新中国成立后，茶、酒一般为节日或喜庆之日及招待客人时用。近年来，饮茶、酒极为普遍，爱好者增多，虽有自饮者，但仍以节日或待客时饮用为主。饮酒有劝酒之俗，千方百计叫客多饮。（以上据 1996 年《武强县志》整理）

广平县饮食习俗

广平人吃饭，一日三餐。农村早饭多在八九点钟，午饭在一点左右，晚饭在上灯前。主食多为窝窝头、锅饼子、米饭（小米粥）、“糊涂”（糊饭）、米汤等。遇过节、招待亲朋或改善生活才吃白馍馍（馒头）、烙饼、面条等。近年来，馒头、面条、疙瘩（白面拌成大小不等块下入白水锅内煮成）成为日常主食。其菜肴，早、晚多为咸菜（腌萝卜、腌芥菜、腌芋头等）、辣椒，中午多为炒菜（炒白菜、炒茄子等）。平时很少吃肉，重大节日才吃肉菜（煮白菜、粉条，上放几片肥猪肉、几个面丸子）、肉包子、水饺。炒鸡蛋或鸡蛋卤浇面条为平时改善生活的美餐。非请客摆宴，均不一顿炒几个菜。旧时民间宴席以“扣碗”（猪肉等装在碗内蒸后翻扣在盘内）为最盛席面，近年缯肘、香肠、鸡、鱼、猪肉、牛肉、糖熘、素炒样样俱全。农村平日解渴饮料为白开水；非待客，一般不饮茶。遇喜庆、节日才饮酒。过去均饮白酒，近年啤酒、果酒开始盛行。平时男子进餐，多端碗拿干蹲在街头边吃边聊。夏天树荫下、冬天向阳处往往形成热闹的“饭市”。（以上据 1995 年《广平县志》整理）

大名县饮食习俗

新中国成立前，劳动人民忙时一日三餐，闲时一日两餐，也有青黄不接断顿时。主要以玉米、高粱、薯干、菜叶为主，早晚喝稀的，中午吃黄窝窝（玉米面）、黑窝窝（高粱面、红薯面）、菜团团（面和菜叶混熬）、蒸菜（以菜为主拌少量面）。新中国成立后，一日三餐很长时间以玉米、高粱、谷子、薯干为主，有玉米豆面窝窝、薯干，个别有吃白面与玉米面或高粱面混蒸的包皮卷子。过年过节或招待亲朋好友吃白面，有白馍、烙饼、面条、饺子，谓之改善生活。1978 年后，以小麦为主，多数常年吃白馍，间吃大包子，偶尔吃点玉米面、小米、红薯，谓之调剂生活。大名县不种稻谷。近年从外地购进大批大米，大米也成了人们不可缺少的主食。

新中国成立前，穷苦农民以南瓜、萝卜等为主食，无所谓副食，吃饭时只是啃块咸萝卜。新中国成立后，副食以南瓜、菠菜、白菜、萝卜为主，间吃点粉条、豆腐、鸡蛋，过年过节则吃少量的猪肉、羊肉等。1978 年后，蔬菜品种增多，且一年四季有鲜菜，主要有白菜、萝卜、黄瓜、柿子椒、豆角、西红柿、蒜薹、芹菜、马铃薯等，平时肉、蛋不断，尤以瘦肉受欢迎。

新中国成立前后，一般人家平时很少喝酒，过年过节，招待宾客仅是喝散酒或薯干酒，酒菜也是家常菜。近年来喝酒频繁，走亲串友、工作调动、外出归来、社会交往等都需要喝酒。过年过节更是有众多的聚会，酒风盛行，猜拳行令，一醉方休者屡见不鲜。酒是高档次低度酒，菜有拌、炒、炸多种多样，以鱼、鸡、肉等高级、稀少副食为主。特别是婚丧请客宴席更为丰盛，有八个盘十八个碗的“八八席”，有十三个盘子八个碗的“十三八席”，也有的不计其数，摆满桌为止。（以上据1994年《大名县志》整理）

邯郸县饮食习俗

民以谷、米为普通常食（种类虽多，形颇相似），带皮曰“谷”，碾皮曰“米”（俗名小米）。次则红粮，俗呼“高粱”（有数种），用以烙饼、蒸窝，俗名“红饼”“红窝”。麦粉面，农民不常食，遇佳节或有事故及奉老育幼，方食之，以其价昂也。邑无水田，稻米自外县来，故食者少。玉米俗名“玉秫”，又曰“棒子”。黍米、稷米、棒子用以蒸窝，均名“白窝”。绿豆、豇豆、黄豆、荞麦、大麦间或用之。黑豆亦曰“料豆”，多以饲牛马。贫者，借肩挑贸易以养家口。县西与河南武安接壤，该县煤矿极多，普通人家多借运煤为生活之补助，亦有以人力推煤为营业者。

菜分三种：园蔬、野蔬、树头菜。

园蔬有菠菜（俗名青菜）、莴笋、莴苣、韭菜（春时佳）、王瓜（俗名黄瓜）、茄子、菜瓜、莙荙、油菜（俗名小菜）、莱姜、青椒（俗名辣椒，又名曰辣子）、眉豆、扁豆、芸豆、丝瓜、北瓜、冬瓜、搅瓜、萝卜（分红、白二种）、芥菜、白菜（俗名黄芽菜）、金针（亦名黄花菜）、米谷菜、蔓菁、镇江白、银条、甘落、山药。以上种类，分季食之。至粉皮、粉条、豆芽、豆腐，系人力制造，四时皆用之。

野蔬有茵陈（俗名白蒿苗）、蒲公英（俗名补补丁）、枸杞菜（俗名小辣辣科）、苦菜（俗名曲曲菜）、荠菜（俗名荠苗菜）、杏仁菜、马齿苋（俗名马舌菜）、刺菜、木老、贯穰、灰灰菜、山韭、猪毛菜、马奶扫帚菜。以上数种，所产极少，唯刺菜尚多，人食则损血，故非凶年不食。

树头菜有香椿叶、臭椿叶、柳絮、杨狗、槐叶、洋槐花、洋槐角、榆叶、榆钱（以上皆春季食之）。（以上据民国二十八年《邯郸县志》整理）

成安县饮食习俗

该县田地十分之九为耕者所有，故民食情况，只要粮粟不为外境吸收，足克敷用，决不致发生若何大的恐慌。农产食品小米为多，红粮次之，小麦更次之。此外间有大豆、玉蜀黍等。一般平民，其食料之主品为小米、红粮。至于小麦，则商学两界及家资稍有余裕者之用品也。唯近年来之面粉输入渐多，初多日本株式公司出品，近则多邯郸怡丰公司出品。但此种面粉亦为少数人之食品，于一般平民尚无大关系。此外副食品如各种蔬菜，亦皆境内生产，但各种肉类则皆来自外境。（以上据民国二十年《成安县志》整理）

磁县饮食习俗

普通民食，均以小米为大宗，而佐以高粱、玉蜀黍及黍、菽等粮。至种稻各村则间以大米，种麦各村则间以小麦。滨河村庄多属水田，工作忙碌，饭食较优。若旱地各乡民多贫苦，雨多愆期，工作较减，而饭食亦稍劣。此其大较也。本县所用蔬菜有白菜、菠菜、韭菜、萝菔、甘薯、豆荚、葱、蒜等类；经人工制成者有豆腐、豆芽、粉条、粉皮等。至于烹饪作料，贫者只取油、盐，富者则又有酱、醋、青酱、麻酱等。（以上据民国三十年《磁县县志》整理）

武安市饮食习俗

武地产谷，多食米，菽类副之。中产之家，日食小米干饭、焖饭、米粥、窝头、团子；富裕者，食米面、河漏、抿秸、杂面条。四乡农民多有食糠菜、野蔬、榆皮、树叶者。城乡富家食白面，唯限于男子，妇女月食两次。稻米来自外省，食者更少。唯款待宾客、婚丧宴会，城治用五簋八盘或海八八席；乡间用三饭（五碟十碗）四饭（即海八八）席，即为最美。平常款客，只荤素四碟、肉菜一碗。山村人民，终年不知肉为何物。（以上据民国二十九年《武安县志》整理）

沙河市饮食习俗

该县农民常食，以粟米（俗名谷子）、高粱为普通用品，小麦为上品。玉蜀黍、黍、穄、各种豆类皆有之，然不常用。西部最俭，食料多杂糠秕，极贫者以柿干、酸枣和糠为食，或煮芜菁、萝卜作餐。麦面非有嘉宾或过年节，食者殊鲜。中部一带中下之户无不食糠者；中上之户，始以粟米为主要食品。食麦面者，仅麦秋后一二月。其俭者，即在此时期后，仍兼食粗粝。东部地质较腴，多井。东北界邢台南和等村，有水地，食用较侈。佐餐者，大率园蔬、野菜。春初或摘杨柳、樗槐等叶，以为食。食榆叶者尤多，且有剥榆皮为面者；夏秋两季，则以瓜类与豆荚为主；秋末至冬季，则以白菜为大宗，萝卜则腌作咸菜，储以待用。盐为必需品，麻油、酱、醋，富饶之家始用之，余不常食也。近来盐价翔贵，贫民多赴碱地扫取硝盐，甚或淡食。生计之窘，到处皆然，是在长民者加之意而已。至饮料，多用井水。唯西部山岳地带，若北盆、水西、下河等村，则用山泉；度口川内则有汲于河者；五石冈、安河、高庄、马峪、通源井、小南沟等村，因凿井维艰，则于夏秋雨集时，潴水大池或旱井中。亢旱之年，至汲水于七八里外。（以上据民国二十九年《沙河县志》整理）

新河县饮食习俗

居民类皆有田。丰年所获粮蔬，尚可自给，近连值凶岁，食料多仰给于外。日凡三餐，晨昏食小米粥，佐以干粮，其干粮，贫者多以红粱或糠秕为之；午饭以麦为主，北方之习俗然也。唯麦价昂，多代以豆菽。油之类，有脂油（多猪油）、香油（原料为芝麻）、白油（原料为花生）、棉油（原料为棉种）等类。肉食甚少，类皆蔬食，最合卫生。城东夏食水饭，城西罕用之，每食多佐以葱、蒜。每值吉庆凶丧及佳节良辰，饮食稍丰美。男子多吸烟，清末旱烟（吸烟叶）甚盛，水烟、烟土，则多富室好之；近则下至贩夫走卒亦皆吸食纸烟矣。（以上据民国十八年《新河县志》整理）

清河县饮食习俗

以高粱与米为主品，菽、穄、黍、玉蜀为副品，以麦食为贵重食品，筵客或遇庆贺皆食之，常食麦者仅限于富家及商人。麦制品以馒头为大宗，俗名“馍馍”，做此生意者，曰“馍馍房”。又有烧饼、麻糖、包子、汤饼诸类，皆以麦面为之。小卖有用黍、穄蒸糕、糯米做粽，沿街唤卖。民家习惯则以粽点缀端午节，以糕点缀年节，不以常食也。菽类，黄豆制者，干豆腐、水豆腐二种；绿豆制者，粉条、粉皮二种。菜蔬，邑东、西两部，若黄芽、白菜、菠菜、葱、韭均土产。红薯、花生，尤食品之大宗者。肉则以牛为普通食品，猪次之，羊又次之。必盛馔，始供鸡。近以肉价奇昂，除婚丧、庆贺或款嘉宾外，食者绝少。饮食嗜好，集市会场，每多食煎包者。中等以下者，则嗜食以豆浆所制之豆脑，名曰“老豆腐”。（以上据民国二十三年《清河县志》整理）

临城县饮食习俗

临城县居民的饮食习俗，随各个时期的生活水平及社会成员家境的不同而有所差异。习惯上一日三餐。50 年代前，常以瓜菜代粮，农村有“糠菜半年粮”之说。60 至 70 年代，以窝窝头、饼子、杂面汤为主。80 年代，人们开始以精米、精面为主食。

旧时，居民以谷子、高粱、荞麦、大麦、小麦的面粉为主要食物，多是做成饼子、窝窝头或掺和一些野菜、树叶（如榆钱、榆叶等）做成菜饼子、菜窝窝等，很少吃白面，过年过节和待客时才吃上一点。50 年代，增加了玉米和薯类。70 年代，农村以玉米面、谷米为主，白面的比例增大。80 至 90 年代，人们以食细粮为主，白面精做，以馒头为主，也做一些油饼、面条、花卷、包子之类食品。

粗粮食品，在农村仍保留着多种花样，颇有特色。主要有以下种类和做法：

菜饼子。用高粱面或玉米面，掺野菜和面捏成饼子蒸熟，加蒜汁或加辣椒食用。

苦累。将玉米面、白面或高粱面掺各种野菜，春时也掺槐花和榆钱，混拌在一起，加盐和水搅匀，放在锅内蒸熟即可食用。吃时多蘸上蒜汁。

咸食。用玉米面、白面、高粱面或杂面，有的也掺些菜（葱花、韭菜等），加适量的盐、水后，拌成糊，摊在擦了油的锅内，加盖蒸烙做成。

大鏊煎饼。把小麦、玉米、小米、绿豆、黄豆等轧碎去皮，加水浸泡一夜，磨成粉末，再掺少量花椒面或香料，加盐、水适量，搅成稀粥（也有用上述粮食所制成粉掺水搅拌的）；然后支起鏊子，鏊下烧柴，鏊上擦油，将稀粥摊开，熟后揭下。煎饼薄如纸状，配粉条菜食用。剩余的晾干，可存放数月。用时泡在菜汤或杂面汤内食用。

小鏊煎饼。把米面、玉米面或杂面掺杂并发酵（也有用米面、少量白面掺杂并发酵），加水调成稠糊后，将小鏊支于火上，鏊上擦油，然后把稠糊摊在小鏊上，再放上鏊盖蒸烙，熟后即成煎饼，食之有甜味。

柿子饼。用玉米面、高粱面掺黄米面，用烘柿和面，捏成饼子，蒸熟食用，黏甜可口。

黏糕。以黍米面为主，掺少量细玉米面，一层面一层红枣地撒于蒸笼上，下面烧火，边撒边蒸，撒完后再蒸一会儿，揭锅后趁热切为薄片，又黏又甜。多在春节前做食。

豆渣饼子。把做豆腐余下的豆渣，掺黄米面或细玉米面，加少量花椒、大料面及盐，和成硬面，捏成圆饼，蒸熟可食。

杂面。把绿豆磨成豆瓣，配少量的黄豆（去皮），掺水搅拌，一天后，碾（磨）成细粉，吃时，和成硬面，擀薄切细煮熟即可。

饸饹。用荞麦面、玉米面、高粱面，掺榆皮面（掺白面更好）和面，放于饸饹床，挤压于开水锅内。熟后捞出，夏季过凉开水，浇卤可食。也有用红薯面加水和面，捏成窝窝或饼子蒸熟，趁热放于饸饹床上，挤压于食用盆内，即可食用，食之味甜。

豆馅馍馍。把豇豆、红枣等掺在一起，煮烂并搅匀做馅，用米面、白面或玉米面和好后做皮，把馅装在皮内，揉成馍馍，蒸熟后即可食用。

菜团子。把南瓜丝、北瓜丝、萝卜丝或白菜剁烂，掺油、盐或芝麻盐做馅，用玉米面做皮，包成团子，蒸熟后即可食用。

窝窝头。为圆锥形，内空。品种很多，有用北瓜丝、南瓜丝、萝卜丝或白菜剁烂后与高粱面、米面搅在一起做成的菜窝窝；有用小米面做成小米面窝窝，还有用粉米面、玉米面、山药面做的各种窝窝。

旧时，居民冬季以食大白菜、白萝卜条（白萝卜切成条晒干）为主，也吃一些葱蒜或白萝卜腌制的咸菜等。夏秋两季有豆角、韭菜、葱蒜、辣椒、茄子、南瓜等。新中国成立初期无大变化。十一届三中全会以后，市场上蔬菜种类渐多，冬季市场上开始出现各种新鲜蔬菜，如芹菜、菜花、黄瓜、青椒、蒜薹、韭菜、西红柿、葱头、豆角等。食用方法为做馅、凉调、烹炒等。

以食猪肉为主，兼以牛、羊、鸡、鱼肉等。主要吃法有烹炒、炖、蒸等。

50 年代前，农民多喝白开水，富裕者多饮茶水；60 年代，市场上出现汽水；70 年代，汽水品种增多；80 年代中后期，饮料市场繁荣，品种繁多，档次越来越高，茶水在农村基本普及，富裕者开始喝高档饮料；90 年代初，市场上出现高档次、精包装的各类果汁饮料。

新中国成立前，临城县多数农村有土法酿酒的习惯，品种以白酒和黄酒多见。一般为自酿自用，很少出售。新中国成立初期，市场上多售散装白酒，居民在喜事临门或节庆假日时，订些散装白酒来招待客人，酒一般要用火温热后饮用。60 年代，农村市场开始出现瓶装酒，且品种逐渐增多。70 年代，酒类市场开始繁荣，高度酒逐渐向低度酒过度，散装酒在市场上已不多见。80 年代，啤酒进入农村市场，农村居民开始品尝啤酒。从 80 年代中期开始，酒类品种日益增多，档次越来越高。90 年代，居民饮酒已成风气。低度白酒已在家庭日常餐桌常见。啤酒品种迅速增多，在农村已成农民夏日消暑的必备饮料。（以上据 1996 年《临城县志》整理）

南和县饮食习俗

旧社会，人民生活困难，常年一日三餐俭朴度日，数年吃糠咽菜，草根树皮，果不饱腹。

新中国成立前，多以玉米、高粱、小米为主，白面多在节日和夏忙季节食用。农忙时，每日三餐，冬闲时也有吃两顿饭的。多是高粱、玉米面饼子、窝头，也有两掺（高粱、黄豆或玉米、黄豆）和三掺（玉米、小米、黄豆）的饼子、窝头。间有白面、杂面（粗细粮混合）馅饼、馒头、面条。改善饭食，有菜馅饼、大包、水饺、团子（菜或枣豆）、糕窝、小煎饼等。汤饭，多是小米汤、高粱粥、玉米粥，多在早晨。面汤等多在晚上。在青黄不接时，贫困户多采集榆钱、野菜、嫩树叶等拌以杂粮面蒸菜窝头、饼子和菜糕等。新中国成立后，仍以玉米、高粱为主，瓜菜代粮者逐年减少，而小麦、薯类和调剂花样逐年增多。近年来，白面、大米已成为主食，杂粮已成调剂粮。食品花样繁多。汤类如鸡蛋汤、挂面汤、苜蓿汤等。

旧时，以萝卜、白菜、南北瓜为大宗常用菜。春季以菠菜、豆腐、小葱等为主，杂以干菜和腌萝卜、洋姜、芥菜疙瘩；夏秋为旺季，常食的有西葫芦、黄瓜、豆角、茄子、辣椒、韭菜、胡萝卜等。

新中国成立后、蔬菜种类逐年增多，除上述大路菜外，西红柿、青椒、葱头、土豆、灰子白、芹菜、茴香苗、蒜薹、芦笋、韭黄等成为大路菜，吃法分熬、炒、凉拌、调馅等，讲究色、味、香型俱佳。近年，水果和罐头食品也摆上寻常百姓饭桌。

肉类以猪肉为主，兼以牛、羊、鸡、鱼等，做法多是炒、炖、蒸、焖、炸等，多配以各种鲜菜和作料，烹调技术大为提高。近年，瘦猪肉成为抢手货。

县人多喜欢饮高度白酒，近年已转向饮低度酒、啤酒、色酒和饮料。

近年来，干部和知识分子中，每日清晨饮奶，平素吃鸡、鸭、鱼者渐多。

宴席多是婚丧、喜庆、招待宾客摆宴席，分荤、素席两种。（以上据 1996 年《南和县志》整理）

第三节　居　住

正定县居住习俗

新中国成立前，劳动人民的住房多是土坯房。生活较富裕人家的住房是“砖打斗”的墙。少数特富户和官宦人家住卧砖到顶的瓦房，几进的四合院。小户人家的住房一般是三间一套。滹沱河以北群众的习惯布局是三间连在一起的一明两暗，中间屋开正门，两侧山墙各有内门通左右内室，内室临窗有炕。中间屋有灶与炕相连，用做饭的余热过炕取暖。四间一组的北房，靠最东边的一间常单独设门窗，用做厨房。滹沱河以南群众的习惯布局是外屋两间敞开，靠一头有横炕；另一头为内室，在山墙上设门，里边临窗有炕。人口较多的人家则建有正房、左右两厢房和与正房相对的倒座或过厅；过厅前又有两厢房。过厅或倒座把院内隔成两截或三截。一般是家庭主事人住过厅，儿子、媳妇住两厢，老年人和未婚子女住后院。

80年代，土坯房已很少见，大多是卧砖到顶的房子，全是用机制红砖建成的。屋顶有沿袭老式木结构用檩梁建筑的，有铺设钢筋混凝土空心楼板的。前檐抱厦也有采用钢筋混凝土浇筑的。房子前脸用水刷石、水磨石或镶嵌瓷砖的已屡见不鲜。屋内有套间、仓库、洗澡间的也逐渐增多。除楼房外，室内布局和居住习惯仍沿袭过去的做法。

正定人很注重街门的建筑。新中国成立前，贫苦农家多为单扇栅栏门。生活稍好一点的户为长方形双扇木门。中产者多为砖木结构的长方形门楼，一双门扇的上部和两边有木连隔，下部有门槛门墩，门洞占一间或大半间房，这样的门叫广亮门。门里丈余处还建有影壁。富豪人家讲究气派，街门形似广亮门，只是尺寸较大，门墩多为石狮、石鼓，门槛很高。另有走车大门于街门之侧或为后门。

新中国成立后的几十年间，街门有了明显的变化。前些年是沿袭旧形式，70年代普遍改建为双扇门的拱形券门，有小形门楼。80年代又发展为长方形，上部抹角的双扇门，占一间房，其檩梁多为钢筋混凝土浇筑，墙为水刷石、水磨石或镶嵌瓷砖，木门逐渐为铁门所代替，门内影壁多镶瓷砖画。

新中国成立前，农村平民多用土坯垒台子当桌子使用。中等人家，屋里放一张三屜门桌，外加一两个座柜。在土坯垒的锅台上安生铁锅，拉风箱烧柴禾做饭。用蒲草编成篓，中间放个瓷壶，四周用旧棉花围起来给热水保温。看太阳照射的房影、树影来计算时间。闹钟、手表、暖水瓶之类的东西，少数富户才有。

新中国成立后，正定城乡人民逐渐用上了马蹄表、暖水瓶、门桌、座柜、缝纫机等。从60年代起，收音机、手表逐渐增多。从70年代起，人们普遍制作大衣柜和沙发。80年代，写字台、大衣柜、梳妆台、五斗柜、酒柜、沙发、茶几、洗衣机、手表、电视机、电风扇已普及到一般农民家庭。少数人家已有彩色电视机和电冰箱。在炊具方面，蜂窝煤炉、铝锅、高压锅已普遍使用。拉风箱、烧柴禾做饭的已经越来越少。洗衣服用洗衣粉、肥皂，洗脸用香皂、药皂。多数妇女都选用一些化妆品。（以上据1992年《正定县志》整理）

井陉县居住习俗

陉民居室，尚牢固，不讲华美。湫隘尘浊，于采光通风，向不留意。往昔工物价廉，产额较丰，城乡大户，多建瓦房。晚近木荒工缺，百物腾贵，虽年有建筑，而概为平房；简陋特甚，亦可证生计日艰矣。砌墙利用岩石，间有杂饰以砖者，用土坯极少，需石灰最多，皆取诸本邑，不假外求。亦有砌石洞者，冬暖夏凉，处之泰然。贫寒之人，穴土岸为洞，尚有穴居野处之风。数十年前，结草为茅屋者颇多，今则除山僻小村，尚有一二，余已不可多觏矣。唯邑民什九业农，又因山居狭隘，往往与牲畜同院（冬日，且有同室者）。农家以造肥为重，不知其有碍卫生也。夏令炎热，多露宿房顶，以求凉爽。冬日席被单薄（普通人家，有被无褥；且有一家大小数口，只盖一被者），喜卧暖炕。并厨灶于卧室，既可炊饭，又可烘床。然往往炊烟满屋，门闭不肯少启。宅旁隙地，颇知种树。每一村落，树木葱郁，可得调节空气之利，是又于卫生暗合矣。倘能树之以桑，饲蚕缫丝，于农家副业，妇女工作，裨益当匪浅矣。近日有人利用碎石细沙，与熟石灰相拌，不用栋梁，砌而成洞，亦有纯用砖砌者，盖皆救济目前之木荒也。（以上据民国二十三年《井陉县志料》整理）

灵寿县居住习俗

该县山多岭多，耕地少而贫瘠，自古财乏民困。居住条件简陋，历史遗留下来的古老村落（原均建有当地共祀的许多神庙和村民议事的“贤堂”），个个街巷狭窄，民户稠密，房屋坐向（以正房为准）悉遵街巷、地势而建，宜南则南，宜北则北，宜东则东，宜西则西，尽量增大其密度，并规划了基本整齐的街巷和通道，可见当时村民珍惜土地的良苦用心和共守规约的自觉行操。

旧时建房讲究五正三厢的“四合院”，其中正房高于厢房，大门开于院子的前左例，右侧建茅房、猪圈，院内左边按水井，右边置石碾，是所谓“左青龙，右白虎”之喻。坐北向南的院落也有辟“正阳门”的，门内多筑一影壁，挡住门外人对院内的视线。房屋多为土木结构的平房（团泊口以上山区间有小型瓦房或草房），地基至地面以上二三尺为石砌“根脚”，墙以土坯垒成，外抹黄泥。较富裕人家的墙角垒上四个“砖腿”。用白灰泥抹墙，在产石料的村庄用石头垒墙。只有极少数地主老财全部用砖垒墙。房顶木结构之上铺苇帘或小木板（俗称“栈子”），其上先抹黄泥，后用掺入炉渣或沙子的石灰泥沙铺顶。

房屋前檐留有宽约六尺的“下架”，类似现代的雨罩。下架之下盘锅置灶（并能避东西、晒太阳）。其窑突（烟道）穿过屋内的土坯炕开口于房顶，做饭烧火（多用禾秸、茅草）提供睡热炕取暖，因而均不另设厨房。下架内侧的老檐墙中开设门窗，同以下平原地带，房子正中只设一个屋门，其余每间设一窗户并自为一个小区，内辟豁口相互贯通。慈峪以上广大地区，五间留三门，三间留两门，畅通两间的大屋，正中必架大梁支撑。

抗日战争期间，十余万间民房被日军烧毁或拆掉。新中国成立初期，陆续建设的新房样式未改，仍很简陋。“文化大革命”后期，各村盖新房的逐渐多起来，而且家家盖北房，圈大院，占用大量耕地。特别是进入 80 年代，几乎每家申请盖房，甚至一户就盖好几处，少则四间，多则六间、八间、十间。现在，一般的村址要比解放前扩大两三倍。盖房样式不断翻新，过去的窄门板、小门窗改成了宽敞豁亮的玻璃门窗，黄土坯墙改为砖墙到顶，不少户的前檐墙抹上洋灰，刻饰花纹图案。富有户使用了大理石、水刷石甚至瓷砖。城关和慈峪镇某些个体“万元户”还盖起了漂亮的小楼房。祖祖辈辈住土屋、睡土炕、坐蒲墩的现象彻底改变。大立柜、组合柜、写字台、沙发椅进入了普通农家。城关、慈峪等集镇和其他工副业较发达的村庄，不少户室内摆放了洗衣机、电风扇，甚至电冰箱，睡上床铺。为了不让传统的锅灶熏坏漂亮的住房和高档家具，许多家庭另盖了厨房，有的还安装上土暖气，撤去了冬季室内取暖的煤火炉子。但是，盖不起新房的仍然还有。尤其是山区一些贫困村庄，依旧住着矮小的土屋。（以上据 1993 年《灵寿县志》整理）

晋州市居住习俗

县境居民率多平房。贫家则砖基土墙，规模狭陋；富户则内为土壁，基与表皆以砖为之，较为高爽，然屋皆平顶。又父子异室，房多四合，则如出一式。至于高楼瓦舍，唯衙署及庙宇为然，乡间则不多觏。建筑所需木材，本地甚不敷用，多来自天津，由滹沱河船运至境。（以上据民国二十四年《晋县志料》整理）

高邑县居住习俗

房屋多固陋，尚坚实，不事美观。城镇建筑间有美其轮奂者；乡间普通房舍沿用旧法，概系平顶，以石灰和煤滓或碎砖筑之，虽不壮丽，却坚实牢固，岁久不敝。厩圂、仓储均关需要。每有产不中人，而宅第栉比，其对于采光通气则不甚注意焉。唯以前土房（用土坯建筑者）为多，近则趋用砖石，为一劳永逸之法，不可谓非居住之进步。所需木材以杨、柳、椿、榆为多，视本地之所有者伐取购用。本境为产木之区，无须借材异地也。（以上据民国三十年《高邑县志》整理）

深泽县居住习俗

新中国成立前，人民居住因贫富而悬殊。富户多为四合院。院里迎门垒一影壁，并画山水或书写名人诗词。上房（北房）高于厢房，东房高于西房。大门走向是根据院落、房屋、街道的方位选择地址。院落西或南靠大街，则走西南门或东南门，猪圈、厕所在东南角或西南角，走东北门或西北门者甚少。

无论贫富上房三间者为多，富户根据庄基大小也有盖三间一跨或两跨，跨间盖在上房的东侧或西侧，称“压偏院”。跨间盖在哪侧，必走哪侧大门。

上房盖三间者，为一明两暗。屋门在中间，此间为外间，即明间。在屋门两侧靠隔山墙盘锅灶并与炕相通。东西两头暗间为寝室。在南山墙各安一窗户，靠窗户各盘土炕一条。靠西山墙、东山墙放迎门桌，靠北山墙放立柜等家具。上房以东为上，长辈住东间，晚辈住西间。兄弟分家时，要言明父母居室，俗称“养老腾宅”。父母未迁入其居室而病故者，也要将尸体停在此屋，兄弟间常常为此发生纠纷。贫苦农户有的只盖两间，外间盘锅灶做饭，里间盘炕睡觉。

不论贫富所盖房屋，如被街道或胡同“咬”着，则在被“咬”处的山墙上刻上“泰山石敢当”字样，俗称“避邪”。房屋如低于邻居者，则加高房屋角顶墙，谓之“风水不跑”。

新中国成立后，随着人民生活不断提高，住房标准也不断改善。70 年代后，儿女结婚后多居住独院。80 年代，房屋造型美观，宽敞明亮，便于居住。旧时的土炕均改为木板床、包厢床、席梦思床。屋内装饰由旧时的立柜、迎门桌改为写字台、穿衣柜、沙发和高档的组合家具。盘锅灶做饭已不在上房而另建有厨房，以保持上房清洁。（以上据 1997 年《深泽县志》整理）

赞皇县居住习俗

四合院为赞皇传统宅式，旧时宅院大都为此。四合院中，分上房、厢房和下房，院门多在下房左侧或厢房下端。上房多是五间，结构一明二暗，中间以木隔扇或墙壁隔开。上房两端多是包间，中间三间为前檐。上房严格由长辈居住。厢房多是二间或三间的居室，由晚辈居住。居室中的土炕多依窗建，它不单是农家卧所，每年冬季，女人们还要在这里纺花、缝纫和工绣。灶（俗称灶火），寒季在屋，暖季在外，并与炕用火道连通，以备寒季取暖。各房多有前檐，以方便雨天行走。窗多是木棱花孔，糊以窗纸，透光较差。这种房进深较小，一般为三至四米五，以土木结构为多，少数富户墙表为砖。在城镇街面，多是板搭门瓦房，充作店铺。在县西部深山区，除有少量四合院外，大多是单面或两面院舍。房舍多依山势建造，参差错落，或设院墙，或不设院墙，房屋多是石木结构，也有草房。县东部白家窑一带住窑洞者甚多。70 年代，农村宅基地发放面积减小，四合院渐被二合院或三合院取代。新建房舍中一明两暗式的结构渐被一明一暗式代替，前檐房被筒子房取代。1980 年后，城乡新建民舍逐年大幅度增多，建房趋向高进深（六至八米），以增加使用面积，同时采用采光较好的玻璃门窗。在城镇，楼房住宅增多，水、电、卫生设施有较大改进，民舍建筑用材改由砖木向钢筋水泥发展。而在县西部山区，农民建房仍多用石料和木料。

旧时，农家陈设方式很是考究。在一明两暗的上房中，正中为客室，是年节祭祀和长辈会客之处。正壁前放条几，条几前放桌椅。两侧为居室，居室陈设较为随便，一般都是桌、凳、衣柜之类。在儿辈居住的厢房，陈设虽较随便，但桌椅也多迎门而列，其他家具因地安置。新中国成立初，基本上沿袭这种陈设格局。70 年代后，农村习惯将客室、居室并于一室。近年，人民生活水平大幅度提高，电视机、收录机、电风扇和各种耐用电器进入农户，并成为重要的室内陈设之一。家具也随时代变迁而不断地更新换代。新中国成立前和新中国成立初期的宝盖柜、太师椅、八仙桌等明清式家具时兴。70 年代，抽屉方桌、小高柜、柳圈椅流行。1980 年后，高低柜、衣橱、写字台、沙发、茶几、组合柜、沙发床等开始取代旧式家具。

旧时，室内建筑装饰以“扎顶幔”最为常见，即用苇或高粱秸做骨架，糊裱以纸，这一古老的装饰方式在农村至今仍有使用，多是木制梁檩结构的屋顶。新婚居室还习惯用彩纸裱糊炕厢。每年一次或数年一次用石灰水粉刷墙壁也是农家习惯。农家室内仪表装饰也很讲究，在客室正壁挂大幅中堂，或字或画，内容都庄重、大方而严肃，表现吉祥与希望。卧室装饰较为随便，多活泼、风趣，充满生活气息。新中国成立后，出于对领袖的爱戴，中堂渐为领袖画像取代。1980 年后，人民生活水平和文化素质普遍提高，室内装饰也较前有了大的改变，除了各居室的画裱之外，还根据爱好，专门陈列一些花卉和手工艺装饰品，如盆景、雕刻等。（以上据 1998 年《赞皇县志》整理）

元氏县居住习俗

元氏住房，以四合院为主，多以北房为正，正房高，厢房低。以三间居多，两明一暗。两间为明，放置家具，盘垒土炕，为日常生活起居住所；两间处砌一道隔间墙，里为暗室，用以贮物，明间暗间有门可通。正房开门处，门顶多设置顶门窗，其他多为一间一窗，一般窗户较小，木制，窗上糊纸。灶间多挨土炕，中有火道相通，冬季可睡“过火炕”。西部山区炉灶多砌于炕沿下，炕沿上垒短墙，称“炕下灶”。冬季做饭取暖，一举两得，但烟熏火燎，很不卫生。

旧时房屋结构有四种类型：一是平房。砖石砌墙，梁檩结构，石灰和炉渣混合砸顶，坚固耐用。房上可以晒粮食，使用方便，在境内居多。二是单间茅屋。泥土垒墙，柴草盖顶，多为贫家所居，新中国成立后逐渐绝迹。三是瓦房。砖石砌墙，四梁八柱，房顶为拱形，上面砌瓦，此类房屋多费木料，且采用面较小，山区较多，平原鲜见。新中国成立后已基本无人再建。四是窑洞。旧时山区、半山区贫苦人家依山就势，挖洞为室，虽冬暖夏凉，但潮湿、少光线，近年已基本绝迹。80 年代后，钢筋水泥结构的新式房屋逐渐增多。部分村庄已开始兴建新式楼房，并由糊纸小棂窗改为能开能关的大玻璃窗，有的还安装纱窗扇，美观大方，通风透光，居住舒适。

室内装饰，旧时富户多以方桌、大椅、条几、大立柜等陈设室内，一般农户仅有门桌、平盖柜、小板凳等几件简陋家具。70 年代后，立柜、写字台、沙发、新式床铺逐步发展起来。近年，电视机、洗衣机、电风扇、收录机、组合家具等也已登堂入室。（以上据 1995 年《元氏县志》整理）

康保县居住习俗

清代以前，该县为游牧区。游牧民族住帐棚篷，以毡子围成圆顶，抵御风寒雨淋。至清代末期始有土房，个别地方有窑洞。土房以土坯垒成，顶和四壁用泥抹。房顶形状有两种，一种起脊，一种为“一出水”，起脊的住人，“一出水”为圈牲畜。窑洞在该县不多。还有住一面房脊的，从侧面看，如半间房屋，极简陋，但为贫民之理想栖身地。旧时，一般人家只住两间土房，每间为十一二平方米，其使用寿命短，窗户也小，用纸糊在外，冬季刷麻油，以防风雪。房中全是土火炕，烧羊、牛粪或柴草，烧煤的少见。

新中国成立后，农村住房大部分得以改善，土房木料质量变好，较耐久。住房面积一般为三间，每间十五平方米，高度增加较宽敞。当今窗户较大，以玻璃代纸糊，光线充足。1978 年后，随着生活水平的提高，土房加以改造，房顶上瓦或铺油毡，同时也出现了“四角硬”前面砖。1984 年后，富裕人家已完全盖成砖瓦结构。墙基以钢筋混凝土砌筑，墙壁全砖垒起，顶以瓦盖之，顶棚用石灰抹，甚坚固。县城砖瓦房有设走廊的，室内设有土暖气，地面有水泥抹、砖铺，水磨石铺。把灶、炕以木窗隔开，谓之“隔扇”，较卫生。院内还有盖小房的习惯，大小不一，多放杂物，也有住人的。城内住所均设院墙，盖街门楼的较多。街门以钢筋焊或以铁皮包木框。（以上据 1991 年《康保县志》整理）

蔚县居住习俗

旧时，贫富悬殊，蔚县又因人们聚居环境不同，住房结构、样式、用料、室内陈设各有差异。新中国成立前，大村建有堡墙，各户筑有院墙。新中国成立后，城乡建房由有关部门统一规划，以少占耕地、方便建筑为原则。许多民居已建为成排房子，但仍习惯于一家一院。民房建筑，有不同形式和结构。

砖木结构。石头做基石，白灰砌青砖墙，房顶覆板、筒瓦。这类房屋多建于城镇及部分农村富有之家。院落设置随富有程度而不同：（1）四合院：正房五间，东西下房各三间，南房三间。院门设置视临街位置而定。（2）四合院又套左右两院：大门设正中，入门一面五福照壁，壁左右又建东西两院，各有门楼。（3）二进二出或三进三出四合院：院有二三个，各院相连通，通常设有过亭、书房、客厅等。（4）形式同四合院，但无南房，距大门丈许砌影壁一面，院中央构筑花坛。

70 年代末 80 年代初，农村兴起建房热，普遍为砖木结构，红砖沙灰砌墙，水泥勾缝，屋顶覆机制红瓦或青色板、筒瓦、钢筋水泥预制件做前梁，门窗宽大，镶大孔玻璃。一般为三间正房，也有盖东西下房和南房的，盖有门楼。

土木结构。先立柱、檩木架，土基或泥坯砌墙，檩上挂椽，椽上铺苇帘或栈板，抹泥和白灰，称为“土房”。新中国成立后，大多数农户住这种房屋。中等之家，在构筑材料上略优，砖砌墙基，土基或泥坯砌墙，至屋顶再砌砖，俗称“穿靴戴帽”，木椽盖顶，再覆瓦。

石木结构。南部山区土地少，石料多，农民在向阳山弯随山就势建房，石块砌墙，上檩椽，屋顶抹泥盖片瓦，贫穷之家则覆以茅草。这些房屋门窗简陋，院落无定局。近几年，一些村民用砖砌墙，但用石头砌墙的仍占多数。

窑洞。北部黄土丘陵区的人们利用黄土的可塑性，在向阳背风处挖窑洞居住。一般为两间，外间门宽一米，顶高三米，里外间墙厚约一米，里间顶高三米三，深五米，宽三米，西南挖窗棂，呈上圆下方形，以土坯筑炕，屋顶留有烟筒，大多数没有院落。地势平坦的乡村有用土坯碹筑窑房的，称碹窑。新中国成立后住窑房的户数越来越少。

县内住宅建筑屋顶样式有：一出水，土房居多；两出水（也称道士帽），都是瓦房，屋顶正中起脊；轿车顶，瓦房居多，两出水，但正中不起脊。新中国成立前，一些寺庙、祠堂和富户盖房均为青砖墙和阴阳瓦（板瓦、筒瓦）。正顶“一”字起脊，东西山墙各起两脊，称“人”字脊，各脊脊角微上翘；雕有脊兽，称“五脊六兽”。为了牢固，上瓦时，滴水瓦上前后各钉一铁钉，称“一瓦二钉”。

新中国成立前，一般户室内陈设简单，只有躺柜、高桌、长凳之类摆设，屋室有通铺火炕，连着锅台，有在炕沿正中下方建锅灶的，叫“炜灶”或“焖灶”，做饭烧炕同时进行。贫困农户，只有大缸，破木箱盛物，无摆设。富户和城镇居民，喜欢摆两只大柜，均为正面双开门，大柜上面各有一只双开门门箱或盖箱，前面各放一只褥墩子，大柜中间放一小柜，称柜楔。这些家具均用红色油漆油过，雕有精美的人物、花草图案，镶有黄铜做的饰件。此外，还有几案、门柜、炕柜、躺柜、云柜、高桌、长凳、太师椅等家具陈设，一律油成红色，富丽华贵，浑然一体。家具陈设随富有程度多少不一。

新中国成立后，室内陈设变好变多。70 年代末，人们开始摆立柜、酒柜、写字台。80 年代，组合柜、沙发、包厢床、电视机、洗衣机等成为普通人家的生活用

品，城镇个别人家有电冰箱。农村睡火炕的越来越少。（以上据 1995 年《蔚县志》整理）

尚义县居住习俗

旧时，尚义人住房十分简陋，特别是坝上，一望无际，不植一棵树，不产一棵材，建房造屋木材非常紧缺，因此，大部人家都住的“板板房”，低矮异常，站在炕上伸不直腰。特点是院大房少，一般院子有半亩大，最大的有超过一亩的，小的也有二三分。院内一般只有三间正房，东西两边搭些圈棚、草房、库房。正房一堂两屋，堂屋开门，两屋盘炕为寝室。炉灶砌于炕沿下，做饭取暖，一举两得。不少贫穷人家只有两间正房，一明一暗，里屋盘炕住人，有些人口多或儿子结婚，外屋也盘炕住人，个别户有三代人同居一室的。有相当一部分户因搭不起圈棚或防备偷盗，人畜同居，里屋住人，外屋拴畜，甚至有炕上睡人，炕下卧猪的。坝上院子绝大部分不建门楼，不安大门，只在院墙东南留一能进大车的豁口，富裕户在豁口两边安两尊“眼儿石”，夜间，用“串杆”横穿眼儿石，再用“铁贯”纵穿串杆，贯下上锁。个别有钱人家也有盖大门楼的，大门两边蹲有石狮子，备有上马石、拴马桩，装饰讲究。坝下院子绝大部分有门楼，安大门。

房屋结构大致有五种类型：

板板房，亦称“卷棚房”。土坯垒墙（也有“板打墙”和石头垒墙的），墙上放三根檩条，屋顶呈弓形，檩上挂二坡椽，椽上铺硬栈（席子、苇帘、荆巴、木片、树枝等），硬栈上铺一层软栈（小麦秸、胡麻柴等），然后用泥抹三次即成。房前面安门窗。堂屋安门一个，两边屋前面安“方八孔”小窗，糊纸，光线很暗，这种房多在坝上。

起脊房。每间房六檩五柱，屋顶起脊，石头砌基，土坯垒墙，前面全是门窗，名曰“满面门窗”，窗上糊纸，光线较板板房明亮。这种房用材多，故在坝下有树木村庄建造较多，为中产人家居住。

瓦房。样式同起脊房，不同的是用砖代替土坯砌墙，屋顶扣通瓦。县内只有少数富户人家建造。

窑洞。窑洞有两种：一种叫“崖打窑”，旧时贫苦人家靠崖挖洞居住；另一种是用土坯或石碹窑，墙厚三尺，拱高四至五尺，前面安上圆下方的窗子，窗内光线不足。窑洞有冬暖夏凉的优点。夏季室内比室外低十摄氏度左右，冬季室内比室外高十五摄氏度左右。室内温度和湿度相对稳定，素有“冬暖夏凉神仙洞”的美誉。不过，这只是穷苦人的自我陶醉罢了。

新中国成立后，随着建筑科学的发展和人民生活水平的不断提高，住房也有很大改善。起脊房、人字房代替了板板房，大部人家建造“一明两暗”三间大正房，炉灶由寝室移至堂屋，称“隔山灶”。还有不少人家建三间半或四间正房，有半间或一间用作厨房。窗子由糊纸小棂“方八孔”改为大玻璃窗，宽敞明亮，通风透光，居住舒适。旧时那种“人畜同居”、三代同居一室的现象很少见了。坝下窑洞结构也在不断变化，墙壁按力学原理大大减薄，拱顶由低增高。进入70年代又由整筒窑改为半窑半房：后部碹窑，前部接檐，外形很像“小起脊房”，前面满面门窗，既保存了窑洞冬暖夏凉的优点，采光面又大，明快舒畅。80年代以来，房屋建筑更为讲究，石料砌基，水泥勾缝，砖墙到顶，屋顶扣红瓦，前用水刷石镶面，红绿相间，甚为别致。

室内建筑装饰也大为改观。旧时，除少数富户室内吊席做顶棚外（俗称“仰层”），绝大部分人家的屋子不裱顶棚，只有白土粉刷墙壁的良好习惯。现时，大部分人家纸糊顶棚砖铺地，个别还有白灰吊顶、水刷石铺地、油漆墙围的，非常雅致。

旧时，农村富户室内摆红柜、立柜、橱柜、地八仙桌、炕八仙桌、太师椅、方凳等，正面摆钟堂、香炉、掸瓶、帽镜、梳头匣等；一般农户只摆一节或两节红柜、炕桌。坝上木材奇缺，摆红柜的人家亦属少数，大部人家摆一色黑陶瓷大缸，上面盖板，板上摆炊具饭盆之类。屋两侧土坯垒粮仓，白土粉刷，虽无摆设，却有整齐清洁之感。新中国成立后，在一个时期内无大变化。70年代后期，农户有了立柜、酒柜、五斗橱、写字台。80年代，这些摆设较为普遍，收音机、收录机、电视机、座钟、挂钟在农户中出现。城镇居民讲究中高档家具，绝大部分户都有彩电、黑白电视机、收录机，一部分户有了洗衣机、冰箱、落地灯、席梦思床。

旧时，农村照明多用麻油灯，日军侵占时期，开始用壶式煤油灯。新中国成立后，一个时期内无大变化。50年代后期，一部分户用玻璃罩子煤油灯，夜晚有集会或文艺活动用汽灯。1958年，县城、大青沟镇开始用电灯照明。1963年，大阳坡煤矿发电供县城和矿区照明，但电压不稳，忽明忽暗。1984年12月25日，一百一十千伏线路竣工，城镇、农村基本上用电灯照明，个别边远山区、贫困村至今还用壶式小煤油灯照明。（以上据1999年《尚义县志》整理）

张北县居住习俗

住所为民生所必需，以遮蔽风雨者也。张北建筑材料，除城市用砖外，乡间用石及土坯居多，用瓦者甚少。木料多用杨、柳木，间有用松木者。杨、柳木出自二、四、五区及万全境内，松木来自多伦、围场。建筑房屋有一种碱土，系白灰色，用以抹屋，最为坚固。其构屋形式，不喜高大，最喜矮小，以土和穮覆屋，碎石砌墙；至砖院瓦房，高门大厦，乡间无有焉。光线亦不充足，多系西北屋，必须垒火炕，不用木床，烟筒均通于外。所以造屋矮小、垒火炕者，皆因北风太大，气候严寒之故。木料亦甚细小，不甚坚固，盖因开垦新地，随意迁家，与蒙古族人逐水草而居甚相似也。

蒙古族人住蒙古包。搭以木架，外裹以毡，夏季将毡取开，冬季围裹周密。就地铺以牛皮及毛毯。富家陈设极其壮观，四面悬以玻璃窗，光耀夺目，亦颇敞亮。唯逐水草而居，随意迁徙，与汉人世居其地不同。（以上据民国二十四年《张北县志》整理）

阳原县居住习俗

类别	院数	每院间数	附属房	备考
砖瓦房	最多三院，名为三进三出，最少一院	每院正五间，东西各三间，南五间。大门面南，即在南五间之数内。如此一院，仅正屋有廊，谓之四合。若两院、三院，则其第一、二院之南屋变作过厅，亦有廊子，但最后之院，东西屋与南屋中隔一门，谓之闪门，即北平之垂花门。大门雕刻最华丽焉	若系一四合院，则无附属房。若系二进二出或三进三出者，则外附车房、磨房、碾房、草房、仓房及工房、井房，等等	木料用杆木、柴木，墙基用石，内用土积，外用砖砌，房顶用瓦，板瓦坐底，通瓦覆之，顶起五脊，共装六兽头焉。此类房为最富贵者居之。三进三出者少，二进二出者次之，四合独院最多。若科第举人以上者，门前多置旗杆二，上下马石二；商人则不敢为之，分别贵富在此
土瓦房	最多二院，最少一院	每院正五间，东西各三间，南五间。大门即在南五间之数内。亦有正南各三间、东西各二间者		木料用杨木、柴木，墙基用砖，砌墙用土积，房顶用瓦，仅中起一脊，亦不装兽头。此类房为中产阶级居所

续表

类别	院数	每院间数	附属房	备考
土房	最多二院，最少一院	每院间数不等。亦有四合者，亦有两面或三面者		木料纯用杨木，墙以土积砌成，顶盖泥皮，不用砖、瓦、石、灰等。此类房为农工阶级居所
砖土窑	凡窑居，多系一面而围以墙	每院多正窑三间，以外再配茅屋数楹		砖窑至少，仅富家偶建数间以避炎热。土窑最多，盖不用木料，故穷人易筑。居此者，多为贫农

（以上据民国二十四年《阳原县志》整理）

怀安县居住习俗

怀安四面皆山，生产不易，衣食尚虞不足，安能建筑华厦美屋；每因生活状况不同，住宅因之亦异。略将普通住所列后。

瓦房。建筑时，须用砖石砌墙，杂以土坯，上覆以瓦；所需木料，若松若杆，多购自大同、宁武。其构屋形式，大率正房五间，东西配房各三间，南房三间或四间，坐坎出巽，为大多数。若两进三进之复宅，必在城市方面始有如是之建筑焉。高度以檐前为标准，普通不过一丈二尺，宽约一丈；光线充足，适用土炕，灶烟通由壁内送达屋上矣。

沙擦房。建筑形式、木料亦同瓦房，唯上层不用瓦覆，另以石灰、石子用水和融，抹于房上，经太阳晒后，坚硬如铁，永无屋漏之虞。

土房。构造亦与瓦房同，唯木料多用土产杨柳，上覆以泥，光线亦足。普通住此房者，约占十分之七，倘遇淫雨连绵，屋多滴漏。

土窑。构造特别，不用砖石、木料，先用黄土杂穛成泥，另以形似车辋式之模型，脱就泥坯，干透，然后依接后墙，度于左右版筑窑壁两堵，再以车辋式之泥坯，依次由左向右，即可碹成半圆城门洞式之土窑焉。高约一丈，门窗俱备，光线亦足，费款不过十元，即堪造就一屋。在乡次贫者，多所居焉，以其冬暖夏凉、价廉而工省也，所畏者，淫雨不晴，多有浸塌之患矣。（以上据民国二十三年《怀安县志》整理）

万全县居住习俗

居室尚简约。普通多茅庐土屋，碎石砌墙，压土成壁，甚简单也。至砖院瓦房，高门大厦，除城市、较大村镇间有之外，僻塞之区实不多睹。至屋内寝具，多筑土炕，天寒着火取暖；其面积甚大，占有半屋，甚至三分之二全成为炕，地几无隙。除寝卧外，所有饮食、工作、育儿、会谈等一举一动日常生活，皆在炕上，故盘膝危坐，脊椎多弯，自幼即养成矣。（以上据民国二十三年《万全县志》整理）

围场县居住习俗

新中国成立前，一般农户居室院落有两种。“马架屋”是农民看山户住的简易房，独间，室内有锅台和炕以及用具。构造是两个山墙搭梁，四周围土垒墙抹泥，苫以草。土房，是用土打垒为墙。有檩木，三间房两架柁，房山用排山柱支撑，房顶苫莜麦秸。地主和有钱人住瓦房。

境内房屋一般为三间房一处院落，房向多是坐北朝南，称正房。房子中间开门，中间屋称“外屋”，外屋砌锅台和放置炊具。东西两间为卧室，一般都是长辈住东屋，晚辈住西屋。房屋大多低矮，但冬暖夏凉。

房屋一般为起脊木架结构。三间为四柁八柱，五檩架顶，顺排椽子，墙以土、石为多，房顶苫莜麦秸或盖小瓦，一般每间房长二米八，宽五米，高二米二（指房檐到地基表面）。

新中国成立后，随着人们生活水平的提高，旧式的茅草小房逐渐改变。在建房材料上讲究砖石到顶，房架木料坚固，水泥瓦、缸瓦取代了传统小瓦，玻璃窗取代了木制小棂纸糊窗。特别是进入 80 年代，在样式和用料上更加讲究，院落改为四间或五间一处院，部分家庭建造了平房。条件好的还将外墙壁抹上水刷石、花瓷砖等。内室装修白灰到顶，地面有水泥面、水磨石地板块、瓷砖等。房屋地基增高，一般高出地面一米左右；房间面积增大，一般为长三米五，宽七至八米，高三米以上，有些人家院内还盖上小房子，用于放杂物。盖房的主要材料有砖、石、水泥、钢筋、缸瓦、木材、钢窗，铝合金窗少数也有使用。近年，县城干部住房变化很大，单位筹资、个人集资盖家属楼，房产部门盖商品楼，解决了大部分职工住房。单元建筑面积一般在七十平方米至一百二十平方米之间，有客厅、卧室、厨房、卫生间、阳台等，分二室一厅和三室一厅。

清代满族建房有一定规范，富有人家多为四合院，居室有固定安排，一般两间正房做寝室，外屋是厨房，安置锅灶。屋里有三铺炕，西炕为贵，北炕为大，南炕为小，家中来客人住西炕，长辈住北炕，小辈姑娘、媳妇住南炕。庭院迎门建立影壁。民国后新建房院各族基本相同。

蒙古族居住传统习惯是蒙古包，适应游牧流动的搬迁，轻便保暖。蒙古包顶高八尺，直径丈余，圆形，壁围“哈哪”（毛毯），伞形顶架，以“窝呢”（毡子）组成。周围和包顶覆以厚毡，用毛绳从四周缚住，包顶中央留有天窗，用以通风透光，也是炉子烟囱的出口处。门向东或东南方向。门的右侧放马具，左侧放锅碗盆等炊具。境内蒙古族人造屋与汉族无异。

回族住房院落与汉族相同，只是大门不贴楹联，挂用阿文书写的“杜娃”。

新中国成立前，生活状况贫富差距悬殊，农工、榜菁户住“马架”，炕上无席，四壁空空，没有摆设。富裕户家中摆设是座钟、挂表、穿衣镜、花瓶、帽筒、盆景、梳妆台，满族的官宅家还有炕琴、供橱等。新中国成立后，随着农村经济的变化，农户摆设也相应发生变化。60至70年代，大部分户有红躺柜、办公桌、椅、凳、横镜、挂镜。80年代后，城镇和农村富裕户室内有大衣柜、酒柜、写字台、沙发、茶几、收录机、电视机、洗衣机、组合家具，县城家庭大部分购置了电冰箱、电风扇等。（以上据1997年《围场满族蒙古族自治县志》整理）

宽城县居住习俗

本境汉族住房多为石木结构、坐北朝南的起脊房屋，或配有东西厢房。一般辟有后门、后窗。形式多为一间一室，东部地区喜欢设一间半或两间一室的大屋。

旧时，农户多为草房，富户大族建有四合院，偶有前廊后厦者。建房均请“阴阳先生”择基选日，以图人财两旺。至70年代，草房日趋绝迹，砖瓦房席地而起。请“阴阳先生”择房基者已极少见，但选日架梁旧风尚存。

用器，旧时求简单实用。睡土炕，铺苇席，盖家织布被子。盛衣服用板柜、箱子，富裕者有炕琴或被格。盛粮用仓、囤子。屋内置梳妆匣，供女人梳头用。灶房以陶、瓦、铁器为主，有瓷碗、瓷碟、瓦盆、铁锅、铁勺、铁铲，用柳木菜板、柳条笊篱等。用方木桌吃饭。大户人家宴请用八仙桌、太师椅。冬季屋内多用泥抹火盆烧柴炭取暖。照明用蓖麻油、豆油或煤油。夜间行走用灯笼，出门代步骑毛驴。

新中国成立后，除少数沿用外，用器逐渐变化。50至60年代，暖水瓶、手电筒、钟表、自行车、收音机进入农户。70至80年代，自行车、缝纫机、手表基本普及，多数人家用上了大衣柜、高低柜、小立柜、写字台、折叠桌椅、沙发、床头柜等新式家具或组合家具。炕上铺毛毡、床单和拆炕搭床者不为少见。灶房里多见铝制品和塑料制品家具。除少数偏僻山区沿用煤油灯外，均用上了电灯。收录机、电视机、洗衣机、电风扇、鼓风机、电冰箱等逐渐增多。（以上据1990年《宽城县志》整理）

旧时，宽城县满族住房三间、五间不等，坐北朝南，中间开两扇花格门，有木制插销。卧室内，或筑南炕或筑南北炕及蔓字炕。炕梢置炕琴垛被衫。房间以西为大（也有以东为大的）。窗分上、下两扇，上开下拿，皆为木制、花格。烟囱建在屋侧，高过屋檐数尺，孔道与炕相通。除正房外，还有仓库（俗称偏厦）、马架子（窝棚）。大户人家在院内东西两侧建厢房，院内砌石墙、置门楼、留影壁。

80年代，在城镇或农村，满族人民建新居大多建红砖瓦房、红砖水泥瓦房，装单扇玻璃门、左右开合玻璃窗。但是，仍可见旧式房屋。农村仍在院中建置内放粮食、边放农具的仓房（俗称"苞米仓子"）。

宽城县满族日常生活用具有着本民族的形式特点。清初，碗、盘、盆、勺等皆木制而成。乾隆年间，开始自烧瓷器。在农村，至今仍有木饭勺、木饭盆、木水瓢、木水桶、木斗、木升、木角子等。木制器皿，多用桦、榆木板拼制而成。白柳条编的笊篱、笸箩、簸箕更是多见。满族人室内陈设的木制柜、橱、春凳、炕琴等，均雕镂各种样式图案，漆以栗色，至今仍有沿用者。此外，在冬季，满族家庭大多数都自制泥火盆，内装炭火，以供室内取暖，今在农村亦屡见不鲜。（以上据1989年《宽城县民族志》整理）

迁安市居住习俗

民国及其以前，迁安居民多住造价低下的土坯土顶平房或草房，贫困户多住窝棚、场房，无房者靠租房住（称之为串房檐），只有少数富豪住四合院、砖瓦房。

新中国成立初，贫雇农从地主、富农那里分得房屋，无房户也有了居室。随着经济的发展，建旧式土木结构的新房户增多，滦河以西及县城北部多瓦房，也有部分砖混结构。60年代以后，城镇人口增加，职工、干部及家属开始居住公房。1976年地震以后，建新式砖、石、木、瓦、水泥、白灰结构房屋形成高潮，内外装修新颖、别致。有条件的城镇居民开始兴建楼房，各行政、企事业单位相继修建职工、干部宿舍住宅。人们居住条件明显改善。

过去，一般户仅有粗制板柜和方凳等。少数富户室内陈设较多，有顶箱、立柜、条案、板柜、炕箱、太师椅、地八仙、炕八仙等。摆设有盆景、掸瓶、帽筒瓶、梳妆匣、靠山镜、穿衣镜等。“文化大革命”初的“破四旧”运动，把一些室内摆设，如掸瓶等，作为“四旧”内容清理，从而使人民生活的用品、摆设等比较单调。

1980年以后，室内陈设发生较大变化，多数家庭增设了大衣柜、小衣柜、酒柜、写字台、折叠椅等家具，经济条件较好户添置了沙发、软椅、沙发床及组合柜等高档家具。

随着电力事业的发展，收录机、电视机等家用电器逐渐普及，开始用黑白电视机收看电视节目，以后则争购彩色电视机。其他家电，如洗衣机、电风扇、电冰箱、电饭锅等，已从无到有，并逐渐成为争购商品。

清末民初以前，一般民户均用油捻的植物油灯照明，即用小盘添上植物油，加一棉花搓成的灯捻，随点随拨，调节光亮。富户则燃蜡烛。20年代，市场上开始有了煤油（俗称“洋油”），从而开始改用无罩的小油灯，以后发展为罩子灯。在室外则用提灯（亦称“围灯”，能防风），富豪之家或商号则用汽灯或罩子灯。

新中国成立后，火力、水力发电发展较快。迁安县于1961年开始架设高压输电线路，部分城镇开始用之于工业生产和照明，以后逐步发展，至1986年，全县电力照明基本普及。灯具有钨丝灯、日光灯等，灯型有吊灯、台灯、壁灯等。

新中国成立前，富裕之家有座钟、挂钟，少数人有怀表、手表。新中国成立后，戴手表者日渐增多。进入80年代，电子石英钟进入家庭，电子表以其物美价廉为人们所喜爱。（以上据1994年《迁安县志》整理）

玉田县居住习俗

旧时，城镇住宅多为砖瓦木石结构，起脊，小瓦盖顶。每幢大部分为三间，但也有四间或五间的。富有之家则是石基高墙，磨砖对缝，前后挑檐，天井宽大，配有厢房。商业店铺，多临街道，屋前建有灰厦或雨罩。乡村的富户住宅与城镇相类似，院门多建门楼。一般农户，则为土坯房、草房（苇子和稻草）。七八十年代，城镇新建楼和住宅群逐年增多，水、电、卫生、取暖设施配套。农村拆旧盖新，建房用材由砖木结构向水泥钢筋发展，多用刷石墙面、圈梁、地梁、玻璃门窗，过去的茅屋草舍消失。

旧时建房，先看“风水”，后选宅基。开工必择吉日，上梁之日，脊檩正中贴八卦图，下悬红布，并贴“紫微高照”横批和“立柱喜逢黄道日；上梁巧遇紫微星”等吉祥对联，时辰一到，鞭炮齐鸣，亲友祝贺，宴请工匠师傅和亲邻。待迁至新房后，又办酒席，酬谢“添宅”之亲友。1949年后，建房的迷信活动均已废除。上梁习俗从简，只是放鞭炮，吃点心。“添宅”祝贺之风仍袭。

1949年前，城乡富户室内摆设较讲究，通常有板柜（卧柜）、立柜、顶箱，立柜与立柜之间有夹心桌，另有八仙桌、太师椅、茶几、长凳，火炕上有炕箱、被阁。一般农户摆设简陋，仅有板柜、长凳。1949年后几十年无大变化。70年代初，大衣柜、小衣柜、酒柜、沙发等流行。80年代，家具由单一式向组合式发展，席梦思、折叠椅、床头柜等相继出现。一些农户拆除火炕，改睡床铺，家用电器进入农家，成为陈列品之一。

旧时，农村照明多用豆油、蓖麻油灯，少数富户用蜡烛或煤油灯（罩子灯）。1949年后普遍采用煤油灯，其形式分为罩子灯、保险灯、提灯等。夜晚集会时多用汽灯。1958年始出现电灯，多为白炽灯。80年代后日光灯增多，灯具也由单纯的照明型向照明及装饰型发展，出现了吊灯、台灯、壁灯、吸顶灯等多种类型。（以上据1993年《玉田县志》整理）

遵化市居住习俗

旧社会，地富豪绅多住砖瓦房，极少数的还要雕梁画柱；一般农户多住土坯草房；贫雇农则多住窝棚、场房；有些户自己无房靠租房住（俗称“串房檐”）或住庙堂。新中国成立后，经过土地改革，贫雇农都分得了房屋，达到了人人有屋住。但旧的房屋结构无大变化，新建房屋不多。70年代以来，水泥产量增多，土坯草屋逐步更新为水泥瓦顶，草房已基本绝迹。新建房屋多为砖、石、瓦、木、水泥、白灰结构的起脊房，也有少量浇铸钢筋水泥或焦灰平顶房。新建房比旧式房宽敞舒适。在新建房结构上，为了节省木材，改用了铁杆柁架，还有的以七尺椽子横摆（增加柁架）。不用檩子的结构形式。新建房的特点是，正房为主，厢房极少，城区正向楼房发展。1979至1985年，城区新建住宅约四十多万平方米，楼房占百分之四十，最低两层，最高五层。与此同时，农村建房呈现热潮。个别户建起了小楼房。

由于县城双职工人口日增，县财政从60年代开始，年年拨款修建公产房，供双职工家庭居住。1966年，住公产房的三百户。从这一年开始，逐年增加建造公产房的投资，1981年曾达五十万元，到1985年，属于城建的公产房增到二千六百四十一间，共三万多平方米，住一千零三十六户。其他企事业单位也根据本单位职工的需要，积极筹建了大批职工家属宿舍。

民国初年，一般住户用植物油灯。后来，市场上有了煤油（时称“洋油”或“毛子油”），人们很快改用没罩的小油灯，以后发展为罩子灯、手提灯和商家及娱乐场所用的汽灯。民国九至十四年，县城曾一度建有电灯公司，有少量商号、居民用过电灯。新中国成立后，电力有所发展，县城于1958年开始办电，解决了城内机关、厂矿企业照明用电。1959年引进国家网电后，电力建设发展较快，到1982年初，全县六百四十八个行政村都架通输电线，用上了电灯，实现了点灯不用油的夙愿。

新中国成立前，较富裕的民户有座钟或挂钟，极个别人有手表、怀表。新中国成立后，戴手表的人逐渐增多，到80年代又有了电子表，物美价廉，深受群众喜爱。

60年代初，个别家庭开始使用缝纫机，到70年代逐渐增多，80年代以来，缝纫机成为多数家庭必备的缝制工具。

40年代，富户人家室内陈设主要是条案、板柜、太师椅、八仙桌、立柜、顶箱、大板凳。进入80年代，很多家庭室内增设了大衣柜、小衣柜、箱橱、写字台、折叠椅、酒柜等器具。经济条件好的还添置了沙发、沙发床、软椅、高档组合家具等。

随着电力事业的发展，家用电器逐渐入户。直流或交流的收音机、半导体收音机已经普及。电视机、收录机、洗衣视、电风扇、电冰箱、电饭锅等也从无到有，从少到多，并向高档发展。由于一系列新式家用器具行销城乡，室内陈设大为改观。（以上据1990年《遵化县志》整理）

滦县居住习俗

住屋覆茅、覆瓦之外，有以灰土代瓦，而平其屋顶者，曰“土平房”。居城市者多瓦房；居乡村者多茅土房，均有墙、有篱、有院落、猪圈、牛棚，错落安置。弟兄分家则异院。民多土著，人不杂处，故俗齐。（以上据民国二十六年《滦县志》整理）

卢龙县居住习俗

县境古遗址多有发现饕餮纹和云纹瓦当、绳纹砖，房屋逐步发展为石基、砖墙、木结构、瓦顶。肥如建置古平州至卢龙设治，肥如城、古平州城、侨置新昌城和朝鲜城，均为规则的建筑群。住房多为三五间连脊，中间堂屋，两旁为居室。官宦人家、豪强大户卧砖到顶，磨砖对缝，前出廊、后出厦的高大瓦屋；贫苦农宅为夯土成墙或土坯砌墙的茅草屋。

清末民初，房屋设计、建筑不断更新。官绅富户深宅大院，建有大门、二门、照壁门、对面厢房，直至上方正屋。除正宅外，尚有下院，建有长工房、碾棚、牲畜棚、大车门。

正宅上房（正房屋）最为宏丽。石砌地基，水平面处覆以长条石。青砖四面磨光，带细灰卧砖到顶，室内青砖铺地，椒泥敷墙，墙面刷白。多为正脊瓦屋，九尺举架。松柏木结构，大柁丈八，重梁以上两山墙，通天柱顶中檩，七檩七堑，五、八尺长短椽。前廊丈余、廊梁装于正屋大柁平柱上，后厦亦如是。合瓦屋顶，房檐处镶以瓦当。青砖立脊高三尺。雕梁画柱，透花隔扇门窗。多为户主老人居住。

前院多为瓦屋厢房，距正宅一丈，大柁丈六，三五间一栋，建筑较正屋为次。常为幼辈居住。

上房与后花园之间建有阁房（或绣楼），为未婚女子（称小姐）与丫鬟居室，故出嫁曰“出阁”。自唐延至明清，形成风俗。

大门，官僚绅商多建门房，殷实富户建有砖木结构门楼。门房间数与正屋相等，建筑形式与正屋相近。堂屋为过道，过道后门，凡有爵位功名者，多悬挂木制黑底金字匾额。殷实庄稼富户，有三五间庭院。多数无上下院，间或有宅旁小菜园，编织篱笆为围墙，种植菜蔬。院筑土顶或瓦顶大门、二门，对面厢房、上房。房基石砌，砖垛，卵石或片石砌墙心、内侧用土坯抹以黄泥。较富家庭白灰水粉刷，多数裸露黄泥路面。杨木、条木结构，平顶或瓦顶，举架八尺七，大柁丈六，四、六尺长短椽。室内陈设简单，为长辈居住。幼辈或媳妇住对面屋。三间庭院多数只有西厢房。县内风俗“有钱不盖东厢房，冬不暖夏不凉”之说。厢房多为土屋，四檩杂木结构，土顶，堆放粮食、农具和杂物。二门外两侧建有猪圈和茅厕。较殷实户，后院建有大车和牲口棚。

贫苦人家，无立锥之地，缺房少地，借住房间或寄宿庙宇。少数家境稍好者有微宅一处，多为土坯茅草房夯土或卵石堆砌院墙，秫秸或荆条编织为门。正房为土屋或茅草屋两三间，夯土为墙或乱石砖头堆砌。依地起建，黄泥抹墙，粗糙不堪。房顶为杂木枝架设，秫秸编帘覆顶，上盖茅草黄土。除土炕外，四壁空空，地上堆放杂物，炕上挤宿一家老小。茅草烧灶，烟熏火燎，室内对面不见人。

土地改革后，多有三两户分住地主富农户院落者。贫苦农民原有破旧房屋者，经人民政府资助修葺后维持原状。新中国成立初，置盖新房者寡。随着生活水平的逐步提高，翻盖旧房建新居者渐众。

1976 年 7 月 28 日唐山大地震中，县境毁房三万零七百七十八间。1976 至 1978 年为重建家园、恢复和发展的阶段，新建和翻盖房屋较多。

1978 年后，小城镇和农村掀起房屋建设高潮。县城建筑一扫旧俗，逐步改变风格，向楼房发展。1979 年建县政府办公楼，1982 年建县委和公检法办公楼，1983 年建百货商场和供销贸易中心楼。嗣后，续建县中教学楼、建设局办公楼、物资局营业楼、农林畜牧财政税务办公楼、县师教学楼。进入 80 年代中期，东门外大街、东大街、环城东路和南路相继有防疫站、环保处、供电局门市部、汽车站等楼竣工，至 1988 年底建成人大、政协楼，楼房建筑向乡镇发展，刘田各庄、石门两镇有企业、厂矿和行政单位建筑楼房。一般为二至五层，以三四层者居多。

农村新建民房，多经统一规划，村民聚落房屋排列有序。十至十二米宽的街道笔直，两旁杨柳成荫。农宅砖石盘墙，白灰抹顶。院门东西两侧为猪圈和厕所。正房三间或四破五，亦多有三间正屋外挂小屋一间，以备成年子女婚后分居。房舍举架九尺，跨度丈六。多为块石地基，红砖水泥浆砌三七墙到顶。松木或硬杂木结构，大柁丈八，五檩五垡，五、七尺长短椽，二、五、七走水平面屋顶，上打灰渣。室内水泥地面，白灰抹墙。新颖朴实，展示了农村新的风貌。条件较好者，屋前筑丈余月台，台腰垒砌齐腰花墙，上覆半米宽水泥板，摆各色盆景花卉。月台为晚上就餐和纳凉闲话而用。

炊具。职工户多燃蜂窝煤，用铝锅或高压锅做饭，也有用煤油或液化气者。少数户用铁锅烧灶，部分户用电炉、电饭锅、电炒锅。捞米饭、面条、饺子用漏勺，少数仍有用笊篱者。碗、盆、碟、盘，旧社会多用陶器或粗瓷，现在陶器被淘汰，且都为细瓷。筷子仍竹者居多，少数用塑料筷。锅盖从前多用木制，或以秫秸篾编织，现多用铝制品。饭桌虽仍有用木制小方桌者，但多数已用折叠桌了。旧式地八仙桌已绝迹，炕八仙桌也亦少用。富裕职工户已有电冰箱、电烤箱、切肉机、家用粉碎机、排污扇、吸尘器等设备。

室内设施。旧社会屋内多摆设五尺、七尺板柜，少数豪绅有立柜、八仙桌、太师椅。柜上摆立镜（柜戳）或靠山镜，两旁为一对掸瓶，掸瓶两旁为一对帽筒。镜前摆胰子盒、牙缸等。八仙桌上放茶壶、茶碗。60 至 70 年代，姑娘出嫁时兴娘家陪一对箱子（带或不带箱座）。后来多摆小、中、大衣柜，中间摆梳妆台。80 年代已摆组合柜，另外有写字台、沙发、茶几、折叠椅、圆桌等。

其他用具。洗衣过去用炉灰过滤之水，以手搓洗，或在河水中平石板上以木棒捶击，后以碱用搓衣板揉洗。今部分住户以洗衣机洗衣。除尘用鸡毛掸子或抹布。现在住楼房者多用墩布擦地板，少数用吸尘器除尘，多数农家扔用扫帚扫地、笤帚扫炕。烫熨衣服过去用烙铁，现在用电熨斗。缝制衣被过去用手工针线缝制，现在多用缝纫机或买成品。过去做鞋用麻绳、针锥纳鞋底再与鞋帮绱在一起，现在多买布鞋、塑料鞋、胶鞋或皮鞋。乘凉过去多用蒲扇、扇子，现在影剧院、会议室多用吊扇，家庭多用落地式或台扇。睡床，一般机关、单位多用木或铁床，农家仍睡大炕，宾馆、旅店有用席梦思床者。沐浴，农家夏季多到河中洗澡，现在部分农家或职工户有用太阳能热水器沐浴者。过去农民用剃头刀剃成光头，现在或用推子，或去理发店，妇女烫、染发者日趋增多。（以上据 1994 年《卢龙县志》整理）

昌黎县居住习俗

人苦于木处而颠，土处而病也，于是上栋下宇，以蔽风雨，住所不可不讲焉。就全境而论，人民住平房者居多数，草房次之，瓦房则城镇街市有之，乡村不多见也。凡院狭而长，方向面南者，多房址五间、三二间不等。率以木料为梁柱，砖石为基础，四围院墙亦取砖石垒成，贫家或编秫秸为栅子。窗棂南向，以透光线。其临当街，曰“门房”；天井之左右，曰“厢房”，最后曰“挡房”。门有大门、重门、屋门、角门之别，但必正厢支配均匀，方为合式。若俗人牛棚、豕圈及厕所密迩卧室，污秽不堪，未免有碍卫生，不可不戒也。（以上据民国二十二年《昌黎县志》整理）

抚宁县居住习俗

该县群众住房多为坐北朝南正房，东西厢房（亦叫偏房）、门房占少数。山区农户多住尖脊瓦房，间有少数草房。平原及沿海地带农户住房均为平土顶、焦顶房。本地住房新中国成立前多为套院，新中国成立后的一个显著特点即每家一个庭院，围以院墙，住房一般三间一套，两边为卧室，中间为厨房（俗称“外地下”），并开有后门（近年盖房亦有不开后门的）。平顶房也逐渐以打焦代替盖土，质量近似水泥。山区农民盖平顶房在增多，草房已被瓦房及平房取代。该地一般睡炕，近年来，年轻夫妇有置床的。

过去凡建屋者均请阴阳先生看“风水”择地。新房建到上正梁时，要举行抛梁仪式，即在选好的吉辰，由掌作师傅（泥木两作中的领头人）亲自动手，揭去正梁上的红幔布，露出事先贴好的对联。边上梁边唱上梁歌，并从上边撒红高粱，表示吉庆，亲友纷纷贺喜，此仪式带有讨口彩、求吉利的意思。新中国成立后，此俗渐消。农村盖房均由县政府统一批房基地，房的式样逐渐增多。（以上据1996年《抚宁县志》整理）

香河县居住习俗

居室，城镇多以瓦为之，坚固美观；次则砖墙土顶，名为砖土房；纯粹土坯房甚少。乡间则瓦房必缙绅之家，农民不能也；寻常小康之家，以砖土房为上；余即均系土坯房，足蔽风雨而已。此殆泥守旧制，犹有古风也。民国改革以来，有建楼房者，瓦房亦日见增益，民俗日趋奢靡，于此亦见一斑。至所用木材，除外来之松、杉外，以杨、柳、榆树为大宗，价值有逐年提高之趋势。（以上据民国二十五年《香河县志》整理）

霸州市居住习俗

人民比庐而居。各别门第。住室、厨房、仓廒、厩厕，备于一宅。户牖开向院内，防御似严，空气流通不畅。内室临窗设炕，堂中建设锅灶，炊烟过炕，炕热室暖；另备厨房，专用于夏。陈设、装修、家具，随家境而有繁简优劣。土房约占六成，砖房占三成，瓦房占一成。土房墙壁以坯筑成，砖房则外砖而里坯。梁栋用松、榆、杨、柳等木，椽用松、杨。椽上铺苇或秫秸，覆以泥土。建筑瓦房，架椽铺苇，覆瓦涂灰。松，来自安东、海山威、吉林等地；榆、杨，来自邻邑固安、永清，间亦有本县产品，灰则来自房山、良乡等县；余系土产。县东南地位低下，庄基高上，房壁基深且宽，里外筑砖，灌以灰浆，屡经水蚀，无虞塌陷，洪水入室，人居屋顶，家畜、食粮运置其上，远望之，俨如小岛。（以上据民国二十三年《霸县新志》整理）

大城县居住习俗

当地的居住习惯，与其自然条件相适应，县东北部村庄地处文安洼，旧时经常遭水灾，因此，庄基都很高，砖房相对多些；西南部地势高上，土质较好，相对坯房或砖坯房多些，盖房一般是坐北朝南，称为正房，便于采光，正房地基总要高于厢房和倒房，都是一家一院。

砖房，俗称“浑砖”。旧时只有富户才能盖得起浑砖房，一般盖成三七墙，称一丁一横，浑砖到顶，房碱用苇子排成，每间一门或一窗，户内不留后窗。少数乡绅首户盖成四合套院，墙面完全选用上好青砖，磨砖对缝，前廊后厦，起脊盖瓦，屋顶有的周围围以花墙，称“女儿墙”。瓦门楼下条青石垒成高礓礤儿（台阶）。

坯房，俗称土坯房。除房基用砖外，墙壁完全用坯垒成，坯有脱坯和肘坯之分，前者用麦秸泥，后者只用土夯实，内外墙面抹以麦秸泥，有的用高粱瓤子或苇穗给外坯墙披上“蓑衣”以减少风雨的直接浸淋，这种房为贫苦户采用。

砖坯房，俗称“里生外熟”。这种房用坯垒墙里面和截山，外墙包砖，包法有两种，一种是条砖平垒，称为卧板，一种是横砖立垒，称为斗砖。这种房外观整齐，和浑砖房无大差异，造价却较低，且冬暖夏凉，很有实用价值，因此小康之家多修筑此种房舍。

泥垛房。这种房是用土加麦秸和成“泥拌儿拉”一锨一锨垛起来，稍干后，铲修齐整。此法结实牢固，可防震，多为贫苦户采用。屋顶有起脊和平顶之分，起脊又有瓦顶、泥顶之分。旧时瓦是半弧形青瓦，称为布瓦。平顶又有灰顶和泥顶之分，灰顶是用炉灰渣加白灰、青灰捶实而成。当地盖平顶房的较多，县东部多两出水的平顶房，县西部多一出水的平顶房，农户多利用房子的平顶晾晒粮食。当地正房多为三间，即一明两暗，也有四间、四间半、五间不等，“一明”即指中间的堂屋，俗称为外间屋，一般要垒上一或两个连炕灶，兼做厨房，“两暗”即指东、西屋，多作为居室，内盘坯炕，称为火炕。

新中国成立后，居住条件不断改善，农村的土坯房已逐渐为砖房所代替，多数老房已翻盖为新的红砖房，屋顶多由原来的平顶房改为起脊瓦房，瓦为机制平板大红瓦、水泥瓦。近年来，一些村庄有计划、有步骤地扩建了居住区，一处处宽敞的新宅院，组成了齐整的新村。现在盖房除注重实用外，还追求建筑艺术性，从建筑物的结构布局到建筑物的内外装饰，颇为讲究，有的建筑物建成冂形、┤形，有的加盖走廊，有些户已建了居住楼或营业楼。居室的使用，居民一般将正房作为卧室和客厅，厢房或倒房作为厨房或仓库，有的户还专设有卫生间。

室内外建筑装饰。旧时，室内墙上一般留有方形的窑龛，称为“磕头窑”，便于放物。里外屋之间留有小窗，为放油灯之处，里外屋均可照明，现在已不多见，代之以壁柜，放置碗筷；顶棚，旧时富户多用印花纸糊顶棚；炕的周围至窗台之间用油漆或颜料画上花卉图案，称为炕围子。近年来，室内顶棚糊印花纸的已不多见，多糊白色的纸，有绷塑料薄膜的、抹白灰的，也有用预制天花板的；内墙一般涂以白色、淡色或两者相间的涂料或覆以各种图案的塑料壁膜；旧时室内地面有砖或方砖墁地，现在一般是水泥地，少数还有水磨石地；旧时室外墙上留有小窑洞，称为“天地堂”，为供养天地神之处，现在已不多见；旧时门楼多为古建筑式，铺瓦出檐，有的大门为圆碹门，上方有砖刻“迪吉”“吉祥”等字样，现在不少盖房户用彩色瓷砖或水刷石装饰外墙，起到美化、加固的作用；旧时门窗多是木质小棂窗，大多用毛头纸糊严，再用鸡毛蘸桐油点涂在纸上，以求透光防雨，只有少数富户才在门窗上安装玻璃。现在旧式门窗已被淘汰，大都采用新的玻璃门窗，较前亦大，有的门窗料以铁代木，里外屋之间的门有包镶门、没有门槛的“扫地门”。多数加了纱门和纱窗，通风采光都很好。居民住户大门内有砌屏风的习惯，称之为“影壁”，书有字画，大有文雅之风。

旧时，一般富户置有硬木家具，如条案、八仙桌、太师椅、被阁、大立柜等。一般农户有小橱柜、条凳、八仙桌、皮箱（放衣物的木质箱）、躺柜等。新中国成立后多数家庭逐渐添置了新家具，如三连桌、板箱等。60 年代曾时兴一阵水泥大躺柜，有些村几乎家家有，它容量大，且防潮防鼠，衣物、粮食都可放，但过于笨重。70 年代末，高低柜、酒柜、大衣柜出现在县城，后农村也加以效法。近几年，沙发、沙发床、组合柜等家具也进入了一部分家庭。此外，中高档家用电器如电视、电扇、录音机、洗衣机、电冰箱等进入了农户，有的还铺上了地毯或地板革。

旧时，一般农户用黑油灯、豆油灯，富家多用煤油灯，称为泡子灯。还有保险灯、汽灯，多在办红、白事、村内搭台唱戏时用。年节或烧香拜佛时使用蜡烛。还有一种马灯，也称提灯或围灯，多在室外使用。60 年代末期，农村已普遍用上了电，电灯早已代替了油灯。电灯有台灯、落地灯、吸顶灯、吊灯、壁灯等多种，住户灯具越来越讲究。

旧时，农家洗涤有铜盆、木盆、瓦盆三种，洗涤衣物用木槌在石板上敲打。使用猪油加碱做的胰子、碱或淋灰水作为洗涤剂。

50 年代后，各种花样的搪瓷盆、铝制盆逐渐进入农户。近些年来，各式塑料盆也受到人们的喜爱。少数户有了浴室，设有白瓷洗漱盆、浴盆等。木槌石板早已绝迹，洗衣机已在部分家庭使用。各种肥皂、香皂、洗衣粉、洗涤液已普遍使用。

当地沿子牙河两岸吃河水，其余大部吃井水。提水工具旧时多使用扁担和水筲（木制水桶）在井内提水。水位低的井，要用辘轳汲水。60年代以来，深机井逐渐多了起来，挑水工具多用铁皮制成的水桶。近些年来农村逐渐安装了自来水，并多数已接到户内，用水极为方便。

旧时多数使用柴火灶、大铁锅，后来煤球炉、蜂窝煤炉为家家所采用，但用柴火灶仍很普遍，县城职工用柴油炉曾风行一时，现为液化气炉所代替。（以上据1995年《大城县志》整理）

唐县居住习俗

境内居民建房时，选择地形、定吉星、留门走道、建圈设厕、立柱上梁、迁居等多经"阴阳先生"观察定位，选日择时，拉鞭放炮，以求"吉利"，还有"敬太公""画八卦"。境内北房为上房，亦称正房，旧时多由长辈居住，另设东西配房由晚辈所居。富户住四合院，北房五间、东西配房三间、南房四间加一间门楼。居室平原多为一明两暗，中为灶间，两头居室或仓储。茅厕为连茅圈。山区为二明一暗，外为屋室灶间，内为仓储，另设房间为厕，兼作猪圈。新中国成立前，平原、山区多为数户同住一院，室内院内杂乱，更有无房借房住者称之为"串房檐"。农业合作化后，60年代开始实行宅基地统一分配制度，农民住房条件有所改善，80年代后，农户新居讲究宽敞漂亮，多为一家一宅的四五间北房，建有围墙和大门，儿孙结婚住正房，老人住耳房或配房。房间跨度由旧时四五檩拓宽至六七檩，个别户九檩。一般居民都设有卧室、仓房、客厅和厨房。

土炕为传统卧具，多由土坯、砖自行建造，分柴炕和煤火炕，分别燃烧薪柴和煤炭，烧炊兼取暖。80年代，钢丝床进入农家。1990年，高级席梦思床已被农家选用，但多为儿女结婚使用。

旧时，官商富户堂屋摆设八仙桌、太师椅或圈椅，一般农户仅有上屉、下橱的柜橱，多以小板凳为坐具。70年代，木靠椅进入农家。80年代，折叠桌椅被农家选用。1990年，各式沙发等软坐具进入农家。

传统家具为立柜、板柜。1980年以后，大衣柜、写字台、高低柜、酒柜、电视柜等中高档家具进入农舍。男婚女嫁时，组合家具和梳妆台已是不可缺少的家具。

传统餐具为铁锅、瓦盆、瓷碗。70年代多行铝锅。80年代以后，高压锅进入农家，杯、盘、碗、碟比较齐全。

70年代，半导体收音机进入农家。80年代后，黑白电视机被农户选用。1985年彩色电视机、收录机进入农户。到1990年，录像机、摄像机、电饭锅、电风扇、电褥子、洗衣机、电冰箱进入农家。（以上据1999年《唐县志》整理）

雄县居住习俗

旧时，盖房建院从破土动工到上梁立柱、门厕定位等都请“阴阳先生”择日定向，俗称“看风水”。施工后，工地悬红布。上梁时放鞭炮，脊檩张贴阴阳八卦图或“上梁大吉”字样。

房式，富裕户多砖木结构的五正三厢式的三合院、四合院，惯用二柁大檩露明柱，门窗前明满堂红。北部农村则多建四不露连二住房，一般居室宽敞，院落讲究。靠近宅院设场院，以备收割打轧。室内摆设比较讲究，有立柜、板柜、樟木箱、条凳、春凳、八仙桌、太师椅和赵公元帅之位。官宦之家有座钟挂表，设“金佛牌位”，墙上挂中堂屏对、八景诗书。

新中国成立后，农村建房习俗未变，款式上多建三、四、五间向阳正房，外加两三间小型配房组成一院落。屋内摆设一般有板柜、迎门桌等。进入80年代后，农村以一出水土灰顶、前窗满堂红为多，1987至1989年，出现明廊子房，少数富裕户建有二层楼住房，职工则多为出脊瓦房。室内摆设因生活条件而异，较富裕户多有大衣柜、高低柜、床头柜、梳妆台、酒柜、圆桌、折叠椅、沙发、电视机、电风扇、洗衣机、收录机等。（以上据1992年《雄县志》整理）

高阳县居住习俗

城市中多平顶砖房与瓦房，间有少数楼房。每一院落非四合即三合始称合格，其门窗、灶厕，皆有定所，高低广狭，各有尺寸。普通正房数间，尊者居之，其厢房、配房，长幼分居，盖尊卑之辨、嫌疑之远，虽赤贫之家，亦未常不斤斤焉。至乡村住房，则高矮不等，砖甓杂用，形式古旧，规模狭隘；盖男女操作，终日勤勤，无暇顾其他耳。唯风俗敦谨，尊卑男女则极讲节义，宁逼仄不堪，而绝无父子、兄弟同居一室者。（以上据民国二十二年《高阳县志》整理）

望都县居住习俗

望邑民房有瓦屋、砖屋、土屋数种。瓦屋甚少，砖屋约十之一二，土屋占十之八九。民俗迷信风水，一遇筑屋，须请堪舆家相其阴阳，按照五行星宿方位，相生相克，以定吉凶。室家居处，按宅之上下，定长幼之次，所以明尊卑也。（以上据民国二十三年《望都县志》整理）

满城县居住习俗

居室，县北半部多用石板覆盖，甚坚固，亦美观。石板产自易县，价廉运省。南半部较远，则不易得，多用石灰抹砌，亦坚固不渗漏，但不若石板之美。富厚之家，有用瓦者，贫户则不能也。窗户、器具多以土产槐、榆、杨、柳等木制之，率粗笨，不加髹漆，近则稍喜美观矣。团瓢屋已少，山居者尚有之。（以上据民国二十年《满城县志略》整理）

吴桥县居住习俗

旧时，住房一般为四合院（北房、南房、东房、西房）。北房称为正房或上房，东西房称厢房。南房、东西房又称下房。上房高于厢房，门楼侧厢房高于对方。一段上房三间或五间，中间三间一明两暗。明间烧火做饭，两暗间为寝室，盘有火炕，五间则左右各跨一小间耳屋，但须低于正房，称“二郎担山”，耳屋为储藏室。正房偏房均为窄小木门，花棂小窗。光线差，室内潮湿。70 年代后，门窗逐步改进，大门大窗镶玻璃。四合院型减少，多修正房三至五间，配以东西小房。城镇有新建楼房。

县内居民习惯注重门楼、影壁的装修。古式门楼，多用蓝砖砌成，涂以青灰、飞檐翘角，配以黑色木门。门楼上方多刻写“紫气东来”“吉星高照”“福禄祯祥”“鹏程万里”等字样，新式门楼多水刷石或彩釉贴面。

院内正对大门处修影壁墙，墙上或刻写大“福”字，或绘寿星图、松鹤图及各种风景画。古式影壁墙心多抹白灰。70 年代一般用沙子和水泥抹成。80 年代时兴粘贴带有各种图案的瓷砖。

自古境内房舍多为土房，少数富户住砖瓦房。新中国成立后，多盖砖坯混合结构。自 1980 年后，一般是砖结构，更有阔窗板檐、刷石抹面、挑梁出厦等式样。

土房。用土坯垒墙或板打墙，全房无砖的称“落地白”。大部住房从地基起，先砌 5 至 13 层砖为砖基，砖基上放芦苇、秫秸等做间隔，俗称“碱草”。再往上垒土坯，或打土墙、泥垛房。为了坚固，有的在房子四角垒砖，叫作“砖包角”或

“四条腿”。还有在窗户口、门口垒砖的，叫“硬窗口”“硬门口”。

砖坯混建房。1949 年后，住房多采用砖坯混建，外层用砖砌皮，里面用坯筑，叫作“砖包皮”。

混砖房。1980 年后，人们建房全部用砖。墙的厚度有“二四”“三七”之分。用顶砖垒成称“二四”（厚度为二十四厘米），一顶一横砖垒成“二七”墙。多为起脊挂瓦，也有用沙子、水泥、白灰等捶顶，或用预制板（空心楼板）做屋顶者。旧时房屋只置前窗，现在多置前后窗，并由糊纸木棂窗改为能开能关的大玻璃窗，美观大方，通风透光，居住舒适。

室内装饰，一般分为建筑装饰和家具装饰。室内多用白灰抹墙。旧时富户通常是糊顶棚，纸裱炕厢。有时一年一次用白灰刷墙壁。贫户有用土坯或砖垒制台桌的。家具装饰，富家有大橱、箱、柜、冲门桌（也称连山桌）、八仙桌、椅子、条几等。一般只有冲门桌、板凳等几种简陋家具。座位一般用小板凳、木墩等。1949 年后，放衣物的家具多做卧柜。1980 年以来，各式立柜、写字台、双人床、酒柜、沙发等新式家具已进入平常人家。电视机、电风扇、收录机、洗衣机等高档家用电器也在农户中逐渐增多。（以上据 1992 年《吴桥县志》整理）

南皮县居住习俗

全县二百一十六乡，大小三百六十八村，大村数百户，小村数十户。除极少之仕宦富厚人家，砖瓦为屋、广厦高间外，普通住房均为平顶，仅蔽风雨，不尚华美。中产以上之家，间以砖为墙，以瓦为檐，曰“砖房”。砌砖为基，土坯为墙，屋角柱头嵌之以砖，曰“砖作角房”。至以砖基、土墙、秫秸盖顶，曰“老檐出头”，占最多数。亦有平地板筑，不用一砖者，曰“落地白”。各家之房，以四合房为多，正房尊辈居之，依次卑者居之。父子、兄弟之间，各有室所，以辨尊卑、别嫌疑也。自主房以至门、户、灶、厕，皆有定所，即土垣、茅舍，亦必合于趋吉避凶之道。若夫乡间贫苦农民，往往屋极低、窗极小、院极狭，牛栅、猪栏毗连卧闼，尘秽狼藉，空气污浊。此外，又有圆式之屋，俗名“葫芦头”，以盛柴草、糠秕，用料省而容积大，场圃间多筑之。此一家之所经营也。民国以来，土匪蜂起，人民修筑围寨，合全村以谋保卫；远近联络，形同营垒，更有不得不然者矣。（以上据民国二十一年《南皮县志》整理）

景县居住习俗

县内大村镇较少，村小而密。住户集中，住宅比较规划，村庄不论大小，大多有街、有胡同。

农户皆为独家独院，以北房为正房，东、西房或有或无，有者称偏房，无者套院墙，大门多东西向，亦有向南者，向北者较少。北房多为三间，一明两暗，靠大门一面的暗间为上屋，一般为老人居住。宅基宽者两头挎间或一头挎间，两间北房的为少数。近年盖新房者有不少人打破“一明两暗”“三间两挎”等老式样，随自己喜好设计。

室内格局，明间靠南面砌锅台，东者灶口向西（称正灶），西者灶口向北（称偏灶）。暗间靠南面砌土炕，迎门置桌，北面放箱柜等家具。偏房居人者亦靠窗砌炕。近年有些农户生活条件提高，建新房不仅改变了外形式样，室内也根据需要和爱好，或将炕置北面，或不砌炕而换床。空余地方置桌、柜、橱等。

房屋结构，旧时建房以土坯为主料，穷者全土，稍好者“砖包角”“五花脸”（门、窗口以砖包角），富户“砖包皮”，有极少财主户“扁砖到顶”。偏房必稍低于正房。门为板门，窗为木棂窗，冬季内糊窗纸。新中国成立后，农户旧房多数翻修为“砖包皮”，或起脊挂瓦，或石灰捶顶。80 年代，很多农户建起混砖房，宽门宽窗安装玻璃，有的四出檐（俗称楼座），有的前出抱厦，有的墙面水刷石、瓷砖贴面，并有建造二层楼者。（以上据 1991 年《景县志》整理）

安平县居住习俗

本县居民喜欢坐北朝南的住房。旧时，富户人家的三合院、四合院最上讲究，这种院落是上房（北房）高于厢房，而靠大门的厢房高于对面厢房。大门楼按院落的方向选择，门楼建筑朴实大方，内配影壁，影壁上写吉祥字或画吉祥图案，民族风格浓厚。新中国成立后，多建三间两耳式房屋。随着时代的变化，样式也更大方可观。上房凡四间者，都设一单明间，再设两暗一明，明间居中设门，内盘灶，摆设做饭用具，东西暗间临窗设炕，为寝室。一般长辈住东间，晚辈住西间。上房两间者，多为一明一暗，即外间盘灶做饭，里屋盘炕睡觉。一般是炊烟过炕，炕热室暖。夏季另备厨房。

房屋结构大体有三种类型：一是土房，多为贫困农户所住，新中国成立后基本绝迹；二是平房，砖坯砌成，外面用砖，里面用土坯，梁檩结构，炕上和成泥积坯上顶，省工省料而且耐月，80 年代前此类房居多；三是平房，砖砌墙板（俗称卧板），梁檩结构（三条檩或四条檩），用石灰、炉渣混合砸顶，省工又省料，而且比砖坯砌的房更加坚固耐用，主要建筑于 80 年代。不论卧板还是砖坯砌成的平房，东西间都是大玻璃窗，外间设门并挂两耳玻璃窗。另外，进入 80 年代，经济条件好的村庄开始建筑钢筋结构的厦架平房和二层楼房。

兴土木、修房屋是民间大事。旧时，迷信之说极多，破土动工看吉日，上梁立柱前选吉日，放鞭炮，崩神鬼，并写梁符："姜太公在此，诸神退位"或"此日上梁，大吉大利"，并用红线在梁上绑红筷子；房建好后，扫帚穿衣、戴帽放进新房，表示人已住，神鬼莫进。如房子对着过道，墙上要垒石头，上刻"泰山石敢当"或用砖刻"泰山石"。选吉日良辰搬迁，迁入后，乡邻送中堂画、匾庆贺，富户设宴招待，曰"稳锅饭"。新中国成立后，迷信之举大为减少，但看吉日动工、择吉日搬家还是普遍的。

旧时炉灶，大都是土坯或砖砌成的锅台。安上锅、风箱，烧秸秆柴，既取暖又做饭，然备受烟熏火燎之苦。后又有铁炉烧煤饼，现在大多数用蜂窝煤炉，部分城镇居民及农户使用液化煤气灶。一般炊具有锅、碗、盘、筷、盆、瓢、勺、饼铛、案板、擀面杖，旧时还有炉糕锅、饸饹床等。80 年代，轧面机、绞馅机的使用已较普遍，县城使用高压锅的为数不少。少数人家还有电饭锅、烤箱等。

过去富户人家有条几、方桌、圈椅、太师椅、躺柜、大立柜等家具，一般农家只有迎门桌、坐柜、板凳等简单家具。新中国成立后，特别是 80 年代，人民生活水平大为提高，许多人家有新式立柜、书橱、梳妆台、写字台、双人床、沙发、茶几、床头柜，部分人家还有席梦思床、组合柜等。（以上据 1996 年《安平县志》整理）

武强县居住习俗

旧时条件较好的上房一般三间二耳，明间走门，为两扇木制门，暗间留窗，糊纸。房屋平顶，高台阶，正房四檩，长宽三至四米，耳房宽两米左右，较正房稍矮。多配有东房、西房，一般为各两间，为厨房、库房、牲口棚等，矮于正房。一般于东南角或西南角设置门洞，高于配房，与正房相平。与大门相反方向设厕所。迎门建一"照壁"，画松、竹等。条件差的则因陋就简，无法讲究。今多建正房四

间，四至六檩，大门窗装玻璃，还有的盖起脊瓦房，前出厦，装饰以瓷砖、彩石等。（以上据1996年《武强县志》整理）

广平县居住习俗

土改前，富户人家多是砖木结构瓦房，少数是平房、楼房。以三间为一座，上房、配房、门庭组成深宅大院，以四合院为最佳，中间院落叫“天井”。贫穷者多是土草房。一般户为土墙砖基草顶盖瓦房。土改时，地主的砖瓦房多被拆除，农村多是土砖房。60年代以后，农村多是砖基土墙四柱外包皮瓦顶房。80年代，农村普建砖瓦房，并用钢筋、水泥。其结构多为五间出厦带甩袖，玻璃门窗，前面装修。农村盖房互比高大，过去多是二三层台阶，今多五层台阶，还有七层、九层者，造成浪费。旧时，富家住房等级分明，家长住上房，晚辈住配房。贫家房少，多人挤在一处，无甚讲究。今农村建房多为下辈结婚，一般是儿子、儿媳住新房，老人住旧房。

土改前，富户家具有八仙桌（俗名方桌）、太师椅、条几、抽屉桌、炕桌、衣柜、竹床、镜楼（梳妆台）等，均油漆紫檀色，多是结婚时女家陪送。家具摆设多是正室当门放八仙桌、条几、太师椅，山墙下放立柜。贫者设备简陋，仅有单桌、板凳、机子之类。五六十年代，农村多数未添成套家具。70年代，农村普兴大立柜、衣箱、酒柜、抽屉桌带橱。80年代，写字台、沙发、包厢床成为结婚时必备之家具，家具色彩也变为多种多样。

过去照明，富家点蜡烛或用带罩煤油吊灯，一般户用长嘴棉油灯或无罩油灯，均灯头很小，光线很暗。1963年办电以后，农村逐步改用电灯。（以上据1995年《广平县志》整理）

大名县居住习俗

大名喜住坐北朝南的堂屋，一般堂屋为上房，东西厢房为陪房，一户一院者居多。随着时代的变化，主要有：

土草房。新中国成立前，农村多用土或泥垛成土墙，梁和檩条上放厚厚的高粱秸，再用麦糠泥泥房顶，每年泥一次房，以防漏雨。屋前是两扇木门，小花格棂窗户，此房低而黑。屋内多盘土炕，放柜箱、方桌，现无此房。

砖瓦房。新中国成立后，多用砖垒十几层根基，上用泥土垛墙，有的用砖包皮的土墙，俗称“里生外熟”，也有八寸砖墙。上用梁、檩、椽子起脊。房顶瓦瓦，窗户多用两扇玻璃窗。屋内有衣柜、橱桌、木床等。1978年后，多盖出抱厦一尺二寸砖墙的大瓦房，窗户多用三扇、四扇，屋内有组合家具、沙发、书橱、写字台、包厢床、席梦思床、电视机等。农村也有盖砖平房的，一尺二寸砖墙，屋顶用炉渣、白灰、水泥捶顶。近年来，城镇多盖两层楼房，钢筋水泥圈梁，水泥屋面，水泥抹顶，四五扇大窗户，前檐贴瓷砖。（以上据1994年《大名县志》整理）

磁县居住习俗

近水地方，为避水患，故房多坚固，且多平房；四周砖墙，顶涂灰泥，状皆一律。各乡贫者多土房，门窗、梁檩等料，系用木材为之，其余若墙、若顶，则全以土制成。富者多造瓦房，墙壁用砖，房顶用瓦，费款虽巨，但甚耐久，有一劳永逸之利焉。至于西区山岭之中，尚多有穴居者。磁县人民居室，无论贫富，率多窗，小室暗，光线既不充足，空气亦罕流通，诚宜设计改造，求合卫生。（以上据民国三十年《磁县县志》整理）

武安市居住习俗

武俗尚房舍，建筑整齐为该邑特色。城治多瓦房，画栋雕梁，所在多有；每娶妇必重新，故数百年如新建。四乡以平房为最多，屋顶用泥灰、石子，或炉渣捶成，坚韧耐久，既可晒物，又能瞭望，现代最宜。墙厚屋高，以南乡为最。西乡阳邑镇亦多瓦房，想系析县时建筑。城乡楼房，大半储藏农物，或奉狐仙，无人居住。西南山中，农民依山为屋，墙用乱石，顶用石板，虽非穴居，颇有野人风味。（以上据民国二十九年《武安县志》整理）

沙河市居住习俗

最西山中一带，以红石砌墙，以红石板覆顶，间有草房，并有穴土以居者，尚存原始风味。中部一带之建筑，运石既易，石灰砖瓦等物价值亦廉，故其住屋较东部为坚固，较西部为华美。册井、窑坡、上申庄、三王村等村，尤整饬可观。东部则以土坯作墙者为多，或筑土为墙，顶涂以泥，旧志所谓泥抹棚者也。其形式，千百家如一律，以四合房为最多数，富厚之家有二进、三进者。大抵正房以瓦覆顶，曰瓦房；配房以碎砂石或灰覆顶，曰平房。亦间有楼居者，然亦罕矣。正房，尊者居之，余各有室，以避嫌疑。门、户、灶、厕皆有定所；要亦不尽如是。若夫贫苦之家，往往院落窄狭，檐低窗小，牛棚难栖，污秽狼藉所在多有，不足怪也。民国以来，土匪蜂起，富民为自卫计，有建层楼以保险者，此则时势迫之，有不得不然者矣。（以上据民国二十九年《沙河县志》整理）

新河县居住习俗

新民居室高丈余，多坯制，砖房较少。院落多为长方形，每惑于风水之说，辄随时改建。贫者房平顶，富者有瓦房，有抱厦，状似庙宇，以石灰及瓦石为顶，栋梁、柱壁、窗户格子，多涂以漆，颇美丽，外门之修饰尤精工。通显之家，门前立石起旗杆，乡人又多恭颂匾额，气象雄壮。建屋之前，夯工固地基，故屋历久不圮。室中有炕，冬燃薪其中，人卧炕上以取暖，富者或代以煤火炕，即与炉火相通之炕也，尤暖和；室中生炉者，百户之中不一二睹也。夏季则用床，床上设帐，以避蚊蝇。家畜栖居之所，率设院中，而猪窝则设于旷场，牲畜则设厩以饲之。（以上据民国十八年《新河县志》整理）

清河县居住习俗

土房占多数，土垛坯垒，上覆以草，犹有茅舍之旧；稍美者，易草以椽，或用砖，均平式；瓦屋与伟丽建筑极少。近患匪，间有建楼者，然亦形式朴旧，无奇丽之观。此地造屋，唯务坚固。富家墙厚庭厂者多数；贫家庭隘不容旋马，斗室内仅容一蒲团而已。邑东南濒莲花池及运河，诸洼地患水颇艰。于居须先筑高四五尺之宅，始可做屋，以故更湫隘，恒有兄弟几人只一宅者。一般建筑常识，寻常草房亦必参合九宫，主房、配房，何处宜高，何处宜低，甚至沟道亦有定处，不则以为不吉云。（以上据民国二十三年《清河县志》整理）

临城县居住习俗

临城县农村民房多是坐北朝南，庭院标准为三合院或四合院。50 年代前，西部丘陵、山区房屋多为石木结构。东部平原房屋多为土木结构，富户住宅多为砖木结构（里坯外砖），均有暗梁、暗柱。窗户设在房屋正面，窗口多为木质方格式。正房稍高，多为五间，也有三间或七间的，用于长辈居住。厢房（即配房）稍低，一般为三间、四间，用于晚辈居住或当仓库。50 年代后，农村土坯房逐渐减少。60

年代后期至70年代，最时兴的住宅是“青石根基卧砖墙，独门碰锁玻璃窗”。80年代，这种时兴住宅逐年普及。90年代初，最时兴的住宅是墙的根基和上端围圈加钢筋再用水泥浇注，称上下圈梁，房顶有水泥预制件，上面由混凝土浇顶，地面为水磨石或地板砖。房屋宽大（七至十米），普带嵌檐，檐下墙壁多用瓷砖镶面。窗阔（宽二至三米，高两米）扇多，双层玻璃，室内冬暖夏凉，采光充分。县城及附近农村二层楼房开始出现。

自1980年以来，由于民众收入增加，生活水平提高，加之新婚者增多。全县出现了建房热，形成了“一个小子（男孩）一处房，盖上新房娶新娘”的局面。这样，大量旧房被拆毁，另辟新地建住宅。由于不少村民建了新宅而又不弃旧房、旧基，以致出现了“空心庄”。空心庄内残垣破壁，碎砖烂石到处可见。不少村庄形成了“旧房爷爷住，新庄居儿孙，耕地年年减，废墟久久弃”的格局。

旧时，城乡富户多在堂屋摆有雕花条几、方桌、圈椅、四角齐柜、坐柜和展衣柜，炕上放皮箱。一般平民则陈设简陋。50至60年代，家具样式无多大变化。70年代家具样式日新月异，初风行立柜、写字台、酒柜、高低柜、书橱类，后增电视柜、茶几、沙发、缝纫机、电视机等。80年代后期，组合家具盛行，木板床或钢管床已代替了旧时的土炕。进入90年代，包厢床、席梦思床、彩电、洗衣机、电冰箱等，也进入了富裕之家。

新中国成立前，农村照明普遍使用豆油或蓖麻籽油灯。逢年过节少数富户点蜡烛，新中国成立初，农村普遍用煤油灯，有罩子灯、保险灯、汽灯等。煤矿井下工人采煤用电石灯。60年代后，县机关出现电灯。80年代，全县农村家庭照明普用电灯，并且灯具逐渐向多样化、高雅化发展，有吊灯、台灯、壁灯等。

旧时农村有火炕，炕与锅灶相连，利用做饭余热将炕烧热取暖，有的火炕留有熏洞，用野草、庄稼秸秆或树木枝叶直接燃烧取暖。少数富户冬季室内设火盆，燃烧木炭取暖。新中国成立初期，农村取暖形式无大变化，国家机关开始出现煤火炉。70年代后，煤火炉在农村普及。80年代后，水、电暖器开始在机关办公室出现。90年代，水、电暖气开始进入农户。（以上据1996年《临城县志》整理）

广宗县居住习俗

居室，土坯平顶者为最多。贫者用土筑墙，覆以秫秸、茅草，仅蔽风雨，瓦屋、楼居甚少。近年，各村有建造三四层高楼者，盖为防御匪患，便于守望，非以壮观瞻也。墙壁屋顶，或墁以砖，或铺以灰。屋内垒土炕，冬令烧柴及煤炭以御寒。屋皆四合，湫隘卑陋，不适于卫生。唯父子兄弟异空而居，虽赤贫者亦然，盖犹有古风云。（以上据民国二十二年《广宗县志》整理）

南和县居住习俗

该县住房以坚固称好，以四合院、三合院为整齐严谨，以坐北向南为畅顺。一般上房高于厢房，大门方向按院落而定，门楼多古朴典雅。房屋结构在新中国成立前大体分三种类型：

土房。多用砖基，土坯墙，或打泥垛，称“坯打垛”。以柱、梁、檩做架，上铺苇箔，抹泥顶。矮小阴暗，怕漏雨，但墙厚抗震，冬暖夏凉。贫困户多住此房。

砖房。多用砖或石基，表砖或卧砖到顶，石灰抹缝，里墙用土坯，有四梁八柱（三间）或六梁十二柱（五间）支架，以梁、檩、椽、编笆或苇箔棚顶，石灰、碎砖混合捶顶，多为平顶房，可晒粮菜。

瓦房。墙体多和砖房相同，只瓦盖顶。此房多为城镇店铺、庙宇、学馆和富户才用。还有条石细赞磨砖对缝、三明两暗、五脊六兽的楼堂翘尾，为官府、富豪所建。

新中国成立后，居住条件逐渐改观，特别是从 70 年代始，土房被砖房代替，手工蓝砖被机制红砖代替。“三七”墙代替表砖墙；沙灰缝代替了白灰缝，并用水泥抹缝。平房灰渣水泥顶增多，瓦房减少。进入 80 年代，钢筋水泥结构的新式房屋开始出现，城镇和部分村庄始建楼房。近年来，水刷石墙也在兴起，配以瓷砖更为美观，传统的小棂窗已普遍改为大扇玻璃窗，有的双裁口配有纱窗，通风透光，颇有时代感。

室内装饰，一般分建筑装饰和家具装饰。旧时只有苇席吊顶。新中国成立后，有壁柜，多用石灰和水泥抹墙，油漆的门窗上装有印花玻璃。有纸、席、石膏板、塑料金条等吊顶，还有用浇制顶的。家具装饰，旧时一般农户只有桌椅、条凳、罗汉柜等，富户才有八仙桌、太师椅、条几、插瓶、穿衣镜、座钟、炕头桌、大立柜等。新中国成立后，特别是农村经济改革以来，多数农户以床代炕，有了坐柜、立柜、酒柜、座钟、迎宾橱、写字台、收音机、茶几、圆桌等，有的还有沙发椅、折叠床、包厢床、沙发床、席梦思床，而且彩电、电风扇、电冰箱、洗衣机、录音机等高档家具在不断增多。

照明设备旧时的棉籽油灯虽形状各异，却祖辈相传。新中国成立后，逐渐被煤油灯代替，随后又有罩子灯、马灯（保险灯）、电石灯等。夜间的集体活动有汽灯。该县1963年开始有了电灯。近年来，又有日光灯以及各种形状和彩色的台灯、吊灯、壁灯等从城镇发展到农村。

墙上的中堂、年画亦有发展。旧时多是“寿星图”“天官赐福”和大红大绿的杨柳青“胖娃娃”“牛郎织女”等，只在富家才偶见字画条幅。近年来，多以名胜山水、名人字画等点缀。（以上据1996年《南和县志》整理）

第四节　交　通

正定县交通习俗

新中国成立前，人们外出多为步行，带东西靠肩挑或者用木轮车推；中等以上生活水平的人家外出往往赶一辆大车；少数富户外出乘坐轿车。直到民国初年，正定城内商号始有自行车。

50年代，自行车逐渐增多。60至70年代，在农村，双胶轮小拉车几乎家家都有，男女老幼出门用毛驴拉上小拉车很是方便。70年代末，在成年人中自行车几乎每人一辆；脚踏三轮车逐步代替了小拉车，成为家庭运输的主要工具。（以上据1992年《正定县志》整理）

井陉县交通习俗

“车不得方轨，骑不得成列。”就驿路言之，已足见井陉道险，自古著名。自正太路横贯全境，驿路被水冲刷，年久失修，更令人视为畏途。至如各乡往来之道路，除第三区孟堡、寺庄、里庄、牛山、宜安、马山、鲍庄、裴村、新寨诸乡，接壤获、平两县，大车来往，交通尚便。第二区横涧贾庄一带，地势亦略平坦外，其余各乡，地势崎岖，颇有“蜀道难”之情况。民国十年，国际统一会委托该邑耶教徒赈济旱灾，邑绅倡以工代赈说，广修县路。由县治起，东至获鹿界，为东路；西至平定界，为西路；南至元氏界，为南路；北至平山界，为北路。计东路工程，分十一段：（1）河东坡；（2）郝西河；（3）横口村西石岗；（4）横口村东石砣塔；（5）微水村石坡；（6）微水后沟桥；（7）岩峰北宝盖岸；（8）微水四眼窑至东天门西坡；（9）上岸三里沟；（10）上岸村东至亮子岭西；（11）亮子岭东坡至获界。

西路工程，分五段：（1）乏驴岭；（2）南峪；（3）核桃园；（4）长生口至板桥；（5）南关。南路工程，分六段：（1）金柱；（2）七狮窑；（3）南卢庄至割髭岭；（4）北障城至塔寺坪；（5）塔寺坪至良都；（6）良都至头泉。北路工程，分十段：（1）邳将庙迤北岸根；（2）凤凰岭；（3）油糕岭；（4）青石岭；（5）贾庄村石岗；（6）赵庄岭村北石坡；（7）窟窿峰东岸下；（8）防口高岸；（9）王庄水磨沟木桥；（10）七亩岭。各路工程，除王庄木桥外，概系石工。自此次工赈告竣，畴囊坎坷之途，一变而为坦易。惜倡始有人，而无继续其后者，以致全路十分之八，不久领复旧观。1930 年冬季，由井陉至平山之汽车路，迫于军令（时晋军将西退，责令全县修治），不两周告竣。方今训政伊始，地方自治，负责有人。顷建设局已奉令区划县境路线，将来督促邑民，分工合作，每乡出夫若干名，修路若干里，冬季着手，不妨农时，不数月必有可观之成绩。路成以后，再严令各区各乡分段负责，随缺随补，岁有修葺。如是则井陉之道，虽不能荡荡平平，当较前便利多矣！

邑内绵河蜿蜒，以地势高低差甚大，水流湍急，人多病涉。故沿河各乡，每年霜降搭桥，翌年小满拆去，均有定期，习以为常。而小满至霜降间，河水不时涨发，浮桥不能存在，人民往来，必须涉水。其不敢涉水者，水小时或乘骡马渡过，或由善水者负之以渡；水大时则必赖船舶。邑中南北津渡，如微水、固底、洛阳、防口等乡，皆置有船舶，以利行人。唯山洪时涨，流急力猛，且两岸时有坍塌，变迁无定。因而津渡与船舶，遂不能固定于一处焉。（旧《井陉县志·桥梁》内所载："石桥二十六，木桥九。"今按：木桥即浮桥性质，每年随修随拆，已如上述。而石桥，则不能显其功用。唯近年铁路局所建之铁桥或石桥，沿河各乡颇有受其赐者。又自民国十八年，北关大石桥完成后，于县治交通上增加便利不少。）（以上据民国二十三年《井陉县志料》整理）

晋州市交通习俗

古云行路难，行路诚难也。县境一望平原，并无高山大川为之阻隔，然旱则风沙蔽目，雨则道路泥泞。县民通常行路，率以车骑。骑多用驴，富者间用骡马。车有大车、轿车。大车用之运输重物，轿车用之亲戚往来。但乡间轿车甚少，多有以席篷、布帐蒙于大车上，以代轿车者。近年以来，脚踏车盛行，行商及办公人员多用之，佃民用者尚鲜。城西北一隅，虽有滹沱河流，然严冬及初春则结冰，夏日天旱则河水涸浅，均不能行舟。即使能行舟，以水量太少，只有帆船来往，不能通行最小之轮船，运输之利甚为微末。且河挟泥沙，川壅而溃之事，已数见不鲜。又沧石路基，久已告成，唯铁轨未敷，殆如废物。近虽有长途汽车之设置，往来较为便利，然票价昂贵，乘客稀少，亦为憾事。苟能勤修道路并筹及远大，引邻近诸河之水归入滹沱，使能畅行小轮，赶修沧石铁路，完成此段路政，则水陆交通咸称便利。（以上据民国二十四年《晋县志料》整理）

元氏县交通习俗

旧时，境内西部山区，山路崎岖，人们沿袭步行、肩背、担挑习惯。东部平原，地势虽平坦，但缺乏交通工具，走亲访友、赶集上庙，亦多安步当车。少数富户有骑马行路的习俗。西部山区，老年妇孺亦有骑驴之习俗。有的富户大门两旁备有上马石，既为上马方便，又成装饰。民国期间，有少数自行车、大车和篷子车出现，也多为殷富之家所有。清末，京汉铁路贯境，能乘火车外出者多为达官富贵，一般民众难能问津。

新中国成立后，境内京广铁路复线建成。公路四通八达，基本上形成了乡连乡、村连村的交通网络。自行车、人力车、马车、拖拉机在大路上川流不息。人背、担挑、驴驮濒于绝迹。走亲访友、赶集上庙，多为骑自行车，民众外出乘坐火车、长途汽车已属常事。民用轻便摩托车在县内亦不鲜见。（以上据1995年《元氏县志》整理）

康保县交通习俗

该县多丘陵少峭壁，行路方便。旧时茅草覆盖，随意择路，日常往来除步行外或骑马、驴，或坐驾牛、马的木柄大车。随着时代的发展，由木柄车进化到花轱辘车（车柄边挂铁锢），随后又过渡到胶轱辘车。此两种车拉运百至千斤，到60年代绝迹，唯有大、小皮车仍沿用。1970年后，机动车辆增加，公路干线拓宽，乘车平稳安全，主要交通工具为自行车。80年代后，有骑摩托车的，速度快，带人带物较方便。

过去该县运行道路多自然形成，经常更改。新中国成立后不断修路。70年代后，县内公路四通八达，乡乡通汽车，主要干线为柏油路面，支线多为沙土路面，县城内主要街道也为柏油路面。1982年后，在县城南部修筑了南环大路，改变了过去由南入城车辆拥挤的状况。（以上据1991年《康保县志》整理）

蔚县交通习俗

新中国成立前，南北两山区交通闭塞，山路崎岖陡险，夏季山洪暴发，行路更加困难。因山陡路险，不能行车，行路靠步行，行商运货则肩挑畜驮。行远路时，骑驴代步。河川区富户行路坐畜力铁轮大车，城镇富户及较大商号备有轿车，圆形顶，棉、单布帷，用骡马拉行；一般人以步行为主。城镇有专门经营轿车者，供一般人喜庆或迎亲送友乘坐。贫困人家行商，肩挑人背，风餐露宿，步行几十里甚至数百里，非常辛苦。民国时期，始有自行车，但数量极少。1935 年以后，县城、西合营开始有通往张家口的私营汽车。1939 年，日伪在蔚县城、西合营设立蒙疆汽车公司汽车站，通往张家口，以货车载人，无固定班次，票价昂贵，一般贫民乘坐不起。

新中国成立初，畜力胶轮大车成为运货载人的主要交通工具。50 年代，随着公路的修建，有了通往宣化、张家口的固定班车。之后，自行车逐步成为人们的日常交通工具。到 1987 年，全县三十三个乡镇基本可通汽车，个别山区乡村季节通车，南山区有的村运货载人仍靠人背畜驮。近年，摩托车出现在乡镇道路上，拥有摩托车的家庭数量日渐增多。（以上据 1995 年《蔚县志》整理）

尚义县交通习俗

尚义分坝上、坝下两部分。坝上地势平坦，一望无垠，行走极为方便；坝下崇山峻岭，山路崎岖，坎坷不平，行走极为艰难。瑟尔基河、鸳鸯河、头道河、二道河纵贯其间，每年河水解冻时和雨季，河水暴涨，涉水过河十分危险，行至河心突然水涨，被洪水冲走人和车马的事件几乎每年都有发生。

坝下一些村庄，山路崎岖陡险，不能行车，人们养成步行、肩背担挑和牲口驮运的习惯，拉土送粪、搬运庄稼皆用人背畜驮，辛苦异常，久而久之，人们形成了弯腰驼背抬高脚走路的姿势。瓦桶沟喝稀粥——两头够不着，这是山路难走的真实写照。瓦桶沟是尚义通向万全洗马林、郭磊庄的唯一路径。瓦桶沟至杏元沟十里山路，两面山高坡陡，沟深狭窄，形如“瓦桶”状，勉强能通一辆大车，车轴稍长便不能通过，只好从附近村庄雇木匠锯掉一截。每有大车通过时，须有一人先大车一里之遥向对面吆喝，有两车相遇，各不相让，只得在沟内过夜。这就出现了歇后语的情景，苦不堪言。

旧时，无论坝上坝下，走亲访友、外出办事，多为徒步行走，富有之家以马代步，买卖客商大部分骑驴。

新中国成立后，公路四通八达。坝下郭花公路纵贯县境南北，瓦桶沟至杏元沟的十里长沟拓宽至并行两辆卡车，天堑变通途。山路整修加宽能通大车，主要河道架起桥梁，除个别边远山区外，人背畜驮为车拉代替。坝上张商公路横跨县境东西，县城通张家口市的客车每天有六辆对开。乡乡通班车，村村有皮车、小四轮拖拉机，几乎户户有自行车，有的户还有轻骑、摩托车，远路徒步行走的几乎绝迹。（以上据1999年《尚义县志》整理）

张北县交通习俗

张北养马者多，平常以马代步或以车代步；至收获禾稼、运输物品，或用马车，或用牛车。至往来省垣，前则雇轿车，现在有汽车通行，较前甚为便利，足见交通日渐进步也。

蒙古族人出门，无论男女均以马代步；至运输一切货物，用牛车或骆驼，未有若汉人步行或肩挑之情形也。（以上据民国二十四年《张北县志》整理）

怀安县交通习俗

古者陆行有车，水行有舟，雪行有橇，统为代步之具也；近则物质文明，陆有汽车、摩托车、自行车，水有轮船，空有飞机。唯怀安处在群山万壑之中，民穷财竭，道路坎坷如故也。自1928年起，虽经官厅迭次平治，然亦有名无实，亦不过敷衍公事而已。所用代步之物，不外下列四等。

轿车。治城及柴沟堡养户最多，往来怀柴之间或送西湾车站；间有从红塘水沟来往省会者，亦少数也。

大车。即骡马车也。凡属自耕农家，均有是车，除运输外，如收获禾稼，悉赖是车。略分两种：治城左近及西南两面，均为华车；在东北两面，又多四辋车。委因各地道路平下不同，所用车轮故亦略异，各因需要而自取便利矣。

牛车。用途亦与大车同，不过速率较慢耳。

驴。亦属代步之物也。价轻食少，农家恒喜用之，尤以近山之户畜此物最多。盖以山路崎岖，羊肠曲折，若牛若马均不相宜，唯斯物，独能安步坦行。（以上据民国二十三年《怀安县志》整理）

迁安市交通习俗

迁安市属半山区，1940 年以前，境内道路崎岖、凹凸，交通工具很少，百姓外出只能徒步行走，妇女或老者外出路途较远，代步工具为畜力车或驴，只有官宦或富家才有条件骑马或乘轿。

新中国成立后，交通事业不断发展，境内大部村庄均通公路，有通坨、京秦和卑水铁路过境，设火车站五处。人们外出，近途多骑自行车，远途则乘坐长途汽车或火车。改革开放以后，人们骑用的自行车种类花样繁多，有男车、女车及童车等。一些专业户、富裕户还骑上了摩托车。（以上据 1994 年《迁安县志》整理）

遵化市交通习俗

新中国成立前，骑马、坐轿只为官宦、富豪之家的人享用；农民外出多徒步（叫“起早”），远出则骑驴或雇乘车船，实属行履维艰。

新中国成立以后，交通事业不断发展，县内外公路四通八达，汽车畅通，人们远出交通之难得到根本解决。近途交通工具普遍使用自行车。进入 80 年代，国家实行改革开放的政策，运输企业及个体户经营出租的小汽车、大客车和短途接站的三轮汽车为运送旅客提供了方便。有些专业户、致富户，为了外出方便，已用上了轻骑或摩托车，人们在使用交通工具上正向机械化、现代化方向发展。（以上据 1990 年《遵化县志》整理）

滦县交通习俗

滦县水陆交通尚属便利，盖缘北宁路由西入境，通过滦河河流，经城东直入南海；以故贸迁行旅，均不迟滞。陆行载重者，有铁瓦车，俗曰“大车”（周轮附以铁瓦，故名），供农事及运输商货之用，有轿车，俗曰“小车子”，供行旅及庆吊应酬之用。近车站处多土马路，故有人力车、脚踏车之往来。由县城抵乐亭，有长途汽车，唯道路凹凸，只能于春冬行驶，夏秋积潦，泥泞难行，现已修筑马路。此外，有棚子车（即铁瓦车），上架席为棚，内悬围巾，用时则缚置车上，不用则解而悬之。农家多用以供庆吊之往来。车马之外，旅行多骑驴者，一鞭得得，日可百里程云。（以上据民国二十六年《滦县志》整理）

昌黎县交通习俗

《中庸》云："譬如行远必自迩，千里基于跬步。"一出户庭，便须步履，况丈夫志在四方，南走越，北走胡，行岂拘于一域哉。昌黎境内，北宁路横贯东西，商族之往来，货物之转运，交通颇称便利。路政尚未扩充，民间运输代步，端资车马之力。车之式，铁轮而木箱。任重致远者，为大车，若车轮轻便，以布为围者，曰轿车。大车拉庄稼、运货物、探亲戚、赴集市时多用之。轿车一名小车子，富家庆吊时用之，或卖脚行拉客座者用之。人力车，道路未修，尚为少见。脚踏车，城镇集市多有驾驭者。由昌黎车站至乐亭，现有汽车两辆，每日往返两次，旅客称便，但夏雨泥泞，则停止焉。且沿途无保护之人，1931 年春，曾被土匪半途劫夺，用枪伤毙一人，客人财物均被抢掠，未免视为危途。河渠，以滦河为大，其道口冬春搭桥，夏秋船渡，往来无阻。饮马河之水势，唯夏日较深，凡春秋及冬，则设板桥，民未病涉也。（以上据民国二十二年《昌黎县志》整理）

香河县交通习俗

香河地势平衍，运载往来率用大车；西滨运河，恒借船力。从前水患频仍，为宣泄计，城东南一带，多叠土为道，两旁为沟，行路颇称便利；自民国以来，北五河南岸堤成，幸无水患，然叠道失修，沟渐填塞，加以村民争地，两相侵占，道益狭窄，大雨之际，每苦难行。冬季，间有汽车往来，惜不畅行，营是业者逐致裹足。妇女出门，富有者率乘旧式轿车，村农则大车，或骑驴、马不等；近则风气日开，少年喜乘脚踏自行车，女子亦时有之，迅速便利，亦文明进步之好现象也。（以上据民国二十五年《香河县志》整理）

霸州市交通习俗

平原旷野，最便于行，行借道路，路须修筑。各乡道路率多狭窄不平，纵坡过急，曲线直径过小，车行不免颠覆，骑行每感蹉跎，步行蹒跚不失敏捷，加以风吹雨洒，车轮压轧，马蹄践踏，路益坎坷。夏秋雨后，沾滞泥淖，车马不前，运输停滞，肩荷步履尤须赤足。洼路两旁每有掘沟、培壕，借免践损田禾。沟在壕里，无损于道；其里壕而外沟者，则雨洗路面，土注于沟，路益洼，水愈积，偶来一见，不知为道为渠也。道路不修，任其损坏，则行之一端将必切要于衣、食、住。县无铁路过境，唯大清河一线，水路航行甚便。近来小汽船航行其中，往来天津、安新之间。陆路又有汽车由天津经县属何家堡、辛店、东关，以达白沟镇。虽未尽得其便，而交通上已进一步之安全与敏速。中停河水涨，航通胜芳，转由大清河以至天津。脚踏车现已通行，安适敏捷，倍于车马，日见增加。东南各村，每经水患后，道路泥淖，舟车皆失其利，积水未退，将冻将解之时，则交通完全停顿，行之艰苦无以复加矣。（以上据民国二十三年《霸县新志》整理）

涿州市交通习俗

坡民之行走，因山道窄狭，凹凸不平，无车无轿，多以骡、马、驴、牛代步。有时入山耕田或砍柴，随行携带之物，以火镰为必要品。因遇风雨，寒气透骨，借以爇火取暖，亦卫生之创闻也。（以上据民国二十五年《涿县志》整理）

唐县交通习俗

旧时出行，步行者居多，富户出行骑马或乘畜力轿车，县长出行乘轿。民国改骑马或乘畜力轿车。山区出行多骑毛驴。1921 年，自行车引入唐县，但多为官商富户骑用。新中国成立后，居民出门多乘大车，步行和骑驴者仍不少。1956 年后，自行车逐年增多。60 年代，唐县始有营业性长途汽车和小火车。70 年代，公社、生产队始购置大中小拖拉机，普及了自行车。改革开放后，二轮、三轮机动车逐年增加，少数富户开始购置吉普车和小轿车。到 1990 年时，平原居民赶集上庙，走亲访友，外出办事均以自行车、拖拉机、三轮、摩托车、汽车代步，极少有步行者。出车时，靠右行驶，畜力、人力车让机动车，低速让高速车，会车时司机点头示意，遇车祸停车相助，乘车人不准说不吉利话，妇女、儿童、老年人优先得到座位和照顾。（以上据 1999 年《唐县志》整理）

雄县交通习俗

民国年间，交通工具主要是牲畜及畜力木轮大车、人力手推车（鬼头车）。地方富商或官吏出门多骑马或乘坐畜力小轿车，一般人则徒步而行。老年妇女坐“鬼头车”，县城内有白洋淀，中有大清河，水路交通方便，小木帆船承担了大部分客货运输。

新中国成立后，畜力胶轮大车取代了铁木轮车；胶轮小推车、小拉车代替了手

推车，并有了自行车、汽车。80 年代以后，自行车、汽车，尤其摩托车剧增。（以上据 1992 年《雄县志》整理）

徐水县交通习俗

徐水道路，亟应提前修治，以利民行。现时路线，四境纵横，宛然陈迹，且多坎坷。一遇烈风，尘沙迷目，雨后泥泞，群相裹足。路政之宜修，实属刻不容缓。交通除平汉铁路外，马路、汽车路，多付阙如。唯瀑河之水尚可行船，由安新直达天津。（以上据民国二十一年《徐水县新志》整理）

高阳县交通习俗

津保汽车路东西贯穿全境，赴津、赴保可乘汽车；其他路稍近者，有人力车、脚踏车二种；若农家行路与运输货物，普通皆乘骡车。再则本县潴龙河可以行船，上达蠡县、安平等地，下达天津、大沽，即赴保定亦可乘船转达。（以上据民国二十二年《高阳县志》整理）

望都县交通习俗

县境泉河纵横，桥梁利涉，唯水仅细流，无舟楫之利。铁路斜贯，城距车站仅一二里，南达汉口，北通平津，商旅往来，无不称便。全县无轿车，至于四轮马车、胶皮洋车、四轮汽车，更属无有。人民乘坐，均用载重两轮大车，另备木架席棚或布帏，有事时，则临时安置如轿车。然又有单轮推车，亦载物二三百斤。近年脚踏轮盛行，商人及各机关多用之，普通人民率皆步行，彼乘骡马、跨驴者，恒不之见。（以上据民国二十三年《望都县志》整理）

满城县交通习俗

满城西境多山，运载往来率用骡驮，远山之地则用车马。唯道路失修，近山多沟谷，平原多沮洳，加以村民争地侵占，狭窄崎岖，行人苦之。城市妇女出门，乘旧式轿车，乡间甚少，率用大车，上盖席棚，名曰“篷子车”。男子多步行，非远道不乘车马也。近则少年喜乘脚踏自行车，迅速便利，亦文明进步之一也。（以上据民国二十年《满城县志略》整理）

吴桥县交通习俗

旧时交通工具落后，走亲访友、赶集、赶会多为步行。妇女缠足走路不便，外出有时骑驴，有时乘坐铁瓦木轮牛车。富家骑马或坐燕飞型马拉轿车。1931年左右，县内始有自行车，大多为政府办公人员或城市商民使用。新中国成立后，自行车逐年增多。80年代，农民下地干活多骑自行车。外出乘汽车、火车，摩托车也逐渐增多。（以上据1992年《吴桥县志》整理）

南皮县交通习俗

本县道路，殊欠修整，窄而不平，夏雨冬雪均有断绝交通之患，甚有道深如沟，两岸壁立，狭仅容轨，长及数里，往往两车相遇，进退维谷，非一方倒曳不得通行。交通之具，有大车，有轿车，近又有脚踏车，逐渐为机关及商人所采用；若小推车、小横车，皆负贩小商之所恃以运货者也。唯县城西二十余里，有津浦铁路，又邻运河，舟车交通，商民尚称便利。汽车之路，南通东光，北通沧县，东通盐山，西通泊镇，然仅做军事之用，并无营业汽车。（以上据民国二十一年《南皮县志》整理）

安平县交通习俗

新中国成立前，农民出门多是步行。妇女缠足不能远行，走亲访友，回娘家，富户人家坐轿车（马或骡一至三匹拉车，把车厢用布围好）；穷户人家有骑毛驴的，有由男人推木轮车接送的。新中国成立后，随着铁路、公路的发展以及交通工具的不断改进、丰富，人们出门，短途骑自行车，远途骑摩托车或坐拖拉机、汽车、火车。（以上据1996年《安平县志》整理）

武强县交通习俗

清代，人们走亲访友、赶集上庙或出外谋生，均以步行为主。民国时期，牲畜有所发展，人们借助牲畜脚力，骑驴、骑马较为常见，但仍以步行为主。新中国成立后，逐渐使用自行车。一般近途骑自行车，出远门乘坐汽车、火车。部分人购买了摩托车、电瓶车等。（以上据1996年《武强县志》整理）

广平县交通习俗

新中国成立前，富家男子出门骑马或坐轿车（俗名细车子），女子均坐轿车。贫者出门步行，有的骑毛驴或坐辕车（木轮大车，多用于拉粪、拉庄稼）。新中国成立后，自行车逐年增多，成为主要交通工具，轿车、辕车渐被淘汰。近年，农村交通工具除自行车外，还有摩托车、三马、拖拉机、汽车、马车等，步行出门已不多见。（以上据 1995 年《广平县志》整理）

大名县交通习俗

新中国成立前，人们外出多数是步行，少数骑毛驴或坐牲口车。新中国成立后，人们外出多骑自行车（现有一户几辆的），也有坐排子车、马车的。近几年，柴油三轮车成了人们外出的主要工具，也有不少青年人骑摩托车。现在乡乡通油路，外出坐公共汽车比较方便。（以上据 1994 年《大名县志》整理）

邯郸县交通习俗

县东尚平坦，县西多山冈，乘坚策肥，颇不多见，以安步当车为最多。全县道途，向乏修补，崎岖之路，艰苦异常，车辆运输，每感不便。民众终岁业农，不得稍息，妇孺走亲，或乘骡、马、驴，或乘大、小车，中下之家，徒行者究属多数。（以上据民国二十八年《邯郸县志》整理）

成安县交通习俗

该县地处平原，所谓交通工具，1920 年前仅旧式车辆而已。1920 年以后，大邯汽车道筑成，一般民众始知有所谓摩托车与黄包车，但其乘客多为军界、官界、商界一流人物，平民几无人过问。唯近年来，一般民众乘脚踏车者渐多，亦吾县交通工具上一种进步也。（以上据民国二十年《成安县志》整理）

磁县交通习俗

磁县交通颇称便利。平汉铁路纵贯南北，有马头、光禄、磁县、双庙四处车站；复有煤矿小铁路横亘东西。水道则循滏河而下，东至大名，沿滏水而下可达津沽。他若大道康庄，柳荫夹道。故居民远行，或乘车或坐船；近则坐马车或骑畜，今复多骑自行车者，故行路无大困难。唯水田区域，路多失修，每值灌溉时期，渠水四溢，以致道多泥泞，行人裹足。兼以桥梁窄狭，或将倾圮，虎尾春冰，危险万分。又西部山地，路多羊肠，艰险崎岖，车辆难通，仅持步行，间骑牲畜。至县境东部，则中亘沙漠，阻碍交通，行者苦焉。（以上据民国三十年《磁县县志》整理）

武安市交通习俗

武居乱山之中，冈陵陂陀，道途险隘。城治多乘蓝布小轿，四乡乘骡马，间有驼轿。自1921年，武邯马路告成，而马车、轿车，遂日渐发达，社会进化，汽车、洋车又接踵而来，武安交通便利，人民无跋涉之苦矣。自行车风行一时，为数甚夥。唯三、四两区，小路崎岖，交通仍行不便。（以上据民国二十九年《武安县志》整理）

柏乡县交通习俗

若夫往来行动，贫者则乘粗车，亦曰大车；富者则乘细车，亦曰轿车；现时所盛行者，则乘自行车，亦曰脚踏车。其造车之来源，木料购自本地，铁器购自山西。（以上据民国二十一年《柏乡县志》整理）

沙河市交通习俗

本县路政，殊难着手。西部层峦叠嶂，川谷窅深；中部冈岭起伏，道路险巇，现在逦北一带，经高村店至三王村煤矿，逦南一带，经冯村至窑坡煤矿，经人工修垫，尚可勉强行车；东部平原旷野，径途四达，唯沿河两岸积沙没胫，人畜苦之，夏秋水涨行，人病涉，唯赖有平汉路之铁桥，可资救济耳。交通之具，有大车、四轮车及手推小车等；东、南、北三乡，富户间有轿车；近又有脚踏车，各机关及商人稍稍购用焉。县城西二里许，平汉路纵贯县境，沙河、褡裢镇两车站，均可买票，商民称便。又县城至邢台，由县府督促沿路村庄派工修造，略具规模。此外，有第三区公民解鸣冈等提倡，由全呼经册井至渌水池，用石砌路，计长二十余里。化险为夷，亦善举也。（以上据民国二十九年《沙河县志》整理）

清河县交通习俗

全县除西部多沙碛外，余均道路平坦，无险阻之隔，唯建设幼稚，汽车、电车、人力车，均付阙如。行人除徒步外，所恃以代步者，仅骡、马、牛、驴车有四种。两轮长辕能载重者，为大车；硬棚围以幨幕，只载人者，为风车；更有小横车、太平车、土车，均用运物者。四人花轿，只婚嫁时用之。近年，脚踏自行车，商贾用之者颇夥。水道交通，油坊镇运河，航船上下而已。（以上据民国二十三年《清河县志》整理）

广宗县交通习俗

旅行外出，富者乘轿车、驾骡马；贫者御大车，用牛服軛，次则策蹇驴。近年，自行车渐多，行驶迅速，视徒步为胜矣。（以上据民国二十二年《广宗县志》整理）

第二章　生产民俗

河北的生产民俗以农耕文明为核心，在整个中华民族的发展中占据着举足轻重的位置。以农为本，成为国家政治的基本脉络，也成为全体社会成员的文化共识，直接影响到包括民俗文化在内的思维方式与价值观念。从某种意义上讲，河北的生产民俗是我国传统农业的一个缩影，在我国社会历史发展中具有高度的典型性。这种特点，从我们介绍的材料中可见端倪。

第一节　物　产

正定县物产

五谷　一把箭、马鞭齐、火里燥、九里香、六月先、铁坝齿、竹叶青、桑根黄、龙爪、猴尾、鸡肠、兔蹄（十二种俱粟谷名）。

夺麦场（稻名，最早熟）。

红杆、铁杆（二种麦名）。

羊眼、鸡虱、罗裙带、龙爪香（四种豆名）。

霸王鞭（芝麻名）。

菜　莙荙、莴苣、山药、藕。

果　梨、黄梅、无花果。

木　梓、柘。

花　凌霄、酴醾、紫蝴蝶、火杨梅、剪春罗、望江南、黄葵、月桂、莲。

草　羊角、马鞭、垂盆、佛耳。

药材　车前子、薏苡仁、萆薢。

鸟兽　鹤、沙燕、马。

鳞介　鱼、蛟。

货　棉花、帛。（以上据明万历五年《真定县志》整理）

藁城市物产

谷粟　有粳、有糯。《字林》云，糯黏而粳不黏。藁城有稻，盖粳稻也。

粟，土人春之谓之小米，其名颇多，大抵有黄、白、红三色。

豆，有黄豆、青豆、白豆、红豆、黑豆、绿豆、豌豆、花豆、扁豆。其种又有大小之别者。

麦，有三种。《尔雅》云，大麰小麰。即土人谓大麦小麦也。又有荞麦，其实有棱而黑，经霜乃熟。

麻，有芝麻、蓖麻子、小麻子，俱可压油。蓖麻子又可入药。

黍，有黄、白二种，俱可酿酒。

稷，种有红、黑二色。

蜀黍，高数尺，其梗似蔗而小，其成熟，有早晚异种。

稗，苗似谷，其实可食。

蔬菜　茼蒿，花如菊，梗甚香脆。

萝卜，有红、白二种，出沙地者味差胜。

芹菜，《尔雅》谓之楚葵叶，青茎大如著。

芥菜，味辛辣，土人用芥心做辣菜，其余做咸菜、黄菜用。

莴苣，《遁斋闲览》云，出倭国，有毒百虫不敢近。

芫荽，即江南胡荽，名鹅不食草。

苋菜，俗呼为人芹菜，有红、白二种，俱堪做蔬，白者入药。

莙荙，叶微厚、光滑，茎烧灰淋汁，洗衣色如玉。

苦荬，《本草》云，可敷蛇伤，蚕妇忌食之。

菜豆，有刀豆、龙爪豆、扁豆、角豆，俱可做菜用。

蔓菁，即白菜根，秋后可食。

胡萝卜，本大而末尖细，其苗不可食。

葱，荤菜也。生于地者可食，水葱不可食。

瓠，《尔雅》谓之栖瓣。长尺余，其圆大者曰葫芦，枯可为瓢。

茄，有紫、白、青、黑四色。

瓜，有黄瓜、冬瓜、丝瓜、稍瓜、菜瓜数种。

果实　桃，其性早华，其皮干颇急。《埤雅》云，四年后，不以刀划其皮，则皮急而死。

李，《素问》曰，东方之果，木之子也。故其字从之性，颇难老，处桃之上。

梅，其实，《酢俗》云，梅华优于香，桃花优于色。子赤者材坚，子白者材脆。

榴，《酉阳杂俎》云，甜者曰天浆，千叶花者不实。

梨，有数种，唯浆水梨极甘。

枣，大者曰枣，小者曰棘。枣性重乔，故其文重朿棘，性重低，故其文并朿。

葡萄，有黑、白二种。根枝冬俱藏于地，春则架之，或云葡萄架下不可饮酒。

西瓜，其子有数色，种有早晚之异，其熟而红沙者甜。

甜瓜，名蜜罐者佳，皮青红者曰乌沙蜜，其味尤佳。

木类　桑，树类楮，叶可蚕，秋收之，冬可代牛料。有椹者曰土桑，无椹者曰接桑。

槐，《春秋说》曰，槐者虚星之精。其性畅茂，花黄宜染，子可入药。

柳，叶狭长而青，枝干柔，软土最宜，颠倒植之皆生。

榆，《尔雅》云，櫙茎。土人春将其钱以为食。

椿，枝叶与樗相似，土人于仲夏时，取其叶入曝麦中，则麦不蛀。

柏，樊宗师《园记》谓，柏为苍官，子香而可爇。

杨，有青、白二种，白者叶圆，青者叶长。皆可为栋梁用。

梧桐，梧子似乳缀。桐无子。贾思勰曰，桐冬结似子者，乃是明年之华房尔。

花草　莲花，《尔雅》云，芙渠其华菡萏，其实莲子，其根藕。

菊花，《尔雅》名治蘠，本草名节华。土人多植之，其种一。

玉簪，一名白鹤，质素而香，宜治骨鲠。

金凤，一名凤仙花，有数色。

鸡冠，佛书云，波罗奢花，色如鸡帻丹。

石竹，一名锦竹，丛生尺余，花如结锦。

葵花，有红白黑紫数种。《释草》曰，华如葵，朝生夕殒。一名舜，盖瞬之义取诸此。

药材　荆芥，生于九门者佳，能消风顺气。

菟丝子，《埤雅》云，下无伏菟，则菟丝不生。其子得酒浸良，能补益肾气不足。

杏仁，去皮尖，能调经又能止嗽化痰。

酸枣仁，土人坟冢间多有之，能疗怔忡、健忘。

牵牛，《本草》云，金铃有黑、白二种，亦名草金铃，俱入药。

白蒺藜，县西台西村者真，有黑、白二种，黑者三角刺人，不入药。

蝉蜕，夏秋间，树枝上收之，能退翳障。

桑白皮，火炙去黄皮，能泻肺火。

薄荷，性凉，能清风消肿毒。

凤眼草，即椿树籽，制造补药多用之。

桃仁，碎核取之，去皮尖，服之能破瘀血。

益母草，一名赤箭野天麻，花紫色，可治难产。

甘菊，应候开者入药，野菊味苦者名苦薏，用之大伤胃气。

车前子，即芣苢，大叶长穗，生道旁。《神仙服食法》曰，善疗孕妇难产。

红花，《本草》谓之红蓝花，能通经行血。

地骨皮，生田间，退热有功。

茴香，《本草》一名怀香子，土人呼为小茴香，能开胃下食。

苦葶苈，治肿毒最良。

槐花，与子槐角俱入药，能治肠风下血。

鸡冠子，炒用止肠风及赤白痢疾。

扁豆，服之能助益脾胃。

地肤子，即落帚子。能利小便，去热明目。

紫苏，性热，能分心降气。

蓖麻子，科生，结子成朵。催产用之有效。

艾叶，一名炙草。《尔雅》曰，艾，冰台。其字从乂，草之可乂病者也。

莎草根，一名香附子。久服益气长须眉，又治妇人之仙药。

兽畜　马，《格物论》曰，马，武兽。种类甚繁，藁之产良者多。

牛，邑有黄牛而无水牛，角缩而短者悍。

骡，《说文》云，骡，驴父马母。土人多以驴为母。

驴，牝性柔，牡性悍。

羊，《曲礼》云，柔毛有黑、白二色。《埤雅》云，羊性前逆。

猪，《尔雅》云，彘。《曲礼》曰，刚鬣，其性最善雨。

犬，俗呼为狗。孔子曰，狗，叩也。叩，气吠以守也。

兔，《埤雅》云，唇缺，吐而生子。《礼》曰，明视，兔乃月之精。

狐，《埤雅》云，妖兽也。鼻尖，尾大，色黄，似狸，有三德。

猫，《埤雅》云，猫旦暮目睛皆圆，及午敛如线。其鼻端常冷，唯夏至一日暖。

禽鸟　鸡，《格物论》云，鸡知时畜。《曲礼》曰，翰音。

鹅，东坡云，鹅能警盗又却蛇。

鸭，《格物论》云，鸭，家鹜也。一名舒凫，雄者声小。

鸽，《雀赋》曰，此鸟性淫，以雌乘雄，逐月有子。

鸠，俗呼为斑鸠，天阴则屏逐其匹，晴则呼之。

黄鸟，诗名鸧鹒，一名黄鹂。椹熟时，则来往桑间。

鹑，《列子》云，蛙变鹑，又曰鼠变鹑，即田鼠化为鴽。

燕，《礼记》名乙鸟。《尔雅》名鳦，一云玄鸟。往来以社为节。

鹊，《埤雅》云，鹊知人喜，故土人呼为喜鹊。

鸦，纯黑而反哺者曰慈鸟；腹白者曰鸦。

鹞，《西京杂俎》云，鵰生。土人谓，鵰生三子，则一为鹞。

鸺鹠，西鸟也。诗名鸱鸮。获鸟子而食。

雀，俗呼为家雀，善穿屋，又有黄雀、山雀之别。

布谷，一名鸣鸠，一名搏黍。江东呼为郭公。不自为巢，春种时则有之。

鳞介　鲤，《陶隐居》云，鱼王。唐人谓之赤鲩公。

鲫，一名鲋。性不食钩，大小皆有子，土人呼为鲫片。

鲂，尾白，少力，细鳞。

鲇，《本草》曰，鳀。无鳞而多涎。

鳖，俗呼为团鱼。《埤雅》谓，鳖以眼听，鱼化鳖不化，故又谓之神守。

蛙，初生曰蝌蚪，一名蛤蟆，腹大，跳行，舒迟。其皮可贴发背。

虫类　蚕，《埤雅》云，蚕，阳物也，恶水。《淮南子》曰，蚕，食而不饮，养晚蚕者先王禁焉。

蜜蜂，《续古今注》曰，蜂无雌。一说以须嗅，盖其鼻也。杜甫诗曰，花蕊上蜂须。

蝶，粉翅，有须，一名蝴蝶。列子谓，蕊叶生千雄，云稻成蚕，麦成蝶。

蜘蛛，《论衡》曰，蜘蛛细丝以网飞虫，扫其网置衣领中，令人知巧。

蝉，《论衡》曰，蝉生，开背而出。一名寒蝉。蔡邕《月令》云，鸣则天寒。

蝎虎，又谓之蝇虎，善食蝇与蝎。

蛇，其种不一，乌梢蛇，酿酒，以治风疾。

蜻蜓，饮露，六足，四翼。《埤雅》谓，可食蚊虻，遇雨则集水上。

蝎，毒螫虫也。故人皆甚恶之。

螽斯，《埤雅》谓，性不妒忌，字盖以冬，冬，终也，至冬而终。

货物　丝，蚕茧丝而成丝，有黄、白二色。

棉花，入秋成花。

布，有平机、细布、粗布三品。

黄蜡，土人爦蜜后，其滓用绢袋过之即成蜡。

绢，细密者为家机绢，阔者为宽绢。

蜜，蜂采百花为之，有红、白二色。

靛，《尔雅》曰，葴，马蓝。有大、小二种，沤制成靛，以染青蓝。

曲，土人造以酿酒，商人造此罔利。

麻，科生，刈之沤起其皮，绞之以为绳索。（以上据嘉靖《藁城县志》整理）

赵县物产

记有之，取财于地，取法于天。恒产之丰约，风俗之隆污，所由基也。赵称剧郡，丁冲途，土田腴瘠参半，不宜植稻。五谷而外，杂莳吉贝。近用水车灌田法，岁收较厚。然劳费颇甚，所入之余利，适足相偿耳。涖斯土者，轸间左疾苦，撙节而爱养之。庶几比闾和洽，庶物蕃昌。击壤鼓腹之休，讵难再见于今日哉。

谷属　黍（有黄、白二种，黏者谓黄米，亦谓之黄糯）、稷（黏者为黍，不黏者为稷）、粱（粟也。种甚繁。北方曰“谷”，脱壳谓小米。日用不可缺者）、麦（大、小二种，春种者曰“春麦”，又有小麦无芒者）、荞麦（一作莜）、秫（有红、白二种，俗呼为高粱）、菽（众豆名，有黄、黑二种，又有绿豆、豌豆、扁豆、豇豆之属）、芝麻（有黑、白二种，一名胡麻，宜作油）。

蔬属　韭（春初者佳）、葱（畿辅旧志有四种：曰冻，曰胡，曰汉，曰茖）、蒜（有红皮、白皮，白皮者出南阳）、芹（有园芹、野芹、水芹）、菘（即白菜）、菠（即菠薐菜，一名赤根）、芫荽、莴苣、萝卜（一名莱菔）、山药（本名薯蓣，避唐代宗宋英宗讳，遂名山药）、芥（一名辣菜，又有春不老，亦芥属）、蔓菁（一名芜菁）、莙荙、苋（有红苋、白苋，又有马齿苋）、擘蓝（南方谓之芥蓝，叶可擘食，故北人谓擘蓝）、荠。

瓜属 王瓜（长细者佳）、西瓜（有黄瓤、红瓤二种）、甜瓜（小而香者为佳）、冬瓜（形大而长，皮青带粉色）、菜瓜（色青质脆）、南瓜、倭瓜（一名北瓜）、丝瓜（架棚蔓生）、瓠子、壶卢（本草，古人壶、瓠、匏皆可通称）、茄（有紫、白二种，水茄宜生食）、秦椒。

果属 桃、李、石榴、杏、梨、枣、葡萄、樱桃。

花属 牡丹、丁香（紫、白二色）、芍药、海棠、桃花、李花、迎春、葵、荷（《尔雅》注：北人以莲为荷）、蔷薇、月季（俗呼月月红）、木槿、玉簪、金粟（俗名莴苣莲，亦名莺粟）、金盏（本名长春）、菊（种最繁）、紫荆、紫薇、剪秋萝、凤仙（一名指甲花）、鸡冠、萱花、牵牛、刺梅（即玫瑰）、红花、石竹、五香梅、木旗花。

货属 棉（一名吉贝，赵地种植甚多。冀、赵、深、定诸州，艺棉者十之八九。产既富于东南，而其织纴之精，亦遂与松娄匹，计图十有六：布种、灌溉、耘畦、摘尖、采棉、拣晒、收贩、轧核、弹花、拘节、纺线、挽经、布浆、上机织布、练染、棉布）。

草属 麻（雌者为苴，雄者为枲）、蒲苇（芦苇通一物）、艾、蒿、蓬、蓝（染草）、莎（根即香附子）、苜蓿（可饲马）、十样锦（即老少花）、茅、蓼、莠、茨、马兰、萍、烟草。

药属 车前子（即芣苢）、益母草（即茺蔚子）、酸枣、苍耳、菟丝子、薄荷、牵牛、枸杞（其根即地骨皮）、香附子、茵陈、荆芥、瓦松、瓜蒌仁（其根即天花粉）、金银花、扁豆、茴香、蒲公英。

木属 槐（有绝大者，一种曰龙爪槐）、柳、杨、榆（又白榆，一名枌，其钱可食）、松、柏、桑、桐（有奇桐、青桐、梧桐）、杜、椿（香者，芽可充蔬）、夜合（即合欢，其花叶至暮即合）。

禽属 鸡、鹅、鸽、鹊、蜡嘴（即桑扈）、黄鹂（即黄鸟）、鹳、鹰、鹌鹑、黄雀、燕、鸦（乌鸦，有白颈者，名寒鸦）、喙木、鸠、鸥。

兽属 马、牛、骡、驴、羊、豕（扬雄《方言》：猪、豭、彘、豕、豨，因地异名）、狐、兔、猫、犬、獾、鼠。

虫属　蚕、蜜(《方言》谓之蠓螉，又有土蜂、马蜂）、蝉（土人呼为蝍蟟）、络纬（一名蟋蟀，又名促织）、蛾、蚓、蝙蝠、蜥蜴、蛤蟆（即蛙）、螽斯、蜘蛛、螳螂、蟫（即蠹鱼）、蛇、蝎、蝇、蚊、蜉蝣。

鱼属　鲤、鲫、鲇、鳅。（以上据清光绪二十三年《赵州志》整理）

玉田县物产

孤树金丝小枣　中心产地为孤树村及其周围。枣皮朱红鲜艳，果形中等，肉厚核小，含糖分高，干枣拉抻可出金黄色韧丝，故誉为“金丝小枣”。生吃小枣，甜润鲜爽，香脆可口，晒干小枣，犹如软糖。蒸糕煮饭，放进小枣，熟后红白分明，米不染色。用酒醉枣，醇香清甘，引人入食。入药有补脾、养肝、健胃之功能。它含有大量可溶性糖，多种营养物质和维生素，是老幼皆宜的滋补佳品。“孤树金丝小枣”有两千多年的历史，《史记》有“夫燕亦勃、碣之间一都会也……有鱼盐枣栗之饶”记载。1986 年，全县产红枣五十多万公斤，仅孤树乡产四十三万八千七百五十公斤，占全县总产量的百分之八十七点七五。大多销往京、津、唐及东北各地。

芦苇　县南部地势低洼，盛产芦苇。据清光绪《玉田县志》记载，早在清光绪年间，兰泉河下游、渠河头一带，就曾“禾苇半焉”。随自然繁衍，面积逐年扩大，民国十九至二十五全县有苇田两万六千亩。50 年代后，政府重视苇田发展，1956 年扩大到三万九千四百八十六亩，后改洼治水工程量增多，苇田有所削减。1985 年有苇田三万四千四百七十七亩，占年初实有耕地面积的百分之三点一，主要分布在潮洛窝、石臼窝、孟大庄、大丁庄、杨家板桥、林南仓等地。玉田芦苇分湖苇、坑苇、河苇三种，主要用做加工苇席、打苇帘、编茓子等。玉田苇席加工历史悠久，据西关、富乐村等地出土的战国到西汉的席纹砖证明，最少有两千年的编席历史。20 世纪 20 年代初，苇席由自用发展到外销。30 年代，全县织席户约两千左右，年产量约六十万片，年外销五十万片，销往京、津、唐及东北三省。50 年代后，织席业逐年发展。80 年代后，年产苇席一百三十万片左右，年销量约为一百二十万片。织席户主要分布在孟大庄、杨家板桥、大丁庄、渠河头等十几个乡。苇产品产值一般在一千二百七十五万元上下浮动。

玉田大白菜　玉田种植大白菜历史悠久。据清光绪《玉田县志》载：“白菜、一名菘，有十数斤者，甘脆、甲他邑。”它具有耐贮藏、不抽薹、叶甜、嫩脆、不乱汤、产量高等特点，闻名全国。1974 年跻身于全国农展会。60 年代，年种植两万亩左右，亩产约一千五百公斤，总产一般在三万吨左右。70 年代，年种植约四万亩，亩产量提高到两千五百公斤，总产约十万吨。1978 年后，种植面积逐年增加。1988 年种植六万七千亩，一般亩产五千公斤，高者达七千五百公斤。大白菜除当地自食外，历史上多行销京、津、唐及东北、西北各地。

大葱　中心产地大安镇、彩亭桥一带。其葱棵大、味美，最大棵重半公斤许。年植万余亩，亩产在两千五百公斤左右。多销京、津、唐及东北各地。

紫皮大蒜　中心产地石臼窝。其蒜瓣大、味鲜，且有杀灭大肠杆菌之功能。年植万余亩。多销京、津等地。

紫心萝卜　中心产地东、西小淀。其皮青，心花紫。为冬季用菜，亦可代替果品。年植数千亩，亩产五千公斤左右。销津、唐一带。

芥菜　中心产地鸦鸿桥一带，为腌菜类。年植数千亩，亩产五千公斤左右。多销往天津地区，民国年间曾出口朝鲜。（以上据 1993 年《玉田县志》整理）

邱县物产

谷之品　粱、黍、稷、麦、芝麻、蜀黍；唯豆类有数种；稻间有之，地燥味不佳。

木之品　松、柏、槐、桑、柘、椿、杨、楮、桧、棠棣、棘、藤，唯榆、柳最多，间有竹，不甚茂，久之多槁。

果之品　桃、李而下；杏、核桃、沙果、石榴、林檎、葡萄、无花果，若苹果，落花甜最佳，然颇少；唯枣梨为最宜，乃多有之。

蔬之品　芫荽、芹、菠、芥、白菜、蔓菁、茼蒿、莙荙、葱、韭、蒜、薤、苦菜、芋、瓠、茄、苋、萝卜、葫芦，瓜类可资蔬菹者最多，唯西瓜、王瓜可生食。

花之品　牡丹最少，诸如海棠、芍药、蔷薇、紫荆、玫瑰、丁香、月季、槿、萱、鸡冠、石竹、匾竹、金雀、玉簪、金盏、蜀葵、长春、珍珠、马缨、葵、凤仙、水红慈菇、后庭百合、山丹、迎春、夜落金钱、莺粟、刺梅、粉团荷花、转枝莲、滴滴金、剪春秋罗，皆不绝种。至于碧桃、绯桃、桂花、茉莉，间有购蓄者，然自江南来，至北地不耐寒。独菊类最夥，其名以百数，栽植篱落，幽澹可爱。

药之品　香附子、牵牛、菟丝子、天仙子、天花粉、茴香、荆芥、薄荷、桑白皮、山药、车前子、蓖麻、艾、夏枯草、金银花、酸枣仁、紫苏、百药煎、酥、瓜蒌、蛇床、土鳖、茵陈、地骨、皂荚、紫花地丁、益母草、蒺藜。亦有枸杞、菖蒲，形味不及他产。

毛之品　马、牛、羊，而下有骡、驴、犬、豕、猫，其在野者狐狸、獾、兔。罕鹿，文庙丁祭以羊代之。

羽之品　雉、雁、鹌鹑、鸠、鹊、莺、鸨、鸺鹠、啄木、布谷、鸦、雀、燕、窃脂鹰、海红，唯鸡、鸭、鹅、鸽畜于家。

鳞之品　鲤、鲂、鲫、鲦、鳅、鲩、鲇。鲎，邱原无此种，迩缘漳水大至，城壕积水，深处族类滋繁，人多设罟采之食。

虫之品　蜂、蚕、蛲螂、螳螂、蝼蛄、蜻蜓、蝴蝶、萤、蝎、蛤蟆、蟋蟀、螽斯、蜘蛛、螟、蚊、蝙蝠、猬、蛭、蜉蝣、蜥蜴、蚯蚓、蜩、螗，他凡名不雅不载。

货之品　木棉，而下有靛、蜡、蜜、硝、红花、羊毛、丝、绢布，西北土斥，多有熬碱煎卤水为利者。（以上据清康熙四年《邱县志》整理）

第二节　农　事

栾城县农业生产习俗

辨桑种。桑本箕星之精，种类不一，葚少、叶圆大而丰厚者，皆鲁桑之类，宜饲初生之蚕。葚多、叶少、边有锯齿者，皆荆桑之类，宜饲三眠以后之蚕。以鲁桑条接荆桑身，盛茂赤久远。

种桑子。夏初葚熟，拣肥大者淘净阴干，临种时用柴灰拌匀，放一宿，然后种之。芒种前后为上时，夏至后为下时。二、三月亦可种。掘地一段，打土极细，浇以粪水，搂起寸许，切不可深，深则不出。将种布下，浇以清水。长四五尺即可移栽。又冬月苗长尺许，再上熟粪，加草于上，纵火烧去其稍，次日以水沃之，仍盖以草，至春发出，只留旺者一枝，来年移栽。又松松打一稻草绳，以熟葚横抹一过，令葚在绳缝中，掘熟地以埋之。深不过寸许，苗长移栽，此法较为省便。

种桑树。掘坑尺许，用粪和泥栽下，填土紧筑，移树勿伤小根。栽时须记原向，分行要宽，不可正对。春分前后栽之易活。九月至次年二月中也可栽。空处宜种绿豆、黑豆等物，不宜种麦谷。

盘桑条。九、十月，拣连枝好柔条，盘作圆圈，掘坑一二尺，和以粪土，紧紧埋筑，少露稍尖。冬盖腐草，春月搂去，正月、二月亦可盘。

压桑条。近土柔条，掘坑攀条，泥土筑实，条上枝梢扶出土面，次年梢长二三尺。春分时将老条逐节剪断，将发出新条剪去上梢，连根留二尺栽之。

接桑树法。种过三年，必须接换，叶乃厚大。春分前后，择向阳好条，大如箸，长一尺者，削如马耳，于本树离地二三尺处，将桑皮带斜割开，如人字样，将马耳朝外插入，以桑皮缠定，粪土包缚，令勿泄气，清明后即活。次年，将本树上截锯去便成大树。陕西以小满后葚熟时接之，五、六、七月亦可。又不拘树身大小，将项上锯截成盘，用刀削平，劈为两半，将接头削如鸦嘴，长短须量劈缝，插入务要两皮相着，包如前法。

修桑树。长至六七尺，腊月或正月间砍去中心之枝，余干便向外长，如大伞之状，枝不繁而叶自大。饲蚕时枝叶全剪下，须留一二尺不剪。

培桑土。草长即锄，土干便灌。二、八月及冬月要上肥壅，猪羊牛马之粪皆可，人粪尤宜，棉籽、油渣、豆饼之类，性暖更肥，须窝熟用。

治桑虫。见有蛀穴，桐油抹之即死，深入者，用铁丝插入杀之。

堰堤及大路两旁，俱系官地，挨谁家田地，即责令栽桑，得利即归地主。凡属官荒闲地，有愿栽者，给发执照，准其永远食利。

典当田地，注明有桑几株。如系当户新种，取赎之日，照株大小补给树价，使沾余利，庶无旷土。

栽桑法十一条，斯民之急务也。世谓北方不逮南方富，其所以富者，蚕桑之利厚耳。前莅事唐县，劝民种桑养蚕，大有起色。及承乏兹土，邑人识种棉不复栽桑。且隙地栽桑原不碍种棉之功，二三年后，其利可胜于棉。乃集乡民劝谕开导之；每乡发给栽桑法数纸，嘱绅耆解说之，使民互相讲习，以广其业。

附　养蚕事宜

春季养蚕之法：于隔年小阳月旬后，拣其茧之重实有蛹者，以箧篓盛之，迨次年立春后，纸糊密室，将茧篓置于中央，以柴火微烘，昼夜无间，渐略增火。至春分前后，觉蛹稍动，用线穿茧成串，搭于四周竿上，仍以火烘。量其地之寒燠，寒则微火缓为出蛾，燠则甚火急为出娥，随拾入筐。雌雄配合，眉粗者雄，眉细者雌。次日摘取雄蛾另贮，数日自僵。止提雌蛾，微以手捏去溺，否则不卵。置筐中微火暖之，始能生子。旬余蚕出，大如针。以嫩叶置筐内外，其蚕自上枝叶。即将枝上蚕置树上，先食嫩叶。五六日初眠，不食叶，二三日脱去黑壳，色分青黄。又五六日二眠。继三眠、四眠后，食叶旬日，噤口退膘，吐丝成茧。越三日浆固，连叶摘下，去叶缫丝。如不即抽丝，越十余日，遂变蛹出蛾，不堪抽丝。如留备抽丝，以火熏之，即不成蛹。每遇蚕眠时，不可剪移，俟起眠后，叶尽，用银剪连枝剪移他树。蚕一入山，须人看御禽鸟。其蚕筐以黄荆嫩条为之，用盖。其余竹木所为，则不能粘子。次年定须新制。

秋季养蚕之法：于端午前后收入春茧时，将茧穿串晾干竿上，不使罨坏，旬余成蛹出蛾，拾入篾篓，雄雌配对。次日午后，只将母蛾去溺，以四寸长线，两头各系一蛾，搭于青㭎树上。叶尽剪易。秋蚕宜少撒树巅，由嫩食老。秋天，林中多油蚱蜢，宜夜间循声以捕。

取丝之法：以大锅盛冷水，每次二三千茧，煮半时，翻转，又煮二四刻再翻，俟茧将软，用荍草灰所淋之汁，量蚕多寡，酌倾入锅，再煮一二刻，视其生熟。试如不熟，再加灰汁略煮，以短小竹棍摅其浮丝成绺，分作数提，仍存锅内，不可断火。若丝不顺，稍加以火，水热则丝易抽。丝之粗细，视提丝缕之多寡，由丝笼上车，旁以大车桄之。取剩余壳，名曰汤茧，及破口茧不堪取丝者，另做纺线。坠丝水中，所抽名曰水丝。织绵软，再合成线，织为合线。为合绵绸，尤为结实。所得浮丝，亦可洗净做絮。

茧质轻薄不堪缫丝者，名血茧，暨出蛾之壳并汤茧，均用猪油少许和水浸湿蒸透，以水洗净晾干，扯丝织绸。仿佛新繁所产，故名繁茧。又法，以荍灰水煮后，罨软套如拳，扯丝坠线，织为毛绸。其需用器具，如抽家丝法。

此法，贵州按察宋公劝民养蚕法也。贵州多山多橡树，故言山中养蚕法。栾无山而采桑于野，养蚕于室，其法亦不外此，故节录之，以见此事之要。（以上据清同治十二年《栾城县志》整理）

卢龙县农业生产习俗

商代卢龙县已有谷、黍、高粱、小麦和豆类。八里塔殷商遗址发现石犁、石镰等。彼时刀耕火种，先燎荒，后以石犁耕耘播种，石镰、蚌镰割谷。当时虽有青铜器，因贵重，多用于兵械和祭器，不用于农耕。北魏太武帝延和元年侨置朝鲜县，稻谷传入，多为“旱种”，俗称“粳子”。

春节过后，农民就要忙于备耕，首先是送粪（圈粪），按地块分“起伏”“上绞”扒粪堆。今年“起伏”送粪，明年“上绞”送粪，以使垅和垅背交替轮作。粪送好后，就打土疙瘩平整土地，然后准备套具，或一家独立出套（有大牲畜），或三两家搭套（每家出一头毛驴）。于谷雨前后，开始播种作物。甘薯栽种较多地方，还要搭薯炕育秧。立夏播种棉花、花生，栽甘薯。“小满开铲”，始榜头遍地，“过了芒种不可强种”，此时大田作物播种结束。夏至后入伏时，“挂锄”。利用雨季压绿肥，山区打荆棵等杂草投入猪圈浸沤，是较好的优质农家肥。小暑至大暑时期，甘薯地翻秧薅草，大田锄二三遍地，追肥。俗有“立了秋把扇丢，一把一把往家揪”之说。“处暑找黍，立秋割谷。”白露后，砍高粱。南半县先搭成三腿架，晒几日再掐穗，运至场上晾干脱粒；北半县多倒铺在地上，叫“晒败”，掐完穗后将秫秸秆“燎败”（即把高粱叶烧掉）。掰玉米，先将玉米掰下，后砍秸秆（可砍成“留茬”，一尺多高，然后再刨茬；也有的砍成“扔茬”）。北半县刨后再掰玉米棒者众。打核桃，用长杆将核桃打落，堆在一起，待沤烂后剥去青皮，剥完在大缸中搅洗，晒干后交售，今多用药物洗白。秋分前后种麦，开始刨甘薯，加工淀粉，为了防冻，锄吊子（种薯）较早，藏入井中，霜降封盖。立冬除白菜，有“立冬不除菜，冻了你别怪”之说。小雪后“地了场光”，淀粉多的户，开始漏粉条，这时家家筛薯秧叶，给猪备饲料，剥花生选种，起圈肥或搞冬季副业纺织、“打围”、运输等。

卢龙县畜牧饲养习俗自古形成。商代县境即有家畜饲养，主要为猪、牛、羊、鸡、犬等。随着农业的发展，境内养猪业发展最广，“无豕不成家”，可见猪只饲养与农业生产的密切关系。西汉景帝后元三年，农业已占主导地位。明末清初狩猎已成游乐。猎具有刀、矛、弓箭等，官绅狩猎前呼后拥，射杀鹿、兔、雉等，为饮酒佳肴，俗称“野味”。山区农民也有狩猎者，称“打围”“网鸟”，另有“熏獾”“套狐”“夹鼬”“陷狼”等。打围是众人围轰一兔或狼，一人持猎枪等射，当狼、兔跑入射击圈内即鸣枪（多为火枪，也叫鸟枪）。网鸟是在灌木树行一端张一网片，众人从另一端轰鸟，当群鸟撞在网片上，即收网，每次可获鸟多只。熏獾是在獾经常出没的坟洞口点燃杂草，往洞内熏烟，待獾向外逃窜时捕之。套狐是在狐出入的洞口缚以套绳，当狐出洞时将其索缚。夹鼬是在黄鼬出入的洞口，埋下板夹捕之。陷狼是在狼常走的道上设下陷阱，一般为一米半至两米深，以藤、柳、桑条编扒片，上留二孔，盖于阱口上，其上再覆以杂草等伪装物，阱内放一猪崽（或其他小动物），人隐居阱内，并不时打击猪崽，使之嗷嗷叫，以此为诱饵。当野兽前爪踏入扒片二孔时，阱内人紧紧抓住二爪背走，至村落，众人以刀斧猛砍之。八里塔殷商遗址北坡（今徐家沟一带）曾发现陷阱遗迹。

沿青龙河两岸农民有用“鼋鱼囤”捉鳖者，有用鱼鹰叼鱼者，有采蟾蜍者，有挂灯笼照蟹者，有用丝挂渔网捕鱼者，有用网兜拉虾者。捉鳖所用“鼋鱼囤”为竹篾、柳条、荆条编成的笼子，圆形细高有孔，口处条头制作倒枪，将青蛙体刺破流血，系于笼内，鼋鱼沿血迹钻入囤中，则不可出。渔人驾筏在河中游行，经专门饲养的鹰见鱼游至水面，即速飞叼住带至筏上，主人将鱼夺下，令其再叼。采蟾蜍分春、秋两季，春季将捉来蟾蜍，用竹夹将其头部二疙瘩之一的毒腺夹下，刮于木板上，然后放行；秋季将捉来蟾蜍头部另一疙瘩毒腺再挤出放行。其物可为强心、镇痛、止血的贵重药物。砍高粱的时候，将灯笼挂三脚架上，众蟹见光即成群爬来，捉之放入笼中。将丝网片挂在河流下游，当鱼群顺水游来时，挂在丝挂上捕捉之；或张网捕鱼，将网张圆撒入河中，慢拉纲绳即可得鱼。做一网兜，在河中抄之，即可得虾。

卢龙县副业生产习俗也颇具传统与特色。县境自孤竹始即有手工业，称“百工”。隋唐时有“五坊”“四匠”，即染坊、油坊、面坊、粉坊、豆腐坊，以及木匠、石匠、铁匠、小炉匠。其主要是从事生产生活资料的加工和维修。刘家营、燕河营、双望、蛤泊等堡和县城，均有作坊和匠铺专司营造。

染坊。清末民初，多个体开业，骑驴串村，手摇薄鼓接送活儿。染料为种植的蓼蓝，俗称“靛蓝”。收获后，将其叶用熟石灰沤烂，过滤后将蓝水装入缸中，以木耙搅拌，俗称“打靛”，沉淀物为淀粉状，取出制成坨子。染布时，一水曰“月白”，或叫“靠儿色”，即天蓝色；二水曰“毛蓝”，即浅蓝色；三水曰“大蓝”，即深蓝色；四水曰“青色”，即浅黑色。麻花布是将白布印上各种图案花纹再染之。方法是用薄皮革雕成各种花卉虫鸟图案，刷以熟石灰，晒干后染之，成品晾干揉去石灰，即呈现白色花纹图案。麻花布的品种有门帘、褥面、被面、枕顶等。清末民初，还用槐树籽（俗称“槐剥头”）染黄绿色（抗日战争时期，八路军的被服厂常用此法染制军装）；高粱稞子（不成熟的高粱粒）炒熟后以水浸泡染褐色；姜黄染黄色；麻秸（或其他秸秆）灰染灰色；乌黑籽染黑色。

油坊。榨油之工序初为打轧，先将棉籽、花生等炒熟碾碎，以粗麻皮包成饼状，码于槽内，多加木楔、铁锤，人工夯楔，油流于槽中。早年有棉籽油（俗称“黑油”）、麻油、苏油。清末民初始有花生油。境内无加工豆油者（90 年代才有）。

榨香油（芝麻油）时将芝麻炒热，以大簸箕扬晾，用青石细磨磨成油浆，放入二十四印锅内，加适量开水搅拌，以长柄葫芦蹾出油来，俗称“撼油儿”。每三十五公斤芝麻为一套，可出油十三点五至十五公斤。其残渣可喂猪、可施肥（施于烟中其味芬芳）。将芝麻炒得稍嫩磨成糊状，南半县名之“香油皮”，北半县叫“芝麻酱”。

面坊。将小麦以清水淘去砂土晒干，再一半拌水，一半不拌，拌匀以大石磨磨之，用丝箩筛之，一淋俗称“一拦”，为麦皮面，较粗黑，二、三拦面最好，称为“腰节面”，相当于精粉，今称“七二粉”，多用于待客或年节食用。四、五拦为麸子面。最后剩下的面渣，称为“麸子”，多拌草喂大牲畜。

豆腐坊。将大豆（青皮豆、白黑豆、黄豆、黑豆等）压碎去皮沤软，以石磨磨成浆状，过箩或用吊包过滤，烧开放缸内，点以卤水，用粗麻布包之放于长方形木盘内，榨去水浆，即成豆腐。南半县叫“水豆腐”。如将豆浆放入池内，把豆腐脑儿用扫帚苗打碎，均匀摊于木模内压成薄片，南半县叫“干豆腐”或“千层豆腐”，北半县叫“豆片”。其渣混以青菜煮食叫熬豆腐渣，或将渣和干草喂牛，或喂猪均为上等饲料。

粉坊。清末民初，以绿豆为原料，后改为每五十公斤鲜薯加入二点五公斤杂豆，今已全用甘薯。先将鲜薯磨成浆，装缸后对以酸浆（粉浆发酵而成），将老浆泼去，先过大箩，沉淀后，重新以清水搅拌，再过小箩。过小箩之渣，以咸菜熬热可食，南半县叫“毛粉”，北半县叫“麻豆腐”。最后把沉淀之浆起出放入吊包内，兜成坨子，晒干后即成淀粉，俗称“粉面子”。粉渣可酿酒、制糖，困难时期，人可用作“代食品”，或喂猪。粉浆可沤肥。漏粉方法是先将淀粉用芡（淀粉与白矾调成的糊状物）和面，将水煮开后，一人端瓢向锅中漏，一人拨锅，不使粉条在锅底粘住，瓢起后拨至凉水（或冰水）池中，倒在杖子（二尺多长的木棍或向日葵棍）上，再用凉水浸泡，捞出挂于绳上晒干。冬季则挖长方形坑，把粉杖子码入坑内，冷冻一至二夜，晨取出敲去冰凌，再放入温水中浸泡，捞出晒干，称为“冻条子”。因夜在坑内的粉条被风吹成乳白麻孔状，俗称“澥条”。澥条粉条量轻不耐熬。粉条种类有大宽粉，俗称“片粉”；二宽粉，俗称“马莲粉”。以上两种多用于炖肉。还有粗粉、二细粉、汤粉、粉丝等，多用于熬菜或下火锅。

木匠多为造屋架、打家具、制车船业者。至明清工艺已很精致。木匠可收徒，只干活，不讲解，对有培养前途者，予以指教。三年出师，师傅给木匠工具一套，可单独开业；手艺好者木匠铺一般留用。

铁匠作坊称铁匠炉或烘炉，掌长钳夹工具坯者为师傅，打锤者称“抡大锤”，统称为“打铁的”。其工种艰苦，劳动量大，多是山东人来县串村立炉，制作农具。以锹、镐、刨、镰、牲畜掌为主。

石匠，境内南部较多，以石门镇为主，集中于庄坨一带；北部花台乡河南庄也有。主要是制造石碾、石磨、猪槽子、门枕等。手艺好者可镌刻碑文、雕刻透花等建筑物，如石狮、虎、羊、龙、凤等，或凿壁画。瓦匠为砌墙造屋行业。

小炉匠，县境称为“锔锅的”。呼叫声为“锔缸、锔碗、锔漏锅”，铁器、瓷器破裂时，以钉锔连接之。锔瓷器无金刚石钻头无法钻孔，俗有“没有金刚钻，别揽瓷器活”之说。业者一头担木斗，一头担小烘炉和砧子。

另外还有理发、楦簸箕、张箩底、修鞋、滴壶、杵磨、磨刀剪等行业。（以上据 1994 年《卢龙县志》整理）

大城县农业生产习俗

在种植上，以前县北大洼习种高秆庄稼，红白高粱、玉米及耐涝作物大豆等。中、南部地区则习种谷子、糜黍等杂粮及红薯、花生、棉花等。一年之计在于春，种植什么，农民非常重视春节期间每天的阴晴变化。从旧历初一到初十有歌诀道：“一高（粱），二棉（花），三黄（豆），四黑（豆），五黍，六糜，七谷，八麦，九果，十菜。”晴为丰，阴为歉。同时，为验证一年间哪月雨水大小，每当立春这天，农民们用一根秫秸棍，钻十二个眼，每眼代表一个月，然后把十二个黄豆粒镶在眼内，把它泡在水缸里，三天后观其豆，哪个涨得大，象征哪月雨水大，以早做预防。在种植形式上，1958 年前，习惯稀种，大部为一尺二的耧，平耧耩，少数间种隔垅田（高粱与大豆间作或玉米与大豆间作等）。留苗习以稀留，谓之“稀田大穗”，“谷留稀，麦留稠，棒子地里卧小牛”。1958 年后，则打破了这些传统的种植习惯，提倡合理密植、科学种田等。（以上据 1995 年《大城县志》整理）

第三节　商　贸

正定县集市

每月初一日西关集，二日小十字街集，三日县前集，四日阳和楼前集，五日南关集，六日顺城关集，七日东关集，八日北关集，九日北门里集，十日龙兴寺前

集，凡十集，每十日一轮，周而复始。（以上据明万历五年《真定县志》整理）

赵县集市

城关集：城内集四、九日。西关集一、六日。

四乡集：范庄集五、十日。杨家郭集三、八日。王西章集一、六日。大石桥集二、七日。沙河店集五、十日。东大章集三、八日。西封斯集一、六日。宋村集三、八日。马平集五、十日。六市庄集二、七日。沟岸集五、十日。新寨店集五、十日。韩村集一、六日。（以上据清光绪二十三年《赵州志》整理）

蔚县集市

新中国成立前，蔚县集市贸易活动以赶庙会为主，通过举办庙会进行物资、文化交流。县内庙宇众多，有娘娘庙、太山庙、雷神庙、城隍庙、五路神庙、观音庙、童子庙等，几乎村村有庙，因此庙会盛行。除秋收大忙季节外，农历八月前，基本月月有庙会，如农历二月初二龙王庙会，二月十九观音庙会，三月十五重泰寺童子庙会，四月二十眼光爷庙会，四月初十玉皇庙会，六月初六河神庙会，六月十三龙王庙会，七月十五佛会，西合营七月骡子会，腊月初八释迦寺会，等等。会期少则一天，多则十五天。庙会形式分两类，一类是以某一庙宇为主由当地“香头”筹备经营，以寺庙名称为庙会名称，以寺庙活动为主；一类是当地商行、会首筹办的庙会，称为“某月会”，以物资、文化交流为主，如县城三月二十八至四月初八赶“三月会”，会场上日用百货、食品摊点生意兴隆，尤其以瓷器上市数量大，成交额突出。西合营四月十八的泰山庙会形成了一个小百货市场。不论何种庙会形式，均场面热闹。赶会时，一般由主办庙宇的和尚与民乐队（鼓匠）和部分群众组成仪仗队诵经奏乐，到就近泉子敬取“圣水”，供奉于寺庙内，上香念经，以求吉利，散会时再将“圣水”送回原处，表示结束。庙会期间，庙宇张灯结彩，联对盈门，商贾云集，日用百货、土特产品、生产用具、风味小吃应有尽有，戏曲杂技、魔术曲艺、武术马戏、拉洋片等民间艺人开场献艺，吸引着三乡五里的群众观看。举办庙会的经费，主要依靠当地寺庙买卖字号、善男信女捐资，其中也有摊派的成分。

赶庙会的形式一直沿袭到50年代，后消失。各较大乡镇划定市场范围，进行城乡贸易。80年代，十大镇均建起贸易市场，活跃了集市贸易。（以上据1995年

《蔚县志》整理）

玉田县集市

集期：城内四街市，三、八日。东、西二关市，一、六日。洪桥市，二、七日。市枕荣辉河。鸦鸿桥市，五、十日。市枕还乡河。窝洛沽市，二、七日。市枕还乡河。石臼窝市，四、九日。市枕蓟运河。林南仓市，五、十日。市南距荣辉河十里，旧为边官屯，即今东屯。相传，其市自林西庄迁来，本荣辉、蓝泉两河南北交注、所经之地。今两河远隔，若风马牛。而市南有名海，船沟者，平时为田畴小水，因以通舟，疑即古河道也，未知果否。有《林南仓志》，今佚。采亭桥市，二、七日。市枕蓝泉河。钱家沟市，一、六日。市枕双城河。

按：旧志有秫树坞集，四、九日。无钱家沟。今钱家沟立市有年，秫树坞止。岁杪一、二集，并无市厘，仍附此，以著变迁之迹。又丰台镇北门外属邑境，旧有芦席市，今废。

斗斛：以卫斛为准，乃古积龠遗法。凡卫斛一管、十管，皆五数；二管、二十管，皆十数。其管之制，又自以一而登于十。如所谓十五五者，三十一管也；十四八者，二十九管，而加以管中之六数也。斗式，正方。先是上下均一，中间有梁。今改小口大底，无梁，其口以铁包里，官为印烙。

本城市斗，二十五张。林南仓市斗，二十八张。窝洛沽市斗，十六张。采亭桥市斗，八张。石臼窝市斗，六张。钱家沟市斗，六张。洪桥市斗，二张。上各市斗，向系卫斛十五五。今钱家沟，十八五。鸦鸿桥市斗，三十二张。向以卫斛十五五为则。今十八三，归本镇管河主簿稽查征税。林南仓副市斗，二十张。以卫斛十四八为则，系因市斗不敷周转，经绅商公请，验发小口大底周围铁包斗，永为定式。各粮铺轮流收管，互相稽查，与正市斗相辅而行。唯买卖粮价较正市斗不同。行之有年，商民两便。其关键在非一人独据，故能久而无弊也。

秤：十六两为斤，无苏法、漕法名目。其偶有相议，足斤不足斤，或加秤者，要莫不于价齐之。如棉花一项，有十六两、十八两至二十两者；羊烛、元酒等类，皆有足斤不足斤之说，其价亦与为低昂，他物仿此。

窝洛沽，杂货秤一只。光绪四年，请设林南仓杂货秤。案内奉藩司札，非新立市集，无容添设。

尺：祝苏广尺差短，此专就裁尺而言，若布尺则盈余多矣。

各镇皆有布尺、裁尺各名色。裁尺一尺，得布尺六寸。凡买卖本地及山东布，用布尺。绸缎或洋布之类，用裁尺，衣服之制，亦用裁尺。

天平：砝码轻重在苏平、广平之间，故云半苏半广。然亦互有低昂。

本城平，名玉平，与库平同。林南仓，每百两比玉平加六钱。鸦鸿桥，每百两比玉平加一两一钱。窝洛沽，每百两比玉平加一两四钱。采亭桥平，与林南仓同。石臼窝平，与鸦鸿桥同。钱家沟平，与鸦鸿桥同。洪桥平，与本城玉平同。

钱法：各镇皆行使制钱，兼京钱。然以东钱为率。所谓东者，畿东也。东钱百文，乃制钱十六文，又称为京钱三十二文。盖京钱二百，当制钱一百。故以制钱一文为二数，五文为十数，积至五十文，则为足百，乃东钱之足三百也。其足三百者，见制钱、京钱之足百以名之耳，实于东钱三百，有溢数矣。旧法，以制钱二文，为东钱一十文。加一文，则为二十；再加二文，为三十；再加一文，为四十；再加二文，为五十。实制钱八文，倍之即东钱之百；再倍之，为二百；三倍之须加多一文。以四十九文为三百；四倍之，亦加多一文。以六十五文为四百，此一小串矣。积小串而五之，为一总串，俗曰“两吊”，即二千也。又有冒四、冒五、冒六之不同。冒四者，其总串之腰、尾各两小串，皆制钱六十五文，唯当头一小串，以制钱六十四文各半分穿，故云冒四。多一文者，为冒五；多二文者为冒六。本城、林南仓等处，皆冒四钱；鸦鸿桥、窝洛沽等处皆冒五钱，各市典铺皆冒六钱。

各镇皆有现钱、兑钱诸名目。如：将钱买物，即时交易，无稍辗转者，此现钱也；似债偿债，迁就通融，则为兑钱。此其买物视现钱，当有加价，谓之补底。善如制钱、京钱，九六、九八，视足百者，当加数也。（制钱九六者，以九十六文为百，应补加四文乃为满钱。其九八者，以九十八文为百，应补加二文乃为满钱。至京钱九六，实制钱四十八文，宜补加二文为足百。其九八者，实制钱四十九文，宜补加一文为足百。俗皆谓之补底。邑兑钱，视现钱加数，各钱多寡不同。）林南仓市，更有清钱、市钱之分。清钱者，以制钱三百二十四文为一总串，其间无当十大钱也。市钱，每吊搭当十大钱二枚，至一总串，则四枚，而减去制钱四十文，此与兑钱大抵相准。若以市钱易清钱，亦需加数。凡阛阓中索欠，或曰磨账，或曰点钱。虽用板票与他处凭贴不同，此玉邑钱法之梗概也。如乙欠甲钱一百吊，丙欠乙钱一百吊，丁复欠丙钱一百吊。则由甲责乙，由乙责丙，由丙责丁，至丁或无可转责，乃如数代偿于甲。涓之磨账，以其如磨之转也。兑钱、市钱以至银粮，皆用此法，唯现钱则否，清钱亦异。又，或由甲铺票开乙所欠钱一百吊，遣人执赴乙铺，乙偿以市钱二吊，别用票开丙铺欠钱九十八吊，给前使执赴丙铺，丙亦偿以市钱二吊，更以前使责之于丁，其票止列钱九十六吊，以次递减。共历五十家，而百吊始备，谓之点钱。此唯索兑钱之欠乃用之。故诸色钱中，为兑钱最贱。往往以兑钱易市钱，亦须加数。以市钱偿兑钱之欠，犹各惜焉。凭帖，即银钱票，其法以票内虚数，即作为实银、实钱。关东口外，皆盛行；京都、天津及他省，次之。此不独易于损失之患，其诈伪或贻害多家。今疆吏有奏明严禁者，骤革之，不无所苦，自不若防于未然之为愈。玉邑无凭帖名目。

牙帖数目：帖由司颁，昔行。今废者，不载。

在城马牙一名，估衣牙一名。林南仓，猪牙一名，驴牙一名，斗牙一名。鸦鸿桥，牛牙一名，斗牙二名。窝洛沽，斗牙一名，秤牙一名。

银粮交易。昔，各镇有空买空卖之害。其在粮曰“批盘”，在银曰“打虎”；统名曰“倒把”，又名曰“对交”。

豫猜将来之价，以为交易，情同赌博，动辄盈千累万。然，并无实钱、实银、实粮。但，届所猜之期，视价增减，以为胜负。负者，认赔；胜者，得利而已。一经煽惑，举国若狂，贱仆深闺，皆或尝试。往往贪多务得，一败不支。荡产离乡，轻生毁节者，不知凡几。擅其利者，唯说牙耳。能使银粮各价暮四朝三，病商病农，害难殚述。昔鸦鸿桥为最甚。久经严禁不行，今现银、现粮之外，以现钱交易曰现钱、现粮，唯有赊买、赊卖。先粮银而后钱者，为赊买，其价照现钱有加。盖卖主以银粮取息也。先钱而后银粮者，为赊卖，其价照现银粮有减，盖买主以钱取息也。若概从禁绝，恐市面太行枯寂。然使其过于松活，则又易致大意，而诓骗之祸即因以生。法唯有严惩诓骗，并罪其疏忽之太甚者，令各商自行设法，力求稳妥。倘察有买卖止论数目，不论物色。买粮，或不看色，名曰“管抄”。及一物两售，有借囤卖粮者，一赊两期，赊买赊卖各有限期，众皆划一，乃或初限，尚未清洁，又复层递，订期，别开买卖，为近日远日之分，此中尤多失事。各情弊仍比照空买空卖之罪罪之，亦整顿市厘之一道也。

道光十五年十月，奉遵化州宪法白牌开为檄，饬查禁事。据该县杨思斋具呈本州地方并该县，鸦鸿桥奸商，在集镇私开买空卖空局铺，豫猜行情，至期合价，以论赌赚。每粮一石，给东钱一吊。局铺出收其实，不用颗粒分文，买卖盈千累万，以致彼此煽惑，故抬高价，恳请示禁等情。据此，查买空卖空，久经本州出示严禁，如果实有前项情弊，自应查禁究办。除呈批示，并饬差严查外，合行抄呈票饬。为此，仰县官吏，即查，照抄发呈批事理，立即饬差查明。如有奸商批空情事，严行查禁。

光绪八年，《访禁诓骗打成示》云：为出示严禁事，照得钱铺倾吞存款，关闭歇业，应照诓骗治罪，例禁綦严。近闻城乡各集镇地面，颇有不法奸商，开设钱铺，诱人存兑根钱。一经存账，兑款聚积，多数即藏匿现银，捏称亏本，关闭歇业。至存兑钱主向铺户算账讨要，便有一二刁绅劣衿，朋比为奸，假作说合，勒令钱主以一抵十，减成情让，名曰“打成”。并逼令写情让字据，如钱主不愿，则危言欺哄，多方挟制，必使入其圈套而后已。若辈说合即成，不特与钱铺分赃，且反向钱主索谢。在良懦乡民，或受其愚弄，或畏其欺压，无不饮恨吞声，吃亏了事。而若辈即幸为得计，群起效尤，实为闾阎大害。若不从严惩办，何以除奸宄而安善良？除设法查拿外，合行出示严禁。为此，示仰商民人等，知悉自示之后，该处钱铺为人存兑银钱，务须划一，交易各守信义。如实因铺本不足，无力开设，必先将存账、兑款开发清楚，方准关闭。如存兑款项未经开发清楚，辄行关闭歇业者，无论是否设计侵吞，即照诓骗例计赃科罪。倘有前项刁绅劣衿，从中唆串，为钱铺设奸谋，假说合以渔利，一经查访得实或被告发，即将说合之人以主谋为首论，从重从严，决不宽贷。本县言出法随，各宜凛遵，勿违，特示。（以上据清光绪十年《玉田县志》整理）

大名县集市

集市贸易均为定期，一般每旬四个集日，均在上午，过午即散。逢集日，农民带着自种的蔬菜、自制的小农具等日用品，牵着自养的大小牲畜到集市上换回他们需要的商品。平时走村串乡理发、张箩、拴笸箩簸箕、劁猪阉狗、钉马掌等手艺人和做小生意的，也都到集市上招揽生意。也有的上集闲逛，买点好吃的改善改善。集市上，炸果子（油条）的支起锅，卖绿豆面丸子汤的垒好灶，卖烧鸡、熟肉、包子和其他吃食的都摆开自己的摊位，大声吆喝着，此起彼伏的叫卖声和食品诱人的香味，吸引着众多的食客。

集市上的商品以类别形成各种市场：骡马市、猪羊市、粮食市、木料市、车马挽具市、肉食、布匹和日用百货市（旧称京货棚），各自占有地盘，绝不混杂。骡马、猪羊、粮食、木料等市均有经纪人为买卖双方议定价格，促使成交。成交后，买卖双方均需向经纪人交付佣金。买卖大牲畜的佣金为“成三破二”，即买方交货款百分之三的佣金，卖方交货款百分之二的佣金。买卖牲畜讲价钱的方法也比较特殊，由经纪人分别与买卖双方在衣袖内或衣襟下以手势比画代替语言来讲价钱，这种方法叫“搦局”，因手势不同而有挠六、捏七、撇八、钩九的说法，如双方均无异议即可成交，有反复搦几次的，也有搦多次未成交的。

农忙时，集市贸易自行停止，农历腊月二十日左右，集市贸易大放开，称“乱市”，“乱市”后，各种商品可以随意摆放，自由买卖，不受经纪人的约束。

新中国成立后，曾有一度集市贸易被管死，逢旧历的一、六始能成集，改革开放后，一些地方恢复了原来的集市。

县城所在的大名镇，商贩多，有固定的市场。早市，主要是蔬菜和早点。早晨，农民将自种的蔬菜瓜果运到市上出售。过去菜市在羊市街，现在则有东街、北关、南关等几个菜市，各种新鲜蔬菜摆在道路两旁。豆腐、豆芽不在菜市上占摊位，没有固定地点。其他卖菜人也有的不到菜市去，而是走街串巷叫卖。市民们的菜篮子得到了充分满足，每天都可以买到自己喜爱的新鲜蔬菜。

随着生活节奏的加快、生活水平的提高，相当大一部分人自己不做早饭。早上六至九点，分布全镇的百余个做早餐的摊点，出售豆浆、豆沫、豆腐脑、米粥、果子（油条）、起布袋（鸡蛋果子）、包子、花卷等，人们可以根据个人爱好任意挑选，买回家或坐在摊点旁小凳子上吃。九点以后，早食摊点陆续收摊。

早点之外，馍馍、包子、火烧等食品全天都有出售，下午、晚上还有卖馄饨、老豆腐、胡辣汤的挑子陆续出来。随着季节变换，还出售糖糕、粽子、凉粉、馓子等。近年来，啤酒、冷食及陕西凉皮、兰州拉面、新疆羊肉串、朝鲜小菜也加入了大名的食林，逐渐被人们接受。

近年来，人们讲究衣着，一般不再穿着家做的布鞋和衣服，经营鞋和服装的日益增多。大名镇的北街、东街、北关有多处鞋及服装摊点，各式新潮服装挂满街头。

出售商品和从事工艺操作，并不全靠直接吆喝，有的则用传统召唤顾客的方式，如卖馍馍的吹牛角觱篥，卖肉的敲梆子，卖油的摇铃铛，张箩的晃动几块连起来的铁片哗哗作响。回民经营食品的，则挂一块带清真标志的牌子以示与汉族的区别。（以上据 1994 年《大名县志》整理）

邱县集市

集市者，集四方之货物于一地而交易之之谓也。邱分城市、乡集两种，不过均不景气。

旧时城集初三日东街，初八日南街，十三日西街，十八日新街，二十三日北街，二十八日中街。康熙年间并移四关，仍照日轮转。后因漳水环绕四关，故移城里十字街。兹将城及各乡镇集市列表如下：

邱县集市一览表

名称	行　数	集期	坐落何区	距城里数
城　集	花粮行、皮行、花生行、牛驴行、木料羊毛行、麻饼行	三、八	第一区	城内
贾寨集	花行、粮行、麻饼行	四、九	第一区	十
常屯集	花行、粮行	四、九	第一区	十八
南辛庄集	花行、粮行、麻饼行、牛驴行、花生行	一、六	第二区	十八
万善集	花行、粮行、麻饼行、牛驴行、花生行	四、十	第二区	七十
梁二庄集	花行、粮行、麻饼行、牛驴行	四、九	第三区	十八
南辛店集	花行、粮行、麻饼行	二、五 七、十	第三区	十八
马头集	花行、粮行、麻饼行	二、五 七、十	第四区	二十五
古城营集	花行、粮行	四、九	第四区	四十
贺钊集	花行、粮行、牛驴行	四、九	第五区	九十
北辛店集	花行、粮行	四、九	第五区	一百二十
翟孝楼集	花行、粮行	五、十	第五区	一百二十

附注：按表列集期，系按废农历计算。民国二十一年，虽经奉令饬改国历，终以习惯已深，骤难改革。（以上据民国二十三年《邱县志》整理）

雄县商幌市声

旧时的商业门店多挂行业幌子。如开店的挂笊篱，修自行车的挂车圈，开饭店的挂红蓝布条，染房挂棒槌，中药铺挂一串膏药形木牌，澡堂挂灯笼，豆腐房挂水圈，卖馒头的插“出头”（假馒头），等等。新中国成立后，商业幌子逐渐减少，除少数门店挂有行业幌子外，其他多以行业招牌代替。

旧时，一般卖什么吆喝什么。有的则以物声代替，如卖布的用小鼓摇晃，卖小百货的摇“拨浪鼓”，卖泥人的敲堂锣，卖黑油的摇铁铃铛，卖香油的敲铜牌，卖豆腐的敲梆子，算命的打板，理发的响“唤头”，修笸箩、簸箕、刨笤帚的摇“哗嗟”，等等。此习多沿用至今。（以上据1992年《雄县志》整理）

唐县商幌市声

开店的挂“箩圈”，开饭馆的挂“笊篱”，开药铺的挂“膏药”，修车子的挂“网圈”等为境内传统商幌，20世纪70年代多为文字牌匾代替。但卖豆腐的敲鼓，卖油的敲梆子，刨笤帚的敲千叶，卖麻糖的敲铛铛至今沿用。收鸡、收兔、换大米、收废品等叫卖市声多为扩音广播所取代。钉盆锔碗小炉匠，历来以口喊为“唤头”，80年代，由于业务萧条，停业转行。（以上据1999年搪县志》整理）

蔚县商界习俗

旧时，蔚县商界招收新店员时，要求所招店员有推荐人、保证人做担保，称为具保尚士。店员一律食宿店内，当地人每月准予回家住宿数日，外地人每年给十五至三十日探亲假。新店员学徒期为三年，满三年，若工作肯干、作风正派、本人愿意留下的，招为正式店员，工资列入伙计之列。每年除夕之夜，商店对一年内事务做总结，对超支店员逼索超支欠款，谓之逼超支，若无力退款，可找保人担保，否则列入次年解雇对象。在盘点同时，从除夕至正月初五，店内备酒席招待店员，凡被解雇者，饭后即离去，俗称破盘。继续营业的店铺，正月初六开门营业。倒闭者，关门清理，店员另做选择。元宵节，商店为店员确定新一年的工资数额，核算提取去年剩余工资数额，谓之批账。店内还要请股东助兴庆贺。

新中国成立后，一切按国家规定执行，以上习俗自行消失。

旧时，蔚县煤矿多属小型民办小煤窑，手工开采，生产条件差，工人的生命安全没有保障，煤窑主有扣蓄背煤工人三分之一工资的规定，将其作为发生意外事故后料理后事、安家生活之用。每年冬至，煤窑主停业三日，用矿工所集资金摆宴祭窑神，将宰好的猪羊供至窑门口，矿工要参拜祈祷，请窑神爷保佑井下平安，消灾免祸。

新中国成立后，国家矿井不讲此俗。80年代，个体矿井在冬至放一天假，以祈求平安。

旧时，县内手艺人招收学徒时，先由推荐人介绍情况，然后进行面试、口试，考察其相貌智慧，并与推荐人商谈学艺规则和要求，双方同意后即可拜师学艺。学艺期一般为三年，学徒完成应学内容即可出师，或单独立业，或同师傅一块卖艺。学徒出师时要以宴请或送礼形式谢师。如在学艺期间学徒不愿继续学习或因行为不轨被逐，必须赔偿学艺期间的一切费用。

新中国成立初，此习俗仍沿用，不过略有改变，1956 年后此习俗消失。（以上据 1995 年《蔚县志》整理）

玉田县商界习俗

店铺习业，俗称“学生意”，旧时也叫“学买卖”或“学徒”。一般是由荐举人领到店铺，向店主（俗称掌柜或经理）和店员介绍后，就听候店主呼唤。首先熟悉生活，其次学习业务。三年之内，只供饭食和一些鞋帽零用钱，没有固定工资。三年期满，有培养前途的继续留用，不堪培养的辞退。留用的地位在店员与学徒之间，每年发给少量工资，仅能维持个人生活。此俗 1949 年后被废除。

新中国成立前，家贫无力求学又无门路学商的青少年，可投门拜师学手工业技术，俗称“学手艺”。一般先为师傅家做一年家务和杂活（如挑水、做饭、打扫院子等），后开始学艺，学艺期限为三年。出师前，办酒席宴请师傅和同业长辈；出师后，在师傅家劳动一至三年，得微薄工资，报效师傅。1949 年后，从师学艺无此类不合理的待遇。（以上据 1993 年《玉田县志》整理）

大城县手工艺界习俗

大城瓦、木匠较多，有少部分铁匠和窑匠。

瓦匠、木匠信奉鲁班，奉鲁班为祖师爷。学徒认师时都要供上“公输子之神位”的牌位，虔诚地叩拜。旧历除夕也要摆供敬奉鲁班。木工到外地干活，遇到节日，也要把弯尺或墨斗放在供桌上，以此代表鲁班，祭祀一番。铁匠、窑匠则奉太上老君为祖师爷。铁匠过春节时，要在炉台上放一碗饺子，以示对老君的敬奉。窑匠烧窑时，在窑的旋门上留一老君龛，点火前要为老君摆供、放鞭炮，以预祝烧窑成功。

瓦、木、石匠在一起干活，工作、撂歇都得听瓦匠指挥。据说他们是一师之徒，瓦匠负责做饭，所以何时撂歇都得听瓦匠的。木匠的规矩更多，如：“一尺高的板凳，二尺床，三尺的高桌好烧香”，这是做家具尺寸的规矩；“四尺板凳头四寸，上眼下眼差八分”，这是做板凳的规矩；“监（狱）三、庙四、宿（住户）五道”，这是做大门闩带（木条）数目的规矩。铁匠的规矩也不少，给窑匠修理工具不要钱（据说他们是师兄弟），铁匠的砧子忌讳坐，手锤不准别人拿（据说砧子是老君的头，手锤是老君的胳臂）。窑匠不打狐狸、獾和蛇，因窑匠多在荒窑野岗工作，得罪它们唯恐对烧窑不利。

从前，各种工匠为了技术的垄断，都有自己本行的行话。如瓦匠行话：瓦匠——白线的、瓦刀——斩龙剑、抹子——登车、小抹子——马五、砍砖斧——巨五霸、灰斗子——聚财箱、线子——师眼绳；木匠行话：木匠——使黑线的、斧子——百宝金头、锯——五风迎、大刨子——登车、小刨子——马五、小搂锯——娄金狗、画线的墨齿——斩龙剑、墨斗——母留、矩尺——宋江；铁匠行话：铁匠——扇红、砧子——硬汉、手锤——输掖、钳子——钳红、风箱——抽风；窑匠码坯的式样按行话说有鸭子嘴、三鱼头等。

大城历史上商贸市场也有不少习俗，清代县内市场牙行（经纪人）都由私人承包，承包者向官府缴纳一定的物品。当时的斗牙、秤牙、牲口牙、席牙、绳牙等都由县衙发给执照，独家经营。斗牙要供奉县衙一定数量的米，而他们所用的斗是经官方校订的标准斗，其容量是四十四管（即县官所用的签筒四十四筒的容量）；秤牙每年要供奉县衙五百只鸡；牲口牙每年立春交一头牛，供县官举行“打春牛”活动；席牙每年供县衙搭天棚的席；绳牙亦称“官绳铺”，要供县衙马号缰绳的绳、搭天棚的绳子、捆死刑犯人的梢子绳。当时捆犯人有两条绳子，一是捆腰绳，由当铺来出；二是拴辫子的绳，由“官绳铺”出。犯人押赴刑场时，拴辫子的绳要由当地村长牵着，谓之“拉笼头”，由屠户砍头。杀完人后，屠户可拿着犯人血淋淋的招子，到全县各屠户中敛钱。以上这些不成文的制度沿袭成俗，年年如此，直到民国年间才废止。

再就是在商贸一些行业中的“侃话”也是很盛行的。如：牲口牙在撮合交易时，与买卖双方讨价还价都不直接说出，而用手语在袖筒里摸手指头。手语的打法是：一至五，伸几个手指就代表几，六至十则用手势来代表。如：四个手指一抓挠为六，用拇指与食指、中指一捏为七，拇指与食指叉开为八，食指一勾为九。牙纪用暗语表示一至九的数字则是丁、次、雁、虎、慢、鼠、才、取、欠。这种手语、暗语，时至今日还被牲口牙们应用着。（以上据 1995 年《大城县志》整理）

第三章　岁时民俗

河北的岁时民俗活动形式各异，呈现出多层次的瑰丽色彩。但就普遍性讲，仍具有明显的农业文化特色。为便于介绍，岁时节日以地区、时间为序编排，时间再由农历正月排至十二月，以见一地之完整习俗，并便于各地之间进行横向比较。

正定县岁时习俗

正月　元日，夙兴拜天地、祖宗及尊长毕，亲友交相贺，数日始定。立春，设春盘、春饼，曰“尝春”。元宵，陈脯醴，设饼炙。为小灯数百盏，燎于中庭。市井箫鼓喧阗，银灯火树，游人往来，至夜分不绝。或各以意象作诙言隐语相弹射，谓之“灯谜”。十六日，结伴游寺观庙宇，走马斗鸡，蹴鞠玩钱，日旰始散，谓之“遣百病”。二十五日，为填仓日，以阴晴占岁事。

二月　二日，煎油糍，熏百虫。以灰撒地，自井灶至卧室，谓之“引龙”。

三月　清明，男女皆插柳枝，挈脯醴、楮钱，祀先陇。是月，庭院设秋千戏。

四月　八日，戴槐芽，以祛眼病。寺宇为浴佛会。

五月　端午，门悬蒲、艾，佩朱符。小儿彩缕系臂，为“续命缕”。亲友以角黍相馈、请客，谓之“解粽”。

六月　六日，以壶浆奠先墓。曝衣中庭，云可避蠹。士则取书、画晒之。

七月　七夕，陈瓜果祀天孙，士女穿针乞巧。十五，携盒扫墓，以麻谷数篮挂陇上，谓之“送麻谷”。寺庙多做盂兰会。

八月　中秋，亲友以果肴、月饼相馈，月下宴饮，夜分始罢。

九月　重阳，制花糕，携菊酒出郊饮酒，曰“登高”。

十月　朔日，剪彩衣焚于墓侧，谓之“送寒衣”。

十二月　腊月八日，杂诸果于米、豆煮粥，谓之“腊八粥”。二十三日，扫舍宇，饴糖祀灶。人家多于是日换门符，曰“交年”。除夕，男女守岁，灯烛竟夕，爆竹庭中以祓不祥。自二十四日至是，民间竞相婚娶，鼓吹不绝，相塞于途。（以上据清光绪元年《正定县志》整理）

灵寿县岁时习俗

正月　初一为春节，俗称“大年下”“过年”，是古老的传统节日。是日，众人凌晨即起，穿新衣、戴新帽，在爆竹声中烧香点灯、上供敬神，开始新年岁首的欢快热闹活动。村民们乐于日出前察看东方天色，以预兆一年的五谷丰歉；还有泡“水豆”的习惯，除夕夜用刮了穰的高粱秆并列装上十二粒豆子（代表十二个月）扎紧，放入水中，初一弄出查看，根据豆子浸泡的干湿、胖瘦，预测当年各个月的降雨量。早晨，本家晚辈向长辈行拜年礼，长辈给儿孙压岁钱。饭后，同族辈分较低者聚集起来，先到长辈家作揖叩拜，然后再到街坊长辈家叩拜行礼，谓之“拜年”。街上遇人，互作揖相贺。凡戴孝之人，拜年礼提前在小年三十日落时进行。

初一早饭，家家吃饺子，代代相传，历史长远。吃过早饭，男性行过拜年礼后，无论老幼都到祖坟磕头上供。近年，人们手头富裕，在坟头供点心、放鞭炮已相当普遍，上坟回来，尽情欢乐玩耍，有的敲锣打鼓，有的排练玩艺，有的栽车轮、架秋千、做毽子等，准备正月内尽情玩乐的各种器具。

正月初二，新媳妇回娘家，女婿拜丈人。不管天多晚，必须当天赶回。

正月初三，多为外甥男女到姥姥家拜年。

初二至初四，部分乡村有“请媳妇”的习惯，就是家族和邻里轮流以丰盛的饭菜招待头年过门的媳妇。

除初五是“五穷日”不得走亲戚外，直至初十，均为走亲访友、为长辈拜年祝福的日子。初五，清晨放鞭炮，曰“崩穷”；日出前禁止推碾推磨，家家打扫室内庭院，将污土推到远地方，曰“送穷”。过去往往为送穷触及邻里关系，造成打架斗殴。这天切忌走亲访友，女人禁拿针线。早上吃饺子，中午变饭食。

初六是娘家人接闺女的日子，新夫妻同到女家住到正月十六，叫作“住丈人家”，又叫“住正月”。

初十是“十子日”，又说是“石子日”，不得推碾推磨、惊动石头，也是一个改善生活的日子。

新中国成立后，将旧历年改为春节，带有封建迷信色彩的旧俗大多废除。国家规定春节为法定假日，公职人员放假三天。机关、厂矿、企事业单位，除留值班者外，都回家团聚。近年来，每逢春节，政府部门发出拥军优属号召，组织“团拜”，慰问驻军单位、烈军属和残废退伍军人，还组织青少年帮助烈军属、孤寡老人抬水、扫院子等。商店、供销系统为群众过好节日，备足烟酒和各种食品、调料。无论职工还是农民都能愉快地欢度春节。

正月十五本为上元节，因为这天的夜晚叫“元宵”，历久流传着张灯结彩、燃放焰火“闹元宵”的习俗，因而本县通称之为元宵节或灯节，它是年节之后的第一个大节，也是全年众多传统节日中的四大节日（春节、元宵、端午、中秋）之一，民间向有“老骡子老马也歇三天”的习惯，人们更要尽情娱乐三天。七七事变前，无论大小村坊，白天都要敲锣打鼓，人们相聚游戏、举办花会、玩各种杂耍。晚上家家燃放爆竹、起火，并于各处神龛、木主之前点灯上香，大门首悬挂彩饰灯笼。街坊人众敲锣鼓、鸣爆竹，携带灯具神香，沿街串巷，到每座大小神庙去“散蜡”，而后排列“花筒”，大放焰火（俗称“放花”），众人围观，欢呼戏乐，直到深夜。从十四至十六日，连续庆贺三天，而以十五日为最盛。县城、慈峪、陈庄等商贸聚集的大村镇尤为热闹。饭食多以饺子、白馍为主，并无吃汤圆（元宵）的习惯。新中国成立后，聚众散蜡、上香、祀神等迷信活动消失，门首彩灯亦渐罕见，但娱乐性的传统花会形式仍保留下来，有的还渗入了宣传新风尚、歌颂新社会的内容。如“兄妹开荒”“送子参军”“老两口学文化”等。十一届三中全会以后，各家鸣放爆竹、花烛的数量和质量均胜于往昔，有钱人家仅此一项开支就达百元以上，有的还开始吃“元宵”助兴。

十六日清早，众人凌晨即起，到村外“游百病”（日出前必须返回）。遇到大树、水井等物，围其正转三遭，倒转三遭，同时口里还念念有词：“游、游、游百病，××××代我受。”俗谓如此即可一年不生病。新中国成立后已无人再游。

十六日晚，家家门口烤“柏灵火”，并将家里的破旧扫帚、笤帚和炊具放入火内烧掉。“柏灵”即柏树枝，俗传烤此火能驱邪消灾，破旧扫帚存放久了能“成精作怪”。还说此火烧黏糕，吃了治牙痛。其实均属迷信。新中国成立后烧此者渐少，有的仅为取乐而已。

正月二十五日为仓谷爷生日。此日，家家把仓眼（糊窗纸时留下的、能够卷动开合的窗眼）打开，并将过年和元宵节剩下的节日食品吃掉，准备让仓谷爷“填仓”。此俗在七七事变后已渐消失。

二月　初二为“龙抬头日”。俗传，龙在头一年降雨停止以后便入眠休息了，直到这一天龙才抬头上天，开始行云布雨。所以日出之前严禁打水，恐碰了龙角。初一晚上，把灶下的柴灰盛到簸箕里，用手抓着顺墙边、过道慢慢撒成一条灰埂，一边撒一边念：“二月二，律律灰儿，蝎子蚰蜒不翻身。”

二月二这天，老人们都催着男孩子们剃头理发，叫“剃龙头”。为了吉利，这天家家吃面，称“龙须面”。该县中部一带还有吃煎饼、咸食的习惯，而且人吃之前要撕少许扔给鸡吃，据说这样一来，鸡就会将家里的蝎子、蚰蜒等毒虫吃掉，使之不再害人。因属迷信，新中国成立后革除。

三月　寒食节是上坟祭祖的日子，时间为清明节的头一天，每逢是日，家家户户到祖茔祭祀祖宗，用五色纸剪折成条挂缚于谷草杆上，称之“纸嘟噜”，插在坟墓之上，以示对先辈的尊敬与怀念。发现坟陷，则培土加高。此俗今仍盛行。

自70年代开始，每逢清明节，县委、县政府组织干部、职工及学校教师、学生，到横山岭陈庄歼灭战纪念碑及慈峪、西城南等烈士碑前扫墓，纪念先烈。

五月　初五为端午节，俗称五月单五。传为追祭屈原而设。这天家家包粽子吃。粽子为四角形，常以黍米（或糯米）加红枣、花生仁、豇豆为馅（山区加栗子），用苇叶包裹而成。这日早晨青蛙不鸣，俗谓“蛤蟆躲灾”。此节习俗还很多，饮雄黄酒，门上插蒲艾，小儿戴五色布缝制的布娃娃、小老虎、小猫、小鸡等物以“避邪”；儿童手、脚腕系五色线，节后剪下扔进井里，诞称能变“五色鱼”；清早（日出前）采摘梨、枣、柳等枝尖嫩芽，晾干后当茶饮；剥蒜贮存，以备擦治蝎子蜇等。新中国成立后，诸迷信习俗渐止，采茶的亦少见，唯吃粽子之俗至今盛行。

六月　初六过“半年”，变饭食，放鞭炮。原来仅县城一带时兴。新中国成立后逐渐扩展，现已成了全县较普遍的节日。

七月　十五为中元节，俗称鬼节。入夜，人多于三岔路口烧纸，是谓“给无家野鬼送钱花”。七七事变后，此俗逐渐消失。

八月　十五日为中秋节，是个全家团圆、供祭月神的节日。是夜，月从东方升起。家家庭院设供桌，摆上糖果、月饼，全家人一起拜月恭祭。祭毕，边赏月边吃月饼、水果，共享天伦之乐。

中秋节在本县流行已久，据传，元代统治者为防百姓造反，严禁民间蓄兵器，令十家（一甲）伙用一把菜刀，以铁链固定一处，并派“元人”常年监视，甲内十家轮流供养，每日优待三餐。元末天下大乱，有人趁中秋节之际，将“是夜同杀鞑虏”的字条藏于出售的月饼包内。果然，全县百姓于是年的中秋节夜，将各甲供养的鞑子（“元人”）杀掉。自此，月饼包装上贴一红纸字条的标志流传下来，一直沿传到新中国成立前夕。新中国成立后，此节逐渐成为民间阖家团聚、喜庆丰收的日子。吃月饼、瓜果的习俗依然盛行，亲朋间还互有馈赠。

九月　初九为重阳节。旧有变饭食、互馈赠的习俗。到清朝时，仅保留这天看天气预报一冬冷暖之习。故有“九月九阴，一冬温；九月九晴，一冬凌”的谚语流传。皮货商常据当年此日阴晴变化而决定置办货物的多寡，村民则据此给子女购置冬装。

十月　初一为寒衣节，各家各户上坟祭祖。给亡灵烧化以五色纸剪成的“棉衣”和冥票。出阁妇女回娘家上坟。

十二　初八为腊八节，俗称腊八日。糗糜擀面是这天的主食，即用黍米、红枣（也有放上鲜山药和杂豆的）糗成黏稠糊状食物，味道甜美，此即当地的“腊八粥”。

俗传，腊月二十三日夜为灶王上天庭向玉皇大帝“述职”之时，人们希望“灶王爷上天——好话多说”。有的在供奉灶王位置贴上“上天言好事；下界保平安”的对联，更普遍的是将又黏又甜的糖瓜供奉给灶王爷“吃”，意思是能封住灶王爷的嘴，不乱说人间的坏话。因而“二十三，糖瓜粘”之说广泛流传于民间。

腊月三十日（小月二十九日），俗称“小年下”，此日各家忙于过年的最后准备，张贴对联、年画、天地全神、门神、灶马并打扫卫生，晚上张灯、烧香，合家吃“隔年饭”，喝“辞岁酒”，席间猜拳行令，尽情欢乐，甚至通宵不眠，俗称“坐年”。同时，家家争放鞭炮，彻夜不停，俗称“辞旧迎新”。但在新中国成立前，对穷人来说，过年如过关，常为逃债躲避在外，待初一才敢回家。（以上据1993年《灵寿县志》整理）

辛集市岁时习俗

正月　元日昧爽，爆竹，设庭燎，茹春饼，取迎新也。上元，张灯、放花炬，前后三夜。十六日，男女群游，曰“散百病”。二十五日，以五谷杂灰画地为廪囷形，曰“填仓”。

二月　二日，煮秫为糜，曲调之为醋质，曰“醋胶（醪）”。以灰撒墙壁下如缕，由室内达户外，曰“引龙”，用避蝎毒。又用麦、豆面调汁做煎饼，谓可熏虫。

三月　清明，士女簪柳，为秋千戏。

四月　十八日，传为“碧霞元君圣诞”。城东关有古庙，香火甚盛，百货并陈，士女喧阗三日。

五月　五日，人各戴艾叶，食角黍（俗名粽子）；妇女多戴艾虎；儿童腕系彩丝，名“百岁索”。是日为城隍庙会，香火、贸易如四月十八日。

六月　六日，造曲。伏日，造酱。

七月　七夕，女子设瓜果祀织女，乞巧。十五日，立麻谷于门。

八月　中秋，亲友馈瓜果、饴饼，赏月。

九月　九日，女家做枣糕馈婿，曰“追节”。登高赏菊，酿黍为酒。

十月　一日，剪楮为寒衣，焚于墓所。

十二月　八日，以五谷杂枣、栗等为粥，曰“腊八粥”。童男髡发，童女钳耳。二十三日，祭灶。二十五日，扫舍。除日，易门神、桃符，贴宜春字及春联。爆竹。撒芝麻秸于地，曰“跐岁”。亲友围炉饮，曰“守岁”。（以上据清嘉庆四年《束鹿县志》整理）

晋州市岁时习俗

正月　元日，各家早起，焚香烛，陈笾豆，放纸炮，祭众神（木主在内）。祭毕，卑幼拜尊长。拜毕，出门拜同族尊长，出村祭墓。二三日，甥至舅家；六七日，婿至岳家，皆曰“拜年”。唯初五日，俗名“五穷日”，男女兴工粗饭，此善俗也。十二日（或十六日），悬灯后，妇孺游街，谓之“散百病”。十五日，送神，礼仪与元旦同。他如门贴对联、街悬灯笼、筑秋千、击鼓添油，悉寓庆新年之意。但自初一至十六日，男女聚赌，汲汲若狂，实为敝俗，宜禁止或设法以代。

二月　二日，用面汁做煎饼，谓可熏虫。前一夕，用灰缕墙根以避蝎毒。

三月　清明节，男女祭墓，增冢土。

四月　立夏日，祭雹神防灾。十五日夜中，特量砖影长短，验岁丰凶。

五月　五日，端阳节，人各戴艾叶，食角黍，馈乡邻以敦和睦，祭瘟神以防疫灾。

六月　六日，造曲。伏日，造酱。

七月　七日，女子设瓜果祀织女，乞巧（今鲜）。十五日，祭墓。

八月 十五日，昼祭日，夜祭月。招邻饮酒赏月，以相娱乐。

九月 九日，重阳节，食花糕，以寓登高之意。

十月 一日，祭墓，多剪纸为衣焚冢上，曰“送寒衣”。

十一月 长至日，亲友互相拜往（今无）。阳历年除月，公署局所悬旗庆贺，贴春联，如夏历岁元旦，但民间行者尚鲜（今增）。

十二月 八日，以五谷杂枣为粥，曰“腊八粥”。二十三日，设糖瓜，祭灶神。除夕，焚香烛，迎众神。撒芝麻秸于地，曰“跳岁”。乡邻围炉聚饮，曰“守岁”。纸炮（代爆竹）惊祟，直达元旦。（以上据民国十六年《晋县志》整理）

藁城市岁时习俗

正月 元日，合家早起，焚香烛，放纸炮，祭家神。祭毕，卑幼先拜同堂尊长，复出门拜同族异姓尊长。早饭后，上坟祭扫。初二日至十四日，亲戚互相来往，谓之“拜年”。初五日，俗名“五穷日”。早晨放纸炮，谓之“送穷”。男女兴工粗饭。初十日，儿童收敛敝帚等物，门外焚烧，俗谓“烤十字火”，可却百病。十五、十六两夜，烤柏枝火，取百龄之意。他如贴春联、悬彩灯、架秋千、击鼓、添油，悉寓庆贺新年之意。及送神归天，礼仪与元旦同。

二月 二日，用面汁做煎饼；用黄米面包枣，以油煎之，名曰“煎糕”。男女休工一二日。

三月 清明节，男女诣墓祭扫，亲戚互相来往。

四月 立夏日，祭雹神，以祈免灾。八日，小儿带槐芽。十五日夜，月正中时，立杆量影，以占旱潦。

五月 五日，名“端阳节”。人戴艾叶，食角黍，馈乡邻，以敦和睦。

六月 六日，造曲。伏日，造酱。

七月 七日夕，女子设瓜果祭织女，乞巧。十五日，俗名“鬼节”。放河灯，祭墓，又名“盂兰会”。

八月 十五日，陈设瓜果、月饼等物，向月致祭。邀乡邻饮酒，以相娱乐。

九月 九日，重阳节。食花糕，以寓登高之意。

十月 一日，祭墓，剪纸为衣，焚烧冢前，曰“送寒衣”。

十二月 八日，以五谷杂枣为粥，曰“腊八粥”。二十三日夜，设糖瓜祀灶，送神归天。除夕，焚香烛，迎众神。散芝麻秸于地，曰“踏百岁”。乡邻聚饮，曰

“守岁”。各家放纸炮，夜不绝声。（以上据民国二十二年《藁城县志》整理）

高邑县岁时习俗

正月　旧历元旦，夙兴，曰“起五更”。陈馔供神、门贴春联、燃香烛、放爆竹、食水饺、饮屠苏、易新服、祭天地、祀祖先、拜尊长，家众以次贺年，乡邻团拜为礼。五日晨兴，燃花炮，除秽土，谓之“送穷”。自除夕至十六，遍街悬灯，士女竞观，夜不为禁；踢毽子、打秋千，以为欢乐。十五日，为“元宵节”。十六日晚，堆柏叶于门首，引火焚之，围烘取暖，谓能“除百病”。十七八两日，妇女仍不事针黹，俗谓“七蝎子”“八蚰蜒”。盖妇女之禁忌，亦度岁之尾声也。二十日，祀仓神，曰“小填仓”。二十五日，蒸面团祭仓，曰“老填仓”。填仓后，始开仓取谷。

二月　二日，俗谓“龙抬头”。晨不汲水，食面条，曰“挑龙头”。至以灰撒墙根，咒曰：“二月二，围墙根，蝎子蚰蜒不上身。”晚以纸钱并神灯残余之油捻，焚于门外，曰“送蝎子、蚰蜒”，则小儿女之所为也。

三月　清明，扫墓祭祖。

五月　端阳，插艾于门，家人食角黍。

六月　六日，造曲储酱。

七月　七日，曝衣物。

八月　中秋，陈瓜果于庭，亲友互馈月饼。

九月　九日，吃花糕，饮菊酒。

十月　一日，祭祖先，送寒衣。

十二月　腊月八日，以米、豆、枣、栗等物八色煮粥，谓之“腊八粥”。二十三日，以糖瓜（饴制、形圆如瓜）祀灶。除日，悬彩灯、贴春联、架秋千，以备度岁娱乐游戏。除夕，燃火围炉，家人以酒肉自劳，犹有歌豳饮腊之习焉。（以上据民国三十年《高邑县志》整理）

赵县岁时习俗

正月　元日，五鼓初，焚香烛，祀真宰神及先祖。男女各拜家长，以次递拜，亲友交贺毕，遂拜墓。立春日观土牛。五日，扫除垢土，置门外，曰“送穷”。元宵赏灯火，前后数日，游行为乐，谓“散百病”。儿童唱秧歌，放纸鸢。村落驾秋千为戏。二十五日，以灰画地作囤形，中撒五谷，压以砖石，曰“填仓”。

二月　二日，以灶灰围宅墙下，辟除百虫。具鲤鱼、猪脯馈新嫁女，曰“开素”。春分酿酒。

三月　寒食，清明墓祭，焚纸钱，培茔土。插柳檐上。谷雨，书令禁蝎。

四月　朔日，二十八日，城内庙会。男女多焚香礼神。

五月　五日，贴门符，食角黍，戴艾叶。妇女簪艾虎，儿童佩五色丝。五日前，具角黍，馈新嫁女。

六月　六日，造曲储酱。

七月　七日，曝衣乞巧。十五日，中元节烧地头纸。祀谷神。

八月　十五日，中秋节。以瓜果、饧饼供月，亲友相馈，夜饮赏月。十五日前，具饧饼，馈新嫁女。

九月　九日，士人携酒出游，登高。

十月　朔日，墓祭。剪纸为衣，焚墓所，曰“送寒衣”。

十一月　长至日，诸弟子致礼于其师，谓“拜师”。与端阳、中秋节同。

十二月　八日，以诸豆、米杂枣做粥，曰“腊八粥”。二十三日，以饴糖祀灶。岁暮多嫁娶。除夕，换门神，贴春联，彻夜欢饮，曰“守岁”。（以上据清光绪二十三年《赵州志》整理）

新乐市岁时习俗

正月　元日，鸡初鸣，燃灯做供以拜天地、神祇、祖宗及尊长，后亲友盛服交相拜贺，罢市三五日始定。立春，设春盘、春饼曰“尝春”。元宵，陈脯醴，设饼炙，为小灯数百盏，燎于中庭、市井张灯为乐，点放花炮烟火，箫鼓喧阗，火树银花，游人往来，至夜分不辍。十六日，为残灯，男女结伴出游，谓之“游百病”。二十五日，为填仓日，以阴晴占岁事。

二月　二日，俗传“龙抬头”，煎油糍，熏百虫，以灰撒地，自井灶至卧室，谓之“引龙”。

三月　清明，男女皆插柳枝，挈酒脯、楮钱祀先。

四月　八日，戴槐芽以祛眼疾，寺宇为浴佛会。

五月　端午，门悬蒲艾，佩朱符；小儿彩丝系臂为“续命缕”；亲友以角黍相馈。

六月　六日，曝衣中庭，云可避蠹。士则取画、书晒之。是日，俗多壶浆祭冢。

七月　七日，陈果瓜祀天孙，士女穿针乞巧。七月十五日，携榼扫墓，以麻谷数茎挂陇上，谓之“送麻谷”。寺院多做盂兰会。

八月　中秋，亲友以果肴、月饼相馈遗，月下宴饮，夜分始罢。

九月　重阳，制花糕，携菊酒，出郭野饮，曰“登高”。

十月　朔日，剪彩衣焚于墓侧，谓之“送寒衣”。

腊月　八日，杂诸果、米、豆煮粥，谓“腊八粥”。二十四，扫舍宇，饴糖祀灶，人家多于是日换门符，曰“交年”。除夕，男女守岁，灯烛竟夕，爆竹庭中，以祓不祥。（以上据明万历二十八年《新乐县志》整理）

深泽县岁时习俗

正月　元日，晨兴，先期设香案于庭，至日拜神、祀先毕，遍拜尊亲师长，或以酒肉相饷，曰“拜节礼”，三四日乃止。门前立高杆，悬轻羽于上，谓之“占风”。元宵，张灯于门，结烟花，架火树银花，前后三日。男女群游，曰“散百病”。二十一日，祀城隍。是月也，农于耜。

二月　一日，祀文昌。二日，煮秫为糜，曲为醋质，曰“醋醪”。以灰撒墙壁下如缕，由室内达户外，曰“引龙”，用避蝎毒。又用麦、豆、面调汁做煎饼，谓可熏虫。是月也，水畔草生，农举趾。

三月　寒食日，士女祭墓，标纸钱，增新土。清明日，士女簪柳，为秋千戏。时桃、杏、李花俱开，挈榼具，就树下酌酒，曰“寻芳”。是月也，麦始生，木始花，桑可蚕。

四月　三日，祀真武。八日，有浮屠会。十四日，祀吕仙。是月也，农锄地，蚕茧登。

五月　端午，饷角黍，相饷饮雄黄、蒲酒，簪艾叶，系朱符以避兵。儿童皆腕系彩线，名“百岁索”。城中人多游郊外，就桥柳为饮，谓之“插柳”。十三日，祀关帝。是月也，妇治丝，男刈麦。

六月　六日，储水造曲。伏日，造酱。十二日，祭龙母；用纸做小旗插田边，谓田祖至，谓之“迎丰”。是月也，黍始登。

七月　七日夕，女子星下陈瓜果祀织女，曰“乞巧”。十五日，祭墓。是月也，谷始登。

八月 十五日，设香案迎月出。陈瓜饼，设酒宴玩月。是月也，木棉始登，妇纺绩。

九月 重阳，做花糕，用糖、栗、枣溲面及酒肴相饷。登高赏菊。酿黍为酒，洁牺牲，作乐报方社，有中古遗风焉。是月也，禾悉登。

十月 一日，扫墓与寒食同，剪纸为衣焚冢上，曰“献衣”。时好集客，号曰“试酒”，以多醉者为荣。是月也，实仓廪，工夜作。

十一月 冬至日，祀先、拜尊长，如元旦仪。是月也，风霾发，猎雉兔。

十二月 八日，以五谷、杂枣等，合而熟之，曰“腊八粥”。贫乞无忌者。童男髫发，童女钳耳。二十四日，扫室、祭灶。除夕，易门神、桃符，贴春联，祀先。门置谷秸一束燃之，曰“燎星”。长幼宴集，谓之“守岁”。放爆竹以除祟，声闻远近，至于达旦。是月也，气栗烈，闭户守冬。（以上据民国二十五年《深泽县志》整理）

无极县岁时习俗

正月 元日，拜神祀祖，卑幼拜尊长，五日乃止。悬羽于竿，谓之“占风”。上元张灯，男女群游。二十一日，祀城隍。

二月 一日，祀文昌。

三月 寒食日，士女祭墓，标纸钱、增新土。多簪柳，为秋千戏。时杏、桃、李花盛开，人多挈榼就树下酌酒，曰“寻芳”。

四月 三日，祀真武。八日有佛诞会。

五月 端午，饷角黍，相饷饮雄黄、蒲酒，簪艾叶、系朱符，儿童背腕系“彩线”。

六月 六日，储水造曲。伏日，造酱。十三日，祭龙母。用纸做小旗插田边，曰“田祖至”，谓之“迎丰”。

七月 七夕，女子星下陈瓜果祀织女，曰“乞巧”。十五日，祭墓。

八月 中秋，设香案迎月出。

九月 重阳，做花糕，用糖、栗、枣溲面及酒肴相饷，登高。酿黍酒，洁牺牲，作乐报方社。

十月 一日，扫墓与寒食同，剪纸为衣焚冢上，曰“献寒衣”。民间多酿酒。

十一月　冬至，祀先，拜尊长，如元旦仪。

十二月　腊月八日，以五谷、杂枣、栗等物，合而熟之，曰“腊八粥”。贫乞无忌者。童男髡发，童女钳耳。二十三日夜，祭灶。二十四日，扫室。除夕，贴门神、桃符、春联，祀先。门置谷秸一束燃之，曰“燎星”。家人宴集，“守岁”。爆竹除祟，至达旦。（以上据民国二十五年《无极县志》整理）

赞皇县岁时习俗

一月　元日夙兴，肃衣冠，拜天地、祖宗毕，序拜父母尊长，随出谒官长、亲族、邻里。五日内，交相展庆。新用门神，大放爆竹，以逐鬼疫。元宵做花灯、火树、爆竹。男女夜玩，夜半而罢。立春之日，先期知县具庙服，率僚属及七社里民，鼓乐结彩，迎春东郊，行祀芒神礼毕，迎神还返，安设于县大堂前。候次日春至，行鞭春礼。

三月　清明，祭扫先墓，剪纸招魂。姻亲馈送女家簪珥，俗名“赘节”。

五月　端午，用苇叶裹黍为粽，插菖蒲、艾叶于户，饮蒲酒、雄黄酒。童子以五色线系背，谓之“百索”，即“长命缕”也。是日，亲友相馈送。

七月　七夕，是夜，有乞巧之说。十五日，祭扫先墓，烧地头纸。

八月　中秋，是夜无大小，咸置西瓜、月饼及杂果品，欢聚赏月。亲友馈遗。

九月　重阳，是日蒸糕、饮酒，交相馈遗。

十月　朔日，是日祭扫先墓，烧纸衣，俗名“送寒衣”。

十一月　冬至，祭祖先，亲友馈送木炭御寒。

十二月　八日，饮腊酒，用五谷杂豆煮粥，谓之“腊粥”，庆丰年。二十三日夜“祭灶神”，用饴糖及果品。时多嫁娶，不择吉，谓神升于天也。除夕，悬先人遗像、神主，具牲醴祭拜。换桃符、门神，贴春联。放爆竹，饮守岁酒，带岁寿钱，吃扁食、点心。亲友互相馈遗，谓之“送年节”。（以上据民国二十九年《赞皇县志》整理）

元氏县岁时习俗

正月　元日晨兴，祭天地、祖宗，拜礼尊长，亲友相贺。五日黎明，扫舍积秽送于路，谓之“送穷”。十日，俗谓“十子日”。是日，不动碓硙，恐伤岁稼。十二日，妇女出聚门首，谓之“躲鼠”，不然恐啮衣物。十五日，燃灯祭神。十六日夜半，用杵遍杵宅院，谓之“捣虚耗”。是日，置酒宴亲，放花炮，庆元宵。二十日，用灰画窖，置五谷于中，明晨收入仓内，谓之“小添仓”。二十五日，同上，谓之“老填仓”。是月，亲友置酒酬酢，弥月不绝，谓之“年酒”。

二月　二日，用灰画屋垣，晨以杖击屋梁，禁五毒虫。

三月　清明日及前二日，俱可祭扫坟墓，俗谓“上坟”；又谓之“花节”，市彩花，置酒宴会。

五月　五日，男女插艾，食角黍，以五色线系儿手足，曰“百岁索”。

六月　六日，汲水和面做曲，水味经久不恶。

七月　七夕日，士女穿针乞巧。

八月　十五日夜，剖瓜陈果，聚饮赏月。

九月　九日，制花糕，饮菊酒。

十月　初一日，剪纸为衣上坟，曰“送寒衣”。

十一月　冬至日，官长行香谒神，乡神拜贺，书馆弟子与先生拜节，置酒宴会。

十二月　腊月八日，以五谷米杂枣实做粥。二十三日，以糖瓜祀灶，谓之“糊灶口”，祝福。二十四日以后，扫舍宇不忌。除日前数日，男女嫁娶不拘禁忌，谓之“乱岁日”。是日，易门神。（以上据清光绪元年《元氏县志》整理）

宣化县岁时习俗

正月　元日昧爽，爆竹设庭燎，酒醴牲馔，礼神祀祖先，亲友互相拜贺。元日民间率为椒栢酒以待亲戚，邻里爇丹药于户内，谓之“辟瘟”。喧鼓吹于院落，谓之“门厅炽”。栗炭于门外，谓之“迎旺气”。立春，先一日，令诸色人等扮演故事，届日行春各衙门，俱设春宴。次日，鞭春牛，别塑芒神小土牛，以鼓乐分送上官及缙绅，谓之“送春”。是日，民间造春饼，进春酒。上元，张灯设放花炬，村庄、城市多立竹木，制黄河九曲灯，男女竟夜游绕，名为“走百病”。妇女则召帚姑、箕姑、针姑、苇姑，卜问一岁吉凶。或用膏油贮之面盏，蒸釜内，视滴水满浅，依月数以卜旱涝焉。十六日，游郊为除百病。是夜士女倾城遨游，往来如织，谓之“过桥”。二十五日，名“填仓日”。人家以五谷增入囷内。

二月　二日，俗呼“龙抬头”日，盖以时近惊蛰也。各家晨起汲水，谓之“引龙”。十五日，名“花朝节”。妇女剪彩为花饰鬓，以为应节。村民各以五谷瓜果种相遗，谓之“献生”。

三月 清明日，插柳于门，男女戴之，谚曰：“清明不戴柳，红颜成白首。”是日，倾城上冢增墓土。树秋千为戏。

四月 一日，郡城人群游北山寺，席地欢饮，抵暮而归。初八日，为浴佛日。寺观多建道场。

五月 五日，为“天中节”。人家多植艾，或贴纸画虎、蝎，亲友多用角黍相馈送。五月十三日，为城隍庙会。民间送纸人、纸马焚之，谓之“还愿”。是日，武人多出甲胄晒之，故名“晾甲会”。妇女坐街观热闹者亦多，外人嗤为“晾脚会”，谬甚。

六月 十八日，西郊万柳亭庙会，农、工、商贾俱放假出游，乡间赴会者，络绎不绝；争占柳荫，席地而坐，合群豪饮，醉饱而归。（此两条据民国十一年《宣化县新志》整理）

七月 七日，妇女陈瓜果于庭，对月穿针以乞巧。十五日，中元节建盂兰盆会，人多持斋诵经，荐奠祖先，或出郊祭扫如清明仪。是日，皆蒸面为人形，给小儿女拥抱，嬉戏亦以馈姻戚焉。

八月 十五日，以月饼、瓜果饷遗亲厚，夜则置酒赏月。

九月 九日，为重阳节。边塞风寒，登高者少，然多蒸花糕自食，亦转相馈送。

十月 朔日，出郊祭扫，剪楮为衣，焚之墓前，或焚于大门之外，谓之“送寒衣”。宣人岁于清明、七月望、十月朔，妇子相向而哭于家门之外。盖明时百战之后，遣戍者多而阵亡亦众也，其遗俗至今不改云。

十一月 冬至节，行庆贺礼与元旦略同。民间做面食，亦有献履于尊长者。

十二月 八日，用米、豆杂诸果煮，腊八粥互相馈食。凿冰郊外为戏，老幼聚观，晚各持冰以归。二十四日，为交年扫除舍宇，用饼、糖、酒、果祠灶。自是至除夕，民间多乘时嫁娶。除夕，祭先祖，家人具肴馔、爆竹、击鼓，谓之“送岁”。长幼欢饮，坐以待旦，谓之“守岁”。好事者或俟夜静祷于灶神，抱镜出，听市语，以卜吉凶。岁前人家递相馈遗，谓之“馈岁”。留宿岁饭，换桃符、门神。（以上据清乾隆八年修、二十二年订补《宣化府志》整理）

康保县岁时习俗

正月 春节，是县内第一大节。过去人称春节为三元：岁之元、日之元、时之元。在欢度此节中不惜花销。从腊月中旬准备，购衣购物，至下旬置办加紧，要粉刷墙壁，装饰房间，张贴年画，置办新衣。二十三，相传为灶神上天日，各家供麻糖（饴糖）、清水、谷草、豆子，意思是让灶神吃了黏性麻糖可粘住嘴巴，到玉皇大帝那里不说坏话。草料是为灶神的骑马所供。后数日，便陆续张贴春联、窗花。二十七日、二十八日、二十九日不张贴，忌讳“七窟窿、八眼睛——负债多”，“九女星——不养男娃”。三十日（腊月如小月，则二十九）为年春儿，整天吃好饭菜。傍晚清扫院落，挂红灯笼，邻居亲友欢聚，或包饺子、耍纸牌等，尽情玩耍。有的通宵达旦，谓之“守岁”。是夜爆竹时鸣。大年初一，五更起床，点燃预先备好的柴木等物，称之隆（点）旺火。这时各家烟焰张天，各种爆竹响彻天空。清晨，太阳未出，拜年开始，男女老幼着新装，到本村（镇）亲朋好友家拜年。之后到外地拜年，时间可延续到二月二。见面之后问“过年好”，并拱手作揖，受盛情款待。吃准备好的花生、瓜子、水果、烟、糖等，出门时挽留在家吃饭。长辈受晚辈拜见后要给晚辈（或只给小孩）“压岁钱”，尤其是新媳妇、新女婿，备受青睐。初一，妇女有忌针的习惯。到初五，有“过破五”之俗，天未亮前或晚上，要揭起炕席扫土，倒出时要放爆竹，意为送走了穷土；从街上捏点土放到炕席底，谓之换富土。初六以后，闺女走娘家。二十、二十五日为“小填仓”“老填仓”，以预祝五谷丰登，粮食满仓。

新中国成立后，政府也重视春节，做好生活物资供应。节前开展拥军优属活动和爱国卫生运动；节中看望生产第一线人员，机关、厂矿、企事业等单位放假三天，同时还举办文娱晚会，以助兴。

正月十五日，叫上元节，这天晚上叫元宵。有“二大年”之称。这天家家户户吃元宵，晚上主要街道上点火放鞭炮，悬挂各种灯笼（所以又叫灯节），戴面具、耍龙灯、蹬高跷、游旱船、扭秧歌，围观者甚多。这一天农村也挂灯笼。

二月 初二，民间有“二月二，龙抬头”之说。相传，头年雨水停后，龙王休息，此时睡毕起身上天，准备下雨。地上的一些节肢动物，如蚰蜒、蚂蚁等开始活动。这天人们要“剃头”，称“剃龙头”，意取吉利，长寿百年，幸福日子增多。多数人家要响炮、动油锅、吃炸糕或炸油饼等。意为油烟扩散的味道可以呛蚰蜒，使其难以生存或不危害人。

三月 清明节为扫墓祭祖之日，人们提前一天上新坟（新坟指死后三年之内的坟），节日那天上老坟（老坟指死去三年后的坟）。上坟之前，蒸好供品馍馍，备好钱垛（纸制的鬼钱），儿孙们前往墓地扫墓时，将钱垛燃着，表示为死者送钱。之后，要添坟（因风吹雨淋，坟土相应减少），添土以适当为宜。

清明节也是怀念革命英烈的日子。新中国成立后，机关干部和学校的学生，在这一天都要去陵园扫墓，接受革命传统教育。

五月　初五，俗称“五月端午”，也称端阳节。人们有吃粽子的习惯，康保人民在吃粽子的同时还做凉糕、凉粉吃。有的人还到野外捉蛤蟆，把墨块塞入其嘴中，挂在阴凉处晾干，称“蛤蟆墨”，遇有腮腺病，将其在墨台上磨成液状，涂在患处治疗。

六月　六日，为谢雨神节。此时禾苗需雨，而县内又多为旱年，人们求雨心切，便在这天宰牛羊以谢雨神。随着时代变迁，此俗内容变化。这天，多数家庭仅吃顿好饭。县内有“六月六看麦穗”的说法，还有“熬豆角吃羊肉”的传统。

七月　十五日，又名中元节，俗称“鬼节日”。基本和清明节相同，也是上坟祭祖之日。夏去秋来，丰收在即，生者一般要为死去的亲人祭奠。民间有“七月十五哭哭喳喳，八月十五吃吃喝喝”之说。这天，人们将一日三餐剩余饭菜少许，放入一个碗中，在睡觉前，往碗中加入点凉水，再加微量小米，走出街门，朝坟的方向倒下，以示对死者的敬重。之后，女儿、孙女们号啕大哭。

八月　十五日为中秋节。在康保为第二大节，民间十分重视。此时，庄稼基本收割，为了庆贺丰收，这天，家中外出的人赶回家，吃羊肉饺子、馅饼以及各种炒菜。到夜晚，在月光下合家团聚，一边赏月，一边品尝月饼、水果。之后，可随便取食其他果品。节前，有赠送亲友月饼之俗。

十二月　初八，传为释迦牟尼佛成道日，寺院取香谷及果实等做粥以供佛。后亦通行于民间。这天早晨，阳光未出，家家要吃红枣粥。富有之家吃八宝粥，用黄米、白米、江米、小米、红豆、去核红枣、栗子、花生米八样煮成。

附　新中国成立前康保县民间重要祭日

除夕　阴历十二月末日

春节　阴历一月初一日

元宵节　阴历正月十五日

春丁祭孔　阴历二月上丁日

释迦佛庙会　阴历二月十九日

祀关岳　春分后第一戊日

天齐佛庙会　阴历三月二十八日

佛诞庙会　阴历四月初八日

娘娘庙会　阴历四月十八日

药王庙会　阴历四月二十八日

端阳节　阴历五月初五日

关帝庙会　阴历五月三十日

秋丁祭孔　阴历八月上丁日

中秋节　阴历八月十五日

孔诞　阴历八月二十七日

祭祀日　阴历十月初一日

腊八　阴历十二月初八日（以上据1991年《康保县志》整理）

赤城县岁时习俗

正月　元日，祭天地、祖考毕，家人以次拜尊长，亲友亦互相庆谒。神前及门户挂黄纸钱，三日祭奠焚之。立春先一日，令诸色人等扮演故事。届日，行春设宴，次日，鞭春。民间造春饼，进春酒。上元，沿街设立松棚，杂缀诸灯，翠缕银葩，绚然溢目。又唱秧歌，谓之“社火”。设九曲黄河图，擎灯三百六十一盏，男女于中穿逐，谓之“走百病”。随处演戏，戏秋千，三日为度。二十五日名“填仓日”，人家以五谷增入囷内。

二月　二日，各家晨起汲水，谓之“引龙”。十五日为花朝节，妇女剪彩饰鬓，以为“应节”。村民各以五谷、瓜、果种相遗，谓之“献生”。

三月　清明，上冢。

四月　八日，佛诞，多建道场。

五月　五日，做角黍相遗。妇女戴艾叶、艾虎；孩童以彩丝系臂腕，谓之“百岁索”。

六月　六日，具酒肴野游，名曰“耍青”。

七月　十五日，祭墓。

八月　十五日，民间以月饼、瓜果饷遗，夜则置酒赏月。

九月　九日，制枣糕相馈遗。

十月　朔，祭先墓，剪楮为衣，焚之，谓之“送寒衣”。

十一月　冬至，祭先祖。

十二月　八日，用米、豆杂诸果煮腊八粥。凿冰，郭外为戏，晚各持冰以归。二十四日，为交年，家各祀灶。自是，童男女竞事鼓锣不绝。除夕，祭先祖，家人具肴馔，爆竹、击鼓，谓之“送岁”。长幼欢饮，坐以待旦，谓之“守岁”。（以上据清乾隆十二年《赤城县志》整理）

怀来县岁时习俗

正月　元日，夜半起放爆竹，设庭燎、酒醴、牲馔，礼神、祀祖先，亲友互相拜贺。天未明不得启箱柜，谓“招鼠耗”，初四日晚，扫室内卧席下土，室女剪纸缚秸，做妇人状，手握小帚，肩负纸袋，内盛糇粮，置箕内，曰“扫晴娘”，又曰“五穷娘”。昧爽，有沿门呼者，“送出五穷媳妇来”，则启门送出之，人拾得则焚，灰于播种时和籽内，谓可免鸟雀弹食；或不焚，逢淫雨悬之檐端，可扫翳祈晴。立春前一日，用纸糊勾芒神、土牛，鼓乐随之，文武官出东郊迎春。一人自东方驰骑至，报春到并吉语数句，官放赏。明日，文武官于县堂打春、领春燕，报春者又以小土牛、芒神置纸楼内，鼓乐分送诸乡达，谓之“送春”。是日，民间食春饼，饮春酒。上元，张灯三夜，演戏祭三官神（旧有灯山楼，高三四丈，中做木架称之，用小灯千万盏，做“天下太平”“民安物阜”等字样。楼在西关众神庙侧，近废。土木、榆林堡楼仍存，灯废。道光前各处并有灯官，由本县委署，今无）。有灯厂，插秫秸小把，置灯于上，做九街十八巷形，宛转贯串，入者往往迷焉。妇女用秫秸夹大豆缚紧，浸水缸内，一昼夜剖之，验豆之干湿，卜旱潦焉。初八夜，用小磁灯十二盏祭星（遇闰则加一盏），以祈岁。二十日，名“小填仓”；二十五日，名“老填仓”。人家以各物增其所积。妇女自元日忌针黹，至此各勤所事。亲戚之酬酢流连者，各归其家。

二月　二日，谓之“龙抬头”，以近惊蛰也。各家晨起汲井华水，有祓禊之意。二月十九日，南庵娘娘庙打醮，妇女烧香还愿者络绎不绝。

三月　三日，折柳枝插门，谓可避蛇蝎。清明节，人家上墓祭扫，增培冢土。先一日，城隍神出城监祭厉坛。夜回时，人家有新丧者，妇女于门外哭奠，盖沿明时兵燹之遗俗耳。中元、初冬同。三月十九日，东门外泰山娘娘庙打醮，男女烧香还愿者，与南庵同。

四月　十八日，为泰山庙会。自十五日起预制娘娘驾，做楼台五六层。殿宇廊榭、钟阁碑楼、神鬼形象，靡不穷工极巧，金碧辉煌。长丈余，宽六七尺，十二人舁之游街。又担大幡杆数十，高十余尺，五彩纷纶，璎络披拂，上绘各神像，仙容圣号，不一而足。其人皆有力如虎，矫捷飞腾，此擎彼舞，目不暇给。益以巨锣大鼓数十具，铙钹铿锵，旌旗飞扬，僧道喧阗。其间男女纷纷随之，盈街溢巷，万头攒动，真盛观哉。至十八日，各堡村娘娘驾又来进香，从者数十百人，其喧阗与前埒。与本城会相合，如锦增花，火增焰。视前数日，又倍蓰焉。至十九日，会完人散，人家檐瓦如齿豁，则皆幡杆所毁也。

五月　五日，饮雄黄酒，做角黍相馈遗。妇女戴艾符、艾虎，门上贴各式艾符，孩童系“长命缕”。

六月　六日，普通人家曝衣晒书，大悲寺晾经。

七月　七日，妇女穿针乞巧。市上蒸卖面人，与孩童分食，谓遇凶年不至人相食，以此厌之。

八月　中秋，以月饼、瓜果相馈遗。月上，供月献瓜果，聚饮赏月，共醺腾焉。

九月　重阳，登高，饮菊酒，蒸黍米糕。

十月　朔，城隍神主祭回，妇女门外哭奠，焚各色笺纸，谓之“送寒衣”。

十一月　冬至，拜节，或以羊、酒相馈遗，谓之“肥冬”。学校重此。

十二月　八日，相传为如来佛成道日。人家做腊八粥互相馈遗。僧家尤重此。是日，凿冰河内，以备年终装馔之用。官役亦是日凿冰入窖。二十三日，以黍米、糖祭灶，俗言是日灶君奏人间善恶。又为交年，扫除舍宇。自是至除日，民间乘时嫁娶。又于数日内做糜黍糕馔入缸，杂冰封之，以供度岁之用。又多备米饭，谓之“隔年饭”，至初八日方炊新米。除夕，祀祖先、各神，长幼跪拜辞岁，或坐以待旦，谓之“守岁”。好事者俟夜静祷于灶神，抱镜出，听人语，以卜一岁吉凶。岁前互相馈遗，谓之“馈岁”。换桃符、门神，物之不利者，皆屏之。（以上据清光绪八年《怀来县志》整理）

蔚县岁时习俗

正月　元日，早起祀天地、祖先毕，家人依次拜尊长。亲友亦互相庆谒，宴会弥月。元夜，驾鳌山，张灯球，银花火树，照耀闾巷。十六日，游郊，“除百病”。

二月　二日，各家晨起汲水，名曰“引龙”。

三月　清明前日扫墓，树秋千为戏。

四月　八日，僧寺“浴佛”。

五月　午日，食角黍，饮雄黄酒，佩长命缕，避兵符，悬艾虎。

六月　六日，初伏日储水，用以造酱、蹦曲、酝酒。是日曝衣。

七月　七夕，列香案、酒果于庭，妇女穿针乞巧。中元，扫墓，荐麻谷、时食。

八月　中秋，制月饼，至晚剖瓜，赏月。

九月　九日，登高，亦有制枣糕、菊酒者。

十月　十月朔，焚寒衣。

十一月　冬至，谓之亚岁，往来庆贺如元旦。

十二月　腊八日，食豆粥，做醋，腌肉，藏冰。二十三日，供饧饼、酒果祀灶。逾日，扫除舍宇。除日，修岁事，多乘时嫁娶者。是晚守岁。（以上据清光绪三年《蔚州志》整理）

尚义县岁时习俗

正月　旧时，县内人称春节为“过大年”，辞旧迎新，热闹异常。进入腊月，开始碾米磨面，准备过年食品，置办年货。农历二十三日，打发灶神（俗称“灶王爷”）上天，用麻糖粘灶神嘴巴，用灶神牌位卷上草料，在灶膛内焚烧，让灶神“上天言好事，回宫降吉祥”，免得到玉皇大帝面前说坏话。过了二十三日，家家户户开展大扫除，清扫房屋院落，粉刷墙壁，剃头理发，做豆腐，摊黄儿，蒸馍馍，杀猪，赶做新衣。过了二十五，糊窗子，贴年画。二十八、二十九贴对联，煮猪头。三十（小月二十九）为年除夕，早晨吃炸糕、油条、中果、麻花等食品，中午吃大米饭，饭前张灯摆供品，院内供天地，屋内供诸神，烧香敬纸，鸣炮致祭，叫作“上供”。从上供开始至翌日早晨，诸神香火不断，初一至初五每天早、午、晚，向诸神敬香三次。除夕之夜，张灯结彩，合家团聚，包饺子，喝“辞岁酒”，兴高采烈，以示团圆之意。有的人家通晓不眠，叫作“熬年年”或“守岁”，以兆延年。除夕夜，子夜初交，家家点起大堆旺火，明烛设供，焚香叩首，谓之“接神”。接神之后，穿戴整齐，和衣小睡片刻，拜年开始，青年人给长辈叩首跪拜；亲朋好友，互相参拜。受拜长辈要给晚辈“压岁钱”。街坊四邻见面拱手作揖，以“新年发财”“新年好”等吉祥语互相问好。拜完年，早晨吃饺子，暗以制钱、钢镚藏于饺子中，以卜顺利，食得者则终岁大吉。

初一上午，迎喜神赛马，家家备以香纸供品和一捆干柴，马鬃马尾拴红布条，朝喜神方向走出村外，燃起大堆旺火，家家往旺火堆上添柴，以为众人捧柴火焰高，烧香敬纸叩首，互相作揖问好，将供品施于牛倌。迎喜神赛马完毕，各家祭祖上坟。

初一至初五，凡居民商户，均闭门休息。不干活，不营业，不出门子，不走亲访友，不得以生米为炊，妇女忌拿针线，禁忌小孩啼哭和打碎家具。初五谓之“破五”，前一天晚上遍扫屋内及炕席下秽土，堆在一起，天亮前将土倒在大门外，上栽爆竹一支燃放，叫作“崩穷日”。过了“破五”，亲朋之间互相宴请。新过门的媳妇受家族、亲友邀请。以丰盛菜肴款待，俗称“请新媳妇”。闺女走娘家，女婿拜丈人，走亲访友，诸商亦开张贸易。初十为“十子日”。正月二十日为“小填仓”。二十五日为“老填仓”，这日有的人家蒸十二个面碗，以验年景丰歉，碗内有水则丰，无水则歉。

新中国成立后，春节仍为一大节日，机关、厂矿、企事业单位均放假三天，与民同乐，共庆佳节。一些带有迷信色彩的烧香、上供、叩头逐步废除，有意义的活动不断增加。节前，开展拥军优属活动，县直机关召开军民联欢会，党政机关领导到驻军单位和烈军属残废退伍军人、病休干部以及离退休老干部、老教师家登门拜访，送慰问信和慰问品。青少年和学生帮烈军属、五保户担水、扫院。

元宵节又名“灯节”。从正月十四日至十六日各户门前高悬灯笼，放花炮，点旺火，锣鼓喧天；踩高跷，舞龙灯，拉旱船，扭秧歌，唱小曲，沿门逐户演唱，谓之“查灯”。各户赏烟赏钱，男女老幼围观。热闹非凡。一些大村镇也有放烟火的，热闹程度较小村更胜一筹。十五日，城镇吃元宵，农村吃饺子，家家祭天地，户户敬财神，明灯蜡烛，一连三夜。

二月　中和节，俗称“二月二，龙抬头”。相传这天为龙王上天准备下雨之日。各家皆焚香供神，饭食也不寻常（县城农村有所不同），有的吃猪头，叫“吃龙头”；有的吃葱花饼，谓之“吃龙皮”；有的吃面条，说是“龙须面”，妇女忌针线活，说怕刺伤龙眼。新中国成立后，随着迷信的破除，大部分人家不再过此节。

三月　清明节，二十四节气之一。这天，儿孙们为逝世的长辈上坟烧纸，修墓添土；女儿媳妇晚间至大门前烧纸坐地哭泣，谓之“送纸”。清明节前，以五色布剪榆钱稍大的圆形，按儿童年龄串结帽上，谓之“清明穗”，节后掷于井内或水道中。新中国成立后，每逢清明节，学生在教师的带领下，到烈士碑前扫墓，纪念先烈，进行革命传统教育。扫墓祭祖习俗在农村也延续下来。

五月　端午也称“端阳节”。这天各家门头或帽子上插艾叶，儿童两腕及项上系五色线绳（曰“端午绳”），或用五色线缠符佩戴于胸前，以驱瘟避邪。有的人家饮“雄黄酒”防“五毒”。家家包粽子、蒸凉糕，各处捕捉蛤蟆，纳墨以腹内，挂在阴凉处晾干，可疗毒疮。新中国成立后，插艾叶、饮雄黄酒的习俗基本不多，吃粽子、凉糕习俗不绝。

七月　七日为七巧节，也称“乞巧节”。各家妇女以碗水置曝日下，各投小针，浮之水面，观视水底日影，以卜女工之巧拙。又相传这天为牛郎会织女之日，各剧团公演“天仙配”节目。新中国成立后，这一节日无人再过。

十五日为中元节，这天，各家祭祀祖坟，晚间妇女送纸哭泣，尤胜清明节。各家蒸面人，馈赠亲友小孩。此俗一直延续至今。

八月　十五日为中秋节，是春节后的第一大节日。辛勤劳动一年的人们，为了喜庆丰收，待月东升，合家团聚，陈瓜果、月饼、毛豆（学名大豆）于庭院，焚香纸饮酒赏月，谈笑风生。离家在外者，于十五前多要赶回家中团圆。家中特制“团圆饼”一个，分切成块，每人一份，必须吃到，故中秋节也叫“团圆节”。节前半月就准备节日食品，买瓜果，做月饼，备酒菜，俗称“办十五”。节后，多用月饼馈赠亲友。新中国成立后，中秋佳节比旧时过得更好。进入 80 年代以后，馈赠亲友的多在节前，农村仍节后馈赠。

九月　初九日为重阳节。县城有登高远眺的习惯，不少人家吃糕，取高升之意。农村这天有搬闺女住娘家的习惯，因秋收告一段落，需稍事休息，故有“九月九，搬回闺女歇歇手”的说法。农民在重阳节望雨，预测冬季雪雨多少，谚云：“重阳无雨看十三，十三无雨一冬干。”新中国成立后，此节不再被人们重视。

十月　初一日为寒衣节，俗称“鬼节日”，是上坟祭祖之日。除烧纸上坟外，人们还用五色纸剪制衣裤，用纸袱包裹，上书祖先名号，下书后裔某某和年月，焚于墓前，为逝去的亲人送寒衣，以示悼念。晚间，妇女在大门前烧纸哭泣，以表孝心和思念之意。新中国成立后，农村仍沿此俗。

十二月　初八日，俗称“腊八”，亦叫“冰山节”，源于远古社会的腊祭。这天早晨，家家吃红豆小米粥，称“腊八粥”。富有之家用大米、江米、小米、豆、枣、栗等八样做“八宝粥”。农村去河内、井口刨冰，担回家放水缸内、粪堆上，以祈求来年粮食丰收，堆积如山。新中国成立后，刨冰习俗绝迹，吃腊八粥的习俗

至今仍有。（以上据 1999 年《尚义县志》整理）

张北县岁时习俗

正月　初一日，谓之“过大年”，又谓之“元旦”。在元旦之前，各门均贴春联；至除夕之夜，通宵不寐，谓之“熬年”。鸡鸣时，全家老幼皆着新衣，于门外设香案，焚香、明烛、设供、叩首，谓之“接神”；同时并点旺火，放花炮。院内供天地，屋内供诸神，陈列馔肴、枣山，并供雄鸡、猪头、鲤鱼，谓之“三牲”。各供神祃于接神时焚之，然后分别再拜四方诸神，依次叩拜天地、财神、灶君、神主等神位。接神毕，卑幼叩拜长者，平辈互相作揖。礼毕，合家团聚一室，备置果品、肴馔、糕点佐酒，以示团圆之意。天甫明，出拜亲友，谓之“贺年”。各家于是日食水饺及酒肉。贺年后，视本日喜神在何方，骑马将全村马匹向喜神方向驰驱，谓之“迎喜神”。凡居民、商户，从本日起，丰酒盛馔，闭门休息，多以掷骰、斗牌为戏，亦有奏乐以为乐者。妇女停止针黹，儿童放风筝、踢毽子、打太平鼓为游戏。长辈分别给儿童钱币，谓之“压岁钱”。在此五日内，择吉扫墓、祭祖，谓之“送祖”。此后，各家互相宴请，谓之“请春酒”。

初五日，俗谓之“破五”。各家用纸制造妇人，身背纸袋，将屋内秽土扫置袋内，送门外燃炮炸之，俗谓之“送五穷”。亦有儿童高喊唱歌者。

初十日，谓之“十至”。是日为老鼠娶媳妇之日。各家蒸糕或煮小米饭，撒于各处，以为鼠食，焚香祷祝，免鼠搅扰。

十五日晚间，谓之“灯节”。各户门前悬灯笼，放花炮，并有社火高跷唱各种秧歌小曲，各户赏以钱，男女老幼围观，颇觉热闹。

二十日为小填仓，二十五日为老填仓。各家皆焚香供神，并在仓房米囤内，虔心祷祝，以冀仓神来临。并于小填仓日蒸面碗，以验年景丰歉，有水则丰，无水则歉；老填仓日蒸一切农具，以祷祝丰年。

二月　中和节。二日，俗谓之“龙抬头”。各家皆焚香供神，有食猪头者，谓之“食龙头”；有食葱饼者，谓之“食龙皮”；有食面条者，谓之“食龙须”。妇女忌针黹，恐刺龙眼。

三月　清明节。是日，各家到祖坟添土、祭奠，谓之“扫墓”。将柳条悬于各门前，以除不祥。晚间各家妇女到门前焚香烧纸，坐地哭泣，谓之“送纸”。

四月　二十八日为奶奶庙会。各住户男女焚香送供，并送泥娃娃，亦有送钱币者，亦有送雄鸡者，亦有送吉羊者，亦有年满 12 岁童子扫愿者，亦有因病还愿者。均系素日所许之口愿也。

五月　初五日，谓之“端阳节”。各家皆于门前或身上插蒲、艾，以禳不祥。各家食角黍，谓之“粽子”，祀祖先，并以之馈送亲友。饮雄黄酒，以避五毒。各处扑蛤蟆，纳墨于腹内，可疗毒疮。各家赶节前，搬请出嫁之女吃粽子，节后再送回。

七月　七日，谓之“七巧日”（或“乞巧日”），为牛郎会织女之日。各家妇女以针置于水碗内，视其针影，以卜女工之巧拙。十五日，谓之“中元节”。各家祭祖茔，晚间，妇女仍如清明节时送纸哭泣。各庙超度灵魂，谓之“盂兰会”。各家蒸面人，馈送各亲友之小孩。各家搬请出嫁之女来过节。

八月　十五日，谓之“中秋节”，为元旦后之第一大节。在一月以前，各馃铺粘贴对联，制造月饼，鲜果店贩卖鲜果，以之馈送节礼。届期各界停止工作一日。晚餐酒肉较丰，各家灯烛辉煌，供以月饼、西瓜，俗谓之“供兔爷”。俟月光东升时，取月光纸，跪焚之，然后撤供，团坐饮酒，谓之“玩月”。是日各家定购特号月饼一个，供毕，依人平均分食，谓之“团圆饼”，取合家团圆之意。故是节，出嫁之女，赶节前送回夫家，以便团圆。

九月　初九日，谓之“重阳节”。居民皆登高远眺，各家食糕饼，取高升之意。是日俗称狐仙诞日，信者皆杀羊祭奠，谓之“领牲”，保佑四季平安。巫婆悬灯结彩，以祀狐仙；平素信仙者，皆来送供钱，以酬答神灵。各家搬女归宁，因秋收完毕，休息之意。故谚云：“九月九，搬回闺女息息手。”

十月　送寒衣，初一日，谓之“鬼节日”。各家祭扫祖茔；并以五色纸剪制衣裤，用纸袱盛之，上书祖先名号，下书年月日、后裔某某谨奉，照此式制若干份，焚于墓前，或焚在门前，取其子孙为先祖添衣之意，故谓之“送寒衣”。晚间各家供祖、送纸，妇女哭泣，亦如清明节与中元节无异。

十一月　冬至节，私塾重视此节，谓之过小年。盛宴飨师，各生互相拜年，放假一日为娱乐。并于是日，好事者制九九图，有绘九格九圈者，有觅九画之字九个者，每日绘一圈，或添一画，俟绘添完毕，消寒图尽矣。

十二月　腊八节，初八日，谓之“腊八”。各家杂米、豆、栗、枣等八样，熬成红粥，谓之“腊八粥”，以祀诸神及祖先。并将粥涂于墙壁、树木、门环等处，以禳不祥。是日为韦陀会，大庙僧道诵经、制冰山、舍粥种种举动。各家赶节前，将出嫁之女叫来吃腊八粥，节后送回，至迟不得过祭灶。

祭灶，二十三日为祭灶日。是晚灶君上天，报告玉皇善恶，故各家于灶君前供糖瓜，取其粘灶君嘴，多讲好话、少说坏话之意。

除夕，元旦前一日，谓之除日；是夕谓之除夕。在除日之前，各家蒸窝窝，俗谓之“酸团子”。买纸张、香烛、花炮以及猪、羊、鸡、鱼肉和各种菜蔬，以备过年应用。及是日，扫除院宇，粘贴春联，焕然一新。晚间蒸年饭、备供菜，供诸神，晚餐特别丰富。妇女儿童均着新衣，向长辈叩头，谓之“辞岁”。是日为一年最终期，结束全年账务，讨债者加紧索偿，不能再缓。欠债者往往受经济压迫，逃避不见，谓之“变鬼”。（以上据民国二十四年《张北县志》整理）

涿鹿县岁时习俗

正月 立春前一日，彩楼、社火，迎春于东郊。届日，祭芒神，鞭土牛，造春饼，进春酒。朔日，鸡鸣起，整衣冠拜庙、尊长，依次拜乡里、亲朋，谓之“贺岁”。家家放春雷，小儿竞击锣鼓，谓之“闹岁”。上元前后五日，街市张灯、狮火、社火甚多，谓之“斗胜”。

二月 二日，俗名“龙抬头”。

三月 三日，家各戴柳，扫舍。清明节，皆携盒捧纸，祭奠坟墓。

四月 八日，俗称“浴佛日”。茹素，为佛会。十八日，泰山庙神诞，城乡远近祈福、求嗣者，率具香纸以酬神，谓之“还愿”。四方商贾，云集辐辏焉。

五月 端阳，家悬葵艾，食角黍，饮菖蒲、雄黄酒。小儿系索、佩虎符，以解不祥。

六月 六日，晒书及衣。

七月 七日，妇女结彩、穿针，陈瓜果于庭，以乞巧。十五日，祭奠坟墓如清明仪，僧寺建盂兰会，晚放灯船于河上，以度无祀孤魂。

八月 十五日，陈设瓜果于庭，以祭月。

九月 九日，做米糕，登高，饮菊花酒。

十月 朔日，墓祭如寒食。

十一月 冬至日，士大夫家拜贺如元旦。

十二月 八日为腊日，以果、豆同煮为粥以啖，曰“腊八粥”。二十三日，扫门户尘垢。其夕，以糖果祭灶，曰“送灶”。除夕，具肴蔌祀先，燔柴、爆竹、击鼓，谓之“送岁”。有长晚不寐坐以待旦者，谓之“守岁”。岁前，递相馈遗，谓之“馈岁”。留宿岁饭，换桃符、门神。（以上据清光绪三年《保安州志》整理）

怀安县岁时习俗

正月　元日，五更起祭天地、祖考毕，家人依次拜尊长，亲友亦互相庆谒。神前及门户挂黄纸钱，初三日祭奠焚之。上元做灯，推一人为首，曰“灯官”，执役人皆备。各铺户具贺资，以充灯火费。其城外大屯堡立竹木，设九曲黄河图，制灯三百六十一盏，名“九曲灯”。男女中夜穿逐，谓之“走百病”。又随处演戏，踩高跷，唱秧歌，节节高，以为乐，三日为度。

二月　十五日为“花朝节”。屯民以五谷、瓜果种相遗，谓之“献生”。

三月　清明前日为“寒食节”。插柳于门，男女亦各戴之。谚云：“清明不戴柳，红颜成白首。”是日，倾城上坟祭扫，士女喧阗。三月三日，瞽者以酒食聚会，各奏所精之技，竟日乃散，谓之“赴王母蟠桃会”。

四月　八日，僧家“浴佛”，建道场，敛布施。

五月　五日为“天中节”。人多植艾或贴纸画虎、蝎。亲友亦用馒头馈赠。五、六日，士民多具酒肴野游，名曰“要青”。

七月　七夕，列香案、陈瓜果于庭，妇女穿针乞巧。十五日，俗谓“中元节”。多持斋诵经或上坟祭奠祖考。僧家建盂兰会。

八月　十五日，谓之中秋。各家制月饼，以相饷遗。至晚，剖瓜赏月。每岁秋收毕，逢朔、望以饩羊供神主，祀者跪奉茶酒，奠羊背毛破乃喜，以为神既歆也。否则长跪以奠，自夙兴至朝饔犹不已。

九月　九日为重阳节。制枣糕、菊酒，抑或彼此馈送。

十月　一日，祭扫先墓。十五日，俗为“下元节”，亦有持斋者。立冬后，四民各延羽士持经二昼夜于堂前，谓之“谢土”，告岁功成也。

十一月　冬至，祭先祖。冬至前一日，馆徒为师具馔，宴衎尽欢。次日，衣冠拜师，师亦命酒。次贺家长，次及岳家，外戚亦往拜之。

十二月　八日，民间多用米、豆、果食合煮为腊八粥。郊外凿冰，老幼聚观，少者打滑擦以为戏，晚各负冰以归。二十四日，为交年。家家用饼、糖、酒、果祀灶。自是，修岁事，除舍宇，易门神、桃符，整办柏酒、椒汤，筵款宾客。而僧道做疏送之檀越；医士做避瘟丹、屠苏袋送之素所交往，亦奔趋不息云。除夕，祭先祖，爆竹鼓乐彻夜。长幼儿女终夜博戏，谓之“守岁”。亦有夜静祷灶、抱镜听市以卜吉凶者。（以上据清光绪二年《怀安县志》整理）

万全县岁时习俗

正月　正月初一，谓之元旦，俗谓之“大年”。是日天未明，居民皆衣新衣，择吉时于门外设香案，焚香明烛，设供迎神，谓之“接神”。同时并点旺火，放花炮，火光烛天，爆竹震耳，鼓乐之声悠然不绝。院内供天地，屋内供诸神，尤以财神为最隆重。除供馔肴、枣山大供（系面制）外，并供雄鸡、猪头、鲤鱼，谓之“三牲”。并各供神祃，于接神时跪焚之。接神后，先就本日喜神所在之方向拜之，然后分别再拜四方诸神，次及天地、财神、灶君、神主等神位。接神毕，卑幼拜长者，平辈互相作揖，并祝平安。礼毕，合家团聚坐一室，并备干鲜果品、肴馔糕点，佐酒谈笑，以示团圆之意。通宵不寐，谓之“熬年”。天甫明，出贺亲友。互亲挚友，躬亲叩拜，疏者投刺而已，谓之“拜年”。途中识者相遇，则互相作揖为礼，更以新禧、发财、平安、如意等吉语相祝。各家皆于是日丰酒盛馔，并食水饺。饺内预藏制钱一枚，食时谁发现之，即为有福之兆。居民商户从本日起，多以掷骰、抹牌为戏。亦有鸣锣击鼓、玩弄乐器，以为戏乐者。妇女皆停止针黹，休息取乐。儿童则以放风筝、踢铁球、放花炮、吹喇叭各种应时之玩物为戏。长者并给以钱币、糖果，谓之“压岁钱”。

初五日，俗谓之“破五”。是日，商肆整理账目、货物，以备照常交易，居民亦各谋所业。是晚，各家皆用纸扎一妇人，高约四五寸，身背纸袋，将屋隅秽土扫置其袋内，燃炮炸之门外，俗谓之“送五穷”。儿童并为谚，高声歌于街巷曰：“五穷媳妇五穷排，家家门上送出来，不管秃子、瞎子送出一个来。”

初八日为祭星日。是晚，各处以棉纸拈成花形，蘸以麻油明之，共百零八支，焚香祝之，谓之“祭星”。举行地点多在各处之玉皇阁或真武庙。

初十日，谓之“十至”。各家多以糕为饭，取高升之意也。俗传是晚为老鼠娶媳妇之日，各家皆于置米面之隙地，焚香祝鼠，并蒸小面丸十个供之，以免终年鼠扰。

正月十四日至十六日，统谓之灯节。商肆、寺观皆悬灯结彩，焚香供神。居民门前，亦有高悬花灯者。灯之式样甚多，形状不一：有绘人物、山水、花卉者；亦有绘戏剧、小说、神怪故事者；又有用冰制成楼台、殿阁、山峰、人物等状燃灯于其中者，谓之“冰灯”；亦有用秫秆、棉絮扎成龙、狮、牛、马、鱼、鸟、瓜、果以及钱币、古董种种形状之灯。此外，尚有高搭灯棚、悬挂各式花灯者。又有用以布成各种阵势，如黄河九曲灯等，并到处点花炮、放焰火，五光十色，万点齐明，人声喧杂，爆竹时闻。游人结队成群，络绎不绝，少长毕至，男女成集，俗谓之“逛灯”。此外，则有社火，昼则游行各处，夜则登台演剧。每班百余人，化装古今男女老少，应有尽有，不伦不类，状至滑稽，使人喷饭，并杂以多数锣鼓之声，沿街舞唱，万人空巷，到处围观。盖灯节期内，无论何人皆停止工作，日夜娱乐。俗传是日金吾不禁，绝对自由，为一年中之最乐者也。

十五日，谓之元宵节。各家皆购元宵供神，并佐饭。商肆于本日子初，仍接神如元旦日。说者，是日所接之神始为财神，元旦所接者，不过喜神及普通各神耳；与商人之宗旨不合，故元宵日商肆仍照旧接神，而住户只于昨日上供，今早烬纸云。是晚，又为灯节之正日，所有花灯、焰火，较昨更盛，游人亦增多。翌日，男女老幼皆登高游览，谓之“走百病”。

二十日，为小填仓；二十五日，为老填仓。各家皆焚香供神，尤以农户及粮商、粟贩为最虔。皆在仓屋或米囤旁焚香设供，以祭仓神，而冀发达。以上各种岁时，皆在年节范围以内，前后连系凡二十余日；居民皆无所事事，非供神庆贺即酬应娱乐。妇女停止针黹，谓之“忌针”。各商肆皆于元旦日闭门停止交易；至初六日虽交易，亦多不启门；至元宵节后，始择吉开门，谓之“开市”。是日晨，焚香供神，对财神尤为虔敬，并悬灯结彩，燃放花炮，以示照常交易。百姓必择吉赴郊外，择地设幕，焚香供神，谓之“出行”，取意在终年侨旅保佑平安云。各家并于元旦后，择吉扫墓，谓之“拜祖”。宴请亲友，谓之“请春酒”。

二月　中和节，俗谓之“龙抬头”。各家皆焚香供神。至本日馔肴，皆以龙字取意，如食水饺者，谓之“吃龙耳”；食葱饼者，谓之“撕龙皮”；食面条者，谓之“吃龙须”。妇女忌针黹，恐刺龙目也。

三月　清明，例在三月，无定期也。是日，城镇城隍为本年之初次出巡。各家皆祭扫祖茔，添土于各冢，以示修墓，归则取柳枝编为小圈，连环七个，悬于屋隅，以除不祥。并有谚曰：“清明不插柳，死后变黄狗。”是日，各家皆供神主，晚并于门前焚香，点锡箔纸钱，妇女坐地哭泣，谓之“送纸”。亦有于先一日晚送纸者，谓之新坟（死未逾三年者）；当晚所送者为旧坟（死已多年者）。

四月　十八日，俗为奶奶庙会。各地住户皆到奶奶庙，焚香送供以及历年所许之愿物，如替身、鸡羊、纸花、椽檩等，为子孙祈福。年满十二岁者，必亲到庙焚香叩头，谓之“扫愿”。

五月　初五日，谓之“端阳节”，俗呼“端午”。家家于门前插蒲、艾，贴五雷天师符，以禳不祥。各家皆于神前供角黍，俗名粽子，并以之祀祖先，又有用之馈送亲友者。妇女以绫罗制小虎、桑葚、葫芦等类，以彩线串之，系于钗端或缝于儿肩，人皆饮雄黄酒，并用之书王字于儿额，或涂耳鼻，或抹墙壁，取意皆在禳不祥，避毒虫。又有于是日捕蛤蟆，纳墨于其肠晒之，可疗毒疮，俗呼“蛤蟆墨”。又俗传是月多不祥，有“恶五月”之称，故言语行动，人皆注意。

七月　初七日，谓之“七（乞）巧日”。俗传是日牛郎会织女，故又谓之“女儿节”。

十五日，谓之“中元节”。城隍二次出巡。各家祭扫坟茔，昼供主，晚送纸，一如“清明”。僧寺于是日设“盂兰会”，以超度孤魂。又有燃灯于河，任其浮游，万点齐明，闪烁可观，谓之“河灯”。各家用面蒸成人形，长约尺许，以馈赠亲友处之儿女，谓之“送面人”。

八月　十五日为中秋节，俗呼“八月节”。为年节后较盛之时节。月初，商民即为过节之预备，故街市较平日繁盛。京馃铺日夜赶制月饼，鲜果贩各处兜售水果，亲友互相馈赠，行人来往如梭。至期，各界停止工作一日，早晚餐亦较丰，故有“小元旦”之称。是晚，悬月光纸于厅前，上为印制之月宫形状，内绘玉兔，人立执杵捣药，下并绘太阳星君及关帝夜阅春秋像，五彩灿然，金碧辉煌。供以月饼、瓜果，并明烛焚香以祀之，俗谓之“供兔儿爷”。俟月光东升普照大地时，取月光纸，跪焚之。然后撤供，团坐饮酒取乐，谓之“玩月”。是日，各家必定制特号月饼一个，供于月前。供毕，依人数平均剖之，每人一块，分食之，谓之“团圆饼”。故玩月时，亦谓之“团圆”。

九月　初九日，谓之重阳节。居民皆登高远眺，食糕饼，以取高升之意。是日，俗传为“狐仙诞日”。信者皆杀羊祭之，谓之“领牲”。巫家悬灯结彩，鼓乐喧天，以祀其神。愚夫、愚妇送供甚丰，并厚赠巫。

十月　初一日，居民祭扫祖茔，并以五色纸剪为衣裤，用纸袱盛之，上书祖先爵秩、名号及年月日，下注后裔某某谨奉，普通多将五色纸分为若干份，用纸束之，分别焚于冢前，意在时居隆冬，为子孙者照例为祖先添衣，故谓之“送寒衣”。是日，各家供祖，夜送纸，一如清明、中元。城隍末次出巡。因清明、中元及本节所做之事，皆关系神鬼，故皆谓之“鬼节”。

十一月　冬至，与清明同，无定期。例在十一月中，各家多盛馔宴亲友。在昔学校未成立时，私塾多重视此节，同学醵资宴师，停读数日，以为娱乐。近年，乡村学校仍有沿旧习放假一日者。前清并于是日决囚。好事者又于是日做“消寒图”，法以纸绘九格，每格以朱笔各绘九圈；或觅九画之字九个，组缀成文，自本日起，日涂一圈，或描字之一画；涂圈者，上阴、下晴、左风、右雨，雪当中，圈与字涂尽，则九九尽而寒消矣。

十二月　初八日，谓之“腊八”。各家杂米、豆、栗、枣等做成粥，谓之“腊八粥”，并祀诸神及祖先。又于墙壁、树木、门环等处，涂粥少许，以禳不祥。是日，又为韦驮会，寺僧诵经做佛事。

二十三日为祭灶日，相传是晚灶君上天朝玉皇，报告一年之善恶，以凭赏罚。故各家于是晚供灶君以糖饼、糖瓜，又备草料、凉水，亦有用秫秆扎成马形，与灶君祃同焚于炉灶，跪送之上天者。送灶君时，并频频祝曰：“好话多说，坏话少讲。”

元日之前一日，谓之“除日”，是夕，谓之“除夕”。是日，各家皆扫除院宇，粘贴春联。盖自祭灶后，各家皆做本年之结束及过年之预备。街市售年画、纸张者，卖香烛、花炮者以及鸡、鱼、牛、羊、猪肉、菜蔬等项，故市街繁盛，以此数日为最。各家并于是日蒸年饭供诸神。妇女儿童多衣新衣，卑幼向长者叩头，谓之“辞岁”。通宵不寝，以候接神，故俗谓之“熬年”。唯是日为一年之最终期，讨债者亦加紧索债，不能再缓。故受经济压迫之一般人物，于是日为最难过，甚至不得已逃之夭夭，暂避其锋，俗谓之“变鬼”。（以上据民国二十三年《万全县志》整理）

承德市岁时习俗

正月　正旦，国俗以糯饮和白羊髓为饼，丸之若拳。每帐四十九枚，戊夜，各于帐内窗中掷丸于外。数偶，动乐饮食。数奇，令巫十有二人鸣铃执箭，绕帐歌呼，帐内爆盐炉中，烧地拍鼠，谓之“惊鬼”。居七日乃出。国语谓正旦为乃捏咿呪。乃，正也；捏咿呪，旦也(《辽史》)。立春，妇人刻青缯为帜，或为蟾蜍书帜，曰“宜春”。初七日为人日，凡正月之日，一鸡、二狗、三豕、四羊、五马、六牛、七人。其占晴为祥，阴为灾。俗煎饼，食于庭中，谓之“熏天”。

三月 三日，为上巳。国俗刻木为兔，分朋走马射之。国语谓是日为“陶里桦”，陶里，兔也；桦，射也。

五月 重五日，午时采艾叶和棉著衣，进艾糕。以五彩丝为索缠臂，谓之“合欢结”。又以彩丝宛转为人形，簪之，谓之“长命缕”。国语是日为讨赛咿唲。讨，五；赛咿唲，月也。

八月 八日，国俗屠白犬，于寝帐前七步瘗之，露其喙，后七日去之，移寝帐于上。国语谓之捏褐叵。捏褐，犬也。

九月 重九月，射虎，少者为负，罚重九宴。射毕，择高地桌帐，饮菊花酒，兔肝为臡，鹿舌为酱。又研茱萸酒，洒门户以禬禳。国语谓是日为必里迟离，九月九日也。

十一月 冬至日，国俗屠白羊、白马、白雁，各取血和酒，望拜黑山，在境北，俗谓国人魂魄其神司之，犹中国之岱宗云。（以上据清光绪十三年《承德府志》整理）

围场县岁时习俗

正月 春节是一年里最大的节日，俗称“过年”，旧称“元旦”，民国三年改称“春节”，以示与公历“元旦”区别。农历十二月称为腊月，进入腊月，“过年”的意识已开始。腊月初八称“腊八”，这天早饭要早，各家用黏米加芸豆、栗子煮粥叫“腊八粥”。到腊月中旬，农村就开始进行“过年”的准备，“淘米”蒸干粮（豆包）、做黏糕，这两样食品要备够吃一个多月的时间。腊月二十三俗称“过小年”，这天晚上要“祭灶王”，送灶王爷上天“吃糖瓜”，意思是用米糖粘灶王嘴，让他多说好话。此俗已淡薄。腊月二十三日后，开始杀猪、做豆腐、炸年货、扫房、搞卫生等紧张的准备。腊月最后一天为除夕，俗称“年三十”。有句俗语是“不到三十活儿不完”，意思是到除夕这天一切准备工作就得结束了。亲人在除夕前也应赶回家中。除夕这天贴春联、吃年饭、换新衣。入夜要放鞭炮，挂彩灯，还要“守岁”，称“坐五更”，长辈给晚辈“压岁钱”，到午夜吃饺子。农历一月称正月，正月初一称“大年初一”，是日，小辈给长辈拜年，长辈给小辈“拜年钱”。过路相遇一般问候“过年好”。初五称“破五”。一般初一到初五早饭多为饺子，早饭前要放鞭炮。至初六，农村“过年”就算结束，开始劳动，进行选种、送粪等备耕的农活。在“文革”期间，破除旧俗，停止一个时期拜年，增加了“节日记苦”

"吃忆苦饭"等活动。70 年代后期以来，一些习俗逐渐恢复。80 年代后，随着生活水平的提高，正月主要是走亲访友、宴请宾客、耍牌游艺。机关单位初五前进行团拜，初六开始上班工作。

立春之日为打春节，俗称"打春"。一般在公历 1 月 4 至 6 日，最多不差一两天时间。打春，以示漫长的冬天就要过去，春天即将来临。农民在立春前一天，把耕牛喂饱、饮好，把牛角染成红色，表示迎接春天，准备春耕。各家各户一般在立春前几天打扫室内灰尘，以示能扫掉一年的"晦气"。立春这天吃大萝卜，以示消灾祛病。扫灰尘、吃萝卜至今仍沿袭着，染牛角现已变为把所有家中的大牲畜都染上"红道道"。

十五日称元宵节，也叫灯节，晚间各家点燃花灯。旧时，农村有"撒灯"祈丰年的活动，新中国成立后停止了"撒灯"，农村举办秧歌会、民间花会，县城放烟花，开展民间游艺活动。各家各户都吃元宵。

二十五日为填仓节，或称龙凤日，在是夜前傍晚，用灰在院内打成圆迹，当中放少许五谷粮示意粮谷满仓，称之为"打仓"。这一节日农民至今仍沿袭着。

二月　初二日传为"龙抬头"之日。农户泡豌豆"炒劈劈豆"，有的用豆穿"龙尾"。有的户仍和填仓日一样，打仓祈丰收。

三月　清明之日，为清明节，一般在公历 4 月 4 至 6 日，最多不差一两天时间。每逢清明节各家各户都要上坟添土、压坟头纸，祭祀祖先。新中国成立后，机关、学校组织祭扫烈士墓，缅怀革命先烈，进行革命传统教育。

五月　初五日为端午节，俗称"五单五"。这天人们都早起，不出太阳到山上或河边野游，还要采艾蒿，用树枝条挂纸葫芦插在大门口，吃粽子。

八月　十五日为中秋节或叫"八月节"，家家吃月饼、水果。旧时有"供兔"的习惯，新中国成立后以改善生活、吃团圆饭为过节，亦称"团圆节"。

关场节，俗称"关场院"，秋天农作物全部进场院以后，吃一顿用新粮做的黏米糕，以示年年丰收。这一节日在一些年龄大的农民中还沿袭着，城镇和一些青年农民已经淡化。

境内蒙古族节日祭祀特别隆重，传统的节日有"白节"（春节）。过白节时，蒙古包前挂红布条，人们穿节日服装。全家团聚在一起祭祖先，摆上供品，请喇嘛念经。各寺庙举行法会，蒙民们骑马去亲友家做客。农业区的蒙民杀猪宰羊，供佛，立旗杆，杆上悬红布，下方安风车，以迎神灵。然后互访亲友，祝贺节日。

祭敖包（鄂博）是蒙民重要节日，一般在春、秋举行，远近蒙民骑马赶车而来，以杀牛宰羊为祭品，请喇嘛诵经致祭。

那达慕大会是蒙民传统节日，过去由蒙古封建王公和上层喇嘛主持大会，会场由喇嘛念经诵佛祈祷，牧民们远道驾车而来。大会上有赛马、摔跤、射箭等娱乐活动。清代多伦的庙会和那达幕大会是轰动一时的盛会。

境内回族除与其他民族一样过共同节日外，还单独过本族节日，主要过尔代节、古尔邦节、圣祭节、主麻日。尔代节（开斋节）朝拜真主；古尔邦节要宰牛羊，进行活动；圣祭节祭祀先圣穆罕默德；每礼拜五（星期五）为主麻日，教友们要冰浴，到清真寺大殿听阿訇讲“五尔教”。

每逢节日，家家吃炸油香饼，要互相酬送。虔诚的伊斯兰教徒还要做“五功”。（以上据1997年《围场满族蒙古族自治县志》整理）

宽城县岁时习俗

宽城县满族年节日与汉族无别，但习俗有异。

春节前，满族家家张贴对联、窗花、福字、春条、挂签。除夕夜，院内竖灯笼杆，高达两丈余，上扎松枝，高挑红灯，由除夕至初六夜夜不熄。由除夕至初六夜零点，吃饺子和手扒肉。

正月二十五日为“填仓节”。满族在院内用草木灰画一仓形，内置一盆黏高粱米饭，上插用高粱秸扎的“马子”，以祈丰年，谓之“填仓”。

五月五端午节早晨，满族在门楣上插艾蒿。小孩手脖、脚脖缠五彩线，兜兜上佩荷包。节日凌晨，人们三五成群到村外“踏露”，用河水洗脸、洗手，有的还要喝一口溪水，意在一年内不生眼疾、不长疮、不肚子疼。

此外，满族还有“腊八节”（农历十二月初八）、“小年”（农历十二月二十三日）等节日，风俗亦别于汉族。（以上据1989年《宽城县民族志》整理）

迁安市岁时习俗

正月　习俗于夏正年节前一二日，门首张贴春联，语取吉祥。当除夕，各家洒扫院落，务求整洁。祀祖先及诸神祇时，人人要说喜庆语。祀毕，向尊长前贺年，约皆跪拜礼。元旦之晨，启户向喜贵神、财神方向行之，求一年诸事之顺利。早饭后，亲党则交贺年节，妇女、孩提则换新衣，往别家拜年。正月上旬，以天之晴阴验人畜、谷菜之否泰、丰歉：一鸡、二犬、三猫、四猪、五牛、六马、七人、八谷、九果、十菜。正月十五日为“三元夜”，又名“元宵节”，放花灯，燃爆竹。乡人多于是节演办杂剧，如秧歌、旱船、狮子等，亦古之傩礼也。过元宵节即撤去天地位。二十五日，家家早起，填谷于仓，取水于井，谓之“请仓龙”，故谓是日为“填仓”。

二月　二日为龙抬头日。村人皆煎饼食之，亦有踏青者。

三月　三日为上巳节。祓除不祥，邑人无行之者。清明节，又名寒食节，邑人皆于是时添坟祭祖，至禁烟、插柳，未之有也。

四月　八日为浴佛日，俗名“佛爷生日”。僧人则集施主而宴之，名曰“打斋”。是日，验风向之南北，定粮价之高低，谓“刮了佛爷背，无粮也不贵；刮了佛爷面，有粮也不贱”。

五月　五日为端阳节，又名“天中节”。家家食角黍，饮雄黄酒，插艾于门窗等处。妇女则剪彩纸为葫芦形，贴门首。是日午前，妇女多游于河滨，谓之“走百病”。

七月　七日为妇女乞巧之期。牛女渡鹊桥而相会，故妇女以盆盛水，沉针于内，以验巧拙焉。十五日，为盂兰盆会。向年有僧道荐醮，投放河灯，以救溺鬼，近数年其例废除，唯滨河之村，尚有放之者。邑人于是日陈列水果祭祖于家，亦荐新之意也。

八月　十五日，为中秋节。晚间，以鲜果、月饼供月，邑人且饮酒赏月焉。

九月　九日，为重阳节。学士、文人皆登高游骋，且有即景吟诗者。

十月　一日，邑人皆祭祖于墓，且剪彩纸为衣，焚之墓前，谓之“送寒衣”。

十二月　腊月八日，食腊八粥。僧人于是日打斋。二十三日，为祭灶之日。用饴糖祀之，名曰“送灶升天”。按邑之习俗多近迷信，虽递经改革，尚多因仍，司民牧者与乡先生盖与有责焉。（以上据民国二十年《迁安县志》整理）

玉田县岁时习俗

旧时，以春节、上元节（即元宵节）、端午、中秋四节为“人节”，其中春节、端午、中秋为商店索讨欠账的时间，清明、中元节（又名盂兰盆会）、十月初一为“鬼节”。1949 年后，除规定了一些新的节日外，尚沿袭的传统节日有：

正月　旧时，春节前后有一系列的祝福和祭祀活动。腊月下旬，家家扫房，清除垃圾。二十三晚上祭送“灶王”，俗称“祭灶”。二十四起，杀鸡鸭，宰猪羊，筹办年货菜肴。家家蒸馒头、豆包、枣糕。富有人家还蒸做各种吉祥物造型的馒头，如鱼、鼠、刺猬、桃、果、寿字等食品。同时还蒸大量的饽饽（细玉米面、高粱面、黏米面等），种类繁多，各具特色，以备春节前后食用。

从腊月二十八开始，家家贴春联，内容各异，如酒店的横批为“酒国长春”，商店的横批为“陶朱事业”，农户为“五谷丰登”，牲畜棚为“槽头兴旺”，猪圈为“肥猪满圈”，车杠上为“车行千里路，人马保平安”等吉祥之语。二十九包蒸饺子，意思是把一年的琐碎不吉之事都包起来。年三十中午“年饭”，菜肴丰盛，煎、炒、烹、炸、炖，鸡、鱼、肘、肉俱全。

除夕夜，供神佛，接财神，拜祖宗，祈祷丰年，以求神佛保佑，四季平安，万事如意，合家吃饺子（年夜饭）。饭后，长辈要给未成年的晚辈“压岁钱”。全家伴夜不眠，称为“守岁”，至凌晨，鞭炮齐鸣，辞旧迎新。正月初一为新岁之始，穿新衣，戴新帽，吃饺子，晚辈向长辈拜年。正月初二开始，亲友互相往来，互拜新年。至正月十五，期间城镇、农村演“新年戏”，祈求风调雨顺，五谷丰登，村宅平安，神人共悦。正月十四起，扎灯剪彩，始“闹元宵”，正月十五晚，达到高潮。玉田、各集镇及农村的传统花会，沿街表演，俗称“过会”。花灯、高跷、旱船、各种秧歌，锣鼓喧天，热闹非凡。到正月底，花会逐渐停止，春节活动始告结束。1949 年后，每年春节职工放假三天，节前搞卫生大扫除，除夕聚餐，春节贺年活动不变，但各种迷信活动逐渐清除。新增了“新春茶话会”“拥军优属”“拥政爱民”、军民联欢及各种形式的团拜活动。“闹元宵”习俗等在“文化大革命”中被禁止，近年又恢复。

三月　旧时，清明节添坟祭祖，摆供桌，压纸钱。人丁兴旺的大族，同宗聚合一起“吃寒食”（聚餐），对先祖进行较隆重的祭奠活动。1949 年后，扫墓及悼念活动未变，唯迷信活动渐除。对革命烈士墓及烈士陵园的祭扫活动之风兴起，以缅怀先烈。

五月　初五日为端午节，也称端阳节，俗称“五月当五”。旧俗门口插艾条以示驱邪，防“五毒”侵害。吃粽子以纪念屈原。今端午节吃粽子的习俗依旧。

七月　十五日为中元节，亦称盂兰盆会，是祭鬼之节。晚辈在死者坟前烧纸钱以表祭祀。沿河村镇往河塘中撒放“荷灯”（用荷花瓣做的灯），以期亡灵早日超度。此种活动今基本消失。

八月　十五日为中秋节，俗称“八月节”或“团圆节”。是日，亲友互赠月饼、鲜果、馒头和红糖芝麻馅饼。中午备佳肴，夜晚供月、赏月，以庆丰收。外出营生者，多赶回家中团聚，吃“团圆饭”。（以上据1993年《玉田县志》整理）

遵化市岁时习俗

正月　元日，昧爽焚香烛，设祖祢位，拜于堂；家人拜家长，举觞称寿。具肴馔可供三日用。戚里辈盛服交贺。立春日，啖薄饼，食生菜，饮春酒。上元夕，食汤圆。城市架松枝牌坊，演戏张灯，银花火树，时近二更，男女观者填市；村落亦设棚张灯，地广二亩。设黄河九曲灯，门径曲弯，内藏二三里许，入者偶误，辄迷径。击太平鼓，跳百索，唱稻秧歌。家以小钱百八枚，撮油纸花燃之，散于灶户、砧石，曰“散灯花”。昼则男妇群游，曰“走百病”。正月二十五日，曰“填仓”。蒸饭炊糕，五鼓时用灶灰画地为囤，实以五谷，为丰盈兆。

二月　二日，取糠秕分缕为黄道、青道，由仓庾曲折引之，或盘井干，或绕门石，曰“引龙”。煎元旦祭余糕饼，熏床、炕，曰“熏虫”。用牲醴祈年于社。

三月　修禊日，架秋千于院落者，女戏之；于衢路者，男戏之。过谷雨则撤。清明日，人皆簪柳，男女扫墓，榼担满道，上坟致祭，丘垄挂纸钱，增土覆墓。清明后十余日，乃止。是月，榆钱初放，和面蒸食之，曰“榆钱糕”。

四月　初八日，佛诞辰，谒梵刹。十八日，进香碧霞元君庙，近赴笔架山，远赴景忠山。二十八日，进香药王庙，幡乐盛设，不惮烦费。

五月　天中日，悬符、插艾、簪榴，以菖蒲渍酒，雄黄涂耳、鼻，用避虫毒。以角黍并果酒馈遗为礼。小儿项各系彩，并垂金、锡各钱、锁，曰“长命缕”。夏至日，食麦面。十三日，田家醵祭龙神、水火、虫王、苗神。

六月　六月六日，储水造曲蘖，晒衣物、书籍。

七月　七夕，女子屏庭院，设瓜果，削瓜牙错如花瓣，置针瓣上，捧以盘，望拜河汉，祝而退。顷视瓜上有蛛丝罗结者，曰“得巧”。放河灯，祭扫先茔。

八月　中秋日，祭月以瓜果，制大饼，绘广寒宫式，候月出拜祭。具馔肴聚饮，夜分乃已。视月，或为云蔽，卜来年灯节必雪。

九月　重九日，载酒具、茶垆、食榼，登高。做面饼九级，以次合尖嵌枣栗于级缝，曰“花糕”，馈送戚属。

十月　十月朔，祭墓，剪楮五色，做男女各衣式，长径尺，用奉祖考，标其姓字、辈行，奠而焚之，曰“送寒衣”。

十一月 冬至日，家长率子弟谒祖庙，祀于先主，名曰“做羹饮”。

十二月 腊八日，炊豆、果杂米为粥，曰“腊八粥”。二十三日晚设牲、具糖果“祀灶”。除夕，易桃符，贴春联，剪红纸葫芦于牖户，曰“拒瘟”。爆竹彻夜，焚松柏枝，令烟满院宇，曰“炈祟”。拜祖父遗像或木主，荐以时食。祭毕，幼拜长老，曰“辞岁”。以钱给童幼，曰“压岁”。具酒食，阖家聚饮，曰“守岁”。每月朔望黎明，初二、十六日向晚，各铺户爆竹声声，移时乃止。（以上据清乾隆五十九年《直隶遵化州志》整理）

乐亭县岁时习俗

正月 元日昧爽，士民家设庭燎，爇香烛，祀神祀先。炽栗炭，以迎旺气。打醋炭，以避瘟灾。拜尊长于堂上，举家食水饺。及旦，戚里相拜贺。上元，童男女焚香，拜请紫姑。女辍针，俗云恐穿仙姑眼。城市先后凡三日张灯结彩，陈诸戏，岁歉则无。下旬五日，农家蒸饭炊糕，置少许于仓中，曰“填仓”。

二月 二日，俗曰“龙抬头”。士人家塾令童子开笔，取吉兆也。用香油煎糕熏虫，则物不蛀，且以辟厨灶苍蝇。妇停针，俗云恐穿龙头。

三月 三日，日未出，近滦河者观河之明暗，以卜一岁河水涨否，明则水少，暗则水多。清明，扫墓，增新土，挂纸钱。做面燕及蛇。插柳枝于户，以迎元鸟。阖族宴饮竟日。先一日，为“寒食”，不举火。下旬，祀东岳，俗为“大帝诞辰”也。新拨、临榆社，拜天妃庙。谷雨日，造酱。立夏日，入海捕鱼，视西南风则多获，东北风不利。

四月 八日，城南关娘娘庙大会，乡民咸祀焉，传云“浴佛”。十八日、二十八日，士民家犒食佣人（此则随各乡庙会之期），给制钱百文，以备蓑笠。

五月 五日，比户插艾、悬帖纸葫芦。研雄黄入酒，洒而饮之，谓恶物不入口。俗不竞渡，馈角黍于亲朋，以贺节而已。儿童颈、臂、胫、足系彩丝，名“百岁索”，且避毒。十三日，俗谓“关帝诞辰”，若有雨，名“洗刀水”。是月，西南风甚，旬日麦必槁。

六月 六日，热，五谷收；冷，多雨。清晨汲井水贮之，经年不坏，可以造曲、渍醋，又以水煎盐，擦牙洗目。日午，曝衣。士人则取书画曝之。旬有三日，祭龙王庙。至望，祭风王庙。伏日，折木棉蔓，造麦曲。麦始登。是月也，惧淫雨伤稼，濒河之区，恐滦水涨发，恒课晴。

七月　七日，少女陈瓜果于庭院，设银河会，乞巧结彩。或对月穿针，或以水注瓷碗，撇绣针于中，照影以试巧拙。童男置蜘蛛于小盒，次日视丝稀密为乞文多少，亦开元遗风，今乞者少矣。中元，为地官赦罪辰。延僧做佛事，施食于河干，放莲灯。士民祭先茔。

八月　朔日雨，谓之“苦雨”，占菜味不嘉，谚云来岁主旱。蒸黍饭，撒场圃，以祀少女。中秋，制月饼、陈瓜果以祭月。是夜，视月之明暗，验来岁元宵之晴雪。自七月至此，早禾皆熟。

九月　九日，制菊酒，士人登高宴集。十七日，福神诞辰，城乡皆以羊祀之。

十月　十月朔，士民家制纸衣，祭先茔焚之，曰“送寒衣”。是日，南风则冬暖，北风则冬寒。场工毕，设醮举宴，享至醉。佣人遣归，如古祭蜡之风焉。

十一月　长至，民间往来拜贺，唯临榆、新拨社为然。一岁中，自正旦外，唯立春、冬至为大节，故交相贺，今其俗亦变矣。语云：“一九二九冰上走，三九四九不舒手，五九六九沿河寻柳，七九八九赏花饮酒。”伏讫而寒生，九讫而暖至，此北方节气也。各乡村掘地穴，用秫秸敷土盖之，女纺于家，男织于穴，至来岁春渐止。

十二月　八日，杂五色米、豆和枣、栗炊之，名曰“腊八粥”。是日，童女穿耳。下旬三日，祀灶，俗以糖丸粘灶门，云毋得言家长短，以祈福庇。四日，扫舍宇，城乡人修整门户，更造服饰，办理酒肴。僧道做疏送檀越。医士做辟瘟丹送亲友。士民家易春联，贴门神。自祀灶后，男女婚嫁不择日，至除夕止，谓之“乱娶”。除夕，辞岁。陈仪祀真宰及土神、祖祢。设庭燎照星斗，焚苍术驱疾疫。官家用鼓吹，士民家爆竹喧耳，拜尊长于堂上。聚饮竟夕，谓之“守岁”。攒火围炉，以助阳气，比达旦，则又为明年矣。（以上据清光绪三年《乐亭县志》整理）

滦县岁时习俗

正月　正月准《礼记·月令》：气候同。立春早，东风至则解冻，立春晚，过上元节后乃解。仍雨雪。迎春、梅皆有花，乃唐花也，与气候无涉，唯及第花开在交中气之后。韭之早者，皆覆以草荐。虽天气渐暖，而地气未通，夜必有霜，故也。先立春一日，州牧会同教佐迎春于东关，置宴、陈百戏祀句芒；迎神以归，安神于州署大门内，西向。立春时，诣神行礼毕，鼓吹以鞭土牛，遂磔焉。俗谓之

“挞春”。元旦前一夕为除夕。百姓通夜设灯烛，谓之“照穷耗”。并有揭灯于竿，其光远烛，谓之“点天灯”。男女通夜不寐，谓之“守岁”。布芝麻秸于路，人往来其上，使有声，谓之“踏岁”。亲属相为礼，谓之“辞岁”。于鸡鸣时，乃爇香烛、列鼎俎、供黍稷、实豆笾，以迓天神而虔祀焉。爆竹之声，比户相连不断，谓之“接神”。另布几筵，以祀祖先。然后诣各庙拈香，又有各就所居之方位，焚香道左，谓之“迎财神、喜神”。元旦日食必水饺，其俗千里不异。具衣冠，携童稚，戚里相诣贺，谓之“拜年”。初二三日必诣墓焚纸钱，谓之“上坟”。上元节，城内通衢张灯三夜，扎缚松荛做牌坊，高二三丈，灯火满悬其上，光夺星月。放烟火于冲衢，有火树银花等名目。女子于是日请紫姑问卜，做秋千戏，乡间多有之。二十五日，俗谓之“老鼠会亲”。为黍饭以祀其神，夜则不举灯火，而“填仓”之名以起。凡女之新嫁者，至日或前数日，母家溲米为团，以多为贵，持送女归，谓婿家仓廪有为鼠所耗者，以此可填之，使满也。妻党并有相助为礼者，异日视此为往来焉。童子至此皆入塾。佣作赴功。

二月　二月准《礼记·月令》：气候有同，有不同。盖滦境此月内，桃李无花。杏至清明乃花，桃又在杏后，鸧鹒至初夏始鸣，以之验二月气候，均与《月令》不同。农树麦（麦有大麦、小麦二种，均于惊蛰冻半解时种之，较秋种者晚熟十日，而功力倍省），接换树木（凡花果均于春分前接之，结实倍大）。冰开后，河鲜鬻于市，海鲜继之（此后鱼虾入市者，络绎不绝）。初二日，谓之“龙抬头日”，言百虫启蛰也。以米、豆粉为糊，油煎之而食，谓之“煎虫”。虫畏油也。妇女停针线，惧穿龙头，祝科第也。先期，俗必迎女归宁，谓之“住春”。

三月　三月准《礼记·月令》：气候有不同者，如蝼蝈孟夏之月始鸣。滦境于谷雨时即鸣，余略同。过中气后始雷，俗谓“头雷”。计满百日，河水即当盛涨。蚕子闻雷即出，形小如蚁，饲以桑耳。俗以“清明日”为“寒食节”，士女各诣茔墓祭扫。旧志谓，男女簪柳为饰，做面燕插檐，以迎元鸟。今无之。

四月　四月准《礼记·月令》：气候略同。唯麦秋不能依候（境内之麦，如秋种者，夏至日乃熟；春种者，又迟十日乃熟，麦秋当在五月）。初八日，为“浴佛会”。妇女入寺烧香，竞施僧尼。十八日，祀天仙圣母；二十八日，祀药王，俱如之。然各村以其庙之所近为主，无庙则否，非遍祀也。女之新嫁者，于是月俱迎以归，谓之“躲端午”。

五月　五月准《礼记·月令》：气候略同。茧丝鬻于市。初一日，妇女剪纸做葫芦粘于门，并插桃符其上。妇女做茧虎系五色丝为首饰。初五日，门窗皆插艾，饮雄黄酒。戚友或以角黍相馈遗。佣作辍功。是日，偏凉汀有小圣庙会，妇女游观者俱以舟，非竞渡也。沿岸则急管繁弦，俳优演剧。旁列市肆，其热如蒸，几不知何处为清凉世界。唯松翠间有杰阁参差，嵌于崖隙，即偏凉虚阁也。好事者多于此行厨置酒，欢呼为乐，流连竟日始归。凡庙会以是月偏凉汀为最。

六月 六月准《礼记·月令》：气候相同。农锄稼穑，去草莱，均已含秀吐颖。治田略暇，始与家人尝麦。童稚牧牛马于陂陀。妇女勤纺织，备寒衣焉。糜有早熟者，黍必交处暑节候乃熟。

七月 七月准《礼记·月令》：气候略同。唯白露必仲秋交中气后乃降。处暑后棉见朵（棉花破壳而下垂，俗谓之“见朵”）。五谷于黍为早熟（以种日至收日计之，相去甚近也），刈黍者必置酒食以饷佣作，谓之“开镰”。初七日，传为织女渡河，女子设瓜果祀织女星，以“乞巧”。十五日，采麻谷以祀其先，并祭于墓。俗以“中元节”为“目连救母日”也。过处暑十日，谷即熟。女之新嫁住母家者，是月送归夫家，谓之“送六月”。

八月 八月准《礼记·月令》：气候相同。纳稼登场，农事至此为甚亟。初一日，农家炊黍以祀风神，祈簸扬得风力也。十五日，为中秋节。农停工作，具酒食欢饮。故家以月饼馈戚友，备瓜果赏月。比邻携酒相征逐，每至夜分乃罢。旧志谓，妇始纺绩（田妇固无时不纺绩也，非独中秋为然）。

九月 九月准《礼记·月令》：气候相同。初九日，谓之“重阳节”。文人墨客多携酒登高，赋诗畅饮以为乐。十七日，俗以为“财神诞日”，商贾咸赛神为会，响爆竹如雷。田功始毕，农家散其佣作，腌菹藏蔬，以御冬焉。

十月 十月准《礼记·月令》：气候相同。乡里小儿至是始入塾者，谓之“冬学”。初一日，为下元节。诣墓焚纸镙、冥衣，谓之“送寒衣”。是月多嫁娶。

十一月 十一月准《礼记·月令》：气候略同。唯芸始生时，训解及各史志皆不取为候。滦境值风霜凛冽之时，虽山围水暖处皆草不萌芽，气候不同也。“冬至日”，做馄饨为食，取天开于子，混沌初分，人食之可益聪明。农乃做窟室，以桑枝为筐筥，编藁为箄为帚，劈秫碎硫为火具。老稚篝灯，捡棉而去其梗，以为田家急务。即于茅索绹意也。

十二月 十二月准《礼记·月令》：气候相同。初八日，以六谷杂枣、栗煮粥，曰“腊八粥”，女子穿耳，儿童散塾。做纸鸢迎风纵之，曰“放风筝”。二十四日，俗传是日灶神籍人功过，上闻于天皇大帝。先一夕于灶所为位，设醴焚香，以饧粘于灶口，谓胶之即不言人善恶也，名曰“祭灶”。凡女之嫁者无新故，均于先期归夫家，以是日谓之“过小年”。田家粉糜黍，蒸饼藏之，有多至数瓮者，亲戚亦相馈遗。城乡俱扫室宇、糊窗壁、糊门神、粘春联。一望皆同，有新意焉。商贾一岁所逋者，至是乃尽追之，呼益急，质库恒终夜灯火不息，有不节之嗟者，亦可以反矣。（以上据清光绪二十四年《滦州志》整理）

丰润县岁时习俗

正月　元日，昧爽，拜天地、神庙祖先影像，亲友交拜为贺。三日，祭墓。元宵，男女出游，以散百病。前后张灯各三日。二十五日，以炊糕填仓，祈谷有年。

二月　社日，祈年于社。取糠秕、炭灰撒道入仓，谓之“引龙”。煎糕饼，熏床炕，谓之“熏虫”。

三月　清明节三日前后祭墓，挂钱、除草、培土。二十八日，祀东岳庙及城隍庙。

四月　八日，佛诞，结浮屠会。十八日，进香碧霞元君庙。二十八日，进香药王庙。

五月　端午，角黍、酒果交相馈遗。悬符、插艾，以菖蒲、雄黄酒涂耳鼻，小儿项各系长命线。十三日，进香关帝庙。

六月　六日，造曲蘖，晒书籍、衣物。

七月　七日，女子祀织女，乞巧。童子置蟢蛛于盒，乞文。十五日，做盂兰会。采麻谷祀祖先，亦有祭墓者。

八月　中秋，亲友各以饼瓜馈遗。夜祀月。

九月　重阳，载酒登高。以花糕馈送亲属。

十月　朔日，祭墓。送寒衣。蒸炊饼以犒农工。

十一月　冬至，士大夫具笺交拜。

十二月　八日，食腊八粥。二十三日，祀灶神。除夕，易门神、桃符，贴春联、葫芦于户牖。悬祖先影像，长幼俱拜，聚坐食饮，守岁。燃松柏木炭于庭，烟火达旦。（以上据清光绪十七年《丰润县志》整理）

唐海县岁时习俗

正月　春节是一年中最大的节日，通常称过年。时间是农历正月初一，但是过节活动则是从上年腊月就开始。当地有这样一句顺口溜：腊月二十三祭灶天，二十四写大字，二十五扫房土，二十六砍年肉（本地人称买肉为砍肉），二十七赶年集，二十八蒸糕花，二十九瞒香斗，三十耗油，（第二年）初一磕头。这是说过春节活动的大体安排。腊月二十三是“小年”，这天饭菜较好，旧俗晚上要在灶前祭灶王爷。在供品中要有糖瓜（当地糖坊熬制的一种麦芽糖，很黏）。迷信说法是这天灶王爷要回天述职，供糖瓜之意是灶王爷吃后，嘴甜，“上天言好事”；另一种说法是糖瓜黏，粘住灶王爷的嘴巴，使其少说坏话，最后真正吃掉糖瓜的是家中的小孩子。随后几天，准备过年物品，并搞室内外卫生。到除夕这天，各家尽其最大可能把午餐搞丰盛。春节本是初一，但过年实则在前一天，室内外皆点灯，鸣放鞭炮，很晚方入睡，称守岁。晚辈要向长辈拜年，有的长辈还给小孩一些零钱，叫“压岁钱”。80 年代以来，各家在这天晚上收看中央电视台播放的“春节联欢晚会”，当零点钟声敲响，鞭炮声四起，各种各色焰火五彩缤纷，很是热闹。

大年初一，家家早起，按旧俗，早饭后要首先到坟地祭祖，然后到族内长辈家中拜年，并行跪拜大礼。如今拜年是人到礼到，一年中有些小摩擦、小矛盾，通过相互拜年得以缓解。

正月初二以后开始探亲访友，一般是先到姥姥家（姑爷到丈人家）拜年，当然各家也准备待客，亲戚多的人家要互走较长的时间，当地有句俗话：“青草没牛眼，拜年还不晚。”

春节期间文艺活动较多，主要有评戏、皮影戏、大鼓书等，特别是扭秧歌，此类活动有的延续到正月十五“灯节”。

新中国成立前，贫富人家过年大不一样。富裕人家过年张灯结彩，肉山酒海，贫困人家只是吃顿比平时较好的饭菜而已。新中国成立初，人民生活水平普遍提高，各家过年不再相差悬殊，但因当时经济条件所限，众多农户过年时所购衣物食品并不太多。到 60 年代初期，因经济困难，过年显得有些萧索，各类物资实行统销，户户基本一样。“文化大革命”时期，号召过革命化春节，机关、厂矿工作人员放假一天，要求农村社员从初二就开始备耕。到了 80 年代，农村实行联产承包责任制，人均收入猛增，加之市场开放，各类物资满足供应，过春节从文娱活动到物质享受一年高过一年。

十五日是元宵节，又名“灯节”。此日晚，是春节后第一个月圆之夜，挂灯笼、吃元宵是此节的独特之处。相传，此节日源于汉代，后延传至今。

二十五日为填仓节，旧俗当日在院中用烧柴灰撒一圆圈，中间放些谷物，意为粮囤，祝愿五谷丰收。另外还有一旧俗，新媳妇要从娘家带馒头到婆家，其中蒸一个似盘在一起的蛇形面食，称作仓官爷，放到粮囤之上，也是祝丰收之意。此节少有过者。

二月　初二日为龙头节，人们多在这天剃头理发，并用杂粮面摊煎饼吃，意为“煎虫儿”，农作物不闹虫灾，体现农民的一种良好祝愿。

三月　清明本为二十四节气之一，作为节日源于春秋时代，也称“寒食节”。清明为扫墓祭祖之日（当地叫上坟），在坟上添新土，有的出门在外者，也于此日回家，为已故长辈上坟化纸，以示怀念之情。新中国成立后，每逢清明节，机关、团体、学校组织青少年祭扫烈士墓，接受革命传统教育。

五月　初五日为端午节（当地叫当午），相传是为了纪念屈原，吃粽子是此节的一大特点。唐海县盛产芦苇，又产糯米，包粽子十分方便，故此节前后数日，各户多包粽子食用，除用糯米外，还用葡萄干、红枣、花生米等，甜黏可口。另外，按旧俗在端午这天，家家门前要插艾草，小孩子带荷包，说能避疫。

七月　初七日为乞巧节。据说这天晚上牛郎与织女相会。当晚姑娘们相聚，向织女乞求灵巧。过此节者甚少。

八月　十五日为中秋节，时值五谷相继成熟之时，且葡萄、苹果、梨等水果大量上市，天气不冷不热。此节日有一特点是吃月饼，晚上各家多备水果、月饼，阖家团聚，故此节也叫团圆节。（以上据 1997 年《唐海县志》整理）

卢龙县岁时习俗

正月　“立春”先一日，县官戒东门外官亭，以各色器物，选集优人装剧戏教习，谓之“演春”。届期，合城官员往迎，鼓乐交作，前列戏队，殿以春牛，老稚趋观，谓之“迎春”。有幼孩者，则以袋盛豆挂牛角，谓可稀痘。至府堂，次日届时，鞭而击碎。随从鼓乐，将别塑小芒神、土牛分献各官府及乡宦，谓之“送春”。州及外县亦如之。所鞭土，市民争取涂灶或涂壁，云去臭虫。豪门则设酒、饼、肴、核燕会，谓之“庆春”。旧志云，优长假冠带过官府豪门，各有赞称韵语，博笑取利，谓之“闹春”。今无是也。孟月朔日，官府望阙遥贺。礼毕，盛服诣公署，往来交庆。士民家昧爽爇香烛，祀神及祖先，又设庭燎，奠祀真宰，曰焚天地日月楮，则渎也。祀毕，家人拜家长，举觞称寿，食饺饵。贵家爇丹药户内，谓之“避瘟”。旧志谓，喧鼓吹于庭院，谓之“闹厅”。今亦无之。炽栗炭于堂中，以迎旺气。取除夕所置百种而较量之，出息者丰获。启视秸豆，而次数之以粒卜月，润者，其月雨；干者，其月旱。户前置水，主消灾。所插芝麻秸主门户清吉。夙具肴馔需供。三日内邻里交贺，多闭门以应，甥婿来谒，则留饮焉。营将于上旬中择日迎喜神，如府县之迎春。鼓乐喧阗，齐民竞观。自朔至十二日并晴明无风，则以日卜月，而岁大吉。妇女多辍针黹，名“忌讳”。十四日，先试灯。上元夕，通衢张灯、演剧，或影戏、弦戏之类，观者达曙。男女群游，谓“走百病”。既望，为残灯，妇女交错度桥，谓“度百厄”。邀厕姑以问吉凶，即《异苑》所谓紫姑也。又有笤帚姑、箕针姑、苇姑者，皆因紫姑而诳诞其俗耳。或用膏油贮之面盏十二，蒸于釜，依月而验，有积水者，主多雨；微湿及干者，雨多少如之。或蒸于除夕，亦验。二十四日，曰“鼠会亲”。是宵燃灯，一岁做耗，故禁火。二十五日，曰“填仓”。是日，必具食餍饱，以糕饭粘于瓮、盎、囤、柜，炷之以香，为丰盈兆。又以二十日为“小填仓”。女子于归者，姻亲俱于此数日内宴请，香车如织。

二月　仲月二日，曰“龙抬头”。农家用灰自户引至井，用糠自井引至瓮，谓之引龙入宅，主有财。用香油煎糕熏虫，则物不蛀，且以辟虫蚁。士人家塾令童子开笔，取吉兆也。是日，妇停针，俗云恐穿龙头也。

三月　季月三日，屋地不平，取土垫之，吉。是日，俗云“蟠桃会”。又观河之明暗，以卜一岁水涨，明则水少，暗则水多云。十四日，俗称“城隍神生日”，竞设赛焉。清明日，官请城隍神出北门外祭厉。闾阎插柳枝于户，男女并出，展墓、簪柳。谚云：“清明不戴柳，红颜成白首。”前一日为“蛆日”，忌造醯、酱。是月，村女树秋千为戏，童子团纸为风鸢，引绳而放之。下旬八日，祀东岳庙，俗为“大帝诞辰”也。男妇有为父母、兄弟赛愿，顶纸马，敛衣束身出户，且行且拜，亲众鼓吹随，及庙乃止，并曰“拜庙”。出海则拜于天妃庙。

四月　立夏日，入海捕鱼，视西南风则多获，东北风不利。孟月雨，占麦丰歉。俗云：“一、二麦脚黄，三、四落把穰，五、六泥中割，七、八麦上场。”以七、八日雨为上也。又以初三、四新月占风雨，谚云：“月儿张弓，少雨多风；月儿仰瓦，不求自下。”八日，为浴佛日。僧尼各建道场，宣经偈。男妇结会持斋，诣佛寺礼拜，或以黄豆置盘盂，而念佛悉如豆数，以分众食，谓之“结缘”。十八日，祀天仙，亦谓之“拜庙”，视季春尤盛。盖妇人求嗣者，又童男女多病者，以小纸秸为枷锁荷之，诣庙祈祷，三年为满，焚神前，谓“枷愿”。其祠在迁安景忠山巅者，俗称“顶上”，境数百里内外，进香往返，交错于途。是日，乡屯间，犒食佣人，给钱以备蓑笠焉。（昌黎仙人顶亦称“顶上”，其祭赛则以十月）

五月 仲月五日，为端午节。比户插桃枝及蒲、艾，朱书“五月五日天中节，赤口白舌尽消灭”，揭之楹户。泛菖蒲、朱砂酒，又以洒于屋隅，云避恶物。儿童颈、臂、胫、足系彩缯，名“百岁索”。戚里以角黍饷，男女姻家互馈，为“追节”。俗不竞渡，唯妇女群游城上以为乐。十三日，俗为“关帝诞辰”。是日，必有微雨，谓之“洗刀水”。

六月 季月六日，晨汲井水贮之，经年不坏，可以造曲渍醯。日午，曝衣裘、书画。伏日，宜造麦曲。初伏洗头去风，以杏仁炒麦子，食数粒，一年头不痛、心无呕。时黍将登。旬有三日祭龙王庙。至望，祭风神庙。

七月 立秋后十八日，寸草实合夏至之麦，克期不爽焉。七夕，妇女对月穿针，或以水注瓷碗，撇绣针于中，照影以试巧拙，又为“牛生命日”，挂花枝于角，可无灾，以面饼赏牧童。中元，为地官赦罪辰。僧家建“盂兰会”，施食于河干，放莲灯。复墓祭，官祭厉，如清明。里社亦行之。谷始登。

八月 仲月朔日，蒸黍饭撒场圃以祀。中秋，制月饼，杂以瓜果、酒醴祭月而赏之。戚友亦以月饼、西瓜之属相馈遗。木棉始登，家治纺绩。

九月 季月九日，为重阳节，稍如《荆楚岁时记》。家制枣糕，士大夫或携酒登高。霜降，官祭旗纛。十七日，“福神诞辰”，城乡皆以羊祀之。

十月 立冬日，谓之“阳日”，晴雪则一冬应之。孟月朔，士民家祭先墓，剪色楮为冥衣，曰“送寒衣”。官祭厉，如“中元”。十六日，谓之“寒婆”，晴，主冬暖。是月，毕场功，劳农。遣工人归。赛祭宴飨，竞尚影戏，妇女群观，竟夕焉。

十一月 仲月日至，谓之“亚岁”。官府五鼓望阙拜贺毕，彼此拜贺，如正旦。民间祭先祖，其往来拜贺，唯山海为然。至后九日为一节。语云：“一九二九冰上走，三九四九不舒手，五九六九沿河寻柳，七九八九赏花饮酒。”村中挖地穴，以藏菜果。用秫秸敷土盖之，否则冻损。

十二月 季月初八，为“腊八日”，以米、豆、杂果、肉做粥。童女钳耳，童男剃发。下旬三日，暮设糖饼、果菜祀灶。俗以糖丸粘灶门，云毋得言家长短，以祈福庇。乡人秉高炬照田间，曰“照耗”。僧道做疏送檀越，医士做避瘟丹，送往来者。除日，易桃符、联帖，插芝麻秸于壁。陈仪祀真宰及土神、祢祖。设庭燎照星斗，放爆竹驱鬼，焚苍术辟疫。取百谷种，量较钧一，置之地面；取秸茎以析之，纳豆十二，闰加一粒，置之水中，以为元旦占验。乃辞岁、家宴，少长咸集。儿女终夜博戏，谓之“守岁”。亦有夜深祷灶请方、抱镜出门、潜听市人偶然言语，以卜新岁休咎云。（以上据清乾隆三十九年《永平府志》整理）

昌黎县岁时习俗

正月　立春先一日，塑小芒神及春牛于东门外，阖城官员往迎，鼓乐交作，老稚趋观，谓之“迎春”。有幼童者，则以线穿豆，挂牛角，谓可稀豆疹。至次日，届时鞭而碎之，谓之“打春”。至民国，此礼废矣。朔日，前清时代，知县及文武官员至龙亭庆贺。礼毕，盛服谒公署，往来交庆。士民家，昧爽设庭燎，爇香烛，燃爆竹，祀神祇、先。炽栗炭以迎旺气，拜尊长于堂上。及旦，戚里相拜贺，多闭门以谢，唯投刺焉。民国以后，名刺亦不投矣。二三日后，祭墓，宴亲友。五日后，往诸姻亲家拜祝年喜。十五日名“元宵节”。凡城市乡村中，多搭秋千为戏。夜则张灯，演唱秧歌，燃放烟火、花树及巧制各爆竹。妇女群游，谓之“走百病”。二十四日，曰“鼠会亲”。二十五日，为“老填仓”。是日，以糕饭粘于米仓、瓮盎、囤柜，炷之以香，为丰盈兆。又二十日，为“小填仓”。新妇归宁者，俱于此数日内回夫家，远近送迎，香车如织。

二月　二日，曰“龙抬头”。是日，用香油煎糕熏虫，则物不蛀，童子开笔，取吉兆也。女子停针，恐穿龙头也。

三月　三日，曰“蟠桃会”。至清明节，拜扫先茔，添新土，挂纸钱。男女俱簪柏叶，若门前插柳，以送玄鸟，今则不然。是日也，官请城隍神像出门，祭于厉坛，民国不举行矣。

四月　立夏之日，入海捕鱼，视西南风则多获，东北风则不利。四月蚕茧登，农锄田，男女各勤职业。初八日，曰“浴佛会”。蛤泊、靖安等处佛寺演戏。

五月　朔日，比户裁红笺为葫芦，遍粘户牖，以避瘟。五日，为端午节，采艾叶偏插门旁，人各饮雄黄酒，以避恶，做角黍馈于亲朋家，以贺节。儿童颈、臂、胫、足系五彩线，并用碎缯做小荷包，初一日戴之，初五日去之，投于河中。十三日，必有微雨，俗谓之“关帝磨刀洗刀雨”。十八日，系目连僧母诞辰。是日有雨，主大水。

六月　六日，午前晒书籍，曝衣裘。十三日，人家率各做麦饭、蒸馒首，俗称

“龙王送女”。

七月 立秋后十八日，寸草实，如夏至之麦，克期不爽。是月也，农乃登黍。七日，为七夕节。瓜果陈于庭，谈银河会，以“乞巧”，或对月穿针，或注水浮针视影，以占巧拙。此俗今少见矣。十五日，为麻谷节。士民各祭于墓。其新丧者，亲族备仪往祭，谓之“上麻谷”。是日为“中元日”。官祭厉坛，如清明。民国亦不举行。是夕，亦有放河灯者，然不如郡俗之盛也。

八月 朔日，蒸黍饭撒场边，以祀少女，俗谓之“祭风婆”。中秋，制月饼，杂以瓜果、酒醴，祭月而赏之。戚友亦有以月饼、西瓜相馈赠者。

九月 九日，为重阳节。文人逸士多携酒果登高，做竟日游。十七日，各商家赛财神，俱以羊祀之，不用猪肉。

十月 立冬日，谓之“阳日”。是日西北风，主来年大熟。十月朔，士民制纸衣祭先茔，谓之“送寒衣”。农事竣，乃犒散雇佣，有古祭蜡之风焉。是月初一日，城隍出巡，官祭厉坛，今亦废矣。十五日，为仙台顶庙会，四乡人民有登山焚香者，谓之“攀顶”。其不登山者，多到城西门外急流河畔，朝顶膜拜，或往水岩寺焚香。是日，城西北凤凰山云峰寺香火亦盛。

十一月 冬至，官吏五鼓往万寿寺拜贺毕，彼此拜贺如元旦，然今已废矣。至日后九日，为“一九节”。人家多印圈于纸上，呈梅花形，名曰“九九消寒图”。

十二月 八日，为腊八节，食腊八粥。二十三日，设糖瓜祀灶。除夕前数日，粘贴五色神像于门，书红笺，贴春联。男女嫁娶不择日，至除夕止。是夕，“辞岁”，陈仪祀真宰及祖先，设庭燎照星斗，焚苍术驱病疫。及晓则为元日矣。（以上据民国二十二年《昌黎县志》整理）

抚宁县岁时习俗

正月 农历正月初一日，俗称过年，是一年中最为隆重的节日。旧时，过年要贴对联，在头一天即年三十晚上，吃饺子和挂面，半夜祭祖宗、神祇，放鞭炮，吃各式点心并守岁，吃“团圆饭”。忌动用扫帚、剪刀和泼水，出门见人须要说“恭喜发财”“过年好”等。正月初二开始拜年，有条件的村子还搭牌楼，闹秧歌。

新中国成立后，敬祖宗、神祇逐步消失，但人们仍贴对联，热热闹闹地放鞭炮。三十晚上吃饺子，吃“团圆饭”。节日中人们还组织看电影、戏剧，参加各类娱乐活动，党和政府组织慰问烈军属、五保户，人们互相走亲访友吃年酒。

春节也是朝鲜族人民的一个重大节日。人们以放鞭炮、唱歌跳舞等各种形式恭贺新春。初一凌晨公鸡鸣叫之前，全家人换上新衣，依次向老人磕头拜年。早饭后，晚辈挨家挨户给老人拜年，平辈之间相互握手问候，一些老人相互邀请吃年酒以表祝福。这一天，妇女不出门。

农历正月十五，俗称元宵节，也叫灯节。这一天，历来有磨黏米（糯米）面做元宵吃的习惯，全家老小欢聚一桌吃元宵，意在团圆、阖家欢乐。旧日还要举办灯会，家家挂红灯（此即灯节的来历），闹秧歌、设灯谜。旧时新媳妇这天回娘家，俗称“躲婆婆”“躲灯”，现在也有人这样做。

朝鲜族群众这天早上不分老少都要喝“开耳酒”，意思是喝了“开耳酒”，可耳聪眼亮。这一天要吃“药饭”和“五谷饭”，意思是盼望当年五谷丰登。

旧时，每年的正月二十五，农家把做的黏糕头（没馅黏饽饽）蒸熟分别放在粮柜、粮仓或粮缸的粮食上，然后点上香，每个糕头上插一支祭仓龙，俗称“老填仓”。意图吉庆，年年仓满囤流，粮食丰收有余。此俗现在已无。

二月　农历二月初二，旧俗称这天是龙抬头的日子，家家用火燎园子和地边，烧虫卵，挑水引龙填仓，预祝丰收，并在这一天吃饸子（类似油煎饺子），大人、小孩在这一天都要剃头，谓之“剃龙头”。新中国成立后，此种风俗渐消，但还保留吃饸子或饺子等的习惯。

三月　旧时，每逢清明节，家家户户都要到祖宗和亲人坟上祭扫，表示对亡灵的哀思和缅怀。新中国成立后，逐渐实行火葬，坟墓渐少，但去墓地祭奠的仍有。多年来，每逢清明节，各单位、团体组织祭扫烈士墓，缅怀革命先烈，进行革命传统教育。旧时兴新媳妇回娘家，俗称“躲婆婆眼睛”，现在也还有人这么做。

朝鲜族群众亦兴于此日在坟前或家中摆上酒、打糕等祭悼亡灵。

五月　俗称初五日为“当五”或“单五”，旧俗是日，家家大清扫，吃粽子（有的地方还有吃包叶饼的习惯，即用柞树叶做皮，里面放上面和韭菜馅），饮黄酒并涂抹于儿童耳鼻，普洒于室内，并在门上挂葫芦（用黄绿彩纸剪成葫芦，下面系上桃树叶），屋檐下、门旁插蒲草、艾子，以示除害镇邪。现在已不兴这些习俗，吃粽子（或包叶饼）的习惯则依然。

朝鲜族亦过此节，过去女孩子用葛蒲制成头簪插在头上，现在家家户户做蒸米糕，吃一顿丰盛的饭菜，没有吃粽子的习惯。这一天村里还要举行摔跤、踏跳板、荡秋千等活动。

六月　俗称龙王爷送闺女（出嫁）日期（本地气候这天多下雨）。民间有吃包子的习俗。又一说，旧时，每年的农历六月十三为本县农村的青苗会日。此间有些早熟作物将要成熟，一些晚熟的庄稼也渐长成，为保护青苗和成熟的粮食不受损失，农民自发成立青苗会。这天每户农家有一人参加，到会上大吃一顿，会后大家开始行动护庄稼。现在这种做法已不复存在，但各家仍保持这天吃包子的习惯。

七月　俗你“中元节”。旧时，各家亲友聚集，追祭先人及新葬者，并由僧道做盂兰盆会，超度死者，谓之“淋麻谷”（或上麻谷），新中国成立前此俗即消失。

立春、立夏、立秋、立冬，表示春夏秋冬四季的开始。过去，每逢这些日子，当地习惯都要吃一些好东西，以示吉庆。至今流传着这样的顺口溜：“冬吃馄饨夏吃面（过水面条），打春吃春饼，立秋吃鸡蛋。”据说，疰夏的人这天吃了鸡蛋能长寿，称之“吃秋膘”。现在这种习俗仍存在。

八月　八月十五中秋节又称八月节，民间有吃月饼赏月、供天地的习俗。现在祭供旧俗已无，但家家户户仍有吃月饼、水果的习惯。有的地区还兴做散糕的习俗，并以月饼馈赠长辈亲友。旧时讲究新媳妇这天必须回娘家，称为“躲公公”，现在也有老辈人讲究。

这天也是朝鲜族群众的一个节日，现一般家家都用新大米做打糕或大米面豆包，庆贺当年的收成，并在家中祭祀祖先，上坟地伐草。

十月　初一俗称“十一儿”。旧时这日以纸为布或剪纸成衣，焚之，谓之为亡灵“烧寒衣”，现已无此习俗。

十二　初八俗称“腊八”。本地农家素有吃“腊八粥”的习惯，粥用秫米（高粱米）、小米、白豆、绿豆、倭瓜或放有花生米、红枣、栗子、红小豆等（一般尽自家所有）熬成，预祝来年农业大丰收，因而向有“腊八粥、腊八粥，今年不收过年收”的民谣。此俗至今仍风行。

腊月二十三，民间谓灶神上天之日，也称“过小年”。人们习惯于这天祭灶神，供祭灶糖（麦芽糖）及各式果品，希望灶神从天帝神那儿给自家带来幸福。此俗现已无，但仍要吃好的，过小年。

进入腊月后，过年的气氛渐浓，人们纷纷为过年做准备，打扫房子、庭院，预备各式年货、对联。年三十，也叫除夕。家家贴对联，在外的亲人也纷纷赶回家乡吃团圆饭并守岁，“串元宝”。民间有“一夜连双岁，五更分二年”的俗语。第二天即春节，过年的气氛达到高潮。

该县回族群众现在的生活习惯大都与当地汉族同，仅伊斯兰教的三大节日——穆圣诞节、开斋节、宰牲节（古尔邦节）一般都是到秦皇岛清真寺庆贺。（以上据1990年《抚宁县志》整理）

三河市岁时习俗

正月　一日为“元旦”。前一日为腊月“除日”，门首张贴春联，语取吉祥。当夕，打扫院落，务求清洁；堂中设桌案，“接灶神”，供诸天总圣神衹，均有祭品，焚香以祀之。室内宗祖木主前，亦有祭品。家人要说喜庆语。院中铺芝麻秸，人行其上，谓之“踩岁”。陆续拈香，至夜分祭毕，焚化神纸；举家卑幼向尊长辞岁，行拜跪礼。翌日，元旦启户，向喜神、财神、贵神方位行礼，求一年顺利。饭后族党互行拜年礼。农工均休息数日。十五日为“上元节”，亦曰“灯节”。点彩灯，放爆竹。又有于是日演杂剧者，名曰“走会”。二十五日，家家早起，用灶内之灰在院中布圈数个，中着各种杂粮少许，谓之“填仓”。

二月　一日，供太阳，祭品用白菜一个、大饼一张，俗呼为“太阳生日”。初二，曰“龙抬头日”。妇女是日忌针，不准刺绣。十五日为“花朝”。古诗云：“二分春色到花朝。”即此日也。

三月　初三日为上巳节。祓除不祥，近于古礼。清明节，古为寒食节，今为“植树节”。邑人均于是日祭扫先茔，即春露有感之意。

四月　初八日，俗呼为“释迦佛生日”。西域“浴佛”，谓为龙华会。僧人集施主而宴之，又谓之“打斋”。是月内，各区均有庙会，初八梣栳山、十五灵山、十八段家岭、廿八西门外，或演戏或走会。附近村庄农工均休息，吃犒劳，以节其劳。

五月　初一日为“竹醉日”，言此日栽竹易活也。五日，为“端午节”，又名“天中节”。多食角黍，且有以此相馈遗者。

六月　六日为“天贶节”。汲水做酱，曝晒衣、书，谓历久不腐。

七月　七日为“乞巧日”。十五日为“中元节”，又名“鬼节”。陈列水果祭祖先，亦取荐新之意。

八月　十五日为“中秋节”。古诗云：“三五夜中新月色。”即此夜也。至夕，以鲜果、月饼供月，全家饮宴赏月。

九月　九日为重阳节。学士文人登高饮酒，有即景吟诗者。

十月 一日，剪纸为衣形，傍晚焚于户外，名曰“送寒衣”。

十二月 腊月初八日，食“腊八粥”，新嫁娘归宁者，必于日前送回伊家，亦谓之吃“全米粥”。二十三日为送灶之期，晚以糖瓜“祭灶”，祭毕焚之。至三十日，接灶王，换桃符。至晚竟夜不眠，谓之“守岁”。（以上据民国二十四年《三河县志》整理）

香河县岁时习俗

正月 元旦，设香烛、酒果祀神、先。商则闭门停市，人皆往来相贺。元旦后，城乡亲友皆往来馈果饵礼物等，曰“拜年”，亦曰“贺新禧”。十五日，食汤圆，亦称“元宵”，城镇或张灯演戏。二十五日，以柴灰撒地做圆囤形，中置五谷少许，以砖块覆之，曰“填仓”。

二月 一日，设饼祀日，俗称“太阳诞辰”。二日，俗称“龙抬头”。

三月 三日为“踏青节”，士女多做郊外游。清明节，家家祭扫坟墓，添土、挂纸钱；如新坟，则祭于春首戊寅日前，俗称新坟不过社云。

四月 自初一日起至十五日止，男妇多往怀柔县之丫髻山庙会进香，车马络绎于途。相传神内有王奶奶，系香河县人，妇孺称述，灵迹颇多，乡民均甚信仰。旧附祀于县东门外之娘娘庙，现已于庙旁募建专祠。月之二十八日，县东门外庙会，游人甚多。又，是日人家皆备酒肉宴饮，工人亦放假，称为“过庙”。

五月 五日为端阳节，食角黍，饮雄黄酒，贴符、插艾。亦有以五色线系儿女臂，以避毒者。

六月 六日，人皆曝衣。

七月 七日为“乞巧节”，又称“女节”。少女以盂盛水，漂针向日，照水中影，以试巧。十五日为“中元节”，祭先，谓之“荐麻谷”。亦有燃灯置水中，俗称“放河灯”。

八月 十五日为中秋节，陈月饼、瓜果祭月毕，宴饮赏月。

九月 九日为重阳节，相率登高，亦有蒸糕相馈者。

十月 一日，人家以各色纸剪做衣形，祭祖先而焚之，曰“送寒衣”。是日，县城以轿舁城隍神像（像系藤制），鼓乐前导，至北门外行宫，名曰“出巡”。演戏致祭，盖即祀厉坛之遗意也。今废。

十一月 冬至日，祭祖先。

十二月　八日，以各色米及枣栗等做“腊八粥”。二十三日，设酒果、饴糖（俗称糖瓜）“祭灶”，俗传是日灶君赴天宫，报告家人善恶。三十日“除夕”，贴门神、春联，合家宴饮。夜间陈祭品、香烛，致祭祖先及各神，卑幼向尊长叩拜，曰“辞岁”。半夜后，食水饺（俗称饺子）；焚纸帛，放鞭炮，曰“送神”。元旦早起，男女皆着新衣，拜神后，相偕沿户拜年，笑语往来，颇有乡邻雍睦之遗意。元旦亦食水饺。（以上据民国二十五年《香河县志》整理）

霸州市岁时习俗

节令习俗仍沿用农历，传统节日有：

正月　初一，称“春节”，是全年中最隆重的大节日，一切求吉利，全家老幼穿新衣，起五更吃饺子，饭前敬神、祭祖先、烧纸钱、放鞭炮，以献诸神。晚辈给长辈叩头拜年，长辈要给晚辈“长岁钱”，然后全家吃饺子。天亮后邻里互拜贺新年，互道新年好，说些“恭喜”“发财”等吉利话。午、晚皆美餐，统称“过新年”。新中国成立前，穷人过年是一大难关，忍饥耐寒之外，还要“躲账”，往往三十晚上彻夜不敢回家。新中国成立后，机关单位放假三天，迷信活动大部革除，阖家团聚，悬灯夜宴，放鞭炮之习尚存。

十五日为元宵节，也叫“灯节”，古称“上元节”，一般都过三天。户中各个房间以及仓房都要点灯照亮，以示向往光明。三天中每夜晚各家门前都竖杆，挂各种花灯，并在街道上散置路灯。县城集镇更是鼓乐喧天，鞭炮齐鸣，焰火腾空，热闹非凡。人们结帮搭伙上街观灯，扶老携幼，欢声戏话，笑逐颜开。同时伴有少林、高跷、杠箱、龙灯、飞叉等群众花会聚集，轮流表演助兴。城乡人民皆放花炮、闹花会，十五吃汤圆（元宵），十六吃饺子，新妇归宁，旧时有“出嫁闺女不看娘家灯，不上娘家供”之说。

二月　初二为“龙抬头”之日，象征严冬之后万物开始复苏。并有汲水饮龙之举，如天寒结冰上可跑鼠，则预示为丰收之年，此后则开始田间操作。此日妇女忌动针线，家家改善生活，一般吃煎饼炒豆芽，有的吃饺子叫吃“龙耳”，吃馒头叫吃“龙蛋”，吃面条叫吃“龙须”，吃汤圆叫吃“龙眼”，皆取吉祥意。

三月　此日城乡人民都要上坟祭祖、扫墓、着新土“添坟”，多以纸钱压于坟顶叫“挂纸”，并设酒肴致祭行礼。望门大族还要吃“清明会”，续宗谱。清明前一日，有的人家不举火，称谓“寒食”。新中国成立后，每年清明节时各机关干部、职工、学校师生都到烈士墓地为革命烈士扫墓、献花圈，以寄哀思。

五月　初五日为“端阳节”，也称“端午节”。相传是楚大夫屈原投江自尽之日，为了纪念这位爱国诗人，此日人皆吃“黏粽子”。各户门窗插艾虎、艾人，以示驱邪避蝎，有的用艾泡水洗脸防治疫病，有的户屋檐插柳条、挂彩葫芦，小孩戴用布做的彩色小荷包，还有的户悬挂钟馗像、张贴符箓，均取驱避五毒邪气意。如此日有雨，则认为今年有虫灾之兆。

六月二十四日　相传是关云长“单刀赴会”之日，农民遇春旱盼望下雨，过去多于此日抬着关公塑像游神祈雨。这反映了小农经济靠天吃饭、对旱灾无可奈何之心情，今已无。

七月　相传每年七月初七，天上的牛郎、织女在“天河鹊桥相会”。女孩们在此日午时以投针定拙巧，即用盆盛水，浮针于水面，观其影，影纤细小者为巧，影纤粗大者为拙，俗谓之“投花针”，也叫“乞巧”，今无。

旧称七月十五日为“鬼节”，古称“中元节”，为上坟烧纸祭祖之日。过去佛教中还要举行“盂兰会”等佛事活动，以超度亡魂。沿河村庄此日晚要放河灯“祭孤魂”。新中国成立后，此俗亦废。

八月　十五日称“中秋节”，为新年之外的最大节日。这天晚上全家团聚赏月，吃月饼、瓜果等，庆团圆，庆丰收。新中国成立前，文人借此时饮酒、赏月、吟诗、弦歌。但穷苦人家要在节前给人家送礼补情，成为重大负担。

九月　初九称“重阳节”，为传统登高赏菊之日。过去城内士绅大户要在此日登上城墙或霸台眺望，农家老人亦有野外游玩散步之风。有的以此日阴晴预卜冬季大气寒暖，俗话有“九月九晴一冬凌，九月九阴一年温”之谚。农家均有此日糊窗户之习，今无。

十月初一　传统以这天为“送寒衣”之日，用各色纸剪成衣裤状，为已故亲属送寒衣，并在坟前焚烧纸钱、金银箔等，此习日渐减少。

十二月　初八为“腊八节”，旧时此日“塾师放学，女穿耳孔”。相传佛教始祖释迦牟尼于此日得道，寺院僧尼于此日用八样米煮粥敬佛。人们说“谁家灶筒先冒烟，谁家高粱先红尖”，故此日农家多在五更即起，争先提早煮粥做饭，以早炊祝愿丰收。

二十三是送灶神之日，又称“小年”，旧时各户都供有灶王神，奉为一家之主。相传这天是灶王上天奏事之日，故于是日蒸年糕、请灶王吃糖瓜并插草马，置谷草、大豆于灶台前以示送行，晚餐后化纸焚香、烧掉灶王像，称“送灶王上天”，并祈祷灶王“上天言好事，回宫降吉祥”。送灶后，清屋净舍，张贴春联、年画。新中国成立后，供灶王之风逐渐消除，而吃年糕、糖瓜之习尚存。（以上据1989年《霸县志》整理）

固安县岁时习俗

正月 正旦五更时，农家将秫秸一节擘开，依次挖十二孔，以配十二月，即以大豆十二枚置其中，线缠合之，质明开视，数至某月豆涨大，则某月多雨，无不验者。正旦清晨，牵驴一头，随喜神方位驱之，谓之“迎喜神”。初二日，每家于祖茔焚纸钱，行四拜礼。“元夕”，好事者先期按户敛钱，为灯烛费，谓之“灯会”。二十五日，俗以为“仓官诞辰”，用柴灰摊院落中，为囤形，或方或圆，中置爆竹以震之，谓之“涨囤”，又谓之“填仓”。

二月 初二日，以水和面如粥，置油于釜，熟食之，名曰“煎饼”。

三月 清明日，各祭于先茔，加新土，供牲醴，焚纸钱。祭毕，乃焬馔享馂余，少长咸集，谓之“清明会”。

四月 俗不养蚕，妇人无事，自初春时即治秋令衣服，必于此月告竣。

五月 端午日，城邑皆佩艾叶，饮雄黄酒，食角黍，亲友交馈。村中第食角黍而已。

六月 六日，曝书及衣服，为“冰雹会”。二十四日，为“分龙会”。

七月 七夕，设瓜果、酒脯，祭织女。用盆浮针，以定女性，谓之“乞巧”，俗谓之“丢花针”。十五日，为“盂兰会”，放河灯。携楮钱登垄墓祭奠。

八月 中秋夜，画月宫玉兔为符，以供月。做月饼相馈遗。

十月 朔，为“下元节”。祭扫先茔，剪楮为衣，裹以纸钱焚之，谓之“送寒衣”。

十一月 冬至日，悬先师像，师生以次肃拜。奠献毕，敬撤像、主，则跪焚之。弟子拜先生，窗友交拜，谓之“拜冬”。

十二月 八日，以米、稻、枣、豆和煮为粥食之，谓之“腊八粥”。必于五更以前食之，俗传食粥早，则五谷之收成亦早。二十三日，设酒脯祀灶神，荐以饴糖。俗传此日灶神上天曹，言人罪过，故以饴糖涂神口，恐其言是非也。除日，各随家之贫富预备酒肴、果物，以给新岁之需。易门神、桃符，贴春联，以祓不祥。

居丧之家，必登门拜之，谓之“拜孝年”。至朝，则日高三丈，犹闭户不出也。（以上据清咸丰九年《固安县志》整理）

大城县岁时习俗

正月 元旦，户易门神、宜春帖。五鼓祀神祇、祖先及合宅应祀诸神，拜尊长。自月朔至十五日，戚友交贺，曰“贺新禧”。上元赏灯，前后三日，放烟火、为秧歌、竹马诸戏。每乡举一人为灯政司，董其事，俗号“灯官”。然亦视年之丰耗为盛衰。二十五日，祀仓生，以灰画地做囷状，置五谷少许其中，曰“填仓”。是月上旬，以阴晴验物丰耗。谚云：“一高（谓高粱）、二棉、三蚕、四麻、五黍、六豆、七谷、八麦、九果、十菜。”晴为丰，阴为耗。十五日，立砖量月影，月当中时，砖影长几分为岁收几分。

二月 引龙，或于井，或于河。“花朝”，移接花木，种春麦。

三月 清明，上墓祭扫，剪草棘，添土，焚纸钱。自正月儿童放纸鸢，过此则止。是月，农人望雨。谚云：“麦收三月雨。”雨则禾种早播。是月，虹始见，以见于南者为不祥。谚云：“东虹云生西虹雨，南虹出来卖儿女。”

四月 二十八日，祀药王（为“药王诞辰”）。

五月 五日，里相馈以角黍，儿女胥簪艾、系长命缕。芒种三日刈麦。以月大小验瓜果丰耗。谚云：“五月小，瓜果吃不了。五月大，瓜菜剩不下。”

六月 初伏，人家食冷淘，造曲蘖。伏中多雨，利麦。谚云：“三伏无雨休种麦。”是月谷秀。谚云：“六月六，看谷秀。”

七月 七夕，女子穿针乞巧。中元，墓祭，放河灯。白露刈粱谷，谚云：“白露高粱秋分豆。”

八月 十五日，陈瓜果、酥饼以祀月。戚友以仪物相馈遗。以是夕阴晴卜来年上元阴晴。谚云：“八月十五云遮月，正月十五雪打灯。”秋分种麦，剥枣，下梨。

九月 九日，登高，饮菊花酒。

十月 一日，墓祭，剪纸为衣焚之，曰“送寒衣”。

十一月 雪多，冬春谷贱；雪少，来年旱。冬至，多为“九九图”以纪之，画作九格，一格九圈，每日加点，题曰：“上点阴天下点晴，左边雨雪右边风。”

十二月 八日，食“腊八粥”。二十三日，祀灶。除夕，祀于祠，拜尊长，曰“辞岁”。是夜“守岁”，燃爆竹。（以上据清光绪二十三年《大城县志》整理）

文安县岁时习俗

正月　立春前一日，迎春东郊，以此日阴晴卜来年丰歉。谚云：“但得立春晴一日，农夫不用力耕田。”元旦，鸣鞭放炮，设饺食，诸神位前行三拜礼，谓之“送神”。男女各着新衣，拜尊长，谓之“拜年”。半月以内，亲友交贺年禧。民国以来，行阳历，改元旦为“春节”。上元，自十四日夜起至十六夜止，花灯、花炮，炫耀一时。十四夜，谓之“神灯”；十五夜，谓之“人灯”；十六夜，谓之“鬼灯”。神灯放于家，祀各神、宗祠木主；人灯放于门窗、床笫、几案及一切坐卧常用物件等处，俗谓可以避蝎；鬼灯放于丘墓、原野，谓游魂得灯可以脱离鬼蜮。岁丰时，更为灯官、彩龙诸戏。男女游观，具见升平之盛。二十五日做面汤、蒸饭食之。平明，以细灰散布门庭内外诸处，做囤形，谓之“打囤”。分置五谷少许于囤中，覆以砖瓦等物，谓之“填仓”。如此日无大风、雨雪，谓之“收囤”，主丰年。

二月　二日，做煎饼禁蝎。汲水饮（引）龙。如天寒冰结，可以跑鼠，谓主“丰年”。

三月　三日，士农郊行，踏青。清明前数日，择吉修墓，谓之“添坟”。及期祭扫，鸣鞭放炮，焚化冥镪，行四拜礼。

五月　用艾叶沐面，悬艾虎、艾人于门窗之间。食角黍，饮雄黄酒，谓可避蝎。此日雨，主虫灾。

六月　六日，晒衣书，能避蠹。

七月　七夕，妇女设瓜果于庭，穿针乞巧。日午时，幼女为投针之戏。置针水面，观其影，影纤细者巧，影粗大者拙，谓之“投花针”。中元，祭墓，谓“鬼节”。

八月　中秋，妇女设瓜果、月饼于庭，待月致祭，男则饮酒赏月，终夜弦歌。

九月　重九，登高赏菊，饮酒赋诗。以日阴晴卜冬日寒暖。谚云：“九九晴，一冬凌，九九阴，一冬温。”

十月　一日，剪五彩纸为袍、服、氅、裤诸件，拜墓焚化，谓之“送寒衣”。

十一月　冬至，饮酒设筵，塾师散馆。自民国学堂成立，此风已改，然乡僻犹踵行之。

十二月　腊月八日，择嘉谷、珍果八色，掺杂煮粥，谓之“腊八粥”。二十三日，糖饼、黍糕，向夕“祭灶”。“除夕”前数日，换桃符、贴春联，门户一新。

至夕，设香案，为天地诸神位，素品致祭，行三拜礼，鸣鞭放炮，谓之“迎神”。少长各诣宗祠及族门尊长行礼，谓之“辞岁”。然十里不同风，亦有不辞岁者，亦必周旋尊长前，以示恭敬。（以上据民国十一年《文安县志》整理）

永清县岁时习俗

正月　元旦，家设香烛、酒果，拜天地、祖宗。闭门罢市，盛服贺节。元宵，张灯。十四夜为“试灯”，十五夜为“正灯”，十六夜为“残灯”。点放花炮，昼夜欢呼。城门夜分乃闭，巡徼者不禁。十九日，戚党治酒肴，相邀一处欢饮，谓之“烟九”。二十五日，以灰画于院中做仓囤状，内置五谷，名曰“大填仓”。备供献，祭仓神。

二月　二日，俗传“龙抬头”。用灰撒地，谓之“引龙”。煎绿豆为饼，名曰“熏虫儿”。初三日，“文昌诞辰”，演戏庆贺。

三月　清明，簪柳于头，陈蔬馔，祭祖先。前数日，各祭扫坟墓，添土挂纸钱。至日，仍祭先于堂。二十六日，俗称为本县“城隍生日”，相率赛会，奉神像，导以鼓乐、旗幡，迎于街，及庙而止。

五月　初五日端午节，人家插艾、悬符，饮菖蒲、雄黄酒，为角黍相馈送。制五色丝系儿女臂，名“长命缕”，以避毒。

六月　六日，汲水做酱，曝衣及书画。县西关庙，演戏祭赛八蜡神庙。

七月　七日，妇女结彩乞巧。十五日，为“中元节”。设香烛，荐时食于堂，祭祖先。放路灯，为称“盂兰会”。

八月　十五日为中秋节。陈设牲醴、瓜果以祭月。以月饼、西瓜相馈遗。饮宴赏月，俗称“团圆”。

九月　九日为重阳节。酿酒赏菊，登高眺望。亲戚以蒸糕相馈送。

十月　天时和暖似春，故曰“小春”。朔日，俗制纸衣上坟，祭而焚之，名曰“送寒衣”。

十一月　冬至，一阳上舒，日晷初长，故有履长之庆。祀祖先而贺。

十二月　十二月为腊月。八日，杂五色豆、米和以枣、栗煮粥食之，名曰“腊八粥”。二十三日，扫舍，“祀灶”。除夕，祭先毕，长幼聚饮，烧炭燔柴以助阳气。坐至夜半，谓之“守岁”。贴纸钱、门神、春联于门，士夫家皆用桃符。火炮、爆竹之声达旦。（以上据清光绪元年《永清县志》整理）

清苑县岁时习俗

正月　元旦，祀神、祀先，隆师友，贺尊长，宴宾客，宗党交拜。自一日至八日，候阴晴以占年谷人畜之丰啬。“立春”，迎春观土牛，饮春宴。上元，观灯，放烟火，达旦不禁。

二月　二日，煎饼避蝎，士祀文昌帝君。

三月　寒食前，拜墓，添封土。清明日，士女簪柳，为秋千戏。十五日，祀刘守真君庙，泛舟南浦。二十八日，祀东岳天齐庙。

四月　八日，礼佛，煮豆馈遗，初荐瓜于祖考。

五月　五日，簪艾叶，食角黍，饮菖蒲酒。女子剪蚕茧为艾虎以插头，儿童取彩线结“长命缕”以系臂。是日，祀城隍庙。十三日，祀关帝庙。二十五日，祀五道庙。

六月　六日，储水合酱、造曲，诣南寺晒佛经。七日，晒书。

七月　七夕，女子设瓜果祀织女，穿针乞巧。十五日，拜墓。

八月　一日，候阴晴占明春雨旱。十五日，以瓜果、月饼相馈遗，玩月醵饮。

九月　九日，士民蒸糕，移菊相遗，登高饮酒。二十一日，追忆至圣先师孔子圣诞，绅衿辈刲牲灌酒，致祝于文庙，饮福于学宫，如二月二日祀帝君故事。

十月　一日，拜墓，焚寒衣。

十一月　长至日，弟子拜师长。

十二月　八日，以五谷杂枣、栗为粥。二十四日，祀灶。除夕，易门神，换桃符，围炉聚饮“守岁”。爆竹之声自夜达旦，远近相闻。（以上据清同治十二年《清苑县志》整理）

涞水县岁时习俗

正月　元旦，祀神、祀先，煮饺为食。宗党亲故交拜庆新。三日，拜墓。立春前一日，迎春。元宵，挂彩张灯于街巷，士女登城走桥，前后三日，以“散百病”。二十日，“小填仓”，黍豆做糜，以祭仓神。二十五日，“大填仓”，祭亦如之。

二月　二日，煎饼避蝎。童男、女取灶火布地圈屋，谓之“引龙”。

三月　清明前三日，上新坟；前二日，上旧坟。各添土、挂纸冢上。士女簪柳，为秋千戏。

四月 三日，祀真武。八日，浴佛做会。

五月 五日，男女簪艾、戴符，食角黍，饮蒲酒，取五彩线做长命缕系儿女臂，以避毒。十三日，祭关帝。二十五日，祭五道。

六月 六日凌晨，汲水注瓮，合酱、造曲。

七月 七日向夕，妇女陈瓜果祀织女，穿针乞巧。十五日，拜墓。

八月 一日，候阴晴占来春雨旱。十五夜，陈瓜果、月饼，祭月毕，玩月饮酒。

九月 九日，士民蒸糕，移菊相遗，登高饮酒，以避灾。

十月 一日，制纸衣，诣先茔而焚之，谓之“送寒衣”。

十一月 冬至日，祀先祖、拜师长，如元旦仪。

十二月 初五日，煮五色豆分食。初八日，以五谷杂枣、栗为粥，谓之“腊八粥”。二十四日，祀灶。除夕，易门神，换桃符，以迎新年。围炉聚饮，“守岁”。爆竹之声自夜达旦，远近相闻。（以上据清光绪二十一年《涞水县志》整理）

涿州市岁时习俗

正月 《北京岁华记》：“元旦，民间插芝麻梗、柏叶于户。小儿剪乌金做蝴蝶戴之，名曰‘闹嚷嚷’。”十五日，旧志：“街衢盛张灯彩。先一日，谓之‘试灯’；是日，谓之‘正灯’；次一日，谓之‘阑灯’。跨街树灯牌楼，三五家一座，南北长亘数里，游人登通会楼望之，灯月上下，洞达交衢，实为畿南胜事。觉唐人‘火树银花’之句，犹来尽形容之致矣。”《北京岁华记》：“正月十六夜，妇女群出门走桥，不过桥者，云不得长寿。”《帝京景物略》：“元夕，童子挝鼓，旁夕向晓，曰‘太平鼓’。二童子引索略地，如白光轮，一童子跳光中，曰‘跳白索’。妇女相率宵行，以消疾病，曰‘走百病’，又曰‘走桥’。”旧志：“纷纷轿马俱至西郊，将近河桥乃下轿马，步过之，谓之‘走百病’。”

二月 朔，旧志：“设牺果祭日。有以糖面制饼，如月饼式者，名‘太阳糕’。”

三月 清明，旧志：“人多折柳戴于首，具肴馔诣坟祭奠，添坟土，标纸钱于松柏上。”《芜史》：“清明戴柳枝于发。夏至戴蓖麻子叶。长命菜即马齿苋也。立秋日戴楸叶。”三日，旧志：“病创者，多以长流之水洗患处，即古人祓禊遗意。”二十八日，旧志：“世传为东岳诞辰，州人诣北关东岳庙进香。”

四月　八日，旧志：“民间妇女以菽豆计数念佛。是日，煮熟置盘盂内，供之佛前，分给众人食之，谓之‘结缘’。”

五月　五日，旧志：“家家悬艾、戴符，且以艾、蒲整枝遍插门户，以避瘟疫。又以菖蒲及雄黄置酒中，饮之。小儿以五色线索系颈、腕。亲识以角黍相遗。”

六月　六日，旧志：“人家多于是日汲水，可以久蓄不坏。”《万历野获编》：“六月六日，本非令节。时俗妇女多以是日沐发，谓沐之则不腻不垢。至于猫犬之属，亦俾浴于河。”

七月　七夕，旧志：“是日正午，人家室女以水注大碗，撇绣针于其中，以乞巧。”《燕石集》：“七夕前数日，种麦于小瓦器，为牵牛星之神，谓‘五生盆’。”中元，旧志：“人家多以谷与麻科缚置奠几，陈设牲果，供献天地、祖宗。已而托麻谷、负祭品，诣坟所祭享，如清明仪。”《燕北杂记》：“七月十三日至十五日迎节、送节、笑哭节。”《北京岁华记》：“中元节前，上冢如清明。各寺设‘盂兰会’。晦日，谓是‘地藏佛诞日’，供香烛于地。”

八月　中秋，《北京岁华记》：“人家各置月宫符像，符上兔如人立。陈瓜果于庭，饼面绘月中蟾兔，男女肃拜烧香，旦而焚之。”旧志：“亲识以西瓜、月饼相遗。入夜，陈设瓜果及饼，向月而祭。祭毕，即于月下共饮。”

九月　重阳，旧志：“蒸枣糕遗女家，或上浮图，或登台饮酒赋诗。”

十月　朔，旧志：“剪五色花纸制男女寒衣，同楮钱像金诣墓焚之。”《北京岁华记》：“十月朔，如‘中元’，用豆泥骨朵。”《帝京景物略》：“纸坊剪纸做男女衣，长尺有咫，有疏印缄，识其姓字、辈行如寄书，家家修具，夜奠呼而焚之，曰‘送寒衣’。新丧以钱纸为之。”

十一月　冬至，《北京岁华记》：“十一月，人家墐户，藏花木于窖，食兔羹。女子嫁者多归宁，为母浣濯，曰‘报娘恩’。琢石如弹丸置于地，童子以足送之，前后交击为胜。如击羯鼓，鼓用铁为围，单皮覆之，每十人、五人聚击，女子亦然。”

十二月　八日，旧志：“以各样果实，去皮核，入诸色米、豆内，制粥食之。且遍置于花木上，次年无虫，且茂艳。”《燕都游览志》：“十二月八日，赐百官粥，民间亦做‘腊八粥’。以米、果杂成之，品多者为胜，此盖循宋故事。然宋时腊八乃十月八日也。”十二月二十四日，旧志：“设牲果及糖瓜‘祭灶’。又具草料、麸、水于旁，为灶马之用。以一糖瓜粘灶门，谓令神上天毋得言其家之短长。”除夕，旧志："午后，陈设天地及祖宗前祭品，其祭品中必用糕，谓之'年年高'。合家设酒肴'守岁'。亲识亦有相拜者，谓之'辞旧'。"《北京岁华记》："羯鼓声益喧，曰'迎年鼓'。先除夕一日，曰'小除'。人家置宴，往来交谒，曰'别岁'。焚香于户外，曰'天香'，凡三日止。帖宜春字，小儿女写'好'字。"《芜史》："岁除，檐楹插芝麻秸，院中焚柏木柴，名曰'烣岁'。'元旦'起掷门闩于地者三，曰'跌千金'。以小榼盛驴肉食之，曰'嚼鬼'。'立春日'，无贵贱食萝卜，曰'咬春'。二月二日，用黍面枣糕，以油熬之，曰'熏虫'。三月食鲊，曰'桃花鲊'。四月四日，进不落夹，用苇叶方包糯米，长可四寸，阔一寸，味与粽同。六月六日，食银苗菜，即藕苗也。九月，食迎霜兔。腊月八日，赐餐百果粥。"（以上据清光绪元年《涿州志》整理）

定兴县岁时习俗

正月　元旦迎岁，三更即起，或通宵不睡。祭神、祀先，长幼尊卑以次庆拜。食水饺。出门拜年，比户往来，彼此酬答。初三日，设供拜坟，焚化灵疏。邻里相邀欢饮，谓之"请春酒"。"上元节"，城市乡村多悬灯、燃爆竹，鼓吹笙歌。夕食汤圆。妇女夜游，谓之"走百病"。或为高跷、秋千之戏。

二月　二日，食薄饼、生菜。又早起，以麻油炙正月所蓄黏糕，取熏虫蛋，使远避庐舍之意。

三月　清明前一日，为"寒食节"。迩来村中烟火不禁，徒存其名。清明节，士女簪柳；或前一二日或本日，家家拜墓，增封土，挂纸钱，放爆竹、起火，供饭行礼，谓之"拜扫"。一岁之中，居民祀先，此为最盛。

四月　初八日，城隍庙会。绕城村庄约二十里内，佣人皆放工一日，犒以酒肴，给以凉笠。

五月　五日，居民簪艾叶，食角黍，饮雄黄酒。以蒲叶供神、悬门。以五彩缕系小儿女臂，谓之"长命缕"。

六月　六日，为佛寺晒经日。因之，文人曝书籍，妇女曝衣衾。

七月　十五日，拜墓，祭多以瓜，荐时物也。

八月　十五日，拜月，供月饼、西瓜及一切果品。富者以酒肴犒佣工。

九月　九日，赏菊饮酒，文人多登高赋诗。

十月　初一，拜墓，焚五色纸衣，祭多以柿。时当授衣，故以事人者事鬼也。

十一月　冬至，释菜于先师孔子，师率其弟子行礼。弟子拜师，朋友互拜，谓之“拜冬”。教授于家者，以此日宴饮弟子，答其终岁之仪，多食馄饨。

十二月　初八日，食枣粥，谓之“腊八粥”。米非一品，果有数色，而小枣、菱角为先。其贫者，枣、米而已。二十三日之夕，家家“祭灶”。俗说灶君子二十四日上天报人功过，为之饯行。二十四日以后，名为“乱岁”。男婚女嫁，百忌都消。“岁除”，易门神，剪红纸做葫芦粘户牖，谓之“拒瘟”。焚松柏、燃爆竹，谓之“驱祟”。及夜，家家以火炬照墓，请祖宗之灵归家受享。又列炬于田，谓之“照青”，盖祈谷之意也。（以上据清光绪十六年《定兴县志》整理）

容城县岁时习俗

正月　元日，具酒肴，写桃符，绘门神，贺新年。“春日”，先日迎春，次日鞭春，官有公宴，民有会赏。“上元”，结灯彩，崇烟火，喧鼓吹。

三月　寒食，清明节前二日，男女诣墓拜扫毕，宴饮其侧。清明，折柳踏青，墓祭。院落多架秋千。

四月　八日，俗传“佛诞”。崇佛者做礼佛经会。

五月　端午，为角黍，泛蒲酒，悬艾虎。男女家有节仪。

七月　十五，墓祭，献瓜果并麻谷。

八月　中秋，为月饼祭月，集亲友夜宴玩赏。

九月　重阳，赏菊馈糕。

十月　一日，墓祭，“焚纸衣”。

十二月　八日，杂五谷、诸果为粥，俗名“腊八粥”。二十三日，祀灶。除日，爆竹，守岁。（以上据清光绪二十二年《容城县志》整理）

定州市岁时习俗

正月　元旦，晨兴，新衣冠，具香烛、牲酒，以礼百神及先祖，遍拜尊长。燃爆竹，食饺耳，举家宴飨。亲友里党公服交贺，停事数日。初三，祭墓。初五日，燃爆竹，“送穷”。十五日，为元宵节。街市张灯火，鸣金鼓，陈百戏。食元宵，夜游无禁。十五日以前，乡里相约宴饮，曰“吃春酒”。立春，贴宜春帖，食春饼、生菜。儿童放风筝。十六日，出门选胜，曰“游百病”。及夜，烤柏枝火，以祓除不祥。

二月 初二日，“龙抬头日”。以薪灰撒井边，引围屋垣，谓之“引龙”。以枝击崖壁，以遣毒虫。

三月 三日，士子踏青饮宴。清明日，祭墓，化楮钱，筑坟。

五月 五日，为端午节。门插艾及杨柳枝，剪红纸为葫芦，贴门户上。以彩丝系儿臂，并戴艾叶、佩茧虎。食角黍，饮雄黄酒，亲友以角黍相馈送。

六月 六日，曝书，晒衣服。

七月 七日，妇女穿针乞巧。十五日，曰“中元节”，以瓜果祭墓。

八月 十五日，曰“中秋节”。陈瓜果于庭，以享月。家人饮宴、赏月、食月饼。亲友互馈赠，相约宴会。

九月 九日，曰“重阳节”。登高，食花糕，饮菊花酒。

十月 朔日，祭墓，焚寒衣、楮钱。

十一月 冬至，士子拜师长。

十二月 初八日，曰“腊八日”。以五谷、枣、栗做粥，曰“腊八粥”，遍洒门户。二十三日，“祭灶”，食糖果。三十日，曰“岁除”。易门神，换桃符。陈祀仪，请神拜祠，以禳散庭除，曰“散岁”。与小儿钱，曰“带岁”。举家围炉而饮，曰“守岁”。燃爆竹，自夜达旦。（以上据民国二十三年《定县志》整理）

阜平县岁时习俗

正月 元旦，夙兴肃冠裳，备牲醴祀神，祭祖先，放爆竹。以莱实面者之曰“扁食”。亲族、邻里，互投刺于门，曰“拜节”。上元，以糯米粉做丸，实以糖，祀祖先，遂食之，曰“元宵”。并悬灯、剪彩，贴春联，飘飘街市。次日，妇女出游，折柏叶插鬓，谓之“除百病”。

三月 清明，或结伴郊游，曰“踏青”。

五月 端阳，采艾备熏灰，饮雄黄酒避五毒。以角黍祀神，祭祖先，亲朋互相馈遗。以彩线系小儿臂，曰“长命索”。

七月 中元，送河灯祭溺鬼。

八月 中秋，以瓜、饼、酒、果祀月，即宴饮其下，曰“赏月”。

九月 重阳，以枣糕祀神，或携酒陟山眺望，曰“登高”。

十一月 冬至，行拜贺礼，以面饺祀先、奉家长。

十二月　腊月八日，鬻米、菽为粥祀先，或以饲贫人。二十三日，以麦饼、饴糖祀灶。除日，具衣冠、牲醴祀祖先，拜家长，曰“辞岁”。其事神最重城隍。每岁以正月十六、清明、七月十五、十月初一诸日，迎神出游，香舆卤簿，陈设华整，而五月十七尤盛。前十六日，四乡妇女皆麇集城中，夜则什伍鳞次，趺坐廊下，谓之“坐夜”。（以上据清同治十三年《阜平县志》整理）

唐县岁时习俗

正月　元日，晨兴设牲馔于庭，燃香烛，放鞭花，祭天地，拜祖先及尊长。亲朋交相拜贺，数日乃已。十五日，为“上元节”。城乡制秋千架，游嬉为乐。乡间男女老幼登城游赏，欢声笑语，洵升平景象。元宵，城市悬灯、放爆竹，火树银花，灯光月影，游观者如堵。

二月　二日，俗传为“龙抬头”。以薪灰撒屋垣根，谓之“避毒虫”。是日，人家多蒸黍糕以食。

三月　二十五日，葛洪山会，城乡士民朝山进香，鼓钟笙管，声音载道，相续不绝。谷雨日，喷蚕。是日前后，农皆布谷。

四月　六日，商贾辐辏，百货毕聚，书籍、笔墨及农器尤多，名曰“神集”。

五月　五日，食角黍，插符佩艾，戚友以角黍相馈送。初八日，东关瘟神庙会，商贾云集，三日乃止。

六月　十三日，南乡祝祭龙神，置龙神于彩舆，壮有力者高掷数丈，群相挽遥接，名曰“摔轿子”。

七月　七夕，乞巧，宴乐。

八月　中秋，夜陈瓜果，设酒肴祭月。亲朋聚饮。二十八日，城隍庙会，百货聚积，五日乃止。

九月　重阳日，制花糕，饮菊酒，登高。

十月　二十六日，东岳庙会，城乡群相进香祈祝。

十一月　冬至，拜师长，宴会如元旦。

十二月　八日，人家杂五谷、枣、豆做粥，名曰“腊八粥”。二十三，祀灶。除日，易门神，修岁事，陈祀仪。围炉而饮，曰“守岁”。（以上据清光绪四年《唐县志》整理）

高碑店市岁时习俗

正月 孟春之月元日，五鼓设庭燎，香灯花爆，祀百神及祖先，家人以次拜贺。及旦，宾客往来拜贺。是日，日出红色，占收高粱；霜多，占收棉花。十日，浴蚕。“立春日”，聚会，饮春酒。“上元”前后三夕，衢市张灯彩，放花爆，士女游观，不禁夜。元夕，取秫秸一节，劈分置十二豆，仍合而束之，置水中。晨开视，以秸之上端为正月，依次下数之，以豆之枯润，卜十二月水旱。十六日，士庶内眷过桥，转黄河灯，多以纸结纸绳九条。又炊糕逆女，遣童子入学。

二月 仲春之月二日，煎豆饼，熏虫。是日，为“龙抬头”。妇女戒动针，恐刺龙眼。人家多以灰糠为龙形，自井口引至水瓮下，曰“引龙”。多以鲤鱼逆女，住对月。春分日，接栽果树。

三月 季春之月，寒食，禁火。士庶之家，男妇祭墓，挂纸钱，坟添新土，曰“拜扫”，即于墓前分坐馂余。清明日，簪柳条，做秋千戏，携酒踏青。

四月 孟夏之月四日，酿酒，可久蓄。邑人谒城隍庙，自朔日至四日止。八日，梵宫“浴佛”。立夏前后三日内，祭雹神。

五月 仲夏之月五日，插蒲、艾，以彩索系项背，啖角黍，饮菖蒲酒，采药苗。男女已结婚者，是日以仪物馈酬，谓之“追节”。

六月 季夏之月六日，储水，可经年。造曲、造醯，于是日始。

七月 孟秋之月七日，曝衣、曝书、洗器。至夕，女子“乞巧”，以瓜果祀织女。十五日，为“中元”。各置麻谷、黍秫于门左右，荐瓜果、素馐于中霤毕，献新物以祀祖先。日夕祭墓，焚疏纸，曰“焚麻谷”。

八月 仲秋之月望前，多以月饼、瓜果相馈遗。十五夜，会饮赏月。

九月 季秋之月九日，蒸花糕、酿菊酒、腌瓜菜及蟹，登高会饮。

十月 孟冬之月朔日，祭墓，用五色纸裁为衣，诣墓前焚之，曰“烧寒衣”。

十一月 仲冬之月长至日，祠祭毕，士大夫亦有行交拜礼者，次子元旦。立八尺表，以验来岁水旱。据表之长而中分之，日影中正，则年丰；不及，则旱；过则涝。旱涝分数亦如之。于上元夜验月影亦然。

十二月 季冬之月八日，食腊八粥，以余者置果树上，禁虫兼祝茂盛。二十三日，“祀灶”。除夕，守岁，饮椒酒，焚苍术。是月多嫁娶，以二十四日后为“婪岁日”，不须择吉。（以上据民国二十四年《新城县志》整理）

雄县岁时习俗

孟春之月　厥元，曰“五鼓更”，烛炷香，悬天灯，祀真宰、祀先毕，家众以次称寿，既遂出贺。婿至，以物酬之。是日，西南风，收秫；霜重，收棉。

越三日，拜墓。会宾。

厥春日，睐土牛，茹春饼，荐白卜。野人取牛土，书门曰“百事大吉”。

厥元夕先后，张灯放花，睇者达曙。

厥十六日，病妇群聚窑下，曰“陶炙”。家人蒸纸及剪裁为九条，信手结之，曰“结羊肠”，卜休咎。女子邀厕姑卜流花，问吉凶；又剪彩簪之。以相夸尚。至暮，过瓦桥度厄，或投瓦桥下。

厥二十五日，以灰为梯囤形，中撒五谷，砖石压之，曰“填仓”。是日也，亦喜为枣糕逆女。是月也，遣童子入学，农夫于耜、粪田。

仲春之月　厥二日，以灰糠画龙于井，以青灰引至瓮下，或仓库内，曰“引龙”。是日也，将鲤席逆女，仍以礼馈之。

是月也，春冰既泮，有蘩有荇，有藻有菰，贫者取易薪米，渔者咸相率着皮衩，发鱼以网，以叉，以笱，以箔，以钓，以罨，竞取而多获焉。

季春之月　厥寒食，好事者树秋千，放风禽，闺人挝子为戏。

至日，墓祭，士女毕出。次日妇亦得归省，展孝敬焉。

厥清明，插柳看花，踏青挑菜。

厥谷雨，禁蝎。是月也，虽不桑者，亦理蚕事。贫民着衩取藕供食，或杂榆荚、槐柳、椿芽以烹之。

孟夏之月　厥四日，酿酒，味嘉。

厥八日，僧尼为洗祓会，富愚赴会施供。

厥二十八，前十日上药王庙。

是月也，藕芽既盛，蒲黄亦成，咸取之。

仲夏之月　厥五日，贴门符，悬艾人，系百索，啖角黍，泛菖蒲酒，捉蟆，采药，婿妇追节之盛愈于仲春。是日雨，主虫。是月也，芒种后遇壬入梅，夏至后遇庚出梅，遇雷电为断梅。以遇壬日数，为梅高尺数。度物之高下，置之则不梅矣（雄地下湿，故亦梅如芒种后五日遇壬则梅高五尺，十日则梅高一丈也）。

季夏之月　厥六日，储水（经年不坏）。窨曲、酱（曲有粗细，酱有生熟）。

是月也，南浦菱芡既登，荷花亦盛。

孟秋之月 厥六日，挂地头（用楮钱）。

七日，曝洗。是夕，闺人以茜鸡做乞巧会。

厥中元，树麻谷于门左右，毖祝祖考，以素馐复拜墓。是日，亦逆女。

厥中秋，登楼台玩月，荐蟹观鹤。亦树表验明年上元晴雨。是月也，近水人家咸采芰荷之实，易米仍积菰实以御冬。

季秋之月 厥重九，蒸菊糕。登高对菊。浮茱萸，尝新酒亦逆女。亦占冬阴晴。是月也做蟹酿菊酒，甲他处。

孟冬之月 厥下元墓祭，焚寒衣，亦逆女。是日南风则冬暖，西北风寒。是月也，民多嫁娶。有力不前者求救于人，曰“告助”。又斥卤之地稗熟，贫而勤者咸采积以糊口焉。

仲冬之月 厥长至，祠祭毕，士夫亦有行交贺礼者，亦逆女。是日，树八尺之表，以验来岁水旱（大抵据表之长而中分之，日影中正则丰，不及则旱，过则水。水旱分数亦如之）。于上元夜，亦验月影。

是月也，淀水未冰。渔家因水之广狭，制苇箔曲置水中，以通鱼往来，可入不可出，冰合凿而取之，为费既多，所获亦溥。骑射畋猎毕举焉。

季冬之月 厥八日，以诸米、赤豆、杂果肉加辣，粥食之，曰“腊粥”。男女剃头、钳耳。

厥二十三或二十四日，暮以饼茶果祠灶。妇女不得参。乡人秉高炬照麻虫，扫舍宇。亦多嫁娶，以为无忌。除日亦如之。

厥除夕，陈祀真宰、祀先之仪，设庭燎，爆竹，将军炭，击千金木。烧苍木，避瘟丹，悬新帚、葫芦、麻箸于门。夜分，易门神、桃符，写春帖、天行帖子。具酒殽，各称寿守岁。是日，做灯十二，准明年之十二月，釜蒸之，以验水旱（其月旱，则其灯干；其月涝，则其水满）。又以柴夹豆十二，水浸之，占同。其元宵亦卜之。（以上据明嘉靖十六年《雄乘》整理）

高阳县岁时习俗

正月 初一日，为“年节”。五更即起，焚香祀祖、祭神。爆竹之声彻夜不绝，远近相闻。又相互拜年，三五成群，行跪拜礼。十五日，为“灯节”。晚间门悬彩灯，村众击鼓，做各种游艺游街。又劈麻秆如笔管状，一端裹棉，灌油燃之，做灯插于街之两旁，俗谓之“放灯”。二十五日，鸡鸣即起，在院中布灰做圈，置五谷种子于圈之中央，用砖压之，放爆竹，谓之“打囤”。俗谓如是可以丰收满囤。

二月　初二日，未明即起挑水，俗谓“引龙入家”。盖谓龙能生钱，故俗谓龙，亦曰“钱龙”。

三月　清明，为“祭祀节”。各家上坟祭祖，在先人墓上增添新土。有族会者，全族人聚于一处，杀猪宰羊会食一日，俗谓之“吃会”。

四月　立夏节，置备祭品，并备黑鱼一尾，面饼一张赴郊野外十字路旁，将鱼与饼埋于地下，祭祀雹神，祈免雹灾。

五月　五日，端阳节。食角黍，佩艾符。女子剪蚕茧做艾虎。儿童取五色彩线结缕系于臂，谓之“长命缕”。

七月　七日，俗谓是夕为牛郎会织女之期。女子辈率多陈设瓜果、祭品祀之。穿针“乞巧”。又谓不满十五岁之儿童在葡萄架下、井旁，可闻织女之哭声。十五日，为“烧纸节”。是日，家家祭墓，焚化纸钱，哭泣之声不绝于耳。

八月　十五日，为中秋节。戚友率多以瓜果、月饼相馈遗。晚间家家祭月，邻里相互邀请畅饮。

十月　初一日，气候渐寒，皆衣棉衣；恐先人在地下受寒，故送寒衣纸烧于墓前，俗谓之“送寒衣”。

十二月　初八日，为腊八节。家家早饭以八种米做粥，将粥抹于门扇，以祭门神，俗谓之“腊八粥”。二十三日，俗谓“灶君归天日”。迷信者流且谓，灶君乃一家之主，人之善恶均有记载，面见玉皇陈述善恶而定赏罚。故多以糖糕等物祭之，以粘其口，而使勿言。二十四日，大扫除，房舍什物焕然一新。因新年将届，以壮观瞻。三十日，祭神主，贴春联。日暮，携谷草燃于墓间，意取烧净墓上之草，与生人之扫房相同，俗谓之“燎新”。（以上据民国二十二年《高阳县志》整理）

安国市岁时习俗

正月　元日昧爽，具牲醴、香烛，迎、祭神；只拜先祖。儿童皆放纸爆，谓之“响岁”。食水煮饽饽；亲朋各诣门交拜贺节，数日乃已。上元日，燃灯放花炮，前后三日。男女群游，俗曰“散百病”。二十五日，填仓，炊糕。是月也，农于耜。

二月　二日，引龙，食煎饼糕。是月也，水泮草生，农举趾。

三月 寒食日，祭墓，标楮钱，增新土。清明日，士女簪柳。是月也，麦始生，木始叶，桑可蚕。

四月 八日，有浴佛会。是月也，农举锄，蚕茧登。

五月 五日，祀瘟神。贴门符，悬艾虎，馈角黍。儿童系五色线，名“百岁索”。是月也，妇治丝，男刈麦。

六月 六日，晒书籍、衣服。伏日，造酱。是月也，谷始秀，黍始登。如遇天旱，妇人洗箕于河，以求雨泽。

七月 七夕，女子设瓜果祀织女，乞巧。十五日，中元节，供麻谷祭墓。是月也，禾始登。

八月 中秋，戚里馈瓜饼，赏月，比邻合饮。是月也，棉花始登，妇纺绩。

九月 九日，登高，做菊糕，取黍酿酒，做乐报方社。有中古之遗风。

十月 朔日，祭墓，剪纸为冥衣，曰“送寒衣”。

十一月 长至日，祀祖先；生徒拜师长，贺节。余人不贺。

十二月 八日，煮谷八种，曰食“腊八粥”。童男髡发，童女钳耳。二十四日，祀灶神，扫舍宇。以后嫁娶不择日，谓之“乱岁”。易桃符、门神，放炮。三十日薄暮，焚草把于门，曰“燎星”。供隔年饭，布芝麻秸于地，曰“踩岁”。烧榾柮木于天井中，曰“炡岁”。以苇箔围棹，祀天地，曰“神棚”。父子围炉聚饮，曰“守岁”。（以上据清乾隆二十一年《祁州志》整理）

望都县岁时习俗

一月 元旦昧爽，家家食水饺，拜尊长，谓之“拜年”。嗣是而后，族邻走贺叩拜，亲朋互相往来，遍谒尊长，至灯节始止。正月十四、五、六三日，为“灯节”。沿街悬灯结彩，家家宴会饮酒，与年节同。十六日，妇女易新衣，出门游览，曰“走百病”。亦游春意也。

三月 清明节，家家祭祖扫墓，凡有财力之族，是日祭祖之后，合族会餐，名曰“吃会”。其事由家长主持，诚敦宗睦族之美俗也。

五月 初五日，为端阳节，亦曰“端午节”，家家食角黍，或赠亲友。

七月 十五日，中元节，扫墓祭祖，扫墓间亦有吃会者。

八月 十五日，为中秋节。家家往来酬酢，曰“贺节”。晚间月上，焚香楮，备鲜果、月饼之属，供于中庭，祭毕欢宴，谓之“赏月”。

九月　初九日，为重阳。从前，文人学士届时每登高赏菊以为乐。

十月　初一日，扫墓焚纸衣于墓前，曰“送寒衣”，是日亦有吃会之举。

十二月　腊月初八日，食“八宝粥”。二十三日，“祀灶”。除日，祀祖宗、神祇；家家持谷草多束，至祖墓前祷曰：“请祖宗回家度岁。”叩头讫，即将草束点着，随毕随易，至家则已，示不忘本，亦美俗也。（以上据民国二十三年《望都县志》整理）

满城县岁时习俗

正月　乡民过年，预备馒头、酒肉、年糕等宴客食品，并具香楮，鸣爆竹，祀祖先、诸神。“元旦”，以名刺互相投赠，谓之“拜年”。至亲朋子弟每赴尊长家谒拜，尤以婿往岳家为多。婿往妇随，携带子女，其礼物以馒头、油果等类，名曰食盒。自废禁旧历，城市拜年者已少，乡间仍盛行。十五日为元宵节，亦曰“灯节”。乡间及城市均燃灯彻夜，花炮砰訇，文人并有以灯谜助兴者，沿旧习也。

二月　初二日，古之中和节也，俗呼为“龙抬头”，家家食煎饼。

五月　五日，为端午节，农家各备角黍食之。

八月　十五日，为中秋节。农家秋收将毕，犒劳工人，名曰“过节”。酒肉醉饱，并分给工人以月饼、果品。农家乐趣以此节为最。亲友有以物品相馈赠者，名曰“送节礼”。麦秋后，农家以馒首、食盒看望嫁女，名曰“送饽饽”。

九月　重阳节后，看望嫁女，名曰“追节”。

十二月　腊月八日为腊八节，以各色米、豆、枣、栗煮之，曰“腊八粥”。（以上据民国二十年《满城县志略》整理）

沧州市岁时习俗

正月　元旦，早起，祀神、祀先，拜尊长，亲友贺新岁。近则绅士更于平旦共集。文庙举行祭礼。祭毕，共享祭余，为“团年会”。农民以是日阴晴占岁丰歉，拜墓。立春前一日，迎芒神。立春日，贴宜春字，啖春饼。上元，张灯、放花炬，妇女群游，曰“走百病”。二十五日，“填仓”。农人做饭饲牛，煮酱。下旬，入学，于耜，河畔取鱼，以鲤为上，名曰“开河鲜”。

二月　二日，“引龙”。食煎炒，曰“熏虫”。社日，乡社祀先农。春分，移栽花木，煮酒。

三月　清明，祭墓添坟，插柳枝，戏秋千。谷雨，禁蝎。

四月　八日，“浴佛”。二十八日，祀药王于东门内，商贾骈集，城乡妇女结伴烧香。出冰。

五月　端午，插艾、悬符，食角黍，饮菖蒲、雄黄酒。小儿系“续命缕”。采百草为膏。以墨置蛤蟆口，可疗百毒。斗龙舟。夏至，食麦粥。芒种，获麦。

六月　六日，曝书帙、衣服。初伏，饮豆汤，食面，造曲。

七月　七夕，乞巧，浣衣。各庙修“盂兰会”，放河灯、路灯。中元，拜墓。

八月　月吉，食来风糕。中秋，设瓜饼拜月。社日如春社。二十七日，是日为“先师诞辰”，绅士早集文庙，设祭殿庑，如元旦礼。

九月　重九，登高寻菊，酿酒。霜降后，田事告竣，农民期日出猎，会村庄多至千人，遇狐兔共逐之，无得逸者。或先得，则高举过顶，以示众人不得夺。日将夕，乃各标所获，欢歌而归，名曰“合围”。亦猕狩遗意也。

十月　下元，拜墓，焚寒衣。

十一月　冬至，暖炉。出猎。绅士拜冬。

十二月　八日，食腊粥，兼饲贫。藏冰。二十三日，祀灶。此后，嫁女不择日，谓之“乱岁”。除日，易门神、桃符，修岁事，陈祀仪，较常丰盛。拜尊长，谓之“辞岁”。椒、柏叶浸酒，合家饮之。焚榾柮，谓之“守岁”。（以上据清乾隆八年《沧州志》整理）

河间市岁时习俗

正月　孟春元旦昧爽，拜天地，祀先。卑幼拜尊长，戚里盛服交贺。立春日，观土牛，贴宜春字，茹春饼，饤春盘，占阴晴。上元夕食粔籹，前后三日赏灯、放花。十六日，病妇陶灸、过桥，家人结羊肠，卜休咎。二十五日，用灰画囤于院，中置五谷，曰“填仓”。下旬，入学，于耜。是月也，以元日阴晴卜岁之丰耗：西南风，收秫；霜重，收棉；雪，主夏、秋旱；日出时有红霞，主丝贵。惊蛰节，忌风雨。

二月　仲春二日，啖煎饼，禁蝎，引龙。社日，祈年于社。春分，酿酒、拌醋，河畔取鱼。

三月　季春三日，祀真武。寒食，墓祭，架秋千，放纸鸢。清明，插柳看花，踏青挑菜。谷雨，禁蝎。是月也，恒望雨。朔日值清明，主草木荣盛；值谷雨，岁丰。

四月　孟夏四日，酿酒。八日，“沐佛”。二十八日，祀药王庙。是月也，望雨尤甚。初旬四日，不宜雨，雨则无麦。

五月　仲夏五日，食角黍，饮蒲酒，插符、艾，系缕，捉蟆，采药，隆师，逆女。夏至，食麦粥。是月也，朔日不宜雨，雨主虫。芒种后壬日为入梅，置物于高处，以遇壬日数为度。夏至后庚日出梅，遇雷雨为断。重午，喜薄阴；大晴，主雨水，则丝贵。

六月　季夏六日，储水造面酱，曝衣物。是月也，热则生五谷，主丰收，冷必多雨。

七月　孟秋六日，挂地头。七夕，乞巧、浣衣。中元，祀先，悬麻谷，放路灯。是月也，宜立秋日雨；晴主岁不熟；云多尤忌。

八月　仲秋朔，天炙。十五夜，祭月，食饼。社日报赛。是月也，以中秋雨为苦雨，主菜味不佳。

九月　季秋九日，登高，泛萸，酿菊酒，隆师，逆女。是月也，朔日有风雨，主来春旱，夏必水。

十月　孟冬朔日，墓祭，剪纸烧衣。是月也，立冬喜西北风，主来年大熟。

十一月　仲冬“冬至日”，暖炉，出猎，隆师，逆女。是月也，朔日及冬至忌大雪，主凶灾，不利于农。

十二月　季冬八日，食腊八粥，造腊酒。二十三日，扫舍宇，祀灶。除夕，贴春联，易桃符，放爆竹，陈祀仪，守岁；民多嫁娶。是月也，喜腊前雪，宜菜麦，兆丰年。（以上据清乾隆二十五年《河间县志》整理）

沧县岁时习俗

正月　元旦节，正月一日子时（言其大较也。民间无钟漏，迟早不一，且有在子之先者），男女少长易新衣，煮水饺祭神（其他酒肴祭品已于除日午陈于神座），燃爆竹，少长以次拜，曰“送神”。家庭贺岁毕，撤祭品享胙，然后启户。戚族、邻里相往贺岁，家家展墓。上元节张灯三夜，鼓铙燎火，或随以百岁，施放柏子灯。十四夜，曰“鬼灯”，放于漏泽园；十五夜，曰“神灯”，放于寺庙；十六夜，曰“人灯”，放于巷口。放灯毕，夜夜有火树银花之戏，家家有酒肴元宵之筵，为一岁最盛之节。立春节，迎春鞭牛，详清祀典。民间以红色染牛角，食春饼。填仓节，正月二十五日，以灰布于庭，形如囷，中置谷，覆以砖，日出启砖，以谷饲鸡，曰“填仓”，或曰“打囤”。

二月 中和节，二月二日，谓“龙抬头”，无所举行。

三月 踏青节，三月三日，无所举行，书生偶一出游。寒食节禁烟久废。清明节，家家添坟祭墓。

四月 “浴佛”节，四月八日，僧寺做佛事，农家妇女入寺礼佛、施僧。

五月 端阳节，五月五日，门插艾枝，剪红纸葫芦粘门楣。红纸折叠成符，悬于衡。食角黍。然唯诗礼之家行之，农家无尚也。长至节，无所举行。

六月 初伏节，家家食面条。曝书节，六月六日，曝书，晾衣。

七月 立秋节，家家食水饺。乞巧节，七月七日，无所举行。诗礼之家，女子偶或乘兴陈瓜果、针缕，以乞巧。中元节，七月十五日，家家祭墓，食包子。邑治举行盂兰盆会。

八月 中秋节，八月十五日，家家食月饼、瓜果、包子。富室或陈酒肴，邀客赏月。

九月 重阳节，九月九日，家家食糕，书生或偶一登眺。

十月 十月节，十月朔日，家家祭墓。

十一月 短至节，无所举行，偶有制消寒图者。

十二月 饭僧节，腊月八日，家家食八宝粥。祀灶节，腊月二十三日，家家陈黍糖饯灶（古传二十四日，灶神上天言事，故于今宵致祭，防居家者玩亵之意）。岁除节，腊月末日，家家门贴春联，农家或贴门神，剪彩纸如丝络贴门楣。以研磨棍裹纸钱一张，横置阈外，五谷秸稿遍插粪壤堆上，庭撒禾穗之穰。陈祭品于神案，不揖不拜。将午，迎神于路口，插香于地，燃爆竹，揖而不拜。复燃香持归，插祭案香炉中，仍不拜揖。选村间适中之地，立犁床，倚于壁，围以秫，中置香炉，供黄纸牌位，书面然大士，而名之曰天地棚。油条数十，悬于棚内。日暮鼓铙、灯火，施放柏子灯于漏泽园神庙、人家巷口。归则群拜于天地棚下，焚牌位，俵散油条于儿童，燃爆竹、烤梃。各散归家，团聚饮食以守岁。元旦送神之迟早，家家不同，故爆竹之声，彻夜不绝。（以上据民国二十二年《沧县志》整理）

盐山县岁时习俗

正月 元旦夜半子时，长幼皆起，新衣冠，具香烛、牲肴、酒醴祀神祇、祖先，拜尊长。设撰，进荍酒，庭燎爆竹，和乐宴享。食馄饨，名饺子，取交子更新之义。亲友、里党公服交拜。展墓。是日，晴明无风占岁吉。新正元日后灯节前，亲邻互相传杯宴饮，曰“吃春酒”。立春先一日，官长迎春东郊。届日，鞭土牛，具五辛盘，啖春饼，颁芒神、土牛小像，曰“送春”。小儿放风筝。上元前后三夜，张灯门巷，金鼓喧阗，火树鞭炮，百戏杂陈，又放路灯以祭孤魂，猜灯谜，游赏至夜分不禁。十六日，出门选胜，谓之“走百病”。女儿赛紫姑，卜问休咎。做粉团食之，曰“元宵”，又曰“团圆”。二十五日，俗名“填仓节”。黎明早起，以灰阑地做囷形，各置五谷种，覆之，名曰“打囤”。日出启覆，令鸡食之。农家食糕，煮酱。

二月　二日，俗名“龙抬头日”，吃龙须面。农家以糠引至井，以灰引至家水瓮间，曰“引龙”。以杖击炕及屋壁，以避毒虫。春分日，移栽花木，接树。

三月　重三日，踏青出游，士子或修禊饮宴。清明前一日，曰“寒食”，添坟土，人家设秋千之戏。清明日，扫墓陈祭，士夫携壶郊游，门户插柳，农家播种。

四月　八日，僧家做“浴佛会”。村农人家，入寺烧香礼佛。立夏始锄田。

五月　午日，插艾、悬符。以五彩丝系戴童男女，曰“长命缕”。戴艾人、茧虎及诸杂佩。亲友以角黍、仪物互相馈遗。饮菖蒲、雄黄酒，食粽。采药，以百草熬膏疗疾。以墨置蛤蟆口内，曰“蟾酥墨”，疗诸毒。芒种节，刈麦，嫁枣（以锯围树锯一遭，则多结实，曰嫁树）。十三日，为竹醉日，栽竹易活。夏至食汤饼。

六月　六日，曝书帙、衣服。初伏日，食面，饮绿豆汤，造曲。

七月　七夕，女子浮针乞巧，人家涤油腻器。十四日及十五日，携瓜果、脯醴、楮钱祭墓。登垄撷麻谷颖穗杂陈之，谓之“荐新”。食肉馅馒首，以贺“中元”。放河灯，寺观设盂兰会，以祭孤魂。

八月　朔日，农家食糕，曰“来风糕”。中秋节，亲友、乡邻以月饼、瓜果、酒脯诸仪互相馈遗。农家杀猪羊，宴乐醉饱。不禁屠沽，谓之“乱市”。陈瓜果、品肴于庭，以拜月。家人、邻里彻夜欢饮。白露节，始种麦。秋分剥枣。

九月　重阳赏菊，饮黄花酒，登高，食糕。

十月　朔日，祭墓，“焚寒衣”。

十一月　冬至，官长、绅士拜冬贺节。做暖炉会，出猎，窖菜。

十二月　八月，以枣、栗、杂果、谷米、荍煮腊粥食之，兼以饲贫。二十三日，饯灶，设酒、果、糖饼，谓之“辞灶”。二十四日，谓之“交年”。以后多嫁娶，谓之“婪岁”。扫舍宇，敲神鼓，曰“腊鼓鸣，春草生”。小儿戴面具，戏以仿傩。除夕，易门神，换贴春联、桃符，修岁事。陈祀仪较常丰盛，祭天地、祖先，请神拜祠。缚柏枝于高杆，曰“燃天灯”。以芝麻秸撒庭院，曰“蹰岁”。焚榾柮，曰“烘岁”；礼拜尊长，曰“辞岁”；老幼围炉，曰“守岁”；按岁系小儿钱于衣带，曰“带岁钱”。阖家饮菽酒，放爆竹，自夜达旦。（以上据清同治七年《盐山县志》整理）

吴桥县岁时习俗

正月　元旦，先期设牲馔，昧爽后祀神、祀先。拜尊长，亲友交相拜贺。新婿则偕妇同往拜贺，恒历数日，而后同归。立春饮春酒，茹春饼，切鲜红莱菔食之，曰“咬春”。元宵张灯三日，放烟火，演杂剧，士女喧阗，官不禁夜。十六日，妇女咸登城，谓“走百病”。二十五日，名“填仓日”。咸黎明以灰画地为囷，实以五谷，覆以瓦，日出开曝之，为“收仓”。农家食顺风糕。

二月　二日，名“龙抬头日”。咸晨起汲水，谓之“引龙”。敲梁镇蝎。乡村祭土地神。

三月　寒食，展墓，加新土，焚纸钱。清明，插柳于门，并折戴之，有携酒踏青者。

五月　端午，门悬艾虎。饮雄黄酒，食角黍，佩朱砂。小儿雄黄涂鼻耳，以五色丝系足腕，枕艾虎。妇女戴艾、彩符，亲友交相馈遗。夏至食麦粥。

六月　六日，曝衣履、书籍。

七月　七夕，女子设瓜果祀织女。十五日中元节，祭先祖，设瓜果，献禾黍。

八月　中秋，亲友以月饼、瓜果相馈遗，如端午。夜各祭月，置酒赏之。

九月　重阳，登高，饮菊酒，食糕。

十月　一日，祭扫先茔，剪楮为衣焚于墓，谓之“送寒衣”。

十一月　冬至，祀祖。士夫行拜礼于官长，亲友交相拜贺，重阳生也。

十二月　腊月八日，合米、豆、诸果煮粥，相馈食，为“腊八粥”。乡绅富民施粥。二十三日晚，祭灶神，曰“辞灶”，必用糖瓜、黏糕。自是至除夕，涓吉扫舍；人多乘时婚娶，曰“赶阑岁”。除夕，换桃符，贴门神、春联。卑幼为尊长辞岁，亲友咸相馈遗。椒盘治酒，爆竹通宵。中夜供设诸神、先祖；奠酒降神，曰“接神”。一家少长围炉共酌，曰“守岁”。（以上据清光绪元年《吴桥县志》整理）

东光县岁时习俗

正月　元旦，祭神祀先，拜尊长，食水饺，亲友街邻互相贺。（按，《北京岁华录》云：“元旦悬神荼、郁垒，民间插芝梗、柏叶于户。”而今俗则将芝麻秸撒地，步之有声，名“踹岁”。又《帝京景物略》云：“正月元旦，夙兴盥漱，啖黍糕，曰‘年年糕’。”而今俗则民间悉啖水饺。《正字通》曰：“今俗饺饵，屑米面和饴为之，干湿大小不一，或谓之‘粉角’。北人读角如矫，讹即饺耳。唐人谓之‘牢丸’。段成式《食品》有‘汤中牢丸’，即今水饺子；其‘笼上牢丸’，即今蒸烫面饺也。食毕出门拜年，由近而远，元年直到烧灯后。”可谓纪实）立春饮春酒，食春饼；用葱、蒜、椒、姜、芥合切而调食之，曰“五辛盘”。（按，《燕都游览志》：“立春日，于午门赐百官‘春饼’。”又《梦粱录》：“六部前有牡丹饼薄皮春茧。”所云“春茧”，今或谓“春卷”，皆立春日所宜。其五辛盘，据《风土记》：本元日造，然《庄子》谓：“春月饮酒茹葱，以通五脏。”则亦不尽拘时日。如前明申时行立春，赐春饼时有云：“斋日未成三爵礼，早春先试五辛盘。”斯亦其证）元宵张灯演杂剧，十四夜起十六夜止；馈食元宵；四乡游观，曰“走百病”。（按，吴高增有《元宵放花灯演龙虎戏》诗中云：“歌声嘹亮灯前过，火树丛中舞婆娑。忽然幻出神鬼秘，白虎苍龙鸣触地。洪崖玉女比肩游，直傲西京角抵戏。”又周必大有《元宵食浮圆子》诗。万历《江都志》曰：“元夕，家制米圆相饷，即呼为元宵。”乃知今之元宵即宋之浮圆子也。又《帝京景物略》曰：“元夕，妇女相率宵行，以消疾病，曰‘走百病’。”元周用有《走百病》七言古体诗。再按章渊《槁简赘笔》：“正月十六日，古谓之‘耗磨日’，官司不开仓库，只宜饮酒。”唐张说有《耗日饮酒》诗，此乃走百病之缘起）“天仓日”，黎明以灰圈地，做仓囷形，置五谷种，覆以砖，名曰“填仓”。（按，《史记·天官书》：“胃为天仓。”《晋书·天文志》曰：“天仓六星，在娄南，仓谷所藏也。”畿辅、河间诸属及山东、济南等处，皆以正月二十五日画灰为仓，内填五谷，或亦祈谷之意。然考《北京岁华记》：“正月二十五日，人家市牛、羊、豕肉，恣飨竟日，客至苦留，必尽绝而去，名曰‘填仓’。”此盖以《天官书》“胃为天仓”取义。若画仓填谷，是从《天文志》“天仓藏谷”取义，为稍异耳。）

三月　清明，祀先，展墓。农作方兴，偿易租券。（按，《齐民要术》：“三月清明节，治蚕室。前一日，为‘寒食’。”今乡俗俱称“寒食”也。考《周礼·秋官·司烜氏》："中（仲）春以木铎修火禁于国中。"郑注："为季春，将出火也。"《夏小正》："季春出火，季秋内火。自古钻燧改火，相沿如此。所谓去冬至一百五日为寒食者，乃因龙忌丹阳集云，龙星亢之位，春属东方，心为大火，惧火盛，故禁火。自夏周以来，具有明证。"而俗乃谓寒食因介之推而起，此其妄矣。不观《后汉书·周举传》乎，固明言介之推死，百姓寒食，在仲冬也。又《琴操》载五蛇之歌，复以推焚死为五月五日，则彼之寒食更在端午也。再考《雅州志》："景自芳，雅州人，以二月二日做寒食，至今里人号景村寒食。"又，《外国传》："高昌国以三月初九为寒食，火州亦然。"总上数说，均与周官禁火之寒食无涉也。至魏武帝令，乃云闻太原、上党、西河、雁门，冬至后百五日皆绝火寒食，云为介子推。观此，始知其误盖亦久矣。而今于寒食祭墓者，盖本于《礼》也。《月令》："季春之月，日在胃"。命国傩。郑注曰："大陵八星在胃北，主死丧。大陵有积尸之气，佚则为害，故傩祭以为禳。"而因及于坟墓也。唐开元敕云："寒食上墓，礼经无文，近代相传，浸以成俗，宜许上墓，同拜扫礼。"又《周世宗本纪》论寒食，野祭而焚纸钱，后遂相沿以为俗）

五月 端午悬艾于门，童稚系彩缕，饮雄黄酒，以角黍相馈遗。（按，《辽史》曰：五月重五日，午时，采艾和棉著衣，进艾糕；以五彩丝为索缠臂，谓之"合欢结"。又《帝京景物略》云："五月五日，渍酒以菖蒲，插门以艾，涂耳鼻以雄黄，曰避毒虫。家各悬五雷符，簪五毒、五端花草。今河间属下，于门首多剪红纸葫芦，以避瘟疫。"又《风土记》曰："端午烹鹜，以菰叶裹黏米煮熟，谓之'角黍'。"又《岁时记》曰："京师以端午为解粽节，叶长者胜，短者输酒。"《事文类聚》曰："粽子名品甚多，形制不一，有角粽、锥粽、茭粽、筒粽、秤锤粽、九子粽、虎头粽等，皆与今同。"）

七月 中元，家祭多于十四日举行，工作皆相犒饮。（按，《唐书·王缙传》："七月望日，宫中造盂兰盆。"陆游《老学庵笔记》曰："故都于中元具素馔享先，织竹为盆盂状，贮纸钱于中，焚之，视其倒之方向，以占寒暖。"晏元献诗曰："家人愁溽暑，计日望盂兰。"乃知盂兰盆本土俗祀先之礼，与佛事全无干涉。又孟元老《梦华录》云："以竹斫成三脚，上织灯窝，谓之'盂兰盆'。买素食，擦米饭，享先，以告报秋成。"据此，益知"盂兰盆"实系秋尝祭赛之名，何会出神放鬼。或者目连救母，亦同在"中元"之日，遂将二事扭合为一耶。其为俗髡援儒入墨之谲智无疑。况吾乡于十四日祭先，则尤有说。考《宋书·礼志》引魏刘桢《鲁都赋》云：“素秋二七，天汉指隅。人胥祓除，国子水嬉。”盖古人修禊原有春秋两次，三月上巳为春禊，七月十四日为秋禊。素秋二七，质言之，即七月十四也。由此而论，则于十五致祭者，乃沿唐宋盂兰之旧，而于十四致祭者，更承汉魏秋禊之遗，夫岂异端之所能藉）

八月　中秋，祀先，供月，以月饼相馈遗，设酒肴、瓜果为夜饮。（按，《帝京景物略》：“八月十五日祭月，其饼必圆，分瓜必牙错，瓣刻如莲花。凡梨、榴、葡萄、桃果之属，皆入供。其有女归宁者，是日必反夫家，曰团圆节也。”吴高增有《中秋夜供月饼西瓜》诗云：“香酥饼饵月轮团，晶光蜜味瓜堆栫。”情景大略相同）

九月　重九，士大夫食糕饮酒。四野农忙，每忘此节。（按，《辽史》曰：“重九日研茱萸酒洒门户，以禬禳。又对菊持螯为重阳佳话。而此地登高作赋，菊每迟开，至秋杪冬初，花事始盛。昔东坡在岭南，于十一月做重阳，以菊晚故改期。今者瀛东数邑，岂亦自南而北地气或殊耶。至于蟹，则自津沧而来者。”《酉阳杂俎》曰：“平原郡，贡糖蟹，採于河间界。每年生贡，则津沧旧属河间也。”叶隆礼《辽志》亦云：“渤海螃蟹大如碗，螯巨而厚”，是已其食以重阳。则《埤雅》云：“蟹未被霜，食之有毒。”《雨航杂录》亦曰：“蟹唯霜后为食。余节食之，多致疾，此所以于重阳为宜也。”）

十月　十月朔，展墓，裁纸衣焚之，曰“送寒衣”。（按，《帝京景物略》：“十月朔日，纸坊剪纸做男女衣，长尺有咫，曰寒衣。有疏印缄识其姓字、辈行，如寄书然。家家修具夜奠，呼而焚之其门，曰送寒衣。”又《梦华录》：“城市内外，于九月下旬，即买寒衣、靴、鞋、席、帽、衣、缎，以备十月朔日烧献。”又《岁时纪》：“燕市俗刻板为男女衣状，饰文五彩，印以出售，农民竞以十月一日鬻去焚之，设黍臛、麻羹、豆饭以祀之。”愚考孔帖《唐制》：“十月朔，赐宰臣红锦袍，淳化间代以细花盘雕锦袍，下丞相一等。又凡学士，十月朔，赐新样锦袍。”是十月朔，乃唐宋每岁赐衣之日。燕俗之送寒衣，亦事死如事生之意耳）

十一月　冬至，祀拜尊长，治酒食，或啖馄饨，烹水饺。（按，《礼·月令》：“日短至节。”郑注引《易》及《乐春秋说》云：“冬至，人主与群臣从八能之士，作乐五日。”此实贺冬至所由来。《汉书》曰：“冬至阳气起，君道长，故贺，夏至阴气起，君道消，故不贺。”《帝京景物略》载：“冬至画梅一枝，为瓣八十一，日染一瓣，名‘九九消寒图’。”吾乡则多用九画之字，双钩集之，而日填一画，与梅等耳。至数九歌词，则自唐宋以来，颇著载籍。如陆泳《吴下田家志》、周遵道《豹隐纪谈》、杨慎《丹铅总录》、王世贞《宛委余编》、马应京《月令广义》、田汝成《游览志余》，并有夏至、冬至数九两篇，大同小异。而吾乡则唯传冬至数九。今与诸本所载，录其与北语合者，曰：“一九二九不出手；三九二十七，寒风吹觱篥；四九三十六，夜眠如露宿；五九四十五，太阳当门户；六九五十四，贫儿争意气；七九六十三，行人把衣担；八九七十二，猫狗寻阴地；九九八十一，犁耙一齐出。”又有“七九河开，八九雁来”之谚。又有“冬至馄饨，夏至面”语。按，《宋光禄寺志》：“冬至供素馄饨，腊八日供粥料。”又《武林旧事》：“冬至享先，则以馄饨。”知此礼原南北通行）

十二月 腊八日，早起煮粥，以米、果、麻、豆诸品为之。先祭献，而后餐。（按，《燕都游览志》：“十二月八日，赐百官粥。民间亦做‘腊八粥’，以米、果杂成之，品多者为胜。此盖循宋时故事，然宋时腊八乃十月八日。”又《岁谱》引《丛语》曰：“宋用汉腊，盖冬至后第三戌大墓日也。如己酉年闰八月冬第三戌，乃在十一月末，是十一月亦腊也。”今俗乃以腊八造粥，谓原于浴佛，陋矣。又《酉阳杂俎》：“景龙三年腊日，帝于苑中召近臣，赐腊食加口脂，盛以碧镂牙筒。”可见入腊赐食，实朝廷典礼之常，其用八日则以上弦时，所谓如月之缊，取其方兴未艾耳，与彼释氏何干）二十三日，设酒果、糖瓜、黍糍、粔籹，以“祀灶”。（按，《帝京景物略》曰：“十二月二十三日，以糖剂饼，黍糕、枣、栗、胡桃、炒豆祀灶君，以槽草秣灶君马，谓灶君翌日朝天去，奏家中一年事，祀曰：‘好多说，不好少说。’”《记》称，灶，老妇之祭。按，《礼器》：“燔柴于奥。”夫奥者，老妇之祭也。今男子祭，不令妇女见之。又罗昭谏有《送灶》诗云：“一盏清茶一缕烟，灶君皇帝上青天。”情状略似。又，范石湖有《祀灶》诗云：“古传腊月二十四，灶君朝天欲言事。”而今北俗则皆以二十三日祀灶，不闻有至二十四者）除夕，贴门神，易桃符，接灶神。祀祖先，拜尊长，曰“辞岁”。设酒肴，举家欢饮，曰“守岁”。（按，东坡《寄子由别岁》诗云：“勿嗟旧岁别，行与新岁辞。”又唐太宗有《守岁》诗：“共欢新故岁，迎送一宵中。”又张说《守岁》诗曰：“桃枝堪辟恶，竹爆好惊眠。”《东京梦华录》曰：“除夕，禁中爆竹，山呼声闻于外，士庶之家，围炉团坐，达旦不寐，谓之守岁。”今则相沿成俗，天下同风）（以上据清光绪十四年《东光县志》整理）

肃宁县岁时习俗

正月　元旦子时，长幼皆盛衣冠，具香炬、酒茗，拜天地、祖先，贺堂上亲长，设盛馔为寿。饮屠苏酒，食面饺子，取更岁交子之义。昧爽，诣各祠庙谒神，亲戚乡党交贺。新正即日，具祭品拜墓，迎喜神。立春日，啖春饼、春菜，取红萝卜食之，曰“咬春”。前一日，迎春东郊，有司例设宴，呈杂技，士女纵观。上元前后三夕，鼓乐花爆，悬灯于门巷间。元夕，做元宵粉团食之。十六日，妇女挈伴游历诸所在桥，曰“走百病”。二十五日，“填仓”。罗灰于院中，名“打囤”，置诸谷少许于中，为丰兆。

二月　初二日，罗一灰、一麸“引龙”，自院引至井口。仲春社日，里中赛土神，或用伶乐。

三月　清明前一日“寒食”，家各扫墓，挂纸钱拜奠。三日，插柳枝，妇女为秋千之戏，儿童辈放纸鸢，士大夫挈壶郊游踏青，挑菜。谷雨，禁蝎。

四月　八日，“浴佛”。十八日，上泰山圣母庙。

五月　端午，插艾、贴符于门。食角黍，饮雄黄、菖蒲酒。系缕，捕蟆采药。夏至食麦粥。

六月　六日，曝书帙、衣服。储水造曲、酱。

七月　七夕，女儿辈设瓜果，乞巧。月下穿针以为验云。涤油器、瓶缸之类。中元日，室神前陈瓜果、麻谷，焚香楮并荐祖先。挈祭品拜墓。

八月　中秋之夕，设瓜果、茶饼拜月，相与饮宴。社日，如春赛仪。

九月　重九日，登高寻秋，泛萸酿菊酒。

十月　朔，祀祖先，制纸衣焚墓间，曰“送寒衣”。

十一月　冬至，交拜贺，如元旦仪。

十二月　八日，杂枣、果、米、豆为粥，名“腊八粥”。或兼饲贫乞者。二十四日，扫舍。初更后，设糖饼、酒果“祀灶”。儿童或涂饰其面傩戏，鼓吹竹爆。细民家或乘便嫁娶。除夕，换桃符，贴宜春字。陈香烛，祀祖先及室神，供更岁饭。老幼围炉守岁，远近鼓爆声自夜达旦。（以上据清乾隆二十一年《肃宁县志》整理）

交河县（今泊头市属区）岁时习俗

正月　元旦，设香烛、酒果，祀神、祀先，闭户罢市，人皆相贺。（按，月正元旦，纪于《虞书》。所谓“岁之首，事之始也”。神隐曰：“元旦三更，先诣厨，迎事灶神。设香烛、酒果，供献于天地前。五更，家长率合家祈答上帝，致祭。平旦，用牲醴飨祀祖考毕，于家堂叙长幼，饮屠苏酒，乃设肴馔、馄饨，自幼至长称觞。”《岁谱》注：“馄饨，一名‘不托’，即今扁食也。”）立春以五辛为春盘，面为春饼，谓之“赏春”。（按，《四时宝镜》：“立春日，食春饼、生菜，号‘春盘’。”《四民月令》：“立春食生菜，取迎新之意。”又《摭言》：“安定郡主，立春日做五辛盘。”《摭遗》曰：“东晋李鄂，立春日以芦菔、芹芽为菜盘，亦五辛之意。”）元宵，张灯为乐，演杂戏。十四日为“试灯”，十五日为“正灯”，十六日为“残灯”。男女街游，谓之“过桥”“走百病”。病者或炙窑，或请紫姑结羊肠，卜休咎。（按，《史记·汉制》：“以正月望日，祀太乙，从昏达旦。”今人观灯是其遗意。《北史》：“元夜，百姓作角抵戏，人带兽面，男为女服，人有竭资破产者。”《梦华录》：“元宵，御街两廊，歌舞百戏，击丸蹴鞠，踏索上竿。”《汉志》：“执金吾掌禁夜行，唯正月十五夜，敕弛禁，前后各一日，谓之‘放夜’。”《宁津志》以元宵四乡游观，为“走百病”。《南皮志》以十六日结伴游寺庙、登阁走桥，日旰始散，谓之“遣百病”。《荆楚记》：“望夕，迎紫姑神以卜。”《异苑》：“紫姑，本人家妾，为大妇所逐，元夕死，故世人做其形于厕，以迎之。祝云：子胥不在，曹姑归去，小姑可出。”子胥，婿也；曹姑，大妇也）天仓日，二十五日，以灰画仓囤于地，填以五谷，覆以砖瓦，名曰“填仓”。（按，《素问·灵兰经》：“脾胃者，仓廪之官。”《天官书》：“胃星为仓星。”今粮商多于是日祭仓神）

二月　二日，俗传“龙抬头日”。以灰撒地，谓之“引龙”。（按，《宛署杂记》：“都人呼二月二日为龙抬头。乡民用灰自门外蜿蜒布入宅厨，旋绕水缸，呼为引龙回。”刘侗《帝京景物略》：“二月二日，为龙抬头。”）

春分，酿酒、拌醋、接果树。（按，春分即“中和节”。《广记》云：“村社做中和酒，祭勾芒神，以祈年谷。盖酿酒、醋以春分者，取中和之气也。”《田家历》：“二日丙申日，埋栽诸般树条，皆易活。及修理移植诸般花果，俱用南风。”）

三月　清明前一日，曰“寒食”。男妇各祭扫坟墓，添土挂钱；若新坟则祭于春首戊寅日。前俗传新坟不过社也。又树秋千、踏青为戏。（按，《唐书》：“开元敕曰：寒食上墓，礼经无文，近代相传，浸以成俗，宜许上墓，同拜扫礼。”《五代史》：“寒食野祭焚纸钱。”《古今艺术图》：“北多寒食为秋千戏，以习轻蹻，后中国女子学之，乃彩绳悬木立架，坐立其上，推引之，谓之秋千。”《天宝遗事》：

"宫中，至寒食节，竞筑秋千。"《岁华记》："郡丽人游赏，散布四郊，谓之踏青。"）谷雨，书符禁蝎。（按，《唐景龙文馆记》："上巳日，上幸渭滨宴侍臣，赐柳圈各一，云带之免虿毒。"今之禁蝎，即其遗制，但移在谷雨耳。

四月　八日，俗言"佛生辰"，或于寺做佛会。（按，《岁时记》："四月八日，诸寺设斋，以五色香水浴佛，作龙华会。"《高僧传·摩诃利头》："四月八日浴佛，以都梁香为青色水，郁金香为赤色水，丘隆香为白色水，附子香为黄色水，女息香为黑色水，以灌佛顶。"）二十八日，为药王生辰，进香赛庙，三日而罢。（按，《帝王世纪》："神农使岐伯尝味草木，典医疗病，今经方木草之书，咸出焉。"《史记》："神农氏尝百草，始有医药。"）

五月　五日，"端午节"。馈角黍，饮菖蒲酒，贴桃符，插艾，以五色线系儿女臂，以避毒。（按，《提要录》："五月五日午时，为'天中节'，或曰'端午节'。"《开元遗事》："宫中造粉团角黍，以小角弓射之，中者得食。"《帝京景物略》："以菖蒲渍酒，以避疫毒。"《续汉礼仪志》："朱索、五色桃印为门户饰，以除恶气。"《岁时记》："都人画张天师像，置于门上，抱朴子作赤灵符著心前。"《荆楚记》以为即今钗头符是也。又"以艾为虎形或剪彩为小虎以戴之；又采艾结为人悬门户上，以禳毒气。"《风俗通》："以五彩丝系臂，避鬼及兵。"）

六月　六日，人皆曝衣，储水造曲。（按，《西京杂记》："太液池西，有汉武曝衣楼。"《木草造曲法》："用大小麦连皮，井水淘净，晒干，六月六日磨碎，以淘麦水和作块，楮叶包扎，悬风处，七十日可用。"）

七月　七日，为"女节"。少女看织女，漂针试巧。（按，《续齐谐记》："七月七日，织女当渡河。"又曰："织女暂诣牵牛，世人至今云织女嫁牵牛也。"《荆楚记》："七夕，妇人结彩缕，上穿七孔针，或以金、银、输石为针，陈几筵瓜果于庭以乞巧。有蟢子网于瓜上，则以为符应。"）十五日，为"中元节"。人家皆祝先，荐麻谷。（按，《南皮志》："中元日，携瓜果、脯醴、楮钱，登丘垄，持麻谷至垄上，谓之'荐新'。"《武邑志》："设牲馔祭祖考，荐新谷以告穑事将成。"）

八月　十五日，为"中秋节"。人家以月饼、瓜果相馈遗。夜，祭月毕，宴饮赏月。（按，《膳夫录》："汴中秋节，食玩月羹。"《帝京景物略》："中秋祭月，其果饼必圆。"此后世月饼所由昉也。《天宝遗事》："苏颋与李乂对掌丝纶，八月十五夜禁中玩月，备文酒之宴，乐饮达旦。"）

九月　重九，九月九日，蒸糕相馈，逆女过节，酿酒。（按，《南皮志》："重阳以面、枣蒸糕，谓之‘菊花糕’。新酿黍酒，谓之‘菊花酒’。”《岁时杂记》：“二社、重阳上糕食，而重阳为盛。以枣为主，或加以栗。”《梦华录》：“重九，以粉面蒸糕相遗，上插彩幡，糁饤果实，如石榴、栗黄、银杏、松子之类。”）

十月 一日，人家制纸衣，祀墓而焚之，名曰“送寒衣”。（按，《岁时记》：“燕市，俗刻板为男女衣状，饰文出售，农民争鬻，以十月一日焚之。”此即送寒衣之谓也）

十一月 冬至，拜官府，贺节。（按，祀天通礼，冬至举行，已经公布）

十二月 八日，食“腊粥”，造“腊酒”。（按，《梦华录》：“初八日，诸寺做浴佛会，并送七宝五味粥与门徒，谓之腊八粥。都人亦以果子杂料，煮粥而食。”《诗·豳风》“为此春酒。”《疏》：今之中山冬酿接夏而成者）二十四日，扫舍宇；夜设酒果祭灶神，谓之“辞灶”。（按，《梦华录》：“腊月二十四日，至夜备酒果送神，烧化纸钱，贴灶马于灶上，以酒糟涂抹灶门，谓之‘醉司命’。”范石湖《祀灶》诗：“古称腊月二十四，灶君朝天欲言事。”又，“男儿酌酒女儿起，酹酒烧钱灶君喜。”《帝京景物略》：“祀灶用二十三日。”交邑旧俗，二十三日祀灶，至今不改）除夕，贴门神、春联、桃符，门粘彩纸钱。燔柴“燎岁”。宴饮夜坐，名曰“守岁”。小儿戴鬼脸以象傩。（按，《梦华录》：“用镇殿将军二人，介胄装门神。”《六帖》：“造桃符著户，谓之‘仙木’，百鬼所畏。”《荆楚记》：“三元日，贴画鸡于户，悬苇索其上，插符其旁，百鬼畏之。”《风俗通》：“度朔山桃树下，有二神，曰神荼、郁垒，能啖百鬼，故今设桃符于门，以象之。”《宋名臣言行录》：“仁宗一日见御春帖子，读而爱之，问左右，曰欧阳修之辞也。乃悉取宫中诸帖阅之，见其篇篇有意，曰：‘举笔不忘规谏，真侍从之臣也。’”春联殆其遗意。《秦中记》：“傩，做鬼神状，二老人为傩翁、傩母。”《东汉记》：“岁除大傩中，黄门子弟十岁以上、十二岁以下百二十人为侲子，皆赤帻皂衣，执鼓而行。”《梦华录》：“除夕，禁中大傩，用皇城亲事官诸班直，戴假面，绣画色衣，执金枪龙旗。”）（以上据民国五年《交河县志》整理）

青县岁时习俗

正月 元旦，祀神，祀先，更相贺岁。立春鞭土牛，贴宜春，啖春饼，饤春盘。上元赏灯放花，前后三日。十六日，病扫，陶炙，过桥，家人结羊肠，以卜休咎。二十五日，“填仓”。下旬，入学、民始耕。

二月　二日，“引龙”。社日，乡社祭先农。春分酿酒，冰畔取鱼。

三月　三日，祀真武庙、三皇庙。寒食，墓祭，树秋千，放纸鸢。清明祭墓，插柳，看花，踏青，挑菜。谷雨，禁虫蝎。二十八日，祭东岳庙。

四月　四日，酿酒。八日，“浴佛”。十八日，祭泰山祠。二十八日，祀药王庙。

五月　五日，食角黍，饮菖蒲酒，插符、艾，系缕，捉蛤蟆，采药，逆女。十三日，祀关帝庙。夏至，食麦粥。

七月　七日，挂地头。七夕，乞巧，浣衣。中元，祀先，悬麻谷。

八月　一日，天灸。中秋，祭月。社日如春祀。

九月　九日，登高，泛萸，酿酒。

十月　朔日，墓祭，“烧寒衣”。

十一月　冬至，暖炉，出猎。

十二月　八日，食“腊粥”，做“腊醋”。二十四日，扫舍，“祭灶”。除日，易门神、桃符，修岁事，陈祀仪，守岁。嫁女。（以上据清光绪八年《青县志》整理）

南皮县岁时习俗

正月　元旦，长幼夙兴，燃爆竹，设脯、糒、果、醴祀神，祀先祖，以次序为尊长拜贺。食水饺。食毕，乃遍贺乡邻。立春日饮春酒，切葱、蒜、椒、姜、芥，合而食之，曰“五辛盘”。以面为春饼，谓之“尝春”。元宵蒸黍面为小灯，或用棉子拌油燃之，街巷及家之灶陉、户溜，阶栏各置一盏。市巷箫鼓喧阗，扮演杂戏；比户张挂花灯。十四夜起十六夜止。或各以意象作诡词隐语相弹射，谓之“灯谜”。游人观赏，至夜分不禁。十六日，结伴游览，入庙烧香，日旰始散，谓之“遣百病”。正月二十五为填仓日。黎明以灰圈地，做仓囤形，置五谷种，覆以砖，名曰“填仓”。

三月　清明，祀先祖，携香楮拜扫祖茔。农作方兴。

五月　端午，门首贴朱符，插艾枝，以避五毒。小儿以彩线系背，谓之“续命”。以竹叶裹黍糯做粽，亦名角黍。亲友交馈或宴客，食雄黄酒。

七月　七夕，女子设瓜果祭织女。用盆水浮针，观其所示之象，以定女性工拙，谓之“乞巧”。今时少有行之者。十五日为中元。携瓜果、脯醴、楮钱，诣先茔致祭，谓之“荐新”。但多于十四日举行。工作皆相犒饮。

八月　中秋，亲友以果肴、月饼相馈遗；月下飞觞，更阑乃罢，谓之“玩月”。

九月　重阳，以面、枣蒸糕，谓之“菊花糕”；新酿黍酒，谓之“菊花酒”。邀宾观菊，插茱萸，出郊野饮，谓之“登高”。

十月　一日，携酒脯诣墓祭奠，剪彩纸为冥衣焚之，谓之“送寒衣”。

十一月　冬至，互相拜贺，拥炉会饮，谓之“扶阳”。

十二月　腊月八日，以米、菽、稻、麦等八种，和合煮粥食之，谓之“腊八粥”。先祭献，而后餐。腊月二十三日，扫除舍宇，夜设酒肴“祀灶”，荐以饴糖。除日，各随家之贫富预备酒肴、果物，以给新年之用。门庭榜宜春，换桃符、门神，以祓不祥。用椒柏叶合酒饮之，灯烛荧煌，谓之“守岁”。爆竹声昼夜不绝，谓之“惊山獉”。（以上据民国二十一年《南皮县志》整理）

任丘市岁时习俗

正月　元旦，祀神，祀先祠，祀墓，拜尊长，更相贺岁。五鼓起，放爆竹。立春，士女出东郊观牛芒，茹春饼，饤春盘。登高。上元，赏灯。前后三日，放烟火，上天妃庙，“走百病”，请紫姑神卜休咎。二十五日，名“填仓”。以灰画作仓囷满院，填以五谷二三合为祥。

二月　二日，引龙，或于河，或于井。社日，乡社祀先农。春分，酿酒，拌醋，冰畔取鱼。

三月　寒食，祭墓，树秋千，放风鸢。清明，隆师放学，插柳踏青。谷雨，禁蝎，栽莲。

四月　四日，酿酒。八日，“佛会”。二十八日，“药王诞辰”，先十数日上庙场。

五月　端阳，隆师放学，逆女，追节。食角黍，饮菖蒲酒，插符艾，系长命缕。夏至，食麦粥。伏日，早食豆汤，午食水面。

六月　六日，曝藏书、衣服，造曲、酱。

七月　六日，挂纸钱地头。七夕，女子穿针乞巧。中元，墓祭，献麻谷，放河灯。

八月　中秋，隆师放学，食西瓜、月饼。社日如春。

九月　重阳，隆师放学，逆女追节，登高，泛茱萸，赏菊酿酒。

十月　朔日，墓祭，“烧寒衣”。

十一月　冬至，隆师放学，逆女追节。

十二月　八日，食“腊粥”，造“腊酒”。二十三日，扫舍，祀灶。除夕，易门神，换桃符，修岁事，陈祀仪，燃灯照星，放爆竹以驱不祥。饮屠苏，守岁。（以上据清乾隆二十七年《任丘县志》整理）

献县岁时习俗

正月　元旦，户易春帖、门丞，凿黄纸为钱，悬于衡。五鼓，祀神祇、祖先毕，礼于尊长，戚友交贺。七日，妇女出，登高以却病，如蜀之踏碛。上元，食浮圆子，为灯火、优唱、秧歌、秋千诸戏。然亦视岁登耗为盛衰。二十五日，以灰画地，做囷状，置谷麦少许其中，曰“填仓”，兆丰也。是月自一日至十日，占阴晴，验物丰耗。一曰鸡，二曰犬，三曰豕，四曰羊，五曰牛，六曰马，七曰人，八曰谷，九曰果，十曰菜，晴为丰，阴为耗。

二月　二日，为“引龙首”，煎饼食之。“花朝”，移接花木。是月，多婚姻娶嫁之事。春分，宜东风，兆收麦。雷则稔。地气方腾不宜雨。

三月　清明，户插柳。自正月儿童放纸鸢，过此则止。是月，农人望雨。谚曰：“麦熟三月雨。”雨则禾种早播。

四月　八日，“浴佛”。二十八日，祀药王。是月初不宜雨。谚曰：“初一、初二雨，典庄卖儿女。”

五月　五日，里巷馈以角黍。饮雄黄酒，插蒲艾。女子簪彩胜、艾虎，系五色丝，剪纸为葫芦形著于户。是日忌雨，雨兆虫为灾。芒种三日，刈麦。

六月　六日，造曲、酱。初伏，食冷淘。伏中，宜雨利麦。语曰：“三伏无雨休种麦。”是也。

七月　七日，女子盂水抛针，以乞巧。中元，放灯于河。白露刈谷，种麦恐后。

八月　十五日，陈西瓜、酥饼以祀月。

九月　九日，登高。以是日阴晴卜冬寒燠。谚曰：“重阳阴，三冬温；重阳晴，三冬凌。”又曰：“重阳无雨看十三，十三无雨一冬干。”

十月　一日，于墓祭剪纸为衣焚之，曰“送寒衣”。立冬日，西北风占明年大熟。

十一月 十一月朔及冬至，不宜雪。

十二月 八日，食“腊粥”，酿酒，造醋。二十三日，以饧饴祀灶。过此，户皆扫舍。是月多婚娶之事。除夕，礼于祠，拜尊长，曰“辞岁”。是夜，守岁，燃爆竹。（以上据清乾隆二十六年《献县志》整理）

衡水市岁时习俗

正月 元旦，预于除日换桃符，贴门神，贴春联。至日，男妇皆夙兴祀神祇、祖先；各照伦序拜尊长已，乃亲友更相贺岁。卑幼先往拜尊长，尊长徐答之；平交则互相先后，间有留饮者，今平交率用帖亦便。元旦后，妇女为秋千戏，上元乃止。立春先一日，迎春东郊，诸伎艺各逞所能，乡邑男妇沿街充巷纵观之。至日，啖春饼，食萝卜，谓之“咬春”。上元，长幼游寺庙，看扮戏。次日夕，观灯，过桥，喧阗街巷，谓之“走百病”。

三月 清明，人皆戴柳，各具酒肴祭先茔，添土，挂纸钱。

五月 端午，插符艾，食角黍，饮菖蒲酒；以彩绳系小儿项、背及四肢，名曰“百岁索”。婚姻家以礼相馈。

六月 六日，曝书、衣。

七月 七夕，女子具瓜果，拜星乞巧。中元，具酒肴祭先茔，至夜放河灯。

八月 中秋，亲友宾主各馈送月饼、瓜果、酒肴，谓之“玩月”。

九月 重阳，制花糕，追女节，间有登高会饮、赏菊者。

十月 一日，具酒肴，制纸衣、楮钱，焚于先茔，谓之“送寒衣”。

十一月 冬至，拜贺尊亲、师长，祀祖先，绅衿拜县父母。

十二月 腊月八日，以诸色米、豆和枣、栗煮粥，谓之“腊八粥”。二十四日，以糖饼、香楮“祀灶神”。除日，亲友具果肴互相馈送，饮守岁酒，晚夕焚香烛迎神。（以上据清乾隆三十二年《衡水县志》整理）

枣强县岁时习俗

正月 元旦，先期设牲馔于中庭，昧爽拜天地、祖先，食馄饨，各照伦序拜尊长，已亲友交相贺岁，间有留饮者。初二日上坟，俗名“送爷娘”。立春日，以萝卜为细菜，以面为春饼食之，曰“咬春”。先一日，官长迎春东郊，诸伎艺各逞所能，士女纵观。有裂土牛泥以涂灶，曰“除蚁”。上元日，蒸黍面为小灯数百盏，夕灼之，荧荧如星。先献天地、祖先，诸凡庭除、户牖、井灶，悉一置之。城市咸挂灯彩，施放火花、爆竹，箫鼓喧阗，相聚欢饮。十六日，士民相与游行胜地，谓之“走百病”。二十五日，俗谓之“填仓日”。不论贫富，以灰画地为廪囷形，实以五谷之种，以石压之，取有仓廪之意。是日，验风自何方来，以卜丰歉。

二月　二日，以醋、灰撒墙壁下如缕，由室内达户外，曰“引龙”，用避蝎毒。又用麦、豆面煎做凉粉，谓可熏虫。

三月　寒食、清明日，各祭于先茔。加新土，焚纸钱，有即墓所飨馂者。是日，取柳插于门，男女皆簪柳，曰令目清勿盲。是月，庭院设秋千戏。

四月　八日，释家有浴佛会，曰“佛生日”。

五月　端午，书门符，悬艾虎，饮菖蒲酒。以彩线系儿童手足，曰“续命”，又曰“百岁索”。以糯米裹角黍，亲友交馈，曰“解粽”。寻蛤蟆，噙墨备涂疮肿，并蟾酥合药。

六月　六日，曝书及衣服。

七月　七夕，女子设瓜果祀织女，“乞巧”。七月十五日，中元节。先一日，取麻与谷献神并祖先，置门左右，曰“供麻谷”。至日，祭墓亦以麻谷献，盖告穑事将成，荐新也。

八月　中秋日，亲友以肴果、月饼相馈遗。是夕，陈瓜果祭月光，共设酒馔，宴饮玩月。

九月　九日，以枣蒸糕，谓“菊花糕”，献祖先，亦以送婿家，曰“追节”。酿酒，登高，会饮，赏菊，曰“庆重阳”。农家率于是月报赛。

十月　朔日，为下元节。祭扫先墓，剪楮为衣焚之，曰“送寒衣”。农家亦具酒脯辞场。

十一月　冬至日，祀祖先，士大夫行拜礼于官长，亲友交相拜贺。重阳生也。

十二月　八日，以米、豆八种和枣、栗煮之，为“腊八粥”。二十三日，夕间“祀灶”，荐以饴糖，俗曰“涂灶神口”，见天无言是非。二十四日，扫舍宇。除夕，易门神、桃符，贴春联。是日，各向先茔堆土，遥望上香，请祖先回家过年。日暮，散芝麻秸于地，曰“跐岁”。放爆竹，曰“响岁”。烧木炭于庭中，曰“烘岁”。一家少长围炉共酌，曰“守岁”。中夜，焚香烛迎神。（以上据清嘉庆九年《枣强县志》整理）

深州市岁时习俗

正月 正旦日，祀神、祀先毕，贺尊长。戚里更相拜，数日乃止。立春日，观迎春，贴宜春字，茹春饼（按，《四时宝镜》云：“唐立春日，春饼，生菜号春盘。”今犹其遗俗）。元宵，名“上元节”。张灯，放花，称觞欢饮，夜不为禁。十六日，男妇郊游，“散百病”。焚香缕，结羊肠，卜一岁休咎。游寺庙。是日，母氏迎女归宁。二十五日，填仓。以灶灰围囤形，中撒五谷，以砖石压之，曰“填仓”。下旬，士入学，农试耕。

二月 二日，引龙。以灰围宅，谓之“引龙”，云避百虫。是日，具鲤鱼馈新嫁之女。春分，酿酒，拌醋。

三月 三日，挈榼郊游，谓之“踏青”。寒食，扫墓，架秋千，放纸鸢。清明，插柳，祈蚕。（按，《安平志》云：“上圣母姑庙，乃安平事，他处无。”）谷雨，禁蝎。

四月 八日，“浴佛”。

五月 五日，名端午节。食角黍，饮菖蒲、雄黄酒。贴门符，悬艾，丝缕系臂。（按，《岁时记》：“以艾为虎形，或剪彩为虎，粘艾叶戴之，以解毒气。”）

六月 六日，晒衣，储水熏酱。

七月 七夕，妇女陈瓜果，乞巧。（按，《安平志》无依，《雍正志》补。《雍正志》引《岁时记》云：“有蟢子网于瓜果上，则以为得巧。”又引《开元遗事》：“富人陈瓜果、酒馔，祈于牛女，以蜘蛛纳小金盒中，至晚开，视蛛丝疏密，以为得巧多寡。”）十五日，名中元节。祀先，悬麻谷。取麻谷供于门，亦祭墓。

八月 十五日，名中秋节。供瓜饼拜月，又于月下备肴核群饮。

九月 九日，名重阳节，登高，泛萸，酿菊酒，用枣和面蒸糕，谓之“花糕”。

十月 一日，名下元节。祭墓，用纸剪衣焚化，谓之“送寒衣”。

十一月 冬至，暖炉，出猎，士夫亦有交贺者。

十二月 八日，食腊八粥。是日，以诸米、豆杂果核做粥，名“腊八粥”。亦间有施粥济贫。二十三日，扫舍，备饧糖，焚香楮，祀灶。除夕，易门神、桃符，修岁事，陈祭仪，守岁。是日，行嫁娶礼，百无忌。并洒扫堂室，悬葫芦、麻筋于门，烧避瘟丹。（按，《山海经》云：“海中有巨山，山有桃木，下有二神，曰神荼、郁垒。”今之门神乃其遗像，又《神异经》：“西方山中有异人，犯之即病。人

以竹赴火中，灼灼有声，则惊遁。”今人以纸裹硝黄代之，故亦名为爆竹云）（以上据清光绪二十六年《深州风土记》整理）

安平县岁时习俗

正月　元日，祀神、祀先毕，贺尊长，戚里更相拜。立春，观迎春，贴宜春字，茹春饼。上元，赏灯放花，士夫及市民各三五设席称觞欢饮。十六日，男妇郊游，“走百病”。二十五日，“填仓”。下旬，士者入学，农者试耕。

二月　二日，引龙。春分，酿酒，拌醋。

三月　三日，祀元帝。寒食，墓祭。架秋千，放纸鸢。隆师，逆女。清明，插柳，上圣姑庙赛会，祈蚕。二十三日，上东岳庙赛会。谷雨，禁蝎。

四月　八日，“浴佛”。

五月　五日，食角黍，饮菖蒲、雄黄酒。插符艾，丝缕系臂。隆师，逆女。

六月　六日，晒衣，储水熏酱。

七月　望日，祀先，悬麻谷。

八月　中秋，供瓜饼，玩月。

九月　九日，登高泛萸，酿菊酒。隆师，逆女。

十月　一日，墓祭，烧寒衣。

十一月　冬至，隆师，逆女，暖炉出猎。

十二月　八日，食腊粥。二十四日，扫舍，祭灶。除夕，易门神、桃符，修岁事，陈祭仪，“守岁”。（以上据清康熙二十六年《安平县志》整理）

武强县岁时习俗

正月　孟春元日，是日五鼓时，焚香烛祀神、祀祖先毕，家众以次毕贺；戚里更相拜，数日乃已。立春日，送土牛。先一日，县正率寮属备剧戏、结彩棚，以春牛、芒神迎春东郊。至日，民间啖春饼、萝卜，谓之“咬春”。上元，是夜市井结彩张灯，放花爆，设席欢饮，夜不为禁。中旦，焚香缕而结羊肠，卜一岁休咎。众郊游，谓之“散百病”。又，母氏家是日迎女归宁。二十五日，以灶灰围囤形，中撒五谷，以砖石压之，曰“填仓”。下旬，士入学，农试耕。

二月　仲春二日，以灰围宅，谓之“引龙”，避百虫。具鲤馈新嫁，曰“开素”。

三月　寒食，清明日，士庶诣墓田，添土祭扫。是日，插柳于门，挈榼郊游，谓之“踏青”。妇女上庙祈蚕，庭院缚秋千，放纸鸢。谷雨日，书禁蝎符粘壁，避毒螫。

四月　八日，“浴佛会”，民多茹素。

五月　五日，曰“天中节”。贴门符，悬艾虎，解角黍，饮菖蒲及雄黄酒。是日，隆师、逆女，或往婿家追节。又用五色缕系小儿足、臂及项，取其易养。

六月　六日，晒书籍、衣服，储水熏酱。

七月　七夕，妇女陈瓜果，乞巧。孟秋十五日，中元节。是日早，赴地头焚楮钱，悬麻谷供于门，亦祭墓。

八月　中秋望夜，人家以瓜饼供月，并相馈遗。又于月下备肴核，饮酒玩月。

九月　九日，重阳节。酿菊花酒，用枣和面蒸糕，曰“菊花糕”。行送节礼。农家于是日报赛。

十月　朔日，具香楮、牲醴祭墓，如清明、中元仪，并剪纸衣焚之，谓之“送寒衣”。

十一月　冬月，至日，民间祀祖先，隆师，逆女。士大夫间有交贺者。

十二月　腊月八日，以诸米、豆杂果核做粥，曰“腊八粥”；献先，亦间有施粥济贫者。二十三日，备饧糖，焚香楮祀灶，并扫舍宇。除日，扫堂室，易门神、桃符，写春帖，爆纸炮，悬葫芦、麻筋于门，烧避瘟丹，守岁。村愚亦有用是日嫁娶者。（以上据道光十一年《武强县志》整理）

武邑县岁时习俗

正月　元旦，拜年。晨起，陈牲馔于中庭，焚香祭神、祀祖考，卑幼拜尊长，亲友交相贺岁。十五日，为上元节，张灯。市廛村落咸张彩灯，放花爆。黍面为灯，蔗糖做丸，相聚欢饮。二十五日，填仓。寅刻，以灰画地为廪囷形，实以谷、粱之种，以石压之，谓之“填仓”。

三月　清明节，簪柳，祭墓。二十八日，东岳庙神会。是月，庭院设秋千戏。

四月　八日，浮屠做浴佛会。

五月　五日，为端午节。书门符，悬艾虎，食角黍，饮雄黄、菖蒲酒。

六月　六日，曝衣、书。

七月　七夕，乞巧。是夕，陈瓜果于中庭，祀天孙，乞巧。十五日，为中元节。设牲馔祭祖考，荐新谷，以告穑事之将成也。

八月　十五日，为中秋节。亲友以肴果、月饼相馈遗。是夕，陈瓜果祭月，共设酒馔玩赏。

九月　九日，为重九，登高，酿菊花酒。

十月　朔日，为下元节。祭扫墓茔，剪楮为衣焚之，曰“送寒衣”。农家具酒脯，以报赛。

十一月　冬至，祀祖考。

十二月　八日，食腊八粥。二十三日，做黍糕祀灶。除夕，换桃符，贴春联。食物赠遗，曰“馈岁”。张灯，放爆竹，曰“送岁”。少长围炉共酌，曰“守岁”。中夜焚香祀神，曰“迎岁”。（以上据清同治十一年《武邑县志》整理）

广平县岁时习俗

正月　元旦，是日长幼夙兴，天地、祖先前焚香设供，燃爆竹。照伦序拜尊长毕，食饺饵。亲友交相贺岁，数日乃罢。立春，是日民间吃春饼、萝卜，曰“咬春”。小儿钻土牛，云能稀痘。以芒神鞋占晴雨。凡正月之前十日各有所宜，如一鸡、二狗、三豕、四羊、五马、六牛、七人、八谷、九果、十菜，其占晴为祥，阴为灾。俗煎饼食于庭中，谓之“熏天”。（按，《北齐书·魏收传》：“晋董勋《答问礼俗》作五日为牛，六日为马。”）上元，正月十五日曰上元。家家盛张灯彩，街衢搭牌楼，悬灯，做春联飘摇空际。十三日，谓之“试灯”。十七日，谓之“残灯”。上元夕，祀祖先，祀神。以面为小灯，遍置门、灶、厨、牖间，曰“散灯”。又以江米做丸食之，曰吃“元宵”。门首挂灯，燃爆竹，放花炮为乐。间有龙狮各灯，游船、太平车、高跷各杂技游戏。城乡间，十六日男妇走亲，曰“走百病”。

二月　二日，俗呼为“龙抬头”。土人以水和面如粥，置油于釜，熟食之，名曰“煎饼”熏蝎。儿童郊外放纸为鸢。二十五日早晨，庭中用灰做圈，中置五谷少许，或置铜钱数枚，沿村爆竹相间，名曰“打囤”。亦谓之“填仓”。

三月　三日，男女多上庙朝神。是日，种瓜果、葫芦，则收获多。清明，家家具酒醴、香楮、纸钱，赴茔祭墓，名曰“上坟”，又插柳枝于门，以顺节气。

五月　端阳，五月五日，门插艾，儿童带五色彩索，涂雄黄于发际、耳鼻，戴香囊于项下。亲友馈角黍，饮雄黄、菖蒲酒。嫁女之家馈加竹枕、凉席等物。

六月　六日，曝书画、衣服。初一日为“半年节”，城关庙会极盛。人家食饺饵。

七月 巧日，七月七日，儿女设瓜果于庭前，穿针乞巧，尚存天宝故事。十五日，农人挂纸钱田畔，谓之“挂地头钱”。上坟祭扫，采麻谷供祖先。蒸面羊遗外孙，曰“送羊”（取跪乳教孝之义）。

八月 中秋，八月十五日，亲友馈月饼、西瓜及诸果。晚置酒庭中，对月饮之，曰“赏月”，一曰“圆月”。女妇归宁，是日必返其夫家，曰“团圆节”。

九月 重阳，九月九日，用枣蒸面糕，曰“花糕”。亲友相邀登高赏菊。

十月 朔日，祭坟墓，“送寒衣”。

十一月 冬至，是日乡塾行释菜先师礼，悬孔子像，或设至圣先师主，师生以次肃拜。奠毕，弟子拜先生，窗友交拜，谓之“拜冬”。

十二月 腊八，十二月八日，杂米、豆、枣、果煮粥，名曰“腊八粥”。祀灶，二十三日以糖剂饼、黍糕、枣、栗、胡桃、炒豆，祀灶君。以槽草秣灶君马，谓灶君翌日朝天，白家间一岁事；各致祝词。除夕，易门神，换桃符，贴春联，陈祀仪，燃爆竹，焚香。彻夜合家饮宴欢乐，曰“守岁”。（以上据民国二十八年《广平县志》整理）

大名县岁时习俗

正月 元旦昧爽，长幼皆起，盛衣冠，设香烛，爇鞭炮，礼神祇，祀先祖。家人拜庆，各以其次。食设水饺，俗名“扁食”。乡邻是日互相拜谒；城内亲友交宴，名曰“年酒”。乡村于亲故之家，必诣门往拜。六、七日间，贺节者络绎于道，名曰“拜年”。自改行阳历以来，城内每逢年节，县署知会各机关人员及士绅，届时于指定地，行团拜礼，较之诣门互拜，颇称简便。上元日，号为“灯节”。市肆通衢张灯结彩，放花炬，击鼓鸣锣，扮演杂剧欢唱，以为乐。各家做糯米丸食之，或以之馈遗亲友，名曰“元宵”。儿童放纸鸢，俗名“风筝”。幼女做紫姑，问年岁吉凶，以为戏。正月二十五日，俗谓“仓神生日”。家家蒸面包，以枣和豆实其中，置仓囤内祭，并燃黄米面灯盏，如元宵节故事。

二月 二月二日，食煎饼、黏糕，俗名其日为“龙抬头”。

三月 清明节，门插柳枝，家家上坟祭扫（夏历清明有在二月者，不尽在三月也）。按：清明前一日，为“寒食”，今俗人往往混称矣。

五月 端午节，门插蒲、艾，食角黍，俗名“粽子”。饮雄黄酒。妇女簪符于髻，以辟邪恶。用彩线系小儿臂上，曰“长命缕”。午时采药，疗百病。五月十三日，祭关帝。间值岁旱，必以其日为雨征，盖俗传帝于是日磨刀云。

七月　七日，妇女做七夕会，设瓜果，穿针乞巧，俗名“乞巧节”。七月十五日，焚楮币，祀墓，古称“中元节”，俗名“阴节”。

八月　十五日，中秋节。家陈瓜果、月饼拜月。亲友亦以果饼相馈遗。是夕饮宴，飞觞传杯，以为娱乐，名曰“赏月”。

九月　九日，士人或仿古遗事，登高饮菊花酒。民间做枣糕食之，谓之“重阳花糕”。

十月　一日，祭墓，焚楮钱，化锡箔，如清明节。或用五色纸做冥衣焚之，名曰“送寒衣”。

十一月　冬至日，食水饺。前夕，民间渍酒告先，亦有行拜贺礼者。士子拜受业师，如新年礼。

十二月　八日，杂煮米、豆、枣、粟（栗）为粥食之，名曰“腊八粥”。二十三日，祀灶，品用饧糖、香箔，并以草豆备作马干，盖俗传灶神是夕朝天云。除夕，祀先祖，拜尊亲，曰“辞岁”。或夜饮达旦，名为“守岁”。家家悬灯结彩，比户爆竹声，终夜不绝。（以上据民国二十三年《大名县志》整理）

邯郸县岁时习俗

正月　新岁元旦，长幼夙兴，名曰“起五更”。天地、神明、祖先前焚香设供，行三叩或九叩礼。燃放爆竹。照伦序拜尊长毕，食饺饵。近族俱到宅内，面见拜礼，合族里党交相拜贺，俱在本日。远者不拘何日，十五日前皆可。初三日早晨，往奠先茔。五日，俗称“破五”。未明，以箩头盛煤渣少许送村外，回时换为黄土，名曰“送穷土，取富土”。占验日，凡正月之日，一鸡、二狗、三豕、四羊、五马、六牛、七人、八谷、九果、十菜，其占晴为祥，阴为灾。“元宵”，名曰“灯节”，以十四、十五、十六为期，各于门首张灯火，街巷挟花炮、杂歌舞以为乐。十三日，谓之“试灯”；十七日，谓之“残灯”；间有十六灯下，于门首燃柴作火，妇孺围烤，名曰“烤杂病”。

二月　二日，俗呼为“龙抬头”。民人以水和面如粥，置油于鏊熟之，名曰“煎饼”。

三月　清明日，赴先茔拜扫，焚纸，设供，添墓土。是日，多殡葬，从阴阳家言，诸凡无忌也。三日，男女上山进香，曰“朝西顶”。络绎于途，数日不绝。

五月 五日，名端阳节。供艾叶，饮雄黄酒，以油馃、角黍互相馈送，谓之“送节礼”。

六月 六日，造面，造酱，曝书画、衣服。僧道于城隍庙唪经，谓“晒经日”。

七月 七日，儿女设瓜果于庭前，穿针乞巧。前后数日，蒸面羊馈外孙，曰“送羊”，盖取羊羔跪乳之意，教以孝也。十五日，上坟祭扫，与清明同。

八月 中秋，馈月饼、西瓜及诸果品。向夕供月，设瓜、饼，置酒庭中，对月饮之，谓之“赏月”。

九月 九日，名曰“重阳节”。食菊糕，亲友相邀登高。

十月 朔日，祭坟墓。

十一月 冬至日，行释菜先师礼及拜师长，窗友间有交拜者，谓之“拜冬”。

十二月 八日，杂米、豆、枣、果煮粥，名曰“腊八粥”。二十三日，以糖剂饼、黍糕、枣、栗祀灶君，谓翌日将朝天，白家间一岁事，各致祝词。除夕，换桃符，贴春联，陈祭品，燃爆竹，焚香烛，邻里交请饮酒，名曰“辞旧岁”。或有彻夜饮宴欢乐者，曰“守岁”。（以上据民国二十八年《邯郸县志》整理）

永年县岁时习俗

正月 立春日，民间吃春饼、萝卜，曰“咬春”。小儿钻土牛，云能稀痘。元日，亲知相拜贺。五日内，皆于五更扫堂地之土送门外，曰“送五穷”。八日，点面灯，祭本命星辰。元宵。男女游观，曰“走百病”。或有于祠庙缚鳌山、扮戏者，城隍庙最盛。

二月 二日，煎油饼熏蝎。

三月 清明日，插柳于门，祭墓。

五月 五日，门插艾，儿戴五色彩索，亲友馈角黍、白圆，饮雄黄酒、菖蒲酒。

六月 六日，曝书、衣。

七月 七日，女子设瓜果于庭前，穿针乞巧。十五日，农人挂纸钱田畔，谓之“挂地头钱”。上坟祭扫，采麻谷供祖先。

八月 十五日，馈月饼、西瓜及诸果。晚饮酒，曰“圆月”。

九月 九日，亲友相邀，登高赏菊。

十月　一日，祭坟墓。

十一月　冬至日，亲友相拜贺，祭墓。

十二月　八日，杂米、豆、枣煮粥，有施贫人及狱囚者。二十三日，祀灶。除夕，燃爆竹，曰“惊鬼”。饮酒，曰“守岁”。（以上据清光绪三年《永年县志》整理）

曲周县岁时习俗

正月　立春前一日，迎春于东郊，有司设宴，呈百技。妇女纵观；小儿转牛腹下，曰“稀痘”。以彩杖击小儿，曰“打瞌睡”。莱菔五辛为春盘，佐麦饼啖之，曰“咬春”。“元旦”日，鸡初鸣起，肃衣冠，祀神。以菜实面，煮食之，曰“扁食”。昧爽，遍诣亲族，拜邻里，互投刺于门。小儿女鲜衣，簪纸花，相嬉乐，弄胡桃、纸爆为戏。十五日，曰“上元”。是夕，祀祖先。以面为小灯，遍置窗灶、箱橱、户牖、几床间，曰“散灯”。张幕结山棚，演剧、提傀儡。相会酒食，巷缚火树银花，彻夜辉煌。或悬灯剪彩，做春联飘摇街市。乡村妇女相扶入城纵观，延及次日，络绎不绝，曰“走百病”。以糯米粉做丸，实以糖，煮食之，曰“元宵”。

二月　二日，“龙抬头”。煎面做油饼，曰“熏蝎”。是月，神仓渐繁，香社亦渐夥，儿童郊外放纸鸢。

三月　清明，俗亦谓之“寒食”。祭先扫墓，有丧未葬者，则哭于家。儿童以柳插首，或做柳圈戴之，妇女则采叶簪鬓髻旁。自正月至是月间，为秋千之戏。

四月　八日，相传“浴佛”。浮屠于寺设水陆醮。

五月　五日，采艾备熏灸，饮雄黄酒，避五毒。以角黍、白团相馈遗。妇女襞彩帛为符、裁小囊置朱砂佩之，簪艾做茧虎。小儿女系五色线于手足。

六月　六日，曝书画。

七月　七日，儿女设瓜果祀天孙，乞巧。十五日，曰“中元”。为佛氏盂兰之辰。是日祀先，亦有上墓挂纸者。以面蒸羊馈女若姊娣之子，曰“送羊”。

八月　十五日，以瓜饼相馈，备酒果俟月出祀之，即宴饮其下，曰“赏月”。

九月　九日，蒸枣饼相馈，曰“花糕”。邀亲友赏菊饮酒，登高处眺望。

十月　一日，祀先，扫墓，焚楮钱，或剪纸为衣履，诣墓焚之曰“送寒衣”。

十一月　冬至日，投刺交拜亚元日。

十二月　八日，杂米、菽、枣、果为粥，曰“腊八粥”，或有以施贫者。二十三日，灶君升天，设酒脯、饴糖送之。垄草杂豆以荐，曰“饲灶君马”。是后，刲牲，制寒具，扫室，写桃符、门帖，妇女买花绘，为过岁计。多嫁娶。除日，洒扫，祀祖，老幼聚饮食，爆竹驱祟，或相对坐竟夕，曰“守岁”。（以上据清同治八年《曲周县志》整理）

成安县岁时习俗

正月 旧正月元旦，长幼夙兴，祖先前焚香设供，燃鞭放炮。依伦次拜尊长毕，举家食饺饵。至黎明，邻居街坊来往贺岁，纷纷终日。自二日，亲友交相贺岁，约以灯节日为止。旧“上元”（即正月十五日）夕，祀祖先，祀神，以黍面为小灯，曰“灯盏”，遍置门、灶、厨、牖间，散灯盏。旧正月二十五日晚，以面做菜团，上插香一枝，并摄灯盏散各仓屋，点放火鞭，名曰“填仓”，一说“打囤”。在富者，谓非逾此日弗开仓门，粮食不外出也。

五月 旧五月五日，家家门插艾，亲友馈角黍，饮雄黄、菖蒲酒。

六月 旧六月六日，名“晒经日”。人皆曝书画、衣服。每年麦后，已嫁之女，其翁姑辄与之蒸一盒子，令其向他娘家瞧瞧，曰“送麦馍首”。按之古俗，即女子归宁父母也，一岁一次，相率为常。

七月 又每年秋七月，有外祖父母与其男女外孙送羊之事。富者送活羊，中资之家多送面羊。其意殆取羊羔跪乳之意，教以孝也。

八月 旧八月中秋，馈月饼、西瓜及诸果。晚，置酒庭中，对月饮之，曰“赏月”，一说“圆月”。女归宁，是日必返其夫家，曰“团圆节”。

九月 旧九月九日，为“登高节”。届时，相邀饮茱萸酒，登高赏菊。

十二月 旧十二月八日，杂米、豆、枣、果煮粥，名曰“腊八粥”。旧腊月二十三日，以糖瓜“祀灶君”，谓灶君翌日朝天去，白家间一岁事，家人借此致祝词也。旧岁“除夕”，易门神，换桃符，贴春联，陈祀仪。全境各村，家家皆然。（以上据民国二十年《成安县志》整理）

鸡泽县岁时习俗

正月 元旦祀神，拜墓，谒尊长，亲友更相贺，饮屠苏酒，外甥与外祖父母、母舅送节礼。五日，扫堂中土洒门外，曰“送五”。人日，占一年阴晴、有无疾病，又请紫姑神问休咎。上元日，祀天地、祖先。城市、乡村用红绿纸彩或剪布为之，与纸灯悬于通衢，间有张灯、放花爆者。男女游观，曰“走百病”。二十五日，以灰画仓囷于天井，填以五谷，曰“填仓”。

二月　二日，谓之“龙抬头”。画青、黄二龙，青引入井，黄引入街。又煎油饼，以熏蝎。儿童郊外放纸鸢。十五日，“花朝”，有祀花神者。

三月　清明，以柳枝插户，并戴于首。自正月至是，设秋千之戏。祭墓，挂纸钱。三月“上巳”，祓除不祥。

五月　五日，互馈角黍，饮菖蒲、雄黄酒，解百毒。簪艾虎，戴避兵符。男女系五色线于手足，曰“续命缕”。

六月　六日，曝书画、衣服。

七月　七日，儿女穿针乞巧，祀天孙。十五日，取麻谷祀神，祭墓。外祖父母、母舅以面蒸羊遗其甥，曰“送羊”。答元旦之礼。

八月　十五日，以月饼、瓜果相馈赠。备酒果，月出祀之，宴饮其下，曰“赏月”。

九月　九日，登高，赏菊，互送花糕。

十月　一日，祭墓，剪纸为衣焚墓间，曰“送寒衣”。

十一月　冬至，行交拜礼，亚于元旦。老农囊盛诸谷埋地，元日取出，量其多寡，以验丰歉。

十二月　八日，杂米、豆、枣、果煮粥，曰“腊八粥”。二十四日，以糖、饼祀灶神。除夕，祀先，易门神，换桃符，插芝麻秸，饮菽酒，爆竹驱祟。坐竟夕，曰“守岁”。（以上据清乾隆三十一年增刻二十年《鸡泽县志》整理）

肥乡县岁时习俗

正月　元旦，鸡鸣起，拜天地，奠祖先，内外尊卑、亲友交相贺。五日，方扫地掬尘送大门外，曰“送五穷”。立春前一日迎春东郊，士女倾城往观，有司设宴于公堂。糊春饼，切萝卜，曰“咬春”。元旦，女人埋笊篱于厕中，十六日取出，糊纸为衣，着女服，卜一年休咎，曰“请戚姑娘”。上元节，以炷香涂门神目，张灯放爆竹，搭灯山，闹箫鼓。男妇出游，曰“走百病”。

二月　二日，以灶灰围门垣，曰“禁蝎”。油煎面饼相馈遗，曰“熏蚰蜒”。

三月　清明，上坟，插柳枝，架秋千，游人踏青。

四月　八日，“浴佛”之辰，设水陆醮。

五月 端午，馈角黍、白团，簪艾叶。以五色丝系小儿女手足。饮雄黄、菖蒲酒。取蛤蟆噙京墨，阴干涂毒疮。

六月 六月，曝书画，不出虫。

七月 七夕，女子设瓜果于中庭，穿针乞巧。十五日，挂纸钱于田畔，谓之“送地头钱”。蒸面羊遗外孙。

八月 中秋，馈瓜饼，置酒玩月。

九月 重阳，赏菊，送枣糕，登高会饮。

十月 一日，酒食奠先茔，制纸衣燎墓侧，曰“送寒衣”。

十一月 冬至，交相拜，亦具酒食奠先茔。

十二月 八日，合稻、粟、枣、豆之类为粥避瘟，曰“腊八粥”。二十四日，祭灶。除夕，换桃符，放爆惊鬼，门糊黄纸钱，挂葫芦、葱、炭，压打鬼棒于门限，燎燧火，围炉守岁。此日俗呼“乱岁”，犹多嫁娶。此则肥乡一岁风俗之大凡也。（以上据民国二十九年《肥乡县志》整理）

磁县岁时习俗

正月 元旦，少长早起，天地、祖先前焚香设供，寿尊长，更相拜贺。一日至八日，候阴晴以占灾祥。立春先一日，印官率僚属，具威仪，鼓乐迎土牛于东郊，散春花，撒春豆，名曰“迎春”。五更鞭春。十五日元宵，张灯放花爆，竞杂技游戏。

二月 二日，煎油饼，名曰“避蝎”。“花朝”，有踏青者。

三月 清明，插柳于门，簪柳叶，展墓。

五月 端阳，啖角黍，饮菖蒲、雄黄酒，悬艾于门。小儿系五色丝，以避毒。亲友馈礼。

六月 六日，曝衣物，造曲。

七月 七夕，妇女种谷、黍芽，浮针水面视影，晚焚香乞巧。十五日，拜扫先茔，亲戚以面羊馈女。

八月 中秋，亲友馈礼。月升时，设瓜果、豆荚、月饼以献。迎女与婿。邀亲朋会饮赏月。以此日之显晦，卜上元之阴晴，谚云：“云掩中秋月，雪洒上元灯。”

九月 重阳，亲友登高，饮酒赏菊，亦以花糕馈女家。

十月 一日，拜扫先茔，焚送“寒衣”。

十一月 冬至，官长相拜贺，民间多不行。

十二月 八日，杂米、豆、枣、栗为粥，名“腊八粥”。二十三，以糖、饼祀灶。除夕，门户各饰荼垒、对联。爆竹焚香，合家饮食欢乐，名曰“守岁”。（以上据清康熙四十八年《磁州志》整理）

武安市岁时习俗

正月 元旦为大年初一。居民子时起，俗称“起五更”，焚香祭祖先、天地、百神，放爆竹，通宵达旦，市巷皆然。男女新衣，团拜尊长，给小儿压岁钱。早餐食饺子。食毕，公服出贺戚友，名曰“拜年”。亲者登堂，疏者投刺，遇于途则相互作揖。自一日至八日，候阴晴以占灾祥。五日俗称“破五”。早起抛香灰于衢路，名曰“送穷土”。自一日至五日，皆为拜年期间。六日，守制者始出拜年，新嫁妇女于是日归宁。十日，俗称“十不动”。是日，忌兴作，男女斗牌为戏。十二日，四乡居民请新婿过节。十四日至十六日皆为“灯节”。晚，居民大张灯火，灯节戏于是日开演。十五日，为“正灯节”，古称“元宵”。商店、庙宇悬花灯，放烟火；士女出游，名曰“逛灯”。十六日，妇女相率出游，名曰“走百病”。晚，各家于门首燃草围烤，名曰“烤油柏爆”。视爆所倒，卜年岁丰歉。灰内烧糕饵等物，食之云不生杂病。小儿食长命糖。南乡送婿。十七日至十九日，俗称为“偏灯山”。灯节无戏者，于此三日补演。十九日，城二庄庙会。二十日，东土栈庙会。二十四日，彦亭庙会、八特镇庙会。二十五日，俗称“填仓节”。粮商、米贩祭仓神，居民以谷粉做团蒸食，名曰“仓谷团”。二十八日，伯延镇庙会。白衣大土庙于是日开庙致祭。

二月 二日，古中和节，俗称为“龙抬头”。居民早起，注水缸中，以验龙至（俗以龙至，缸中必嗡嗡作响，否则无）。县城西南门外庙会、冶陶镇庙会。六日，罗义村庙会。七日，屯枢村庙会。八日，白沙村庙会、南庄村庙会，阳邑镇庙会。九日，八特镇庙会。十二日，南峭河庙会。十三日，南田村庙会。十五日，庄晏村庙会。十八日，夏庄村庙会、中羊苑庙会。十九日，野河村庙会、牛洼堡庙会。

三月 一日，粟山庙会、河西村庙会、蟒蚪村庙会、西马项庙会。三日，淑村庙会、南庄庙会、下焦寺庙会、西寨子庙会、青烟寺庙会、大井村庙会、和村镇庙会。五日，河底村庙会。六日，高村庙会。八日，上白石庙会、王二庄庙会、李家庄庙会。十一日，城治东岳庙庙会、石洞村庙会。十三日，胡峪村庙会。十五日，伯延镇庙会、继城镇庙会、张王祭村庙会、百草坪庙会、下三里庙会。十八日，淑村镇庙会、淮河沟庙会、西广村庙会、康宿镇庙会、柏林村庙会、万安村庙会。二十日，磁山村庙会、西寺庄庙会。二十一日，羊圈村庙会。二十二日，西湖村庙会。二十三日，阳邑镇庙会。二十五日，城治王家池庙会。二十八日，固城镇庙会、赵店镇庙会、城治大西门外庙会、午汲镇庙会。是月“清明节”，士女挈盒提壶，入茔祭扫。小儿以柳叶簪帽。谚云：“清明不戴柳，死后变成狗。”是日，官绅植树。

四月　一日，儒山庙会、邑城镇庙会。四日，城治大西门外庙会、茶口村庙会、和村镇庙会。八日，南营井庙会、北安乐庙会、红山寺庙会、赵庄村庙会、西同乐庙会。十一日，继城镇庙会、徘徊镇庙会。十五日，县城庙会。十八日，城治东岳庙庙会、阳邑镇庙会、上焦寺庙会。二十三日，管头村庙会。二十八日，北丛井庙会。

五月　五日，端阳节，俗称“端午”。早起啖角黍，饮雄黄酒。以雄黄涂小儿鼻耳，谓可避毒螯。亲友以角黍相馈送。闺中秀女以锦布作小儿形，戴之钗头，名为“戴鱼娃娃”。小儿彩丝系臂，名曰“长命缕”。商店居民盛治酒肴，曰“过端午”。是日收艾。城治北门外庙会。十三日，南田村庙会。各乡祀关帝，并以关帝磨刀需淬水，是日多雨。谚云：“大旱不过五月十三。”

六月　一日，南冯昌庙会。九日，淑村镇庙会。十三日，赵庄庙会、迂城庙会。十八日，寺西村庙会。二十三日，南丛井庙会。是日，各村庆祝关帝，城治火神庙会。

七月　一日，伯延镇庙会。七日，俗称“牛女渡河”。闺中幼女穿针“乞巧”，并以牛女泣别决。是日多雨。十一日，大旺村庙会、固镇庙会。十五日，中元节，俗称“鬼节”。祭扫先茔，如清明仪。和村镇庙会。十八日，洞上村庙会。二十七日，邑城镇庙会。二（三）十日，淑村庙会。

八月　十五日，中秋节，亲友馈送月饼。晚，居民陈瓜果祭月毕，家人团坐饮宴。以此月显晦卜来岁元夜阴晴。俗称：“八月十五云遮月，正月十五雪打灯。”是夜，商民、住户设肴酒相互邀饮。

九月　九日，重阳节，士人登高饮茱萸酒，居民撒糕馈送。城治南门外庙会、阳邑镇庙会。十七日，近古村庙会、和村镇庙会。二十五日，淑村镇庙会。

十月　一日，俗称“鬼节”。居民入茔祭扫，谓之“送寒衣”。衣以五色纸剪为衣裤，衣不盈尺，另以纸书先人姓名，焚之于墓。四日，邑城镇庙会。

十一月　冬至节，释菜先师，学校儿童醵金祭孔，午聚餐校内。

十二月　八日，食“腊八粥”。二十三日，“祭灶”，以糖瓜糊灶君口。二十四日，大扫除。俗称过二十四日百无忌讳。是月也，年节至。扫舍宇，备年货，展墓请祖，预备过年。三十日，俗称“除日”。粪家庭，出污秽。贴春联，换桃符，焚香祭神。晚，家人团坐饮酒，名曰“辞岁”。（以上据民国二十九年《武安县志》整理）

邢台市岁时习俗

正月　立春前一日，迎春东郊，有司设宴，呈杂技。士女纵观，小儿竞从土牛腹下转递，曰“稀痘”。设春盘，啖春饼，食萝卜菜，曰“咬春”。元旦，昧爽起，祀神，拜尊长，亲友更相庆贺；饮屠苏酒，炊麦饭，食米糕。五日，舁土于衢，谓之“送穷”。人日，占晴雨。元宵，祀天地、祖先。城市街巷及村落，结山棚，张灯，放花爆，提傀儡，会食；或悬灯彩笺作联句，或排灯彩剪作“天下太平”等字，香车宝马，彻夜笙歌，男妇游观，曰“走百病”。

二月　二日，谓之“龙抬头”。煎油饼，熏蝎。各庙宇逐日会戏渐繁。儿童郊外放纸鸢。

三月　清明，以柳枝插门户，儿童皆戴于首，妇女摘小叶簪于鬓边，更为秋千之戏。有丧者设奠，既葬则哭于墓。上巳，祓除修禊事。

四月　八日，俗称“浴佛之辰”，浮屠设水陆大醮供佛，乡民走各寺烧香。

五月　端午，妇人簪艾虎，儿童手足系彩缕。亲朋馈角黍、纨扇之属。饮雄黄、菖蒲酒，采艾以备熏灸。

六月　六日，上坟。荐新麦。晒衣。

七月　七夕，儿女闺中设瓜果，穿针乞巧。中元，农人挂纸钱田畔，谓之“挂地头钱”。上坟祭扫，采麻谷供祖先。蒸面羊馈女家。

八月　中秋，罗樽罍，煮豆荚，陈瓜果、月饼赏月，交相馈节。

九月　重阳，用枣蒸面糕，曰“花糕”，馈节。亲友相邀，登高赏菊。地无山，则上城头眺望，以应故事而已。

十月　一日，各扫墓，并制纸衣焚墓间，曰“送寒衣”。

十一月　冬至，行拜贺礼，亚元旦。老农以布袋盛诸谷种埋地，至元日取出，用原器量之，以验岁宜。

十二月 腊月八日，杂米、豆、枣、果煮粥，名曰“腊八粥”。二十三日，设糖果、菽草送灶神，有不及举者，待次日。除夕，祀神及祖先，馈节，家庭举宴。换春联，贴门神，树桃符，铺麻秸；束炭立户左右，曰“将军炭”。烧爆竹，饮菽酒，彻夜不寐，谓之“守岁”。（以上据清乾隆十五年《顺德府志》整理）

柏乡县岁时习俗

正月 立春，观土牛。是日茹春饼，曰“萝华”，古辛盘遗意也。元旦，黎明栉沐，悬先像礼拜，男女各拜家长，以次递拜，亲友交贺。五日，扫除秽土置门外，曰“送穷”。八日，祭星辰。夜，妇女祭九女星。元宵，赏灯火，前后数日，游行为乐，谓“散百病”。儿童唱秧歌、放纸鸢，村落遍架秋千为戏。二十五日，是日以灰画地做囤形，中撒五谷，压以砖石，曰“填仓”，用以祈年禳鼠。

二月 二日晨，以灶灰围宅墙下，避除百虫。春分，酿酒。

三月 寒食，墓祭，挂纸钱，培茔土。清明，插柳檐上，男女亦戴之。谷雨，禁蝎。

四月 立夏，谚云：“立夏麦秀穗，小满蚕结茧。”八日，“浴佛”。

五月 五日，贴门符，食角黍，戴艾叶，妇女簪艾虎，儿童佩五色丝。

六月 六日，造曲，储酱。

七月 立秋，谚云：“立秋十八日，寸草俱结穗。”七日，曝衣。中元，烧地头纸，祀谷神，祭墓。

八月 十五日，是日以瓜果、饧饼供月，亲友相馈，夜饮赏月。

九月 九日，是日登高，有高庙、马鞍山诸胜。高庙，即崔府君祠；马鞍山在高庙西南隅，魏文毅因其形似，名之，又名小岘山。

十月 立冬，谚云：“立冬日，种麦止。”十月朔，是日墓祭，剪纸为衣焚墓所，曰“送寒衣”。

十一月 冬至日，“长至日”，官府行庆贺礼；诸弟子各致礼于其师，谓“拜师”。是日士民祭始祖墓。

十二月 八日，俗以五谷杂枣、栗做糜，曰“腊八粥”。小儿女剃头、钳耳。二十四日祀灶。岁暮多嫁娶。除夕，换桃符、门神，贴宜春。长幼致礼，曰“辞岁”。彻夜欢聚，曰“守岁”。（以上据清乾隆三十一年《柏乡县志》整理）

隆尧县岁时习俗

正月　元旦黎明，男妇早起栉洗，神前设香烛、馔具，叩祝天地，祀祖先，亲友交贺。是日有三不：不讨火、不汲水、不扫地；以三有卜岁，自五鼓有风、当年有云气、将晚有日色，岁必丰。初五日，扫除秽土，置大街，曰“送穷”。人日，俗云：“人逢人日，喜天晴。”初八日午间，立丈竿量日影：过竿大水；九尺平和；七八尺多雨水；四五尺风损田禾；一二尺旱。初十日除鼠。元宵前后数日，居民门户张灯鼓乐，儿童秧歌、秋千、湖游诸戏，男妇游行为乐。立春日，食饼。二十五日，用灰画地做囷形，实以五谷，童男女祝之，以祈有年。

二月　二日早，以灶灰围房墙下，除恶虫。春分，造酒。

三月　清明日，祭墓，插楮钱，增修冢茔，路旁植柳。是月，居人多俳优唱戏，祈丰年。

四月　宣务山有大悲行宫，男妇相率烧香，祈福寿，求嗣。

五月　五日，贴门符，食角黍，男戴艾叶，女簪艾虎，童男女佩香囊，五色丝线。

六月　造曲，酿酒、醋，曝书。伏日，种蔬，造酱。

七月　七日，女子陈瓜果于庭，以器贮水，漂绣针于上，以验巧拙，曰“乞巧”。十五日，烧地头纸，祀谷神，祭墓。

八月　中秋，亲友馈瓜果、饴饼，赏月。

九月　九日，士人登爽垲处饮酒，曰“登高”。是月，村庄俳优奏伎，以报土功。

十月　一日，剪楮为衣焚墓所，曰“送寒衣”。是冬，多殡葬之事。十五夜，各庙燃灯，至来年正月十五止，曰“长明灯”。

十一月　长至日，居人相贺。

十二月　八日，以五谷杂枣、栗做粥，曰“腊八粥”，童女针耳。二十三日，祀灶。二十四日以后，扫舍，多嫁娶。除日，易门神，贴宜春字，放爆竹，辟邪祟。童男女得钱，曰“带岁”。男女聚饮，曰“辞岁”。比户夜坐，曰“守岁”。（以上据清乾隆二十九年《隆平县志》整理）

南宫市岁时习俗

正月　元日，先期设牲于中庭，长幼夙兴焚香，燃爆竹，祭神，祀先。照伦序拜尊长毕，食饺饵。亲友交相贺岁，数日乃罢。（按，《岁时记》引《神异经》云："山魈长尺余，一足，性不畏人。犯之，则令人寒热。"）立春日，以萝卜为细菜，五辛为春盘，面为春饼，谓之"赏春"。元宵，饮宴，食元宵子。蒸黍面为小灯数百盏燃之，凡灶陉、井臼、户溜、阶栏，各置一盏，辉如列星。街衢则设灯彩，竞笙歌，撰灯谜，射中者酬以笔纸等物。为火树银花，高吐数丈，聚观喧阗，夜分乃罢。（按，《酉阳杂俎》有笼上牢丸，汤中牢丸。方以智《通雅》曰："笼上牢丸乃馒头之类，汤中牢丸乃今元宵，或汤丸、水饺饵之类。"《闻见瓣香录》名浮圆子。宋人周必大有诗。以元宵食之，遂名元宵）十六日，结伴游寺观，谓之"走百病"。入夜，灯彩箫鼓，车马往来，视上元尤胜。二十五日，俗用柴灰摊院落中为囤形，或方或圆，中置五谷，覆以瓴甋，夜燃黍面小灯置其上，谓之"填仓"。

三月 清明日，各祭于先茔，加新土，供牲醴，焚纸钱。是日，取柳枝插于门，男女皆簪柳，曰令目清勿盲。

五月 端午日，男女皆佩艾叶、朱符，取艾枝插户，以避五毒。饮雄黄酒。以彩线系小儿手足，曰"续命"，又曰"百岁索"。以竹叶裹黍、糯为粽，亦名"角黍"。亲友交馈，曰"解粽"。

六月 六日，曝书及衣服。是日，兴福寺有"盂兰会"，取楼上藏经互相传送，谓之"晒经"。

七月 七夕，女子设瓜果、脯，祭织女。用盆浮针，以定女性巧拙，谓之"乞巧"。十五日，"中元节"。携瓜果、脯醴、楮钱，登垄墓祭奠。

八月 中秋，亲友以肴、果、月饼相馈遗。是夕，陈瓜果祭月，共设酒馔，宴饮玩赏。二十七日，士人以先师"孔子圣诞"，行释菜礼。悬像或设主，师生以次肃拜。奠献毕，敬撤像，主，则跪焚之，乃焫神馔享馂余。（按：此礼，乡中犹有未知者，愿同人共遵行之）

九月 重阳日，以面、枣蒸糕，谓之"菊花糕"。献祖先，亦以送婿家，谓之"追节"。出郭野饮，谓之"登高"。（按，《周礼》："笾人糗饵粉糍。"方言饵，谓之糕，亦谓之糍糖。刘梦得作《九日》诗，以六经无糕字，不敢用。宋子京诗："刘郎不敢题糕字，空负诗中一世豪。"）

十月 朔，为"下元节"。祭扫先墓，剪楮为衣焚之，曰"送寒衣"。

十一月 冬至，释菜先师，如八月二十七日礼。奠献毕，弟子拜先生，窗友交拜。

十二月　腊月八日，以米、稻、枣、豆数种和煮为粥食之，谓之“腊八粥”。有余之家，抑或为粥以济贫者。（按，《东京梦华录》：“初八日，诸寺做浴佛会，并送七宝五味粥与门徒，谓之腊八粥。都人亦以果子杂料煮粥而食。”）二十三日，设酒脯祀灶神，荐以饴糖。俗传此日灶神上天曹言人罪过，故以饴糖涂神口，恐其言是非也。除日，各随家之贫富预备酒肴、果物，以给新年之用；易门神、桃符，贴春联，以祓不祥。爆竹声终夜响震，长幼欢饮，竟夕不床，云“守岁”。（以上据清道光十一年《南宫县志》整理）

巨鹿县岁时习俗

正月　元旦，长幼夙兴，秉烛焚香，燃纸炮，祀天地、祖先。照伦序拜尊长毕，食饺饵。亲友往来酬拜，交相庆贺。“立春”前一日，迎春东郊，有司设宴，呈杂技，士女纵观。小儿竞从土牛腹下转迭，曰“稀痘”。届期，有司执鞭圜牛敲击，以送寒气。五日，焚香燃炮，谓之“破五”。“元宵”，蒸黍面为小灯数百盏，燃之，凡灶陉、井臼、户溜、阶栏各置一盏，辉若列星。街衢结彩棚，张灯放花炮。儿童击鼓扮戏。妇女剪纸做灯球悬门，以斗工拙，迎紫姑，以卜丰歉，夜分乃罢。十六日，结伴游寺观，谓之“走百病”。二十五日，用柴灰摊场圃院落中，为圆囤形，中置五谷，覆以瓴甋，焚香燃炮，谓之“填仓”。

二月　二日，谓之“龙抬头”。蛰起，煎油饼以熏之，司避螯毒。

三月　清明日，各祭于先茔，加新土，供酒醴，焚纸钱。是日，士人郊游，儿童踏秋千以为戏。

四月　八日，谓之“浴佛会”。

五月　端午，男女皆佩艾叶、悬艾虎于门，以避五毒。饮雄黄酒。以彩线系小儿足，曰“长命缕”。复用苇叶裹枣、黍为粽，亦曰“角黍”，亲友交相馈遗。

六月　朔，焚香，燃纸炮，有如“元旦节”者，谓之“过半年”。六日，曝书及衣服，各寺观取楼上藏经互相传送，谓之“晒经”。

七月　七夕，儿女闺中设瓜果拜织女，以“乞巧”。“中元”，农人携楮钱挂垄畔，谓之“挂地头钱”。采麻谷祭墓，仪如清明。

八月　中秋，亲友以肴果、月饼馈遗。是夕，陈瓜果祭月，共设酒馔，宴饮玩月。

九月　重阳，用枣蒸面糕，曰“花糕”。馈送婿家，谓之“追节”。对酒赏菊，谓之“饮菊花酒”。

十一月　一日，祭扫先墓，剪楮为衣焚之，曰“送寒衣”。“冬至”，各塾中释菜先师。奠献毕，弟子拜先生、东家，窗友交拜。

十二月　八日，杂米、豆、枣、果煮粥，名曰“腊八粥”。二十三日，设糖果、菽草以“送灶神”。除夕，各随家之贫富，预备酒肴、果物，以给新年之用。易门神，换桃符，贴春联，以祓不祥。街衢张灯，亲友聚饮，彻夜不寐，谓之“守岁”。（以上据光绪十二年《巨鹿县志》整理）

沙河市岁时习俗

正月　元旦，夙兴放爆竹，肃衣冠，礼神，谒祖，拜尊长之属，亲友交相庆贺。举家食馄饨，俗名“扁食”，饮屠苏酒。是日也，庭除不扫，封井不汲，市肆不张。立春前一日，迎春东郊，有司设宴，各行呈杂技，士女咸竞往观，啖饴糖及薄饼，名“春饼”。“上元节”，自十四至十六三夕，比户堂室以至街衢多张灯，各置肴酒于门首聚饮，食粉丸，名“元宵”。为秋千戏，或放烟火为乐，妇女结队出游，俗谓之“走百病”。二十五日，祭仓神，名“填仓”。

二月　二日，俗号“龙抬头”，煎油饼，熏蝎。

三月　清明节，有丧者设奠，既葬则添土挂纸于墓。

四月　八日，户插槐芽，儿童戴于首，妇女簪鬓。是日为“城隍诞”，远近乡村男妇毕集庙中，烧香上供。

五月　初旬，四乡农人咸诣赫山龙神祠祈雨泽。端午节，妇人簪艾虎，儿童手足系彩缕。亲朋馈角黍、纨扇之属。饮雄黄、菖蒲酒，以避瘟疫。

六月　六日，晒衣，曝书。三伏日，造酱、醋，制麦曲。

七月　七夕，女子穿针乞巧。中元节，诣先茔祭扫，乡人亦有挂纸钱田畔者，谓之“挂地头钱”。

八月　中秋节，陈西瓜、月饼于庭，以供月。祭毕，罗樽罍，煮豆荚，聚饮门首，一如上元夜然。

九月　九日，用枣蒸面糕，名“花糕”，亲戚相馈送。

十月　朔日，上坟，制纸衣焚墓上，俗名“送寒衣”。

十一月　冬至，行拜贺礼，略如元旦。

十二月　八日，杂米、菽、诸果为粥，名“腊八粥”。二十三日，“送灶”，用糖果，并荐草豆饲神马。二十四日，扫除舍宇。除夕，贴春联，换桃符，设神位，供祖先。馈节，辞年，预置新岁饮馔。放爆竹，家人聚饮，以“守岁”。（以上据清乾隆二十二年《沙河县志》整理）

内丘县岁时习俗

正月　元旦，祭天地、祖考，门设神荼、郁垒像，剪彩罗，曰“迎新岁”。“元宵”燃灯于花火。十六日出郊，曰“游百病”。夜弛禁。

二月　二日，油煎物，香气达屋壁，曰“熏虫儿”。

三月　清明前一日，曰“寒食”；又前一日，曰“一百五”，谓冬至至此一百零五日也，三日皆可祭墓。妇女做秋千戏。三月朔至望，官府祭神头鹊王。庙后后土神女相，称西顶娘娘，四方进香祈祷者数百里。

五月　五日，戴艾虎，以辟五毒。童子以五色线系臂，谓之“续命”。亲友以角黍相遗。

六月　二十四日，燃香于二郎庙（庙在靳郎村）。

七月　七日，曝衣、书，不知乞巧。十五日，祭墓，持麻谷挂之垄上。

八月　中秋夜，为月饼，设瓜、果、酒祭之。因相招饮，曰“玩月”。

九月　重阳以面、枣蒸糕，以新黍酿酒，亲友出郭野食，谓之“登高”。

十月　一日，祭墓，剪彩纸为衣裳焚之，曰“送寒衣”。

十二月　八日，合五谷加枣做粥，祭诸神。二十四日“祭灶”，以豆以草，曰饲其马也，以糖粘灶门，曰勿道人间事于上帝。除日，换桃符、门神，以祓不祥。用椒柏和酒饮之，灯烛竟夕不息，谓之“守岁”。炮声响震，谓之“惊鬼”。（以上据清道光十二年《内丘县志》整理）

新河县岁时习俗

正月　元旦，长幼夙兴盥漱，肃衣冠，燃爆竹，设脯醴祀神祇，祭祖先，以次拜尊长。食饺饵，族戚、故旧、朋好互相贺拜，数日始定，俗曰“拜年”。五日早，扫除堂宇，俗称“破五”。是日，忌赴岳家拜年，谚所谓“拜四不拜五，拜五死丈母”也。八日，早饭用麦粥，俗称“祓福”，十八日、二十八日，亦如之。十二日，俗称“鼠娶妇”。是日，民间忌用剪。好事者以粉墨靧面，一扮鼠婿，一扮鼠妇，鼓吹亲迎，游行娱众。晚，居民于门前燃敝屣败鞋，新嫁妇女坐其前观之，俗称

“看火”，否则将不利婆母也。村中妇孺群拥争观新妇，故亦称为“小孩会”。十五日夜，张五彩花灯，游行街市，箫鼓喧阗，观者如堵。更以油拌糠秕，外包以纸，燃之如灯，散置里巷村外，点点若星，颇有可观，俗谓之“散路灯”。又以黍面蒸为小灯数百盏，凡灶陉、井臼、户溜、阶栏，各置一盏，新妇观之，否则谓不利于翁。又于盏上为十二孔，以相十二月，翌日入笼蒸之，其孔水多者，则今年某月雨水不缺，借占年景之丰歉。又或于月中量砖影，视其长短，而定年景之丰歉。又俗称神祇是日升天，故神纸多于是夜焚之。十六日，妇女归宁，俗称“走百病”。有请灶王姑姑及石头神，以卜一年休咎者。（按：正月一日至十日，俗以阴晴定田禾之丰歉。其歌云：“初一芝麻初二花，初三荞麦初四麻，五黍六豆，七谷八麦，九果十菜。”又曰：“收花不收花，但看正月二十八。”按，《辽史》云：“凡正月之日，一鸡、二狗、三豖、四羊、五马、六牛、七曰人日，其占晴为祥，阴为灾。”此或为此种占卜之见端）十七日以后，村多演古修醮。二十五日，为“填仓日”。天甫明，居民以灶灰倾地做囤形，中置五谷数粒，或铜圆数枚，以砖覆之，谓之“打囤”。至夜，燃黍灯照之，放纸炮，谓之“轰囤”。有燃烟火、爆竹、花盒、起火，以为乐者。春冬，儿童多放纸鸢为戏。

二月　二日，俗称“龙抬头”。忌磨面，恐榨龙头也。人家多食油煎饼、香腴、咸食等品，谚云：“二月二，吃灯盏（以油煎之），吃了灯盏不发眼（目炎也）。二月二，吃枣花（馍馍之有枣者），吃了枣花不长疮。”又天未晡，即以笤帚叩炕床沿或梁头，盖所以惊走蚤、虱、蝎等毒虫，以防扰人也。

三月　三日，为“上巳日”。村塾学生自今日起，始免夜读。清明日，士女头戴柳枝，拜扫祖茔。城隍是日出巡，会末人舁之游郊外（此举今废）。

五月　五日，妇女佩艾虎，户上插艾枝、柏枝，门粘五雷符，食粽子。

六月　一日，食饺子，俗称“过半年”，城西则不以为节。六日，居民出粮食、衣被、书籍、经卷而晒之。十三日，俗谓“分龙日”，雨曰“分龙雨”。是日雨，即分得勤龙，则雨泽必时，丰登有望；否则，雨恒愆期，岁或不稔。六月雨，每一辙之隔，而阴晴异焉，故俗谓“车辙雨”。

七月　七日，女子供织女星。月下乞巧，翌日视其供果上有蜘蛛网形者，即乞得巧矣。是夜，村中老妪于月下说牛郎配织女故事。俗谓是日牛郎、织女相会，喜悲交集，故辄阴雨。十五日，扫墓祭祖先。城厢及沿河居民，多于中夜鼓乐齐奏，以西瓜皮盛油，燃之河中，观者拥挤，谓之“放河灯”。

八月　十五日，亲友族邻以月饼、果肴相馈，月下饮宴，坐话秋成。

九月　九日，早起登高。自本日起，村塾学子开始夜读。

十月　朔日，祭祖先。是日，城隍辇出巡游（此举亦废）。十五日，俗谓财神归家之期，民多以五色纸为衣焚之，谓之“贺财神”。

十一月　冬至日，为“长至节”。小学学生衣新衣，携酒脯，各赴业师拜，是曰“拜冬”。

十二月　八日，以豆、枣、栗、黏米等八品煮粥，和糖食之，谓之“腊八粥”。盖循行宋代故事，唯宋代腊八在十月八日，今在十二月八日，此其异耳。二十三日，扫房舍，夜设饴糖以“祀灶君”，以槽草秣灶君马。盖灶君翌日朝天去，白人间一岁事，此盖所以媚之而塞其口也。又祝曰：“上天言好事，回宫降吉祥。”自腊日起至元宵后止，家有患目疾者，辄于院中竖高杆，缚柏枝，悬灯其上，谓之“挂天灯”。所以祓除痼疾也。除日，贴桃符，易春联，祀神，祭先。入晚，以芝麻秸散至院中，往来践之有声，俗曰“践岁”。是夕，饮辞岁酒，有通晚不寐而守岁者。（以上据民国十八年《新河县志》整理）

清河县岁时习俗

正月　元旦，预于除日绘写桃符、门神、春联贴之，酿黍酒，蒸麦，食米糕。至元日，五鼓起祭拜天地、祖先，亲戚交拜。立春前一日迎春，士女往观，有司设宴于公堂，呈杂技。上元，人家并街巷张灯，放花爆，男妇游观，曰“走百病”。或置纸釜中，燃香缕结之，名“结羊肠”，占吉凶。

三月　清明，各携脯醴扫其先茔，插柳枝于门户，儿童皆戴于首，妇女为秋千之戏。

五月　五日，门悬艾虎，儿童戴五色彩索，亲友馈角黍，饮雄黄、菖蒲酒，采艾以备熏炙。

六月　六日，曝书、衣。

七月　十五日，上坟祭扫，有蒸面羊馈女者。

八月　十五日，交馈月饼、西瓜及诸果，至晚，置酒庭院中，玩月。

九月　九日，无高可登，唯以花糕、菊酹相馈，亦有邀亲友赏菊者。

十月　一日，登垄“送寒衣”，剪彩纸为之，无问贫富。

十一月　冬至，各学塾祭拜先师，在学诸生演礼，并拜烧字纸，名曰“拜冬”。

十二月 腊月八日，杂米、豆、枣煮粥，谓之“腊八粥”。二十四日，涤厨洁，饴糖“祀灶”。除夕，设冥衣祀先，饮酒守岁。（以上据清同治十一年《清河县志》整理）

威县岁时习俗

正月 夏历正朔，凡同族戚友交拜年节。民国前，上中家多着礼服，下等家虽便服亦用新鲜者；民国以来，通用便服。至设备酒食款待戚友，无贫富，皆然。元宵节，灯彩辉煌，燃放花炮，百戏杂沓，群聚游观。十六日，各乡士女争来县治，登城游眺，名曰“走百病”。妇女多进县公署瞻望知事夫人；知事夫人每盛装预备柿饼、核桃、落花生等物品投妇女前，群多取之，大欢笑去，俗名“看太太”。

五月 五日，为“端阳节”。门首多插艾叶，官绅士商互馈角黍、糖糕，以为庆节礼物，乡间亦多行之。

八月 十五日，为中秋节。农家地主设酒食以酬农工，夜则盛置瓜果、月饼于庭前，举家拜月。官绅士商每多招饮。

十一月 冬至节，民国前，学校师生拜先师孔子，名曰“拜圣”，学生父兄亦率子弟拜谢塾师，宴会一日；民国后，私塾中犹有行之者。

十二月 初八日晨，用黍、枣等品煮粥食之，名曰“腊八粥”。有以此馈送乡邻及施与贫乏者。除夕，邻里或亲族悬灯夜饮，名为“辞年酒”。（以上据民国十八年《威县志》整理）

临城县岁时习俗

正月 农历正月初一为春节，俗称过年。从腊月二十三开始进入年关，家家户户打扫家庭卫生，杀猪宰羊，购买过年物品，农村有“二十三过小年，二十四扫房子，二十五磨豆腐，二十六买猪肉，二十七粉糕米，二十八贴花画，二十九挂灯笼，三十晚上去喝酒”的顺口溜。腊月二十八开始写春联，制作彩灯；设香案，挂家谱，请祖先回家过年。三十白天包饺子，晚上家家户户灯火通明，放鞭炮，敬神祭祖。正月初一起五更，吃饺子。饭前晚辈给长辈磕头拜年，长辈给未成年晚辈压岁钱。早饭后，乡亲邻里走门串户互相拜年。初二开始携带礼物走亲访友，历半个月方止。

新中国成立前，每逢过年放债者讨债，负债无力偿还者只好外出躲债。旧有

“富人过年，穷人过关”之说。新中国成立后，人民当家做主，生活日益改善，合家欢乐共度春节，而且迷信活动逐年减少。春节期间，各级政府组织群众开展拥军优属活动，慰问看望坚守工作岗位的职工。

农历正月十五为元宵节，又称灯节。晚上各家散灯祭神，燃放烟花、礼炮。西部山区农村人家在这天用蒸熟的黍子面团，捏成许多各种形状的灯盏（俗称“捏黏面灯”），插上灯捻，添上豆油或香油，晚上点着后放置在庭院各个角落（俗称“散灯”），把整个庭院照得通明。到油尽灯熄时，村里儿童成群结队地到各家将熄灭的面灯“偷”去（俗称“抢面灯”），待到十六日早晨烤柏棂火时烧着吃（东部农村十六晚上烤柏棂），有去病消灾之说。有的村镇在这一天搭台唱戏、踩高跷、跑黑驴、玩旱船、耍武术等，开展民间传统文娱活动。县城内由文化部门组织举办一年一度的乡艺调演和灯谜文艺晚会。

农历正月二十五为填仓日。这天用五谷杂粮掺到一起磨成面，做成球状（仓蛋）或圆条状食品，蒸熟后分放到各个盛粮食的仓囤里，谓之“填仓”。以祈粮丰囤满，过好日子。新中国成立后，人们的旧俗观念逐渐淡薄，到此日，仅是鸣鞭放炮改善生活而已。

二月　即农历二月初二，农村有“二月二，龙抬头”之说。这天，有舅舅在世的男子开始理发。妇女忌做针线活。家家户户鸣鞭放炮，包饺子。

三月　为扫墓祭祖之日，父母去世的出嫁女子都回娘家上坟烧纸、添坟头。农村中迁坟、结阴亲、立墓碑均在此节日期间进行。新中国成立后，迷信活动逐渐减少，清明节成了机关、学校、团体组织为烈士扫墓，缅怀革命先烈，进行革命传统教育的节日。

五月　农历五月初五，俗称“五月单五”，农村有包粽子的传统。是日，人们多改善生活。

八月　农历十五日俗称“八月十五”，亦称团圆节。家家户户买月饼、糖果。在外营生的人一般都回家与家人团聚，晚上一家人坐在一起，共分月饼，吃团圆饭。80年代后，人们多在中秋节前夕，携带月饼走亲访友，以增进友谊。

十月　农历十月初一和清明节一样，也是上坟祭祖之日。但时值秋去冬来，气候转冷，除烧纸钱、上供品外，还用五色纸剪成衣服状，俗称烧“寒衣纸”，意为死去的亲人送寒衣，以示悼念。新中国成立后，这种迷信习俗逐渐减少，但农历十月初一前后上坟祭祖一直延续下来。这一日也是农村结阴亲的日子。

十二月 即农历十二月初八。早上各家各户用杂粮米、菜豆、花生米、红枣等熬成粥饭，俗称“腊八粥”。通过吃“腊八粥”对子女进行“勤俭持家”教育。东部农村有“腊八日，吃饺子，蝎子不蜇孩羔子”“腊八日，熬白粥，蝎子不蜇孩子腚”的顺口溜。（以上据1996年《临城县志》整理）

广宗县岁时习俗

正月 初一日，为“元旦节”。鸡初鸣起，男女老幼，盥洗更新衣，燃香烛祀神及先祖，卑幼向尊长行跪拜礼，谓之“拜年”。尊长赐卑幼金钱，谓之“压岁”。行礼毕，以次及于同族乡邻。是日相见者，互相跪拜道贺，举家食饺子（一名扁食，即馄饨之类，盖取混沌初开义）。饭后，携香楮祭墓，休息终日。初二日，戚友往来贺岁，主人款以酒食。初五日，俗名“破五日”。用芝麻秸插粪秽中，燃放爆竹，谓之“打粪堆”。十五日，为“元宵节”。用面蒸小灯，夜晚燃之，遍置门阶、户牖。街衢悬灯结彩，制为火树银花，高逾数丈。杂陈百戏，笙歌喧哗，士女聚观，夜分始止。十六日昧爽，焚薪柴通衢，围绕取暖，名曰“烤百病”。或骋马驰驱，饰作种种游戏，盖古人乡傩之遗风云。二十五日，以灰画地做仓囤形，中置五谷，上覆砖石，燃灯置其上（取丰登之义），谓之“打囤”，亦曰“填仓”。

二月 初二日，俗谓是日“龙抬头”，以灰撒屋角墙阴，云可避毒虫。

三月 清明日，用土添坟，焚纸钱祭墓。

五月 初五日为“端午节”。亲友相馈用角黍。门首插艾，悬朱书符，饮雄黄酒。

六月 初六日，晒书，曝衣。

七月 初七日，妇女于闺内设瓜果祭织女，穿针“乞巧”。十五日为中元节，焚纸钱祭墓。

八月 十五日曰中秋节。互馈月饼。农夫置酒食以犒佣工。宵则陈瓜果、酒肴，拜月玩赏。

十月 初一日，祭墓如清明、中元。

十一月 冬至日，乡间学校师生祭先师孔子，曰“拜圣”。祭毕，教员与学生父兄会饮。

十二月 初八日，用黍米做饭，杂以枣、栗等品，曰“腊八粥”。二十三日祭灶，用果品、饧饴，并具刍秣等物，曰“送灶”。俗以灶为司命之神，是日上天言人罪过，故以饴涂其口。祭灶后，则扫舍宇，备酒肴、饼饵，约敷旬日食用，名曰“蒸壮”。各集市肉脯、鸡鹜、蔬菜、果饵填塞街衢。彩花（妇女所戴，北平出品）、图画（俗称年画，武强县出品）、爆竹（俗称鞭炮，为山东东昌府出品）、神像之类，远道负贩，倾筐倒箧。村农购买者，摩肩接踵，谓之“赶年集”。三十日，曰“除夕”。洒扫庭除，易门神，贴春联（俗称“春对子”），剪彩纸悬门首（俗称“黄天纸”）。男女围炉谈笑，曰“守岁”。开樽畅酌，曰“饮年酒”。爆竹之声彻夜达旦。（以上据民国二十二年《广宗县志》整理）

第四章　礼仪民俗

河北省不同民族、不同年龄、性别、身份的人，在各个不同历史阶段，都接受着传统习俗的影响，构成各自的生活行为规范和仪礼，如生儿育女、婚丧嫁娶等。这些礼仪，如今虽经过时间的洗礼，逐渐趋于简约，但依旧独有特色。

第一节　生　育

井陉县生育习俗

邑中妇女初生子（俗名“头生”），其夫家必通知其母家。母家邀戚（姑姨姐妹之属）族（近族人）于九日后，相偕往视（亦有十二日者），夫家款待以酒食。盖即古所谓汤饼会也。至弥月，妇女母家，仍邀戚族，各携带礼物（如小儿衣服、衣料、冠履、佩物等类）往夫家庆贺，俗谓之“做满月”。是日，其他亲友，亦有来贺者，主人款以盛馔。唯礼仪略同婚礼。回妆甚为简单。（以上据民国二十三年《井陉县志料》整理）

深泽县生育习俗

妇女生育，俗称“坐月子”。产前，娘家、婆家做新旧小衣服各一身。褥垫两个，尿布八块。“坐月子”时一般都在婆家，产后胎衣男婴埋在大门左侧，旧时女婴胎衣埋在厕所（重男轻女），现在埋在大门右侧，谓之“顶门立户”。产期熬小米稀粥喝，吃鸡蛋。产后三天吃稀面条，谓之“下奶汤”。生男为大喜，生女为小喜。并且做父亲的去岳父家报喜。亲朋、乡邻贺喜多在十二天，称“小满月”。贺喜者携带鸡蛋、挂面、糕点、奶粉、葡萄糖等食品，亲属长辈给新生儿挂锁钱。主人对其给以厚待，尽兴言笑畅饮，皆大欢喜。另外，产妇在婴儿出生十八天或“满月”回娘家住些日子，谓之“挪臊气窝”。

旧时，妇女生育时不讲卫生，用土法接生，有些妇女因“月子病”丧生，不少婴儿也因“四六风”而夭折。40年代末，除旧俗讲卫生，推行新法接生，注意产妇营养，杜绝了“月子病”和婴儿“四六风”的发生。

妇女“坐月子”后，还有一些陋习，在屋门挂一红布条，忌生人入屋，更忌有身孕的妇女入屋，怕占嘴头（产妇闭奶）。产妇回娘家时，路途中如遇路口则撒一把小米和几枚铜钱（以示吉利）等，现在仍有流传。

妇女产后女婴为三十天、男婴为二十九天称“满月”。这天邀请外祖母、姑、姨及亲友为儿（女）做满月。参加做满月者均带着锁和礼品，亲友到后把锁往小孩脖子上戴一戴，谓之“成人”。到中午好食相待，欢天喜地热闹一天。送锁的除亲友外，还有左邻右舍。（以上据1997年《深泽县志》整理）

赞皇县生育习俗

民间，妇女生育称“坐月子”。旧时，婴儿出生六天内，不让外人看视，说是怕得“六日风”。出生第九天，娘家人及其他亲朋集中去探视，一般要带鸡蛋、食品、花布和儿装之类，称为“道九”，有的地方是第十二天看望，称“做十二天”。满月后，产妇要带婴儿到娘家居住数日。婴儿周岁日，家人习惯在案桌上陈列笔砚、刀子、粉脂、农具之类，任婴儿拣拿，说这样能“观志向，卜未来”。农家生子，要向街里乡亲分发炒芝麻，俗称“撒芝麻盐”；少数家庭认为降生“贵子”，还自愿宴请街里乡亲。

新中国成立后，这些习俗仍然沿袭。（以上据1998年《赞皇县志》整理）

蔚县生育习俗

新中国成立前，妇女生产，将炕席揭去，铺些谷草，产妇睡草铺，接生不讲卫生。产后，产妇只喝红糖水。三日后，产妇起草铺，喝炒米水饭，吃熬咸菜、豆腐和葫芦条等少量蔬菜，不食肉类。产后十二天叫“小满月”，主食加少量面条。二十天后渐加少许易消化食物。三十天满月，食量渐渐复原。贫困人家给小孩过满月，全家吃比平时好点的饭菜，以示庆贺。待满月后，娘家人将产妇接到娘家住一个月。旧时，妇女忌讳在娘家和新房生育，产房门口挂红布条，门内挂绳兜。月子内，禁止外人，特别是穿孝服的人进入产房。富有人家要为新生儿“过满月”“过百岁”，宴请宾客，亲友送礼庆贺。

新中国成立后，随着各项事业的发展，各乡村有了经过培训的助产士，乡镇医院有了妇产科医生。生育讲卫生，产妇不睡草铺，饮食讲究易消化、有营养。在孩子满月、百岁时，全家庆贺。（以上据1995年《蔚县志》整理）

尚义县生育习俗

妇女生小孩，俗称“坐月子”。满月前，生人不得靠近产房，产房门外挂红布条，生男挂在左边，生女挂在右边。

新中国成立前生育不懂科学，不讲卫生，临产时去掉炕席，铺上一层沙土，产布不洗，脐剪不煮，土法接生。产妇三天内只喝稀米汤，十天半月不准吃稠饭，整月很少吃肉、蛋、奶。因此，不少产妇因营养不良，得了“月子病”丧生，许多婴儿因“四六风”夭折，有的一连几胎“存不住”，归咎于命运和神鬼捉弄。有的烧香许愿，有的到“奶奶庙”讨子，有的怕孩子短命起“拴住”“拦住”“狗不理”“不稀罕”之类不雅之名，还有的认“干爹”，但终不能如愿以偿。

县内，重男轻女思想特别严重。生男为“弄璋之喜”，俗称“大喜”，生女为“弄瓦之喜”，亦叫“小喜”。儿多不嫌，女多溺弃。有女无儿者，给女儿取名“招弟”“引弟”。结果造成男口过剩，男女比例失调。

新中国成立后，除旧俗，讲卫生，村村培训接生员，采取新法接生，注重产妇营养，杜绝了“月子病”和“四六风”的危害。随着人民思想觉悟的不断提高，重男轻女思想有所克服，但在部分人头脑中仍然存在着“传宗接代”和“不孝有三，无后为大”的封建思想，给计划生育工作造成了一定的阻力。

旧时，妇女生小孩满月后兴过“满月”，招待探视过的亲朋好友。炸糕、蒸馍，摆酒筵。赴筵者要赠送小孩衣物、长命锁之类，不同亲属赠送的礼物也不相同：“姑姑的鞋，姨姨的袜，舅母做个花脑壳。”一时买不上合适礼品者以钱代物。筵别，问候大人，观望小孩，说说笑笑，十分热闹。

所谓过“百岁”，是婴儿满一百天时举行的筵宴。一般人家生小孩过满月，“百岁”不设筵。凡举办“百岁”筵的大都是一连生了几胎女孩又生下男孩子的，家里人视为掌上明珠，叫作“缺欠欠”，亲朋好友亦认为是久旱逢雨，得了“大喜”，又怕养不大才过“百岁”。过“百岁”要从一百家索取各色布料一百块，做一套婴儿服装，叫作“百家衣”，说小孩穿上能长命百岁。

过满月与过“百岁”的习俗一直延续至今。（以上据1999年《尚义县志》整理）

张北县生育习俗

结婚以后，初生第一胎小孩，生男曰“弄璋”，生女曰“弄瓦”。降生以后，除娘家送衣物、首饰、喜卷、点心，并有做一岁至十二岁衣服者外，各亲友均赠送礼物，如红糖、风糕、面条之类。至生三天，谓之“洗三”。守生婆将小孩用热水洗之。亲友赠送银币、红布、手巾、胰子等物。至十二天，谓之“小满月”。亲友亦有来贺者。及三十天，谓之“大满月”，又谓之“汤饼会”。诸亲友与小孩送金银锁、帽、花衣服等物，群来致贺。亦有用鼓乐者，甚为热闹。凡生小孩过三日后，不准生人进门，故门首悬以红布及蒜，以标识之。亦不准给乞丐之物，不准与怀胎妇人见面，均恐与乳奶不利，是其大忌也。（以上据民国二十四年《张北县志》整理）

万全县生育习俗

诞生后用谷草一枝，标识于屋外，男系弓箭，女系针线，以示区别。第三日，用艾泡水洗儿之周身，谓之“洗三”。是日，并供奶奶纸许愿，盖认儿之生也，纯为奶奶神所赐，不得不重酬之也。人人既认小儿之来源皆来自奶奶庙，故求儿者，对奶奶神甚为重视。每年于奶奶庙会时，有儿者必送高约五寸之泥人于奶奶庙，后面并写某家外甥、某家子，谓之“替身”，至十二岁始止。盖恐奶奶之反汗，召回所赐之小儿也。替身既为儿童之代表，故求子有盗替身之举。法用红绳于奶奶庙会时，乘人之不备，系之而返，藏于密处，即可生子矣。生儿弥月，亲友贺之，有做汤饼会以酬谢亲友者。至成年后之冠礼久废，唯十二岁时，于奶奶庙会，必亲到庙还愿，表示以后已脱离奶奶之势力范围，亦成年之一种表示也。至人老至知天命或耳顺之年，子孙于诞日约人庆贺，亲友亦多馈遗，所送之物皆冠以寿字，谓之“做寿”。至未满三十而祝嘏者，除富贵者外尚不多睹。

小儿初生之命名法亦甚多，有于弥月后抱之出门，逢何物即以何物名之，如花牛、狗儿、马驹等；又因子缺，恐不能大，盗他家小儿之名者，其法于中秋夜，按墙或隔户高声猛呼邻家或街坊某小儿之名，内如应之，即返，以其名名己之儿；又有故意命讨厌之名，以望其成者，如狗不吃、狗嫌臭、不待见等；又有生男命女名者，如几丫头等类是也。此外，尚有以家长或高曾祖父母之岁数命名者，如六十三、七十二、八十一等是也。至官名，因乡村人之不文，起名多用满仓、满库、发财、发富等。（以上据民国二十三年《万全县志》整理）

围场县生育习俗

妇女生小孩，俗称“坐月子”“躺下了”，过去一般都是请接生婆，俗称“老娘婆”接生。产房称“月房屋”。月房屋禁忌外人进入，故在门帘上钉一红布条，以做标记。如有人误入月房屋，称之“踩奶”，来客得送米汤，表示送还产妇的奶水。产妇在“坐月子”里吃小米粥、鸡蛋，喝米酒、红糖水。在生育观念上，有“养儿防老”“儿女双全有福气”等。过去，妇女生育不讲科学和卫生，月房要揭去炕席，只铺干草。断脐的剪刀不消毒，产妇多得“月子病”，因此产妇和婴儿的死亡率都很高。

产妇“坐月子”后，要马上通知娘家，产妇母亲要来伺候女儿，称“伺候月子”，亲友在婴儿出生第七八天后送给产妇些鸡蛋、面粉、小孩衣服等，称“瞧喜”。如月子里婴儿夭折，则禁忌瞧喜。婴儿一个月、一百天、一周年，其父母或祖父母一般要设宴席请亲友，以表示庆祝。

新中国成立后，实行新法接生，讲科学，讲卫生，婴儿的成活率大为提高，人口增长很快。70 年代，国家提出计划生育，人们传统的生育观念开始有了改变。但大部分人仍有重男轻女思想，生男孩欢天喜地，生女孩总想再生男孩。根据民族政策允许，本县大多数夫妻生育两个孩子。

境内满族妇女怀孕后，家中认为是吉祥事。婆婆要对儿媳传授保胎知识，不准看淫秽书籍，不准听伤风败俗的话，不准孕妇坐锅台、磨台、窗台、井台。怀孕五个月后，不许到马棚，不许牵马，不参加狩猎。不许说某产妇难产，不许炒菜用手抓盐，不参加别人结婚仪式，不过“驴迷绳”等。

产房不设在西屋。临产前要把玉器等物用红布包好收藏起来。产妇解开发髻。妇女临产要请萨满在佛托妈妈神前祈祷，祷词是：“佛力佛托锡妈妈，恩都哩窝吃浑恩德，苏鲁依，苏乌吐不，梅林依，不乌吐不。”大意是保佑生下的孩子身体健康，长命百岁，母子平安。

小孩出生后，男孩在产房门口挂小箭，女孩挂红布条。翌日要请带小孩的妈妈为出生婴儿喂奶，称开奶，或“打口”。第一个进产房的人称给孩子“踩生”，认为孩子性格随“踩生”者。在一个月内，不准男子或寡妇进产房。来了客人产妇不准在屋里答言，应声怕被“踩奶”，如应声断了奶，来客还得做汤饭“送奶”，送时还得说三声送奶来了，这样产妇就有了奶汁。

婴儿出生后二天，要请接生婆吃糕点或水饺。七天是上车日，外公外婆要送一台摇车子，祝词是：“一车金，一车银，一车胖小子到家门。”上车时，要找儿女多的妇女把婴儿抱入摇车。车里铺麸糠褥子，装粮食枕头，寓意头枕粮食一生不缺粮。挂上摇车后，产妇可以下地，但是不准进西屋。在一个月内，不让小儿见强阳光以保护视力。

满月后，给小孩起乳名。说法是月子里产房“鬼怪常来”，取了名“怕提名叫走”。起乳名这天，官吏、富户人家要摆酒席，贫户也得招待至亲，称之“请满月”。乳名的叫法，有的是按出生时辰叫的，如丑时生，满语名常叫依汉，巳时生叫梅赫，还有按四季起的，春天生的叫勇阿里，暑天生的叫哈里浑等。女孩多以花起名，春天叫安春，秋天叫桂花、阿素等。

幼儿在五岁前必须进行一次家祭，俗称“跳喜神”，一般是一天时间，报答神佛送子之恩。还有在族中公祭时有一项专祭佛托妈妈的仪式，名叫“换锁子”。凡是生男孩，要领取锁子并佩带，同时拜杨树后，再将锁带装入子孙袋里保存起来。

到了族中修家谱时候，把男孩名用红笔写在家谱上，叫“上谱”，成为家族中的一员。男孩到八岁前，玩具以弓箭为主，并且玩比箭法游戏，谁射得好受人重视。

境内蒙古族妇女到产期，大都请家中或亲友里边的中年妇女为之接生，分娩后，以马尾系缚婴儿脐带再用小刀断之。产妇休息十日后就开始做家务。生男孩用榆树条削为弓矢，以白哈达或棉布卷矢尖插在门上。生女孩则悬红布条。满月后要宴请亲友，岳父家送贺礼。婴儿如奶水不足，把羊角尖凿个小孔，将牛羊奶灌入羊角喂食。十三岁的孩子习惯上算是成人。新中国成立后，生育习俗基本相同。（以上据 1997 年《围场满族蒙古族自治县志》整理）

宽城县生育习俗

妇女生育，俗称“坐月子”，或“猫月子”。产妇生育之屋称“月房”，门框上挂红布条，以忌外人进屋“踩奶”。小儿出生五天时，外祖家拿小被子、尿布和鸡蛋、红糖、米面等前往“下奶”。九天或十二天时，亲朋带蛋、糖、米面等前往看望，主家相应款待。孩子出生后一个月和一百天时，有“过满月”“庆百岁”之俗。（以上据1990年《宽城县志》整理）

宽城县满族育儿有着传统的习俗，至今未易。婴儿出生三天或五天时，姥家送小被和“瓜叽”（野鸡肉、咸菜等混合食物，意增加营养）。第七天，将婴儿周身洗净（有的三天或五天洗净不等）。平日有“睡扁头”的习俗，满族人以后脑勺扁平为美。婴儿满月后，用摇车吊起来。此外，还要放弓箭、书本、小鞭子、锄、镰、镐、杖等引诱婴儿抓玩。百日这天，姥姥家要送用红线拴成串的小粽子，等等。（以上据1989年《宽城县民族志》整理）

遵化市生育习俗

生儿育女是家庭生活中一件大事，可是旧社会重男轻女，在喜庆活动中，也有迷信色彩。生男为“大喜”，生女为“小喜”。本县历来旧习，生小孩的第三天叫“三日”，亲友前往“送汤”（送面、糖、蛋等营养品），以表祝贺。第五天，产妇娘家送棉被、鸡蛋和红糖等，一为女儿增加营养，二是表示以被捂住孩子，消灾灭病。第十天叫“十日”，三十天叫“满月”。是日亲友共庆，摆酒设宴。新中国成立后，“多儿多女多福寿”的封建思想虽渐改变，但祝贺喜庆之情比过去更甚，尤其80年代以来，人民生活水平逐渐提高，为孩子大做“十日”、大办“满月”、大过生日的颇多。（以上1990年《遵化县志》整理）

丰润县生育习俗

妇女生育，俗称“坐月子”或“待月子”，一个月内基本不出产房，不干活儿。婴儿出生称“落草儿”，即向娘家报喜，生男为“大喜”，生女为“小喜”。随后娘家及其他亲友开始“送粥米”。旧俗产妇“坐月子”前期只能喝小米稀粥，所送多为小米。后逐步演变，所送“粥米”多为猪蹄髈（前腿）、鸡蛋、鲤鱼、红糖等营养品。娘家人还要送小被、小褥等。

产房无论冬夏均挂门帘，并系红布条以为标记，意为“生人免进”。误入者被视为“踩奶”。产妇奶水减少，踩奶者则需做一盆鸡蛋面汤送给产妇吃，有补还奶水之意。

出生第七天，为婴儿过“七日”，举家庆贺。旧时生育多请老娘婆接生，不讲卫生，用高粱秸劈子割断脐带，婴儿被感染后，多在第四至六天内患“抽风”（即四六脐风）而夭亡。新中国成立前，半数以上婴儿死于脐风，各地均有专埋死婴（旧称“孩子茔”）之类的地块、岗壑。婴儿存活至第七天，即闯过了第一道生死关，特请老娘婆一起吃贺面。出生第九天或第十二天，“送粥米”的亲友齐来庆贺，产家设宴招待。

出生一个月，为婴儿“过满月”，则有更多的亲友来贺。产妇娘家系统的亲戚，需带一斗馒头为贺礼，用布袋装好，外系红缨。婴儿的妗子需从前门而入，婴儿的姨则从后门而入，为取其“前门妗子后门姨，堵得外甥出不去”的吉利，并亲自为外甥戴长命百岁锁、麒麟牌及手镯等。

出生一百天，过“百岁”，一周岁过“生日”，此阶段亲友要送服装、鞋帽、玩具等。

新中国成立前，妇女生育是一种苦痛。产褥期间，下身只垫草纸，很不卫生，死于“月子病”（产褥热）者大有人在。在封建礼教的束缚下，精神压力尤重，“不孝有三，无后为大”，致使妇女只愿生男不愿生女。生女孩者，多起名“招弟”“领弟”“来弟”“换弟”“盼弟”“连弟”等，祈望下胎生男孩。

新中国成立后，产俗形式基本沿袭，但内容已有变化。50 年代初期，全县各区卫生所已有助产士，至 1958 年又培训了大批农村接生员，旧式“老娘婆”已被取代。“四六风”“产褥热”等病基本消灭。“送粥米”“做满月”所送礼物逐渐高档化。80 年代以后，做“大满月”者日多，亲友大送礼物，产家大摆宴席，铺张之风渐盛，已成负担。尤其有权势者，常借此广收礼金、礼物，大发其财。政府已有令禁止。（以上据 1993 年《丰润县志》整理）

唐海县生育习俗

70 年代前，多数家庭生育无节制，多多益善。至今实行一孩化，有的老人仍有多子多福的旧观念，故接受较为困难。但在当地过去也有这样一种说法：“一儿一女一枝花，多儿多女多冤家。”

过去接生请老娘婆或自家年长的妇女料理，其方法很不卫生，临产前揭去炕席，铺以谷草。有的断脐专用劈开的高粱秸，不少婴儿和产妇因此而染病丧生。随着生活及医疗条件的改善，农村实行合作医疗，设接生员，用科学卫生的方法接生，遇有难产直送医院，挽救了许许多多新生儿的生命，产妇也不再视生育为过

“鬼门关”了。当地人称产妇生育为“坐月子”。在当月内，有条件的产妇从生活起居、食品等方面皆受到特殊照顾，其居室叫“月房屋”，一般情况非女亲忌入。小孩生后三五天内，亲朋多以鸡蛋、猪腿、红糖、挂面等食品相赠，名曰“下奶”。十五天过“半月”，一个月“过满月”，有条件的人家设宴招待下奶的亲朋。百天后还为新生儿过“百岁儿”，一周年时过“生日”。前三个生日有的是在姥姥家过。（以上据1997年《唐海县志》整理）

卢龙县生育习俗

产俗历史很久，县内人民对妇女怀孕称“有喜”“怀身”。生男或女有种种预测，但大都无科学依据。如流传一民谣：“先打七七四十九，问娘何月有，刨去母生年，外加一十九”，所得之数为偶生男，为奇生女。又如丈夫为弟兄数人，妻易生男；丈夫为单传，妻易生女等。妇女怀孕后，母亲和本人即开始做小裤袄、小兜兜、猪鞋、虎枕等，备育儿时应用。临产前，女母要备鸡蛋、豆皮（北半县多用之）、芝麻、红糖、小干咸鱼（南半县多用之）、挂面、白面、大米、蹄髈等，到生后五日送去，谓之“做五日”；十日后送去谓之“做十日”；一个月送去谓之“做满月”；百日送去，谓之“做百岁”。

古时接生多由村中“接生婆”收生，由于不讲科学，卫生措施很差，婴儿得“四六风”、产妇得“产褥热”或难产而致死者很多。1949年后，建县卫生院。1953年，县建接生站，培训新法接生员，开始普及新法接生，结束了过去孕妇生育如过“鬼门关”的历史。至1988年，新法接生率达百分之九十九点五，杜绝了“四六风”和“产褥热”、难产的发生。

孕妇临床后，要携带烧饼去娘家“报喜”，凡预约姨、姑等参加“做十日”者，都要给一份烧饼。出生第五天，娘家来人“做五天”（寓意要捂住，保小孩平安），带小孩被褥、衣物及食品。在男尊女卑观念影响下，生男则俗称“添个大小子”；生女则称“添个小丫头”。文人称生男为“弄璋”，生女为“弄瓦”。“做十日”，生男要大庆，生女则小庆。“满月”“百岁”，姥家人携粪筐、黏糕、肉、面、麒麟锁、长寿牌、手脚镯等物去看望。

县内对双胞胎俗称“双胞郎”。在发育生长过程中，始终给二人着同样服饰，以示平等对待。（以上据1994年《卢龙县志》整理）

抚宁县生育习俗

按旧习俗，妇女生了孩子，要向亲友报喜，赠送芝麻糖饽饽（饼)。小礼（给平辈或关系较远的亲戚）只赠两个饽饽，大礼（给岳父家及长辈）外加两筒挂面；亲友则给其送面和蛋，俗称“下奶”。一般主家在生男孩十二天（俗称“做十二日”)、生女孩九天（“做九天”）设酒宴款待来祝贺的亲友。产妇未过满月期间，怀孕的人不得进其门。生孩子满月后，母子一般都要回娘家住些日子，称作“挪窝”，此俗至今仍较盛行。孩子一个月（即满月)、一百天（称百岁）和一周岁时，娘家人及至亲均带礼品前往祝贺，家里则再摆酒席款待。按旧俗习惯，孩子周岁，姥姥（外祖母)、姑姑和姨姨要送固定的东西，有“姑姑的鞋，姨的袜，姥姥的卡巴拉（指裤子)”（亦说“姑的鞋，姨的袜，姥姥的袍子，妗子的褂”）之说。个别地区还兴给男孩子拿个篓子，给女孩带把笊篱，表示希望孩子们长大勤劳之意，这些习俗现在虽已从简，但仍存在。(以上据 1996 年《抚宁县志》整理)

唐县生育习俗

旧时孕妇不准看出殡的，即使父母亡故，亦不得扒灵送葬，怕冲掉胎儿。产后一个月不准出门，叫“坐月子”。门窗插一标记，不准和外人说话，怕“坐嘴头儿”。头胎婴儿落地由其父到姥姥家报喜，生男孩带一小袋麦，进门放三声炮，将麦放下；生女带一袋米，插一朵花，将米放下换回一袋麦，以盼再生男孩。炒芝麻盐。三天，姥姥给外孙（女）送一套衣裤被褥，家族亲友给产妇送鸡蛋、挂面、红糖等营养物，产妇以芝麻盐回赠，叫“吃缘分”。产后九天，婴儿之姥姥、姑、姨、妗等女眷带食品等礼物庆贺，叫“做九日”。赠衣物讲究“姑儿的鞋，姨的袜，姥姥的两棵杈（裤)，妗子的二大褂”，婴儿穿上图吉利。产期内，产妇不吃盐和硬食，不准用凉水洗漱。二九时姥姥再探望一次，满月后接回娘家，带小米一把，叫“带嘴头儿”（意不丢掉婴儿奶水)。百日内不准产妇干活，亦不许参看红白事。

新中国成立后，生育习俗形式基本沿旧，但程序已大为简化。80 年代，50% 左右的产妇在医院生产。怀孕、产期、孕妇生产、饮食向科学化方面发展，愚昧迷信色彩逐渐被淡化。(以上据 1999 年《唐县志》整理)

雄县生育习俗

旧时生男为大喜，生女为小喜。产后先给娘家送讯报喜，三日，娘母或具他近亲女子携带米、面、蛋、糖及婴儿衣物前来婆家侍奉“月子”。亲友多馈赠鸡蛋、红糖等物。产后的第三天和十二天为小庆，到满月（男为二十九天，女为三十天或三十一天，称“抽官长娘子”）则为大庆。娘家和亲友持礼物前来祝贺。主家大摆筵席，款待宾客及同族。“百日”也称“百岁”，仍有庆贺活动。新中国成立后，部分旧习俗仍在延续。（以上据1992年《雄县志》整理）

吴桥县生育习俗

妇女生小孩，俗称“坐月子”。婴儿降生后须到岳父母家报喜。生男称大喜，生女称小喜。产妇娘家人都来看望祝贺，送些白面、小米、馒头、果子、蛋糕、馓子、红糖、鸡蛋等。有的给婴儿送婴衣、花布等，以示祝贺，称“送月子”。

小儿出生第十二天称“十二晌”，是小儿降生后较隆重的祝贺日。一般贺礼是送面食、赠糕点、婴衣等。富裕人家还有的送压岁钱、手镯、脚镯、金锁、项链等贵重礼品。主人以酒宴款待。此种风习相传已久，今仍有沿袭。

新中国成立前，对每个人的诞生日期都非常重视。一是记准出生日便于计算年龄；二是记住生日干支，用以占卦问卜。初生婴儿一周岁做生日最隆重。亲朋好友都要带礼物前来祝贺。主人设宴待客。每人每年到了诞生之日，大都改善生活，多吃饺子、面条，祈求健康长寿。（以上据1992年《吴桥县志》整理）

安平县生育习俗

生育，俗称“坐月子”，产房门口挂红布条，门墩两侧放两个泥窝窝，意即奶通畅，奶水多。一般人避忌进入，特别是产后四天、六天，外人更不准入内，据说四、六天进生人，孩子容易得“四六风”，孕妇禁止进入产房，怕“坐奶”。产妇只允许吃鸡蛋、小米饭和芝麻盐，不允许吃菜、肉之类的食物。生育后三天、七天、十二天，娘家近亲携鸡蛋、挂面等相偕探视，婆家以丰盛的饭菜招待。满月（男孩提前一天），娘家仍邀近亲携馍馍（圆形，中间放红枣）以及小儿鞋、帽等物前去庆贺。俗说：“姑的裤，姨的袄，妗子的围嘴跑不了。”男家要用豆包、面条招待。亲友们给孩子配锁（红绳绑钱），意在锁住。亲友走后，男家给相好乡邻送面条、馍馍等。

孩子过一周生日，主家邀请亲戚、朋友，来客皆带馍馍并配锁给孩子戴。让孩子“抓周”，即在孩子面前放上书、笔、本、脂粉、点心等物，孩子先拿什么，就意味着孩子以后的爱好和前途。每到生日时，要吃顿面条，谓“长寿面”，忌吃饺子和熬菜。老人过六十六岁生日称“大寿”，女儿送红里鞋、红腰带及“一刀肉”。近年送生日蛋糕者渐多。（以上据1996年《安平县志》整理）

武强县生育习俗

小儿降生后第十二天，称“十二晌”。亲戚朋友到家祝贺，送面食、童衣等物。娘家亦邀近戚，携小米、鸡蛋、挂面等相偕探亲，长辈给“压岁钱”。主人设酒宴款待宾客。

人诞生之日，历来较为重视。以食面条为主，谓之“长寿面”。小儿第一个生日，有让其“抓周”者，将一些花、书、工具、玩具等各样东西摆在小儿面前，看他抓什么，就意味着喜欢什么，长大干什么。童年、青少年过生日一般从简，年逾五十岁以后始做寿，请亲朋、宴宾客，亲朋送糕、桃、烛、面庆贺。每到一个十年岁数，一般要大庆，六十六岁生日更为隆重，称过“六十六”，子孙烙饼买肉，设宴祝贺。（以上据1996年《武强县志》整理）

武安市生育习俗

妇人诞子弥月，亲友群往庆贺，俗谓之“做满月”。各亲皆有礼物，独外家最丰，衣服、被褥、鞋帽、银器，名曰“小嫁妆”。此礼全境通行，南乡最甚，多有洗儿钱数十元，至汤饼筵，常至数十席，所费不赀，贫家常以为苦。（以上据民国二十九年《武安县志》整理）

临城县生育习俗

妇女分娩，俗称“坐月子”。头胎生男孩称“大喜”，生女孩称“小喜”。小孩出生后，到孩子外祖家报喜。小孩未满月前，陌生人一般不得进产房，怕“踩风”。小孩降生第十二天，亲友携礼物前来祝贺，主人则设宴款待，称“走十二晌”。小孩满月后，产妇娘家人多接母子回娘家住。小孩一百天，邀亲友前来喝喜酒，亲朋均送贺礼，一般是现金或衣料，多少不等。（以上据1996年《临城县志》整理）

第二节　寿　礼

深泽县寿庆礼俗

人出生之日为“生日”。每到生日这天一般吃面条，谓之吃“长寿面”，俗称“过生日”。六十岁以上老人过生日称“祝寿”，晚辈及亲戚朋友等都送寿桃、生日蛋糕等礼物，以示祝老人长寿。过生日之习俗，较为普遍。（以上据 1997 年《深泽县志》整理）

赞皇县寿庆礼俗

旧时，民间寿庆普遍，一般是从六十岁始，便举行寿庆活动。寿庆对象是家庭中的最高长辈，祖父在，父辈年事虽高，也不庆寿。富家庆寿，规模盛大，要张灯结彩，悬挂寿联，穿着寿服，各晚辈及亲朋要赠送寿礼，进行拜祝和举行寿宴。普通百姓家庭庆寿，多是邀朋友、亲属相聚，以表问候。

新中国成立后，民间庆寿活动大为减少，礼仪也简单许多。老年人生日，晚辈常送以点心之类，亲朋好友，欢聚一堂，小设酒宴，共进一餐。

1986 年后，县老干部局每逢离退休干部生日，也以薄礼相送，以示关怀。（以上据 1998 年《赞皇县志》整理）

蔚县寿庆礼俗

旧时，蔚县人过生日有重男轻女习俗。生日的前一天为寿日，富户对老年人进行祝寿，宴请宾客，食品以寿桃、寿面为主，晚餐以红豆稀粥为食。新中国成立后，随着妇女地位的提高，有些家庭也为妇女过生日。生日那天，大多要改善生活，以示祝福。（以上据 1995 年《蔚县志》整理）

尚义县寿庆礼俗

旧时，县内城镇居民讲究过生日，农村农民较为淡漠。过生日有吃面条的，叫作“长寿面”；有吃糕的，意为“步步登高”。一般不请客，不受礼，自己家里吃一顿了事，富有之家的老人到六十岁称“大寿”，要举行庆寿喜筵。届时，儿子偕妻子、女儿偕女婿双双登门拜寿，送上“寿”字蛋糕，一般不宴请外人。

新中国成立后，无论城镇、农村，过生日的人逐渐多起来，尤其计划生育以后，独生子女越来越多，家里把独生子女视为“小太阳”“小皇帝”“小公主”，因此，过生日的也就越来越多。过生日时，除了买生日蛋糕、生日蜡烛外，父母、爷爷奶奶、姥姥姥爷等长辈还要送一份丰厚的生日礼物。近年来，过生日也有请外人的。（以上据1999年《尚义县志》整理）

围场县寿庆礼俗

婴儿一周岁，即第一个生日，亲友要送些食品、玩具衣物等，表示祝贺。此后，父母总是把这个日子记得很牢固，每到生日，有条件的家庭，父母要做好吃的饭菜或给孩子买件小礼物。父母一般到六十岁，儿孙们也为老人庆贺生日，称“做寿”。到老人生日这天，儿孙们和出嫁的闺女及亲人要给老人祝寿，一般送些老人平时爱吃的食品或老人喜欢的东西。农村流传着给老人祝“六十六”寿，叫作“六十六，吃女儿献上的一块肉”，到六十六岁生日这天，有女儿的要给寿老送一块猪肉，肉要求是正方形的，一公斤左右，由女儿亲自煮熟。过生日和祝寿的一般是生活富裕的人家。（以上据1997年《围场满族蒙古族自治县志》整理）

宽城县寿庆礼俗

宽城人民“过生日”之俗，自古就有，一直沿袭至今。无论大人小孩，生日之日总要改善伙食。母亲对儿女生日，记忆牢固，每逢孩子生日，发面或煮鸡蛋；成年人过生日，吃面条、发面饽饽或包子。

人到花甲（六十岁）之年，每当寿辰日期，儿女就正式给老人“做生日”。儿女要敬献寿礼（寿桃、寿面、酒、烟等），成对的给老人拜寿，孙子女、外孙子女，能来的也要全到。寿日之日，准备下好酒好菜，请二老上坐，儿子、儿媳、闺女、女婿，轮流斟酒祝寿。合家欢欢喜喜，热闹一天。老人六十六岁生日，祝寿活动更加隆重（农村普遍流行“六十六，吃闺女一口肉”的说法），本家弟兄、侄子、侄女及侄女婿，以及亲朋好友正月初六全前往祝寿。所送礼品有寿糕、寿酒、寿面、寿幛等。主家备有烟、茶，摆设丰盛的酒席，款待亲友。旧时，富家从年五十就庆寿，大办寿辰，广收寿礼、搭寿棚，设宴三天，演戏助兴，新中国成立后此俗自然消失。（以上据1990年《宽城县志》整理）

遵化市寿庆礼俗

旧社会，人到六十岁（上层人物五十岁）称“大寿”。富家老人每逢生日便举行祝寿。亲朋祝寿时均带寿礼，主人设宴热情款待。穷人有口难糊，无力顾及祝寿。新中国成立后，祝寿习俗渐衰。但80年代以来，祝寿之风又有抬头。（以上据1990年《遵化县志》整理）

丰润县寿庆礼俗

婴儿初生后第一个生日，无论贫富均要庆贺。富家则大摆筵席，宴请亲朋，并将各种小物件，如书、笔、花、刀、锄，等等，让小孩随意抓取，俗谓“抓周”，人们以所抓之物来判断其爱好、志向，预卜日后是否成大材。

少年儿童过生日，不庆贺，但均有表示，吃面条（以示健康长命）、吃煮鸡蛋，鸡蛋煮熟后，在炕上滚动，取其“灾行滚蛋”之意。一般青壮年不过生日。

年逾花甲的老人，儿孙们为其庆寿。是日，出嫁的女儿、孙女们，携寿桃（面点）、寿面等礼物前来祝贺。席间晚辈拜寿，并致祝寿词，一派喜庆气氛。新中国成立后，此俗渐衰。80年代以后，生活水平提高，庆寿之风又起。寿礼多购成品，如寿糕、各种营养品等。席间只致祝寿词，不行拜礼。此举已成为家庭中出嫁的女儿、孙女，不同岗位的儿孙们团圆聚会之日。个别有权势者，常借此大收贺礼，实不可取。（以上据1993年《丰润县志》整理）

唐海县寿庆礼俗

小孩叫“过生日”，十来岁的小孩每年到生日那天，家长蒸馒头、煮鸡蛋祝其健康成长。吃鸡蛋前，还要放到炕上滚一滚，名曰“滚灾”。近年有的十多岁的学生过生日，邀来要好同学，为其庆贺。鸡蛋、馒头换之以生日蛋糕，并点蜡烛、唱生日快乐歌曲等。当地的青壮年很少有过生日者，多到六十岁之后开始庆寿，六十六岁则为大寿，七十岁以上者皆为高寿。儿女为父母庆寿必带“寿桃”（馒头类发面食品，做成桃状）和鸡、鱼、肉等，亲朋好友携礼相贺，祝其长寿百岁。（以上据1997年《唐海县志》整理）

昌黎县寿庆礼俗

一般人家做寿辰，只在生日那天家人聚餐一次，不举行任何礼仪。但到六十

五、六十六、八十岁时，亲友都来做寿，祝寿日期分别在正月初五、初六、初八。亲友送寿桃、寿面、寿酒、猪腿或猪肉等礼物。（以上据 1992 年《昌黎县志》整理）

抚宁县寿庆礼俗

小孩过生日，吃煮鸡蛋。成年人过生日，一般吃面条或捞米饭（绝不吃焖干饭），并备酒菜。人到六十六岁，一般要祝寿，儿孙们摆酒祝贺吃猪蹄髈、寿面、寿糕等，并各有馈赠。以后各年生日或大贺或小过，则根据自家情况而定。旧俗则有一套拜寿规矩，后辈双双向长辈叩头祝贺，点上寿香、寿烛，放鞭炮，吃长寿面，并向老人献寿桃（面制）及其他礼品等。此习现已不兴了，过生日习惯仍存在。

为老人祝寿是朝鲜族最为隆重的仪式之一。逢老人六十岁生日时，子孙、亲友及村上的人们都带来生日礼品，祝贺老人花甲大寿。仪式一般在院里举行。仪式开始，两位（或一位）老人坐在正中，两旁陪有同辈村人。老人面前放着打糕、鱼肉、蛋、酒、水果等各种寿品，祝寿由长子长媳开始，依次是次子次媳及孙子孙女轮流向老人敬酒，并俯身行大礼。仪式结束后，本家用丰盛的酒菜招待客人，然后，有的敲起长鼓，有的拉起手风琴，男女老少欢歌舞蹈，气氛达到高潮。（以上据 1996 年《抚宁县志》整理）

雄县寿庆礼俗

中老年人称“寿辰”，少者称“生日”。新中国成立前，富者老人多搞庆寿活动，亲友、晚辈送寿桃、寿糕等，乡里送份子钱，以示为老人“拜寿”，主人设筵席招待。乡间豪绅和为官者，常以祝寿为名，广发寿帖，索取财物，借机发财。而贫者极少为老人举办祝寿活动。小孩过第一个生日，全家人吃面条，称“长寿面”，或吃馒头，称“发身体”。亲友多馈赠带“长命百岁”字样的金锁，以示吉利。新中国成立后，中老年祝寿活动日渐减少。小孩“过生日”的习俗一直延续，尤以第一个生日为隆重，亲朋好友带钱物前来庆贺，主家摆筵席招待。（以上据 1992 年《雄县志》整理）

吴桥县寿庆礼俗

旧时，长辈人过五十以后，每个十年岁数，如六十、七十、八十等，一般都要庆大寿。庆寿时，请亲朋，宴宾客。贺者赠寿幛、寿联，送酒肉、果品等。欢宴之前，举行祝寿礼，晚辈进行拜贺。亲友也要说些祝寿词。另在六十六岁时，出嫁女儿买一块猪肉送来，表示祝贺父母健康长寿，即俗称的“六十六，吃闺女一刀肉”。仅割一刀，其肉块大小随贫富而异。（以上据 1992 年《吴桥县志》整理）

武安市寿庆礼俗

城治重祝嘏，亲友诞辰，备礼往祝，俗称“做生日”。主人盛筵酬答。乡间近亲往祝，朋友祝者甚鲜。（以上据民国二十九年《武安县志》整理）

临城县寿庆礼俗

青少年过生日，一般煮鸡蛋吃。青壮年过生日，多吃饺子或长寿面。老年人过生日，其子女、同辈、晚辈亲友等前来祝寿。六十岁、七十岁、八十岁称“大寿”之年。仪式繁简随经济条件不同而有差异。贫者无力庆寿，届时吃顿面条，称之为“长寿面”；一般人家庆寿取其吉祥，子女及亲友前来送些酒肉等；富者庆寿则大摆阔气，庆寿仪式较繁，大体有请亲友、宴宾客、赠寿联、送寿礼等。

新中国成立后，祝寿仪式简单随便，人们多携带酒肉、糕点等礼品前来给老人祝寿。但 80 年代以来，老人过生日，其子女亲朋携美酒、鸡、鸭、鱼、牛肉、生日蛋糕及老人爱吃食品前来祝寿，老人也有大摆酒席以款待来祝寿者的。（以上据 1996 年《临城县志》整理）

第三节　冠　礼

井陉县冠礼

古者，男子年二十，谓之成人，始行冠礼(《仪礼》有《士冠礼》)。汉唐以来，此礼渐废（参柳宗元与韦中立《论师道书》)。陉民虽无此礼，而乡人贺号，颇为近之（例由好事者，集村中二十岁以上之男子多人，各按其本名义意，每人为采一字，用红纸排录，贴于大街之壁上，受乡友庆贺，款以酒食）。此礼盛行于第五区金良庄一带（按：贺号之俗，盛行于正定获鹿等县，本邑金柱、良都附近，获鹿铜冶等乡，观感取法，因而成习，他乡则未有此风）。（以上据民国二十三年《井陉县志料》整理）

行唐县冠礼

冠，大礼也。古者重冠，责以成人礼。斯礼之废久矣。顾通都大邑，尚有高冠岌岌者，华不为靡，费不及奢，礼亦宜之行。邑微独氓庶，即绅衿家居尚仍戴笠之风。虽俭过乎中，然朴茂之意，庶与唐俗不甚相远耳。（以上据清乾隆二十八年《行唐县新志》整理）

高邑县冠礼

古者，男子二十而冠，所谓成人也。第以仪文繁重，非一般人民所易行，自宋元以来，此礼久废。《礼》谓："男子二十冠而字。"（按：字即号，所以别其名，亦尊称也）邑俗向于字首加老字，而遗其第二字。凡届丁年，则联络等辈，举行贺号。预请能文者按名选字，意义贵能关切，择定后，书于红纸，榜示通衢，乡众醵酒相贺。受贺者设筵酬谢，依次劝饮。以后则呼其号而不名。此礼简而易行。顾名思义，盖具冠礼之遗义，因述其梗概，就正有道焉。（以上据民国三十年《高邑县志》整理）

阳原县冠礼

古者，男子二十而冠。本县冠礼旧志不载。今次采访稿云："我邑冠礼未审何时失传，或谓冠礼与婚礼已并，故男子有室则称字，女子有家不呼名。"初审兹说，似颇合理，实则冠礼尚存，采访者特未深考耳。该县缙绅之家，男婚特早，通例十三娶妇，至晚不过十五。然往者，老师宿儒动必循礼，未冠而娶似有未安；礼须二十始冠，事实难久待，无已，遂将冠礼提前于十二岁时行之。古者三十而娶，是以二十而冠；今既十五而娶，故须十二而冠。推原厥始，意即若是。今则习惯已成，行之者亦并莫知所以矣。至其礼节，则富贵之家，子至十二岁之生辰，广延宗戚，飨以酒宴，贺者来临并赠礼物；特种富室或系独子，酒席之外，往往佐以戏剧，一以娱宾，一以酬神，故一、三两日演于神庙（即俗名之奶奶庙。谓子女之生乃奶奶送来者），中间一日则在宅院中；下迄贫家，虽曰不能如斯，但亦未废冠礼，不过具体而微，贺客少而酒席薄耳。十二而冠，虽非古礼，但其取意实与冠同。礼既非古，故曰冠义耳（《礼记》有《冠义》）。（以上据民国二十四年《阳原县志》整理）

遵化市冠礼

男子十五岁至二十岁皆冠期。俗卜吉日，束发加冠，即古礼三加遗意。前此，士大夫家犹有行之者，今则久阙不讲矣。冠礼虽废，然寻常民户，夏用麦笠，冬用毡笠，唯不轻戴缨帽也，唯至婚期用之，或亦婚先于冠之意欤。女之笄，犹士之冠也。古者，许嫁则笄而字，不必于归也。今则结缡之夕始加笄，亦冠、婚并举之一证也。（以上据清光绪十二年《遵化通志》整理）

乐亭县冠礼

斯礼不讲久矣。甫束发便加冠，求其成童。犹总角者，乃绝无而仅有。温公已尝极论之，而何论乎今日。至于女之笄，犹士之冠也。古者，许嫁则笄而字，不必于归也。今则结缡之夕，始加笄，此又过于迟。要之，笄，簪也，非今之所谓髻也。古之首服盖繁重矣，而今亦率从其便。然则士冠女笄之礼，谓之均废也。可岂特乐邑哉。（以上据清光绪三年《乐亭县志》整理）

卢龙县冠礼

古二十而冠。童髫唯束发总角耳。今俗，童辄戴帽，或谓北土御寒而然，至暑则可去矣，仍步摇为容好。世爵巨室且以金梁及唐晋诸巾，是童而冠，又何加焉。自此礼不明，即士夫亦然。若庶人，而三加则僭而不行可也。其贫贱，身无完衣，冠履极弊，不肯露跣，此有古风焉。（以上据清康熙十八年《永平府志》整理）

定州市冠礼

前志以冠礼久废，率无所载。而定俗于男子及冠之年，则请于年长有德者而字之。亲友具酒食、为贺书，其年庚、名字遍张衢市，称曰“贺号”。相沿已久，迄今不废。此即冠礼之遗也。古有子名、臣名之分，父前子名，君前臣名。外人称名嫌与君父无别，故曰冠而字之。今贺号之举，实为他方所无，不知者病其俚浅而废之，毋宁留此饩羊，稍存古制之为愈也。（以上据民国二十三年《定县志》整理）

曲阳县冠礼

男子二十而字，邻里族党必送报帖，以彰其行，尚得冠礼遗意。平时相呼，必去其一字曰“老某”，亦犹俗呼人字曰“某翁”。于义尚无碍，然音则老而字则洛，见于著述、行于公牍，几于无人不洛，士大夫亦多不免。于是人无正名，亦无正字。初甚讶之，继乃知为北魏遗俗相沿至今，亦可谓不善变矣。北鄙之风，殊有愧于邹鲁，故特著其失，以避之。考北魏有王洛儿、吕洛拔库、狄迴洛、张保洛、拓跋洛生、董洛生、于洛侯、仇洛齐、杜洛周，如是者不一而足。半皆武夫幸佞之徒，其杜洛周，则贼盗也。士大夫绝无此称，好礼者其亟改之。（以上据清光绪三十年《重修曲阳县志》整理）

顺平县冠礼

冠礼久废，早婚尤为陋习。唯男子自二十岁以后，乡人往往择年相若者数人，将名字榜诸通衢，名曰“送号”。醵金会饮，借申庆祝。此二十余岁之男子，自此逐以字行侪于成人之列矣。冠礼虽废，此举实足以代之，亦告朔饩羊之义也。（以上据民国二十三年《完县新志》整理）

青县冠礼

古者冠，三加，将以责成人之礼也。后世不讲久矣。婚期前一日，整衣冠，遍诣亲族家，曰“拜客”。或亦冠之遗意也，然而失之远矣。（以上据民国二十年《青县志》整理）

邯郸县冠礼

冠礼久废。明嘉靖间，知府蒋以忠刊《家礼四要》行之。士大夫家偶具牲醴酬祖考，鲜有举三加之仪者。凡男子十六至二十，皆可冠。将冠，筮日、筮宾、戒宾。至期，主人肃宾行三加礼，各有祝词。祝毕，进冠者而字之。此礼虽久废，然婚礼之中，实寓古冠礼之意。具衣冠，习礼仪，童子当此，俨然有成人之风。（以上据民国二十八年《邯郸县志》整理）

新河县冠礼

司马温公曰：“冠礼之废久矣，近世以来人情尤为轻薄。”则斯礼之废，盖自宋而已然矣。前此，缙绅巨室之家，间有行之者，今皆阙而不讲。女之笄，犹士之冠也。古者许嫁，则笄而字，不必于归也；今则结缡之夕，始加笄。考笄者，簪也，

非今所谓髻也。明代男子尚有笄，清唯女子有之，今则女子亦将废之矣。（以上据民国十八年《新河县志》整理）

威县冠礼

冠礼久废，士大夫家偶有举行者，只具牲醴酬祖考，以居成人之列。清雍乾间，刘调赞以颜李学说提倡邑中，尝著《礼仪注》三卷，中有《冠礼》一卷，分冠年、冠期、告祠堂、筮宾、戒宾、宿宾、迎宾、始加冠、再加冠、三加冠、宾醮冠者、宾字冠者、主人率冠者见于祠堂、冠者拜父母尊长等礼。其友田夔庵慕之，命其子莘蓝等皆行冠礼，并请刘调赞为宾云（参《礼仪注》《杖溪文集》）。（以上据民国十八年《威县志》整理）

广宗县冠礼

冠礼久废，唯男子已达成年，则命以字。乡曲间，且有亲友道贺，榜之通衢，曰某字某者，盖犹有古人既冠而字之遗意云。（以上据民国二十二年《广宗县志》整理）

第四节　婚　嫁

正定县婚嫁礼俗

新中国成立前，正定人民的婚嫁富有浓厚的封建迷信色彩。最早有指腹订婚者，穷苦人家有童养媳。一般人家男女婚配也是凭父母之命，听媒妁之言。更要求男女双方门当户对，属相相当，生辰八字相合。通过媒人撮合，男女双方家长确认儿女的婚姻后，先互换“小帖”，即为订婚。小帖的内容很简单：男方的帖上写“敬求金诺”，下署家长姓名；女方的写“谨遵台命”，下署家长姓名。以后再通过媒人商谈彩礼、嫁妆、结婚日期等事宜，谈妥后再换“大书”。万一谈不妥，可互退小帖，婚事作罢。大书的内容较为复杂，上书彩礼、嫁妆、男女生辰八字、迎娶时刻、聘请娶客、送客需什么属相的人、新郎新娘婚礼上忌讳什么属相的人等。结婚前一天，男方要给女方送“食箩”。结婚时，男女双方家庭都要张灯结彩贴喜联。男方迎亲要租赁四人抬花轿，聘请八名吹鼓手，男有八名，弟、侄提八盏灯笼，以及男女娶客若干名。一路上，逢村口、街口放鞭炮，新郎着长衫，戴礼帽，插花披红，到岳父家礼拜，女家给新郎披红插花，称作“十字披红双插花”。礼成后坐车引新娘的轿到男家。新娘上轿由同辈人用圈椅抬入。跟随帮轿的以及男、女送客若干名，同时用车拉上嫁妆。下轿时男方要派一名老人和儿女齐全的嫂子去开轿帘，送红枣、花生、栗子、五色线等给新娘，取意“巧媳妇”“早立子”“花插着生”。新娘下轿后，进门先迈过马鞍子，再越过火盆，以示日子平安，过得红火。轿下铺红毡若干块，前后倒替，由两名嫂子搀扶新娘。新郎手挽竹制弓箭，面对蒙有红色盖头的新娘做射箭姿势，两个伴娘共执红绸将新娘拉至堂前。然后新郎亲手揭开盖头拜堂成亲。拜堂程序是：一拜天地，二拜高堂，三拜叔伯姑舅亲戚朋友。拜堂后将新娘送至新房，然后主人大宴宾朋。一般人家新郎当天偕同新娘返回女家认识女方亲友，称作“当天回门”，晚上再一同回男家入洞房。也有婚后三天回门的。旧时，妇女要遵守封建礼法三从四德。然而，男人却可以随意“休妻”，甚至有的男人还可以把妻子当商品转卖给别人。

新中国成立后，人民政府颁布了《婚姻法》，男女平等，婚姻自由的政策在正定城乡已普遍贯彻执行。青年男女大多数在劳动中互相帮助，互相了解，以致互相爱慕，建立感情，成为恋人，最后结合。也有在不同工作岗位或不同地域的青年男女，经人介绍，在介绍人家里相见，称为“相亲”。此后经双方自由接触，成熟后就可到乡政府领取结婚证书，然后择日结婚。新的结婚仪式，仍由新郎于清晨领男女娶客若干名去迎娶新娘，但不再坐花轿，而是改乘马车或骑自行车。到 80 年代，乘坐汽车迎娶新娘的已逐渐增多。沿路放鞭炮仍沿旧习。男方到女方门口后不进家门，女方父母回避，新娘子由若干名男女送客陪同前往男家。新的婚礼只有鸣炮、主婚人讲话、介绍人讲话、新郎新娘讲话、夫妻交拜、认亲等几项。婚礼完毕后主人大宴宾朋，然后新郎、新娘由原来女方送客陪同到女方认亲、赴宴，晚上回男家入洞房。为节约办喜事，有旅行结婚者，领过结婚证的男女，一同外出数天，便算作结婚完毕。有女孩无男孩的人家，可以招赘，女婿到女方家里生活，赡养老人，有财产继承权。所生子女之姓氏由家庭自议，随男随女均可，外人不准干涉。（以上据 1992 年《正定县志》整理）

井陉县婚嫁礼俗

诗重关雎，礼隆奠雁。六礼既备，夫妇之条件完成。爰就本邑目今通行之婚礼，择要叙述如下。

议婚。媒妁（本地媒妁者，大概系男女两家亲友，与他处专以说媒为业者不同）择两姓门第资产相当者为之议婚，俗谓之“提亲”，盖合古人“纳采”“问名”二礼为之。提亲重年龄属相（普通所称子鼠、丑牛等十二属相），如属相不合（俗传“白马反青牛，鸡犬不到头”等语），辄作罢议。邑民迫于生计，溺女成风，男口过剩。于是婚姻问题，在富家则男易女，而贫家则女易男。正唯富家男易于女，故议婚时，男家恒多方挑择，女家则自居于低门亲家（旧俗重男轻女，普通人称女家为低门亲家）之列，不敢稍事苛求。正唯贫家女易于男，故议婚时，女家既择郎婿，又索聘礼（俗名“彩礼”，少者数十元，多者二三百元。除彩礼外，更索许多衣服首饰），男家以娶妇不易，只有俯首听命，无自由挑择之余地（贫家女子无终身不嫁者，而男子则终身不娶者极多。故普通人家不以嫁女为难事，而为子娶妇则视为大难）。常人为女议婚，什九具有“养女攀高门”（俗谚）之谬见。不问郎婿才德如何，先估计郎家田产分至郎可得若干。嫌贫爱富，相习成风。谚曰：“财帛亲戚。”诚慨乎其言之也！本地如习惯，女子出嫁，多在十五岁至十九岁（或十五岁，或十七岁，或十九岁，多取单岁；二十岁以上，不论双单），而其订婚，须在十五岁以前（普通在七八岁，或四五岁，甚有一两岁即订婚者），如至十五岁犹未订婚，往往寻再婚夫，取其资产，不计其年岁（再婚夫之年岁多大于女子，普通约大十余岁，甚有大二三十岁者）。盖女家既具有爱富心理，而富家早婚成习（本乡富人多以儿子早婚为最乐最幸之事，养儿至十二三岁，即为之婚娶，以盼弄孙之乐。故富家男子娶亲至晚不过十五岁，甚有十岁即娶亲者。贫家亦有早婚者，但为数甚少）。又无年至成童尚未订婚者，故养女者只期达到攀高门之目的，于愿已足，其郎婿之年龄大小，却视为不关重要。习俗守旧，虽知有结婚自由一说，亦莫名其真谛。故婚姻问题，本为男女终身大事，乃两姓父母，不以儿女本身为主体，只为了却自己心愿，议婚时但凭媒妁作合，即为规定。媒妁为成就两姓亲事，往往恐事不谐，饰辞隐讳。遂致结婚后，夫妻反目者，比比皆是。近今一般在外求学之青年男女，反对旧日包办婚姻制者，时有所闻。尚望有子女者，对于男婚女嫁问题，速筹改良之法焉！

换帖（换庚帖）。议婚得双方同意，男女两家各具庚帖互换。换帖后，则订婚事告竣矣。媒人先持男帖赴女家，如不谐，即作罢论。非事在必成，女家不先出帖，俗谓之“戏男不戏女”。间有富人丧偶，说媒者甚多，女家恐事不成，而先出帖，事属例外。唯城西一带，女家先出帖，男家压帖（将女家帖压置灶君神龛）三日，三日内家中平安（不出意外事，谓之“平安”，设有争吵灾病、摔破器具等，谓之“不平安”），始允议婚。虽属邑中特俗，与古人纳吉之礼，颇相吻合。帖式简单，昔人名为“四注帖”（即将年庚、姓名、三代、籍贯一一注明）。今只注明男女年庚（男帖写乾造于某年某月某日生，女帖写坤造于某年某月某日生）与主婚人姓名及换帖时日（亦有不写年庚者）而已。又换帖时，双方各附微物以为征（男家附与首饰、衣服，女家附与钱囊、笔墨或书籍等物）。近年妇女益缺，婚人因女家索聘繁多，往往将所索礼物，录于帖之反面，男家认可则事成，否则作罢。虽曰为节省手续起见，亦可证人心世道之日趋偷薄也。

递启（一名传书）。司马文公《书议》：“纳币礼，诹日，具书，备礼物章服等于女家；女氏受物复书，如纳采仪。”本地递启仪式，正类是。换帖后，未娶前数月（早或一半年，晚或一两月），男家具蒸馍、衣料、婚书（书为函件式，俗名龙凤帖）等物，置诸食盒，舁往女家，示将迎娶意。女家受之，以盛馔款待来使，答以回书（亦有不需回书者）、微礼（钱币书包或书籍、笔墨）。亦有无知愚民，向男家奇求苛索者（如衣若干件，布若干匹，银镯首饰若干种），大非古人制礼之意。近日贫人取其简便，先期请媒妁商得女家同意，将所交之礼物折价若干，男方只出钱而已。

下婚帖（俗名打婚帖）。迎娶择期，多所避忌（如黄黑道不将天月德合等说），男家定期，亦须经女家认可。议谐，于期前备衣服、布帛及婚帖（上写迎亲日期与主婚人姓名）央媒妁送于女家，谓之“下婚帖”。盖即古人请期之礼(《通礼》:“婚期诹吉，具书，备礼物，告女氏。女氏拜受复书，如纳币仪，谓之‘请期’。”)。下婚帖，普通在迎娶前二十余日或十余日。谚云:“婚帖不过月。”盖习惯如是，未必有何深意。女家受帖，于理本宜只待吉期，然以重男轻女故，嫁女之妆奁，辄吝而弗与，转向男家苛索。往往有迎娶期迫，婚帖犹未下妥。媒妁遑遑，托人说项者，此亦贫家娶妇不易之一证也。

告财。迎亲前一日，男家舁酒食等物（大约酒数斤、粉条数十斤、米面各一斗以外，有猪一头，于前一二日先送至女家，预备告财日食用。亦有将猪折钱，以图省事者），新郎乘马（或乘轿），陪客（即相新郎迎亲行礼者，古人谓之“傧相”）、仪仗，前呼后拥，杂以乐工（俗名“吹鼓手”）、炮手，送向女家，女家宴以盛馔（次日亲迎，则女家不设馔，只款待新郎、陪客等以少许点心而已）。近来世俗渐趋简略，告财一项，多与亲迎同日举行，俗谓之“随礼告财”。细绎“告财”之意，或即古时“奠雁”礼也。

亲迎（俗名娶亲）。新郎躬诣女家，迎娶新妇，谓之“亲迎”。期前预备，节目纷繁，油门窗，修院落，整理洞房（新夫妇所居之室），壮观瞻也。接亲眷，邀助忙（戚族中人），为工作也。订棚帐，赁器具，买办食品，备宴会也。订轿，借马，邀陪客，写鼓手，假仪仗执事（如旗伞锣牌等），家中满贴楹联，悬灯结彩，装潢点缀，极力铺张。贫人较简单，富家则盛极一时焉。

女家于女子于归前，置备妆奁，购置食物，接眷属（多系女之姨姑及外祖母家人）、订棚帐、邀男女送客（女子出嫁时，女家派男子六人、女子一人，护送至男家。此项护送之人，俗谓之“送客”），亦颇忙碌。递启告财所受食物（蒸馍），分授于戚族间，以敦睦谊（受礼物者，后日例须回装）。

届亲迎期，执事者列仪仗，具灯笼（灯笼多无烛，只取美观，即白昼起程，亦不能缺。盖古时无亲迎礼，概系抢亲。抢亲在夜间，须有灯笼，后世沿袭其意，故迎亲者，必具灯笼），锣鼓喧天，异常热闹。新郎冠服整齐，肩披红绸，乘轿（或骑马）前行。若其年岁为双数，并佩带铜镜。男女陪客，亦皆乘轿或骑马盛服相助。所经城镇乡村，则鸣炮示威，任何人须为之避道，俗谓亲迎为“小登科”，盖示重视之意也。

亲迎者至女家门前，送客冠带，执酒相迎，行脱帽一鞠躬礼（亦有长揖者），新郎出轿（或下马）还礼（由陪客辅导）。送客邀至女家。每越一门，由陪客赞礼，新郎行礼，送客答拜如仪（有脱帽鞠躬者，亦有长揖者）。女送客接女陪客（俗名“娶女客”）亦至女家。大家茶饭毕，陪客代新郎请谒女家宗祠（即拜神主），女家允许，引新郎到神主前，陪客赞礼（或跪拜，或鞠躬），新郎拜于前，新妇兄弟还礼于侧。礼成后，款待迎亲执事人等饮宴。宴毕，女家为新郎披绿绸于身（与原披之红绸成十字形），插金花于帽，而迎亲者始告辞。新妇绾处女髻（近今多梳发辫，亦有剪发者）、着红衣（如无红衣，则外套赁轿铺之红色隐衣）、黄鞋（取黄道意），送客抱新妇入轿内（恐践踏地上之神祇）。新妇携一木匣，中置熟鸡子、冰糖、干粮、篦、镜诸物。例有一童子相随，俗谓之“压轿”。

新妇入轿（女家先以火把烘轿中），由乐工奏细乐，鸣炮三声，方为竣事。轿须下帘，盖防路人窃视也。途上遇神祠，迎亲者手持红毡，略张于庙前而过之。男送客六人，二人手把轿杆步行，四人乘马，随新郎后（亦有步行者）女送客一人，例在花轿后，有乘马者，有乘轿者。

由女家起程时，新郎上马，牵马者忽将马首驳回，俗谓之“驳马认亲礼”。盖令其认识岳家门户也。此时，女家执事者，以手挥之曰：“当从略。”然后迎亲者方首途而返。中途，花轿不能着地（如舁轿者困乏，轿底铺红毡，方可着地）。

迎亲者返至家时，轿停大门口，例需一中年妇（须有夫者）启轿帘，携“压轿童子”出（如迎亲路远，出女家村即令之出轿，到男家村复令之入轿），童子抱匣，先至洞房。中年妇略以线绞拔新妇面上之毛，谓之“开脸”。开脸毕，有人持火把在轿旁烘轿（与上轿时同），送客共舁小轿（本地娶亲，有用普通轿者，有用套轿者；套轿外为轿罩，内为小轿），至洞房。如无小轿，则由送客抱新妇至洞房。亦有以红毡铺地，递相交换，新妇在红毡上行至华堂（娶妇之家，于院中盛设供馔，满斗焚香，铺陈美丽，谓为“华堂”。堂中供奉天地，陈设鹿角、五色线、铜镜、天秤诸物，迷信陋俗，多不可解），与新郎行拜天地礼者（现时概为三鞠躬，亦有行跪拜礼者），礼毕，行“合卺交杯礼”，新妇始入洞房（邑之西乡，如核桃园一带，亲迎日新郎及新妇不行礼，先入洞房。翌晨，始行交拜结婚礼）。

新妇下轿毕，鸣炮止乐。新郎先下马，到家，持弓矢向洞房三射（盖取古人“射者正己而后发”之意），妇过大门时，预设马鞍一，上置黏糕，意为进门高升也。新妇前面，例有小于新妇之弟侄辈，向空中撒草节，殆取节节前进之意欤！

新妇所居之洞房，须向喜神（如旧宪书每年喜神在何方）。如娶妇家无向喜神之房屋，亦有借人房屋作洞房者。新妇下轿至洞房，亦须面向喜神。

俗有闹洞房之举，谓之“看新妇”，亦谓之“要干粮”，皆孺子、妇人与戚族中行辈小者所为。虽有“新妇三日无大小”之谚，然长辈从无与其役者。夜间，新郎入洞房，弟侄辈恒潜伏窗外，窃听新夫妇密语，俗谓之“听房”。房内灯烛，须由新郎以物覆灭，禁忌吹熄。

新妇枕内，装小棒槌、胡桃、红枣诸物，盖取早生子、早见人而又强健之意。

迎亲之日，男家亲友，贺客盈门。唯礼物至简，普通贺仪，大都铜圆八十枚或票洋二角。喜帏喜屏，送者极少；即有之，物质亦甚粗劣。

乡友庆贺，多燃放纸炮，以助热闹。贺礼亦极简单，客向主人脱帽一鞠躬（亦有长揖者）酌酒奉觞。主人谢礼酌觞，亦略如之。间有厌其烦琐，相对行礼者。唯客必高声曰：“恭喜！”主人答曰：“大家同喜！谢谢！”

主人宴客，大都素席（饭菜无肉，俗名为素席。近来俗尚日趋简略，有仅食面条者）薄酒，非极富之家，不设肉食。盖地方贫瘠，俗尚不得不俭朴也。

宴客时，乐工唱剧侑餐，新郎向贺客行礼致谢。宴饮毕，主人分“合婚饼”（女家受男家酒食诸物，以饼与迎亲者舁回，谓之“合婚饼”）于亲族，每人少许，且有分与乡友邻里者。

新妇进门之翌日，改着媳妇妆，举行告庙礼（即拜宗祠，或拜神主），礼毕，乃拜舅姑，拜戚族。受拜者，皆赏以钱。

女家遣女去后，受戚友庆贺，举行宴会（亦有不庆贺宴会者），次日率戚族赴男家认亲，接新夫妇，俗谓之“回妆”。其事颇繁，戚族之人，或具衣料，或具成衣，或具钱币，或附以点心蒸馍诸品，俗名“送饭”，实则添箱也。

女家具箱柜（中须有物，不须空舁）、桌椅、盆镜诸器质，量之多寡，质之优劣，一以家境之贫富为衡。命族中子若弟，舁送男家，佐以衣食（蒸馍）等物。男家分派助忙之族人，静候于门，接舁至家，陈列于华堂之前，宴会来宾。来宾中年长者多人，置酒华堂前，向新郎之祖若父及其伯叔等称贺。其仪式与前日亲友庆贺礼相同，俗谓“会亲家”。

来宾中女客，亦向新郎之祖母与其母及其伯叔母等拜贺。并将添箱礼物、何物为何戚所赠送，一一点明。此时，观者如堵。好戏者，往往趁新郎母、嫂、伯叔母等不备，突以红黑满涂其面，以博旁观者之大笑焉。

是日宴毕，女家接新夫妇返，谓之“回面”。次日，男家遣人送蒸馍于女家（女家复散蒸馍于族人），将新郎接回。新郎回时，恒将女家什物，如酒壶、茶碗等带回一二件，俗谓之“偷富贵”。越二日，新妇之父母，送女于男家，谓之“回三住六”。六日后，复将女接回。近人厌其烦，多有回妆后不再接送，直至周月，始送女于夫家，谓之“过月”。翌年正月，女家恒以骡马接新夫妇到家过元宵节。过若干日，始将新郎送回，俗谓之“住正月”。

就亲。男女两家，如路远，或隔山（冬日积雪）水（夏日大水），男家不便向女家亲迎者，俗有就亲之法。男家于亲迎前一日，接女来（随女来者，例不过男二三人，女一人）在本乡为寻房屋。翌日，即向此处亲迎。一切礼仪，与前所述相同，唯女家则较为简略也。

续娶（俗名为续弦）。妇死续娶，与上略同不赘。唯谚有之曰：“富人丧妻交运，贫人丧妻坑命。”是又娶妻者富易贫难之一确证也。

娶寡妇。往昔士大夫，不乐娶再醮之女，近日此风稍变。娶时，礼较简。唯翁姑索彩礼极苛，近有多至三四百元者。亦由媒妁议妥，翁姑出卖契（俗由近族长辈出名亦索洋二三十元），新夫交彩礼（聘礼银洋）孀妇母家，亦使用财礼洋数十元（或至百元，统出自新夫家），交钱出契，俗谓之“结把定”。孀妇妆奁，例由母家运回。妇向翁姑叩首告别，一面向故夫烧纸，俗谓之“离别纸”。先归母家，待新夫来娶。

新夫备肩舆乐工，向孀妇母家迎娶，唯不亲往，亦无陪客、送客仪仗执事，轿帘不下，归途须转大树三匝，不知何意。下轿后，夫妇无交拜礼。拜庙后，有子女者，须叩首认母。妇拜翁姑戚族，与亲友庆贺，略与以前所述相同。

母家回妆送饭，亦略同前节所述。唯须于娶后三五日举行，是稍异耳。

按：孀妇有因生活困难而再醮者，有因翁姑虐待兄弟逼迫而再醮者。然亦有不安于室而强迫翁姑、父母许其再醮者。如不允许，则丑态百出，廉耻扫尽，君子恶之！今日离婚结婚，法令许民自由，有夫者且然，况孀妇乎？为翁姑、父母者，固不可生今反古，而孀妇亦宜自爱，不可越轨逾闲，须善为设法，则庶几两全矣。

娶活人妻。礼仪，与娶寡妇略同。亲友庆贺，亦如之。

孝中娶妇。男大当婚，女大宜嫁。然有婚娶期迫近，而男忽丧父或母者。如俟三年丧满再为婚娶，则有困难。时俗有“孝中娶妇”之举，从权变也。

亲迎之礼仪，与前略同。唯新郎黑冠皂服，新妇不见白（丧服曰“白”）。不在停灵院下轿。庆贺回妆，都较简略。出殡时，新妇亦戴孝哭送。

娶童养媳。童养媳虽为国法所禁，然俗间多有，井陉为甚。娶时由母家前期接回。男子亲迎，与寻常娶妇无异。贫家有为图省钱计，在灶神前焚香设供，为童养媳戴髻者。谚云：“灶火坑下戴髦髻。”盖好事者，本《庄子》“灶有髻”之说，而创行是法。后世习俗相沿，不知所本耳。

娶鬼妻。合葬之说，见诸《戴礼》，后人师其意，鳏夫死，与夫亡妻嫁者，必为之求亡女同穴，俗谓之“圆坟”，亦曰“娶鬼妻”。当女子病故，或未订婚，或订婚未娶而夫家不允送丧者，例由戚友介绍与逝世某人合葬。女家略有所索（如冥衣、棺椁），男家允具。将男子尸骨捡出穴外，俟女柩舁至（由子侄辈或孙辈执红色引魂幡于前），而合葬焉。（以上据民国二十三年《井陉县志料》整理）

行唐县婚嫁礼俗

男子三十而娶，女子二十而嫁，世虽不能尽遵古礼，然嫁娶大都在冠、笄之年。王吉曰：“夫妇，人伦大纲，夭寿之萌也。世俗嫁娶太早，未知为人父母之道，而有子是以教化不明而民多夭。”行邑，此义不明，未成童，遽为婚娶，非古也。更有中道弃捐者，士贰其行，有女仳离。夫妇之道苦矣，然从一而终，巾帼中亦有铮铮者，是可嘉也。（以上据清乾隆二十八年《行唐县新志》整理）

灵寿县婚嫁礼俗

新中国成立前，男婚女嫁全凭“父母之命、媒妁之言”，讲究“门当户对、属相生克”。自择配偶被视为大逆不道，受乡人耻笑。婚嫁礼俗非常烦琐。俗话说：“一家女，百家问。”先是男方托媒向女方提亲，女方父母通过亲友探听男方家庭情况。当认为门户相对时，再找算命先生看生辰八字，如无“冲克”，男方备办簪饰衣服送与女方，互换“庚帖”，始为“订婚”，然后择吉日迎娶。

完婚之日，男方雇用八抬花轿（贫苦人家也有用大车或毛驴的）选遣官客（男性，“客”音 qiě，下同）、娶客（女性），出动彩灯、伞扇、鼓乐吹手等娶亲仪仗，簇拥着头戴礼帽、上插金花、身着长衫、佩红挂彩的新郎（去时坐轿，回时乘车，慈峪以上则往返均乘马）。一路车马浩荡，逢村鼓乐喧天，礼炮连鸣，前赴女家迎娶。女家男女送客（多为新娘的兄嫂）出门相迎，先与官客、娶客拱手揖拜，然后揖请新郎下轿。待头顶“蒙头”，身着绣衣、长裙的新娘子在家人的簇拥下进入轿内，新郎面向送客长揖，登车回程。女家派人抬上装有妆奁及其他陪送礼品、衣物的两个箱子，由男女送客及押轿人（新娘的小弟或侄辈幼童）陪同前往男家。官客、娶客、男女送客及押轿人为迎送新人的主角，不只人选有许多“条件”，而且每逢闰月之年，必须均配为双数。花轿返回时，不能走去时的路线。而且必须进村东口，按预定时刻回到家门。新娘下轿前，男家需付给押轿人一定的赏钱，太少了新娘不下轿。同时，许多男女儿童备好谷草节屑，待新娘一出轿口，即往其头顶乱扬，名曰“扬媳妇”，意在“驱邪祟”，下轿后新娘不能脚踏地皮，需在两位搀新娘的（同辈或晚辈女性）扶挟下，“先踩曲，次蹬糕，接着跨过独木桥”（曲、糕为红纸包好的大方块麦曲、黏糕；独木桥为一贴喜字的木鞍），谐取“渡过曲折、步步登高”之吉利，然后踩“倒毡”（前后倒替铺地使用的两条红毡，多以带色大口袋代之）到院中央，面对满斗焚香并供着弓箭的神案叩拜天地，最后入洞房，端坐于炕旮旯。在“倒毡”的同时，新郎从香案上取弓搭箭，向洞房三射，以示“驱凶”。

是日，男家大宴宾客。其同族近家人等多去帮忙，并聘请本村一名精明能干、威望高的人做总管（俗称“当家的”），安排数人爬灶、数人挑水、劈柴、端盘、打杂及迎送客人。新娘入洞房后，先将送客、押轿人请入“艳席”，由官客、娶客及媒人陪伴，以所备最上乘的酒、食招待。接着，先来后到的亲友戚旧、街坊邻里，陆续到账桌前封礼上账，到新郎的长辈面前作揖并口称“道喜”，而后入席吃喝（邻里中有的不上礼，道喜后便走了）。先上（每人一碗）“安席面条”，继上酒和菜，最后吃饭（多为馒头、杂烩菜）。其间猜拳行令、说笑戏谑，熙熙攘攘，热闹异常。年轻人给新郎的父母叔婶抹上黑脸，尽情逗乐。宴席结束（必在正午之前），婆婆将新娘带到当院指挥磕头，行认识礼。先从本家最长辈开始，接着叩拜公婆及伯、叔辈，继而是“当家的”“灶上的”（上述人等均不掏拜钱），而后是各门亲戚和故旧知交之长辈，由婆婆提示各家该称呼什么。依次行叩拜礼。受礼者当即掏出一定的拜钱，由专人用大红纸逐人登记姓名、钱额，妥善保存，以备对方办喜事掏拜钱时至少不低于此额。

新娘行叩拜礼后，下午即携新郎随同送客等人回到娘家，娘家盛宴款待，谓之“回面”。返回男家前，女家烙“捂嘴旋饼”，由女方同辈或侄辈，用来捂新郎的嘴。新娘带上几张烙饼，到家乘众人迎接戏闹之际，将烙饼扔给戏闹之人分吃。

新婚之夜，无论男女老幼均可去看新娘，谓之“闹洞房”，俗话说“新媳妇三天无大小，闹媳妇越红火越好”。西部一些村新婚之夜还有“烙饼问话”之说：邻里乡亲拥新娘和面烙饼，一边烙一边问新娘是熟还是生，女方答“生”（谐生贵子之意）。新郎新娘夜间还要吃“交心面”。睡后忌以口吹灯。第二天，新郎带新娘携酒、菜、点心给祖辈上坟，婆婆领媳妇拜见家族长辈。

新婚第三天，以新娘之父为主的数人前往男家去“会亲家”。双方的父辈互称“亲家”，称其母为“亲家母”。宴席招待之后，将新郎新娘一同接到女家。谓之“三朝回门”，连住九天，天天有近族各家宴请“娇客”（新郎），而后送回男家居住，是所谓“请三还九”。至此，全部婚事即告终结。

新婚后的第一个正月，岳丈家要迎接娇客（在新娘陪同下）“住正月”。初六去请，十六送返。其间，每日至少要招待娇客四顿美餐，并常有近族之家邀请进宴。

繁杂而铺张的婚礼习俗，不只是家庭的严重经济负担，而且到处充斥着男尊女卑和封建迷信的色彩，长期毒化着人们的精神世界，因而派生出多种多样的坏习俗，如童养媳、订童婚、指腹为婚、因丧扶娶（借办丧事所得而助办婚事）以及女子订婚便“生为男家人，死为男家鬼”，婚后再不如意，也不能提出离婚，而男家却有随意“休妻”的特权。

新中国成立后，旧习俗逐渐革除。《婚姻法》颁布后，实行婚姻自主、恋爱自由，但多数仍需通过亲友介绍，双方满意，家长同意才可订婚。结婚前必须到当地政府进行登记，领取结婚证书后方可结婚。婚事提倡新事新办，节约从俭。因而花轿、吹手及许多烦琐礼仪逐被取消。有的仅举办一次简单的结婚仪式：新娘、新郎胸佩红花，在婚礼司仪的指挥下，先向毛泽东挂像行鞠躬礼，再向主婚人（双方父母或其他亲属长辈）、介绍人及观众鞠躬，礼毕坐于主席台前。然后主婚人、证婚人（介绍人）分别做简短祝贺性讲话。最后安排新郎、新娘谈恋爱经过和自由讲话，但一般均无话可讲，只是戏谑、欢乐一阵而结束。

婚后双方一切权利、地位平等，如系某种原因导致感情破裂，均有提出离婚的权利，经调解无效，法院可判离婚。恋爱、结婚、离婚均有自由，受到法律保护。

十一届三中全会以后，多数人收入增加，旅游结婚逐渐增多。但喜事大操大办渐成风气，普遍动用响器吹手，大摆宴席。动用大小汽车也在日益增多。不少人家索要高额彩礼，旧习俗有所恢复，并形成新的陋习。（以上据 1993 年《灵寿县志》整理）

辛集市婚嫁礼俗

男家先通媒妁，女家既许婚，各索男女庚帖，令阴阳家推其宜否，曰“合婚”。既吉，男家乃请亲友数人（曰“冰翁”）往女家求婚。又择吉通以书启，女家亦择吉答之。将亲迎，男家先期择吉，盛陈聘仪于女家，曰“行礼”。女家亦先亲迎一二日送妆奁于男家，曰“铺床”。至亲迎期，男家择仆妇中有夫有子及属相无犯者二人（曰“娶女客”）从新婿，黄昏往新妇家，彩结肩舆，导以鼓吹。又以铜锡瓶注水，塞其口而倒系之，使水可涓滴下，曰“长流水”，义取亲戚往来不绝也。又以杞柳为圆斗，饰以五色，实以酒酵、麦麸、枣栗、石子，糊以红纸，置肩舆内。新妇至，使抱而进，义取发夫、早立子，且多男也。亲迎礼，用雁或以苍鹅代，俗多用鸡（曰“长命鸡”）。新婿至妇家，主人设酒馔，以杯箸私授从者，令携归，曰“带富”。妇家于女子于归前一夕，亲属皆酌以酒，曰“送行”。亦择仆妇二人如婿家（曰“送女客”）。新妇出阁，蒙以红锦，曰“盖头”，以避凶煞。由阁门至舆所皆藉以氍毹，义取不践贫地（平，贫音近也）。新妇升舆，曾令阴阳家择所向以趋吉。新妇至男家，以马鞍横于中门，使跨而过，义取安也。入门，即以织机中所云腾子者授新妇，意取盛也。新妇所历亦借以氍毹。柱础、石台皆剪红纸贴其上，曰“避白虎”。内庭置几案，设香供，新妇入，夫妇同诣案前再拜，曰“谢天地”，随拜祖先。拜毕，妇乃入房，侍女为新妇妆，曰“开脸”。妆成，乃谒见翁姑，陈衣服、巾履为贽。退，婿乃就新妇房饮酒，曰“合卺”。是日，亲戚皆馈娶妇家以食物，曰“暖”，俗曰“下车饭”。翌日，拜伯嫂及伯叔、翁姑，皆以巾履贽。婿乃抵新妇家，拜其父母，曰“谢亲”。是日，新妇之外祖家贺新婿以羊酒，曰“启帐”。随请新婿、新妇至其家。新妇归自外祖家乃拜外戚属，亦以巾履贽。伯叔翁姑、外戚属皆答以仪物，曰“拜钱”。六日，新妇家请婿及女至家，曰“住六”。有九日请者，曰“住九”。虽贫富习传小有异同，然大略不出此。（以上据清嘉庆四年《束鹿县志》整理）

晋州市婚嫁礼俗

男女结婚，通媒妁送婚书，尚合问名之礼。初娶，送食盒，作纳币礼。及娶，男家具肩舆，奏鼓乐，灯炮俱备，用伴客、娶女客。女家用亲族护送肩舆，送女客，送小饭，送妆奁，途中车马络绎，比赋于归。拜天地，入洞房，合卺之礼以成。特是男小女大，成婚太早，宜变通；因丧扶娶，更宜严禁。晋俗，男女幼时结婚，父母做主，类多使有终身之怨，宜略为变通；学山西俗，将订婚，男家女长辈偕同媒妁，率儿亲到女家，入门男女相视，犹存古人相攸遗意，相视毕，始立婚书。万不可学外洋恶习，自由结婚，致流苟合。古者婿称甥(《孟子》：“帝馆甥于贰室”是也)。婿称妇之父，曰舅，至汉朝始称丈人，然流传至今，妇之兄弟不称丈子，仍称舅子，古俗犹存。（以上据民国十六年《晋县志》整理）

藁城市婚嫁礼俗

男女结婚，通媒妁送婚书，尚合问名之礼。初娶，送食盒，作纳币礼。及娶，男家具肩舆，奏鼓乐，张灯彩，用男女伴娶客，婿往妇家亲迎。女家用亲族护送，具回盒，致妆奁，车马络绎，比赋于归。拜天地，入洞房，合卺之礼以成。（以上据民国二十二年《藁城县志》整理）

高邑县婚嫁礼俗

男女缔姻，由媒妁通言，各以尊亲具名互换柬帖。帖各书缔姻者之姓名、行次、年龄、籍贯、三代，婚约乃定。寒素之家多先议聘金，间有交换物品以订婚者，男家备钗钏之属，女家备书砚之类。完婚则择吉迎娶。于前一月，柬告女家，曰“娶嫁帖”，亦曰“对月帖”。婚期前一日，女家送妆奁于男家，曰“送嫁妆”。男家则盛财物、酒脯、花红、枣栗数色送于女家，曰“过礼”。亲迎则由亲属中之年长者率往女家，曰“领亲”。更派女眷迎接新妇，曰“娶客”。舁花、素轿，鼓乐仪仗前导。女家设筵款婿，当日酬酢，曰“走马宴”。前夕即至，彻夜达旦者，曰“过夜宴”。新妇红帕覆首，从婿升轿，乘青轿或蓝轿，妇乘花轿。男女亲眷送之，曰“送客”。或备彩衣，或具钱币，书诸柬帖为馔敬，名曰“送饭”。至则婿家设香案于中庭，供天地，置花烛、弓矢、斗衡之类。新妇行礼，曰“拜天地”，并婿同拜，曰“双拜天地”。姑以衡去妇蒙帕，曰“挑蒙头”。依次拜舅姑、尊长。夜饮合卺，名“交心盏”，亦曰“合欢酒”。亲友赠喜联、诗轴、物币致贺。翌日，姑率妇谒家庙，或拜祖坟，并遍谒尊属。婿偕妇谒岳归宁，曰“回门”。而婚礼告成矣。邑民结婚，率妇长于婿，甚有相差十余岁者，与古者男三十而娶，女二十而嫁之义，大相径庭。且完婚太早，男方稚弱，而女已强壮；男届壮盛，而女已衰颓。不唯家庭勃豀，夫妇道苦，而夭折可虑，嗣续不广，乃最大弊风。现今士绅之家与学校中，均有鉴于此，力矫斯弊，惩前毖后，此风或可挽救欤。（以上据民国三十年《高邑县志》整理）

新乐市婚嫁礼俗

儿女在襁褓时或稍长，媒妁约结行订亲礼。嫁时，男家具礼或猪羊、米麦、酒果、首饰、衣物，前期送女家，谓之“下财”。妇家具妆奁、仆媵，亦送致之，谓之“陪送”。娶之日，习礼之家或富家行亲迎礼，婿插花披红先归，俟妇至，各在堂前行拜跪叩首礼。亦有不亲迎，唯门屏以俟者。至贫家所需仪节，各称有无。士大夫家择婿择女，不沾于术士合婚之法；娶时，会亲友，鼓吹俱作。（以上据民国二十八年《新乐县志》整理）

深泽县婚嫁礼俗

婚姻之礼，先重媒妁。男家请亲友做冰人，往女家求婚。女家许婚，二家各索男女生庚，令术家推算合婚。男家择吉，通以书启，或有略备币帛、簪珥之仪者，女家亦择吉答。将亲迎，男家先期择吉，陈聘仪于女家，曰“完婚礼”。女家亦先亲迎一二日，送妆奁于男家，曰“铺床”。婿家择吉，行亲迎礼。婿昧爽往新妇家，不见新妇，拜岳父母，其贽用雁，或以苍鹅代，俗多用鸡，即《家礼》奠雁义也。岳家具酒肴款婿毕，新妇登舆后行，导以鼓吹。又以器实酒醇、麦麸、枣栗、石头置舆内，新妇至，使抱进，义取发夫、早立子，且多男也。女子于归之前夕，亲属皆酌以酒，曰“送行”。新妇蒙以红锦，曰“盖头”，避凶煞也。由阁门至车所皆借以毡毹，义取不履平地，平与贫音近也。新妇升舆、下舆，皆令阴阳家择坐向，以趋吉。到婿家所历地亦借毡毹。柱碣石台，皆剪红纸贴其上，曰“避白虎”也。内庭置香几。新妇入门，方成妆加髻，取总角夫妇之义。与夫同拜天地，随拜祖先毕，乃谒见翁姑，陈衣服、巾履为贽。是日，亲友皆来贺。至戚馈物食，曰“馔”，俗云“下车饭”。翌日，拜伯嫂及伯叔翁姑，皆以巾履贽。婿于是日抵新妇家，拜其岳父母，曰“谢亲”。三日，新妇之外祖家贺新婿以鲜猪、喜酒，曰“启帐”。新妇之父母家亦邀眷备蒸食、鱼肉送婿家，曰“送饭”。至六日，岳父母请婿及女归家，曰“住六”。有九日请者，曰“住九”。元宵，岳父母怜女之思家，延女及婿，乃谓三年内新妇不看婆家灯也。二月二日，女家具食物送女归婿家，或至寒食送回上坟。做鞋，足其家人所需，名“遍家鞋”。重阳日，女家邀女眷用糖、栗、枣和面做花糕，大尺余，送婿家，谓之“追花糕”。虽贫富繁简不同，然大概如是，则俗礼犹古礼遗意也。（以上据民国二十五年《深泽县志》整理）

无极县婚嫁礼俗

男家通媒妁，男下女也。女家许婚，各送男女生辰，始送钗、币于女家，谓之“订亲”。遇节令，有馈遗，谓之“送节”。纳币、亲迎，女家致回奁，然贫不能具者，则略焉。按无极婚娶，尚从省俭。中人之家，仪币十余金而已，女家妆奁不过布素。然有三弊：其一，扶丧嫁娶；一，同姓为婚；一，女长于男，或十余岁，或七八岁，至少四五岁，故妇持门户压制夫，男控诉官长者比比。（以上据民国二十五年《无极县志》整理）

元氏县婚嫁礼俗

婿家遣媒妁通言于妇家，妇家诺，则各书子女之尊亲姓字互换，曰“小柬”，亦曰“允帖”。虽片纸只字，人民颇重视之。又各书男女之生年、月、日及时互换之，曰“大柬”。婿家以钗钏、簪珥之属馈赠女家，女家还以笔墨、书籍等物，名曰“四色礼”。贫民多有议聘金者。婿家择定婚期，先一月具柬告知妇家，名曰“娶帖”。婚期前一二日，具米、面、酒、肉之类，遣人馈送妇家，名曰“过礼”。是日，具衣冠，习礼仪，遍谒亲族长及家庙，名曰“演礼”。至婚期，婿之亲族男女各一人领导，昧爽亲迎。（近年以亲迎路远，率不亲迎。由妇家送女至者十居八九，名曰“就亲”，亦曰“趁亲”）舁彩舆，导以鼓乐。婿至妇家行礼后，妇家设筵款婿，给新婿插花披红。以红幂蒙新妇首，从婿升舆。延男女亲属各一二人送之，名曰“送亲”。至中庭，延女宾二，迎导新妇。庭设香案、花烛、弓矢、斗权、铜镜之属。行拜堂礼毕，去新妇之幂，入房，行合卺礼。婿家留送客，款以盛筵而归。次日，姑率新妇谒家庙并亲族长。女家即将新夫妇接去，名曰“回亲”。在妇家住二三日，送婿家，名曰“送六日”。婚礼告成。古者，男子三十而娶，女子二十而嫁。民国法律，男子满十六岁，已属甚早。本县风俗自十一二岁以至十五六岁结婚者居多。夭病时见，家室勃豀，其弊不可胜穷，蔑视古礼之过若此。（以上据民国二十二年《元氏县志》整理）

平山县婚嫁礼俗

平山男女，往往自幼订婚，由父母主持。读书人以门第相尚，不争彩礼；而贫穷者则不然。嫁娶多在十七八岁。选择吉期，通知亲友。及期，婿乘轿马，鼓乐导前，并有男女陪娶客，亲迎至女门。女家亦备有酒食。临行时，并有男女送客乘轿马，送至婿家。至，则男女同拜天地。而婿家于是日宴客；友谊多送喜联、喜幛，亲谊多备食盒、喜敬。所设宴席，率一盘八碗，且多素食。至次日，新妇拜祖先，拜家族。女家于是日送妆奁，女之亲友，亦有助送妆奁者，均于是日亲送至婿家，名曰“送饭”。及晚，接夫妇至女家；男至女家之次日，亦如新妇之在男家，拜祖先，拜亲族。住一二日，仍将新夫妇送回，则婚礼以成。（以上据民国二十一年《平山县志料集》整理）

宣化县婚嫁礼俗

先问名，后纳采，上果盒、饼食，宴会庆贺。择吉，鼓乐迎娶。不论士庶，咸不亲迎。烦请亲眷往娶新人。乘喜轿入门，由亲眷女子二人，以胭粉鸡子敷其面，谓之“添颜粉”，然后扶之下轿。院中设香案，上置斗粟，插弓箭，尺剪于其中。新人跪于旁，新郎拜，谓之“拜天地”。拜毕，新人抱宝瓶入房合卺。民国改建以来，有改行结婚仪式者，或备用广大礼堂，俾人共睹，以开风气；或在自己院内行礼。其顺序如下：

（1）司仪人入席；（2）奏乐；（3）男女宾入席；（4）男女主婚人入席，面外立；（5）证婚人、介绍人入席，左右对立；（6）新人入席，面内立；（7）奏乐；（8）证婚人读证书；（9）证婚人用印；（10）介绍人用印；（11）新郎、新妇用印；（12）证婚人为新郎、新妇交换饰物；（13）新郎、新妇对立行三鞠躬礼；（14）新人致谢证婚人、介绍人，行三鞠躬礼；（15）奏乐；（16）新人向男女族尊长行三鞠躬礼；（17）新人向男女宾致谢，行一鞠躬礼；（18）男女宾答谢，行一鞠躬礼；（19）新人退；（20）奏乐；（21）男女宾退；（22）司仪员退。（以上据民国十一年《宣化县新志》整理）

康保县婚嫁礼俗

民国前，有早婚劣习，男子有十二三娶媳妇的，至民国年间，男子多有十五六岁，或二十岁左右娶妻，女子二八而嫁。那时，青年男女的结合，受“男女授受不亲”的影响。成婚有古之问名、纳采、通信、催妆、肩舆合卺、拜堂、回门等规矩，但婚嫁须找媒人说合，父母做主，很少征求本人意见。选择标准除考虑门第外，有看脚的习惯。脚小则妻佳，有“三寸金莲”之说。成亲之前，双方以红帖开具年庚八字，审定有无互相妨克。如果是同年所生，须错开百日。待交换庚帖，婚事算成。县内有“押小定”之俗，实为定亲。此时，男方须送彩礼，宴请宾朋。彩礼有送牛羊者，以多为好。也有送钱财者，量力而行，或双方议定。娶时，须定吉期于一月前，婿家备肉馃，媒人至女家通喜信。迎娶之前一日，给新郎吃“翻身饼”，次日，请男亲二三人，为迎亲之宾，要带离娘肉五公斤左右，以玻璃瓶装酒，于瓶口倒插一根大葱，待到女家后再倒过来，根须向下，取其生根之意。迎亲者随同迎新喜车前往女家。有条件的请吹鼓手奏乐。接娶喜车，不套骡子和骟马。喜车离开娘家时，在途中遇见井庙以红布遮新人。进村时，绕道串巷，不走原路，谓不走回头路。至男家大门，燃爆竹迎接。派女客扶新娘（女客为有双重父母，且英俊者），至室门，小叔子、小姑子、妯娌等亲友阻挡新娘入内，索要喜糖。新娘入室要“开脸”，由中年妇女用线夹的方法剪去额部汗毛。梳洗打扮后，新娘要往脸盆内放硬币数十枚，由小姑子倒出，得钱币。接着新郎新娘至香案前并立，司礼官唱赞，新郎新娘一拜天地，二拜高堂，三拜亲友，之后互拜，进入洞房。男先行，女随之。新人从进大门以致进洞房，都走在黄布或毡子铺成的路上，不得走入土地。洞房门口设一马鞍，新郎新娘跨过，取平安之嘉。房内供奉喜神，新娘坐在窗前，迎见女宾。是日，两家皆设宴庆贺，亲朋好友前来赴宴，宴席丰盛。富有人家做菜八个、十六个、三十二个，平常人家做八个碗。席间猜拳行令，人声鼎沸。新郎新娘由司礼官导引逐一拜见亲朋，俗曰“认大小”。先姑舅，后按亲疏远近跪拜，以表敬意。宴毕，即入洞房。晚上，男家做馅饼两个，一个糖馅，一个肉馅，糖饼表示生男，肉饼表示生女，让新郎新娘选择其中的一个，以预测其生育性别。平辈及小辈潜近房外窗前，偷听新郎新娘的话语和动静，以此作为第二天要笑的笑柄，此谓“听房”。婚后三天，新郎随新娘回娘家，最长不过十天，俗称“回门”，需即返男家。

新中国成立后，实行法律婚姻。男女双方自愿，经政府登记，发给结婚证后就受法律保护。男女双方婚姻恋爱实行自主，早婚已经改变。1950 年，国家颁布的《婚姻法》规定，结婚年龄为男二十周岁，女十八周岁。1980 年，国家又将结婚年龄改为男二十二周岁，女二十周岁。县内基本按《婚姻法》年龄结婚，也有大于法定年龄结婚者。随着时代变迁，旧婚俗逐渐消减，父母包办者已基本废除，“媒妁之言”被同志间的介绍或自己结识及通过报纸、刊物发征婚启事所代替。但县内仍有“贺喜”的旧习俗。结婚登记后男女仍旧在各自父母家中，待“贺喜”之后才在一起共同生活。贺喜，即祝贺婚事之仪式，一般要邀请亲朋宾客参加，其实质亦为取得社会承认。80 年代有进行“旅行结婚”的，也有举行“集体婚礼”的。双方登记后，到大中城市及旅游胜地游览，为旅行结婚。此习俗由城镇向农村逐步发展。集体婚礼是由当地党政部门或群众团体及单位主持，负责人证婚，众多新郎新娘及来宾参加，赠送礼物，表示祝贺。婚礼仪式简单、热闹，有新郎新娘及家长代表讲话，也有群众代表讲话致贺词，领导干部提希望，这种仪式省钱省事，深受欢迎。1976 年，屯垦公社有六对青年，由公社、县妇联会、计生办组织举行集体婚礼；1977 年 7 月，赵顺公社和县计生办在四台坊大队举行过三对青年男女的集体婚礼，还拍了新闻电影片；1987 年 1 月，县酒厂又组织了一次九对青年男女参加的集体婚礼，县政府和县妇联的领导前来致贺，县电视台拍摄了新闻片，予以播放受到欢迎。70 年代提倡男到女家落户，这些风尚在自愿选择中发扬。

在移风易俗的男婚女嫁礼俗中，在农村也有人大要彩礼。认为养活闺女不能白白嫁人，因此，巧立名目，把女儿作为交换金钱的商品。要彩礼随着时代变迁各异。新中国成立初较少，仅一二百元，至1963年后数年，上升为四百零八、四百八十八、五百八十、六百八十、八百元等，此外，还索要手表、自行车、缝纫机三大件。至1980年后，经济情况好转，彩礼数量又有增加，一般千元左右，最高达五千元左右，有"两吨一出溜"之说（一吨为二千元，一出溜为一千元），有的女青年结婚后仍不过门，待做好家具、付清彩礼后方举办婚礼。家具种类有组合柜、大立柜、书柜、梳妆台、写字台、沙发、包厢床等多种，也有购彩色电视机、摩托车、录音机的，由于财力不足，往往挪借于亲友，甚至债台高筑，以致造成婚后家庭不和或感情破裂。

集体婚礼、旅游结婚，本是一种省钱省事的婚礼仪式，但也有极少数人家完成此项仪式后，仍要大宴宾客。娶亲时，县城用小汽车，多数是机关单位公用车，给国家造成很大浪费。不过政府对此加以限制，不良的礼俗逐步改变。

该县回民婚事，有"开礼单""攥手""结婚""典礼"四个步骤。攥手即订婚，届时男方送彩礼，请阿訇过乜贴，并宴宾客，在双方父母握手表示互相愿意成亲后，办理结婚登记。典礼，按照当地习惯，择佳日星期五，称主麻日。以车接新娘和媒妇，阿訇在新郎新娘及双方亲人在场时念"翻依扎布"，在入洞房前念"赞圣"，即告完婚。（以上据1991年《康保县志》整理）

怀来县婚嫁礼俗

问名、纳采后，男不亲迎。至日，倩亲故中女一二人、男四人往娶（从前聘金不过数两，嫁女者妆奁略具而已。近则女争聘金，男索妆奁，故贫而鳏者甚多，而溺女之风亦未由挽回已）。娶妇之日，夫家开筵受贺（女家也然）。新妇肩舆至，倩幼妇二人迎之于舆内，簪花上头，置宝瓶（内盛五谷）于怀，红布蒙面，二妇搀之而入。置马鞍于门限，令妇跨过（义取平安）。院中设香案，置斗粟，插弓、矢、铜镜、秤杆于内。南向拜之。夫拜，妇跪于旁，傧者赞礼（铜镜、秤杆取破暗宜家，弓、矢取宜男。即拜先禖之义，俗谓之拜天地）。拜毕，入堂中拜祖先，谓之"拜堂"（即庙见也）。入房揭去红巾，男以秤杆挑之，置于神堂。置弓矢于卧房墙隅。随酌酒二台盏，用红线系其柄，二妇持之，令夫妇互饮，谓之"卯颜酒"（即合卺也）。饮毕，夫出闭门，二妇助妆焉。妆毕，夫妇拜亲友之来贺者（各有赠仪）。故之少年好事者入房诙谐（从前戏谑为甚，近此风少减），妇各敬以茶而退，乃送新婿入房。自新妇至门至入房，俱有一人在旁唱喜歌，手提篮盛胡桃、铜钱、碎草，乱撒之，谓之“下亲”。如无傧相，即以其人赞礼。三日，拜见翁姑、亲族，谓之“分大小”。（以上据清光绪八年《怀来县志》整理）

蔚县婚嫁礼俗

旧时，婚礼分议婚、订婚、换帖、迎娶四个阶段。

议婚。一般由媒妁介绍，父母做主。双方家长互相了解情况，要“合婚”看是否门当户对，命相是否相合等。

订婚。若议婚满意，选定吉日，新郎由父母或姨妈、姑妈等亲友陪同，由媒人带着赴女方家相亲，若双方满意，当场给女方下订，叫“小订”。钱物多是双数，如订钱三吊六，取“六六大顺”之意，订物为银镯、玉镯、戒指、簪子等。女方家安排饭菜，款待客人。若男方未相中女方，则不下订，也不吃饭。

换帖。订婚后，双方商定迎娶礼物，个别乡村女方索要少量钱财。一般人家，男方送女方“大馍馍”和“茶饼”，大馍馍是用白面蒸的，茶饼是一种点心；还送“离娘肉”，一般是两条羊腿；送衣服三五套、首饰数件。之后，择日将写着姓名、生日时辰的庚帖送给对方。换帖后，男方请媒人用一“拜匣”放着写好婚礼时间的红纸，去女方家“送日子”。

迎娶。娶亲第一天为“安棚”，客人赠送贺礼，吹鼓手（鼓匠）奏乐，一般人家吃安棚饸饹，有钱户开始摆宴席招待宾客。晚上，新娘新郎在自家吃“翻身饼”。第二天迎娶新娘，四人抬花轿，连同“离娘肉”等送女家。新娘身穿霞帔，头戴凤冠，蒙红布盖头，手拿葱、镜子，乘花轿去男家。娘家要有人陪送，并抬着衣服、首饰、家具等嫁妆随同前往。到男家后，新娘蹬黄布、迈马鞍进入新房，成年妇女为新娘“开脸”并改换发型，叫“换头”。之后，新娘吃“通头面”“开脸饺（进门饺）”。当日，新婚夫妇拜堂，拜天地、拜父母、对拜、拜男方亲朋。晚上亲朋要闹洞房，婚礼第三日，女方家派人（习惯称“回客”）雇轿车将女儿女婿接来，称“回门”，也叫“回女婿”，并宴请宾客，新女婿认女方亲戚。新婚夫妇当日（也有住两三日的）即回男方家，至此婚礼结束。

婚礼过后，要过“对月”。新婚夫妇在男方家中生活十二天，再到女方家生活六天。这些日子，双方父母尽量做些好吃的，不让新人干活。

30 年代，蔚县一些思想进步人士实行新式结婚仪式，废除媒妁介绍，以亲朋推荐为主，订婚仍沿旧习。结婚仪式从简，仅行鞠躬礼，男方只为新娘做些新婚衣物。新中国成立后，随着《婚姻法》的贯彻实施，废除了买卖和包办婚姻，男女婚事以自愿为原则，以感情为基础，多为自由恋爱，有的经人介绍，相处一段时间后确定关系，但都要经过议婚、订婚、结婚登记、举行婚礼的过程。婚礼去掉了封建迷信内容，废除了坐花轿、请吹鼓手等形式，男方用自行车、拖拉机、小汽车接新娘。新郎、新娘穿新衣服，戴红花。典礼仪式主要有向领袖像、国旗、长辈、来宾鞠躬，夫妻相互敬礼，谈恋爱经过，然后宴请宾客。从 70 年代开始，在干部、职工中实行旅行结婚或集体婚礼。

童养媳，也叫小媳妇。贫困之家，男方无力娶成年女子，女方无力养育少女，少女自幼年进入男家养育，成年后只以戴冠仪式完婚。年龄上多为男大女小，相差悬殊。新中国成立后，此俗已废。

配死婚。有钱人家子女未婚而亡，经商定，将女尸棺运至男家，按喜庆礼仪办理，将来男方死后，同埋一墓穴。新中国成立后，此俗已废。

女丧夫改嫁。妇女丧夫，称“寡妇”，一般不能改嫁，称“守节”“守寡”，改嫁被视为不应走之路。若改嫁，必须给原公婆及邻居财钱，叫“买路钱”，否则不能成行。改嫁时若带走与前夫所生子女，子女不改继父姓，成年后回生父家支立门户。新中国成立后，妇女丧夫，可同原夫家商议改嫁，改嫁时可带孩子及财物，也有在原夫家招婿的。（以上据 1995 年《蔚县志》整理）

尚义县婚嫁礼俗

在男女婚姻上，古有“六礼”，即纳采、问名、纳吉、纳徵、请期和亲迎，在县内逐渐演变为议婚、结小订、下大订、迎娶四个步骤。

议婚，也叫“提亲”。旧时重“以命相择”“门当户对”。根据两家社会地位和经济状况，男家请媒人向女家提亲，女方父母同意即可议婚。女方把女儿的出生年月日和时辰（所谓生辰八字）写在红纸上，俗称“红单子”，交媒人送于男家，男家先看属相是否相克，再请算卜者卜其吉凶，名曰“合婚”。合婚后男方把“红单子”放在灶龛下，谓“压庚帖”，三日内家里不出意外，不碎器皿，意为婚事顺当，再派媒人去女家“换帖”，帖上绘“龙凤呈祥”图案，故又称“龙凤大帖”。换帖后婚事告成，两家均宴客庆贺，叫作“结小订”。

新中国成立后，“以命相择”、换帖等封建陋习逐渐消失，代之而起的是男女自由恋爱或家长物色，男女见面同意，或媒人牵线然后男女见面，同意后商定婚事。农村兴“相亲”，实际是看男家家产、房舍。女方父母或近亲长辈领女儿去男家相亲，男家用好酒好饭招待。愿在吃饭者，婚事便成；只喝水不吃饭者，婚事告吹。

下大订是由古时“请期”演变而来，一般在迎娶前十几天或数月举行。由男方叔叔或舅舅等长辈与媒人，将女方索要的彩礼送至女家，通知婚礼日期，女家设宴招待，称“下大订”。如女方嫌日期太近，还可另择良辰佳日。

新中国成立后，下大订已不复存在，在农村被结婚登记所代替，结婚登记后，将婚礼日期告诉女方；在城镇，五六十年代登记后就举行婚礼，进入七八十年代是先登记，隔一段时间再举行婚礼，尤其旅行结婚更是如此。

迎娶，俗称“娶媳妇”。旧时，筹备婚礼项目繁杂。男家，做新衣裳，整理洞房。临期，迎亲眷，找总管，请厨师，觅鼓手，宰猪羊，搭喜车，贴对联。女家称“嫁闺女”，前期置办嫁妆，临期迎接客人。亲朋长辈请出嫁闺女吃“离娘饭”。迎娶前夕，男家女家给“新人”吃“翻身饼”，表示开始自立成人。迎娶时，城镇官宦富商用轿或轿车；农村小户用普通大车搭一席篷即可。男家去两名男娶客、一名“压车”孩童、两名车夫，谓“新戚”，娶客骑马先行，喜车随后。所经村镇，见人下马施礼，鸣炮示庆。到了女家，送客早已恭候远迎，进大门、家门相互作揖施礼。女家设宴款待，娶客座上席，送客下席陪同。宴别，新娘由叔父或哥哥抱入轿内，全家人及亲朋好友、家族长辈送别，起轿回程。喜轿（车）忌原路返回，需绕道回村，意为不走回头路，步入新征途。

喜轿（车）回来停在大门前，“下亲礼官”手提盛有谷草节、饲料、红枣、制钱的“注斗”开始“下亲”。“下亲礼官”高声唱喏：“青龙草把两边排，青玉冰香下亲来。贵人点着黄龙草，逼得凶神远离门。凶神远退喜神来，二位贤女搀亲来。”这时有两位事先选好的中年妇人（母双全且有儿有女者）手端瓷盘，内放梳篦、粉脂等，到轿（车）前奠酒三杯，进轿内为新娘略事梳妆，施点粉脂，搀扶下轿，在铺好的黄布或红毡上慢步向院中香案走去。“下亲官”手提“注斗”，边撒边唱：“新人下轿喜重重，脚踏黄道步登云……”新娘搀行至香案前，新郎由一长辈抱出，行三跪九拜大礼，名曰“拜天地”。拜毕，新郎怀抱书籍、福神、尺、箭等偕同新娘慢慢步入洞房。进门前，“下亲官”将马鞭递给新郎，照准门头挂的红布打三下，将鞭向后扔去，意即驱凶神远离。门槛上置一马鞍，新郎、新娘越鞍而过，步入新房，取其“一世平安”之意。入洞房后，新郎左手拿弓，右手搭箭，向房四角各射一箭，意为驱邪气。此时，新娘已坐在福神桌前，但仍红绸蒙面，“下亲官”最后唱道：“秤杆本是圣人留，满天星斗在上头。新人落在贵人手，小姑过来揭盖头。”小姑用秤杆挑去新娘面上的红绸，端来洗脸水，新娘略事洗涮梳妆，婚礼仪式完毕。乡亲们拥进洞房看媳妇，家里挤不下还可捅破窗纸看望，边看边评头品足。

婚礼仪式完毕，女家送亲车赶到，女家送客二人、车夫二人，娘家陪送多，还有压送客一至二人。送客有骑马来的，也可不骑马随车而来。进村前由娶客远迎为其牵马、赶车。进大门、家门照样作揖施礼，进屋后除娶客陪伴外，还派舅舅、姑夫、姨夫等长辈陪同，以示尊重。“新戚”吃完茶点，婚礼宴会正式开始，鼓乐伴奏，气氛甚是热烈。宴会有八个碗、八碟八碗、八碟八碗四压桌，最多的有十六碗，不论多少菜，第五道必须是“丸子”，县城上丸子时要用碗扣住，表示宴会暂时稍停。这时“总管”和一名中年妇人（一般还用原搀亲者）引新娘沿桌磕头，名曰“上拜”。先为“新戚”、舅舅、姑姑、姨姨，次为家族长辈，最后为亲朋好友间的平辈、外戚。一个房间坐两桌以上，先为上桌后为下桌；同桌者先为上席后为下席。拜完上桌，新娘亲手将丸子上的扣碗揭开，并为每人酌一杯喜酒，宴会继续举行。凡赴宴者均在上拜时赠钱答礼，表示庆贺。上拜后，东家提上酒壶沿桌酌酒劝菜，谓“满喜酒”。

新婚之夜，姐夫、小叔子及街坊四邻中的小辈，戏弄新娘新郎，说“茶令子”“对四句”，欢声笑语，热闹异常，直到深夜，饷以茶点、纸烟、糖果后各自散去，名曰“闹洞房”。夜阑人静，新婚夫妇共寝入眠，好事的小姑、弟媳、小叔潜伏洞房窗外，窃听情词密语，俗称“听房”。

第二天为贺喜日，早餐后，举行隆重庆贺仪式。先由东家（新郎父亲）焚敬“大天地”，接着由老舅爷、老姑爷、亲朋好友依次向东家贺喜，最后是娶客送客贺喜。凡贺喜者男子穿袍，戴礼帽；女子穿氅衣，着裙服。作揖施礼，四双八拜，鼓乐伴奏，热闹非凡，气氛极为欢悦。

贺喜仪式结束后，由妇夫、小叔子二人化装成丑角“夫妇”，一个骑扫帚当马，一个搬板凳随后，由观看热闹的人簇拥新郎、新娘，到较远的街头巷尾或村外，用幽默诙谐的词句编成小令，让新郎、新娘高声朗诵，以取笑逗乐。每说完一小令往家走一段，直到中午宴会开始方才罢休。贺喜宴会与迎亲宴会大体相同，只是改由新娘一个上拜为新婚夫妇双双上拜，至晚整个迎娶仪式全部结束。

第三日早饭后，先去坟上祭祖，富户人家祭完祖还要举行认大小仪式，一般人家不举行。认大小，长辈还需再花一份钱，东家再做一次宴会。祭祖毕，公婆要把送客与新娘请到自己屋内，招待茶点，送客借此为新娘说些客套话，如“新娘在家娇生惯养，礼节懂得甚少，诸事还请亲家多多指教”。婆婆也要说“寒家小舍，有甚礼节，我会当女儿一样看待，代劳告诉亲家放心”等辞令。茶毕，辞别公婆，偕女婿随同送客一同回娘家，叫作“回门”。

回门后，女婿要行大礼拜见岳父母，女家把女婿尊为上宾，以好餐相待，并邀请至亲好友相陪。第一顿饭吃饺子，叫作“下马饺子”。富有之家菜肴丰盛，一般人家四个盘，贫苦之家盘菜而已。包饺子时，好事的小姨子包些花椒、辣椒等物，以耍笑新郎。回门短则三日，长则九日。

新中国成立后，提倡新事新办、婚事简办，一些带有封建迷信的糟粕多被剔除，婚礼大体有四种形式。（1）新旧参半。在旧仪式的基础上，迎新由骑马坐轿改为坐拖拉机、小汽车。“拜天地”改为“拜毛主席”，后又改为夫妻互拜，让新郎新娘唱歌、握手取笑逗乐。改鼓乐为演电影。陈规陋习虽然废止，要彩礼、大操大办较旧时有过之而无不及。请客设宴标准一年高似一年，许多青年人攀比摆阔，为筹备一个“像样”的婚礼，不仅花光父母积蓄，倾阖家之所有，竭平生之所积，有的在囊空如洗之后又债台高筑。进入80年代后，婚礼拜钱逐年提高，一般外人参加一次婚宴付二三十元；舅舅、姑姑等长辈要花上百元甚至几百元也不为稀罕。（2）新式婚礼。不迎娶、不宴客，只举行结婚典礼仪式。主婚人、证婚人讲话，新郎新娘介绍恋爱经过，吃喜糖，逗乐取笑。此种仪式多行于机关、厂矿。（3）集体婚礼。两对以上新婚夫妇共同举行的婚礼，称“集体婚礼”。1982年10月19日晚，尚义县人民银行为四对男女青年举行集体婚礼。在热烈的掌声中，新婚夫妇代表讲话，表示响应党的号召，终身只要一个孩子，把青春献给“四化”大业，婚礼只花七元钱。1984年，甲石河乡杏元沟村与驻军五一〇六四部队联合为四对新婚夫妇举行集体婚礼。这种仪式省钱省事，深受群众欢迎，但因缺乏组织，倡导不力，尚未普遍推开。（4）旅游结婚。80年代以来，领取结婚证书后，男女双方去大城市或有名胜古迹处游览一次，长则月余，少则十天半月。此种方式由城镇逐步向农村发展。

尚义蒙古族嫁娶尚沿用以下风俗。

献提亲哈达。儿子到了成婚的年龄，先向事先物色好的姑娘家提亲。邀请一位与女方父母有交情、懂礼节的人为媒人，带上男方的哈达等礼物向女方家长求婚。女方家长一般要说一些自家女儿不急于找婆家一类的托词。这时，媒人将哈达敬献在神位前面，表示提亲的郑重与诚意，然后告辞。如果女方不同意这门亲事，在七八天内退回提亲哈达；如同意这门亲事，就等待媒人再次到来。

下定亲哈达。女方不退回提亲哈达，男方派媒人再次登门，向女方父母、长辈一一敬献哈达，表示同意定亲。女方家长根据女儿的舅舅、伯伯、叔叔等长辈人数，向媒人提出送献各类哈达（有丝绢哈达、粉绢哈达、彩绸哈达等）数目。媒人代表男方再三恳求，最后确定下具体数目，然后如数送来。女方家长对送来的哈达种类，常常挑剔一番，有些家长为提高女儿身价，故意出难题者也不乏其人。

女方把议定的哈达如数接收之后，便邀请一名亲属到姑舅亲友家送献哈达，以表明自己的女儿正式定亲。

订婚酒宴。献送定亲哈达之后，男方再派媒人向女方家长献酒，同时议定婚事应行之礼。献酒用白瓷瓶装白酒，扣红盖，同时带哈达、茶盒等礼物。媒人向女方家长、亲友问候毕，女方立即设宴款待媒人和亲友们。席间商议女方所要之物，一般有衣服、首饰、彩礼等。由于家境贫富不同，索要之物及数量亦不尽相同，但大耳环这件首饰必须应诺，质量可因贫富而异。席间还要决定完婚日期、礼品送交等事宜。议定婚事，完全由家长与媒人做主，女儿事先已送到亲友家躲避，不得参与自己的婚事议定。

择日子酒宴。订婚后，男方请“阴阳先生”选择举行婚礼的良辰吉日和迎亲到达的时辰，写在红纸上，派媒人连同哈达和聘礼送到女家。媒人向女方父母、长辈施礼请安、赠送礼物，把写有完婚日期和迎亲时辰的红纸放在展开的哈达上，交给姑娘的父亲。女方父母同意完婚日期就开始商定迎亲人数。

蒙古族兴新郎亲自出马迎亲，除新郎外尚有正副亲家代表，正代表享有执管男女双方婚宴礼节程序的最高职权；副代表是正代表的助理（正副代表一般是新郎的兄长或弟弟）。迎新人必须是偶数，且最低四人，一般都是六人或八人，富家官宦人家多达十二人以上。

婚礼前的准备工作。男女双方家庭，按照婚礼日期向远亲近邻发出邀请，然后进入紧张的准备阶段。男女双方备办酒宴，准备拜“天礼”所需的栽绒拜垫、靠背、新靴、新鞋和各种哈达，以及衣服、装饰、小褡（装烟壶用）、荷包（装烟或针线）等。拜垫、靠背由女方准备，其他大部分物品则由男方操办。女方准备嫁妆的针线活儿颇多，因为有媳妇过门后三年不穿婆家鞋袜的习惯。这时远亲近邻竞相献技刺绣，帮做各种针线活儿。

祝福新房仪式和姑娘宴。婚礼的前一天，男方设宴招待迎亲领队（即亲家代表）、随从和前来参加婚礼的客人，同时举行祝福新房仪式。

在新房内把亲友们送的小褡裢、衣物和新郎用的被褥、家什整理布置停当，请祝领人和新郎新娘的梳头父母以及他们的亲友们入座，祝领人将一条丝绢哈达和五彩线吊在房梁正中，用盛在木碗里的奶食“德吉”（指物之第一件，如饭之第一碗、酒之第一盅等，献给人表示尊敬）少许，涂在房梁处以示吉祥。祝领人用吉祥美好的言辞祝福，仪式即告结束。

这一天女方家举行姑娘宴，由父母主持，邀请亲戚朋友家与待嫁姑娘年龄相仿的姑娘伙伴参加。席前，待嫁女儿穿上新袍服，去掉腰带。众姑娘入席后，先用茶水、点心招待。这时，母亲端一碗鲜奶让大家尝过后，正式宣布姑娘即将出嫁，众姑娘顿感忧伤焦虑，痛哭流涕。茶毕敬酒开始，众姑娘向出嫁姑娘献《姑娘宴歌》，嘱咐出嫁姑娘，倾诉离别之情。

姑娘宴席间，父母为新娘从亲戚中选一名成年妇女（一般是大娘或舅母）到新郎家住几天，等回门时一同回来。

新郎起行宴。新郎起行迎亲前，宴请正副亲家代表和随行人员。入席后由新郎父母和新郎依次向大家一一敬酒招待。

迎亲队伍起行时，新郎穿戴打扮整齐，腰间佩带弓箭撒袋（箭壶、箭囊），尝口鲜奶，开始起行。到了女方家，女方父母立即设“整羊宴”招待。宴会结束后迎亲领队宣布起程。嫂子们为新郎佩带弓箭，一名与新娘属相相合的女人到新娘席上请新娘上马。当扶拥蒙面的新娘（在帽檐上缝一块蓝色绸子或纱遮面）起身时，众姑娘不放，纠缠一番才放新娘起身，向新郎家进发。

蒙古族兴陪送嫁妆，贫困人家陪送一箱衣物；富裕官宦人家要陪送大量的牛、马、羊等牲畜。

拜天礼。送亲队伍到达后，新娘暂到专门准备的帐篷或闲房间等候拜礼。

拜天礼仪式在院内进行，院中设供桌，摆好香火供物，仪式由“磕头父母”主持（由男方请一位岁数与男女双方相加吻合的长辈，为新郎新娘的磕头父亲或母亲）。女方嫂子端着盘子去见新娘的婆婆，示意取新娘的头戴，婆婆将准备好的全部头戴首饰放入盘中，让新娘嫂子送去为新娘梳头结发，然后进新房。磕头父亲或母亲和两位嫂子扶着蒙面的新娘先给灶神磕头，而后婆婆给儿媳妇尝奶，新郎就座尝茶。接着磕头父亲或母亲用新郎佩带过的神箭掀起新娘的蒙面纱。这时众嫂子为新娘重新梳理头发，戴好全部首饰，在众嫂子的带领下向公婆、叔伯、舅舅等长辈们一一敬献哈达和礼品（礼品有栽绒坐垫、靴鞋等），并施磕头礼。磕头时要从大辈往下依次排列，连哥嫂、姐姐、姐夫也要行礼。受礼者回赠礼物，长辈根据自己家境回赠牛、马、羊或绸缎、首饰等贵重礼物，平辈回赠一般礼物即可。

送亲的走时，要留下一人以娘家来探望姑娘的身份，到新房里做客，并向新婚夫妇和公婆陪送礼物。公婆设宴招待，同时请磕头父母入席，席间商议回门日期。

回门礼。婚后三至五天，新婚夫妇在婆婆带领下，带整羊等礼物到娘家施新亲家之礼。娘家设宴招待，并请亲戚和女儿的同伴、姐妹们一同入席。席前新郎向岳父母和其他长辈施礼和敬献哈达。入席时新婚夫妇为尊贵的客人，安排在正座，席间先给女儿、女婿敬酒。女儿恭敬地接酒后转敬给婆婆尝过“德吉”，才把酒杯放在自己面前，然后女儿、女婿向在座的人们按照辈分顺序一一敬酒回礼。席间以唱歌奏乐助兴。（以上据1999年《尚义县志》整理）

张北县婚嫁礼俗

完婚年龄，男女不同。普通男子最早在十三岁，女子在十五岁；最晚男子二十岁，女子二十五岁。贫苦之家完婚最晚，男子多至二十岁，或三十余岁，男子比女子多半大十余岁。张北地瘠民贫，贫寒之家无力抚养其女，自小送于夫家，或因女之父母早亡，无人照管，亦自幼送入夫家，俗谓之“童养媳”。前者其夫年龄最大多在二十岁上下，而女不过八九岁至十二岁，后者年龄相若。

完婚日期，普通多在秋后。因农事已毕，亲友亦多闲暇，借此机会办理喜事，不碍农事。亦有读书之家，借假期时间办理结婚。或有特别情形者，不在此例。

贺喜礼物，贺男家，亲戚不送礼物，仅馈拜钱；贺女家，亲戚馈送衣服，或送一身者，或送一袄料或裤料者，谓之“添箱”。朋友不论男女家，均送红色喜幛。

结婚方式不出乎古时六礼范围，其程序列下。

议婚。凡男女至十二岁以上，男家或女家之朋友或亲戚，见其门阀相当，先论男家之财产，次论门第。亦有一方满意，请媒人求婚者，是为“说主儿”，又谓之“说媳妇”。然后，两家多方探听，两家均乐意，方可进行，否则作为罢论。双方同意后，先向女家讨取年庚八字，持赴男家，与男子生辰推算，谓之“合婚”。听命于星相家，细合大相。如八字不相克，且不妨翁姑，为上等婚。如八字不甚相宜，但无大妨碍，亦可勉强从事，为中等婚。如系下等婚，绝对拒亲。或有将庚帖置于两家灶神前，以卜休咎。如三日内未发生特别事故，即认为顺利，始能进行。否则，作为罢论。

张北议婚不良之点有四：（1）不论男子品学若何，不论女子德言工貌，只论财势或门户相当，即为议婚之标准；（2）任凭父母做主，不问男女愿意与否；（3）女子比男子有长四五岁或七八岁者，及男子壮年，女子已老矣；（4）听媒人巧言鼓簧，及过门后，事实全非，悔之晚矣。

订婚。议婚之时，为纳彩、问名。纳彩、问名即俗所谓之“换小帖”，或“下小定”是也。但此时必随礼四包，或八包。盖前者之开红帖，不过为试探性质，婚姻尚未十分决定。至是，双方始可正式进行。其手续如下：

纳徵。下小定后，双方既已订妥，即换大帖（龙凤帖）官婚书，又谓之“大定”。将男女年庚八字，正式书于大帖内。双方各备礼物，男家所备之礼物，多用点心或海味及首饰等物；女家所备之回礼，系男子应用物件，如文具、鞋帽、带子等类。亦有男家着亲族至女家晤女，未婚女子与之磕头，即赐予女子钱或首饰。至聘礼，普通为茶饼、云卷、米面、酒肉及海味、点心、茶盐、枣粉。此外并送国币二十六元至八十元。茶饼形似中秋月饼，每个重二斤，以盒计算，每盒八个。所送数目，二盒至八盒。云卷形圆而大，谓之“蒸盒”，数目与茶饼同。至米面、肉酒，谓之“大盒”，米面以斗盛，酒以坛，肉称方。海味、点心、茶盐、枣粉谓之“手盒”，以包计算，每包重约一斤，数目十六包至六十四包。大约每茶饼一个，即随手盒二包，由此而定。更有送茶饼、百圆、大盒、绵羊成对（谓之“碰门羊”）之礼物，此非富家不能办。其余均随事随地多寡不同。男家将聘礼一一书列帖内，女家则仅书“领谢”二字而已。

请期。男家将婚期择定，通知女家。其仪式系用红笺将亲迎日期及新人冠带之时刻、方向，暨所忌妨之三相名称，逐项开明，备礼遣媒送达女家，俗谓之“打通知”。此项通知，须在婚期前一个月，所谓“信不过月”者，是也。将婚期通知后，然后届时嫁娶。

张北前数年，地广人少，而女子尤缺，彩礼最贵。至近年，受天灾人祸之压迫，彩礼渐次迭减。其中分为三等：上等户多送茶饼，不言彩礼，女家将茶饼分赠予各亲友，以示夸耀，但亦必须送彩礼，至少二十四元；中等户除送茶饼外，女子年龄若大，彩礼较多，约有六十元或八十元；下等户即在百元上下。更有除送首饰外，将茶饼、盒子包括在内，折合钱若干者，俗谓之“包盒礼”。此系远道或贫家之办法也。

结婚。结婚之手续各处不同，兹以最普通仪节，分别列下：

送嫁妆。结婚之前一日，女家将陪嫁之妆奁送至男家，俗谓之“陪随”。举凡首饰、衣服、箱箧、柜橱及家庭陈设、日常用品，无不具备，或用高桌陈列，或用食盒装置，抬夫多人，鼓乐前导，车辆后随。双方各约男宾二人，男家谓之“迎宾”，女家谓之“送嫁妆”，互相招待。此种仪式，在男家为“安床日”，女家为“过嫁妆日”。此系富贵之家办理最多，贫家则无此举。

迎亲。迎亲者，迎娶新人之谓也。迎娶时刻，以拜堂为标准。男家预先择定良辰吉日，无论早晚，不误预定之时刻。当迎娶时，男家必备喜轿一乘，或用轿车，乡间贫家亦有用马车者。内坐不满十二龄之童子一人，俗谓之“压轿者”。又从男宾中约二人，乘车随轿至女家，谓之“娶亲人”。用桌抬送凤冠袍带，以为新人上轿之装束。又用宫灯、国旗，鼓乐喧天，齐赴女家。亦有新郎另乘马或轿，亲到女家迎娶者；亦有新郎不到者。若新郎去时，必另有一人偕新郎同往，谓之“伴郎”。到时，女家预备金花一对，由新娘之妹与新郎戴之，谓之“插金花”。张北西部与山西附近之处，有此礼节。同到女家后，由女家所约之送亲二人出门外，将男家之娶亲人或压轿人，施礼迎入，殷勤招待，以候新人装束上轿。新人将凤冠袍带装束整齐，头蒙巾覆，俗谓之“盖头”，由父兄辈将新人抱出，置入轿内。此时新人必须号哭，以示不忍离母之意，否则惹人讥笑。然后，女家所约之送亲二人，伴同男家之娶亲人各乘车，随轿起身，同返男家。

拜天地。由男家预备之女客二人，谓之“搀亲人”，到轿内。同时用女孩一人持一瓶，内装稻米及金环，以五色线束之，俗谓之“宝瓶”，及染红之鸡蛋二枚，与胭脂粉同置于茶盘内，随同搀亲人到轿前。搀亲人揭开新人盖头，用鸡蛋在新人脸上滚之，又用粉擦之，然后，将宝瓶递在新人右手内。再用男二人铺黄布，俗谓之“踩堂布”。扶新人登其上。并有合礼者一人，手捧木条盒，内放核桃、红枣、谷草、麦面、制钱七枚，撒在路上，随撒随唱喜歌，一直至喜堂前。喜堂设在院中间，有向南设者，谓之“拜南斗”；有向西北设者，谓之“拜北斗”。桌上置斗一，满盛五谷，并将弓箭、宝剑、镜子、宪书、剪子、尺、秤共计七样，置于桌上。新人到喜堂前，跪在西方，新郎站在东方，行三跪九叩礼。礼毕，新郎捧书、尺、弓箭、剑，手持马鞭入洞房门。门槛上置放马鞍，取平安之意。

入洞房。新郎将入洞房，在门外用马鞭击门三下，然后入，并用弓箭向屋内四隅各射一下，再用剑将新娘巾覆挑去。新郎与新娘对坐，搀亲人用酒一杯，递与新郎、新娘互饮，谓之“合卺礼”。饮毕新郎始出。新娘除去凤冠袍带，重新装束，另易红色花衣。

喝喜酒。男家设盛筵，款待女家之送亲人。由男家娶亲人陪席，谓之“宴新亲”。将入席时，用童子二人，一手持盅，一手持箸，按亲友次序，一一入席，谓之“安坐”。先请新亲舅爷，然后姑爷、姨爷以及远近朋友，倘座位一有错误，易起争执。婚后，女家送亲人到喜房，向舅姑告以“新妇年幼无知，不知礼节，诸凡指教”等语。当时舅姑亦答以“务请放心，决不令其为难”等语。是与礼所谓“往送之门，必敬必诫，无违夫子”之意。其语不同，其情则一也。

闹洞房。洞房内设神位，内置拜天地时七种物件，并有分食鸡蛋及团圆饼者。点灯一盏，终宵不灭，谓之“长命灯”。男女来宾，均来混喜房，说令子，非至深夜，新郎、新娘不能安眠。睡后，并有人在外窃听，如听出私语，即作为笑谈，或盗出新娘衣物，新娘必须用食物赎回，遂以为得意之事，传为美谈。

开脸。择女宾中有儿有女完全人开脸，有在女家开脸者，有娶时梳髻，至次晨始开脸者，谓之“鬏髻夫妻”。

关北新妇上轿时，必须号哭，否则惹人讥笑。俗语云，坐轿哭丧，不识抬举。此之谓也。本属喜事，偏令号哭，此俗似宜力戒。

婚后。婚后之礼节繁简、日期多寡，均各不同。兹将最普通者列下：

贺喜。结婚之翌晨，亲友宾客前往贺喜。院中设喜堂，凡男家父母、家长人等，按次序排列喜堂前，众亲友一一分别行礼，东家一一答谢，谓之“贺喜”。亦有姊丈、小叔等装扮婆公、婆母，二人戏斗新郎、新妇喝喜酒，及做种种玩戏，令新郎、新妇如法照办。取其新郎、新妇和气之意。

上拜。众亲友正值设筵饮酒之际，另约一女宾引新郎、新妇到席前，依次拜谢，谓之“上拜”。宾客有赠礼物者，有赠钱币者，谓之“拜钱”。然后，令新郎、新妇再拜谢之，谓之“谢拜”。

拜街。引导新郎、新妇赴各亲友、四邻送礼物之家，逐户登门叩拜。受拜之家，必须备点心款待，将来尤须请新妇吃饭。

认大小。拜街返家之后，翁姑、族人携亲友宾客齐集院内，由人指导，高喊称呼，先拜祖宗位前，然后逐次拜之，谓之“认大小”。晚与第一日闹洞房同。

倒宝瓶。第三日晨，择女客一人，将前新妇下轿时手持之宝瓶，令新郎、新妇衣襟底对铺在桌上，反复撒之。另一人念喜歌。撒在男衣内，谓男有福气，撒在女衣内，则谓女有福气。又谓，撒在男衣内，则谓一人福，撒在女衣内，则谓全家福。

拜祖宗。当回三之前，新郎、新妇乘车赴坟前，叩拜祖宗，即古礼庙见之义也。

回门。新郎、新妇婚后三日，同到母家，俗名谓之“请三”。四日回门者，谓之“请四”。新郎、新妇同乘车赴女家，婿拜见女家父母、家长以及众亲友。亦有拜见女家街房者。女家约众亲友作陪，盛筵款待，并馈赠礼物或钱币。在本街，即日返回；远则一宿始返。

下地饭。回三以后，婿家约近亲作陪，设席飨妇，谓之“下地饭”。盖取古礼归见父母、妇盥、馈舅姑、飨妇之义也。

归宁。女家着兄弟辈到婿家，请问何时归宁，谓之“住对月”。将来返婿家时，对翁姑及族人近亲必须馈敬鞋袜、针凿等物品。至此婚礼完毕。

新式结婚。近年来，社会进步，多趋简约，旧礼已不适用，改用新礼，所谓文明结婚礼是也。其仪式，设一喜堂，用证婚人、主婚人、介绍人、男女傧相、男女来宾，奏雅乐，济济一堂。礼毕，在饭馆设席答谢。一日即可了事，至多不过两日。城市内结婚多仿行之；乡间仍不多觏也。其仪式如下：

男家约男宾二人，乘车赴女家迎娶；再用不满十二岁童子压轿或车，均扎以花及彩绸，同往。娶回之后，先到另一屋内，装束整齐以候结婚。司仪员喊结婚次序：（1）奏乐；（2）证婚人入席（向外立于喜堂中间）；（3）介绍人入席（相向立于喜堂两旁）；（4）主婚人入席（向外立于证婚人两旁）；（5）男来宾入席（立于喜堂前东方）；（6）女来宾入席（立于喜堂前西方）；（7）新郎、新妇入席（男女傧相扶出，立于喜堂前，向外立）；（8）乐止；（9）证婚人读证书；（10）新郎、新妇盖印；（11）证婚人盖印；（12）主婚人盖印；（13）介绍人盖印；（14）新郎、新妇相向一鞠躬；（15）交换饰物（交换戒指）；（16）证婚人训词或颂词；（17）主婚人训词或谢词；（18）来宾颂词；（19）奏乐或唱歌；（20）主婚人退；（21）新郎、新妇谢证婚人一鞠躬，证婚人退；（22）新郎、新妇谢介绍人一鞠躬，介绍人退；（23）新郎、新妇谢男女来宾一鞠躬，男女来宾退；（24）礼毕（有摄影者）。

域内蒙古族人议婚之始，由父母或家长做主，个人无自主择婚权，亦不能干涉。经媒妁介绍，提议某家或数家之女，年岁多在十七八岁，容貌与男方相若。男家遂用佛字一块（佛字俗称“哈达”），分送女家，作为议婚礼。所接到哈达各女家，即不准再与其他男家议婚。如果事先不满意，可不接哈达。男方认定何家之女德容兼备，即指定一女。再经介绍人议妥，双方情愿，一切皆无问题，是为议婚完毕。而其他未议妥之女，始能与其他男方再议。所送哈达亦不追回。但许男方不娶，或男订别家之女，而不许女方不嫁。

议婚完毕，男方须送订礼。礼之轻重，视家境贫富而异。最注意头戴饰物，女方制备，男方必须出半价作订礼，绸缎衣服随意购办，多寡不拘，而必须送女方母亲绸缎衣服一身，是不可缺少者也。至此订婚手续始毕。

吉期定妥。结婚之前，托介绍人询问女家戚族人数多少，男方即预备哈达若干方，以备迎亲时馈送女家。陪送妆奁、衣服、首饰以及蒙古包日常用具，应有尽有，并有陪送马、牛、羊若干，亦视贫富为标准。婚期前一日，嫁妆送至男家，布置陈设。迎亲时，新郎披红绸、带弓箭，随男宾数人或十数人，骑马至女家附近之处。女家预先请男子十数人，在蒙古包或家门口相拦，即对男方数人发言“旁有大道不走，来此何干？莫非抢人、偷盗”等语。男方即答以“汝非皇宫内院，竟敢拦人，非进不可”等语。双方互嚷互骂，时间颇长。愈嚷愈怒，双方各持所预备之木棍，互相撞打后，遂言“不打、不骂、不亲热，原来是亲戚”。各发笑容，即往家内请新郎。至家，待以敬礼，亲赠哈达，或内卷栽绒毯。女方戚族，每人各一份。受礼者或以烟口袋、钱口袋及贵重物品回赠。互相送完，即坐筵席吃饭，时间颇长。亦有请吹唱者。猜拳行令，欢乐异常。筵罢，新郎与新人持一羊蹄骨筋，佛字包裹，用刀削断，预备将来各装枕头内。新郎骑马即归。男宾即到屋内抢新人。陪新人者有少女十数人，相阻并保护新人。非选强壮者不能抢出，此所谓蒙古人之“抢亲”是也。新人被抢后，女家作假哭泣。将新人复送回家内，再预备送亲。男宾乘马而归。女家新人乘车，送至男家居住较近之地，布置一蒙古包及数顶帐房。新郎即至，以手将新人马缰提起，新人下马，同送亲数人至男家门口。门紧闭，依照以前之相阻，旋即言归于好。如汉人行结婚礼后，进屋内将盖头揭去。坐席毕，至晚入洞房，新夫妇同睡一榻上，旁有伴新人二妇女在屋内同宿一夜。天薄暮时，男方所畜牛或羊，女方派人偷窃一只，即发言“取刀与盆，速杀此牛或羊”。男方闻知，以礼物将牲畜赎回。送亲人得物品，欢喜而归。翌晨，新人先拜火盆、铁架，再拜认义父母，俗谓之蒙人三层父母（即父母、岳父母、义父母），次拜家长、亲戚。礼毕坐席。同伴新人之二女亦归。结婚礼即告终。

结婚之后第三日，女家父亲携整羊一只及礼物、点心等，往看闺女。亦有同婿女回家住半月或一月者。唯离婚最易，女人如愿离婚时，将锅翻转，携带自己物品而去，如回头看，仍有意再回，否则决意不返矣。（以上据民国二十四年《张北县志》整理）

阳原县婚嫁礼俗

本县富贵之家，男子十五而娶，女则十七始嫁；工商之家，则男子二十而娶，女则二八而嫁；贫农则而立、不惑之年始得积资聘妇（贫人娶妇须纳彩礼洋百元至二百元），女则年仅十五即嫁，盖一则减轻负担，一则借得彩礼，实逼处此，非本愿也。其礼，则古所谓纳采、问名、纳徵、请期，四礼俱备，独无亲迎。朱柏庐《治家格言》有云：“嫁女择佳婿，娶妻求淑女。”本县缙绅之家，类多服膺斯言。且男女相当外，尤贵诗书门第，匪特重其父母，有时探及外家（即男女双方之外祖父及外祖母）。女嫁前日，父母教之以孝顺舅姑、和睦妯娌、必敬必诫、无违夫子（平日即以此类教之，不过临嫁时反复叮咛一次）。嫁之日，宗戚来贺，各有赠仪。女之奁品，于喜轿临门前，陈列厅堂，任客观览。富者计有三楹木器成堂，四季衣服八身，金玉首饰三头；中级之家无木器，衣仅四身，首饰亦为银质；贫者则一切皆免，仅妆匣、脸盆各一，衣服随身，白铜首饰数事而已。迎娶，宦家用轿，前导鼓乐执事（即男家本身或其先人之官衔牌、伞旗等）；富商亦同，但无执事；农工则用轿车（二骡）；赤贫则仅用驴，亦无鼓乐。妇至门前，新郎捧书籍、弓矢，衣冠出迎。有中年妇人二（俗谓之添脂粉者，须富贵双全并有子者始合格）、幼童二（持脂粉盘者），导入门。至礼堂前，并新郎北向四叩首，谓之“拜天地”。礼成，新郎、新妇同入洞房。但行礼先后，尚有书籍、弓矢、马鞍、福神、裁尺、剪刀、戥子、命灯、撒帐九事。书籍、弓矢，新郎双手捧至洞房，取其书香世继，志在四方也；马鞍，置于大门之中，取其威扬天下也；福神，乃洞房所供之神，取其福禄祯祥也；尺、剪刀、戥，并置于福神桌上，取其持家有道也；命灯，亦置于福神桌前，取其白头偕老也；撒帐，即撒荔枝、桂圆，取其瓜瓞绵长也。此九事，虽贫勿废。吉期前日，女家备烧饼二，一糖馅，一肉馅，糖示弄璋，肉示弄瓦，令女择食其一，以预卜其首生也。女登轿时，以红绸覆面，俗名“盖头”；至男家，入洞房，婿亲启之，始得初见女颜。是日女服，其在清时，皆系凤冠龙蟒；男则蓝袍青褂，冠靴以时。民国则新旧无定，女服尤各不同矣。新妇梳洗毕，夫妇对食，然此仅形式耳。及晚，贺客中之晚辈戏弄新妇，词多秽谑，直至夜半，饷以糖果、花巾之类，始各散去，谓之“闹洞房”。妇愈美者，闹愈烈。迄新夫妇共寝之际，屋外尚有窃听情词、以为翌日戏弄资料者，谓之“听房”。第二日，新妇绾髻去冠，易以金珠首饰（半系借者，不必全为自备），上衣青缎礼服，花边数层，下衣红缎绣花彩裙，绿裤红履，叮当环佩，飘若仙侣。新郎所服，则仍昨日。至午，同至礼堂交拜，次谒家尊、亲朋，并序行辈。第三日，早祭祖茔，午辞舅姑，然后偕婿同至妇家，谓之“回门”。妇家盛饰床帐，殷勤招待。翌日，婿拜妻之父母家属。至午，设宴款待，并延贵宾陪席。此后更留若干时日，悉听婿便，短则三日，长不逾十。择吉同归男家后，新夫妇于月内共寝同食，绝不操作，日但盛饰，早晚向舅姑、长辈请安而已。即属贫家，新妇月中亦较清闲。过此则与家人无异焉。若因亲丧未殡而家无主妇，于柩前权婚者，则免鼓乐宴乐，新妇仅艳妆一日，翌日即共夫同服斩衰，俨然孝妇矣。（以上据民国二十四年《阳原县志》整理）

怀安县婚嫁礼俗

清时，男女婚嫁多不及时：有发覆额而即适人者；有未成年而即授室者，地方官虽严切禁谕，莫之能易。揆之冠而迎、笄而字者，相去远矣。近年以来，国民教育较前普及，虽在童龄亦知早婚之害。完婚时，男女俱在十七岁以上，甚有因自由择婚，考虑过当，年将三旬犹未订有相当配偶者。是父母主婚与自由择配，各有利弊焉。其订婚时，先遣媒妁问名，继以纳采，尚馃盒、饼饵、钗环、布帛之物。择吉，用鼓乐迎娶，只央亲友往迎，俗谓之“娶亲”，类是伴郎也。在结婚之先一日，女家先将妆奁送至男家，举凡首饰、衣服、箱柜，以及日用常品，无不具备焉。迨至吉期，新妇降舆，伴娘授以宝瓶，内贮银米，妇捧至堂前，与新郎行合卺礼。阈中预设马鞍，夫前行，妇随行，跨鞍而入，盖取平安之意。三日，以瓶中米为粥，交啜之，然后妇入厨下。其中资以下各家，铺张虽略有不同，而其结婚方式亦皆如是也。近年社会进步，力趋简约，凡旧日习尚稍涉迷信者，均不袭用。在城市方面，间亦采用新礼，所谓文明结婚者是也。亦有新旧仪式参用，废除九叩拜跪礼，取消盖头布，就在院内假作礼堂，由傧相导引，公开的夫妇行相见礼，转面拜谢宾客，继与翁婆相认，只数点首，而万事俱毕矣。唯贫寒之家，订婚很难，先与女家议明彩礼，方允其亲，每有变产而后婚娶者。是买卖式之婚姻，于此得窥全豹。（以上据民国二十三年《怀安县志》整理）

万全县婚嫁礼俗

全境中资以上者皆早婚。普通男子十三岁而娶，女子十五六而嫁。至婚礼，随地而异，皆不能脱六礼之范围，不过细目略异，形式稍变耳。兹就最普遍而通行者，择要述之如下：

议婚。婚礼之起点，首在议婚。完全由父母或家长专主，本人不能置喙。经媒妁介绍，两家之父母或家长各为其子女斟酌进行，所谓“父母之命，媒妁之言”始为婚姻上正当手续。在议婚之初，双方如各认门户相当，家境充裕，始进行不辍，否则无撮合之余地。经过此项审核，双方皆认满意，即用红色纸条开列两家子女之年庚八字，遣媒互相交换，俗谓之“开红帖”。普通多有将此帖暂置两家灶神前，以卜休咎者。如三日内毫无他异，即认为顺利，始能依礼进行；倘稍欠顺利，虽细如碎盆、失箸、丧犬、遗猫，亦认为神灵示异，不能不停止进行。此外，又有兼听命于星相家者，细合大相有无妨碍，俗谓之“合婚”。能逢上婚且不妨翁姑或家长者最为相宜，此外，如中婚且少妨碍者，或可勉强从事；如系下婚，则绝对不成。虽婚姻出于双方情愿，一切皆无问题，亦不能不格于此，而作罢论。此等终身大事，既不能自主，又囿于迷信，不知破坏若干良伴佳偶，殊为浩叹。婚姻经此难关，议婚之手续始毕。

订婚。订婚之始，为纳采、问名。纳采、问名者，即俗所谓之“换小帖”，或“小定”是也。盖前之开红帖，不过为试探性质，至始为正式进行。双方各备礼物，男家所备之礼物，以海味、点心为最多，另备首饰数件；女家所备之回礼，普通为男子用品，如文具、鞋帽等，两家并将子女之年庚八字，正式书于套帖内（现改用公家印就上贴印花之婚姻证书）。然后，择日遣媒赍礼交换。亦有男家父母或家长亲至女家晤女，认合宜，即面赐首饰一件，作为订婚之凭，俗谓之“插针”。后随即“小定”。婚姻经过“小定”，始能正式成立，永不能反悔矣。“小定”后，继之“大定”，俗又名“过礼”。盖男家已将婚期择定，不能不送聘礼。于送聘礼之先，并将婚期通知女家。其仪式系用红笺将迎亲日期及新人冠戴之时刻、方向，暨所忌妨之三相名称等，逐项开明，备礼遣媒送达女家，俗谓之“打通信”。此项通知，须在婚期前一月，所谓“信不过月”者是也。将婚期通知后，即择日过礼。过礼者，过聘礼也。聘礼普通为茶饼、云卷、米面、酒肉以及海味、点心、茶盐、枣粉（粉面）等。此外，并送国币若干元。至国币数目，普通四十元至八十元。茶饼，形似中秋月饼，每个重约二斤，以盒计算，每盒普通八个。所送数目，二盒至八盒不等。云卷又名蒸盒，数目略同茶饼。至米面酒肉，谓之大盒。米面以斗盛，送酒用坛，肉称方。海味、点心、茶盐、枣粉谓之手盒，以包计算，每包约重一斤，数目十六包至六十四包不等。以上聘礼，成色不一，数目不等，皆随地而异。最甚者，送茶饼、百圆、大盒皆双者。又有活羊两只，谓之“碰门羊”者。此礼非富者不能举办。故聘礼虽随地而异，贫富亦不能无别也。聘礼之外，双方各备龙凤大帖套笺，男红女绿，以示分别。男家将所有聘礼，分门别类尽数书列帖内；女家则仅书“领谢”二字。届期，随同聘礼交换，故俗又谓之“换大帖”，以别于定亲时之换小帖。婚礼至此，盖已履行古礼所谓之纳徵与请期矣。

结婚。结婚之先，女家将陪嫁之妆奁送至男家。妆奁又名“嫁妆”，或称“陪随”。举凡衣服、首饰、箱箧、柜橱以及家庭陈设、日常用品，应有尽有，无不具备。至妆奁之多少，亦以贫富为标准，且往往与聘礼为反比例。盖贫家聘礼，只索钱财，不重物品，其妆必少，甚至毫无。富者重礼物，不索钱财，其妆奁反多。社会习惯，恒以富家生女不如贫家生女之有利云。且富者每遇婚姻，必大事铺张，以夸耀乡里。所有双方之聘礼、妆奁，或用高桌陈列，或用食盒装置，抬夫数十人，亘长百余步，鼓乐前导，车辆后随，沿途观众不绝，无不啧啧称羡。先送聘礼，后过妆奁。双方各约男客二人伴送，在男家谓之“押盒者”，在女家谓之“押嫁妆者”。互相招待，事毕而返。此种仪式，每在婚期前一日举行。故此日，男家谓之“下茶日”，女家谓之“过嫁妆日”。至若聘礼为财物，妆奁有若无者，则不另举行，在结婚日，随时皆可办理也。婚期，即古礼所谓亲迎。亲迎者，即迎娶新人之谓也。其迎娶时刻，以拜堂为标准。盖拜堂必择良辰，迎娶无论早晚，必须适合良辰。迎娶时，男家备喜轿一乘，内坐不逾十二龄之童子一人，俗谓之“压轿者”。又从男来宾中约二人，乘车随轿至女家，谓之“娶亲者”。用桌抬送凤冠袍带，以为新人上轿时之装束。又有用宫灯数对，或国旗仪仗者。鼓乐之外，鸣锣前导，齐赴女家迎娶。且有新郎骑马，或另乘轿，亲到女家，后由女家所约之送亲二人，将男家之娶亲及压轿者迎入招待，以候新人装束上轿。新人将凤冠袍带装束齐整，头蒙巾覆，俗谓之“盖头”，由其父兄辈抱入轿，或约女客二名扶入。然后女家所约之送亲二人，伴同男家之娶亲各乘车，随轿起身，共返男家。到后，由男家预约之女客二人，将新人从轿内扶出，至院内所供之天地神位前，与新郎共行参拜天地礼，由赞礼者唱喝三跪九叩毕，即入洞房。洞房门限上，置马鞍一具，新人跨鞍而入，意在取平安之意。新人自下轿至入洞房所经之路，皆用黄布铺地，新人行其上，谓之“踩堂布”。新人入洞房后，新郎执马鞭击洞房门者三，然后入，并用弓箭对房内之四隅各射一次，再用剑将新人之巾覆挑去后，新郎出。新人重新装饰，并有实行合卺礼者，用酒一杯与新人互饮后，始出者。新人此时始将凤冠袍带除去，另易红色花衣（俗谓之“二色衿”，专为新人之服用者），端坐屋内。本日晚，男家备宴，款待女家之送亲，由娶亲陪席，谓之“宴新亲”。洞房另备油灯一盏，一宿不令灭熄。来宾先混喜房，喧闹不休，俗谓之“说令子”。深夜，新郎、新妇始能入睡，而房外又有人窃听或盗新妇衣服，俗谓之“听房”“偷新人”。如有所得，新妇须用礼物赎回；如听房有所闻，即为谈笑之资。

婚后。结婚之翌晨，宾客贺喜。凡男家父母、家长人等，皆与宾客晤面答谢，并由新妇依次拜谢之，谓之“上拜”。宾客有赠礼物及钱币者，谓之“拜钱”。新妇再拜谢之，谓之“谢拜”。贺喜毕，即引导新妇外出，赴亲友及四邻家，逐户行礼，谓之“拜街”。返家后，翁姑、族人携亲友宾客齐集院内，由人指导，高喊称呼，逐次拜之，谓之“认大小”。晚与第一日同。第三日为回门之日，俗名“请三”。新妇回女家，新郎同去。婿拜见女家父母、家长以及亲友，女家亲友各有赠馈。第四日，妇婿仍有赴女家者，谓之“请四”。过此，婿家约近亲作陪飨妇，谓之“下地饭”。盖并古礼之归见父母、妇盥、馈舅姑、飨妇以及庙见、婿见妇父母等礼，继亲迎后，分别举行矣。至亲迎之匝月，妇归宁，谓之住对月。数日归，对翁姑、家人以及族人、近亲皆有礼物，按人奉赠。婚礼至此毕。

新式结婚。上述各节，皆数十年相沿成习之古礼。入民国后，政体改革，社会进步，烦琐之礼节已不适用，多趋简约。在闭塞之区，礼虽仍旧，亦渐知改革。至城镇比较开通之地，则完全改为新礼。其仪式与礼制馆所拟之婚礼草案略有出入，所谓文明结婚者是也。亦有新旧仪式参用者。总之，比较旧礼已进步多矣。将来如对婚姻制度及择配标准、求婚方法等问题再加改进，则国家社会良有裨益也。（以上据民国二十三年《万全县志》整理）

隆化县婚嫁礼俗

媒妁将得男女家之同意，即议聘仪，名曰“彩礼”。彩礼之多寡，不视男家之贫富，在议者之规定。银或十二两至三十二两，布匹由八匹至二十四匹不等；钗钏相似。订婚日即须过付，谓之“下定礼”。否则即不成议。合卺前数日，婿家备敞车一（车多用牛），车用芦席架棚，载女及女之亲眷，至近婚家房舍安置。其房舍谓之“下处”。及合卺之日，或扶女或用小车载女至婿家，行祀天、交拜等礼。礼毕，即入新房。至次日，始出见翁姑，序长幼已，贺客皆至，遂宴喜筵而散。女之亲眷，亦即旋里。（以上据民国八年《隆化县志》整理）

围场县婚嫁礼俗

结婚。旧时的婚姻讲究“门当户对”“父母之命，媒妁之言”。结婚前后一般有定亲、完婚、回门、住对月等过程。

定亲，也叫“换盅”“换东西”“递手巾”。男女到结婚年龄时，请媒人说亲。媒人先将男女双方生辰八字，找人查看是否相克，称“看八字”。“八字”相符，其他方面都具备定亲条件，便可选择吉日准备定亲。定亲前几天，由女方父母向媒人将要的彩礼讲清，或写在单子上，让男方准备。定亲仪式，一般是由媒人和女方父亲及长辈亲属，带着姑娘到男方家举行。这天，男方要将女方要的彩礼全部给齐。酒席宴上，一般男方要给姑娘些钱物，称“满酒钱”。订婚后男女双方可以相互走动。

完婚，也叫“娶媳妇”。男方家在结婚前几天要准备“四合礼”，即酒、肉、米、面，每种数量根据男方家庭状况而定，但多少要相同。“四合礼”由男方长辈和媒人一起送到女方家，预定好结婚日期。结婚当天叫“正日子”，正日子前一天，姑娘由送亲婆及伯、叔、婶、哥、嫂子等八至十人陪同前往男方家，俗称“送亲”，男方将送亲的称“新亲”。送亲人数必须是双数，回来时单数。送亲、迎亲有“姑不娶，姨不送，姥姥、舅母全不用”之说。姑娘上车时要由哥哥背到车上，上车前要流眼泪，示意将财富留给娘家，送亲人中要有一个小男孩（弟或侄）压车。当送亲车与迎亲车途中相遇，进行换鞭仪式。男方家事先在邻居家准备好住宿地方，称“下处”。“下处”的选定一般要求距男方家以不见房檐为准。到“下处”下车时，新娘一般带有一定数量的钱，要求男方按其钱数给配上，称“配压腰钱”。女方的嫁妆中都备有一包鞋，称“包袱鞋”，是姑娘定亲后亲手所做，一般为七八双，多的十几双。在“下处”，长辈女性亲友以看“包袱鞋”来品评姑娘针线活的好坏和是否心灵手巧。第二天按约定的时间，女方从“下处”到男方家举行婚礼，一般在黎明举行。新娘下车蹬黏米糕，称“跐脚糕”，示意从此步步高登，新娘、新郎这天称“新人”。下车后新娘由人搀扶同新郎跪拜天地，由压车人将娘家陪送的门帘挂到新房。此时嫂子、小姑等将新房门拦住，尽量不让新人进去，称“拦门”。新人“冲”入新房同坐，称“坐福”；坐福后，新人喝“交杯酒”，吃“子孙饺子”。“子孙饺子”一般由婆婆亲手包，吃时，由嫂子问“生不生”，新人得答“生”，示意生育；由一中年妇女用粗线绞去新娘脸上的汗毛，称“开脸”；将辫子梳成纂儿，称“上头”。开脸后新娘洗脸，由小姑、小叔或晚辈侄儿给送洗脸水，新娘要往水里扔些钱币。酒席款待后送走新亲，送亲礼仪结束。晚上入洞房前，小姑、小叔等闹洞房，称“搅酒”或“搅房”。搅房时新娘要将自己的东西锁好，防止被人拿走，如有人拿去，新娘要送点礼物“赎”回来。搅房时，由嫂子或已婚妇女手拿擀面杖，边敲打门框边念“擀面杖，敲门框，丫头、小子养一炕”。新婚三天内，亲戚朋友可以随便和新娘开玩笑，有“三天之内无大小”之说。第三天，拜祖先、公婆、舅、姑等亲属，称“上拜”，以分大小。婚礼就此基本结束。

回门。婚后第七天，新郎、新娘同回女方家，公婆一般要准备些糕点及其他礼物给带上。娘家要用最好的饭菜招待，称“迎新姑爷”。村中亲朋好友也都到家中看望，并品论新姑爷的长相、风度、衣着等。

住对月。新婚满一个月，新娘要回娘家住一个月，一般由娘家弟弟接、送，不许新郎同去。

满族婚礼不同的是，新娘上车要戴双喜字、穿黄鞋、车上挂铜镜，新娘下车时抱宝瓶（瓷瓶）。下车后，有专人铺红毡直到供案前，新郎用弓箭先向西北角射一下后，向新娘虚射三下，以镇“邪恶”。喝的交杯酒，是一种放了红色的酒，叫“阿达密酒”。新中国成立后，这一婚俗已不多见。

清代，蒙古族聘礼和陪嫁有所不同。聘礼一般是送马、牛、羊等牲畜，较重的聘礼是五匹马、五十只羊，后来改为马二匹、牛二头、羊二十只。女子出嫁有陪嫁风俗，妆奁根据娘家家庭财产状况有所不同，大户人家陪送牲畜，一般则为日常用品，新中国成立后，此俗已不延续。

回族办理结婚手续后，要到清真寺由阿訇书写证书，表示宗教认可。

新中国成立后颁布了《婚姻法》，各民族扫除了许多旧习和烦琐礼俗，实行婚姻自主，一般经过介绍人引见认识，双方谈话后再争得双方家长同意，然后在男方家预备订婚。订婚时，由男女双方介绍人和邀请亲友在场，男女双方交换订婚礼品。这时女方被正式引见认公公婆婆，一般男方家长要给“相亲钱”，还给女方自行车、表、衣料等礼物。经过一段互相了解之后，男女双方达到结婚年龄，举行婚礼。在农村一般用畜力车送亲，城市到80年代后用小汽车接亲，农村也开始用机动车接亲。接亲车一到，大放鞭炮。结婚仪式，50～70年代多向毛泽东像鞠躬；80年代后，向主婚人、证婚人、来宾行礼，一般都办酒席，入洞房都“搅酒”。在职工中，有很多家实行旅行结婚，男女双方外出旅行后，就算完成婚礼。城乡由妇联、青年团组织的集体婚礼，省钱省事，也深受部分青年男女欢迎。近年由于人民生活水平的提高，一些人为把婚礼举办得隆重、热烈，部分旧婚俗又被人们采用，如送亲、压车、配压腰钱、挂门帘、吃子孙饺子、搅酒、回门等，有些程序要送给“红包”，更增添了婚礼的气氛。县城和部分农村女青年结婚都做“新娘头”。

招女婿。有女无儿招女婿，俗称“招养老姑爷”，还有男方因家境贫寒无力娶妻，到无儿子家做女婿。过去被招婿之人，受人小瞧，所生儿女随母姓。70年代后，推行计划生育，提倡男到女家落户，男到女家已成为很正常的婚姻方式。

再婚。再婚分改嫁和再娶两种情况。过去，寡妇改嫁受人鄙视，婆家往往索要高价，称“卖寡妇”，只许单身出嫁不许携带财产。新中国成立后，贯彻《婚姻法》，男女平等，寡妇改嫁自由，有权支配或带走应得财产。贤惠的媳妇，有带公婆改嫁的，也有经公婆同意招婿共同赡养老人的。过去，男人丧妇，可以再娶，有财势之家还可以娶三房四妾。新中国成立后，一夫一妻制的贯彻，纳妾的封建陋习已不复存在。80年代后，老年再婚受到政府和社会的关注，政府支持老年人再婚。有关部门积极做好再婚老人子女的工作，为老年人再婚提供保障。（以上据1997年《围场满族蒙古族自治县志》整理）

宽城县婚嫁礼俗

宽城境内的男女完婚礼俗，各地大同小异。一般有议婚、订婚、通书、结婚四个步骤。

议婚。新中国成立前，双方父母认为“门当户对”，即托人向另一方说亲，求得一方年庚八字占算，如属相互合，男方即遣媒人去女方家中商议聘金彩礼。有的亲朋好友，由于志气相投，有指腹为婚者。新中国成立后，男女自由选择对象，找“现成媒人”撮合，已经逐渐形成风气。

订婚。经议婚，双方父母同意后，男女两家各具庚帖互换，叫作“合帖子”。媒人领着姑娘及其父母，一同到男家“相家堂”，吃订婚饭。男女双方互赠信物（有绣花荷包、手帕等）。男方长辈给女媳叩头钱。此后，双方相互往来。每逢节日，男方给女方父母送“赘节”礼品。新中国成立后，执帖订婚的逐步消失，其他习俗尚存。

通书。结婚前一个月内进行。由媒人及男方长辈将写明结婚日期的“通书”（附有礼品）交与女方，双方从此准备结婚。新中国成立后，下“通书”多改为口头约定。

结婚。旧时结婚，女子骑驴或坐轿，有男女送客及“压轿”男孩陪同。至男方家中时，女子下轿（驴），与男子一同拜天地、父母，夫妻对拜，步入洞房。新郎揭去新娘红盖头巾，新娘开脸（用线绞去脸上汗毛）、梳妆（改辫子为发髻）。然后，大摆酒席，招待邻里亲朋喝喜酒。结婚之后的第二天，新娘“回门”（回娘家），新郎同往。在女方家中住四至八天后，夫妇一同回家。婚后一个月，娘家接闺女住“对月”。

新中国成立后，婚嫁形式多种多样。步行、乘车及旅行结婚者普遍，坐轿、拜天地、蒙盖头、开脸、梳妆逐步消失，其他习俗尚存，但繁杂细俗逐渐减少。

此外，童养媳、招女婿、再婚等婚俗有异。

童养媳结婚，采取灶房里戴髻髻的办法，择三、六、九之日，将童养媳叫到灶房里，在灶王爷面前叩拜，晚上入洞房。次日清早，将发辫改梳成发髻（称“上头”），即为完婚。新中国成立后，童养媳已彻底根除。

招女婿，也称倒登门或倒插门。过去，有的男子贫苦无力娶妻时，便到有女无儿家中做婿，所生子女随女姓，婚礼比较简便。新中国成立后，招女婿者渐多，但所生子女随母姓、父姓均可。

再婚，旧时也称“续弦”，男人再娶，略似新婚过程。女人再嫁，则不迎不娶，嫁时不能见红日。现在，再婚者同正常婚俗无大殊异，但婚事多简便。（以上据1990年《宽城县志》整理）

在清代，宽城满族只能和满族相互结婚。旗营解散后，与汉族间逐渐通婚结亲。新中国成立以来，满族仍坚持本家族内不通婚。提倡晚婚、主张婚姻自由、自由恋爱等新事新办的越来越多。在结婚礼仪上，今仍有些地方保留着坐轿、骑马、背铜镜、抱宝瓶、拿弓箭、迈马鞍、倒红毡、踩粮袋、抢炕头、拜天地等满族习俗。另外，男女青年到结婚年龄，双方无论是自愿或经媒人介绍同意，皆进行“放定”礼、递手绢、相互“换盅”下大礼。婚日，新娘由媒人陪同、亲友相随送来，到婆家事先选好的一家住宿，即“订下处”。第二天由“下处”再到婆家举行正式婚礼仪式。然后“坐福”。同日晚间，邻居平辈（年龄小于婚者）的男女到洞房中说笑打闹（俗称“闹洞房”），同吃“子孙饺子”。三日，拜祖先及亲属，称“认大小”。还有“回门”“住对月”习俗，等等。（以上据1989年《宽城县民族志》整理）

迁安市婚嫁礼俗

媒妁既通，男家用红笺书乾造八字，投之女家，女家亦具红笺报之，谓之“庚帖”。下户议财，士族无有也。及娶，男家具仪告期于女家，谓之“催妆”。娶妇之日，男家备肩舆一，用女娶亲客一，鼓乐四人、六人或八人（均以双数为宜），往女家娶亲。女家则用帛覆新娘之首。遣女送亲客一人，男送亲客二人（俗名“押轿”）；而妆奁之多少，则以贫富为差等。彩舆至男家门首，先燃爆竹。天井中置一方桌，供奉天地诸神，燃香烛，供酒菜。新娘下轿立于案旁，新郎具衣冠，在案前四拜，俗谓之“拜天地”。次日，新妇即谒祖先，拜翁姑。女家即于是日迎女及婿，曰“回门”。有次日送归者，有四日、六日、八日始送归者，则不拘也。若大户之娶亲彩轿，前多用仪仗，鸣锣执旗，以壮观瞻，今亦辍而不用矣。至山村小户之婚礼，则简而又简，其亲迎古礼概未之见。近年文明结婚，例有明文，但邑人泥古者多，仍因旧日习惯，而实行新婚礼者尚少焉。（以上据民国二十年《迁安县志》整理）

玉田县婚嫁礼俗

婚不论财，然重纳采。富者，钗钏、币帛；穷者，布枲而已，皆以两计，如古法，美恶多寡，罕有争者。庚帖不尚繁文，亦无御轮、合卺。唯新妇入门，则尊卑皆相将以敬，无敢戏媟，如他处所谓闹房者。庙见恒不待三日。然族党虽分门别户，皆各就其宗祏礼之，仍曰“拜三”。唯舅姑在堂，则必依古典。于婚之明日，夙兴展拜其父母。媵女以盒略具枣栗、腶脩，亦执贽、奠笲之义欤。

婚之四日或二日，妇家迎新婿及女，谓之“回九”（古者，婚三日内不用乐，则以四日延宾为正，今多用二日。如韩氏《朝邑志》所云矣）。至，则婿谒其宗祏及族党皆遍，如新妇拜三之仪。留数日，或隔宿送还，以为备礼。即有故，艰于往返，必假馆迎之，顷刻而送，无责焉。不迎，则婿无妇家，女无母家也。

女子既嫁，然后笄，妾则无之。嫡庶之辨，断断如也。凡闺阁，每靳以文字，或仅令略识之，无借襄书算。谚有云“妇人无才即是德”，遂以为固然焉。红叶之媒，所未有也。（以上据清光绪十五年《玉田县志》整理）

冲喜亲。旧时女子定亲后，未婚夫或公婆病重。为了用“喜气”冲走“邪气”，提前择吉日成亲。如未婚夫卧床不起，由其妹或公鸡代行婚礼。冲喜亲造成许多悲剧，不少女子在冲喜之日成为寡妇，只能抱着亡夫的灵牌入洞房。

阴婚。未婚男女死后，父母为了安慰他们的“在天之灵”，托媒人说和为其办喜事成亲。一般形式较简单，婚后将其合葬，双方亲家往来如常。

寡妇守节与再嫁。旧时妇女丧夫一般不许再嫁，叫作守节。女子定亲后，如未婚夫亡故，仍要与其未婚夫的灵牌完婚，并终身在夫家守行。守节者受社会舆论的赞誉和族人、乡里及官府的支持、表彰，突出者还可青史留名。寡妇再嫁，横遭指责、非议，处处受刁难，媒婆从中渔利，前夫家要索取彩礼，其本人被贬称为“二婚头”，其所带前夫子女，在成亲的第二天带去的被贬称为“带犊子”，过第二天自己找去的被贬称为“赶头子”。寡妇改嫁成亲的日子要暗中订妥，成亲前要先抱一棵大树，以示不再妨夫。寡妇出嫁不准走正门，天黑离村，晚上拜堂，半路上要有人保护，否则他人可以抢亲。寡嫂嫁叔被贬称为“降级”；兄娶寡弟媳被贬称为“升级”。

回族婚嫁。回族男女青年如情投意合，须经双方父母同意，经“古阿西”（介绍人）介绍，下聘礼互赠信物，双方家长见面，定出婚期，即为订婚。结婚时用

“小车子”（带顶棚的畜力车）到女方家迎娶。出嫁姑娘由父或叔、兄抱上车，谓之“抱轿”。上车后，大嫂子拿圈斗，内盛草节、枣、栗子之类向车内撒三把，谓之“砸喜”。此后，大嫂要不停地“砸喜”，直至姑娘入新房。至男方家，仍由其父或叔、兄将其抱入新房，行开脸（用棉线绞去脸上的汗毛）。开脸毕，新婚夫妇与双方家长、介绍人、新亲等集在一起，由阿訇写“伊札布”（结婚证书），其上写有结婚人、双方父母、介绍人、新亲等人的“经名”（回族名字）和“卡宾钱”（晚上新郎给新娘的钱）。而后阿訇念喜经，新郎跪经，阿訇再“砸喜”三把，全体参加者用阿拉伯语承诺后即入席。宴席中男方长者，领新娘按桌“认大小”，行叩头礼，受礼者皆给喜钱。婚礼完毕。1949 年后，回、汉民通婚不再受禁止，现回民与汉民结亲者日渐增多。（以上据 1993 年《玉田县志》整理）

遵化市婚嫁礼俗

古行六礼。今俗礼止通媒妁，筮吉用缯帛、钗钏、羊酒、果食以为定，即纳采也。问名、纳币、纳吉、请期，皆循序行之，但繁简有差耳。婚不论财，然重纳采。富者钗钏，贫者布枲而已，皆以两计，如古法。彩礼或以东钱五十八吊为常数，虽贫家童养亦然，鲜有争多寡者。纳采之后，每遇中秋，辄以果食饷女家，谓之“追节”，及娶始止。有极从丰腆者，是又有加于六礼之外，亦厚俗也。媒先以男庚达女家，以通书，合无刑克；妁以女庚复男家，并合无嫌，则允亲。男家以庚帖礼启求婚，附以钗钏、币帛为聘，谓之“过订礼”。女家合，书女庚，复启报聘。及婚，先择嫁娶吉日，复以礼书、猪酒请期，谓之“过启”，亦谓之“送嫁娶”，仪物谓之“盒子”。女家或收半璧，示谨让之意。婚期前夕，男家以肉、面等品为催妆礼，有并送冠带服饰者；女家送妆奁，丰俭称家之有无，唯门帘若所必需，亦喜溢门楣之意欤。女家以肉、面制水饺，谓之“子孙饽饽”，并送肴馔，曰“随轿饭”。合卺之夕，夫妇同食，并煮面条，曰“长寿面”。亲迎，则新郎簪花披红，乘马先彩舆至女家，傧相赞引拜其祖庙及岳父母，以次诸亲。岳家为加双花披红做交文，御轮三周，乘马先归，谓之“大娶”。非世族初婚，鲜有行者。彩舆鼓吹，大略皆同。娶送女客各一，各乘肩舆，俗谓之“三顶轿”，世族多用之；娶送男客各二，皆各乘车。乡间只女眷娶送而已。彩舆到门，先燃爆竹，或焠铁于醋，束炭于草以为厌胜，不速使出舆，谓之“闷妇性”。并添粉于面，纳果于口，授宝瓶于手。出舆举步逾鞍，取平安之意。以弓矢迎之，以避凶煞。设天地纸马于庭，上香及化纸马，皆家长行礼，新郎新妇并拜。礼毕则交拜。有男拜女不拜者，有不交拜者，有拜于堂者，家俗不同也。或延齿德尊重者为南极老人，为新妇祝寿。坐床、撒帐，世族中有之。合卺之礼，寒贱不废。为新妇加笄，谓之“上头”，犹冠礼也。必用鼓吹，示最重也。庙见，恒不待三日，族党各就其宗祏礼之，乃曰“拜三”。舅姑在堂，必依古典，于婚之明日，夙兴展拜。其父母媵女以盒，略具枣栗、腶脩，亦执贽之义欤。女家迎女及婿，谓之“接回门”，或二日，或四日，必取双数，无京师回九之说。近则本日同归，远则八日、六日、四日送归，亦必双日。女家路远，男家设馆，方便迎娶，有假馆接回门者，有迎婿女同归者，谓之“带回”。弥月，则只迎女归省，谓之“住对月”。次年正月，婿及女至岳家贺春，谓之“拜新年”。（以上据清光绪十二年《遵化通志》整理）

乐亭县婚嫁礼俗

择婿、择妇，大率门户相当者为之。贫富之相较为后，而清浊之分必严也。男女议亲，以一言为定，不用婚书，自古如是。有道及者，反揶揄之，以为无信。其先通以媒妁，两家各相允，媒妁即治具相邀，男女家亦各邀媒妁交相宴会，名曰“会亲”。贫者行聘礼，大率皆布帛等物，贫无立锥之家，间有及钱财者。富户只于娶之前数月，行催妆之礼。以启达女家，告以嫁娶期，亦类用衣食、首饰等物，不及钱财。礼虽简，颇得不论财之义。娶时，无论贫富必亲迎，此最近古。其礼：新婿携陪客至女家，宴毕，新婿前行，陪客左右之，新妇之轿从之。妇家之送客随后，至婿家，宴毕，即归，相隔虽遥，亦以留宿为忌。娶之日，夫家置草束于门，备弓一、矢三，待夫至门首，下马，射三矢于草束，及至洞房，复射三矢于梁上。是日，亲友皆送熟礼，名为“饭仪”，亦有以钱财往贺者。后三日，夫妇同庙见毕，拜其家之尊属与同族伯叔及亲中之长者。又通帖邀前之送饭仪者酬之。及女家接婿与女同归，至家，婿登堂，拜其妇之父母如仪。远者住三四日，近者住一二日，婿与女不同房。过年新正，无论贫富先填仓，五六日，女家及亲属备面食，同新妇送至夫家，夫家亦邀其亲属同宴，谓之“送正月”。及生男女，男家向女家报喜，以鸡之雌雄为贽。女家及亲属皆以芝麻、米面、鸡卵等物馈之，名为“下乳”。及弥月，女家及亲属，仍备面食及布帛来贺。大概习尚往来，人重亲谊，虽未必尽与古合，犹能仿佛其概。若两聘，食通好之言；再醮，败闺门之节。今村民之家，婚嫁有期，而遭父母丧或祖父母丧者，不能行亲迎礼，则令女家于归窆之先，送新妇到门，加笄后即易凶服，谓之“服妇”。盖以服中娶妇也。乡村中往往有之，不以为怪。过葬期则以为嫌矣。又有男未婚而死者，其父母痛之甚，每为娶一亡女合葬，谓之“冥婚”。此亦曹瞒为爱子苍舒聘甄氏亡女故事，皆失礼之正。因附书之，以告世之有转移风俗之责者。（以上据清光绪三年《乐亭县志》整理）

滦县婚嫁礼俗

邑俗喜襁褓论婚，矜甚者乃必俟诸痘后，然未有过十岁不论婚者。虽贫寠小家间有俟男女成立，始两相订姻，然十只一二。土俗乏专司媒妁之役者，凡议婚，或男先女，或女先男，必烦亲友执柯。事谐，则男家以钗钏一二事付媒送女家，谓之“定亲礼”。有举媒酒礼，冰人觞两家主婚者，以撮合之；有谢酒礼，男女两家各置酒以谢冰人；有过启礼，男女用红柬书攀亲套语，伴以绸彩首饰、鸡鸭茶酒之类，舁送女家，女家亦有答礼，谓之曰“回启”。今则嫌其繁重，每男女定姻，只互换庚帖而已。有会亲礼，男家邀女家之主婚者，盛筵以酬酢之，冰人先在，主人饰其子行跪拜礼，谓之“谢姻”。乡村谓此为“换钟”，言宾主酬酢，互饮其杯耳。有催妆礼；于婚嫁前一两月，由男家选期，签书男女行年、嫁娶日宜忌，置榼内，并以枣栗饼饵、茶果酒米、鸡鸭鱼肉之类实之，送女家。然称家之有无，亦多有不备物者。女家回以饼饵、胔骼、木炭之属。取义鄙俚，无深意焉。及婚，州俗不亲迎，谓之“等亲”。预延男女戚眷，为“娶亲客”，导以鼓吹，饰五彩肩舆随其后，率用辰、巳、午三时往迎女。女家亦请男妇偕来，谓之“送亲客”。所备妆奁什器，俱随新妇彩舆之后。至门，主人肃客入，即阖其门，停彩舆于门侧。少时鼓吹大作，爆竹齐鸣。门开，用女傧二人出新妇于彩舆。妇先以红帕幂首，莫能平视，至是，递宝瓶于其手。瓶必双，内实五谷、金银，使执之。铺红氍毹，两女傧扶新妇行其上；复各执面罗罩其顶，谓之“罩红纱”，实即丝罗意也。堂上设香案，为天神地祇位，供以香烛酒筵。引新妇至案前，立于右，婿拜于左，亦有男女齐拜者，称为“拜天地”。女傧扶新人入房，置宝瓶供于案，新人乃改妆（俗谓“上头”）。堂前众宾喧阗，为主人拜贺，主人各答礼。肃客饮宴，以女家送亲客为上宾。宴毕，女家男女客必至新室相攸。主人另设几筵以飨客。客起辞，主人送客出，众宾始散。昏具晚膳，有子孙饽饽、长寿面等名，男女始合卺焉。铺床后，婢媪即持烛去，俗以灭烛为忌，故屏烛耳。新妇入房，安坐三日，谓之“坐福”。庙见后，始拜翁姑，上下以次接见，谓之“拜三”。第四日，女家并其姻党具仪偕来，谓之“做四日”。午后，迎女并婿归，谓之“回门”。明日，婿拜岳父母，以次毕，仍携妇归于家。亦有流连三四日始归者。以上各礼俗，皆通行之。有稍异者，不过丰俭不齐而已。至《郡志》所称“女索重聘，男责厚奁”云云，或有女家贫不能度，鬻婚以责厚资者，谓之“彩礼钱”。如此甚寥寥；至男责厚奁，则无闻焉。多有男女及时，未及婚嫁，遽遭丧故，中馈乏人，变礼而娶，谓之“孝妇”。或因聘定之女，幼弱无依，竟不娶先归，待年成礼，谓之“童养媳”。是皆非礼之礼，不以礼概之也可。滦俗重然诺。许婚后，虽未及行聘，或媒妁凋谢，恒及时嫁娶，从无悔婚者。迩来风少衰。清光绪元年，州人有以赖婚讼者，州牧唐公世禄诘以婚书、媒妁，皆无之，置之不理焉。后访知州俗，时有并无婚书、媒妁而结姻亲者。公讶其草率，乃示晓谕，并颁行婚书格式，使民简而易从。（以上据民国二十六年《滦县志》整理）

丰润县婚嫁礼俗

新中国成立前，男婚女嫁全凭“父母之命”“媒妁之言”。少男少女不得自己做主。正统的婚姻形式为包办婚姻，此外尚有买卖婚姻、换亲、童养媳、纳妾等。正统婚姻均按习俗经历下列程序。

求亲。由男方家长主动托媒，向女方家长求婚。媒人用巧言劝说，换得女家应允，有的女方家长可按媒人安排暗中相看男方。

换贴。男女双方将籍贯、三代、姓名、年庚（八字）写在婚帖上，由媒人相互交换，然后请算命先生“合婚”，若命相、八字基本相符，互不相克，即可初步认定。

下礼。由男方向女家送订婚彩礼，旧时为“八大盒”，即币、帛、钗、钏、羊、酒、茶、果。后逐渐简化，由“八盒”减为“四盒”，俗称“四色礼”。“四色”的内容为米、面、酒、肉，规制为大盒各八单位（升、斤），中盒各四单位，小盒各二单位。亦有将盒礼所值折成钱的，称“折盒子钱”。女方回赠男方“回头卷”，即小型花面点，有各种造型，如鱼、鸳鸯、花、果等，数量为天一对、地一对、祖宗一对、公婆一对。再按女方年龄，每岁一对。男方将“回头卷”分赠亲友、邻里，以示儿子已订婚。

送喜日、过嫁妆。下礼后，男女双方的至亲挚友，开始赠送钱物，男方送的称“押腰”，女方送的称“添箱”，并由男方择定迎娶吉日，将帖子送交女方。女方则于婚前将嫁妆（家具、什物、衣服、被褥）送至男家。

迎娶。吉日凌晨，男家选全合人（丈夫健在，儿女双全）为娶门客（qiě）去迎娶新娘。富家用花轿，平民用大篷车。新娘上轿（车）时要哭泣，以示与父母离别之情，不哭者则被耻笑。车到夫家门前，用两块红毡铺地，由男童倒换前铺，谓“倒毡子”。新娘脚踏红毡，由娶门客搀扶，缓步前行，至香案前举行拜堂仪式（俗称“拜天地”）。一拜天地，二拜高堂（父母），三是夫妻对拜，后夫妻共牵同心结（中间打结的红绸带）同入洞房。新娘入寝帐坐福，一个时辰后，新郎为新娘揭去盖头。由全合人为新娘开脸（用棉线打标，绞去额鬓间汗毛）、上头（将发辫散开，梳成纂结），由姑娘装改为媳妇装。后去拜见公婆、亲友，行跪拜礼。

中午，摆宴招待新亲（女方亲属），新亲按男女长幼分席入座。先摆茶果，后上菜敬酒。

宴后，新亲回家时，须由新亲代表（新娘之兄、叔等）在院中当众向男方家长谈客套话，诸如“小妹（小侄女）从小缺乏教养，不懂人情大理，不周之处，请表叔、表婶（表兄、表嫂）多多担待”，等等。

夜晚须全合人为新人铺床，边铺边数唱“褥边儿押褥边儿，养活儿子做大官儿”之类的祝语。此刻不分男女长幼皆可去闹洞房、戏谑新娘。新人入寝后，一些人在窗外“听声”（听新婚夫妻的密语），以为日后玩笑的话柄。

回门。婚后三天，新姑爷携新娘去拜见岳父岳母，谓“回门”。女家设宴，由“添箱”亲友作陪。晚饭吃“子孙饽饽长寿面”（即馄饨下挂面），小姨辈则在包馄饨时，包上一些特殊的馅，如糖、盐、猪油、辣椒之类，以戏弄姐夫。

过了新婚期，则长幼有序，男女有别。只有小叔子（夫弟）、侄儿辈得以与嫂子、婶子玩笑；在女家，只有小姨子（妻妹）、大妗子（妻嫂）得以与姐夫、妹夫相戏。

新中国成立前，妇女无地位，只得嫁鸡随鸡、嫁狗随狗，不得嫌弃。男方若嫌弃女方，一纸休书即可解除婚姻关系。

新中国成立后，妇女地位提高。1950 年颁布了《中华人民共和国婚姻法》，自由婚姻逐渐取代了包办婚姻。童养媳、纳妾、冥婚等旧俗逐渐绝迹。婚嫁程序也日趋简化。大体过程为：男女经人介绍或自由相识后，即可相互交往。培养发展感情，互赠定情物（多为钢笔、手帕之类小物件）。随后男方请女方吃一顿饭（菜为十个大盘），俗谓“吃盘了”，意即订婚了。双方到医院进行体检，再到区乡政府登记，领取结婚证书。男方简单地宴请亲朋，即为合情合法的婚姻。男方不送彩礼，女方不要嫁妆，风正俗清，深得人心。

60年代初期，婚俗有所变化，女方向男方索要财物（变相彩礼），男方连娶带聘。财物名目繁多，逐步升级。除要衣物、家具、房屋，尚有要现金者，名曰“奶水费”（意为补偿乳女之恩）。至80年代，婚俗趋向败坏，有权势者，多借娶媳嫁女，广收贺礼，动用公车，铺张排场，上行下效，互相攀比，劣风已成，难以抗拒，多数人家已超经济负荷，婚后因负债而不美满者不在少数。清寒人家，无力操办，只有走旧社会换亲的老路，时有悲剧发生。

县工会、共青团、妇联会提倡并组织集体结婚、旅游结婚，响应参加者有之。尚须进一步倡导，促进婚俗向健康方向发展。（以上据1993年《丰润县志》整理）

唐海县婚嫁礼俗

旧时男婚女嫁有一套约定俗成的规矩，很多内容带有封建迷信色彩。

议婚。新中国成立前贫富相差悬殊，婚姻很讲“门当户对”，并“以命相择”（命分金木水火土，迷信说法互相间有的相克，还与十二属相有关），要听媒妁之言，遵从父母之命。更有甚者即指腹为婚，孩子在出生前，两家父母即商定，生同性则相盟（结拜），为异性则婚配，其结果是有的婚后因感情不和，造成悲剧。那时富家娶亲极易，穷人成婚则难。

新中国成立后，提倡婚姻自主，但因旧传统观念的影响，很长时间仍有父母包办情况。因女方家长索要许多彩礼、男方无力承办而被拆散的情况时有发生。

订婚。在过去，订婚的一项主要形式是“换帖”，即男女双方各将写明年庚属相、姓名字号及祖籍的柬帖互换。同时，男方向女方下定亲礼，一般要有银饰品，如耳环、手镯等，有的则直接给银圆。当时有种说法叫：“不见银不是亲。”其实贫困之家无银饰相赠。从订婚到结婚前在一般情况下，双方只有婚约，并不往来。

现在定亲有两种情况：一是经人介绍后，男女双方对相对看，自由抉择（父母可提出自己的看法）；二是无人介绍，双方自由恋爱，经过一段时间，如双方同意，则选一日，男邀女方到家“吃饺子”（实际是一顿较为丰盛的饭菜），以示定亲之意（“吃饺子”已成定亲之代词）。自此，频繁往来，相互进一步了解，如果因某种情况不睦，解除婚约极易。

结婚。男方叫“娶媳妇”；女方叫“出嫁”，俗称“作（音 zòu）媳妇”。结婚日期过去要看皇历择良辰或由算命先生给推定吉日，定后要提早告知女方以做准备。结婚的前一天女方审请亲朋，男方要为吉日做好一切准备，各门贴上用大红纸书写的喜字、喜对，女客都在此前到达，为防双女进门不吉（迷信之俗）。

迎娶新娘一般用篷子车（50 年代尚有此种专用车篷），除赶车人外，还有娶亲人（俗叫“娶女戚”，“戚”音 qiě）和蒙红的（男孩）。迎亲车到后即拜堂（拜天地）。新娘由专人搀扶缓缓下车，头盖红巾，身着嫁妆，胸前背后各挂一镜，左右手各握一只保平瓶，事先准备好的天地桌上放有用红纸严封的斗和“大纸”（表示天地君亲师的专用物）等物。新娘、新郎即在此天地桌前由专人指挥行叩头大礼。此时，鞭炮齐鸣，参加典礼者皆向其亲人道喜。搀扶新娘入新房后端端正正坐炕中央，名曰“坐福”。午间大宴亲朋，但其档次要视本家经济状况而定，故好坏相差甚远。

结婚第二天，新郎、新娘要拜祖坟，第三天拜族亲，第四天新媳妇带女婿回娘家（当地称“回门”）。

新中国成立后，结婚方式逐步改变，特别是六七十年代后，迎亲已不再用篷车，路近者则步行或骑自行车，近年用小拖车，有的有条件的还用上了轿车。新婚夫妇皆穿新式服装，即不带镜也不挂瓶，胸前戴朵大红花。虽有女孩陪伴，但不搀不扶。典礼中也不拜天地，唯拜高堂（一度曾拜国家领袖）、夫妻对拜，有的还要介绍恋爱经过或喝交杯酒。

近年出现的两种结婚形式更为简单：一是旅行结婚，到有关部门登记后，双方到大城市或旅游点（有的是到亲朋家）玩上几天，免去其他任何形式，回后有的宴请亲朋；二是集体结婚，一般由单位在某一节日操办，多对新人同时举办婚礼，隆重、热闹、欢快、文明。（以上据 1997 年《唐海县志》整理）

昌黎县婚嫁礼俗

新中国成立前，男婚女嫁全凭父母之命，媒妁之言。婚配讲门当户对，穷配穷，富配富，没钱人家当“绝户”（即打光棍）。但多数男女并不“般配”，有听信媒婆者，有爱好做亲者，有指腹为亲者，往往因为年貌不相对，情不投、意不合，造成不良后果。

封建婚姻陈规陋俗很多。成婚前，需要经过求婚（男方托媒人到女家求亲）、押婚，即正式订婚（男女双方需用实物押婚礼）、下彩礼（主要是媒人通过与男女双方家里议合，男方送给女方家里作为陪嫁的财物）。结婚礼节更为复杂，男方家在结婚的前一天下午就要请吹鼓手鸣鼓乐，谓之“吹门”。先是迎接女方送嫁妆，晚上鼓乐在新房内“吹炕头”，然后新郎住在新房内（称“压炕头”）。结婚正日，由媒人带着娶客（女）、花轿，伴之鼓乐队去迎娶。由女方亲人把新娘用椅子抬入轿内，女方家还要派一名女送客和二名押轿的护送。轿到男方家门，新郎新娘到天地桌前拜天地。是日晚为“洞房花烛夜”，夜间，新郎新娘要吃合喜饼、子孙饺子和长寿面。第二天清晨，新娘要拜门，拜见公婆、祖宗、亲族。三日后，女方接新婚夫妇回娘家，是为“回门”。

另外，新中国成立前，有一些贫苦农民为生活所迫，不得不将自己六七岁的女儿送到婆家做童养媳，严重地摧残了妇女的身心。这种情况直到新中国成立前后才根除。再有，寡妇改嫁则要受到来自各方面的刁难，公婆要身价，地方要踩街钱，族里要遗产，对改嫁的寡妇称之为“再醮之妇”“后婚老婆”。至于新中国成立前的离婚，只许男方“休妻”，而女方如因被逼无奈而离婚者，即被称之为“打八刀”，极为人所不齿，并被称为“活人妻”。

新中国成立后，特别是颁布《婚姻法》以后，实行婚姻自由，男女双方结婚、离婚自由平等。但农村多数人家仍由中间人介绍，女方去男方家，所谓“看门户”，后实行订婚。男女双方到结婚年龄时领取结婚证书结婚。

新中国成立前，回族结婚除婚礼仪式与汉族不同外，其他方面与汉族大致相同。也是由父母包办，买卖婚姻。结婚时不吹唢呐而奏细乐；不贴对联，由教长写“赌丸儿”；不拜天地，请教长写“伊扎布”（婚书）。然后男跪女立于教长面前，听教长念经。礼节过后相互贺喜。（以上据 1992 年《昌黎县志》整理）

抚宁县婚嫁礼俗

新中国成立前，男女婚姻都听从父母之命、媒妁之言。办婚事都经过“取八字”（即由媒人把女方的出生年月日及时辰用红纸书写交给男方）、“算八字”“押婚”（订婚），然后择定吉日成婚。迎亲时绝大多数用轿子抬，也有个别骑驴的，雇有吹鼓手助兴。旧俗结婚头天晚上，娘家做和气饼、长寿面、子孙饺子装在铜盆里，随轿带到婆家，由“吉全人”（即子女俱全之妇人）接过交给婆母。新娘上轿时不许脚落地，由兄弟等背上轿。婚礼排场大小、仪式繁简，由男方经济条件而定。个别地区还有哭嫁的习俗，谓之给娘家掉“金豆”。

新中国成立后，各种旧俗渐消，男女青年自由恋爱增多，但仍需介绍人介绍和押婚，婚礼一般都较简单。从70年代起逐渐兴起讲排场的风气，迎亲用汽车、拖拉机等，摆酒席仍盛行，女方嫁妆也日趋讲究，高档家用电器亦列入嫁妆行列。也有不少青年及其父母破除旧俗、简办婚事的，还有进行旅行式结婚的。

朝鲜族青年男女从恋爱到结婚与汉族人大同小异，一般在本民族内自寻配偶。过去婚姻礼仪较为繁缛，有其独特的一套程序，现在已打破了旧俗，喜事多新办，婚礼已简便多了。结婚那天，汉族是在男方家举行婚礼，朝鲜族则在女方家举行婚礼。

回族旧式的婚姻，也讲父母之命、媒妁之言，门当户对。订婚时，男方由父母备金簪一支或全头首饰，经媒人送至女家，女家用阿拉伯文书写女子之姓名，置于玻璃锦匣内，交媒人携回男家，则婚姻为定。迎娶前，请媒人先“过礼”，过礼时先由女家开礼单，写明衣服、首饰、牛肉、茶叶、点心等数目，男家均应照办，也有的酌减，还有的把实物折成现金。结婚时，女方视男方彩礼多少而陪送嫁妆。与汉族一样，富家娶妻容易而穷家则难，但无论穷富，女家都要陪送全套沐浴器具。迎娶时用轿，与汉族同，但婚礼仪式不同，必须请阿訇主婚。新婚夫妇跪于香案前，主婚人将双方父母、新婚夫妇及媒人姓名、订婚日期、结婚年月日，用阿拉伯文写在婚书上，并宣读贺词，新郎用阿拉伯语承诺。礼成后退席，两亲家及媒人、来宾握手祝贺极为隆重，但只准男宾参加。两家之女眷及女宾于当日或次日行会亲礼，由两家父母引导新婚夫妇互相介绍、引见。女子改嫁必须在前夫死后一百天，因恐有遗腹子女的纠葛，否则阿訇不予主婚。新中国成立后，回族的婚礼也废除了旧风陋习，与汉族同样。（以上据1996年《抚宁县志》整理）

三河市婚嫁礼俗

婚姻合两姓之好，须门户相等。必凭父母之命、媒妁之言，方始下定，谓之

“订婚”。下定礼节，女家庚帖送至男家，亦有交换庚帖者，谓之“过小帖”。将聘娶时，男家具仪物，用帖开明吉期，交媒妁携至女家，谓之“过通书”。至期，男家备彩轿一顶，有用彩舆者，约男娶亲客二人、女娶亲客一人、鼓手六人或八人不等，抬轿至女家迎娶。女家用红帛覆女首，女身着大红衫，扶上彩轿。亦备男送亲客二人、女送亲客一人。妆奁之多寡，以贫富为等差，随于彩轿后。彩轿至男家门首，燃放鞭炮，由搀亲女眷等扶新妇出彩轿。再用六亲中之童女二人，搀扶步履红毡，至天地桌前俯首站立。桌上供天地诸神像，燃香烛，供果酒。新妇立于桌旁，新郎新衣加冠，至桌前并肩行礼，谓之“拜天地”。礼毕，新郎退。再搀扶新妇至新房，开脸、上头、着新衣裙。随新郎拜家神及祖先毕，新郎率新妇拜见翁姑及兄长、妯娌，卑幼者均拜见，谓之“分大小”。后拜族党亲朋，谓之“行拜见礼”。礼毕，新妇与新郎并坐新床，食子孙饽饽、长寿面，取吉利也。晚入洞房。次日，女家迎女及婿，曰“回门”，一日、二日不拘，一同送还。亲迎古礼概未之见。近年文明结婚，例有明文，但本邑多因仍旧日习惯，行新结婚礼者无有也。

回族定亲之年，十岁以内者居多数；以凭父母之命、媒妁之言。门户相当，由父母备金簪一支或全头首饰，烦媒人送至女家，女家用阿拉伯文书女子之经名，置于玻璃锦匣内，交媒人携回男家，则婚姻为定。至择期迎娶时，前一二月，请媒人先行过礼典礼。过礼时，男家须烦媒人请示女家开礼单，富者开女子衣服几件，尺寸长短，首饰、米肉若干，喜饼大小，一二千个或七八百个不等，男家均应照办，但各项数目可略减去。亦有不开礼单只开女子衣服尺寸，做成定期送至女家者。贫者所开礼单，每折洋八九十元或五六十元。积习相沿，已成风俗。但是凡要衣服或折银圆者，于结婚时，必须按照比例数目陪送嫁妆若干。大抵富者娶妇易，贫者定亲难。唯不论贫富，必须陪沐浴器具全份，以备应用。结婚时，初婚用轿娶，与佛教略同，唯喜轿到男家后，不行汉人礼节，必须请宗教师二位主婚。和新郎跪于宗教师案前，宗教师将双方父母及子女暨媒人各姓名，与订婚、结婚年月日，用阿拉伯文在婚书上注明，并宣读祝词，新郎用阿拉伯文言承诺。礼成退席后，两亲家及媒人、来宾行握手礼，读阿拉伯文。此礼只男宾参加，极为隆重，否则不能认为正式婚姻。两家之女眷及女来宾，于是日或次日由两家之母引导新夫妇互相介引，谓之“会亲礼”。再婚礼节与初婚略同。无论用车、用轿，唯必须其前夫故去一百日后，教师方与之主婚，否则绝不参加。虽系宗教仪式，实为确定人种之意，恐有遗

腹发生，纠葛法律，难于制裁，亦含有政治作用也。（以上据民国二十四年《三河县志》整理）

香河县婚嫁礼俗

女家先以庚帖交媒人送男家，请星命家推算，曰“合婚”。媒定后，男女互换庚帖为定。迎娶前，男家先以择定吉期及娶时宜忌各事，书红笺，媵以果饼等物，送女家，曰“下礼”。娶之日，以彩轿、鼓乐迎娶。到门以红毡贴地，两人扶新妇立香案旁，新郎向香案前焚香叩拜，曰“拜天地”。现在民国所定新结婚礼，通都大邑，间有行之者，乡间尚少。用古之亲迎礼者亦少。合婚之法，或有不用者，且亦有不拘同姓者。（以上据民国二十五年《香河县志》整理）

霸州市婚嫁礼俗

新中国成立前的婚姻讲究父母之命、媒妁之言，门当户对，身世田园，并以早为儿女订婚相标榜。结婚年龄一般是男女双方十七八岁左右，早婚者亦有之。新娘与新郎大多素不相识，只好听天由命，嫁鸡随鸡、嫁狗随狗，因而造成不少人间悲剧。

订婚前，先找算命先生根据青年男女的出生年月日时，即所谓天干、地支和属相进行合“八字”订婚，换号纳柬后，有的户把女方的庚帖压在男方家灶王神前香炉底下，存放三天，在这三大内如不发生意外不顺之事，即认为平安无事，才可合婚。订婚后，女方开出彩礼单，多属首饰、衣服、银币等物，且均为双数，再由媒人从中往返说合，几经讨价还价才最后定下来。彩礼有用实物的，也有折合成现钱的，不尽相同。这笔钱多为新娘的父母留下。有的礼仪甚重，名为行聘纳礼，实为买卖婚姻。订婚过程中，有的“相门户”，即女方之母（或父）亲自到对方家中相看青年（但不许青年本人去）。相中后，再择日结婚。

结婚需选择所谓的吉日良辰，亲友送礼祝贺。结婚前一日女方办喜事，叫“催妆”。结婚之日必在双日，男方备轿两乘，男乘绿，女乘红，新郎由伴郎陪同，亲到女方迎娶，一般是鼓乐吹打相随，女方陪送嫁妆，随由新娘携带同往男方。如女方距男方路程远者，则在头一天将新娘和送亲人送至男方附近村找一亲友人家住下，次日男方即来此迎娶，叫“就亲”。女方邀请一部分人去送亲，其中一个是跟新娘衣物的晚辈或同辈的小男孩，叫“压轿”“压包袱”，总人数必是双数。到达男方家举行结婚典礼仪式时，一般要院内设香案，供神祇，案上置香斗，插弓箭，系红绸。新娘下轿时，蒙红巾，踩红砖，过马鞍，履红毡，皆取吉祥意。拜天地讫，新郎以秤杆挑去新娘红巾，然后同入洞房，夫妇吃合美饺子和七个红枣、八个栗子、一把花生，叫“七早八立”“既生男也生女”。此外，则是摆筵席待宾客，其铺张程度以贫富、地位不同而异。晚上，素有“闹洞房”之习，多是同辈或晚辈的青年人聚集在新屋内，或歌或舞，嬉笑诙谐，很是热闹，夜深方散。婚后第二天（或四天、八天）女方家将新婚夫妇接回娘家，叫“接回门”，一般住四至八天，款待新郎。

此外，新中国成立前之官僚地主、富户人家可以纳妾数房，穷苦人家则往往终身无偶。男子可以休妻，被休弃的妇女社会上称之为“活人妻”或“散头子”。而妇女要求离婚，则被视为不光彩。民国以来，离婚需经法庭判决，但以不经官者为多。夫死再嫁，封建礼教以为是耻辱，迎娶仪式非常简单，不叫办喜事，而叫“接寡妇”。男方也不举行仪式，说什么“好女不嫁二夫郎”。但人民反对这种封建制度，故有“先嫁由爹娘，后嫁由自己”之说。男女双方都很困难的人家有“童养媳”之俗，即男方家长抚养幼女，长大为儿媳。

天主、耶稣教民之婚姻，无传统的迷信活动。举行婚礼时，要夫妇同到教堂向主表示自愿结婚，永不分离。由神甫为新婚夫妇祈祷祝福，其他仪式则与乡人无异。

新中国成立后，政府颁布了《婚姻法》，不分民族信仰，婚姻必须依法而行，提倡晚婚晚育。包办、买卖、蓄婢纳妾等陋习均被革除。只要男女双方自愿，到了《婚姻法》规定的年龄，即可到政府登记领取结婚证书。结婚仪式提倡节俭，喜事新办，举行仪式时由介绍人、证婚人、主婚人讲话，新郎新娘互相致礼、交换纪念品，来宾致贺词，新郎新娘致答词，有的提出要求新郎新娘介绍恋爱经过，最后新郎新娘向全体来宾致礼，而后设筵答谢亲朋。还有一些青年夫妇采取旅行结婚形式，婚礼从简。近年来由于人民生活比较富裕，大操大办、铺张浪费之风又有所抬头。

回民之婚姻习俗大致与汉族相似，但有民族界线。从提亲到结婚，一般经过“提亲”“过礼”“住婚（汉族为认爹娘）”“认近门亲族”“送亲”等过程。先到政府登记后，再到清真寺由阿訇书写证书，表示宗教认可，主持举行宗教仪式，始正式行婚礼。（以上据 1989 年《霸县志》整理）

固安县婚嫁礼俗

男女六七岁时，由戚友执柯，择门第相当者，为之订婚（亦有因选择太严，年届三十尚未字者），俗曰“说媒”。有纳采、问名、纳言、纳徵、请期、亲迎等礼，贫富略同。两家同意，即以庚帖相交换，名曰“换小帖”。过三日无妨碍，将庚帖合之，如属上等、中等之婚（俗以生气、天医、福德为上等婚；绝体、游魂、归魂为中等婚；五魂、绝命为下等婚），即可相定，下等婚绝无成。俟庚帖合好，男家以首饰（如簪、镯等）使媒人送至女家，女家以大帖相交换，并以靴帽等答之（贫者无），俗曰“换大帖”，又曰“下定礼”。唯时髦男女婚姻半由自主，手续较简。结婚年岁，富者多在十五六岁，贫者有二十岁以外尚未订婚者。结婚之前，男家将婚期择妥，写于红帖上，送至女家，俗曰“嫁娶帖”。迎娶前一日，男家备酒肉、米面等物，用食盒抬送女家，俗曰“催妆”。女家送嫁妆于男家。是日晚，新郎在天地前敬天地、拜戚友，俗曰“演礼”。迎娶之时，鼓乐及仪仗前导，男坐彩轿至女家（轿分红绿二色，男红女绿）。女家备酒席，或只供茶点宴新郎及陪客。次日黎明，男家娶女客请女更衣，用红巾包首，俗曰“上头”。及至男家，置轿堂前，燃爆竹，伴娘扶新娘出轿，由女家背负天地前（或倒毡）。女立，男焚香，三叩首，俗曰“拜天地”。礼毕，娶女客引新娘入洞房，新郎将新娘蒙头红布用箭揭去，继入洞房行交杯礼。新郎新娘遍拜家长、戚友，受拜者答以份礼，俗曰“拜钱”。婚夕，戚友小辈做种种戏谑，以博新娘一笑，俗曰“闹房”（此举多出城关，乡间绝少）。次日或隔日，女家用车接新郎新娘到舍，飨以盛宴，俗曰“回门”，住日不等，或当天送回。择日，女家至戚到男家会亲，有单八、双八、单九、双九之别。月满归宁，返时须备礼物奉于翁姑，以表敬意。次年正月，女家备宴，迎新夫妇来住，俗曰“住正月”。在女家，夫妇亦同宿，取“鸳鸯不独宿”之意也。在一年内，新妇住家，于清明节、二月二、腊八、腊月二十三，必须前一日送回。端午、中秋、元宵各节，女家须送食物于男家，名曰“送节礼”，年久则不拘矣。

冥婚。富家儿女，未订婚或已定未及婚夭，经亲友撮合，举行冥婚。其仪与生者略同。

赘婿。贫家年老无子，间有招赘入门，以图得养老者，然每结果不圆，且为乡人所轻视，稍能自立者不为也。（以上据民国三十二年《固安县志》整理）

大城县婚嫁礼俗

新中国成立前，在封建礼教的统治下，男婚女嫁没有自己选择的自由，全凭父母做主，媒人撮合。顺心与否，听天由命。

旧时婚俗繁文缛节老例很多。首先由媒人按照门当户对的原则提亲，双方家长同意后即互换“龙凤柬”，也称“庚帖”。“庚帖”用红纸写成，上写姓名，属相，出生年、月、日、时辰等，并书有“秦晋百年，天长地久，结亲姻缘，百年偕老”喜庆字句，由一红纸金图案的大信封装成。女方所索要的彩礼也一并开单送去。男方认可后即送彩礼，视为订了婚约。何时娶亲由男方选择“良辰吉日”写一“嫁娶帖”通知女方。“嫁娶帖”上定娶亲的月、日、时以及“犯相”、忌讳等。一般都用合辙押韵的格式。如“谨择嫁娶吉日，定于天明十七；辰时吉祥进宅，来人面向正西；路过井树庙宇，喜红面之大吉；曹桩上头迎亲，妊娠妇女且避”。

旧时娶亲，有“大娶”“小娶”“就娶”之分。“大娶”是由男方备轿两乘，一为红轿，一为绿轿。男乘红轿带绿轿到女方迎亲。新娘乘上绿轿，男送客骑马，女送客坐轿车，一路吹吹打打甚是热闹。这种形式花费很大，适用于官宦、财主之家，清朝之后即已绝迹。“小娶”与大娶类似，不同的是新郎不到女方迎亲，新娘直接坐轿来男方，这种形式沿袭到民国年间。“就娶”是女方在头一天坐车到婆家村里事先预备好的“下处”安顿下来，次日清晨乘轿到男方家里拜堂成亲。这种形式较为普遍，沿袭到50年代。

旧式婚礼名堂很多：新娘穿戴凤冠霞帔，红盖头蒙面，脚不穿鞋。上轿时新娘由哥或叔背着上轿，到婆家下轿后，由女送客搀扶踏着红毡条进入院中举行婚礼，俗称“拜天地”。“拜天地”仪式是在房前摆一桌子，上放一只满盛高粱的斗，内插一双钩秤、一张弓和三支箭，并摆有香烛，还有一对酒壶，内装水拌过的红高粱，用红布封口。一阵鞭炮响过，新郎新娘来到桌前，新娘一手拿一只酒壶站在桌的右侧（有的地方坐在椅子上），新郎正转三圈，倒转三圈，磕三个头，然后拿起弓箭将新娘的蒙头布挑下来挂在门上。新娘随倒红毡进屋，将一双酒壶放在窗台上（三天后高粱出芽，象征生儿育女，左边出的生男，右边出的生女），然后换衣梳头婚礼才算结束。新婚之夜，从嫂辈请一位父母健在、儿女满堂的人给新婚夫妇铺被褥，并把栗子、枣撒在被底下，边铺边念喜歌：“一把栗子一把枣，闺女儿子满屋跑。”此外还有“压炕头”的习俗。弟侄之辈在新娘进洞房前，即坐在炕上不走，谓之“压炕头”，非出以钱才肯离去。

旧时寡妇再嫁习俗更为复杂，坐轿时轿帘必须敞开，下轿后还要抱一抱大树，婆家门前还要点一把火，让新娘迈过去，拜天地时，还要抱扁担、斗等，具有卑贱之意。

1950 年，中华人民共和国颁布了《婚姻法》，规定男二十岁、女十八岁为法定结婚年龄。废除父母包办和买卖婚姻，实现了婚姻自主，提倡自由恋爱，受到广大青年男女的拥护。男女同意结婚即可在当地政府进行登记，领取结婚证，成为法律所承认和保护的法定夫妻，婚礼习俗也大为改进。50 ~ 60 年代以来，结婚一般都不坐轿，新郎、新娘在毛泽东像（现在多用双喜字代之）前行个鞠躬礼，举办一两桌酒席即可完婚。近年来在机关、工厂干部、职工中，兴起了“旅行结婚”“集体婚礼”等新风俗。既节约又大方，受到社会的好评。

根据国家计划生育的需要，进入 70 年代以来，政府既号召晚婚晚育。结婚年龄提倡农村男二十五，女二十三；城镇男二十六，女二十四。1980 年颁布的新《婚姻法》规定男二十二，女二十为结婚年龄，但仍继续倡导晚婚晚育。

80 年代以来，随着人民生活水平的提高，男婚女嫁也出现了讲排场、比阔气的攀比之风，与新风尚相抗衡，甚至大操大办愈演愈烈。在城镇、机关，随份子、送贺礼较为普遍。有的动用公家汽车多辆，大摆宴席，达数十桌之多；在农村，旧式婚俗拜天地、倒红毡又有回升，押包袱钱、挂门帘钱、送嫁妆钱、司机钱，名目繁多，高价索要彩礼，买卖婚姻或变相买卖婚姻也有所抬头，未婚男子到四川、承德等外地“领媳妇”者几乎遍及全县，有的出高价几千元，已成为一种社会现象。（以上据 1995 年《大城县志》整理）

文安县婚嫁礼俗

遵父母之命，通媒妁之言。媒定后，两家互换庚帖，谓之“通柬”。将娶，男家择吉期，具仪物，通知女家，谓之“请期”。期前一日，男家备仪催妆，女家送妆奁。向夕，备官、彩轿各一乘，新郎诣宗祠及族尊长行辞行礼，悬灯结彩，升炮鸣锣，驱从前呵，仪仗塞途，赴女家，谓之“亲迎”。择娴礼少年一人，相新郎礼，谓之“伴郎”。女家设喜筵招待。次日昧爽，设香案于庭，新郎披红插花，行再拜礼，谓之“谢亲”（奠雁之礼废）。拜毕，新郎辞行，饮上马三杯酒。新妇以红帕蒙首升轿。延亲属二人送之，谓之“送客”。新郎至家，行拜门礼。女宾掖新妇下轿，以红毡贴地引行，前后互换，不令新妇履尘，谓之“倒毡”。庭设香案、花烛、弓矢、斗秤、镜等件。至案前，新妇立东北面，不拜，新郎立西，再拜，执弓矢射四方，取男子志在四方之义（俗谓以驱邪魅，误），谓之“拜堂”。礼毕，以矢撤新妇蒙手帕（即古却扇遗意），引入洞房。理妆（亦有坐帐者）毕，拜见翁姑。向夕，全家共饭，谓之“和美饭”。次日庙见。三日拜宗族，谓之“拜三”。妇母及诸姑、姊妹具馔馈送，谓之“送饭”。（以上据民国十一年《文安县志》整理）

清苑县婚嫁礼俗

凡男女婚期，向在二十岁上下。先由媒妁通辞，两家同意即换婚书，亦有因陋就简，仅换庚帖者。迨将迎娶，先由男家备食品及衣料、簪珥等物，送至女家，告以吉期，即古者纳徵、请期之遗意也。吉期至，男家请傧相导引，新郎乘舆或乘马赴外舅家，行奠雁礼。奠雁系以鹅代之。礼毕，新郎升舆，导新妇至家，奏乐行礼，俗称“拜天地”。礼毕，入洞房，行合卺礼。第三日，新郎新妇出郊省墓；盖士庶鲜有宗祠者，是即取告庙之义尔。至第四日，新郎往外舅家谒见新妇之父母，新妇亦偕往宁亲。于是婚礼告成矣。近日，城市间有行新式婚礼者，然亦仅趋时好异者为之，不过百分之一二耳。至于女家备奁物，其厚薄视家之贫富焉。（以上据民国二十三年《清苑县志》整理）

涞水县婚嫁礼俗

男家请亲友为媒，到女家求婚。女家许诺，即择日过书，女家择吉答之。继行聘礼，称家有无。及娶，用鼓乐，请男女娶客到女家，谓之“伴婿”。女家款毕，婿拜天地，簪花披红，系镜于新郎腰，取与女两心相照之意。随拜岳父母，辞出；由门内至舆所皆铺红毡，新妇到婿家亦然。入门以罗帕蒙头，同夫拜堂毕，新妇抱花瓶入房。掀罗帕，置瓶案上，坐帐饮酒，谓之“交心盏”。三日，新妇谒家庙，拜舅姑，以顶枕、鞋、袜贽。翌日，拜伯叔、婶嫂亦然。及产育，女家三朝送汤饼；弥月，送麒麟、银铃、手镯、寿星等物。贫者不能具者，略焉。（以上据清光绪二十一年《涞水县志》整理）

涿州市婚嫁礼俗

男子定亲须纳彩礼，定礼之丰俭，即视女貌之妍媸、家道之贫富，以为衡。吉期迎娶，无彩轿，只用骡驮，以鞭炮代鼓手。新娘亦覆盖头。结婚后三日始宴客。换亲及因亲结亲之风甚盛。孀妇再醮者亦多，但不能出村，即同族人亦不论。如遇男子先死，遗有田产、子女，而女子不愿改嫁，亦可随便另招一夫，谓之“招拐”。与招赘不同，男子须随故夫之姓，其名亦以字排，若与故夫为兄弟然。如桑园涧人郑守玉病故，遗有二子，田二十余亩。其妻另招宛平县李子成为夫，李子成即便更名为郑守宾。此其惯例也。招拐之后，其子女对被招者依然父事之，不敢歧视。死后得与招拐者合葬，而其亲夫反另葬之。尚有一种卖妻恶风，男子家贫，价卖妻子以自活，女家概不干涉。且卖至某姓，女家与某姓依然以亲戚相往来。其不讲礼教之过，有如此者。（以上据民国二十五年《涿县志》整理）

定兴县婚嫁礼俗

先以媒妁作合，男女互换庚帖，次具书、币。婿家择吉送羊酒，曰“催妆”。女家富厚者，前期送妆奁。及期亲迎。女家设宴，曰“喜筵”。女乘彩舆，婿前导。及门以马鞍置地，扶女跨之，曰“平安”。行合卺礼。三日庙见，无家庙者，拜墓，次拜翁姑，次及中外亲族之尊者。女家择日迎女归宁，谓之“住对月”。及还，荐巾履于翁姑、亲族，各有所赐。次年正月，夫妇偕赴女家，款留以礼，谓之“住正月”。订婚。许聘不计财，唯择门户相当，年庚相配。贫寒之家，耻于鬻女为妾。无子者，宁继异姓，不轻娶妾。近有未释丧服行婚礼者，谓之“服亲”，甚宜禁止。（今律例载，异姓不得为后。在《礼》：“神不歆非类，民不祀非族。昔鄫子无子，以外孙莒公子为后。”《春秋》书曰：“莒人灭鄫。”何休《公羊传说》）以异姓为后，犹之灭耳，不独丧娶宜禁也。五十年前，亲迎以车，有力者乃用轿。近数十年来，即贫无立锥，率用彩轿，其用车者已不概见矣。（以上据清光绪十六年《定兴县志》整理）

定州市婚嫁礼俗

婿家先遣媒妁求婚于妇家。两家倩日者推命宫，相合则索男女生辰，令数家推算。既宜，则互换庚帖，曰“换八字”。婿家择吉致书于妇家，书男子生年、月、日、时，佐以币帛、簪珥，词称亲家，以求诺。妇家亦备书籍、笔砚，书女子生年、月、日、时，以答之，曰“遵命”，俗曰“换书”。于是婚约始定。亲迎之前，婚家乃择吉期，书之于柬，致于妇家，俗曰“娶帖”。（古礼，婿家致书妇家，约共订吉期，妇家辞让，然后由婿家自订吉期）将婚先一日，婿家致酒肉、果饼之属于妇家，曰“催妆”。妇家亦送妆奁于婿家，曰“铺床”。届期，婿具衣冠遍谒尊亲，遂行亲迎礼。倩尊亲高年者一人导之，俗称“大宾”。（或以行辈相当者二人辅之，曰“伴郎”）更倩女宾一人，俗称“娶客”。舁彩舆，导以鼓乐仪从。入门，婿谒外舅、外姑，行奠雁礼毕，妇家设筵款婿。新妇以红幂蒙首，从婿升舆。妇家亦延亲属男女二人送之，曰“送客”。（彩舆后以铜壶注水，绕舆而涓滴之，曰“长流水”。取亲戚往来不绝之意也。但此习今不经见）令数家卜吉星所在，以定升舆、下舆所向。至中庭，婿家延女宾二人，导新妇与婿行拜堂礼。堂设香案、花烛、弓矢、斗权、铜镜之属，更设短几以供吉星，设果为供具。新妇在舆，女宾就舆中为之上妆。新妇手执酒壶（他县多怀胆瓶。此以壶或瓶之代也，取平安之义耳）、米糕各一，以草节摔新妇之首。下舆，先履马鞍，所履地皆借以氍毹，盖取步步平安意也。既入室，以权去新妇之幂，去髻改妆，行合卺礼。婿家留送客，款以盛筵而归。是日，亲戚馈新妇以食物，曰“馔”（俗曰“下车饭”）。翌日，婿往妇家拜其父母，曰“回门”。三日，舅姑率新妇谒家庙，遂遍谒舅姑以下各尊亲，以巾履之属为贽，曰“拜三”。于是婚礼告成。是日，妇家送蒸食、酒肉与婿家，曰“送饭”。六日，妇家请婿与新妇归家，曰“住六”。（或有九日者，曰“住九”）是后每佳节，妇家则送酒肉、瓜果诸物。而新婚者至正月十五日，则妇家邀婿过节，俗曰“住十五”。凡此皆俗之相沿者。（以上据民国二十三年《定县志》整理）

唐县婚嫁礼俗

婚姻之礼，唯论门第，而不论财。媒妁通后，六礼粗备，而成婚。妆奁无金玉之物、翠绣之饰，乡民辄有杯酒联姻、一鸡一壶而成礼者。然皆亲迎。先一二日，送酒肉、油饼诸物至女家，谓之“催妆”。届期，行亲迎礼。鼓吹彩舆至女家，新妇将升舆，先坐椅上令伯叔、兄弟辈二人，舁至舆前，然后入。至婿家，所履地皆氍毹。内院置香几，与夫同拜天地。拜毕，入房成妆加髻，取总角夫妇之义。翌日，婿往妇家拜其父母，俗曰“回门”。至四日，请婿及女归家，曰“请四”。有九日请者，曰“请九”。每逢二月二日、重阳日，女家备食物，送女归婿家，曰

“追节”。凡此婚礼，贫富繁简不同，而大概如此也。（以上据清光绪四年《唐县志》整理）

旧时婚嫁，陈规陋习甚多，且带有浓厚封建迷信色彩。境内汉民从订婚到结婚，主要过程是：

提亲。多由男方长辈或亲朋，看准谁家女子后，托请媒人至女方家中提亲。

过帖。如女方同意，即将女子生辰“八字”写在红纸上（俗称“八字帖”）交与媒人送至男方家中。男方接帖后，放于灶王前供奉三天，如不发生不吉利事，可将男女双方“八字帖”请算命先生“推断”（俗称“拆八字”）。

订婚。经“推断”，认为“八字”相合，可以婚配，媒人将男方“八字帖”送至女方家中，女方认为合适，互不相克，正式交换“八字帖”（俗称“换帖”）。换帖时，男方送女方首饰等做聘礼，婚事到此认定。

请期。双方同意后，男方将选择的娶亲吉日，遣媒人通知女方，女方如不同意，可另择吉日书答。经媒人组织协商，最后确定娶亲吉日。

催妆。在迎娶前一日，男方将首饰、衣物、大馍馍、猪肘、肉等一应什物，在媒人陪同下送至女方家中称“催妆”。女方亦将嫁妆抬至男方家中称“送嫁妆”，男方要付喜钱。

娶亲。娶亲日，新郎亲自乘轿前往女方迎亲，女傧相（亦称娶客）乘敞帘轿陪新娘彩轿随往。在吹鼓车带领下到女方家中，女方备便宴招待。新娘一般穿大红衣，蒙红绸巾盖头。待新娘向轿行礼后上轿。然后，一路吹吹打打，燃放鞭炮，以示庆贺。到男方家后，新娘下轿，脚不沾地，要登盖、过马鞍、迈火盆、踏石板，然后入新房。临近午时，男家有宗祠的，新郎新娘到宗祠祖先堂行一跪三叩首大礼，称为“拜天地”，礼毕入洞房。由儿女双全之妇女给新娘开脸、更衣，然后新娘出室拜见公婆，同时向亲朋长辈行跪拜礼，受礼长辈均给拜钱，称为“上拜”。送亲及贺喜亲友，男方要设宴款待。入夜，平辈年龄较小男女均可进洞房与新娘嬉笑打闹，叫“闹洞房”。洞房桌上摆放核桃、红枣、花生、栗子等吉祥物，取白头到老、早生贵子之意。婚后三天，新婚夫妇带礼品到女方家拜见父母及长辈，称“回门”。去时新娘先到，新郎后到，回来时新郎先走，新娘后走，太阳落山前必须赶回婆家。婚后一个月，娘家接闺女住对月。女方为婆家人做对月鞋，称娘接爹送。

新中国成立后，随着《中华人民共和国婚姻法》的贯彻实施，许多陈规陋习逐渐废除，提倡男女青年自由恋爱结婚，但在农村多由亲友介绍，家长同意后结婚。男女双方经介绍人牵线，约定第一次见面，双方初步同意，由介绍人组织双方互赠信物（俗称“换东西”），吃订婚饭。订婚饭由男方准备，女方由家长或介绍人陪同参加，男方家长要给未婚儿媳一定数额的“见面礼”。经过一段时间来往、接触，情投意合，即到当地政府办理登记，领取结婚证书，然后选择吉日举行婚礼。迎娶形式，较前有很大改革，新中国成立初，多用畜力车，山区多骑毛驴，间有少数用花轿者。60 年代婚礼最简，多数青年结婚，陪送节俭，没有大操大办者。70 年代始行拖拉机迎亲。80 年代始用小汽车娶亲。大操大办者不乏其人，一般结婚，男方花费三五千元，女方陪嫁三五千元者为平常，婚仪宴会有愈办愈大之势。但亦有职工由妇联会、工会、共青团组织举行集体婚礼或旅游结婚。

其他婚姻形式：

再婚。新中国成立前，男亡妻再娶称“续弦”，为天经地义之举；女亡夫再婚称“嫁人”，为悖逆之举，提倡“守寡”，宣传“贞节”。新中国成立后，按照《婚姻法》之规定，寡妇改嫁受法律保护。四十余年至今，寡妇改嫁，仍有少数受家族干涉者。

妇娶男嫁。旧时，有女无儿家为传宗接代，实行女娶男嫁，称“倒扎门”。男方须履行更姓改名之签约手续。新中国成立后，人民政府提倡男女平等，尤其开展计划生育工作以来，女娶男嫁受法律保护和社会尊重。

私奔。俗称“跑过去的”。旧时，男女双方婚姻自愿，亦合法律规定，但受到家庭干涉，为实现婚姻自由，女方“私自”跑到男方成婚，或远走他乡一段时间，再托人说合回家，这种婚姻多不陪嫁、不请客、不行婚礼。

童养媳。民国以前，贫苦之家，男方家境贫寒难娶，女方父母无力扶养，或为抵债等原因，将亲生幼女为人做童养媳，由男方扶养，到成年再行婚礼。抗日战争时，民主政府即禁止这一婚姻形式。新中国成立后，颁布了《婚姻法》，童养媳在唐县绝迹。

纳妾。民国及以前，境内官商富户除娶正房之妻外，有再娶一房二房甚至三四房妻妾者，俗称娶“老小儿”。新中国成立后，按照《婚姻法》实行一夫一妻制，纳妾被禁止。进入 80 年代后期，境内极少数经济上的暴发户又有变相纳妾者，政府已明令禁止。

表亲。旧时农村姑表、姨表婚配者，山区较多。新中国成立后，大力开展计划生育工作，提倡优生优育，宣传近亲结婚的害处，禁止近亲结婚，表亲婚配者大为减少。

串亲、换亲。20 世纪 70 年代以来，男方结婚困难者，身边有姐妹的，可通过介绍人说合，两家结婚为换亲，三家以上为串亲（或称“转亲”）。这种婚姻形式多不能十全十美。

买婚。民国以前，女方家庭生活艰难，将女儿卖给男方的，称买卖婚姻。1950 年《婚姻法》颁布后，禁止买卖婚姻。70 年代初期，始有四川省妇女，经亲朋介绍来唐县自找对象婚配，此后，一些不法之徒，见有利可图，便乘机插手，以哄骗、欺诈等手段，将四川、广西、云南、贵州、湖北、甘肃、内蒙古、河南等省之青壮年妇女带入境内，以数千元之价卖给结婚有困难者称之为“买婚”。为制止这种违法行为，1988 年，县政府成立打击拐卖妇女办公室，解救被拐卖妇女。据有关部门统计，从外省拐卖到唐县婚配的妇女有两千多人，平原居多，勺堤一村就有二百余人。近几年来，在公安部门查处、干预下有所好转。

离婚。民国以前，男尊女卑，婚后妇女遵守“三从四德”“七出八条”束缚，受到虐待，只能忍气吞声，无权提出离婚，而男子只写一纸休书，就可休掉女方另娶。抗日战争时期，抗日民主政府提倡男女平等，按照边区政府有关法令，离婚由边区政府批准。新中国成立后，国家颁布了《婚姻法》，男女双方自愿结为夫妻，受法律保护，夫妻不合，感情破裂，自愿离婚，调解无效，由人民法院判决离婚。由区、乡政府审查，发给离婚证书。离婚后双方有权再婚。（以上据 1999 年《唐县志》整理）

高碑店市婚嫁礼俗

结婚之男女两家，认为门当户对，即将两造之年龄、属相起出八字，令算命者合算。上等、中等可用，下等婚则否。再以八字压于灶君香炉下，三日不坏器具，然后过小红书与大红书，谓之“定亲”。迎娶前一日，抬食盒装肉、面至女家，曰“催妆”。晚则亲迎有伴郎一人或二人，女家设酒席待之。天明迎亲者则否。上轿时，女全身红衣，男披红插花。至家，于女轿前以红毡铺地，足不践土。新娘子以红绸盖头，手抱瓷瓶，取平安之意。轿前或置马鞍、砧石，使新娘履之。于天地位前行对拜礼。香案上置一斗，中满红粮，插箭三支，挂弓一张，又插秤一杆，钩上挂秤锤，俗谓“秤杆不离秤砣，老头不离老婆”。至新房门外，以秤杆挑盖头置房上，摘下所披红绸，谓之“解愁”。男取弓矢射屋四隅，取志在四方之意。男女二人对面坐，吃水饺及面，曰“子孙饺子”“长寿面”。并问曰：“生不生?”必答曰：“生。”迎娶三日，女家迎女及婿来家，谓之“回门”。明日送归，曰“三天接”，“四天送”。再嫁之妇，将入村时，下车抱柳树，以示禳除之意。将入门，端火盆入室，又门口用水筲覆砖瓦，用足踢翻，取翻烧之意。在灶下行交拜礼，不若初婚之重也。及其生子，外祖家馈以大米、红糖、鸡子、芝麻四物，以食产妇。弥月，以镯、钏、衣、鞋为礼。生子之家，设筵召客。亲友以食物、衣服、金银器饰为贺，多少视家之贫富，谓之“坐满月”。初生之子，礼尤郑重。

民国婚礼，不由父母之命，男女自行择配，谓之自由结婚。其礼，某君与某女士，由某某君介绍，于某年、月、日、时在某处行结婚礼，恭请某某先生为证婚人，某某先生为司仪员。其礼式：第一节，行结婚礼。(1) 司仪人入席，向内坐。以下皆司仪人喧唱。奏乐。(2) 男宾入座。(3) 女宾入座。(4) 证婚人入席，向外立。(5) 介绍人入席，左右对立。(6) 新郎新娘入席，向内并立。奏乐。(7) 证婚人展读证书。(8) 介绍人用印。(9) 证婚人用印。(10) 新郎新娘用印。(11) 证婚人为新郎新娘交换饰物。奏乐。(12) 新郎新娘对立行鞠躬礼，三鞠躬。(13) 新郎新娘谢证婚人及介绍人，行鞠躬礼。(14) 证婚人、介绍人退，奏乐。第二节，行见亲族礼。(1) 尊长向外，新郎新娘向内，行鞠躬礼。(2) 平辈左右侧向，新郎新娘向立，行鞠躬礼。(3) 小辈向内，新郎新娘向外，行鞠躬礼。第三节，行受贺礼。(1) 男女宾起立，向新郎新娘行鞠躬礼。(2) 男女宾代表各以花佩新郎新娘衿上，复位行鞠躬礼。奏乐。(3) 新郎新娘致谢，行鞠躬礼。(4) 男宾演说。(5) 女宾演说。(6) 新郎新娘退。奏乐。(7) 女宾退。(8) 男宾退。(9) 司仪员退。礼毕。(以上据民国二十四年《新城县志》整理)

雄县婚嫁礼俗

雄俗结婚，约在十六岁至二十岁，而订婚多在十岁左右。订婚者先通媒妁，两家合意，男女互送庚帖，曰“通柬”。遂以首饰、布帛为聘，曰“过定礼”，即古之纳币也。及结婚，先择吉日通知女家，曰“定嫁娶”。此与古之请期相类。先期一日，男家以猪酒送至女家，曰“催妆”。女家以奁具往陈婿家，曰“送嫁妆”。南乡多有陪送木器者。届期，男子亲迎，灯烛鼓吹至门。女家宴以酒醴，曰“大席”。天明，新妇乘花轿，婿簪花披红乘轿先导。及入门，红毡铺地，新妇履之，至庭中与婿交拜，曰“拜堂”。遂行合卺礼，曰“吃大饭”。是日，设酒会亲友。亲友亦多以钗钏、钱币为贺，曰“拜钱”。盖新妇始至，例须遍谒亲友也。三日，拜家庙、祖茔，并亲串家之来贺者。乡邻以麦粉一盘馈新婚之家，曰“送小饭”。四日，女家亲串携食品来贺，曰“馔饭”。邀婿赴女家，曰“回门”。次年正月，女家备酒筵迎女及婿，连日宴饮，曰“住正月”。生子弥月，女家具礼物往贺，曰“坐满月”。男子继娶，曰“续弦”。女子之为继室者，曰“填房”。其婚娶仪式一如上述。女子改嫁者，谓之“残婚”。无他仪式，唯拜堂而已。民国以来，日趋简易，世目为文明结婚。旅平、旅津之士女，间有行之者。古者成婚，必备六礼，否则谓之奔，今恶其繁重，而唯苟简之从。结合既易，离异随之。近年以来，离婚之诉，日有所闻，岂细故哉。（以上据民国十八年《雄县新志》整理）

徐水县婚嫁礼俗

凡男女结婚，先遣媒妁通姓氏，换婚书，继而男家择吉迎娶。先期具礼送至女家，曰“催妆”。届时，婿亲迎至门，投奠雁生名帖；将归，复投御轮生名帖。新娘妆饰毕，登彩舆至婿家，行交拜礼，由喜娘牵引至洞房，行合卺礼。至三日，新妇行庙见礼或拜祖墓，次拜翁姑及戚族长者。此为旧式婚礼，普通乡民尚多沿用未改。间有文明之家用新式结婚礼者，仪式与新章规定略同。（以上据民国二十一年《徐水县新志》整理）

高阳县婚嫁礼俗

嫁娶，先由男家择定吉日，书一红简，先期送往女家，俗名“娶帖”。至娶期前一日，为“催妆日”。男家蒸馒头百个或五十个，用食盒抬送女家，名曰“催妆食盒”。女家购备陈设应用物品，如瓶罐、桌椅、箱匣、衣服、被褥等，送往男家，谓之“送嫁妆”。届期，男家预备喜轿二乘、鼓乐二班，新郎乘轿，鼓乐前导，赴女家迎亲。外有二人衣冠楚楚，乘车伴新郎同往，俗称为“伴郎”。及至女家，行亲迎礼毕。新郎、新妇各乘一轿，随同归家。然后，新妇行拜见家祠、亲族礼。现在用文明结婚仪式者，寥寥如晨星焉。（以上据民国二十二年《高阳县志》整理）

望都县婚嫁礼俗

订婚之初，先由媒证介绍男女两家姓氏、年龄、门第、财产，双方同意，互换庚帖，男先女后。再换婚书，男家备聘礼、衣服、首饰等物，交媒证送往女家收受，曰“下彩礼”。为婚约成。男子年及婚期（多有十四五岁娶妻者），男家选定吉日，令媒证通知女家。至迎娶前，男家备面制食品，及迎娶吉期红帖送至女家，曰“送食盒”，即古奠雁礼也。迎娶前一日，男家备各色礼物，送之女家，曰“催妆”。是夕，男家设香案于庭中，悬灯结彩，新郎肃衣冠，焚香跪拜于香案前，曰“拜天地”。次拜父母，次拜年长亲属。礼毕升车，偕男女陪客及彩舆、鼓乐、人马仪仗等，亲迎于女家。间有新郎至门不即纳者，曰“捐圈新郎性”。及鼓乐三通，方开门揖迎入室，小坐献茶，陪客请于主人，曰“行礼”。主人逊谢。再出微仪，曰“赏厨”。夫乃张筵就饮，富者通宵，贫者略具汤面或八八酒席。礼成，新郎御车先行，新妇乘舆及嫁夽者随于后，曰“陪送”。又女家必预储壶碗之类，备新郎临行时携取以去，曰“偷富”。既抵男家，彩舆直达洞房，舁新娘登床。由他女眷代新娘剪鬓理妆，曰“开脸”。妆毕，乃就宴。此迨古者亲迎礼欤！是日，女家亲属各持礼物同来致贺，曰“送饭”，又曰“道喜”。宴后即去。新人入洞房之先，由小姑或嫂嫂将新娘箱箧衣物翻动检视，曰“翻富”。小叔等辈在新房略发诙语，曰“闹新房”。晚间，小叔辈伏新房外窃听，曰“听新房”。三日，新郎新妇始行交拜礼。新妇先拜翁姑，次拜坟，曰“拜祖”；拜家祠，曰“拜庙”。盖庙见礼欤！新郎新妇于三日后必相偕拜于女之母家，曰“回门”，又曰“谢亲”。至是，为婚礼成。（以上据民国二十三年《望都县志》整理）

曲阳县婚嫁礼俗

婚姻媒定后，小户多以庚帖为凭，绅富则另缮帖更换，谓之“大帖”。娶时，送盒四架或折制钱八缗为礼。贫者或麦、米二石，间亦折钱十六缗。亲迎或以车，或以肩舆，莫不用乐，是皆通行礼节。女家或因贫索礼钱三五十缗不等，乡人则目为价买，是于婚礼尚无大违。唯《礼》男子三十而娶，女子二十而嫁，有故则二十三而嫁，是女必小于男十岁左右，先王制礼实有深意。今曲阳之俗，男子十一二即娶，女子每长于男五六岁至七八岁，或十岁不等。门庭之多，故讼狱之繁兴，半由于此，前臬宪庞公通饬禁止，贤士大夫宜秉礼论婚，以为四民倡。（以上据清光绪三十年《重修曲阳县志》整理）

顺平县婚嫁礼俗

婚礼，冰言既通，女家先送生辰八字，征求男家同意。谐则男家先行投柬，名曰“恳帖”；女家报之，名曰“允帖”。婚有期矣，再具正式婚书，并备具仪物，如馒首及饼饵、豚肩、食盐之属，或附以衣饰，必用双数，以取吉祥。女家亦具婚书答之，并媵以简单之仪物。届期，无论贫富，婿必亲迎。两家各延士绅二人陪之，名曰“伴郎”。彩舆以往，鼓乐随之。婿谒外舅、外姑礼毕，款以盛筵，往往达旦。次早，新妇蒙帕升舆，不加笄，不系裙。迨至婿家，则鼓乐声与爆竹声喧阗聒耳。迨新妇入青庐而后已。室以内氍毹贴地，并置马鞍及伪制黏糕等物，令新妇踏以登榻。预爇炭火一盆，新妇入室则执杯酒浇炭，令火焰骤起。凡此种种设置，均俗尚迷信，用以趋吉避凶之意也。新妇既去帕，始易髻加笄。艳妆毕，则导至香案前，拜天地及尊亲属，但男女交拜者甚少。母家当日来贺者，名曰“送饭”。即古时女嫁后三日饷食，为馔女之遗意也。次日，易庙见礼为祭坟，以县人有家祠者綦少之故。三日，婿偕新妇往拜其父母，曰“回门”。本年内五月五日、九月九日，妇家虽有追节一说，并无若何仪式，不过酬酢之常而已。按县境婚姻之礼，只论门第，而不议财。男女两家虽有纳徵、妆奁等费，综计为数，逾五百元者极少，大多数二百元内足以毕事，亦足见风俗俭朴之一斑矣。（以上据民国二十三年《完县新志》整理）

满城县婚嫁礼俗

婚嫁，先由媒妁交换男女庚帖，次通婚书。婚书通，则姻定矣。择吉迎娶，必延与婿年相若者偕往，二人或四人，名曰“伴郎”。鼓吹彩舆往岳家亲迎。男家有女娶客，女家必有女送客，否则无。婿至岳家，向香案行跪拜礼或鞠躬礼，即古所谓奠雁也。礼毕，返彩舆至门，老妇二人扶女出拜堂，名曰“拜天地”。随即上炕端坐竟日。三日，拜祖坟、翁姑及尊亲长属。受拜者除翁姑外，各有赠女物品，名曰“拜礼”。女家嫁女，先期通知亲友，各送奁资，名曰“添箱”。届期，母送女至婿家，例不食亲家饮食。亲友女眷各备食盒，随女母同往，名曰“送饭”。三日，女父偕尊长亲属至婿家贺喜，名曰“探三”。四日或六日，新郎偕新妇往岳家谒拜，名曰“回门”。若岳家接九，则八日接九日送，此旧礼也。近则新式结婚，城市间有之，乡间尚未见也。（以上据民国二十年《满城县志略》整理）

沧州市婚嫁礼俗

男家遣媒妁通言女家，得允，则各书男女所生年、月、日、时互送，名曰“通柬”。娶则男家先期纳礼，名曰“通信”。娶之前日纳礼，名曰“催妆”。娶必亲迎，至则拜天地、合卺。女家馈饷三日，以代执庖。三日，谒家庙，拜舅姑，犹有六礼之遗意焉。礼称家有无，不计财，其计财者唯负贩小民为然。（以上据清乾隆八年《沧州志》整理）

河间市婚嫁礼俗

订婚之初，男女二家各投婚启。将娶，行冠、笄礼。迎娶前一日，女家具妆奁，送至男家，为“铺床”。至日，婿往妇家亲迎，出行不数武，婿独返，再拜岳父母，曰“谢亲”。入门，设香案，拜天地，入室，行合卺礼，三日，妇之母及诸姑、伯、姊咸备礼来婿家，曰“完饭”。至六日、九日、十二日，妇归宁，婿皆往。以所住婿家之日为度，复迎妇归。妇出针黹遍送，为“满堂鞋”。（以上据清乾隆二十五年《河间县志》整理）

沧县婚嫁礼俗

男女婚姻，先由媒氏通意其间，两家或一言而决，或迟回至两三年始决。既诺，媒氏顿首谢，谓之“磕准头”，盖坚其信也。男家先书父、祖、伯、叔之名号与男子降生年、月、日、时之干支，使媒氏致女家。名号曰“小柬”；干支曰“庚帖”。女家亦如式报之，曰“换号”“过八字”。然后，男家书拜柬，加称谓；照女家小柬具名者，人各一份，亦由媒氏代致。女家又如式报之。谓之“通柬”。富家随柬具衣服、钗钏、酒食之礼，中产以下无之。嗣后，男女已届成年，男家使人通意，谓欲某月迎娶，女家许可；然后男家具帖，请女之尊亲会订期日，曰“下请帖”。女家报帖推让，男家自择。于是，男家倩星者诹吉，具帖达女家，曰“送日子”，女家报可。届期，先一日，男家致帖女家，谓之“催妆”。富者具凤冠、袍带，并礼物几色，贫者唯红衣一套。女家亦先一日送妆奁于男家，谓之“过嫁妆”。富者备有橱柜桌椅、绸缎衣服、金珠首饰及各种用品；次则仅具衣饰、瓷锡各器，均于是日先致。乡村则随轿抬送，以节靡费。是日将夕，男子衣冠（或簪花披红），鼓乐随之，拜木主、父母、尊长，然后出拜亲族、邻里。率之者曰“将拜”。庭中设香案，列烛，陈爵，备斗杈，罗弓矢。饰厅事。邀善应酬者二人，曰“陪客”。届日，男子更新衣，簪花披红，乘轿至女家，行亲迎礼（亲迎者，谓之“大娶”。城镇通行之，至乡村行者极少）。鼓乐先导，旗锣伞扇随之。至女家门，投执雁晚生帖，由陪客延入厅事，款以筵席。是时，女子着催妆红衣（衣必棉），绾髻，红袱蒙首，怀藏古铜镜。俟男子登堂，谒女家尊长，行奠雁礼毕，御轮先归。男子在前，女子登新舆随之。选亲族更事者二人，曰“送嫁”，女仆娴仪者二人，曰“陪嫁”，各乘车；干仆一人，曰“管嫁”，乘马；抬馔食者，曰“抬夫”；外有“灯夫”“炮手”等夫。至门，管嫁先投送嫁之名刺。陪客遣价持帖，速送嫁，降车，陪客候车旁，相见各一揖，肃入厅事。绕舆鸣爆竹。择中少妇二（须亲属俱全者）、稚女二、仆妇二，合六人，以红毡裹之，以八寸瓷瓶，贮五色粟，红绢束其口，至舆前，揭帘探首，置瓶于怀，使抱之，取多子之义。新郎怀藏古铜镜，出揖于舆前，谓之“领亲”。新妇降舆，陪嫁娘左右扶新郎新妇，履红氍毹，至香案面北并立。家督出至案侧，焚香奠酒。新郎行四拜礼，新妇立而不动；陪嫁仆妇更换男女怀镜。新郎于案上取杈，履毡先行，新妇随之。既入洞房，新郎以杈揭新妇盖头，陪嫁接瓶置窗隅，夫妇并坐饮合卺樽（女子概不饮）。新郎出，新妇盘坐床炕，妯娌为之梳妆开额，易艳服。厅事设筵以款送嫁。新郎出拜。筵既毕，送嫁请见家督，至洞房观新妇，出登车去。次日，新妇拜木主、翁姑及家属。三日，出拜亲族，俗称“拜三”。女家馈食三日，曰“代庖”。而婚礼毕矣。

近有用新式者，曰文明结婚，然皆仿之大都邑，非沧县所特有，故略之。（以上据民国二十二年《沧县志》整理）

盐山县婚嫁礼俗

婿家遣媒妁通言于妇家，妇家诺，则各书子女之尊亲姓字互换，曰“小柬”。又各书男女之生年、月、日及时互换之，婿家先以钗钏、簪珥之属（俗呼“定礼”），曰“庚帖”。又择日男投启，女答启，尊亲彼此称姻家，具名书拜，曰“通柬”。婚约乃定。将婚，婿家投启于女之尊亲，具酒食相约，词曰：“伏冀光临，共订吉期。”女答启，辞不赴曰：“吉期唯命。”婿家乃择定婚期，于期前具柬告妇家日时及阴阳禁忌。届期前一日，婿送妆衣、首饰于妇家，先以羊酒之礼（或八色，或四色）。是日，婿具衣冠，习礼仪，遍谒亲族长者，曰“演礼”（冠礼废，此举告以成人，可代冠礼）。妇家陈妆奁于婿家，曰“铺床”。期之昧爽，婿亲迎（乡间以亲迎繁费，率不亲迎，由妇家送女至门，十居八九），舁彩舆，导以鼓乐（古婚礼无乐，俗多不从）仪从。入门，婿谒外舅、外姑，行奠雁礼毕，设筵款婿。新妇以红幂蒙首，从婿升舆。延亲属二人送之，曰“送客”。至中庭，延女宾二迎导新妇。庭设香案、花烛、弓矢、斗杈、铜镜之属。行拜堂礼毕（夫妇应并拜，乡间唯婿拜，非也），婿以杈去新妇之幂，而置之楣，入房行合卺礼。婿家留送客，款以盛筵而归。妇家馈饭三日，曰“馔筵”，以代妇庖。三日之晨，舅姑盛服率新妇谒家庙，遂遍拜舅姑以下各尊，曰“拜三”（三日庙见，乃古礼之正俗，于翌日谒见舅姑，非是）。礼毕。古者男子三十而娶，女子二十而嫁，男不早婚，女少十岁，此礼具有精意。今则反是，男婚无过二十，过则以为骇怪。男女岁均，甚有女长至十岁以下者。夭病时见，家室勃谿，其弊不可胜穷，蔑视古礼之过若此。民国以来，蔑古益甚，男女平权之说倡，而婚配自择，不耻淫奔。其结婚也，具彩车一，男女相见，鞠躬者三，则共乘一车而归，又或奏风琴一曲以为乐。六礼不备，反诩文明。其究也，轻于合者，必轻于离，而夫妇之道苦矣。嗟乎！（以上据民国五年《盐山新志》整理）

吴桥县婚嫁礼俗

先通媒妁，女家允许，具帖使媒妁奉启以求，女氏答之如仪，曰“送书”。忌同姓，不论财。将成婚，择吉期书于柬，礼致之，曰“通信”。女氏前期送妆奁，张陈于婿之室，曰“铺床”。至期，婿家先送新人衣饰，曰“催妆”。婿必亲迎，无奠雁礼，外舅家盛筵礼婿，以女归。交拜天地，入室合卺，坐帐冠带，而后同牢以食。次日，祀祖，谒翁姑。（以上据清光绪元年《吴桥县志》整理）

东光县婚嫁礼俗

行聘不尚彩礼，亲迎，合卺，古道犹存，唯贫者多不亲迎。（按，《封氏闻见记》云：“近代婚嫁，有‘障车’‘却扇’‘安帐’‘拜堂’之礼。”《五代史·刘岳传》：“有‘坐鞍’‘合髻’之仪。”王建宫词有“暖房”之语。又《梁书·徐播传》曰：“晋宋以来，初婚三日，妇见舅姑，众宾皆列观之。”又《景祐集韵》曰：“馔，馈女也。女嫁后三日，母馈之，为馔女。”以上数条，皆与今俗相仿）（以上据清光绪十四年《东光县志》整理）

青县婚嫁礼俗

男家遣媒妁通意，女家诺，互换庚帖。男家投启，将以币帛、簪珥之属；女家答启，报以笔墨、靴帽之类（贫者则不，且有议财聘者），曰“换笺”。濒娶数月前，或具仪启，或倩亲友告女家，犹请期意。期定，择吉具柬，告以日时、阴阳禁忌。届期前一日，具冠帔、袍带，佐以鸡鱼、米馃等礼（八色、四色不等），曰“催妆”。女家送妆奁，曰“铺床”。期之黎明，婿亲迎（乡曲自送女于婿家者，十居八九），以彩舆鼓吹往女家。款以酒筵毕，谒外舅姑，行领亲礼（即奠雁意）。女以红帕蒙首，男引之登舆，男先女后，导以鼓乐等仪。女家延亲族二人送，曰“送客”。至则中庭设香案，置弓矢、斗权，男女俱北向，男拜女立（男女共拜礼也），曰“拜堂”。藉毡于地，步行入户。男女以铜镜交相换，男以权去女首之帕。相并坐，以红丝系两爵，互饮之，曰“合卺”。妇家馈酒食，以代妇庖，曰“馔馔”。三日，祀祖先，谒舅姑，拜姒娣并亲族长者，遍馈针凿等物，曰“拜三”。闻之昔时，人尚朴质，村民娶妇或嫁女，率御以车，士大夫家间用肩舆，加彩灯于顶之四隅而已。嗣后，有仿制三级彩舆者，镂金镶镜，已光彩夺目，近更翻陈出新，刺龙绣凤，金碧辉煌，肩以八人，导以多数仪仗，用壮观瞻。奢侈之风日甚一日，初则富室用之，久之相沿成风，贫贱者亦非是而不用，季世尚文，亦可窥见一斑矣。（以上据民国二十年《青县志》整理）

南皮县婚嫁礼俗

婚礼，经媒妁通言后，两方允诺，先各书子女之尊亲姓字互换，曰“换小柬”。又各书子女之生年、月、日、时互换，曰“换庚帖”。又择日，男投启，女答启，尊亲彼此称姻家，具名书拜，曰“通大柬”。婚约乃定。在昔，行聘不尚彩礼，近年中产以下人家，多讲彩礼，以为聘资。将婚，男家送吉期于女家。届期前一日，男家备礼、柬、妆衣，送女家，曰“催妆”。是日，男具衣冠，习礼仪，遍谒亲族邻里，曰“演礼”（冠礼废，此举告以成人，可代冠礼）。女家陈妆奁于男家，曰“铺床”。届期昧爽，富家多用亲迎礼，中产以下率不亲迎，由女家送女至门。彩舆入门，导以鼓乐，就中庭夫妇行拜堂礼，入室行合卺礼。三日黎明，新夫妇祭墓、拜庙、拜舅姑及尊属，曰“拜三”。新郎偕新妇赴岳家回拜，曰“回门”。近年欧风东渐，游学士女间有文明结婚者，普通人家则仍沿旧礼。（以上据民国二十一年《南皮县志》整理）

任丘市婚嫁礼俗

订婚之初，男女二家各投婚启。将娶，男家备仪物往女家，行加笄礼。亲迎前一二日，女家备妆奁，往陈于婿室，曰“铺床”。至日，婿亲迎，女家宴婿；席终，婿拜女家祠堂及女父母，引妇出上舆。婿已行，又独返谢亲，遂引妇归。入门设香案，拜天地，入室行合卺礼。三日拜家庙，翁姑及诸尊长。妇母偕诸姑、伯、姨咸备仪物来婿家，曰“馔房”。九日搬女，曰“单九”。再九日而搬，曰“双九”。匝月而搬，曰“对月”。（以上据清乾隆二十七年《任丘县志》整理）

献县婚嫁礼俗

媒妁既通，则男先投启，女家报之。下户议财，士族无有也。濒娶，具仪告女家，如古请期。婚前一日，女家陈送奁具，曰“铺床”。男家送袍带、冠帔，曰“催妆”。俗尚亲迎，鼓吹、灯烛、彩舆以往。女帕首，男引之，出登舆，男先女后。至则设香案于庭，男女共拜。入户，男亲去帕，与坐，以红丝系爵互饮之。三日庙见，谒舅姑、姒娣，遍馈针凿。

闻诸故老云：国初时，村民迎新妇，多自控一驴，士大夫家贫者，御牛车。后数十年乃皆肩舆，加以彩，彩唯红纻，结花络舆四角。又数十年，有仿京师制舆为租肆者，做镂金、悬镜、猩红、玻璃诸饰，一舆至五六金，远则倍。初富室用之，人艳其华，久则非是弗用矣。婚礼，古有摄盛，唯言婿之冠服，今皂隶之家往往具仪卫、执事夹道，鸣金传呼，恬不为怪也。（以上据清乾隆二十六年《献县志》整理）

枣强县婚嫁礼俗

先通媒妁，女家允许，蠲吉先过帖。礼重亲迎。其初甚朴，迎婚之家或用巾车，或乘驴，不用鼓乐，只以铜锣前导。今则盛陈乐部，华灯夹道，车舆亦饰以绘彩，由数十人至百十余人不等。士夫家订婚，不用货贿，唯下户始以财求之。婚之前，男家择吉日，具羊酒、食物等项，谓之“通路”。盖犹仿古人纳采之遗意也。女家前数日备妆奁，送仪物，谓之“铺床”。豪富之家，有以数百金作嫁资者，非复曩昔之朴俗矣。毕婚后，女家之费恒数倍于男家。（以上据清嘉庆九年《枣强县志》整理）

安平县婚嫁礼俗

旧时，民间婚嫁仪式大多因循封建礼教，男女婚姻皆为父母之命，媒妁之言，讲究门当户对。

订婚前，先议婚。一般是媒妁提亲，经相互调查，若门当户对，则互换庚帖（生日时辰帖），再经算命先生推算，如属相等相合，父母才同意订婚。订婚时换“八幅柬”，男家写“久仰名门，愿结朱陈（秦晋），倘蒙不弃，恭候玉音”等，写好后装入护书匣送达女家。女家写“亦仰名门，愿结秦晋、既蒙不弃，谨遵玉音”，写好后也装入护书匣送达男家。定亲后，男方所送礼物多由女方提出，然后由媒人将礼单交给男方，男方备好后交与女方。女方收下彩礼，即准备嫁妆。婚期一般由男方请老先生或算命先生查定良辰吉日，然后于婚期前一个月，请人将拜帖盒（内装娶帖，即对月帖）送抵女家。娶帖上写：谨占于×月×日命小儿完婚，亲迎于潭府，肃此预达；下款：忝眷弟，顿首拜。女方接娶帖后，用丰盛的饭菜款待下书人，并给予喜钱。男方定好婚期，女方一般不得更改。

娶亲之前，男家整修院落，油漆门窗，粉刷墙壁，整理洞房。临期数日，迎接亲眷，邀陪客，订吹鼓手，家中满贴对联，悬灯结彩。女家置备嫁妆，邀请男女送客。娶时锣鼓喧天，唢呐劲吹，异常热闹。新郎礼帽长服，披红挂绿，乘轿前行。男陪客、女陪客亦乘轿或坐车盛装相助，经过村镇均鸣“三眼炮”。新郎到女家后，先行礼，女家招待“下马面”，并以丰盛的酒饭款待迎亲客人。然后，把大轿中的小轿抬进屋，新娘头蒙红布，坐入小轿，抬出放在大轿中。回去时不走来时路，新郎骑马在前，男陪客、女陪客随后，接着是新娘的坐轿，男送客分列左右，手把轿杆前行，花轿后有女送客一人，骑马或坐轿。娶方沿途贴红喜字，以此避邪。新郎到家下马，持弓箭向洞房四射，意为驱邪。新娘下轿后，一中年妇女用红线绞其脸上的汗毛，谓之“开脸”。然后以红毡铺地，行至花堂拜天地，接着拜长辈，按照从大辈到小辈、从近亲至远亲的顺序一一叩拜，受拜长辈都用红纸包钱，给予新娘，称“拜钱”。拜毕即开席吃饭。

到晚间，开始闹洞房，晚辈或岁数小者均可对新娘打趣。睡前，新郎新娘吃连心饺子连心面，意寓夫妻和好，心心相连。之后，新郎的嫂或姐扫炕铺被，并念叨说：“东边扫，西边扫，闺女小子满炕跑。”入睡前，油灯用物扑灭，禁忌吹熄。

结婚次日或隔一日，新妇要回娘家，新郎相陪，谓之“回门”。女家以丰盛酒席招待新郎，并有逗弄之举。新婚夫妇在中午前要回到男家，否则不吉。

新中国成立后，旧的婚姻习俗如议婚、换彩礼、查定婚期、送娶帖、迎娶、拜花堂、拜长辈、闹洞房、回门等仍基本沿用。六七十年代，男方所出彩礼多为衣料，价值百余元。进入80年代，其数值日长，现一般需二千余元，富足之家还高出一至数倍。迎娶时不再骑马、坐轿。五六十年代用马车，70 年代用自行车、拖拉机，80 年代则使用汽车，由一辆到数辆，甚至形成车队，攀比、铺张现象日益严重。当然，受社会“婚事新办”的倡导，避繁就简，实行旅游结婚者也很常见。

改嫁。旧时，妇女讲“三从四德”，男丧妇可以续娶，女丧夫则不准改嫁，谓之“守节”。因而青妇丧夫，守寡一生的屡见不鲜。寡妇被称为“不全人”，处处被人小看，吉庆场合避之。新中国成立后，提倡男女平等，寡妇不再受人歧视，改嫁已为常事，并受法律保护。有的寡妇一向同公婆和睦相处，不忍撇下公婆，即带公婆改嫁，也有的经公婆同意，在本家招婿共同养老抚幼。

招赘。有女无儿者招婿称“招赘”。旧时，男到女家为儿，所生儿女随母姓，因此入赘者常常被人歧视。新中国成立后，封建礼教减少，入赘女婿不改姓氏，所生子女有的随母姓，然随父姓者居多，入赘渐渐不受歧视，并为政府所提倡。（以上据 1996 年《安平县志》整理）

武强县婚嫁礼俗

婚姻关系确定。旧时婚姻为包办婚姻，女子之嫁全凭父母之命，媒妁之言，重门当户对和以命相择。欲使女子成婚者即请媒妁说合。由媒人提亲，双方父母考虑各方面条件，互要当事人生辰，由卜者占其是否相宜，表示同意或不同意订婚。这种婚姻因男女互不了解，有的婚后性情不合，终生不和睦，造成悲剧。新中国成立后，按《婚姻法》规定：婚姻由男女双方自行做主，其他人（包括父母）不得干涉包办。多为媒人或同志间介绍，男女双方经过接触，确定恋爱关系，成熟后即行结婚。有的在工作和劳动中，自找对象，确定恋爱关系。

订婚。旧时以“换帖”为准。用红纸折帖，上印金色龙凤文，经媒人说妥后，即由男家选择日期，购龙凤帖二副，先由男家将男子生辰八字及家长姓名写龙帖一副，连同未写之凤帖交与媒人一并送于女家。男八字帖格式为：

×年×月×日	相攸生×××敬书	裕后	大吉	造赋予×年×月×日×时	端生	光前		庚谱

而女家除将男婚帖收藏外，再将女子生辰八字及家长姓名写妥，仍交媒人带回男家收存。女八字帖格式为：

庚谱

光前

端生

坤造赋予×年×月×日×时

大吉

裕后

闺房女×××敬书

×年×月×日

庚帖交换之后，即送彩礼。旧时婚姻竞财鄙俗盛行，大多送金银首饰、衣物等。彩礼由媒人送往女方，并附文定拜亲帖一副：

文定厥祥

辱承

尊姻台不弃寒门愿订姻亲，诚感荣幸谨

依婚仪聊备薄物送往

高门为文定之礼，仪简意诚，伏希收受

肃此请上　阁下

×府尊初盟姻台××先生

初盟姻弟×××鞠躬

女方写回帖：

从定

谨遵

台召贵府不弃寒门愿结朱陈之好，甚感

小女

幸荣诚领文定厚礼，恭候　于归

吉期

肃此上复　阁下

×府尊初盟姻台××先生

初盟姻弟×××鞠躬

连同四种礼物由媒人一起送至男方，即为正式定亲。

新中国成立以后，换帖习俗逐渐废除，一般由男女双方互赠信物，或男女相伴为女方购买订婚衣物。要彩礼者，由女方提出，媒人传于男方，多为现金，三五百元不等。最后由工作单位或村出证明，到当地民政部门登记，完成订婚。

选吉期。婚姻关系确定之后，何时娶亲，一般由男方主选，双方商定。旧时，男家选择吉日后，要填写报吉柬帖送往女方，言："谨卜良辰，时逢吉日，宜占鸾凤之期，谨择×年×月×日迎亲登堂。"女家回帖："敬依尊命。"新中国成立后，选定结婚日期，多由男方选择，通过介绍人或直接同女方商定。农村一般选择旧历三、六、九日，腊月则除初五、十四、二十三外，其余均可。

迎娶，俗称"娶亲"。此中习俗很多，新中国成立后有的一直沿用，有的逐步淘汰。迎娶包括两项活动：一是送嫁妆，一是娶亲。送嫁妆，即将女方陪嫁之物送到男方。旧时嫁妆主要有柜、橱、箱、被褥、茶壶、茶碗、梳妆盒、镜子、竹筷等。送嫁妆时，除大件以车拉送外，小件一般于娶亲前一日，由女方派人将物品分装在八个或十六个筛子内，由四人或八人挑去，俗称"送挑"。送挑者并负有"挂门帘"任务。现虽不再以担挑之，但仍有此过程和习俗。娶亲项目更繁，县内不同地方，习俗不尽相同。旧武强城里一带迎亲时，新郎需到女家去行求亲仪式，在小范一带则新郎无此行。迎亲，一般在吉日之凌晨或上午（旧时在择吉日之时亦择吉时），男方迎亲队伍到女方。旧时一般乘轿，红蓝各一，蓝为新郎乘，红轿去时由男方选一男童坐之，谓"压轿"，回程由新娘乘坐。新中国成立后，使轿者渐无，先后改为马车、自行车、汽车。迎亲队伍中有"挟毡者"（礼仪），有吹鼓手（近年取消），有放炮的（旧时为三眼火药炮，近为爆竹）。人数有去时为单数之俗。到女方后，新郎到女方家行求亲礼后，到坐客处坐等，女方于此摆上茶果碟和酒菜，并有女的弟侄等前来贺喜，男方为其送红包。待女方整好准备上轿（车）时，新郎即袖一双筷子，登轿或车回返。娶亲队伍回到男方家后，首先由新郎之父手持爆竹一挂，燃着绕轿一周，谓之"燎轿"。然后由接新娘者接扶新娘下轿或车，一般在轿边（或车边）设一石块，新娘下轿第一脚必须踏石头上。由接者搀行，此后，有"过火盆""持夫掌"之俗，近年无。在农村，新娘进大门后，即将门关闭，待将新娘安置好，方有人开门，并先将生肖与新娘不克者放入，后才将看新娘者全放入。自此到中午一段时间，为逗新娘时间，农村有"三天无大小"之话。此时，不论大辈小辈皆可到新房逗新娘，但多数为小辈，除说戏谑话外，有的还动手动脚。到傍午，女方娘家来几名女客，谓之“扶拜”者，稍事休息后，即举行“上拜仪式”。新郎、新娘并排站于北房门左侧（一般此处为香台），由司仪喊给哪位长辈叩头，喊到谁，不管新娘叩不叩头，即拿礼钱放入条盘内。待男方长辈亲友拜完后，新娘从条盘中的钱堆上随便抓一把即走，谓之“抓富”。待款待完娘家人后，迎亲仪式即全部结束。余下的即是请客答谢。整个迎亲过程中，尚有在娶亲前一夜，公公在新房炕上坐一坐，谓之“压炕头”，洞房第一夜请“全人”铺炕，并念“这头扫，那头扫，扫得儿孙满炕跑”的吉利话，也有在结婚用的新被褥和枕头中装栗子、枣、花生等习俗。新中国成立以后，迎亲习俗日渐简化，除主要过程不少外，其余都去掉，而且有的实行旅行结婚，仪式更简。机关中推行新式婚礼，但未坚持。

回门。新娘出嫁后第三天，新婚夫妇一起到女方娘家省亲。回门中，主要有逗新郎之俗，有的邀本院兄弟或叔侄陪酒，力劝新郎；有的在饺子中包上硬币或其他东西，故意叫新郎吃；近年来，有的则由村中小孩将新郎的自行车放掉气，待走时需掏钱取乐。回门时，并有领新郎拜见女方本族长辈之俗。

改嫁。旧时，男丧妇可以续娶，女亡夫改嫁则为人讥笑，有的则为族人所拦。标榜“守节”，提倡“贞节烈女”，因而守寡一生者居多。偶有改嫁者皆因居孀缺乏养资，难以维持生计，改嫁日期概用下旬，其礼甚简，称之“二婚头”，迎娶时皆在夜间。新中国成立后，经过贯彻《婚姻法》，妇女改嫁不再是丑事，多数不再受到干涉，全凭妇女个人意志，有的仍不改嫁，愿为亡夫守家扶养孩子，有的则数次改嫁。

招赘。有女无儿者招婿，旧时称“入赘”或“倒装门”，男到女家后改姓女方姓氏，所生儿女随母姓。“入赘”者往往被乡人小视，终生难以抬头。新中国成立后，女子同男子一样享有继承权，上门女婿不再改姓。70年代以后，由于提倡计划生育，男到女家落户受到表扬。至1987年，全县男到女家落户者计五百余例。（以上据1996年《武强县志》整理）

广平县婚嫁礼俗

初，男请媒二人，具衣冠，往谒女家，投递婚启，曰“登门”，亦曰“换庚帖”。次，婚家互招饮宴，男先女后，曰“会亲”。男家以彩币、牲果，鼓吹送女家，曰“聘定”。女家具巾服、脯果（近多用靴帽、衣料、书砚、笔墨、文玩），鼓吹往男家，曰“回礼”。濒娶，复行纳彩礼，如前。女家不复酬。婚前一日，婿具醴果往女家，曰“通道路”。是日，女家行过妆礼，亦有先期举行者，曰“铺床”。诘辰，盛张鼓乐亲迎，以长者导之，谓之“领亲”。男家遣妇女具吉服往催妆，曰“娶女客”；女家遣送，曰“送女客”。新妇入门，以姻戚妇一人，具妇饰冠簪加新妇笄，曰“上头”。女家兄弟、亲戚送至男家，谓之“送亲”。次日，婿以酒果行谢亲礼。三日，妇谒祠堂，拜舅姑，上女工。女家具衣饰，鼓乐导送男家，曰“追三”。邀女眷往婿家，曰“馔饭”。迎女及婿归，宿妇家，曰“回面”，亦曰“回门”。九日亦如之。娶后，四时馈脯果等，男家交送，曰“追节”。婚必择吉，唯祀灶日至除夕不忌，曰“乱岁”。（贫家有因丧事女来吊，而遂留娶者，曰“孝扶”。有乳臭养之者，曰“童养”。士大夫家皆不行此礼）（以上据光绪二十年《广平府志》整理）

大名县婚嫁礼俗

凡议婚之初，假媒妁换男女庚帖，配合命宫。文定之时男家纳币以钗钏，女家报以器币或以笔墨、书籍，名曰“过启”。贫民或以银钱行之，谓之“彩礼”。将娶，延女家尊长至订婚期，俗名“会亲家”。或径诹吉告之。娶之前一夕，告祖先，或兼谒拜亲友。娶日，亲迎，用彩舆、笙乐前导，或假先世仪仗（下贫之户间亦有俟宁者）。彩舆回，拜堂合卺。次日，庙见或拜祖祢坟墓，谒尊亲，次及尊长。（以上据民国二十三年《大名县志》整理）

邯郸县婚嫁礼俗

富者订婚多早，贫者订婚多迟。初由媒妁通好，男家柬，曰“达亲帖”（又曰“小帖”）。投正式帖，曰“送书”；女家答帖，曰“回书”（男附簪珥、首饰；女附书砚、笔墨）。中上人家，只论门户，不论资财，多女大于男（三五岁不等）。贫户，男家得出相当金钱，多男大于女（十岁上下不等）。濒娶（普通在十五岁后，富家在十五岁前者，亦数见不鲜）前一日，男送女米面等物，奠雁概以鸡代，曰“通道路”。女送男家皮箱、手巾、盆匣等洞房应用物品，曰“过嫁妆”。丰约不等，各称其家。男亲迎，用鼓乐、旗伞、肩舆等仪仗。长辈引新郎至女家，名曰“斟盅”（盖取两亲家换盅之意也）。女家为新郎披红簪花。男轿前导，女轿旁有数人护送至夫家，谓之“送亲”，又曰“把轿”，皆女家之兄弟、子侄。新妇到门，以女眷一人具饰品，加新妇笄，曰“上头”。送亲者抬新妇至洞房（有用布铺地，令新妇履布，自行至洞房者，名曰“蹈布”）。拜堂礼节，本日、次日不等，俗名“拜天地”。新郎下轿行参天地礼，傧相（俗名阴阳先生）赞之，新郎送桃木弓箭于洞房。次日或三五日，女家来送食品，曰“馔饭”。拜天地、神主、舅姑诸长辈毕，迎女及婿归，宿妇家，曰“回面”，亦曰“做九”。婚毕。择吉，唯祀灶日至除夕不忌，曰“乱岁”。从阴阳家言，诸凡无忌也。（贫家有因丧事，令女来吊，而留之者，曰“孝扶”。有乳臭养之者，曰“童养”。士大夫家皆不行此）次年端阳后，女家送床、帘、席、枕，邀亲族向男家送礼，曰“追节”。（以上据民国二十八年《邯郸县志》整理）

曲周县婚嫁礼俗

男请媒妁谒女家，得允，约吉期，骈启互投。男先，曰“送书”；女答，曰“回书”。既订约，遇岁时或以脯果等致女家。曰“追节”。女家答衣履、玩具，曰“回礼”。将婚之前，具柬邀女家及媒相宴会，曰“订吉”。期之前一日，婿家具礼脯，父、兄、师、婿诣外家，备礼相酬献，曰“通道路”。往娶，婿亲迎，鼓乐前导，轿用彩结。男家遣妇女往，具吉服催妆，曰“娶女客”。女家遣送，曰“送女客”。娶、送女客乘舆或肩舆，居轿后。至婿家，女入室，以姻戚妇一人，具妇饰冠簪，加新妇笄，曰“上头”。次日，婿复具酒果，诣妇父母拜谒，曰“谢亲”。三日，妇庙见，谒翁姑，以次遍谒亲族尊长，曰“上拜”。是日，妇家逆女归，婿偕往，曰“回门”。六日亦如之，九日亦如之。先期，女家备奁具致婿室，曰“过妆”。娶之日，邀姻戚共聚陪新亲，曰“会亲”。娶之后，戚党相馈脯果，曰“馔饭”。婚卜吉有定月，曰“利月”。岁腊祀灶后不忌，曰“乱岁”。至民俗鄙野，或有因丧女吊，而遂留者，曰“扶”。有贫不及礼，乳臭过房者，曰“童养”。一则乡愚恶俗，一则变故权宜。失礼之中，固有轻重矣。（以上据清乾隆十二年《曲周县志》整理）

成安县婚嫁礼俗

旧婚礼：冰人致两姓之好，由男家主动，但得女家许可即成亲眷。礼谓羞男不羞女。两家许可后，由男家书一单帖，曰“达亲帖”；女家回一单帖，即算良缘既定。有随后即过大书者，有至择吉迎娶时方过大书者，同时过金银首饰等物。亲迎时，新郎必在家对家族、戚友、长辈者按次行礼，随礼奏乐，然后乘红轿赴女家求亲，同时有家族长辈或平辈年长为兄者，乘黑轿伴新郎同去，曰“伴客”，又曰“斟盅”。其初意即古奠雁之意，行之既久，习而不察。到时亦无若何表示，说两句无甚关系话，即告辞起身，鼓乐一响，曰“送亲家”。后由女家与新郎披红插花行礼，新人上轿，鼓乐前导而回。普通娶亲，轿走时，出西门进东门；送时走一路，回时走一路，不走回头路。其他琐琐习惯，如新人不守空房，不住双九日，不回双日，等等，尤属不可考究者。女子出嫁之日，必有家族或至亲数人送至男家，曰“送女客”，又曰“送亲”。新娘来到男家，由男家姊嫂辈，盘盛萼子、杼、秤、古镜各一；萼子置新娘头上，余物置怀中使抱定。更置布盛一架、马鞍一面，使新娘越而过之，谓之“骑鞍揆盛”。进行时，有晚辈儿童用草、枣、铜钱等物撒新娘身上，曰“撒草料”。至天地前，行交拜礼毕，即入洞房。次日亦如男子对家族、亲戚、长辈按次行礼，又有拜坟墓、拜祖堂者。

新婚礼（即文明结婚式）。介绍人将男女两姓成婚手续完成后，由男家主婚人约期，预备礼堂酒食，招致介绍人、证婚人及亲族来宾等。届期早晨，用细车一辆，戴以采红，择亲族女性中年长者为娶女客，乘车至女家，与新妇同车先导归。女家主婚人及亲族亦备具车辆，随女车同行至男家，延入客室少憩。若有妆奁，即同时或用车马驮载，或用人夫负担随至，由男家接入安置。

文明结婚秩序单：（奏乐）（1）司仪员登台宣布礼节。（2）男宾入席。（3）女宾入席。（4）证婚人就位，正面立。（5）介绍人就位，左右两面立。（6）两姓主婚人就位，正面立（男右女左）。（7）新人就位，男右女左，内向并立。乐止。（8）证婚人展读证书。（9）新人对立，引导员为新人交换饰品。（奏乐、乐止）（10）新人署印，或引导员代署。奏琴。（11）证婚人署印。（12）介绍人署印。（13）两姓主婚人署印。琴止。（14）新人行结婚礼，对立互行三鞠躬。奏乐。（15）行见男宅尊长礼，三鞠躬。（16）行见女宅尊长礼，三鞠躬。（17）行亲族相见礼，三鞠躬。乐止。（18）新人内向并立，谢证婚人，三鞠躬。奏琴。（19）新人内向并立，谢介绍人，三鞠躬。琴止。（20）来宾致贺新人，一鞠躬。（21）新人答谢来宾，一鞠躬。（22）来宾致贺两姓主婚人，一鞠躬。（23）主婚人出席答谢来宾，一鞠躬。（24）礼成，引导员引新人退席，各员同退席，乐全文明。

结婚服装：新郎着大礼服、礼帽、革靴，或常礼服、礼帽、布靴。新妇着粉红色或红色衣裙，以红色纱蒙首，下着绣履或坤靴，手执鲜花一扎。女引导员及送嫁女童，均手执鲜花一扎。女引导员及女童，均不得穿黑色衣服。

证婚人颂词：盖闻阴阳台德，两姓联姻，夫妇偕和，双方欣幸。兹者日云其吉，星歌在天。琴瑟赓偕老之章，河洲咏好逑之句，某等仪襄坛坫，会集冠裳，欣逢嘉礼之成，仅献宜家之颂。

来宾颂词：顷蒙××先生邀观令郎××兄与××女士结婚大礼，×等甚为欣幸。盖×等于男女两家素相交好（或云素有亲谊），不但王谢名门久所钦仰。且新郎具有品学，新娘极其贤德，今得相配为婚，正是诗礼人家，足称神仙眷属。×等羡慕之余，愧不能善颂、善祷，唯有共效华封之祝曰，福寿多男。（祝毕鞠躬）

主婚人答词：今为小儿完婚，不过了却向平之愿。一切礼文，概从俭约。蒙诸位不以简慢见弃，惠然光临，已属荣幸。乃复宠以金言，×实愧无对答。唯有体念诸位奖励之意，借作训词，嘱儿妇敬听而已。敢拜言。（答毕一鞠躬，新郎、新妇随同鞠躬）

结婚证书：盖闻二南之化，始自关雎，五世其昌，兆占鸣凤。此男女所以求百年之好，而婚姻所以为万福之原也。今××君与××女士同出名门，洵称佳偶，宜其雀屏中选，喜诺千金，自应燕婉偕臧，相倚双玉。爰于本年×月×日吉时行文明结婚礼，秉红烛以催妆，入青庐而交拜。看此日，桃花灼灼，宜室宜家；卜他年，瓜瓞绵绵，尔昌尔炽。特借画眉之笔，书向红笺；且将比翼之盟，载明鸳谱。此证。

结婚之次日，由男家预备细车一辆，使新郎与新妇同车至女家认亲，礼物随意备带。是日，女家具酒食，召集族党，留婿款宴。按旧俗，男女结婚，男家亲朋有贺喜贺仪不拘物品，女家亲朋好友送饭（亦曰“馔敬”，结婚以后第三日送食之称）之礼节，唯先后差池，无定时。贺喜有延至十数日者，送饭有延至六日或九日者。男女两家置酒款客，缠绵不绝，殊属伤时废事，有碍民生。新礼则定为男家亲朋，均于结婚观礼日一齐贺喜；女家亲朋，均于结婚之次日新女、新婿回门时，一齐送饭。过此则男女两家不再收礼，以免亲朋与自己彼此虚靡枉费。（以上据民国二十年《成安县志》整理）

涉县婚嫁礼俗

人家婚嫁最早。闺女十三岁蓄发，后皆编髽角，婚乃解辫绾簪。未过门，婿家以六月六送罗，腊月望后送花。娶时，用娶女客二人，或姑或嫂，女家送亦如之。

认亲、回面，皆以合欢之次日、三日、对九，出阁还母家，九日乃返。（以上据清嘉庆四年《涉县志》整理）

鸡泽县婚嫁礼俗

遵父母之命，请媒妁二人谒女家，曰“红叶”。得允后，约吉宴饮，男先女后，曰“会亲”。未娶，唯婿家四时馈脯果，曰“追节”。娶后，女家亦如之。以采币、聘金、牲果，鼓吹送女家，曰“行聘”。婿簪花，拜媒揖客，主人侑以币，曰“迎开口”。翌日，女家具巾服、脯果，鼓吹往谢，曰“回礼”。临娶，行纳采礼，而女家不复答矣。婚前一日。父兄率婿具醴脯往外家，曰“通道路”。女家亦于是日过妆礼，曰“铺床”。诘旦，婿亲迎，鼓乐前导，轿用彩结，贫者用车，婿骑而前，娶女客在后。到门礼毕，新妇之兄弟亦簪花披红，曰“陪郎”，与婿并辔，送女客亦在后。次日，婿间有来谢亲者。三日，妇庙见，谒舅姑，同婿往外家。次日同归，必私带物回，曰“偷富贵”，殊鄙俚。姻戚逐日馈脯果，曰“馔饭”。九日迎女及婿归，曰“回九”。婚必择吉，曰“利月”。唯祀灶日至除夕不忌，曰“乱岁”。有贫不能婚嫁，乳臭即过门，曰“童养”。更有因丧娶妇，曰“孝扶”，则权而失乎礼矣。（以上据清乾隆三十一年增刻二十年《鸡泽县志》整理）

邱县婚嫁礼俗

邱俗婚姻，男子年甫十五六岁，即授室；女子年至十七八岁，即出闺。除同族不结婚外，其余或同姓，或异姓，均可结婚。

结婚之始，有出自男家动议者，有出自女家动议者。无论出自何方动议，先请媒妁，商取两方主婚人同意以后，互换柬帖，曰“过引帖”。再定吉期，设宴互换婚书，曰“换大书”。男家备锦绣衣料或金银首饰为聘礼，女家报以笔砚、书籍。如女家贫穷，男家间有以钱为聘，俾女家制备妆奁者。婚前数月，男家具柬择吉，附以阴阳禁忌，曰“送娶帖”。婚期前数日，男家备肉食等馈女家，曰“送通道”。女家即将妆奁物事送男家，曰“送嫁妆”。临期，男礼服冠戴，至祖庙行朝祖礼，遍谒尊长并乡邻，曰“告冠礼”。亦有婚期前夕行之者。男家备彩舆鼓乐前导，亲至女家，曰“亲迎”，亦曰“行奠雁礼”；女家与新婿插戴花红，新妇以红巾覆首，各乘彩舆以归，女家亲属车马络绎送之，曰“送亲”。沿途，亲友具酒宴酌新郎，曰“摆盒酒”。彩舆至门，男女下舆，中庭设香案，并设有弓、矢、斗、衡、铜镜等物，男女向天行礼，曰“拜天地”。女宾以衡挑去新妇覆首红巾，为新妇戴髢，曰“上头”。至夜，夫妇洞房合宴，曰“合卺礼”。次日，新妇华妆拜夫之祖庙，以次及翁姑尊长，尊长赠之以钱，曰“拜钱”。拜毕，夫妇偕往女家，谒女之父母，行谒亲礼，曰“回门”。女家备酒馔，宴毕即返。亲友各赠贺仪，如喜联、喜幛或钱币之类，则备盛宴酬之。以上各节，是谓“大娶”。

亦有男不亲迎者，得命晚辈乘彩舆往迎，是谓“小娶”，仪节与大娶略同。又有女家备彩轿送女至男家，行合卺礼者，曰“送亲”。路远者，期前，女家送女至男家本村或邻近村庄，觅一住所，候男家来娶，曰“就亲”。

又有女家贫寒，于订婚后，女子尚未成年，无力赡养，将女送归夫家养育，为童养媳。俟女及笄，择吉举行正式婚礼。

又有男女早夭，未及婚嫁，经媒人撮合，男女两家，将已夭之男女，合葬一穴，俗称“冥婚”。

男子继娶，曰“续弦”；女子为继室者，曰“填房”。结婚仪式，一如上述。女子改嫁者，俗谓“残婚”，无他仪式，唯拜堂而已。或晚年无子，向来有纳妾习惯。但现在纳妾者颇多，则未必皆为子嗣问题矣。

改革以来，文明结婚，旅外士女多行之，县属风气闭塞，第近年来，亦有嫌旧礼繁重，易拜跪为鞠躬，渐改为简易者。（以上据民国二十三年《邱县志》整理）

肥乡县婚嫁礼俗

初请媒，许亲，次行定，次下财，筵会。前期，女家过妆奁。亲迎日，婿马前导，妇舆后随，大张鼓乐至门，拜天地，行合卺礼。三日谒祠堂，具枕顶、巾履，见舅姑，馈亲属。婿偕往妇家，拜妇之父母，谓之“谢亲”。肥俗结亲，男过幼，女过长，不以时，此大弊也。（以上据民国二十九年《肥乡县志》整理）

磁县婚嫁礼俗

嘉礼也。男女双方由父母主婚，冰人传话，卜以生年，合则订婚，不合另议。婚不论财，而重纳采，然多寡罕有争者。男女年届婚期，由男家选定吉日，令媒通知女家。至迎娶前一日，女家备桌椅、箱柜等送至男家，曰“妆奁”。迎娶日，男家先备酒肉送至女家，曰“送食盒”，即古奠雁礼也。是日，男家设香案于庭中及天地位前悬灯结彩。新郎肃衣冠，焚香跪拜于香案前，先拜天地、祖宗，次拜父母，次年长亲属。拜毕，升彩轿，有鼓乐仪仗等引导，亲迎于女家。间有新郎至门不即纳者，及鼓三通方开门，揖以迎入室小坐，献茶点、酌酒。请于主人，曰“行礼”，主人逊谢。女家与新郎披红、插花，礼成。新郎乘彩轿先行，新妇乘彩轿随于后。既抵男家，新妇下轿，舁新妇至天地位前，偕新郎同叩首，曰“拜天地”。毕，入洞房，由女眷代新妇理妆，曰“开脸”。妆毕，乃就宴。是日，女家亲属各持礼物，同来致贺，曰“馔饭”，又曰“道喜”。宴后去。男家女眷率新妇拜祖先，拜翁姑，拜亲属尊长。新人入洞房之先，由小姑或嫂嫂将新娘箱箧衣物翻动检视，曰“翻富”。小叔等辈在新房发诙谐语，曰“闹新房”。晚间，小叔辈伏窗外窃听，曰“听新房”。九日回门，归宁父母。近则文化开通，间有自主婚配，用彩舆亲迎，遵照文明结婚式举行婚礼者。（以上据民国三十年《磁县县志》整理）

武安市婚嫁礼俗

武俗论婚襁褓，两家门户相当，由冰人执柯，男具红柬送女家，曰“敬求金诺”；女以红柬回答，曰“唯命是从”，俗称“占亲帖”。换已，藏帖于箧，是为定亲。（按：订婚手续极为简略，既不换男女庚帖，复无事禽妆雁币，只凭一纸婚帖，即订百年姻好；甚至沧桑世变，而鸡犬相随，凤鸦终伴，绝无悔婚之举。虽云礼教束缚，要亦武民知义，有足多者）男女已届结婚，男制馍馍四枚（皆重数斤）、食盐一块，附押书银八元或十元，用龙凤喜帖送女家，俗称“端书”。女家亦制大馍馍四个、食盐一方、龙凤大小书，还之男家。（按：此礼乡间名曰“谢亲”。男具米面、菜饵、饰物、喜帖，用食榼送至女家，女以书笔、文具等物报之）端书后，男请女庚帖，用星命合婚。诹吉既定，以喜期示女，曰“吉期”。唯命期前一月，送桌子。桌以半计，每半桌油馓十二、麻糖十二。桌数多寡，由女家酌定。全桌于迎娶时随袍冠带迎送之。此礼各乡名曰“过礼”。男具龙凤馃品、米面食榼，附彩礼、衣料、首饰、押书银等，送女家。女报以馍馍。送时榼上覆红毡，外附瓷瓶，瓶内贮面酵、食盐、脂油各少许（取新娘贤孝发家之义），红箸一双，名“换口瓶”。至女家，女家私将瓶口敲破，名曰“敲婆婆嘴”。濒娶，男送袍冠、猪半、馃馓各一桌，鼓吹迎迓，俗名“迎桌子”。先期，女以奁物送男家，名曰“过妆”。奁物多寡，各称其家，奁内各置落花生（取长生之义）。（按：乡间过妆时，以一人押送，名曰“押嫁妆”。有只送衣饰者，如城治东、南、北乡是。缘城治东、南、北乡，箱笼桌椅皆男家自备。送时裁缝携熨斗、剪刀同行。男家按单点视，裁缝重为折叠；归时，男家开赏。唯西乡则兼送箱笼，并有抬花子数升者，盖取多子之义。送奁后，男集家人翻视奁物，俗称为“翻富贵”。翻已，散钱于箧，俗称为“添富贵”）届期，先与新娘送彩舆，新郎盛服肩舆，由斟樽者导往（斟樽皆以家长为之），往时辅以鼓乐、仪仗。至女家，女之亲属为新郎簪花挂红。行奠雁礼毕，新娘衣袍冠，红帕照面，同新郎升舆就途。送女者，随新娘舆后，名曰“送客”。新娘下轿（姑及姊姒以巾裹礼物送新娘，名曰“下轿礼”），用女宾二人导引，过鞍柽，蹈布（俗以新娘下轿不得履地，皆以彩布贴地，新娘履行其上，俗称“蹈布”），至天地前，同新郎交拜。入洞房，阖门，去袍冠，揭面巾，与新娘易髻，喝子孙汤。新娘戚属以汤饼来馈，名曰“送大饭”，亦名“随轿饭”。晚行合卺礼，男女群集闹房。翌日，新娘拜祖，拜见舅姑、尊长、亲属。新郎、新妇偕赴母家，名曰“认亲”。九日，亲族送九日礼，母家请亲族赴男家宴会，名曰“做九日”，限于女宾；新郎、新妇席前拜谢宾客。至是婚礼告成。（按：乡间送女者，名曰“送客”，有四人、有六人、有八人，男家盛宴款待。下轿时，撒五谷，放爆竹，名曰“驱煞”。新郎手弓矢，至天地前四射。晚行合卺礼，新郎就寝，家人引新娘出房，遍历厨灶厕厩，封火添草，回房守灯枯坐。妇孺潜就窗外听房。次日，新娘往亲戚家吃“梳头饭”，夫妇入茔拜祖，长辈前导，分拜亲友。三日后，同赴母家认亲，与城治大同小异。做九日有男宾）

贺喜。武俗娶妻、嫁女，亲友往贺，娶曰“贺喜”，嫁曰“添箱”。贺喜用喜幛、对联、金钱。主人收喜幛，他日另宴酬谢，名曰“酬幛子”，余礼概不另酬，皆当日设宴款待。乡间以娶之次日往贺，名曰“道喜”。未送喜幛者，但饮以酒，无席；送幛者始予谢宴。添箱礼用衣料、金钱，丰俭以谊之亲疏而定。

娶“再醮妇”。武俗寡妇再醮，夫家主之。媒定后，夫家为立卖身契一纸予娶者，娶者执以为证。母家只提酒席洋若干元作为款婿费用，名为“来往礼”，不给身价。娶时率皆以夜，用彩舆一乘，亲友提灯往迎。舁至，拜堂、合卺、认亲、告祖，皆如婚仪，唯男不亲迎，女无送客，不如初嫁时郑重。

娶童养媳。家贫女幼，无力养育，送归婆家抚养者，俗称为“童养媳”。未笄时，操劳服务与家人同，唯不与本夫共室或通语。迨完娶后，即与常妇相同。大半虐待，几成通例。

娶鬼妻。武俗男女夭殇，亲友介绍冥配，俗称“娶鬼妻”。传簪换笺，皆如生时仪节。娶时，男棺在前，女棺在后，棺首各覆红巾一端，舁至茔域合葬。葬时女家素冠临穴。既窆，即成姻好，庆吊往来与生时结婚无异。

早婚。武俗男女结婚，率以十六七岁为常，然亦有因其他关系，十二三岁即为完婚者。夫男女早婚，为害最大，父母少有知识即当特别注意，若谬于陋习，竟使未成年之子女夭殇一旦，为父母者当不知做何感想也。恶习亟宜禁革。

索聘。武俗结婚，富者不论资财，中下人家即多索聘。索聘多在娶时，订婚时尚不多要，只一簪珥即可。迨婚时，折衣服、折缎匹、折首饰、折炉馃，种种索要不一而足，至少亦须百金。贫家无力迎娶，往往遣媒关说，往返磋商，数月不能定，甚有因此愆期，酿出其他案件者。（以上据民国二十九年《武安县志》整理）

邢台县婚嫁礼俗

通媒妁，具钗币纳采之后，节令有馈，谓之“送节”。吉期亲迎，女家致妆奁，贫不能具者，略焉。（西山一带，亲迎所经村落备酒相迎，次日婚者踵门答谢）至童稚为婚，则为非时；因丧扶娶，则为忘亲。更有冥婚、配骨之说，则尤怪诞不经，蔑礼乱伦之甚者也。（未婚男女死，互相聘娶，谓之“冥婚”。醮妇死于异姓，仍赎其尸以归葬，或娶未嫁死女以合葬，谓之“配骨”，年岁相悬，亦不计也）（以上据清光绪三十一年《邢台县志》整理）

柏乡县婚嫁礼俗

自媒妁通好至拜舅姑行庙见礼，大略从同。唯亲迎，则荐绅士庶之家，无不行之，斯最近古。至婚姻论财，民间间有之一二；世族束柬往来而已，无是习也。珠钿彩币之属，届期送至女家，为亲迎礼。此纳采、纳徵之不行于先者也。诹吉迎娶，多日中行之，不设花烛。此婚礼之不以昏为期者也。既至家，交拜行夫妇礼毕，始入房梳沐速妆，贽见。此笄礼之不行于母家者也。其他聘仪、奁具，丰约不同，各称其家。（以上据清乾隆三十一年《柏乡县志》整理）

隆尧县婚嫁礼俗

媒妁既通，二姓占吉，男家先具名帖，女家答之。下户议财礼馈送，士族无有也。择吉，男家请媒妁，具书启，遣仆从捧书，至女家叩喜；女家如书答之。下户即于是日送财具而已。近日，士庶家间有只用名帖，从事简略者。择吉于归，以男女生年向星学家占吉凶。吉期既占，男家遣人送亲迎帖。先期，女家制备日用器皿送至男家，曰“送家伙”。至期，男家先具鼓吹彩舆、花红羊酒、衣服彩缎、聘仪、馓馃等物送至女家，曰“亲迎礼”。婚日，女家陈送奁具，曰“铺床”。新婿亲迎，宴飨礼毕，女出堂登舆。鼓乐前导，男先女后，引至中庭，陈设香案、彩旗、弓箭、车辐等物，傧相赞礼拜跪。礼毕入房。用侍婢或本家妇女代新妇绞面、梳妆毕，即拜谒翁姑及伯叔、娣姒、同堂姑嫜，出所带巾履为贽。下户只用鼓吹、轿马，设香案行礼，他无所有也。是夕坐帐，男女互饮，曰“合卺”。又对食，曰“子孙禄食”。三日，庙见，婿与妇同往女家，馈送食物，曰“回面”。此婚礼之大略也。其聘礼资妆，大抵称家有无，丰约不一。（以上据清乾隆二十九年《隆平县志》整理）

南宫市婚嫁礼俗

婿家遣媒妁通言于妇家；妇家诺，则书子女之生年、月、日及时（俗曰“八字”），互换之（或曰“换庚帖”）。又互通主婚家长之名字（俗曰“钞号”），遂换婚书，婿家则作求允之词，女家则作允诺之词，彼此称姻家，是为订婚之始。将婚，婿家具柬致女家，请议吉期，妇家答曰：“唯命。”乃择日送于妇家。届期前一日，婿送妆衣、首饰，先以羊酒，曰“催妆”。妇家先期送奁具，曰“铺床”。吉日，或行亲迎礼，或用俟著礼。亲迎，婿具衣冠，笼烛、鼓乐簇拥新婿至妇家，拜外舅、外姑，行奠雁礼。礼毕，婿先行，新妇以红罩蒙首，升彩舆随婿至家。中庭设香案、花烛、弓矢、斗权、铜镜之属；夫妇并拜，曰“拜堂”。婿以权去新妇之罩而置之楣，入房行合卺礼。其俟著者，不亲迎，妇家以彩轿送至婿家拜堂，以下与亲迎礼同。三日，婿偕新妇至女家，曰“回门”。（以上据民国二十五年《南宫县志》整理）

沙河市婚嫁礼俗

择门户相当者，由媒妁通言议定。男女两家互投柬，谓之“换小帖”。再择吉，互投函启，谓之“换红书”。将婚，婿家筮日，请媒达之女家。前一日，女家致妆奁。届期，婿家具鼓吹、彩轿，富者或用仪仗，由家长率婿亲迎，谓之“斟盅”。婿及新妇皆乘轿，婿簪花披红前导。沿途戚友备酒筵迎迓，谓之“摆贺席”。女家戚族数人，护送新妇至婿家，谓之“把轿”。入门，夫妇神前交拜，谓之“拜天地”。至晚，行合卺礼。翌日，家长率婿诣女家拜谒，谓之“认亲”。三日，亲串毕集，馈遗贺仪，或以麦米，或以钱财；男家开筵招待，谓之“做九日”。是日，女家迎女归。大率三日做九者多，亦间有四日、五日或多日者，唯二日做九，女家必迎女及婿偕归，次日送还。翌岁正月上元前，女家迎婿至家，夫妇同居，谓之“过十五”。城内及东北乡，男女两家皆互用迎、送女客，虽贫家必具鼓乐亲迎；西乡，则中产以下亲迎者，十无一二，至期，用轿舁女入门而已。虽失之苟简，亦节用之一术也。至夫亡妻嫁，葬时则买未婚女尸合葬，名曰“配骨”，殊属不经。又女为继配，诣前室母家认亲，谓之“续闺女”。无端而谓他人父、谓他人母，违礼乱伦亲为当然，亦习俗之可笑者。（以上据民国二十九年《沙河县志》整理）

新河县婚嫁礼俗

男女六七岁时，即由戚友出而执柯，择门第相当者，为之订婚，俗曰“说媒”。有纳采、问名、纳吉、纳徵、请期、亲迎等礼，贫富略同。又有所谓媒婆者，乃专任事前撮合之村妪，从中获得报酬者也。两家俱允，即以庚帖相交换，俗曰“换号”，亦称“换小帖”。数月或一二年后，即通大书，男家以衣服、钗钏、羊酒之类，或四色，或八色，或代以洋元，使媒人送女家；女家以大帖相交换，并以靴帽、文具之属答之。结婚年龄，富者率在二十岁内，贫者则在二十岁外，或三十岁不等。结婚之前，男家先以请帖送女家，请女家定婚期，俗亦称“催妆”。婚期既定，男家以娶帖送女家。迎娶前数日，男家以喜盒盛酒、果、羊、鹅之属，或猪肉数方赠女家，是曰“通路”。女家以喜盒盛碗箸等物答之。男家遣人抬妆奁，俗称“拉嫁妆”。迎娶前一日，男习跪拜礼，并鼓吹跪拜于亲戚邻里之前，俗曰“演礼”。吉期至，鼓乐及仪仗前导，男乘轿赴女家，女家设迎风酒以款之，延新郎及陪客（伴男者也）于客厅。男家娶女客催女上轿，新郎拜谢岳家，与新娘分乘轿舆，鼓吹而返。将入里，男家置马鞍及纺绩所用之络子于途，便轿过其上，取安乐之意也。既进门，置轿堂前，燃爆竹，伴娘扶新娘出轿与新郎拜天地，继交拜。娶女客导新娘入洞房，与新郎同饮酒共餐。日中，新娘向亲友长辈行跪拜礼，受拜者以钱答之，俗曰“上拜”。婚后三日中，亲友、闾里行辈之小于新人者，辄群拥入洞房，做种种戏谑，调弄新人，以博一笑，俗曰“闹房”。成婚之日，男家搭棚结彩，备酒馔宴亲友、闾里及媒人，新郎行酒致敬意。晚饭后，新人取亲友赏钱而合计之。事毕，妇女为铺被褥，做歌词相戏，而以祝夫妻和睦：“白头到老”“多福多男”之词为多。新人就寝，窗外燃灯达旦，并立扫帚于窗下，做人形相人窃听状，盖俗谓，无人窃听，将不利新人。次晨，新娘盛妆，出拜祖先、翁姑、尊长。后二三日，择偶日，新郎偕新娘赴岳家回拜，是曰“回门”，又曰“谢亲”。阅数日，女家长辈来男家致贺，偕女归宁，俗谓之“叫六日”。而婚仪毕矣。新婚三年间，男在女家，亦必夫妻相偕，盖亦鸳鸯不独宿之意也。又凡男女未克订婚，或订婚未行结婚而夭折者，经亲友或媒妁之说合，行冥婚，俗谓之“娶干骨”。其仪式与生者略同而稍简，以女柩抬至男穴，吉服入葬，盖谓孤魂寂寞，故为结冥缘也。赘婿及童养媳之制，俗亦有之，或不齿于族人，或虐待于翁姑，则俗之陋也。妇女再醮，孀妇再嫁，均不为舆论所许；即男女订婚，男子未婚先亡，乡评亦不以女子另行订婚约为然，贞节观念，深入人心。养婢蓄妾之风不盛，年老无子者，始置妾以广子嗣，与行乐宣淫者，固不同也。（以上据民国十八年《新河县志》整理）

清河县婚嫁礼俗

订婚办法。除同族不结亲外，先由媒妁通意。得双方主婚人同意，即由媒妁先送小帖，曰“换号”。订期送婚书是日，男女家皆具盛宴款待，曰“正式订婚”，媒妁人数不一，或三五人，或一二人。

婚约形式。换号形式，将主婚人姓字书于柬上；婚书用全柬，并注男女籍贯、三代、庚名于上。间有行纳采礼者，则并具纳采书柬。

聘礼种类。男家备钗钏、衣饰等物，送之女家，必须成双成对，曰“大换书”，即古纳采礼。女家则以笔砚、文具等类复之。亦有用银圆做押书银者，唯女家须多出若干元回男家。嫁女无索重聘者，娶妾则买之。贫家订婚，有先折催妆礼若干，至娶时则免去催妆仪物。

选期手续。未订期之前，男家具柬，请女家订婚期，曰“请帖”。既订期之后、婚期前数日，具柬送女家，曰“娶帖”。选期，遵一般旧俗，须用女子行嫁月为大利月，择其日合于嫁娶、周堂、吉星、黄道日，等等，曰“吉日”。

迎娶仪式。古者冠礼，三加弥尊。今时，唯于婚期前，父母命子始着礼冠、礼服，入祠堂行告婚礼，以次谒亲族尊长，名曰“演礼”。是时，其父母再四教导，命其子习礼法，知大体，亦冠礼之遗也。（按：三加冠礼，缁布冠、皮弁、爵弁。明时士人皆戴方巾，又有晋巾、唐巾、乐天巾、东坡巾之名。冠礼者，表其有成人之资格也。故既冠后，即常有一成人观念存其心，其影响于心理学者，效力颇大。清人入关，变古冠为翎顶，有秋帽、凉帽之分。民国礼帽，有大礼帽、常礼帽二种。时代变迁，冠礼因之坠废）婚期前数日，男家遣价持柬备物诣女家，曰“通路”，亦曰“催妆”。女家即将妆奁送之夫家，曰“送嫁妆”。临期，男亲迎女家，鼓乐前导，行求亲礼；女家与之插戴花红，男女各乘肩舆归；戚友沿途具酒食，曰“摆盒酒”。是名大娶。小娶则男不亲迎。又有女家自备彩轿，送至男家，曰“送亲”。路远者，期前偕女至男家，觅一馆舍，候男家来娶，名曰“就亲”。

结婚仪式。娶妇之家结彩张乐，门置鞍络、火盆各一，俟新妇轿至，过其上。新妇以红帕蒙首，曰“盖头”。令幼女以秤杆裹红纸挑之，曰“挑盖头”。又令幼童以织布轴子递于新妇，曰“递胜子”。新妇下轿，面向喜神方，足履石上，曰“新妇不登空地”。庭供香案，焚香满斗，案置弓矢；新妇至，则新郎持弓矢做射势。交拜天地后，行合卺礼。女家备饭一桌，合卺时用之，曰“吃大饭”。文明结婚仪式，行之者绝少。

成婚后之各种礼节。合卺后一二日，婿妇偕往妇家，行谒亲礼。俗称“回门”，亦曰“谢亲”。是日复返夫家。旧有此礼，今行之者绝少。三日，新妇拜谒夫家宗祠、亲属，取庙见之礼。女家初次接女之日，是日男家置盛筵款新姻，兼请媒妁，曰“谢月老”。

结婚年龄。订婚时期，普通在男女十岁以上；结婚，普通在男女二十岁以下。大抵富家结婚，男早于女；贫家结婚，女早于男。唯订婚时期过早，其时男女品格尚无一定，俟及婚期，人事中年变更者有之。至于结婚太早，生子痿弱，未知为人父母之道而生子，是以教化不行，而民多夭。此说已深入人心，故近年早婚之俗一变。

续娶习惯。丧妻，曰“断弦”；续娶，曰“续弦”，俗谓之“填房”。女子婚期失时，年二十以上者，每多结填房婚。订婚时，先议折嫁妆资若干，不折者间亦有之。续娶礼节与初结婚礼节略同，唯中年以后有子女者，亲迎者绝少。

改嫁习惯。妇人夫死，孀。孀有守志终身不嫁者，有因家贫再醮者。娶再醮妇，曰“后婚”。此唯女子自主，无勉强之者。改嫁不用轿，以车迁贿。每当婚夕至，则授以巾、壶各一，令其绕树周遭，始成礼。至离婚再嫁者，必有离婚手续证明脱离干系，近亦不少概见。

赘夫习惯。赘夫者，每女家无兄弟，故招赘婿为子，俗曰“倒插门”，又曰“养老女婿”。为赘婿者，必赘于女家，事外舅姑如父母。此俗盖闻之清咸、同以前，近已殊不多觏。

多夫或多妻习惯。妇人再嫁，或至三嫁、四嫁，殊未有公然一妻多夫同居者。男子艰于子嗣，有妻室年长，或娶妾及侧室者。然此多妻习惯，大都中人产以上之家，下等社会无之。

童养媳习惯。贫家有女，为限于衣食计，童年即与人订婚，未及婚期，即送至其夫家养之，曰“童养媳”。与其夫相称以兄妹，其舅姑抚之如女。及结婚时，仍归父母家，嫁娶如常礼，始为夫妇。贫不易娶妇之家，多有童养媳者。

其他特殊习惯。每娶新妇者至，男妇拥挤喧哗至新房，品题新人妍丑，曰“闹房”。翌早，同乡人共至娶妇家庆贺，曰“恭喜”。主人则延以酒肴，曰“喜酒”。（按：古代结婚，须媒妁红定，六礼全备，以昭慎重；今时倡结婚自由矣，然亦有种种之侦察，男女双方始表同意。往往有因琐屑之苛求，停止婚约者，岂非以婚约一定，为终身之幸福、苦恼所关乎。吾清婚嫁大概情形，与昔时不甚相远，而中道仳离，夫妇道苦，上下数十年之间，其相去殊不可以道里计，此固谋始之不臧，亦人心风俗之隐忧也。有心世道者，盍有以挽回之）（以上据民国二十三年《清河县志》整理）

威县婚嫁礼俗

婚礼崇尚朴实，无侈靡之费。必亲迎，必三礼，稍具古意。女家论财亦往往有之，唯士大夫家不然（旧志）。结婚全凭媒妁，除同族不得结婚外，异姓强半可行之。女家主婚人允后，由媒妁先送钞号，次送婚书。男家先送，曰“求亲书”；女家回答，曰“允亲书”。近城等处无送钞号俗，但送婚书有两次，前曰“小书”，后曰“大书”。婚前数月，男家具柬定吉期，俗名“送娶帖”。婚期前数日，男家又遣价持柬备物诣女家，曰“通路”，亦曰“送催妆”。女家即将妆奁送夫家，曰“铺床”，亦曰“送嫁妆”。临期，男亲迎，鼓乐前导，至女家行求亲礼。女家与之插戴花红，男女各乘肩舆归男家。沿途戚友具酒食，曰“摆盒酒”。至男家，男女拜天地，行合卺礼，并备喜筵宴戚友。戚友多赠绫帐、贺资等物。是名“大娶”。“小娶”，则男不亲迎。又有女家届期自备彩轿送女至男家，行合卺礼者，名曰“送亲”。路远者，期前女家携女至男家本村或邻近村庄，觅一馆舍，候男家来娶，名曰“就亲”。至男子婚期前一日，入祠堂行告婚礼，以次谒亲族尊长，名曰“演礼”。合卺后一二日，婿妇偕往妇家，行谒亲礼，俗称“回门”。本日复返夫家。近城等处，此俗尚少。三日，新妇拜谒夫家宗祠，义取庙见。其他仪文烦琐，各乡亦多不同。变法以来，婚事无谓之浮文，较前大减，唯文明结婚实行者尚鲜。上中等家订婚时间，多在男女十岁前，甚有十岁前完婚者，其时，男女品格尚无定局，唯以现实门第相当为结婚主旨。旧俗，未婚男女死，经媒妁作合，两家允许后，合葬一处，与生前结婚同，古谓之“冥婚”，近俗谓之“湿骨并干骨”。旧俗虽有早婚之弊，然两性乖戾、家室不和者，所在多有，终不忍以此离婚，偶有一二，亦出于万不得已，盖犹有忠厚之遗风云。（以上据民国十八年《威县志》整理）

临城县婚嫁礼俗

临城男女完婚，大多经过以下几个步骤：

求亲、相亲。50年代前，男婚女嫁遵从“父母之命”“媒妁之言”。讲究门当户对，命不相克。多为男方托媒人到女方家求亲。媒人陪女方家长到男方家相女婿、看家业，男方家长则由媒人陪着到女方家相看未来儿媳妇。新中国成立后，多数未婚青年仍由亲友介绍相识，经过一段时间的接触，如情投意合，便到当地婚姻机关登记，领取结婚证书，再择吉日举行婚礼。

定亲（订婚或换帖）。50年代前，男女双方互换红庚帖，称之为“定亲”。50年代后，在定亲这天，多是男方给女方人民币，十几元至几十元不等。女方给男方物品，小到枕巾、被罩、床单，大到毛巾被、毛毯等，称为“换礼”。

彩礼。50年代前，彩礼多由女方家长索要，一般是斗米、斗面、一块猪肉（几斤到十几斤，多少因家境不同而不同）、布匹、现金等。有的女方家长还陪送一些物品，有被褥、首饰、家具等。50年代后，彩礼多由女方家长或其本人向男方家索要，几十元至几千元不等。除彩礼外，女方还要求男方购置其他物品；60年代是自行车、缝纫机、马蹄表、收音机；70年代是名牌自行车、手表、立柜等；80年代是收录机、电视机、组合家具、洗衣机；90年代所要家具更趋高档、豪华。女方陪送物品标准也逐年增高，除被褥外，还有彩电、洗衣机、自行车等。

订喜期。新中国成立前，多由男方聘请阴阳先生选择迎亲的“良辰吉日”，为“喜期”。新中国成立后，多数人不再迷信阴阳先生，而是由男女双方自己商定喜期。农村多选择农历每月的三、六、九日，国家公职人员常将“五一”“五四”“十一”及新年作为喜期。进入90年代，农村请阴阳先生择吉日的现象有所抬头。

娶亲。50年代前，举行婚礼那天，男方备红、蓝二色花轿（或畜力车）到女方家迎娶。娶媒客及斟盅者伴新郎前往。新郎戴礼帽，着长衫。男方家迎亲队伍用吹鼓手开道，一路吹吹打打，迎至女方家门前。三眼枪在出门、过坟地、过水、过桥时放，有避邪之说。新娘身着红装，头上蒙红纱巾，腰里戴上一个铜镜（即照妖镜），脚穿绣花鞋。女方有送嫁人若干。新娘子上红轿后，鸣放三眼枪，吹鼓手奏乐，热热闹闹返回。当红轿抬至男方家门口时，由新娘的兄弟或其同辈男性把红轿里边的小轿（即内轿）抬出至男方家天地桌前，新郎、新娘拜天地，入洞房。新娘上炕面向有窗户那面的墙角。中午宴请宾客，尤其对“娘家头”招待更好，以免他（她）们找麻烦。晚上张灯结彩，请其他送礼品的人赴宴以表谢意。洞房花烛夜，红烛通夜不息，晚上闹洞房，新郎、新娘就寝后，晚辈或平辈年轻人在窗外“听房”，据说有避鬼魅临近洞房之意。枕头内放一些花生、红枣、葱、筷子、发面等，取其早生、快生贵子，男女孩花生，发家致富之意。次日，由婆母领新娘拜认本家族长辈后，新郎、新娘到岳父母家叩拜（新娘不拜），称之为“回门”。

新中国成立后，娶亲方式发生了变化。50 年代，西部山区多骑马迎娶，平原地区多用大车。60 ~ 70 年代骑马、骑自行车或用马车等。80 年代，农村用拖拉机。进入 90 年代开始用吉普车、面包车，交通工具向高档次发展。同时娶亲过程日趋简单化。

男方家迎亲队伍用鞭炮开道，路上不时鸣放。当车返回至男方家门口时。由新娘家女眷陪新娘下车，护送到屋里。次日，新郎、新娘到岳父母家回面。同时城镇青年和国家公职人员中出现了旅行结婚、集体结婚等新形式婚礼。由于生活水平的提高和互相攀比心理的影响，婚礼费用一年比一年大。70 年代，费用多在千元以内；80 年代末，费用多在几千元至近万元之间；90 年代初，费用多在万元及万元以上。（以上据 1996 年《临城县志》整理）

广宗县婚嫁礼俗

男女订婚，先由媒妁（皆戚友为之，非专以此为业之媒婆也）通知双方家长，俟同意后，互换柬帖，名曰“换小书”。男女两家再定期邀集亲友筵饮，由媒妁互换婚书，附以聘礼，名曰“换大书”。聘礼不用钱币，男以锦绣、衣料，女以笔砚、书籍而已。婚期，男家先请女家订定，女家再三让，始由男家选定，通知女家，得其允诺，再送柬帖，附以阴阳禁忌各事，名曰“送娶帖”。婚期之前，男家以酒肉、食物馈女家，名曰“送通道”。女家以妆奁等物赠男家，谓之“送嫁妆”。届期，男衣冠盛饰，至家庙行礼，并遍谒尊长。昧爽（亦有婚期前一夕者），具彩舆，鼓乐前导，男亲迎至女家，行奠雁礼。女家与新郎插戴花红，新妇以红巾蒙首，男女各乘彩舆归。女家延亲属数人送之，沿途亲友具酒筵酌新郎，俗曰“摆盒酒”。男女至门下舆，中庭设香案、花烛、弓矢、斗、权衡、铜镜等物，男女向天拜（俗曰“拜天地”），并交拜。男以衡去新妇蒙首红巾，女傧为新妇戴髢，曰“上头”。男女入房合宴，谓之“合卺”。翌日，新妇拜见夫家翁姑、尊长毕，新郎及新妇同往妇家谒女之父母，谓之“回门”。是日，备酒筵飨亲友。亲友各赠贺品，如喜联、喜帐之类。是谓“大娶”。亦有男不亲迎，命晚辈乘彩舆前往（俗名“押轿”）迎女者，或女家备彩舆送女于归者，是谓“小娶”。其余仪节与大娶同。县内各村行小娶者居多数。此皆旧式婚礼，乡间尚多行之。至于新式文明结婚，则犹未能通行也。县内男女，早婚已成习惯，往往男甫十四五岁即授室成家。故女之年龄，有大于男四五岁至六七岁者，与古“男子三十而娶，女子二十而嫁”之义，相去远矣。又有男子无妻而卒，与未嫁已殇之女结婚合葬者，称曰“冥婚”。其两家眷属来往与生前结婚者无异也。又有订婚后，女子家贫送至夫家养育者，谓之“童养媳”。俟女子成年，举行正式婚礼，乃为夫妇。（以上据民国二十二年《广宗县志》整理）

第五节 丧 葬

正定县丧葬礼俗

新中国成立前，在长辈的初丧之日，由长子首先给本家族和亲友磕头报丧。晚辈皆披孝衣，家中男女哭泣尽哀。街门口贴白对联：“恕报不周，择期开吊。”以纸糊车、马、人于入夜时焚烧在街门口，为亡魂送行。接着死者儿女到五道庙烧香、磕头。治丧者贫富不同，停灵三、五、七日不等。停灵时将尸体脚捆麻绳，让其一手拿饼，一手执草秆和面做成的棒，叫作“喂狗饼”“打狗棒”。孝子昼夜守护，叫“守灵”。停灵期间，富户人家请和尚、尼姑、道士做法会，叫“堂祭”“放焰口”。尸体入殓时，棺内糊以白纸，棺底垫干草，放五种颜色的粮食和铜钱（称为“垫背钱”），示意其亡魂进入阴间时吃的、用的不发愁。钉棺时，男女孝子口喊“躲钉”，哭泣致哀。出殡时，有的先在灵前念祭文，孝子用刀砸碗（意思是老人死后，自己哀痛得生活不下去了）。然后起灵到门口架子上。城内有大架子、小架子。城南用灵车，城北用一般车。在街门口，死者之长子在前跪扛一纸糊“引魂宝幡”，其他孝子手执丧棒，以辈分大小依次跪伏。灵棺装好后，孝子砸瓦（意思是老人死后，自己悲痛之极，将房屋砸毁）。送葬队伍启行后，男孝子前面走，灵棺居中，女孝子坐车在后，一路上奏乐、放鞭炮。送葬时，城内多有由和尚组成的乐队和吹鼓手，乡村只有一班吹鼓手。沿路要撒纸钱，意思是为亡魂“买路”。至坟地，灵棺入穴。孝男结队围穴正转三圈，孝女倒转三圈，然后填土，同时往墓穴投扔铜钱，直至坟圆，将引魂幡插在坟头中间，丧棒插于周围。众孝子再哭，烧钱化纸，叩头行礼。安葬后第三日，孝子再上坟添土，叫作“复三”。接着第七日再上坟，叫“一七”以后“三七”“五七”“七七”“百天”、周年均要上坟祭奠。

回族人去世先辈在灵床放置不超过三天。安葬前先用清水给死者净身，请阿訇念经行葬礼，然后将尸体以白布缠裹，装入水匣，抬至坟地，放入事先做好的坑穴内。尸身呈侧卧姿势，面朝西，以北面为枕。最后将穴封闭，地面上培成长方形坟堆。

新中国成立后，随着人民科学文化水平的提高，旧的习俗不断改变。第一步，取消了带有迷信色彩的祭奠。不再吹奏，废除了架子，改为亲朋好友向死者致哀，开追悼会、献花圈，择日用车拉灵柩入葬。第二步，自 1974 年 5 月 21 日中共正定县委、正定县革命委员会做出《关于在全县废除土葬实行火葬的决定》之后，广大城乡人民已基本习惯对死者实行火葬。然而，尚有土葬习俗的遗风，就是将骨灰盒埋在土中，地面做一标记，以便祭奠。也有少数村镇建立公共骨灰堂存放骨灰的。回族仍沿袭其独特的丧葬习俗。（以上据 1992 年《正定县志》整理）

井陉县丧葬礼俗

慎终送死，儒家所重，墨氏薄葬，孟子所讥。然称家有无，与易宁戚，乃丧礼之常经。若铺张扬厉，又岂圣人制礼之本意哉？陉邑丧礼烦冗。兹略述梗概于下：

停尸。人病至垂危，看护者为穿冥衣。死时裸体，通俗恶之。已故，速与着冠履长服（有五层衣与七层衣之说）。忌皮毛铜纽。虽盛夏，亦须着一层棉衣，谓之“装裹”。装裹毕，停尸于屋门之侧（长辈在正房，晚辈在陪房）。口含制钱一枚（富人有含银锭者），盖仿古时含玉之说。停尸之板，俗名为“门板”（因停尸多用门扇），板上铺席褥；板下置草与块，预备孝子寝枕（古时孝子寝苫枕块），尸枕装土（亦有略益以棉花者），令仰卧。诸事安排就绪，晚辈乃赴五道神祠（俗谓五道神系冥司地方），烧纸钱，俗谓之“烧断气钱”。

停尸之地方，曰“灵堂”（俗谓尸曰“灵”）。堂前设桌，曰“灵桌”。桌上置祭品香炉，设油灯一盏，小瓷罐一枚（俗名“遗饭罐”）。三日内，死者之子女，每食添饭少许于罐中，至满为止。罐口塞蒸馍一，备葬时置于棺上。复置瓷碗一，碗内盛红土，插面烧球饼数枚（碗名尸碗，球名打狗蛋。出殓时，孝子摔尸碗于大门前，打狗蛋装入棺内），院内搭盖席棚，谓之“灵棚”。大门糊白纸两张，门外悬挂白纸一团。纸之张数，与死者之年龄数相同。

停尸后，即有亲友往吊。亡人之儿（俗称“孝子”）女（俗称“孝女”）、媳妇（俗称“孝妇”）守灵恸哭，谓之“陪灵”。吊者礼毕，由陪灵者叩首致谢。

停尸于板，例须由子侄辈看守，如子侄年幼，则择族中数人相易看守，昼夜不离。炎夏须以扇扇尸，防腐化也。

死者之子侄孙媳，于黄昏后，赴五道祠烧纸，哭号而归，谓之“烧还魂钱”。夜夜如是，至死者入殓方止。

死者之儿（长子殁，长孙代之）女，披麻（男系腰以麻绳，女系腰以麻缕）戴孝（死者晚辈戴孝，男儿孝帽如袋。丧父则帽间缀棉花一朵，麻少许；丧母则缀棉麻于帽之两端。女儿与媳妇头罩白布，俗名“蒙头布”），见人即匍匐叩头，俗谓为与死者赎罪。

人死，家人例须报丧于亲友，唯本地所视为极重要者，即男子死，必报其外祖家；妇人死，必报其母家。俗称死者之外祖家或母家为“人（指死者）主”，必请其来家商议一切。而人主辄为死者争华美衣棺，甚有勒索苛求，致两家失和者。如亡人死于非命（缢死或溺死，或服毒死），则人主威权更大，往往百般挑剔，故意与丧主为难，必令其败产倾家而后已，诚陋俗也！

女子丧母家所亲，如父母、祖父母、伯叔父母等，例须躬造夫家报丧，向翁姑与男女长辈匍匐叩首，曰：“×亲病故。”归母家时；手持头盘（以麻纸剪为花状，折三角形，夹以竹签，名曰“头盘”），乘蹇，哭而返。路所经之乡村，必号哭而过（如女子适在夫家，母家报丧者至，亦如上述而行）。至家，供头盘（张开）于灵桌前。俟入殓时，压于亡人枕下。如亡人系女子平辈，则只哭而往视云。

入殓。常例，停尸三日，备棺入殓（间有因死者为晚辈或暑时防尸腐化而入殓较早者，拘泥者虽盛夏亦必须三日始入殓）。此日吊客盈门（报丧时即告以死于何日，以何日为三日），稍富者，请僧道诵经，超度亡魂（亦有出嫁女子与生身父母奉送者），订乐工奏乐，延礼宾（即赞礼）赞助行礼，预备食物，款待来宾。入殓之前，棺中须铺麻，撒石灰，掩土坯棉花，乱掷铜钱（俗名“垫背钱”）。阴阳生（本地习惯，丧家例请一人专经理写讣状、剪门头纸、糊引魂幡等事，俗称为“阴阳生”，或称为“三元先生”）将打狗蛋等装入尸袖。诸事安置妥协，即舁尸入棺（富者于尸身加盖红绸，谓之“蒙单”），任所亲凭棺审视，不许号哭。逾时，阴阳生口中念念有词，封棺钉盖（钉盖时不许呼生者之姓名），合家举哀。

发引。俗谓出殡曰“发丧”，亦曰“发引”，有大安葬、小安葬之别。通例，十日以内（由人死之日起算）发引者，谓之“小安葬”，亦曰“排葬”（五日出殡者曰“排五”，排七、排九仿此）；十日以外发引者（不拘日数）谓之“大安葬”。亦有将柩停厝家中，用坯或砖固封，暂不发引者，俗谓之“裱丧”。但裱丧者，非至百日后，不得开封发引。发引时，富家有用发引状（即讣闻）者，普通则只于发引期前，遣使者（族中助忙者）持白布通告亲戚以殡期，俗谓之“撒孝”。

发引前一夜，戚友子侄辈蝉联致祭，谓之“堂祭”，亦曰“夜祭”（亦有用礼宾赞礼者），平民则多省略焉。

发引日（有开吊一日或数日者）吊者较三日为多。吊礼分两种：举哀（如戚中晚辈）、不举哀（如平辈或谊稍疏远者）。仪式均极简单，持纸到门前，由丧家执事者接纸，引至灵棚，于灵桌前化纸。吊客向灵前一揖，跪而四叩首（如举哀则叩首毕而哭），起而再揖（近有易为鞠躬者，然举哀者仍为拜跪）。斯时，执事者在棚前长揖致谢，并高呼：“孝子还礼！”同时，孝子即叩首致谢。

吊客助丧家以钱，古谓之“赙”。现时仍有此风。祭品（蒸馍、点心之类）而外，助钱（俗名为“奉礼”）若干（普通关系，多不过两角左右。如系至亲，则有四五角至一二元者）。

丧家于客人吊纸毕，则各与白布一块（近来有废止者），如系子婿甥侄（妇女母家之侄）则与孝衣一袭，着孝衣后，始行吊丧礼。

发引之时，阴阳生高声念词毕，炮响连声，鼓乐交作（僧道乐工），孝子执引魂幡，抱尸碗，由其兄弟子侄辈携手相扶，伛偻前行，号啕大哭。出大门时，将尸碗摔碎（或由阴阳生代碎），匍匐道左。族人舁柩出门，孝女、孝妇、侄媳姐妹等，随于后。戚友送殡者，亦男在柩前，女在柩后。舁柩者至宽敞处，稍停，罩以灵轿（戚友于灵轿前烧纸拜揖，执事者还礼，孝子叩首谢，谓之“要祭”）。再前行不远，柩复停，亲友与孝子相继致祭，谓之“路祭”。祭毕，即舁至坟墓前。

俗重堪舆，迷信风水说，目茔地为“阴宅”（地点多系预前选定），亲年既老，为人子者，每于农隙时，以石或砖砌墓，墓成，以土封闭。一旦遭丧，开启墓门，不致有临渴掘井之叹。柩入墓时，由阴阳生先将画有符箓之瓦石，置于墓中。孝子随舁柩者扶柩入墓，安置妥适，俗谓之“安葬”。柩之前端，置油灯一盏，俗谓“长明灯”。灯畔，置遗饭罐。在墓中将事者，彼此相呼，忌称名。墓中诸事就绪，即出而封冢。孝子先填土数筐，族人助之以终其事。冢为小丘状，后高前低。冢前置平面石一方，俗名为“祭台石”。引魂幡植于冢上，孝子孝妇绕冢三匝，脱孝衣，将腰中所束之麻绳做结（未葬前不能做结），化纸坟前，方归家。

点主之家，复行安主祭礼，俗称为“回灵安主”，又称安主为喜事，故孝子主祭，不着凶服，而着吉服，祭文亦用红纸。

丧事告竣，阴阳生在丧家各门户与停灵地，遍贴符帖（助忙族人亦各以符帖贴自家门户）。葬后第三日，亲戚中情谊较厚之晚辈（如亡人之婿、甥、表侄等）具祭品，随孝子、孝妇等赴墓前致祭，丧家款待来宾，谓之“赴三”。赴三后，亡人子侄孙男辈，戴孝持礼物（蒸馍）向来吊与助忙之亲友家踵门叩首，谓之“谢孝”。

由亡人逝世之日起算，逢七化纸，俗谓之“烧七纸”（未发引者烧于灵前，已发引者烧于坟前）。自一七（亡人逝世后七日）起，至尽七（亡人逝世后四十九日）止。如已发引而遇重七（即既遇七日，是日又适为月之初七、十七、二十七）者，俗谓之“犯七”。则以纸糊五色小旗无数（或云：旗数按亡人之年龄而定），自丧家至茔地，沿路栽置，旗侧附米饭少许。墓旁插纸伞一柄。烧纸者，在坟前高呼亡人，口诵“旗底下吃饭，伞底下藏”等语。烧七纸之风，妇女特重。出嫁之女，如不烧七纸者，乡人每讥其不孝焉。

死者如系长辈，翌年寒食节，亲戚家必携祭品来坟上致祭，俗名“上新坟”。是日，主人设馔，款待来宾。

按，子舆孟氏尝云：“唯送死可以当大事。”后人推演其说，于父母殡葬时，百端陈列，以壮观瞻。棺椁衣衾而外，灵轿（套于棺外）则求其华美，纸扎（本古时涂车刍灵制，转而为纸人、纸马等物）则求其纷丽，高搭灵棚，白布结彩，邀僧请道，鼓乐杂陈。至于礼宾赞礼，大宾题旌点主，仪仗排列，宛如官府。拜跪趋跄，易而不戚；宴会宾客戚友，奢而不俭。甚有跑马放火演戏以炫耀乡邻耳目者。礼有余而哀不足，此岂古人立说之本意哉？然以上所述，只就富贵者言之耳。若寻常人家，则目的只在埋人，殊无如是之烦琐焉。谚云：“穷家埋人，富家埋钱。”此语描写社会，颇为适当。

附

寄葬。人子先逝者，不葬于祖茔，而葬于他处，俗谓之“寄葬”。待父母合葬时，始迁葬于祖茔。夫先亡者，能葬于祖茔，待妇死而合葬；妇先亡者，不然，仍寓重男轻女之意。祖茔列葬，以行辈计，秩序井然，不容紊乱！

丧服。父母之丧，斩衰三年，男女儿媳，无不如是。祖父母与伯叔父母之丧，世俗穿灰一年。农人只着灰鞋一双而已。

外丧。丧于外者，例须运柩回里。唯俗忌舁尸入家，多停柩于村外，受吊葬埋而已（此普通乡俗也，如家人允许，则不拘于此）。（以上据民国二十三年《井陉县志料》整理）

灵寿县丧葬礼俗

本县具棺木、兴土葬之俗由来已久。老人暮年或病重时，子女为其备好寿衣和棺木。人死后，族人为死者梳洗、更衣、蒙面，正寝中堂，男左女右停放。随即焚香烧纸，超度亡灵，子女儿孙及族内侄孙辈到五道庙烧“到头纸”，同时派人到亲友家报丧。用毛头纸做成纸嘟噜（一岁一条），挂于门前，男左女右。子女儿孙及主要亲戚和近族之晚辈披麻戴孝，昼夜守灵、痛哭。是夜，到五道庙烧“还魂钱”。停尸长短，视家境财力而定，富有人家有七日或五日者，平常为三日，贫苦者也有当日发丧的。暴死或非正常死亡者，不能在正屋停尸，并要隔日发丧，不入祖茔，另择葬地。上有老人者，也是隔日发丧，葬入祖茔。停尸期间，每晚到五道庙烧纸，发葬前日的子夜，子孙后辈到五道庙烧纸马，送盘缠。纸马是用旧笤帚绑成的马形，插竹笺为腿，外敷以新棉絮而做成的“白马”，是备新鬼乘骑的；盘缠即用面粉揉成如杏核大的小丸，烤熟，每岁一丸，备新鬼“路上所食”，另做七枚较大的“盘缠”，分别奉送天、地、小鬼、判官、五道、菜神和牵马者“享用”，全部撒于庙内外。村中的青少年待送者走后去拣拾，据说吃了可以“壮胆”。

人死后第二天开始，邻里乡亲为之吊丧、烧纸。发丧之日，亲友吊丧、封礼，守灵者闻鼓声则哭，闻金声则止。过午出殡时，放炮起灵。全村老幼围观，壮年则争相抬灵柩。出大门，嫡长孝子摔盛烧灰的瓦盆（中部地区摔盛“到头饭”的白碗），持幡引路，嫡孙辈打“雪柳”，重孙打“彩柳”。其余送殡男子皆打丧棒，女眷坐车随其后（慈峪以北男女皆步行），前边是鼓乐吹手，最后是灵柩，沿街鸣锣开道，吹奏唢呐，至墓地下葬。葬后三天“圆坟”，逢七日一祭，四十九天为“尽七”，中间如与农历七日相遇为“犯七”，须提前一日祭坟，插小旗，送遗饭等。整个丧葬过程礼仪细节浩繁，忌时忌事无数，迷信陋习颇多。

20世纪60年代起，提倡开追悼会代替吊孝，用花圈代替引魂幡，用戴黑纱代替披麻戴孝。70年代建立火化场，推行火葬。80年代，由于各种原因，乡村又恢复土葬，仪式如前。（以上据1993年《灵寿县志》整理）

高邑县丧葬礼俗

初丧，含殓，设灵床，覆单衾。悬纸幡于门首。讣告亲友。昏暮，家属诣土地祠焚纸招魂，恸哭以还，曰“烧还魂钱”。三夜后，置诸棺内，曰“入殓”。用椁者甚少。扎车马、造偶人、贮冥镪，焚诸道左，曰“送行”。礼固不经，而不忍亲死，尽情依恋，亦永言孝思之义也。殓后则设灵位受吊，曰“过三向”。子女辈皆缞麻斩齐如制，哭泣擗踊，哀毁异常。其次，有齐衰、大功、小功、缌麻之服。每七日设筵哭奠，或延礼宾行家祭，或招僧道做法事。葬无定期，卜吉告窆。延尊长经纪其事，倩阴阳生以镇不祥。亲友来吊，奠以牲礼，挽以联幛。树铭旌，立木主。行题主礼，则预请德望素孚者为题主官。主成，亲友贺主，然后启柩奠灵，舁棺入灵辆，亦曰“灵床”。孝子（丧父称孤子，丧母称哀子，俗统谓之“孝子”）顶瓦盆、披麻、执绋，绕灵三匝，碎其盆，曰“摔牢盆”。（有盆盛木楔，绕灵巡视棺之稳否，不稳则支以木楔）哭导以行，家属随之。亲戚或以素布缠孝子、孝妇周身，曰“挂孝”。随灵入坟，曰“送殡”。设馔祖饯，曰“要祭”。及圹，祀土下窆，覆铭旌于棺，又绕圹三匝，掩土插幡其上。迎主入家祠，虞祭释麻。过三日，送浆米、焚香楮于茔前，封墓倒幡，曰“圆坟”。然寒素之家则丧三日而殓，殓而葬，仪文粗具礼，趋简约矣。旧俗，凡父母在，子孙先亡，及夫在，妻先亡者，多停丧不葬。今此风虽未尽革，究亦罕见。唯仍主厚葬，从事铺张，竞奢斗靡，且有因物力不逮停丧数代者。无论木材不坚，朽蠹易生，而久历寒暑直同暴露，即非亡者之本怀，当亦子孙所不忍，设遇水火兵燹，又将何以处之哉。高俗素称淳朴，而于此仍狃于成见甚矣，习俗之难改也。志士仁人盍鉴其弊害而力图改革耶。（以上据民国三十年《高邑县志》整理）

深泽县丧葬礼俗

父母疾危笃，移床外庭，子孙、兄弟环侍。既属纩，迁于中堂，易衣服、衾褥。纳金、珠口中，即《礼》饭含义也。气绝，孝子、孝妇等环哭，以白布做枕枕之，锐其两头，实以麦麸，名“鸡鸣枕”。俗谓，冥途不知分晓，耳畔得闻鸡鸣也。蒙面以帛，萦足以丝，即《礼》缀足义也。命仆者环尸挥扇，防尸变也。按死者岁数，每岁白纸一张，每纸剪为三连，其末条下垂，以竿系门外，名“门幡”。男，门左；女，门右。孝子徒跣，孝妇蓬头。夕，孝子以楮钱及水浆、香供至土地祠焚拜，哭而归。名“倒头钱”，又名“还魂钱”，俗误曰“黄昏钱”，望魂之复还也。如是者三日。灵案烧长明盏，昼夜不息。又蒸干饭一盂，揉麦面数条如棒，置案上。将大殓，以面条纳死者袖中，盛饭以瓷瓶，俟葬纳诸圹中，或亦葬仪苞筲瓮甒之义也。死之第二日夜半，纸做轿马及仆从，门外烧之，俗谓“送行”。随焚其所树门幡，仅存少许置门框上，殡出然后焚之。鸡始鸣，即大殓，以棉蘸水拭死者面，又以金簪珥磨水，画死者目，俗谓“开光明”。合棺，以阴阳生赞礼，拜哭。黎明，孝子以下成服，设灵帏，树铭旌，帏外做纸童男女各一，及丧花、雪柳诸物。又以别案设生时衣服、器玩。厅外结灵棚，迎门以帛纸表丧，旁书生死年、月、日、时。讣至亲。以帖揭于门外，曰某日开吊。俗，未殓三日内，有门外招瞽人说评话者，有架台演戏者，名“伴宿”，然绅士家多不用。自父母始死至五七，皆日三时上食哭奠，孝子寝苫枕块，戒荤酒，宿灵次。俗，每逢七日必丰其供馔，或有延僧道斋忏者，然绅士家多不为。既筮葬、开茔、穿圹，亦揭于门外，曰某日发引；复闻于戚属来祭奠。赙祭毕，留客于别舍，设酒馔，孝子等奉帛布拜献。及葬日，以阴阳生赞礼。出殡，阴阳以刀断桑枝于门限，碎碗，名“断丧”。殡出户，孝子以陶器盛诸果菜，倾掷于石，名“摔献”，憾不得更献于亲也。俗皆以瓦碎于石，昧其义矣。殡既行，孝子执幡前导，书×考×妣名引魂幡。期功之属，皆同孝子哭送。孝妇从柩后，诸戚女妇从。诸戚设帐幕、酒果奠于路，名“路祭”。疏亲送郊外归，余抵墓。随路散楮钱，名“买路钱”。为明器、方相、幡仗等。及墓，祀后土，请尊贵点主。既葬，奉主祔庙。三日，诣墓所奠哭，焚丧服，增封土，名“圆坟”。小祥、大祥皆诣墓奠哭。禫，卜日而祭，俗多不行，但易淡色衣以示即吉之义。终三月，诣墓奠哭，乃即吉。（以上据民国二十五年《深泽县志》整理）

无极县丧葬礼俗

亲丧居厅事，三日大殓，朝夕上食。讣告于亲友，亲友乃吊致祭赙。卜葬日，随路散楮钱，以纸、竹作明器。及窆，乃题主。遵制持服二十七月，小祥、大祥皆诣墓哭奠。按居丧者有哀痛负罪之容，遇亲友则稽首，颇近古；而恶俗相沿，唱殡戏、置酒宴，以娱尸醉为由，甚为狂悖。至于丧事，称家有无。乡俗重女，凡父母丧，棺椁、衣衾厚薄，必请命于女。母之丧，凡父母所遗者，女皆有之。加以母党之伯叔，兄弟要索服帛，互相哄闹，遭丧者不遑即位哭。丧妻、丧子媳亦然。至迫而用浮屠搬演杂剧，皆乖礼教。（以上据民国二十五年《无极县志》整理）

元氏县丧葬礼俗

初丧，男披发垢面，女去簪珥。设灵床，覆单衾。门悬白纸条一束，曰“门幡”。三日入棺，曰“成殓”。未殓前，每夜赴五道庙，焚纸招魂，名曰“还魂纸”（此礼颇不经，而习久难改）。每七日备筵哭奠一次，逾五七则止。卜定葬期，讣告亲友。开吊、题主、发引或一日并行，或前一二日举行，贫富不等。葬时邻里互相帮助，名曰“全作”。（按：丧礼无雅乐，习俗皆以喇叭鼓吹为乐，已非其正，又有吹歌，时戏，或演戏者，实为恶习。且乡间出殡，往往为族党劫持，铺张一切，甚至有破产者，尤当严惩）《郡志》云：“婚姻、丧葬交相为助。凡丧葬少有力者，必延请戚友题主，不失报本荣亲之意。”（以上据民国二十二年《元氏县志》整理）

平山县丧葬礼俗

亲丧，皆停于正寝。三日，亲友祭奠，始行含殓，名曰“封灵”。出殡之日期，以五日至七日者为多数，富厚家因筹备不及，亦有另择吉期者。至殡之前一夕，名曰“辞灵”，亲友亦皆祭奠。殡之日，中等以上人家，率多请齿德兼优之人，为之题主。是日，各亲友或送挽联、挽幛，或送祭品，奠敬者，亦有送铭旌者。其宴客酒席，亦如婚礼。富厚之家，有请僧道唪经者，读书人多无此举。殡之时，鼓乐前导，并有执事、冥仪等，孝子执引魂幡，拄哀杖，在棺前号哭，亲朋亦皆随棺送至坟茔，殡后始返，则丧礼以成。（以上据民国二十一年《平山县志料集》整理）

宣化县丧葬礼俗

缙绅之家，或遵朱子《家礼》；余多延僧道诵经，贫家亦必勉力为之诵经。开吊多在七日，俗谓之“做七”。夜间诵经，谓之“放焰口”。入殓后，即置一瓦盆于柩前，以焚纸钱，待殡出宅门之时，为子者碎之，然后举哀，柩行。凡发引者皆然，不独于父母也。富家无子，亲族争继，夺盆先碎，屡起争讼之端。发引之日，

出死者枕内所装荞麦皮，焚于门前，借以消毒，各家皆然。（以上据民国十一年《宣化县新志》整理）

康保县丧葬礼俗

旧时，该县丧事环节甚多，带有迷信色彩，一般为入殓、报丧、戴孝、掘墓、烧纸、出殡、埋葬、复三等步骤。

入殓。病人奄奄一息时，速穿“装老”衣服。一般从内衣到外衣，都要换新棉衣，女死者要穿绣花鞋。死后，盖红布苫单。白日，用门板停放尸体置于炕上，之后，以白纸条捆“告天纸”，悬于大门外。并把死者姓名、生卒年月日时、享年和孝子名次列于白纸，贴在炕板子上置大门外，以告众人，谓之“讣告”。至晚上十点左右，方能入殓。入殓时，在棺材底铺褥子，尸体面部衬新棉花，表示对死者尊敬。脚底垫棉裤，其余空隙用谷草和生前衣物填之。凡入殓所用衣服不要带毛的，裤带不能用皮的，以免来世变成牲畜（迷信说法）。停当后，往棺内撒五谷杂粮，完毕盖棺。

报丧。人死后，家人要通知亲友，谓之“报丧”。事先准备白布，报丧时送之，以亲戚的亲疏确定所送数量，亲多疏少。女死者的侄儿，男死者的外甥为最亲，不论居所远近都要通知到。报丧者见亲戚时，单膝跪下，把孝布用双手举过头顶让其接纳，并通知去世人去世原因及出殡时间等。报丧在逝世三天内进行。

戴孝。凡死者之儿女、儿媳、侄孙等辈皆穿白衣裤，腰系麻绦，孙辈白孝帽上加红布小三角，外孙白孝帽加蓝布小三角，女婿仅戴头、脚、腰孝。朋友宾客为白布孝圈或缠臂。近年，机关干部多有免去上述戴孝俗，仅胸前佩戴白花或臂缠黑纱。

掘墓。人死三天时，中午十二点必须破土，带馍馍、纸钱、香及银器，无纯银以假银代之。掘墓前，以银器在地上画拟掘基地形状面积并点纸烧香，以供土神（迷信说法是供了土神，得以允许，才能破土），破土的第一锹土放在一边，待埋葬时首先放入用。掘墓完毕后，墓地不能离人，仍要有守护，每天掘一点儿，以示没有停工。

烧纸。烧纸也叫“开吊”，时间根据出殡时间而定。在出殡前一天为烧纸日，烧纸时按顺序进行，主子先烧，其他人按亲疏关系排列。主子，指男死者外甥，女死者侄儿。主祭官人诵祭文或悼词，总管将亲友所赠挽幛、祭品及钱币数量记录下来，以备唱礼。孝子及亲友入祭前跪在两旁，男左女右，每列以辈数排列。儿子或侄子于中间顶祭品盘，俗话叫“顶盘子”。届时女婿于大门外接前来祭奠者所送祭品，端入放在祭桌上，总礼官唱礼，女婿将祭品盘子再放在顶盘人头上，随之点纸钱，众跪叩头。完毕，祭奠者到棺旁号哭，如此往复。烧纸要进行二至三小时，此时伴有鼓匠吹奏，甚庄严。

出殡。出殡时抬柩人，一般为八人、十二人、十六人。凌晨待抬柩人到齐即吃喝，之后起灵出门。出灵时，孝子抬大头，前有鼓匠开导，至街门外把灵柩放在预先备好的架子上，再起柩时，长子或长孙摔瓦盆，孝孙持幡导灵，直达墓地。

埋葬。下葬前儿子扫墓穴。柩至，点火及纸钱。入墓后，把“遗饭罐”置于柩前。就绪后，将掘墓的第一锹土首先填入。其后，孝子填数锹，由众人填至成丘，插引魂幡在墓上。孝子哭奠后而返。

复三。埋葬后的第三天早上，孝子到坟前祭奠一次。子孙在外地者，即可离去。

过七。死者去世后七天为一七，共七个七，计四十九天。每逢七，即烧纸一次。

新中国成立后，党和政府大力宣传破除迷信，移风易俗，提倡实行火葬，简办丧事，改革殡葬仪式。以开追悼会、向遗体告别的形式寄托对死者的哀悼。县内公职人员葬礼简化，亲友多以挽联、花圈相赠。农村的葬礼虽从简，但仍带有迷信色彩。报丧、掘墓、戴孝、烧纸等环节不少。烧纸时，也要蒸祭品馍馍、买点心、备纸钱、穿孝衣。随着时代进步，请鼓匠吹奏减少，代之以放录音带、放电影。由于千百年来封建迷信思想影响，有的人缺乏认识，在实行火葬制度后，仍有偷偷土葬者，还有火葬后又将骨灰盒装入大棺材埋掉，仍起坟丘。

县内回族葬礼仍保留民族习惯。按伊斯兰的教规，人死后洗身，然后把遗体用白布包裹（寓一身洁白），并请阿訇念《古兰经》，用匣子式的棺材送葬，葬后将棺木抬回清真寺。回民葬礼不择时，三日内进行完毕，实行土葬。（以上据1991年《康保县志》整理）

怀来县丧葬礼俗

士大夫家或遵朱子《家礼》，余多延僧诵经，贫者亦必勉力从事，否则，亲族互赒之。富民卜葬、点主，往时靡费无艺，今省啬焉。唯行丧日鼓吹、宴客，实为通弊。延僧诵经，先画地为牢狱，置灵牌于内，以新瓦覆之。孝子与诸僧绕狱飞跑，谓之“跑方”。口中喃喃有词，入狱内将瓦打碎，取出灵牌，谓之“破狱”。言由地狱救出也。亡人尝用之枕，死后挑破置棺下。出灵日，扫地土并枕弃于街，焚之，任踏践焉。贫家多不用讣闻，亲故之家斩衰往告，奔走道路，实为不经。愚民于出丧之日，往往房门笼火，框上贴红，令阴阳生置碗于棺头，以刀劈碎，谓之“斩殃”。（以上据清光绪八年《怀来县志》整理）

蔚县丧葬礼俗

旧时丧礼分入殓、祭奠、发引三个阶段。

入殓。死者临终时，家人为其穿寿衣。死后，亲属在炕前烧“倒头纸”，放声痛哭。一般死者当日入棺，称“入殓”。棺内铺一层干草（谷草），上面撒制钱、铜币或泥制古币，称“垫背钱”，再铺被褥，死者仰卧其上，口内放钱一文，衣袖内放两个白面馍馍，同时将烟袋锅、玉镯、玛瑙等死者生前喜爱之物放入棺内。若棺木未做成，需停尸，逢单日入殓。入殓后，孝子披麻捻，向亲友报丧，并安棚设灵堂，亲朋烧纸上香。灵前设供桌，供品有米饭、白馍、水果、糕点等。棺前放遗饭钵，内盛小米饭，插一双筷子和缚有棉球的芨芨草棍若干根，灵桌下放瓦盆，盛放纸灰。

祭奠。开吊，也称吊丧，出殡前三天开始进行。灵前悬挂挽联，大门内摆放“殃状”，上写死者姓名和生卒年月。门上张贴白色对联，门楼悬挂“岁头纸”，也称“纸挂子”。死者亲友在灵前烧纸上香，孝男孝女大哭，亲友送果碟子、三鲜饭或幛子。出殡前两天，请吹鼓手，有的请僧、道设道场念经。

送路。又称引路，出殡前一天或前两天晚上，数人持火把引路，吹鼓手在前面奏乐，孝子由人搀扶边哭边走，从村中大路通过，到五道庙前烧纸上香，然后顺路返回。

辞灵。若出殡前二日晚送路，则出殡前一日晚辞灵；若出殡前一日晚送路，则当日晚辞灵。孝子孝女跪在棺木两侧，亲朋到灵前上香，行三跪三拜礼并大哭，孝子孝女要陪着痛哭。

发引。即出殡。一般五天或七天出殡，也有九日出殡的。出殡前日黎明，死者亲属向遗体告别，木匠封棺木，并移动灵柩，意为通知亡灵离家。出殡时，死者长子持绳背棺（称“背大头”），其余孝子持丧棒依次随后，孝女在棺后哭着走向门外。灵柩放在抬具上，棺上放布制棺罩，孝子依次跪在灵柩前，长子摔瓦盆，扛“引路幡”，吹鼓手奏乐，抬起灵柩，走向墓地，孝子痛哭，沿路撒纸钱，女眷坐车跟在灵柩后。棺木下到墓穴后，孝子先铲土埋棺。出殡后三日内，每日下午孝子到坟地“验浆”，也叫“点浆水”。出殡后每过七天为祭奠日，共七个祭日。五七、七七黎明前死者亲属要长时间哭丧。百日内不剃头，三年内不办喜庆之事，节日不贴对联。

若死者属未成年夭折，或未婚男女去世，则须当日入棺，葬于野坟或家坟旁。若死于外地，灵柩则不能入家院，在村外搭棚设灵堂，再行丧礼。

穷人死后，丧葬从简，更有无棺木者，以炕席裹尸，草草掩埋。

新中国成立后，部分农村仍沿袭旧丧葬习俗。60 年代，河川区一些乡村平了部分墓地改作农田，并开始建立公墓。1967 年，开始推行火葬，但乡村人仍将骨灰放入棺木，埋入墓地。现在，干部职工多实行火葬，丧礼一般改为追悼会。会上放哀乐，单位领导致悼词，死者亲属及生前友好送花圈挽联，佩戴黑纱、白花，向遗像三鞠躬，以示悼念。乡村新旧习俗夹杂，既有孝子穿孝服、戴孝帽的，又有戴黑纱的；既有送花圈挽联的，又有送“三鲜饭”的。吹鼓手既吹奏哀乐悲调，又吹奏流行歌曲。（以上据 1995 年《蔚县志》整理）

尚义县丧葬礼俗

旧时，县内丧葬仪式复杂，且带有许多迷信色彩。一般分为装裹、停尸、入殓、报庙、开吊、出殡、埋葬、复三、守制与祭奠等步骤。

装裹。病人垂危时，要为其准备寿衣，除富户人家早已准备好外，一般人家都现找人缝制，咽气前要全部穿戴好。装裹时不准恸哭，要强忍悲痛。

停尸。人死后，先放在门板上停尸屋门侧，尸仰卧。袖内装几块白面饼子，用红绳扎住袖口，谓“打狗饼”，以防到阴司地方“狗咬”。死者口内放一枚铜钱，叫作“口衔钱”。脸部用白纸覆盖，全身用红布盖住，名曰“苫单”。在死者头前点一盏灯，叫“指灵灯”；放一碗米，用一双筷子顶端绑一棉球，插入米碗，称“万年香”，米碗供上香用；头前放一小瓦盆，供烧纸用，名为“教子盆”。一切就绪后，儿女烧香焚纸，号啕痛哭，叫作敬“倒头纸”。家里派人分头报丧于亲戚，特别是出嫁的女儿。女儿闻知噩耗，披麻戴孝前来奔丧，距离较近者边走边哭，一直哭到灵前，远道而来者，进村开始痛哭。同时请“主儿”（男死报其外祖或表兄弟，女死报其娘家侄儿）共商丧事。

入殓。富有人家，生前备有棺木者，死在夜间，翌日日出前入殓；死在白天，待太阳落山后入殓。家境贫寒，生前尚未备棺，往往停尸几天，待买回棺木方可入殓，传说停尸越久对死者越不好，叫“背炕板子”，是阴间对死者的“惩罚”。入殓时，先在棺内铺一层谷草，上面垫被褥、衣物。孝女或儿媳为其缝一个三角形枕头，到野外装土，边装边哭边缝口，枕于死者头下。入殓就绪后，封棺钉盖（盖不钉死，留待“主儿”或外出的孝子回来验尸再钉），举家致哀。

人死三天，在大门前挂“岁头纸”。岁头纸用麻纸制作，一岁一张，天一张、地一张，剪成连环长条形，绑在一根六七尺许的木杆上端，分男左女右挂在大门外。写一张“讣告”，俗称“阳状板子”，写明死者姓名、生卒年月日、孝男与孙男名字，粘于木板或土坯上，立于大门前，同时，用白纸写一张“恕报不周”的“报”贴于大门外。

长辈故去，晚辈穿戴重孝：子女、儿媳满身白衣，外套白大孝衫，腰系麻辫，头顶麻壳，谓“披麻戴孝”；侄儿、侄女辈只穿满身白衣，不系麻辫；孙子辈穿白衣，戴白帽，上缀红三角；外孙白帽上缀蓝三角；女婿穿白鞋，冠白帽，扎白腰带，曰“三腰孝”；一般宾朋只在帽上缠一白布圈或白布缠臂即可。

报庙。第三天晚上，由长子背岁头纸，其余孝子紧跟其后，去五道庙焚香烧纸，由长子掀三次香炉，请死者魂灵回家，掀完香炉，手捧岁头纸恸哭。长子由两人搀扶，其余孝子一个拉一个后衣襟，一直哭回灵前，把岁头纸放在棺柩的大头上，意即请回亡魂，再重烧纸痛哭。女子不上庙，女儿、媳妇在大门外等候，待报庙的回来，把事先准备好的饭菜倒出去，烧纸后哭着回灵堂，叫作“接纸”。富有人家报庙这一天请僧做佛事，请鼓乐上街吹奏。

开吊。丧礼的举办是按家庭经济状况而定规格。所谓“富不可穷葬，穷不可富埋”。富有人家有停柩四十九日尽“七”的。这期间，院内搭灵棚，门前搭牌楼；请画工画棺柩，做“金山”“银山”；扎“二十四贤孝”“童男童女”“开路将军”“打路小鬼”，糊“孝幡”“灯幡”“香幡”等。开吊时，邀和尚做佛事，请道师诵道经，还要订两三班鼓乐吹打。一般人家停柩七日，画画棺柩，做些简单的纸扎，请班鼓乐也就了事。贫苦之家停柩三五日即行出殡。

不论贫富，按例都要在出殡的前一日举行“开吊仪式”，俗称“烧纸”。先由东家“上供”，孝子孝女、侄儿男女、孙儿外孙分男左女右跪于灵堂前。爆竹三响，焚纸，行四叩首礼，原位跪守，叫作“跪灵”。烧纸开始，按“主儿”“亲家”、亲友远近依次进行。赠礼薄厚按与死者关系远近而定。亲近者除了“云卷”三盒、“丰糕”三盒外，外加挽联布和钱若干。开吊仪式由主祭官主持，凡来祭奠者，把祭品摆在条盘内，由一人端上，祭奠者跟在后面，出大门外绕一遭，鼓乐伴奏，返回灵堂后，祭品放在灵桌上，主祭官唱明祭奠者身份和祭品，祭奠者行四叩首礼，跪灵孝子陪礼，丧礼仪式庄严肃穆。

出殡。出殡前夜，女婿、侄女婿等小辈出钱，雇鼓乐吹奏整夜，谓之“刮灵”。拂晓前由长孝子扶棺轻轻掀动三次，掀一次低声叫“××跟我走吧”，称之“掀灵”，表示请亡灵离家。掀灵后至出殡前一段时间，由孝女、儿媳等轮流致哀，哭声不断。

清晨，起灵出门停在大门前，孝男孝女跪在灵柩前，僧道鼓乐念经吹奏。由僧道鼓乐和孝子顺时针绕棺三周，逆时针绕棺三周，谓之“悬棺”。悬棺毕，由长子摔“教子盆”，孝孙执“引魂幡”，起灵，孝子孝女皆号啕大哭。由八人做杠夫，棺柩前拴白布，孝子拉灵，孝女、儿媳等在灵后，头蒙白布哭送，叫作“送殡”。行至村外，孝子止哀，鼓乐僧道全部免去，仅孝子随棺去墓地，恭移棺柩入墓，墓内置“遗饭罐”。入墓后先由孝子顺墓转三周添三锨土，逆转三周添三锨土，然后众人添土成丘，坟头栽一株柳树，曰“坟树”。最后，孝子哭祭而返。

复三。埋葬后第三日，至亲晚辈随孝子、孝妇携带祭品，赴墓前致祭，谓之“复三”。哭祭后，孝子、孝妇将头上麻壳、麻辫全部在墓前焚烧。

祭七。父母从逝世之日起，每七日焚纸祭奠一次，孝子白日去坟墓祭奠；孝女、孝妇晚间在大门前哭祭，共祭七个“七”，谓之“祭七”。

旧时，县内丧葬礼俗极为繁杂，铺张浪费严重，富家尤甚；一般人家经济单薄，剔繁从简；贫苦人家，无力置衣买棺，只好裹席掩埋。受封建思想的影响，丧葬带有极浓厚的迷信色彩。择阴宅，看风水，子先逝不入祖坟，妻先亡要“寄埋”，待父（夫）亡后始迁祖坟。男子未婚而死或夫亡妻嫁者，必得配“干丧”（未婚而故之女）。逝于外地者，切忌抬尸入家，须停柩村外，等等。

新中国成立后，丧葬礼俗有所变化，在停尸、入殓、出殡等一系列环节中虽剔繁就简，但封建迷信仍未根除。请僧道、做佛事虽已绝迹，请鼓乐、备棺柩还很盛行；看风水、择日子虽已免去，“报庙”“烧纸”依然如故。80 年代，国家公职人员及部分群众实行火葬，农村亦实行二三年火葬，由于阻力大，组织不力，又恢复土葬。烦冗复杂的拜祭大为减少，农村亲朋间仍敬供品、烧纸，城镇改为送花圈、挽联、挽幛；披麻戴孝改为佩白花、戴黑纱，男死戴左臂，女死戴右臂；跪拜改为鞠躬默哀。机关、厂矿、学校和农村不少共产党员、干部，则一改过去的旧仪式而举行遗体告别仪式或开追悼会。

回族将人辞世称为“无常”。丧葬仪式与汉族完全不同，主张速葬，不用棺木，实行土葬。送葬时将亡人洗净，白布缠身，并请阿訇主持，举行宗教仪式。具体分以下几个步骤：

打讨白。在病人咽气前，儿女或其他亲近者为其沐浴，装穿新衣，然后请阿訇念经，回族称“打讨白”，是为亡人免罪的意思。

停尸。病人“无常”后，从清真寺搬回“六板”停尸（六板是回民公用的停尸板，用完送回清真寺）。停尸一般不超过三天，但在特殊情况下（如坟墓没完工，在外地的儿女未赶回）也可停四五天。停尸期间，不烧香，不敬纸，不磕头，但亲人可随时恸哭。

转者那着。这是为死者请阿訇举行的宗教仪式。在出殡这天，请亲戚或本家为死者再次沐浴。家中为死者沐浴的同时，院里要为小孩（十二岁以下的）施舍食品（糖块、饼干等）。沐浴完毕，用三丈三尺白布包裹尸体，叫作“穿开凡”。这时，从清真寺抬来木箱（叫买贴箱，所谓“买贴”是回族对死者的称谓）。放在院内西侧，然后把买贴安放在箱子里，请阿訇举行宗教仪式，俗称“转者那着”。富户人家可从外地多请阿訇，一般贫苦人家只请本村阿訇即可。阿訇念经，死者家中要给念经钱，叫作“纳乜贴”。“乜贴”不限多少，富户人家多给，穷户人家少给，无儿无女可由清真寺集体付给。在举行仪式时，死者的长子面向西跪在死者东侧，头顶古兰经卷，阿訇站在顶经儿子的后面，“转者那着”开始，其余亲戚跪在阿訇后面，女的不跪。死者无儿者，可在死者东侧放一张桌子，以便放经卷。仪式举行五分钟左右完毕，由八个年轻人抬棺，儿女、亲戚跟在后面哭送。男的跟到坟上，女的送出院在街上哭。

埋葬。回族全村一个坟地，不按家族、辈分，不分性别、年龄，只按死亡先后一个挨一个埋葬，以占地最少为宜。棺材抬至坟地后，阿訇再次念经，念完将死者安放进坟墓内，长子先慢慢添三锹土，然后大家动手埋葬，墓成丘状。

走坟。埋葬后，阿訇念“回头经”，然后再请一位阿訇，每天两次到坟墓念经，叫作“走坟”，日出前和日落后，走一个月或四十天，周年要请阿訇念“周年经”。

蒙古族人亡之后不急于更衣入殓，首先请一位喇嘛念经引魂指路。入殓时间不定，几天后都可，主要强调入殓时辰。喇嘛在亡者脸上遮盖“哈达”，在尸体前挂幔，在供桌上点佛灯、燃炷香，木碗里盘放一串念珠。把亡者生前用的衣服、鞋帽、烟具、首饰等物放在尸体前面祭祀。在院内马桩上拴一匹鞍辔齐全的马，表示超度亡灵所需的骑乘。

入殓后，仍放在死亡时的地点，挂纱帘遮住遗体。在出殡前，白天喇嘛整天念经，夜晚家人（不论男女老少）轮流念“玛呢经”。

尚义蒙古人亡后用“座棺”，入殓时，要把死者用白布或蓝布缠成双手“合十”的形状。送葬时，棺柩后面是骑马的喇嘛，为亡灵指路，其他人尾随后其缓缓而行。

下葬后，返家设“无酒宴”，招待参加送葬的人，然后向参加葬礼的人赠送“哈达”，内包几元钱，以示造福。（以上据1999年《尚义县志》整理）

张北县丧葬礼俗

孔子曰：“礼，与其奢也，宁俭；丧，与其易也，宁戚。”足见先圣丧礼重俭不重奢、重哀不重易之义也。后人适得其反，每于亲丧，尽量铺张，浪费金钱，不如是不足以尽孝子之心，已失其丧尽礼、祭尽诚之本意。张北人民五方杂居，风俗悬殊，故丧礼亦不一致，未能强同。兹将其最普通礼节开列于下。

烧倒头纸。死者气绝之前，即将衣服冠履装束整齐，俟气绝后，将珍珠或制钱放入死者口内，谓之“口含钱”。并用红绸或红布一方盖面，在头前焚烧纸钱，合家举哀，谓之“烧倒头纸”。

成仙。成仙者，即入殓也。有当日成仙者，有隔日成仙者。隔日成仙，先将死人置于木板上，以候入殓。先择定吉时，孝子用筷缚小棉花球蘸清水，将死者双目略洗之，谓之“开眼光”。然后，将棺材放在正堂，向南、向北、向西，但不向东。俗语云：“头向东，不脱空。”是其大忌也。将棺置于板凳上，棺底铺以香或草，上覆薄板，谓之“七星板”。亦有板上前后撒置五谷、纸钱、生铁等镇物。将尸移入棺内，用棉花、草纸衬挤尸之四周，上覆薄板或红布，谓之“覆面”。然后，加盖封钉。当时如孝子未返或亲属不齐，另择日封钉，唯留一钉不封，以备主子封钉。棺停妥后，将死者生前之枕，裁开小口，置于棺下。然后，挂灵帷、置供桌。供桌前备盛纸灰瓦盆一个，谓之“纸盆”。布置已毕，家人依次焚香点纸，叩头举哀，谓之“成仙”。

成服。丧服制度，沿用旧礼。孝子、孝妇衣白粗布（齐衰之服）、麻冠、白履、麻绖，衣不缝边。父丧，撒开左裤腿；母丧，撒开右裤腿；父母俱故，两裤腿均撒开，一望而知其为何丧。孙子着孝服，不着麻，曾孙着孝服，兼红绿杂色，以资区别。孝子服三年，侄辈服期年。

报丧。孝子着孝服，亲赴各亲友处报丧，见人即叩头，谓为死者免罪；亦有差人代报，孝子不亲往的。

悬纸杆。丧家门前悬挂纸杆，其用纸以岁数计算，每岁一张纸，谓之“告天纸”。插于门头上，男左女右。

立阳榜。丧家门内，立一木板，上糊白纸，纸上书死者姓名、生卒年月日时、享年若干，下列孝子名次，又谓之“告白”。有影壁者，向门而立。并贴“恕报不周”或“恕不敢报”等字样之白纸条于门壁上，男左女右，远望即知亡者系男女矣。

接三。人死之翌晚或第三日晚，各亲友陆续来吊，携带锡箔、纸钱、香楮、供礼，灵前致祭。

告庙。晚间，各亲友送灯笼一对。丧家约鼓乐、僧道，设坛唪经，鼓乐喧天。孝子挟告天纸，辞灵出门，赴城隍庙或五道庙报庙，凡过寺观及十字路口，均须焚香点纸。及至庙内，孝子跪地，将告天纸取至神前，左右绕三匝，仍交孝子，起立出庙。至家门前，孝眷号迎于门，将告天纸接至灵帷，置放棺顶，伏地大哭。毕。如死者系男，将生前屋内陈设茶点、烟酒，虚位以待；如系女，备置梳洗一切器皿。意在将死者灵魂接回，待之如生时也。

过七。人死后第七日，谓之“头七”。供奉食物，焚香点纸，叩头举哀。嗣后，每过七日，即如是办理。富者，每七僧道唪经，鼓乐喧天，至四十九日，谓之“尽七”。如遇日期与七相同，谓之“犯七”。富者请僧道诵经，超度灵魂；贫者做旗伞，置在棺下，灵魂藏在里面以避之。此迷信之俗习也。

丧礼次序如下：

通知。葬期择定吉日后，先通知各亲友。富贵之家用讣闻通知，乡间贫家差人报告。

丧期。丧期日期，远近不一。小丧最近，死后以三、五、七、九日为葬期，不择吉日；老丧必须择吉日，停柩日期亦长，往往三五年不发丧者，若日期太少，则为不孝。

送祭礼。亲戚礼物，送供菜蒸盒、八仙茶点之类；朋友送挽联、挽幛及槽糕、芙蓉糕八样之类。

宴宾客。凡开吊之日，各亲友均来吊祭，各给孝带。然后，设宴款待。开吊之日期，至多三日，少则一日。

作佛事。丧家约僧道鼓乐做佛事。昼则唪经、取水渡桥；夜则观灯、放焰口。

家祭、点主。丧家约请大宾及礼生，分别家祭、点主（详后祭礼内）。

辞灵遣棺。于出殡前一日晚间，分别亲戚、朋友、眷属，焚香烧纸，谓之“观香”。至鸡鸣以前，将棺掀起，孝子大叫三声，谓之“遣棺”。

出殡之次序如下：

移棺。于开吊之翌日即出殡。用杠夫十六人，或二十四人，或三十二人，将棺缚置杠上，富者盖以棺罩，如轿帏式，贫者无之。

送灵。孝子、孝孙用白布鱼贯牵灵，匍匐号哭，并由最前之孝子负引魂幡。俟举行门祭后，将纸盆摔烂、并将死者之枕头倾倒焚烧。全体孝子引灵，随走随哭，僧道、鼓乐、挽联、挽幛、纸扎分别排列，送行至一定地点后，将纸扎焚化，所有送殡客、僧道、鼓乐等，随神主而返。

撒路钱。将纸制成钱式，谓之“路钱”，随行随撒，与执铭旌者导灵，直赴祖茔。

领魂鸡。出殡时，用红雄鸡一只，以白布缚其一足，着一人在灵前以柳条随走随打，谓之“领魂鸡”。

安神。送灵后，孝子返家，行安神仪式，再赴祖茔，行下葬礼。

下葬。下葬预择吉时，俟棺到后，用罗盘调正方向，所用铭旌、墓志等，亦布置妥当，即行封墓门。孝子高呼死者三声，然后填土掩埋，成为丘堆。孝子供食品、焚纸钱、叩头举哀，享毕而反。

圆坟。葬后三日，孝子、眷属及至亲齐赴茔地，携带香点纸扎。孝子以次将坟略再添土，焚香化纸，痛哭而返，谓之“圆坟”。

周年。死后第一年，谓之“头周年”。届时，家人供神主，上坟祭奠，亦有做佛事者。至三周年始毕。与古礼之反哭、虞祔及祥禫等礼，形式则一也。

蒙古族人丧礼颇简单，无须埋葬。人死后，将衣服脱去，用绸布裹尸，喇嘛念经三五日，将尸厝于野地，经过一七或二七，再用火焚化。余灰携至五台山，将灰分贮于供桌香炉内，并舍布施若干元。更有建一小塔，将牌位置放于内。如此举动，用费浩繁，非王亲贵族不能照办。普通之家，人死裹尸，念经后，用车载尸体至野外，赶车飞跑，尸落地上，如仰面即言升天，面向下谓不得善终，以为不祥之兆，则须念经超度。尸在野外，供犬狼食去，俗称生平食肉，死后还肉。经数日，家中人往看，如被兽食去，则皆欢喜；未食者，谓生前未做善事，已无人味，狗皆不吃，再得念经以免罪孽，势必至食去而后已。蒙古族人丧礼，大致如此。（以上据民国二十四年《张北县志》整理）

阳原县丧葬礼俗

本县丧礼最重。父母之丧，灵前皆悬横额曰“当大事”，所以示其重也。初死，延僧诵经，谓之“倒头经”。随报近宗至戚，同视含殓。即日，遵礼成服。第三日，孝子至城隍庙或五道庙，焚香哭告，谓之“报庙”。全县皆同，唯吾家全族，则第二日至泰山庙行之。相沿已久，未悉何以立异。以上贫富皆同。过此，则由初七至七七，或家祭（同族祭），或公祭（亲友祭），或做佛事，或谈道经，悉随家之有无。富者七七到底，次则四七，再次则一七；贫者则停柩三日、五日或七日，即行出殡。类皆杠夫八人，前有鼓乐，孝子匍匐哭送，宗人戚友随之。例于殡前一日开吊。至来宾多寡、赙赠厚薄，亦随双方身份而定。薄者仅具香楮；稍丰则附白面、三牲；更丰则附铜圆百枚。此皆贫家丧仪也。富贵之家，于殡期前，必须筹备旬日。灵前院中架白布棚，棚前牌楼三楹，大门左右亦各有牌楼一。开吊前五日或三日，先延僧诵经，亦有僧道对谈者（本县无喇嘛）。但在灵前谈经者，谓之“清净经”；并赴各庙游唪者，谓之“出堂经”。出堂时，僧道在先，孝子在后，日各一次。有迎经、取水、请王、散灯及跑五方五地等种种名称。但前清，富家唪经类多出堂。民国以来，一则地方不靖，一则农村破产，故昔之出堂者，今则清净；清净者亦减至三二日不等。开吊之日，亲友公举主祭官一，类皆科第或曾官者任之，丧主并备赞礼生四至十六人，盖仍古礼大夫四、士二之遗制也。明清礼生，皆食廪饩，文武各半。民国缺额，即以高级小学卒业者递补。前清主祭官皆衣蟒服，礼生则银顶蓝衫；民国并改蓝褂青袍、礼帽、皮鞋矣。是日正午，行接祭礼。即将亲友所赠挽幛、祭品，置于村外空地，挽幛成双行，祭品成单行，排列整齐。以人执挽幛，以桌陈祭品（二人共抬一桌），前导执事（即死者或其先人官衔牌等）、鼓乐；后随祭官、礼生，祭官乘轿，礼生乘车（二人一车）；最后又殿执事（即主祭官个人官衔牌等），纷涌而至门前。孝子跪接，叩首者四。迄挽幛、祭品同置灵前（祭品分列三行，每行由八桌至十二桌不等；挽幛分悬棚壁，多者分悬各屋外壁），亲友同入棚座，孝子始匍匐归。后，更跪请亲友临祭。祭时，孝子向南跪陪，主祭官移灵柩前；余亲友辈则分排北向，齐立棚外；礼生二人分立主祭官旁，余则分立两行（其地位适在祭品桌间）。届时一切仪式，均由礼生朗唱。读公祭文虽系主祭官职，但有礼生代读。仪式至为庄严，共三献三祭，须时三钟。礼生虽十六人，亦各有职，除唱礼者外，有歌诗者、奏乐者、舞戚者、陪祭者，诚所谓各司其事，绝无虚设者也。是礼烦琐，非老生且常谈者不知也。（所述仅其梗概。因民国二十年归葬先严时，曾亲历一次，故尚记其大略也）公祭已毕，款宴开始，终席孝子叩谢三次（酒、肴、饭至各一次）。至晚家祭，仅礼生四人，并易素服，孝子于灵前跪读祭文，宗人于棚前随祭，祭毕举哀。翌日早，行点主礼，即于木主之“王”上，以朱和长子之中指血而加一点成“主”字。点主官多为仕宦。清代缙绅之家，例延本县教谕；民国则延县长或教育局长。显宦之家，抑或外延达官，多随死者身份，无定职也。点主后，即起灵出门，置棺罩上。杠夫有二十四至四十八人不等。灵前为孝子；再前为墓志楼、铭旗（旌）亭、僧、道、鼓手、点主官轿、赞礼生车、后土官马（多骑马者，因后土官例须武职）、本宅执事、哀诔挽幛、纸俑车马等；灵后为女眷素车；送殡者则分列两行，多随孝子左右而行。至村外，孝子止哀，跪谢来宾。一切仪仗、僧、道、鼓手等，并皆免去，仅孝子随棺罩行至墓地。后土官亦依时至。抵墓所，孝子入墓视察，恭移棺木入墓，有椁者更周以椁，阖墓门后，孝子先负土于上，然后众各填土成丘。后土官恭谢后土，孝子哭奠而返。入室，孝子暂易吉服，奉告安神；更服丧服，跪送来宾（是时来宾适午餐毕）。三日后，阖家男女至墓哭奠一次，谓之“圆坟”。至丧服期，本县概遵古礼，与各省同，无须赘述焉。（以上据民国二十四年《阳原县志》整理）

怀安县丧葬礼俗

怀俗最重丧礼，习尚厚葬，甚有变产拖债而为尊亲办丧事者，以为不如是不足以尽其礼。所谓唯送死可当大事者矣。父母殁后，小殓毕，而行大殓，亦有小殓、大殓合做一事者。丧服仍循旧制，孝子纸冠麻带，服斩衰大布白衣。三日告庙，诸戚送灯，法乐前导，族友燃炬随行；子妇亲眷均衰绖往叩城隍，叩毕泣行而返。迨七日或葬期，好做佛事，或三天，或一天，至简亦送三忏，唯旧家染此俗特甚。近以科学昌明，征服佛教，文明之家皆知矫正；然因新旧过渡时代，齐傅不敌楚咻，仍有借此敷衍亲面者，原非迷信矣。殁后，礼应达知亲友，每因贫富不同，所用方式亦异。有用讣状遍告乡党者；有因家寒未便声张，但于门首贴一“概不敢报”四字，崇尚宁戚主义，唯至亲得与闻其事者；疏则不知也。其戚友闻信来唁，友以挽联素幛；戚以饼果蒸食，亲吊灵前，以示睦姻任恤之意。葬时多用杠抬，棺外覆以红罩，孝子负幡执绋，匍匐哀痛以行。前则雪柳霜枝，后则素车白马，鼓乐助哀，僧道忏祝；更有亲朋眷属，悲容安步，共送出城，妥舁先茔，孝子跟同入墓，掩以釜形，大事毕矣。至寒家沿用丧礼仪式，虽不尽如是复杂，而其出殡程序则一也。（以上据民国二十三年《怀安县志》整理）

万全县丧葬礼俗

丧礼最烦琐，习俗多尚厚葬，然尤以父母之丧为甚，以为不如此不足以表示孝也。至中资以下者，亦行之唯谨，虽葬费无着，以至售产、借债，亦不能从俭也，非贫至家徒四壁，穷无立锥之地者，不能薄葬也。至礼节与古礼虽不尽合，然蛛丝马迹，仍不能脱古礼之范围也。

入殓。死者临终，已着衣服冠履，一俟气绝，始用衾裯覆之。然后，焚纸举哀，俗谓之“点倒头纸”。随即移尸中堂，择时入殓，亦有不移尸以候入殓者。孝子日夜守侍，供茶饭烟酒，与生前无异。盖已将古礼所谓之大殓、小殓合而为一，不另分别举行矣。入殓，有隔日举行者，有当日举行者。隔日举行者，则先制孝服，以便孝子赴亲友处报丧，亦有差人代报，孝子不出者。若当日入殓，则入殓后始能报丧。丧服制度仍依旧礼，孝子之重者，衣白粗布衣、高粱麻冠、白履麻绖，衣不缝边，轻者酌减，最轻者则衣细布而缝边。由孝子之亲疏远近而分轻重等级。至亲戚之较近者及朋友之关系密切者，亦有依家境状况斟酌情形，分别代制孝衣者，谓之“做孝”。亦有随报丧而送孝布二方者，谓之“破孝”。报丧后，各亲友闻讯携带锡箔纸钱、香纸供礼陆续前来致吊；亦有于接三时亲吊者。至入殓必择吉时，届时孝子用筷缚小棉花球蘸清水，先将死者双目略洗，谓之“开眼光”。然后将棺抬前，棺底铺以香或草，上覆薄板，谓之“七星板”。板上前后散置五谷杂粮、曲麸、纸钱、生铁片、小皮块等镇物毕，将尸移入棺内，用棉花、草纸衬挤尸之四周。上再悬覆薄板一块或悬钉红布一方，谓之“覆面”。然后加盖封钉。当时如有所候，或孝子未返，或亲属不齐，或另有问题，则另择日封钉。入殓毕，将棺停起。如死者尚有长辈未终，即停堂之两旁或厢房，否则，始能停于正中。棺停妥后，将死者生前之枕，裁小口置于棺下隙地。然后挂灵帷、置供桌，供桌前并备盛纸灰之瓦盆一个，俗谓之“纸盆”。布置毕，孝子、孝眷依次焚香点纸，叩头举哀，俗谓之“成仙”。此时亲友之来吊者，分别男女孝子、孝眷，跪于灵前左右，举哀叩头，还礼致谢。至第三日，丧家门首高悬告天纸，俗谓之“纸杆”。门内立“阳（殃）榜”，上书死者姓名、生卒年月日时、享年若干，下则列孝子名次。并贴“恕报不周”或“恕不敢报”字样之白纸条于门壁。

报庙。人死之翌晚，或第三日晚，行报庙礼，俗谓之“接三”。饭后，亲友陆续来吊，并各随送灯笼一对，丧家并约鼓乐、僧道；到齐后，孝子挟告天纸辞灵，随众出门，赴城隍庙或五道庙，报庙接三。一路灯火照耀如白昼，鼓乐齐鸣，宾客混杂，经过寺观及十字路口，焚香点纸。抵城隍庙或五道庙时，孝子跪地，将告天纸取至神前，左右各绕三匝，仍交孝子，起立出庙，将门紧闭，孝子跪门前，取石击门，高呼死者，随击随呼；如是者三起，而负告天纸痛哭而返。至家，孝眷跪迎于门，俟孝子入，急撕告天纸一凭，紧抱于衣襟内，高呼死者，痛哭而入。至灵帏前，孝子将告天纸置棺顶，伏地大哭，至孝眷将撕下告天纸之一角焚化，坐灵旁而哭泣，移时始毕。此时，死者生前所住之屋内，陈设茶点、烟酒，虚位以待死者；如系女，尚有备梳洗一切器皿者。意在已将死者灵魂接回，款待如生也。

过七。人死后之第七日，谓之“过头七”。朝夕供食物，焚香点纸，叩头举哀。嗣后每过七日，则奠祭如首七，至四十九日毕，谓之“尽七”。在过七时，如适与每月之初七、十七、二十七三日相遇，谓之“犯七”，为死者阴间受难最甚之日，必格外奠祭，以慰幽魂，且有约僧道诵经放焰口以超度亡魂者，亦有借此举行开吊招待亲朋者，除僧道诵经外，并款待吊者，举行家祭。以上与古礼所谓之成服、朝夕奠及祭吊各项，大致相合。下即为启殡下葬矣。

开吊。葬期定后，先一日举行开吊。至葬期，老少丧不一，老丧恒晚葬，有停至数月者；小丧则死后三日、五日或七日、九日即可葬，不另择日，所谓热服不择日者是也。有小丧虽葬不能入坟者，仅能暂厝他处，非俟本家有老葬，不能随入祖茔，正式下葬。俗又有天坑之说，亦不能下葬。至居丧制度，百日之内，足不履户外，独宿伴灵、粗衣素食、毁容蓄发等，以表示哀痛，虽不至寝苫枕块、泣血稽颡、三年不启齿、三年不出门、斩衰三日不食、齐衰二日不食，然造作之处，亦不少也。丧期择定后，通知各亲友，有用讣闻者。于出殡之前一日或二日开吊，亲友均送供礼、香纸、锡箔、蜡炮以及挽联、挽幛，供礼以槽糕、八样细饼为大宗，又有送供菜蒸盒、八鲜者，丧家开宴款待宾客。是日谓之“烧纸座席”。丧家于是日约僧道、鼓乐做佛事，昼诵经，而夜放焰口，故又谓之“开鼓”。又约礼生、大宾，分别举行点主、家祭。午夜举行辞灵礼，俗谓之“遣棺”。

出殡。开吊之翌日即出殡。普通多用杠抬，其人数三十二或二十四不等。将棺缚置杠上，盖以轿式帷帐，谓之“棺罩”。孝子用白布鱼贯牵灵、扶哭丧杖，并由最前之孝子负引魂幡。俟举行门祭后，将纸盆碎烂，并将死者之枕倾倒焚化后，全体孝子始痛哭，匍匐而行。灵随之。孝子前为灵牌神主；再前送殡亲友、僧道鼓乐、挽联挽幛、纸扎仪仗、铭旌等；最前为散放纸钱者，谓之“撒路纸”。一路炮声不绝、鼓乐杂奏。亲友中有举行路祭者，则灵暂停，孝子跪地答谢毕，继续进行。至一定地点后，将纸扎焚化。所有送殡之宾客、僧道、鼓乐等，随神主而返，谓之“迎灵”。只余撒路纸及执铭旌者，导灵直赴祖茔。孝子迎灵后返家，举行安主仪式毕，再赴祖茔，行下葬礼。亦有孝子随灵赴茔，留其他孝子迎灵安主者。

下葬。下葬必择吉时。将棺安置穴内，用罗盘将方向调正，所有墓内应用之铭旌、墓志等，亦布置妥当，随即封堵墓门。孝子高呼死者三次，然后填土掩埋。垄成墓堆后，孝子供食品、焚纸钱、叩头举哀，事毕而返。葬后第三日，孝子、孝眷及至亲齐赴茔地，将墓堆略加修理，焚香点纸，痛哭而返，谓之“圆坟”。

周年。死后一年谓之“头周年”。周年日，家人供神主，上坟祭奠，晚送纸，至三周年始毕。各在三年以内，每遇清明、中元、十月一日，俗谓之“鬼节”，举动如过周年时。以上各节，与古礼之反哭、虞祔及祥禫、拜扫等，形式虽异，内容则一也。（以上据民国二十三年《万全县志》整理）

隆化县丧葬礼俗

始死迁尸于床。有当日而殓、三日而殓者。次日，受吊仪，用糖果、黄白纸钱之类。既夕，亲近随丧主至村外，焚化纸钱及纸做人、马、车、轿，谓之“送三”。第三日，丧主奉灵主至附近庙宇，哭泣行礼而回，谓之“招魂”。葬之前日，有延喇嘛及僧道做佛演法以度死者。亲友皆集，开筵宴宾；乡间多空村而食于丧者之家，谓之“食坑”。首葬则用八人或十六人抬，与直、鲁等省相若。（以上据民国八年《隆化县志》整理）

围场县丧葬礼俗

新中国成立前，一般生活富裕的人家，老人到了暮年或临病危，由子女备置寿器（棺椁）寿衣。病者断气前给其穿好寿衣，断气后由亲属哭到九神庙，县城到城隍庙，叫作“报庙”，并要焚化纸钱。将死者装入棺材后，叫入殓。还有用面做成饼放在死者衣袖里，叫“打狗饼”，意思是在冥间路上遇上狗防被咬。还要糊纸饰，男的糊马备“乘骑”；女的糊牛，因活着时洗衣物用水多让牛“替喝脏水”。按死者年龄剪同样数纸条挂在门前，叫“挑神纸”。到死者下葬前，由亲眷把纸饰烧掉，还要烧许多纸钱，并写出“路引文书”念诵后烧掉，叫作“送盘缠”。棺椁抬出前，要把一个盛烧纸灰的瓦盆摔碎叫“摔丧盆”，并用高粱秸糊一个纸幡由长子打着送入坟地。路上撒纸钱，死者儿女、媳妇都穿孝衣，孙子女孝帽顶饰以红布，表示儿孙满堂。亲属手拿用纸糊的柳木棍称“哭丧棒”。死者下葬埋坟后，在坟头插“坟房”，三天儿孙们去把“坟房”扒开一面，叫“开门”，然后把坟土规整填好，叫“圆坟”。死后每七天烧纸一次，到“五七”要进行一次较隆重纪念叫“做五七”。以后每逢死者周年或清明等进行上坟、添坟等纪念活动。

新中国成立后，丧葬仪式逐渐改革。自从 1974 年县里修建了火化场以后，县城职工死后实行火化，部分市民、农民死后也火化。死者亲眷佩黑纱，不再穿孝服。农村用棺材埋葬者还很多，但是改变了过去占墓地的习惯。

满族人丧葬礼仪十分隆重，很有特色。人死后口里要含“嘛呢豆”，一般不让在北炕和西炕上死人，不准尸体从门口出，把死者从窗口抬出，死者的亲属要戴孝百日，守孝期间不准出远门。

富户有爵位的人家办丧事是十分讲究的，一般有爵位的满族官员死后有丧葬仪程，死者要穿“朝服”。新中国成立后，丧葬基本相同。

蒙古族殡葬形式分三种：（1）土葬，用木棺，棺底宽、盖儿窄。用白布将死者裹好放置棺中，要请喇嘛念经。葬地由喇嘛占卜吉地掘穴，亲属送葬埋后即回。（2）野葬，死者多为贫民，葬时将死者放入柳条编的筐中照喇嘛所卜的方向，在夜里用牛车载送山顶或谷地，任飞禽走兽啄食。（3）火葬，喇嘛诵经并洗尸，裹上白布后将尸体放在柴草上以火焚之。新中国成立后该县蒙古族丧葬与其他民族相同。

回族人死后用水净身后拿白布四丈缠身，置于木匣（买提匣、经匣）中，一般停尸三天。死者所穿过衣着，一概送给本族贫民，主家丧期不动烟火，待客由全族各家分担。送葬时用一架子（类似棺罩）将尸匣抬往墓地叫“搭净人”。到墓地后打开经匣上盖，由三个人抬出尸体送入坟坑，这个过程叫“下埋葬儿”，脚南头北，经整理后埋葬。墓里夫妇一土墙之隔。坟呈鱼脊长形。父母死后，子女穿孝四十天，请阿訇念经。对死者有七日、四十日、百日、三年之祭。（以上据1997年《围场满族蒙古族自治县志》整理）

宽城县丧葬礼俗

新中国成立前，丧葬一般分停尸、入殓、出殡、埋葬等程序。

停尸。人病垂危，速着衣冠，停于室内门板之上。断气后，将死者生前所用被褥扔在房上。晚辈赴五道庙烧“断气纸”，并派人到亲戚家报丧。

入殓。一般在室内停尸一天后，即择时将尸体放入院内灵棚中的木棺内。棺前点“万年灯”，放“香水罐”。灵桌上摆祭品香炉，灵桌下设烧纸瓦罐（俗称“丧盔子”）。死者子女披麻戴孝，守柩恸哭。一般吊唁一至二天，有吹鼓手助哀。第三天傍晚，晚辈赴五道庙烧“纸扎”，送“亡魂”赴“西天”，称之“接三”。夜晚（即出殡前夜），孝子、孝妇为亡人上祭、行礼，闺女、侄女装“金库”“银库”，吹鼓手奏乐致哀，谓之“送盘缠”。

出殡。出殡前，亲人最后探视尸体，封棺钉盖，全家举哀。死者晚辈蝉联致祭、行礼，谓之“堂祭”。出殡时间，多在清早不出红日之前。亲众将灵棺抬起时，长子摔丧盔子，执“引魂幡”，其他孝子依次在灵棺前由亲友相扶，伛偻前行，号啕大哭。其他晚辈亦手执“孝棍”，号哭于棺后。出殡队伍由“撒路钱”者引路，最前摆列纸扎、孝幛，随后是吹鼓手奏乐前进。抬至村外停灵柩，送灵亲友向灵棺行祭礼（称“路祭”），祭奠完毕，亲友散去，由孝子在前面执引魂幡将灵柩抬至坟穴。

埋葬。木棺入墓时，棺下摆“七星钱”，棺前放“万年灯”，灯旁置“香水罐”，棺上放“引魂幡”。就绪后，填土掩埋。坟前放平面石一块，称“祭台石”。埋葬第三天日出后，近亲晚辈随孝子、孝妇赴墓地“圆坟”，在坟上插三根折成门形的秫秸，比如盖房上梁，成为永住的房舍。再将祭品在墓前致祭，祈祷老人安息于九泉。从亡人逝世之日起，每七天烧纸一次，至“七七”为止，是谓“烧七”。老人故去一年后，子女在老人逝世之日办“周年”。

新中国成立后，殡葬仪礼剔繁就简，但主要程序尚存。（以上据1990年《宽城

县志》整理)

宽城县满族人将咽气时，家属要给其更易寿衣。死后，抬至东屋灵床（也有西屋的)。头朝里，脚朝外，用白布蒙脸。同时将死者被褥扔于房上，枕头放在大门口外待出灵前烧掉。老人去世，后辈人男子腰系白带，女子戴白布包头。过去，由于贫富不同，停灵期一般为三至四十九天。其间，有吹打、扎彩（扎纸人、纸马等）和亲友守灵、哭丧之俗。出殡时，孝子在前打红白纸灵幡，其余亲属在后，吹吹打打送灵柩于坟地。之后有“烧七”“烧百日”“烧周年”等悼念活动。

旧时，宽城县满族实行土葬，并有丰富随葬品。近年，逐渐改土葬为火葬，仪式较前也有省简。但在偏远山区仍行土葬者，除停灵期皆为一至三天外，其余丧葬习俗未易。(以上据 1989 年《宽城县民族志》整理)

迁安市丧葬礼俗

初丧之日，丧子哭于五道庙，曰“报庙”，又曰“送纸”，又曰“点浆水”。次夕，殓入棺中，丧家备刍灵（如九连灯、车马、人夫等项)，又鼓乐多名，招魂于庙，名曰“招亡”，又曰“接三”，又曰“招魂”。招至家，亲友哭奠之，孝眷哭奠之，俨有祭如在之意焉。奠毕，以刍灵等物送之西方（按村方向而言）而焚之，孝眷对之长跪哀号，谓之“升西天”。至葬期，或三日、四日、五日、七日、九日、十数日、二十余日，约在一月之内。至于葬期致祭，或恭迓乡耆德望隆重者为之题主，此不过士族之家与殷实之户行之，而下户无有也。丧子服亲丧者，服斩缞、披麻衣、冠麻冠、期服、功服、缌服者，则齐缞、麻衣、麻冠而已。葬后一月谓之“五七”，百天谓之“百日”，一年谓之“一周年”，二年谓之“二周年”。至节期，亲朋眷属均于墓前祭之，设果菜，焚纸钱，以表追悼之意。至斩殃、饮啖、演剧诸陋习，早经革除净尽，而延僧道诵经荐醮或间有行之者，是诚非礼之礼焉。唯风水之说，中于人心。每当春秋之际，则延请青鸟之家游于阡陌，此家启攒，彼家迁葬，人子无非为妄邀福泽计。此风俗之亟待易移者矣。(以上据民国二十年《迁安县志》整理)

玉田县丧葬礼俗

丧葬依古礼，俭，亲者讥之；久，殡者讥之。不甚崇斋醮。有力者，自殓而虞，必用乐，其声凄以哀。亦有广延僧道者。好陈饰俑具，或以纸做门庭、堂室，备肖其生平所御，以及于鸡犬之属，皆极工致，侈为美观，然非礼之本然矣。宾客吊赙，乐以飨之。殡奠如吉祭，尤事箫鼓，诏礼者四人，皆盛衣冠。凡三献，或命工人作歌曲，谓之“献词”。非《薤露》《蒿里》之旧也。柩行，则棘人执幡为前导。无亲子，嗣子皆然。或以争继夺幡，辄致相哄。窆有功布、黻、翣，如《仪礼》所云。

凡丧之次日，以遗衣裹所悬命纸（即楮币剪条，以死者之寿数，为楮币之条数，男左女右，悬之于门）。招魂于歧路、鬼祠，谓之“接三”。先以纸为舆马列庭中而设馔，其室布灰于地，至则纳魂所依者于室之座，键户以须久，乃启，视灰上迹。以一人入，若报曰：“至矣。”乃哭送。即不告至，且再三迎其送也。棘人奉命纸升舆，导以鼓乐，戚友及妇人皆从之，西郊焚舆，号泣。越五日，将殡而奠，谓之“祭七”。皆飨宾客。有力者，无问亲疏必奉以缞绖，跪而将之，客有服，则谢不受。（以上据清光绪十五年《玉田县志》整理）

回族。死者咽气前，用右手打“依玛尼”，向主做“讨白”，阿訇念“讨白词”。人死后将其衣服脱光，全身沐浴，阿訇在窗外念经文为亡者求恕，子孙跪经。后用三丈六尺白布将尸体裹上，置于“经匣”，头朝北停至院内。丧事不动乐，尸体在家中存放不许超过三天。回民实行土葬，即挖一南北向长方形墓坑，周围砌以砖，并挂满写有经文的白布，将尸体头朝北、面朝西放入墓室，上加盖板。封土后呈长方形坟头。阿訇与送葬者跪在坟前念诵经文，葬仪结束。（以上据 1993 年《玉田县志》整理）

遵化市丧葬礼俗

初丧哭踊，披发垢面，女去簪珥，各加首绖，以余幅披于后。衣衾必预具，务求美备。孝众躬亲浴尸、装衣、展衾，亲舁灵床，覆单衾于上，含米于口，富者以珠，剪纸缠秫秸纳亡者手，曰“打狗棒”；系麻于足，曰“绊脚丝”。供饭曰“倒头饼”，或曰“打狗饼”。皆乡俗不可解者。陌钱、壶浆，哭奠于庙，日凡三次，曰“送浆水”。城居者赴城隍庙，乡居者赴五道庙。挂纸钱于门，男左女右，以亡人年命为多寡，曰“命纸”。延阴阳家书殃榜，张于门。就化命核其宜忌，选日时以殓。丧之明日向晚，设虚座于庭，陈酒馔，巾栉唯备。主丧者以纸幡前引，孝众捧灵牌缚命纸于藜帚，裹以亡者衣，相率迎魂于庙，谓之“接三”。虽贫家、幼丧，多具鼓吹，戚友咸步以从。至庙，焚冥镪，若知魂所。执幡者引捧牌者，呼抱帚者，应若魂之果返者，或载以刍车，扶掖以行。至门，执幡、抱帚至亡者榻所，绕室四隅，安帚于座，引巾栉若梳洗状，握镜照之，若或有见。戚友依次拜毕，复奉以升于刍车，送于歧路，尽焚诸明器，丧家男妇哭踊，匍匐以从，尽哀始返，谓之“送三”。有但送不接者，百十里之隔，俗不尽同也。丧之六日，谓之“首七”，始具祭筵，戚友多致冥镪、祭品。继此逢七而祭，盖取七日来复之意。至四十九日，谓之“尽七”。六十日，祭焚法船。百日，祭而剃发。期年小祥，再周为大祥，至三周皆祭。既葬祭于墓；未葬祭于柩。哭泣无时，辄焚冥镪，黎明，曰“鸡鸣纸”；向暮，曰“黄昏纸”。始死，设食罐，每饭必祭，添肴馔其中。至葬之前夕，添食品至满，纳葱其中，罩以红布，系以五色线，授冢妇抱之，至葬所置棺前埋之。凡亡者有子无妇，则置罐于怀，或并无子，则并棺舁之，多以为憾，盖甚重也，特不如京师置素亭中，以多人舁之耳。棺以柏为上，松次之，杉木唯世族始用，常人用柳，犹胜于杨；底实以灰、里灌以蜡，外髹以漆，皆称家之有无。无殉以金玉者，椁不常用，或以木，或以石，或以砖甃，或以炭培，唯三合土筑者较良，率以石灰、沙土各数千斤，柏枝、糯米煮汁和匀，裹棺外，杵捣石筑，久则益坚，价亦较廉，永无他虞，尤人子所宜讲求者。丧家衣冠，多沿古式，法所不禁。缞麻之制悉依《会典》：无或苟简，期功以次，隆杀秩然，犹见乡俗之厚。奉吊客以缞绖，谓之“破孝”，客有服，则不受（参《玉田夏志》）。丧葬依古礼，俭，亲者讥之；久，殡者讥之。不甚崇斋醮，有力者，自殓而虞，必用乐，其声凄以哀。陈饰俑具，或以纸做门庭、堂室，备肖其生平，居处服御皆极工巧(《玉田夏志》)。卜葬，先期讣告亲友，延齿德尊望者题铭旌，大书亡者封衔、氏字、年数于朱绢，其长寻有半，书者列衔于左，以另纸书名。葬时，以旌覆棺，留名纸返题者，而后覆土。题主者曰“大宾”，舆马仪仗，迎送甚盛。引赞延诸生四人，谓之“礼相”。木主外函从文，内函纪实，留“主”字初笔，大宾朱笔点之，曰“点主”；留“神”字末笔加朱竖，曰“通神”。临点，孝子刺指血蘸笔，或以雄鸡冠代之。赞有定仪，丧家最重典也。戚友致牲醴为奠仪，制联幛为挽词，赙用银钱，贵俭不贵丰，取力所易办也。常祭皆向午，曰“堂祭”。葬前一夕，曰“辞祭”，则必向夕，祭必三献，引赞如常仪，读祭文尽哀。每献以乐侑食，或献哀词，皆事死如生之意。祭毕，以次哭奠。亦有撰祭文特祭者。将启柩，先炊盆饭，插箸于中，如孝众之数，曰“福饭”。留三日视其箸色，以验凶吉。孝妇亲以帚净柩，亦曰“留福”。凡焚镪楮，从始死另置瓦钵，临起柩，孝子碎之门外(《采访册》)。柩行，则棘人执幡前导，无嫡长子，孙承继，子孙皆然。窆，有功布瀐翣，如《仪礼》所云(《玉田夏志》)。丧舆，舁以六十四人为最多，次以八数递减，以平稳无哗为上，有祭于路者，虽久驻不息肩也。孝众徒步扶杖，在柩前倒行，号泣尽哀；孝眷乘素车随柩后哭，缝布搭头上。戚友执绋送葬，步行以从，在城出郭，在村出闾，孝众环叩谢阻始返。起圹深四五尺，有深至九尺以上者，葬用苇弓竹箭加灰、铁、五谷，如殓时。既窆，插幡正中，培土成冢，皆覆釜形。后三日黎明，孝子诣墓燔薪于前，曰“暖墓”。焚楮哭奠，曰“叫门”。横秫秸凡三，以五色线系钱悬于上，曰“上梁”。复培土取圆，曰“圆坟”（《采访册》)。（以上据清光绪十二年《遵化通志》整理）

乐亭县丧葬礼俗

邑风素俭朴，丧葬称有无，以竭其力。始死，设床置帷，首南向，子孙苫块于其侧。三日而殓，四日成服，其制率本《家礼》。早晚设奠，逢七而祭，或豕羊，或馔肴，行三献礼，俗所谓堂祭也。齐民间用佛事，士夫之家鄙之。葬或月余以及二月三月不等。饶足者，棺用柏，次用松、用柳，用椁者稀。始死之日，以白帖通丧于亲朋，率于七日内来吊，至戚则每七至焉。用香楮、盘饼或三牲祭物，间有以素帛书诔言者，各随有无，以为厚薄。亲朋则予以尺布缠头，亲眷类服白衫。赙仪则往来有定数。卜葬定，行成主礼。择亲朋中之明显而有德者任其事。葬之日，亲朋咸会。素服送于墓。百日之后，孝子登堂谢焉。即葬，则竖碣以志其墓。绅士之家，间有一二以碑铭行述，发扬先德者。但初殁有送纸于庙之习，百日即敛服，供主在堂，而不用素食，则永属大抵皆然。（以上据清光绪三年《乐亭县志》整理）

滦县丧葬礼俗

丧则亲始死，称家有无，务厚其衣衾，含殓毕，舁之于床。焚冥镪于盆，燃灯灶前，抚尸哀号擗踊。哭而奔诣五道庙，昏昼均以烛行，哭而来，复哭而返，凡三次，俱焚冥镪，谓之“报庙”。男女成服后，亲友始以信闻，谓之“报丧”。至二三日，亲友毕至，始盖棺，即小殓也。及昏，行送路礼：略具刍车、纸人、秸马等物，燃灯于路，明于白昼。先用素帛或纸裁缕而缚其本如帚形，俗谓之“拖魂树”。主者持之，亲友护送，群舁明器，鼓吹至庙（居城则赴城隍庙，住乡各赴五道庙)。于神前焚楮毕，主者以拖魂树绕地而祝，谓“招魂”也。另设位于庙侧，主者奉树安于位，供以酒茗果盒；以意为亡者栉沐毕，伏于侧。亲友以次叩拜，谓之“饯行”。饯讫，主者以袂藉树，出至歧路，乃置刍车中，并明器焚焉；泥首以谢送者，乃号哭返。自殓后，昼夜灵前燃灯，男妇昏旦哭临，每饭必祭。过七日始掩柩，即大殓也。其葬期，或一月，或二三月，逾岁者恒少（此指富有之家，贫者死后三五日即葬矣）。选择时日，预邀亲友，代丧家主事，呼为“总理”；公司职事，谓之“执客”。以芦席为庭厦，陈设务极整齐。门内外备陈冥用之车马、仆隶、杯盏、库厨等物，象形惟肖。其侧列灶为厨，鱼肉如林，珍错充牣，庖人数十，刀砧声闻于外。所费资以千万计，有竭财罄产以为悦者。至受吊日，谓之“开吊”。悬幡于门左。主丧者荆杖、梁冠、麻衣博袖；丧家男妇及至戚皆着白袍。亲友各具赙仪往吊。其迎客、送客、引吊、谢孝、让席、劝酒等礼节，皆倚执客为傧相焉，称为“落忙”。稍侈者，又延僧道唪经拜忏，箫管钹铙相间为梵乐，其声哀怨，有多至三昼夜者。日中而祭，祭必有文，敷陈死者盛德并子孙哀慕状；凡三献，于初献后读之，另延名诸生襄礼为赞引，谓之“大祭”。是日或前一日，为木主供柩前；预聘耆绅题主，呼为点主官，以肩舆鼓吹迎至，用吉礼，唯主丧者不变服。此后，又有安主祭、加祭。发引之前一夕，又祭，谓之“辞灵祭”。丧家男妇通夕伴灵，谓之“坐夜”。葬日，灵车既驾，主丧者摔盆（即焚冥镪者也），执长幡招魂，哀泣望棺倒引。裂红缯为“铭旌”，金字大书亡者衔名、年岁，在前先发。所用仪仗，称其流品，杂以幡伞，五色交错。凡饰葬之物，均执而随之。丧家妇女，巾车哭送在后。沿路亲友设几以祭，谓之“路祭”。至茔，悬棺而祭，乃焚冥资、明器于茔侧。主者投冠、杖、缞麻于圹，铺铭旌于棺上，置食罐于棺前，乃窆焉。凡新茔则祀后土，延武职官主祭。既毕，率其卒伍，张弓挟矢，跃马绕茔三匝而去。有回灵祭。发引时并载木主而往，至是谓之“回灵”，以肩舆奉主，仍用仪仗鼓吹而归，归必有虞祭，谓之“回灵祭”。三日后，子孙诣冢，培土增高，略陈牲醴，必焚冥镪，谓之“圆坟”。而葬事毕矣。（以上据民国二十六年《滦县志》整理）

丰润县丧葬礼俗

新中国成立前，丧葬仪式烦冗，迷信色彩浓厚。人死后，丧葬仪式程序大体分为：停床、报庙、入殓、发行、出殡、圆坟、五七。

停床。人在弥留之际，遗嘱说完，家人即为其洗身梳头，穿装裹。一般穿戴完毕即咽气。若咽气后再穿装裹，俗谓“光着身子走了”，儿孙则有不孝之嫌。然后将亡人打调，顺炕沿暂放，此时不得哭号。在过堂屋一侧搭床，男靠左侧，女靠右侧。将亡人停放床上，铺黄褥，盖青单，用布缝制一个公鸡，放于亡人身侧，亡人每手握一块点心。床头设案，摆供果，焚香纸，亲人开始号啕大哭。

报庙。丧家请来操办丧事的人（称“大操”）开始筹办，首先在街门前准备“导道车”（纸扎）一辆，将亡人中指（男左女右）拴上麻线，引魂于车上，孝子（主祭者）边引边叫：“朝西天大路走。”然后焚车，亲人们列队送魂五道庙。孝子用一线牵黄钱纸在佛像前慢慢拉动，哪里有涩感即停，谓亡魂寄附在此。发丧期间，每日之餐前皆列队到庙中“送纸”。其次，大操派人向亲友家报丧（称“送信儿”），并于门前出示殃榜，殃榜上写明亡人、称谓、姓名、年龄等，如亡者叫张三，儿子发丧他，即写：“故显考张府君讳三享年七十有三岁之丧”（字数有限，男单女双，可用虚字“有”调剂），再于门侧（男左女右）用长竿挂起“挑连纸”，用白纸剪条，一岁一条，纸条下边，男的剪成箭头形，女的剪成燕尾形，以示村人。五服以内皆穿孝袍，戴孝帽；子女穿重孝，缀棉花，系麻批。

入殓。亲人（出嫁的女儿、在外的儿孙等）到齐后哭罢观仰遗容，即行入殓（称“关殓”）。棺木底铺草木灰，上铺纸钱，再摆上古铜制钱，尸入棺内，侧塞棉花。封盖加钉，孝子喊：“躲钉！”亲人大号。灵柩前设香案，摆供果，灵棚两侧有孝子守灵。门外有鼓乐手及执事一人。有客来吊，执事则喊：“侍候着！”（意为鼓乐手及孝子做准备），吊唁时乐手奏乐，孝子陪哭。吊毕，执事喊：“谢！”孝子向吊客磕孝头致谢。

一般停灵三天，富家可停七天。若亡人为高寿老人，生前儿孙满堂，则称“喜丧”，请僧道诵经，灵棚内挂满挽幛。多请鼓乐手，有的请两组，对台吹奏至午夜，多吹戏曲，以飨亡人，围观者甚众。出嫁的女儿及孙女们则竞相出钱，奖励鼓乐手。

发行。为亡人魂归西天送行发脚是治丧过程中的高潮。备殉葬纸扎，有车、马、童子、金银库等，妇女则有牛一头，并有执事仪仗排子灯、九联灯等。上午，先至五道庙取魂，回来后将挑连纸穿上亡人的衣服，坐上椅子轿，抬轿游街。纸扎仪仗在前，亲友列队随行，以示向乡亲告别。各户皆在门前摆“路祭”，有点心、茶水、烧纸，并跪拜行礼。后将椅子轿抬到亡人生前住室，女客人行礼告别；再抬到街门口，男客人行礼告别。将轿上“亡人”请上“发行车”，仍列队送至村西路口处，焚烧后孝子痛哭，谓亡魂已去西天。

出殡。午饭后出殡，将棺材抬上杠架，上复蟒罩，一般由二十四人抬杠（前八人，后十六人），孝子打幡，其妻抱罐，列队哭号送葬，鼓乐齐鸣，徐徐前行。至村外止哭。“大操”宣布，亡人祭节，如五七、周年等，通报亲友按期来祭。然后远亲离散。家属至亲送殡，女客坐车，男客步行，直到墓地。棺材放进墓坑后，由孝子填第一锨土，将引魂幡立于棺盖之上，皆脱孝服，将棉麻扔进墓坑，填土成坟，哭诉一番回家。

圆坟、五七。葬后三天内，每晚去坟前烧柴，谓“烧炕”。第三日重新向坟上添土、修整，谓“圆坟”。每七天上坟烧纸一次，至第三十五天为“五七”节，亲友上坟祭奠。至此丧期方为结束。寡妻在“五七”后改嫁则不受舆论谴责。

新中国成立后，五道庙拆除，丧仪中迷信成分逐渐淘汰。70 年代起推行火葬制，已被群众接受。丧俗简化，孝服逐步为黑纱孝标取代，纸扎等绝迹。进入 80 年代，旧俗又兴，大事铺张。此风政府已有令禁止，但未能煞灭。个别有权势者动用公车，广收礼物，好不排场，亦有借此而发财者。在精神文明建设中，有识者带头实行新丧仪；开追悼会，戴黑纱等，庄重节俭，深得人心。（以上据 1993 年《丰润县志》整理）

唐海县丧葬礼俗

新中国成立前，丧葬仪式极为烦琐，封建迷信贯于始终。为悼念故人，披麻戴孝，焚香化纸，扎纸张（纸人、纸马、灵幡）、赁杠（抬灵柩的专用木杠）、罩（罩于棺材上的专用布篷）等，操办丧事要耗费许多钱物，因此，有的贫困人家为办丧事而负债。

当地汉族人亡故实行土葬，埋于祖坟，并按辈分排序，但成年未婚女子，亡后却是另选他地单埋，称为孤女坟。小孩子死后则埋在公共乱坟岗。

旧习，在正常亡故者咽气之前，判断确实无生望时，即穿换上寿衣（老年人多在生前即准备好寿衣，俗称“装裹”，四季皆棉）。挨到断气，亲人大哭，后将尸体移到堂屋，停于后门一侧（过去有公共专用的木制停尸床，后多用秫秸或苇草临时扎制床排子，用后扔掉），面部盖一块蒙脸布，胸部压一块铁键，在床前摆供品及香碗，地上设一烧纸盆，之后，其子女等到村内“五道庙”烧化“倒头纸”（后无庙即用几块砖搭一个象征性的小庙），邻居及好友到床前吊祭。同时给外地亲友报丧。

停尸时间，如果不是等待远在外地的亲人，一般在第二天下午前将尸体装入棺材，称“入殓”。在移动尸体前，先由一人用扁担从尸体下撬三下，名曰“抄殃”。这时，其他人要远避。此举是为放掉尸体中的浊气。尸体入棺封盖，晚辈跪于灵柩前举哀。亲朋上香，唯外甥礼最重。

灵柩停于院中，其时间长短要看发送的规模，少则一天半日，多则十几天不等。有条件者皆请吹鼓手于门前吹奏哀乐。早年还有的请僧人念经，搞迷信活动。

将棺材抬到坟地埋葬叫“出灵”。出灵前事先在祖坟按排序位置挖好坟穴，俗叫“打墓”。打墓第一镐由死者的长子或长门长孙来刨（无子或孙者，谁把幡谁刨），抬棺有专用木杠，一般由十六人或三十二人抬，多者由六十四人抬。出灵时长子把灵幡前行，其他人于棺杠后随行（女眷坐车）。灵柩抬入坟地，置于墓穴之上，抽去架棺横木，用粗绳把棺材缓缓地放入墓穴，按方位拨正后填土掩埋，并把灵幡插在坟上，众人回，安葬完毕。

亡者入土三天，亲属到坟地化纸及整修坟头，叫“圆坟”。之后要过“三七”（二十一天）、“五七”（三十五天）、“百日”（一百天），亲人皆到坟地化纸祭奠。

新中国成立后，虽大力提倡破除迷信，但旧丧葬仪式中许多带有迷信色彩的拜祭形式仍被传习。“文化大革命”运动中，穿孝衫、扎纸张、吹喇叭、烧香化纸等被制止。近年来，一种新的丧葬形式逐渐形成，即开追悼会，亲朋皆至，生前领导及同事也参加，致悼词，颂扬死者生前高尚品德和业绩，以励后人。过去的许多烦琐仪式皆免，既隆重、文明又简单。从80年代开始实行火化，1988年建县殡仪馆，以存放骨灰盒。在农村有的虽已火化，但骨灰盒仍要葬于坟地。据1990年统计，全县火化率为100%。（以上据1997年《唐海县志》整理）

昌黎县丧葬礼俗

丧葬品。新中国成立前，汉族一直沿用木棺埋葬。棺材木料的好坏和尺寸的大小，依据家庭情况而分，富豪人家用松柏木、桑木，有的人家棺外套椁；一般人家用杨柳木；穷苦人家多数用“躺柜”（板柜）或芦苇席、秫秸帘裹卷埋葬。至于装裹，贫富相差更为悬殊，富豪人家用的是绫罗绸缎并加配珍贵殉葬品，一般只用蓝、黑棉布；贫困人家只用随身衣物装裹。

丧葬礼仪。人终，烧倒头纸，门口挂桲头纸（用白纸剪成条，其纸条数目与亡人岁数相等），全家举哀。晚辈人穿孝服，手提灯笼、托盘、送倒头纸，直到出殡前，每天按早、午、晚送纸三次。亲人到齐后把亡人尸体装入棺材称之“入殓”。

入殓停灵后举行吊唁仪式。

送行，也叫“引魂”。送行时鼓乐齐鸣，所有的纸扎，如九连灯、金银库、纸车、纸人、纸马等皆燃蜡烛，由孝子孝妇抬着椁头纸向正西送出村，焚烧纸扎，跪地哭泣。

开吊。富户送行之后设灵堂，通知亲朋邻里吊唁，少则一至二天，多则七天。

点主。这是给亡人立受祭牌位的礼节。点主必须请做官的或有功名的人为“大宾”，也叫点主官。通过传统的礼仪用白芨研朱砂，请大宾用毛笔蘸点在亡人牌位的“王”字上边，而成“主”字，谓之“成主”。

加祭。多于开吊期间的晚上进行，也请官方或绅士做“四相”（俗称“礼祭先生”），通过传统礼仪，由死者的儿女跪读条文。条文内容主要是为死者歌功颂德。读毕，开始上祭礼。首先献帕、箸（手帕和筷子），再献菜肴，以示祭奠。

出殡。祭奠礼仪完结之后，举行出殡仪式。出殡时，孝子与送殡的人要跪在灵前致哀，然后由其长子扛引魂幡领头送入墓地下葬。

以上这些葬礼仪式，多为富豪人家所为。一般人家即使举行送行、出殡仪式，也比较简便。至于穷苦人家，丧葬十分简陋，既不送行又不祭奠，只是埋葬完事。

新中国成立后，旧丧葬仪式逐渐改革，以佩戴黑纱、袖章代替孝服，以送花圈、开追悼会代替旧的祭奠仪式。1967 年以后，该县推行火葬以来，实行火葬的人数越来越多，截止 1985 年，火化率达到 93%。

回族在病人归顺（临死）时，全家的成年人都要沐浴，祈祷念经。人死之后，沐浴尸体，请教长念经。浴后，用大可香、中可香、小可香（即三块白布）把死人裹起，装入“经匣”（类似棺材样式的木制匣子）停在院中。出殡时，把经匣抬到墓口上，拉开匣底板将尸体掉入墓内，填土成长方形坟堆。再请教长“开经”“封经”，把所有经文通念一遍，殡葬仪式结束。祭奠仪式，主要是由教长念七天经，富户有的念四十天，还有念一百天的。

新中国成立后，回族葬礼也有明显改革，祭奠仪式越来越简便了。（以上据 1992 年《昌黎县志》整理）

抚宁县丧葬礼俗

旧时，本县城乡丧礼很烦琐。一般都要为死者换装老衣裳，并向亲属报丧守灵。60 年代以前，各村均有小庙宇，人们还要按一日三次上庙吵庙，为死者祈祷。

一般在第三日为死者举行下葬仪式，称为“出灵”。亦有三天拉魂四天埋之说。财主人家尚有一七开吊、排九出灵的，并请有礼殡生读祭文。棺材一般由人力用木杠抬往墓穴埋葬，有的人家在出灵时雇请吹鼓手以表隆重。次日死者家属到坟前培土，俗称“圆坟”。70 年代起，逐渐时兴火葬，仪式大简。

朝鲜族的丧葬仪式则与汉族有异。老人临终前，为其更换上用白色丝绸类做成的寿衣，咽气后，将白衣扔在房上，表示老人已故。然后，用白绸分别裹手、足、头，用带捆扎手足，再用白绸（或白布）将尸体包裹，用木棍等物将尸体垫起，安放在炕上。入殓时，尸体都从窗户抬出。双日不出，逢三、五、七安葬。如若土葬，则用绳子将棺材底部腾起，然后，人们扛着绳子走，送至坟地，晚辈在后面跟随尽哀。妇女一律不送葬。亡者如火化，有的人家将死者骨灰存放在火葬场，有的撒在江河里。他们为死者戴孝期很长，母亲先故祭祀一年，后故祭祀三年，父亲则不分先后故去都要祭祀三年，这种习俗一直沿传至今。过去戴孝，子女们都穿白色服装，现大多臂戴黑纱，不穿有色彩的衣服。

回族群众丧葬习俗则又不同。病人病危时，家人请来阿訇至病者面前诵古兰经，求主饶恕；如气绝后再做此仪式，即被视为憾事。病者临终前尽去其衣，殁后置于水溜上（即停尸床），覆盖白布，子女方得痛哭。回民死后浴尸，典礼极其隆重，浴尸后用白布缠裹周身，然后置于木制塔布匣内，由阿訇领家人亲友来宾向死者礼拜。出殡叫“出埋抬”；停尸不得超出三天，如死者亲属因在远方不能立即回家治丧，则由亲邻主持；亲人回家，不但没怨言，反而感恩戴德。出殡时，孝子在前架灵，其他眷属及亲友提熏香炉在灵前引导。抬棺人由送殡人争抬，互换抬送，抬不上者非常遗憾。采用土葬，坑深七至八尺，宽约八尺，长六尺左右，南北方向，再在坑北面或西北面挖一横洞，将尸体放在洞内沙土上，用坯或砖封洞口，然后用土将坑填好，堆成土丘。尸体一律头南脚北。下葬不选时日，不计较地点，不相信风水，永不移坟，无殉葬品。治丧，人们对孝子等加以安慰，男行握手礼，女则哭吊，所进祭品多为烧饼，因治丧无暇为炊，送熟食以慰子女进食之意。丧家则用香油白面炸成“油香”，杀牛羊待客。出殡时分散钱及烧饼给众人。死者生前衣物则分给子女或别人家。初死者，祭日为三日、七日、四十日、周年及生日等。各祭日除请阿訇在家诵经外，并到坟前游坟、诵经。病者未亡前，子女必须至床前请示遗嘱，有所嘱者必须照办，否则认为不孝，为人耻笑。现在丧事一般从简。（以上据 1996 年《抚宁县志》整理）

三河市丧葬礼俗

初丧之日，亲眷哭至通衢公庙，如五道庙，曰“报庙”，又曰“送倒头纸”。将纸钱粘贴庙内某墙隅不动，名为“抱神”。言亡人之魂即在此。次日始行入殓，望其复活也。每日女眷赴庙送纸三次。至三日“接三”，丧家请人糊刍灵、车马、人夫各项，女则必糊一牛，为饮秽水用。纸写亡人姓名，谓之“灵牌”。又按亡人岁数，每岁一张，剪成纸条，谓之“挑神纸”，与灵牌预送于庙内抱神处。接三时，孝眷抬纸轿，携鼓手数人，赴庙内领魂。将挑神纸抱入轿中抬回，亦有用扫帚拉回者。至门首再送至车上，亲友祭奠毕，将刍灵等物焚之，孝眷长跪举哀，谓之“升西天”。至葬期，久暂无定，有定期后，讣告亲友。至期临奠。先期糊楼库、车马及明器多种以备发引时陈列，送至茔地焚烧，为亡人冥中收用。间有请有功名者数人，行点主礼。至晚备三献供礼致祭，谓之“堂祭”。此不过世族之家、殷富之户行之，贫户无有也。服制，子服父母丧，服斩缞，被麻衣、麻冠；期服、功服、缌服则齐缞，麻衣、麻冠而已。殁后，有“五七”日、六十日、百日，均烧纸祭奠。一年为一周年，三年为三周年。临期，亲戚、眷属携果菜、纸钱至坟前致祭，以示追悼之意。至延僧道诵经荐醮，亦有行之者，中人以下之家无此财力也。

回族病者将殁时，家人等速请宗教师至病者面前，诵可兰经求主饶恕。如气已绝再做此种仪典，即认为遗憾。在病者垂危前，尽去其衣，殁后置于水溜上（即停尸床），覆以白布，子女方得痛哭，随复请宗教师与之诵经。但停尸不得过三日，即遵奉教典安葬。虽尸亲远在他乡未能赶到，而亲友、乡党亦可主持葬埋，及尸亲到后，不但无异说，反感德无既。此等礼节成为风俗，洽于人心，愈于佛教之经年累月停柩不葬者多多矣。

浴礼。浴尸典礼极其隆重。先请宗教师三四人及亲近人等，依典礼程序，先沐浴己身，而后浴尸。由首而下与生前沐浴无异，尸体仍覆以白布，随浴随盖，虽浴尸者亦不能窥尸之全身。三次浴毕，以新白布二方，分上下拭之，以尸身洁净为度。然后，置尸身于新白布之上，头戴白巾。上裹白布，复用白布裹周身，置于塔布匣内。此时由宗教师领导同教亲友、孝子、来宾等，做送行典礼。礼毕，抬往坟地，孝子在前驾灵，其他服中晚辈及送殡者提熏香炉在前引导。抬杠者，由送殡人争抬之，互换抬送，极为踊跃，抬不上者认为遗憾。凡参加送殡者，不论有无来往，至发殡时，即来丧家安慰，随即参加抬送。此种互助之义，相沿已久，人人乐为，颇有古风，亦见旧道德之永久存在也。

葬礼。安葬设备系纯土葬，故坑深七八尺，宽约三尺余，长五六尺。做南北式之长方形坑一个，旁有坡，可以通行上下。在坑底北面或西面，掘一洞，亦南北式之长方形，高三尺余，宽三尺，长六尺余，以土做枕，下面铺垫沙土，富者有以白布五方，上书回文，顶于四围及上面，以示洁净。然后，由宗教师或亲近人等厝尸其中，放沙土上，再将洞口塞以坯砖，用土填好，成长圆形之土丘。有因土质松懈，易至坍塌，用砖砌成门洞式之洞，或用木做成长方式之匣。尸体放于沙土上，则不更变，故谓之“土葬”。葬坟方向均系头南脚北；坟与坟中间相隔数尺。不论下葬时日，不计地点好坏，不信风鉴，永不移坟，故无殉葬物，贫富均同。虽系宗教之规，相习成风，亦足破除迷信，提倡节俭，且可表扬平等真义。使有国家者，采而行之，安有横被盗掘之陵墓哉。

回教之治丧，在死者宜速葬，于死者无礼节，只对孝子等加以安慰，男子行握手礼，女则哭吊。所送礼物，多系烧饼，因丧家哀痛，无暇为炊，送此熟食，安慰孝子进食之意，非祭品也。丧家以香油、白面炸成“油香”，宰牛羊牲畜待客之余，以油香分送亲友。并于发丧时，分散现钱、烧饼于贫人，并将死者之衣服等物，择给宗教师，余则全数分散子女及贫穷之人。此种规定，虽与佛教殉葬及多备纸制品意义相同，然其作用，有利于生人，而无害于死者，其意可深长思也。

守制。孝子洁净身体，须守制百日。于宴乐等事，绝对禁止；每日五时礼拜，清晨必到坟前游坟。与古守制之礼无异，不过参加宗教仪式而已。

孝服仪式。孝子在殡未葬前，头戴白布，上缚白带长数尺，向前下垂，葬后除之。子媳在葬前，白布包头，长约数尺，向后下垂，葬后即缠于头上，四十日后除之。其他与佛教略同。

遗嘱。在病者未亡前，妻子等及有关系人，必须进前请示遗嘱。如有所嘱，必须遵照，妥为办理。倘有办不到者，即认为不祥。亦有父嘱子，子未办完，将殁时，即转嘱于孙者。近闻女人研求技术，精益求精，父子祖孙传代继续，是以学无不成，术舞不美，回教遗嘱何其相同哉。惜乎中国学术之少人提倡也。（以上据民国二十四年《三河县志》整理）

香河县丧葬礼俗

人死之日，即遣人赴戚友家报告。至第三日，戚友来送香楮吊奠，曰“接三”，或称“送路”。发引有期，讣告亲友。或延僧道做佛事，有焰口、破狱、观灯、渡桥各仪节。士绅之家，成主、家奠等事，大约遵用文公《家礼》。发引时，灵舆经过之处，戚友设奠，曰“路祭”。（以上据民国二十五年《香河县志》整理）

霸州市丧葬礼俗

过去实行木棺土葬，称为“入土为安”。人去世称“倒头”，要停尸在堂，门前焚烧死者枕内物。当天死者家属即痛哭流涕地到附近土地庙烧纸，叫“报庙”，返途不哭。而后接受亲友吊唁，一般次日入殓。棺材内用纸裱糊，顶盖内侧用天蓝色布或纸裱糊，上贴黄色北斗七星，棺内铺红面黄里褥子或黄纸。入殓前，由死者子女用棉花蘸白水或烧酒擦洗死者耳、目、口、鼻、面孔，谓之“净面”。入殓要择吉时，以布幔遮天，不使日光直照尸体，由孝子（一般是长子）捧头，其他族人、亲友抬两侧，将尸体放入棺内，即行盖棺杀扣（钉死档盖）。入殓后，众孝子围棺守灵痛哭。第三天送路。送路时，死者家属先到土地庙前焚烧纸人、纸车、纸马等。焚烧时，孝子要将停头纸置于车上焚烧，面向西南跪送，家属啼哭，亲友默哀，表示向死者灵魂送别。

举行葬礼贫富有别，如棺材的规格、质量即相差悬殊，富者用红松等贵重木料做成，用料厚，造型讲究，棺材外边涂黑色油漆，有的还描绘细致的图案花纹或“二十四孝图”。给死者做寿衣讲究多少件，层层套穿上；贫者的棺材简陋，有的用旧木柜代替，还有用炕席或秫秸卷的，寿衣是有啥穿啥。富者以厚葬为荣，一般停柩“三七”“五七”再入葬，发讣文、开吊款客，有的还举行“堂祭”“点主”，请僧道诵经、追荐亡魂，为死者大糊人物、鸟兽、花卉、车马、金山、银山、童男、童女，并搭台唱戏等。死者全家都穿孝服，以白布做长衫，腰间扎麻绳，头戴白布孝帽，并用白纸剪成纸条，根据死者年岁外加两张（天地各一张），悬挂大门旁，谓之“停头纸”，标志此家“当大事”。亲友闻讯都来吊祭，赠烧纸、金银箔等。丧主根据亲友的关系亲疏，向亲友撒放白布条或孝帽、孝衫等，叫“撒孝”。

出殡时，孝子摔瓦，执幡前导，灵柩居中，孝妇抱罐及亲友等随后，有鼓乐吹打相随，到坟地埋葬，孝子将幡插于坟顶，折其一段掷于百步外。三天后扫墓，俗称“圆坟”。此外，旧社会的高官、富户还在坟地广植松柏，坟前立碑，雕塑石人、石马、石兽、石香案、石凳等，以示光宗耀祖。

新中国成立后，葬礼逐步从简。该县 1971 年建成火化场，开始实行火葬。

1974 年成立殡葬管理所，人们逐步习用火化。火葬程序：一般人死后，停尸堂中，第一天接受亲友吊唁，臂缠黑纱，向遗体告别。第二天送火葬场火化，将骨灰装入骨灰盒内，继而举行追悼会仪式，亲友赠送花圈、挽幛，诵读悼词，以寄哀思。死者家属不再穿孝服，最后将骨灰盒埋入墓地或存于骨灰堂。

天主教、耶稣教教民葬礼，死后接受亲友吊唁，不烧纸、不叩头，出殡时也设筵款客，起棺前由神甫或教友在棺前念经、点水，然后抬出埋葬，有的在教堂内举行“黑弥撒”。

回民的丧葬习俗是人死后先用水净其身，然后用白布四丈缠之，置于活底木匣（称“买提匣”，也叫“经匣”）中，一般要停放二天。待客由全族户家分担，主家在丧期不动烟火。送葬时用一架子（类似棺罩）将尸匣抬往墓地，埋葬时，将活底抽出，尸身着土，是为土葬。父母死后，子女穿孝四十天，请阿訇念经。坟呈鱼脊长形，脚南头北，夫妇仅一土墙之隔。对死者有七日、四十日、百日、三年之祭。（以上据 1989 年《霸县志》整理）

固安县丧葬礼俗

人将死时，着殓衣，搭卧床上。既死，覆衾于身，家属环泣床侧。悬殃榜于门。妇女抱纸钱于五道庙，子多者率由长妇拿纸钱在前行（此有大宗、小宗之分，他妇不得争，亦无异言），日三次，鱼贯沿路痛哭，俗曰“报庙”（城内由男人报，不哭，与乡间异）。乡族齐来哭吊。遣人讣告亲友。院起席棚，停棺于中，棺内施以柴灰，放钱七枚。子女等纳尸于棺，俗曰“入殓”。尸首须长子抱持，俗曰“抱头”。入后，由长妇以新棉蘸水，擦死者之面、目、口、鼻，俗曰“净面”。随后盖棺，以钉封之。子、媳、女及最亲属服孝衣、孝帽、孝带、孝鞋，稍疏者只戴孝帽、孝带，普通亲友仅给一孝带。亲友来吊，孝子稽颡答拜。三日，延乐手并僧道谈经，抬纸车马、金银楼库等于五道庙前，亲友家属焚香哭奠，如送别然，俗曰“接三”（旧时都在晚刻，近来半改在午时）。六十日，烧船。卜葬有日，先期讣告亲友。殡前一日开吊（贫者当日）。亲友来吊，各给白花，至灵前行礼，多跪拜，鞠躬者少。奠仪有挽联、挽幛、银圆、糕点、祭席等物。功名家必有文事，预期聘请礼宾数人，俗名曰“相”。早晨，先行开灵礼，由礼宾宣赞，孝子麻衣、麻冠。午时对灵题主，换吉服，题主官请文科甲人。晚行家奠，行三献礼，申祭文，礼仪有定式。殡前，用红绸书死者官爵、生辰于上，俗曰“铭旌”。发引前，至墓前祀后，祀后官请武科甲人。发引时，孝子在灵前行迁柩礼，执魂幡在柩前痛哭导行，子多者执幡必须长子，无长子者，嫡孙执。舁棺就舆（即木杠），上覆彩旐，鼓乐、僧道及挽伞、纸扎等沿路前行，亲友于途设奠致祭，孝眷坐车在柩后哭送。长妇抱罐，无长妇者，嫡孙妇抱之。俟灵柩抬至坟前，孝子行拜圹礼。富室多请堪舆家用罗盘测定穴向，始行下葬。填土成坟，孝子将魂幡安置坟上。殡后三日早晨，孝子赴坟前折幡抛于百步外，坟上增加新土，名曰“圆坟”，形高不等。富者多用砖椁，近间有用石者。孝子百日不理发，三年内不赴宴会，庐墓者亦有之。（以上据民国三十二年《固安县志》整理）

大城县丧葬礼俗

当地民众自古以来习以土葬，死者因贫富不同，丧礼有简有繁，大致可分四步。

停尸。死者临终前，由近人帮助穿上准备好的“寿衣”。“寿衣”也叫“装裹衣”，一般都是棉衣，清代为朝服式样，民国时期则男袍女裙。然后将其抬到外间屋搭好的停尸床上（床用门板临时搭成），床上褥子为黄色，死者身上蒙白色被单，称为“铺金盖银”。枕头男的枕“福寿枕”（有福寿字样），女的为“莲花枕”（有莲花图案）。还有的用“鸡毛枕”（鸡的形状）的。双手各执面制“打狗棒”一支，头前摆一小罐，上插“打狗棒”三支，意为去阴间路上打狗之用。大门口旁竖一“坐钱”。“坐钱”为一根棍上绑着许多长条纸，纸的张数以死者岁数而定，纸头男的剪成尖角，女的剪成内角。死者咽气后即焚化纸钱，称为“烧倒头纸”，全家举哀。然后晚辈排队由一人持灯笼去土地庙烧纸叩头，称为“报庙”，一日三次。晚上还要守尸。在此期间，乡亲们前来吊唁称为“吊纸”，举家穿孝衣陪吊，孝子叩头称为“谢孝”。

入殓。死者在死后的第二天举行入殓。入殓先搭好灵棚，备好棺木。棺内用纸裱糊，铺上烧纸，放上七个铜钱摆成北斗星状。移尸时，用席遮掩死者不能见天日，入棺后孝子亲手将尸体扶正，头两侧用灰袋子塞好，使之固定，称作“栽头”，再用棉花“净面”。钉棺时孝子先钉几下，再叫别人钉好，然后叩头举哀。棺材一般为黑色或黑红色，棺材头上用白漆宋体字写上死者的姓名、岁数等叫作“题柩”，父称“显考”，母称“显妣”，如“显考××公讳××享年××岁之灵柩”。也有的在材头上贴上有寿字和蝙蝠的图案，称为“五福捧寿”。

出殡。死者死后三五日即行出殡，出殡时富户之家聘请僧道念经为亡魂超度，接戏班唱坐腔戏。一般之家也要雇吹鼓手等吹奏，并鸣放神枪、鞭炮。还要用纸扎制轿、车、马、猪、库楼、童男、童女等作为祭葬品。亲友送以礼帐、钱等以示哀悼，称为“出礼”。起灵前，死者的儿子托着“灵牌”（上写×××之神位），儿媳抱着“坐钱”，带着祭品，吹鼓手奏乐相陪，到土地庙叩头、焚化祭品，称为“送路”，意为送亡魂去西天之路。事毕，儿媳扫土收起来，谓之“扫福”。起灵时上棺罩，邻里乡亲抬杠，长子摔盆，肩扛“引魂幡”，长媳抱丧罐，次子执“哭丧棒”，吹鼓手、神枪手开路直赴墓地。

新中国成立前，当地有入厝的习俗，即入殓后暂不出殡，将棺材厝入砖丘之中，以后认为时机适当时再安排下葬。采用此法，或因双亲尚有一人健在，或因暂时经济拮据无力出殡。新中国成立后，此习俗渐少。

下葬。墓穴多在“风水”先生指点下预先挖好，孝子要在四角挖第一锹。棺柩下葬后孝子们用馒头向棺柩掷去。弹回越远越有福，埋土时将幡插在棺木顶中央土中，随埋随提三次，谓之“长三长”，意在日子越过越发旺。埋后，儿媳在墓四角各抓一把土兜回家，谓之“抓福”。下葬三天后，丧家备好祭品到墓地祭祀修整新坟，称为“圆坟”，随之把引魂幡拆掉。死后每七天为一祭墓之日，共三十五天，称为“五七”。周年为祭日，进行祭祀，除夕守孝不出门。

进入60年代，政府提倡丧事简办，反对大操大办，旧的冗繁习俗大为收敛，70年代推行火化，提倡移风易俗，进行殡葬改革。有些村建立了骨灰堂，以佩黑纱代替穿孝衣，以花圈代替烧纸，以播放哀乐代替吹鼓手，以开追悼会代替烦琐的出殡习俗。由于宣传教育与行政措施相结合，新的丧葬形式逐渐为人们所接受。但在偏僻村庄，旧的习俗仍未绝迹。80年代以来，农村丧葬形式无人过问，土葬又有回升，旧的习俗又有抬头之势，大操大办成风。一些乡镇、村庄虽建立了红白理事会，提倡移风易俗，但其收效甚微。（以上据1995年《大城县志》整理）

文安县丧葬礼俗

亲初丧，设庐床，张素帷，停尸正寝。男女素服（男披发，女去簪珥），哭诣土地祠，谓之“报庙”，日凡三次。门糊白纸，束纸挂（按：亡人岁数，俗称“撮钱”）置里门（男左女右）。讣告亲友，均来唁。次夕，丧子率家人招魂土地祠中，设座庙前西南向，亲友依次行礼。焚化纸糊车马、库楼、碑亭、偶俑、冥镪等件，丧乐呜咽，谓之“送路”。盖棺入殓，殓以单日（夫妇皆亡者不拘）。厝于殡宫或于野，谓之“落丘”。自亲丧后，每七日设祭哭奠，至五七日止。如一亲尚存，每七减一日，以三十日为五七。百日内，不茹荤饮酒。葬无定期，大概三年以后。即时葬者，谓之“热死热埋”；以故停柩不葬，有迟至数十年者。将葬定期，讣告亲友，谓之“报讣”。及期，设灵棚停柩，延相礼四人，赞行开灵礼。遵制成服，三献、读祝、哭拜，均有常仪（辞灵亦如之）。来吊者，赙赠银钱、牲醴、联幛，以奠亡者。成主、祀后，俱延齿德俱尊之人。发引时，丧子执纸幡前引，击坎挽丧舆，亲友执绋，相助安葬。回灵安主，亲友易吉服拜主，谓之“荣主”。葬三日，丧子率家人修墓，谓之“圆坟”。（按：葬礼，自天子至于庶人皆有定期，入土为安，先灵始妥。文邑卜葬，必在三年以后，于礼已属不经，甚至悬棺数十年，迟迟不葬，至于棺木枯朽，骨骸暴露有之，子孙沦亡，终不得葬者，亦间有之。皆热死热埋之言阶之厉，诚陋俗也。有治民之责者，急宜挽回之）（以上据民国十一年《文安县志》整理）

清苑县丧葬礼俗

父母既殁，则通告戚友，戚友素服来唁，抚尸哭。先设灵床，张素帷，曰“小殓”。三日或即日入棺，曰“大殓”。迨七日，诵经哭奠，三党咸临。逾月而葬，间有百日者。卜葬有期，先一日请耆老题主，夜则举行家祭礼，三献如仪。至次日起柩，则孝子执灵幡前导，其仪仗之繁简视家境之贫富。至坟，孝子视安厝毕，乃捧主归，安主于宗祠，无宗祠者则祀于寝。至三日，复往省墓。（以上据民国二十三年《清苑县志》整理）

涞水县丧葬礼俗

父母临终，子孙侍立床前。既属纩，迁出中堂。气绝，环哭。即易衣服，纳金珠口内，如《礼》“饭含”之意。以帛蒙面，以丝覆足，如《礼》“缀足”之意。是夕，孝子具香纸到庙哭拜，谓之“还魂”。按死者岁数，每岁白纸一张，挂于门首，男左女右，谓之“挑钱”。入殓，行礼、成服，设灵帷、树铭旌。灵前供丧花、器玩等物。门贴白纸表丧。以帖揭于门外，曰某日开吊。亲友闻讣，按期来吊。既卜葬，先开茔栅，亦揭帖于门外，曰某日发引。殡前一日，必行脯祭，谓之“堂祭”。殡行，孝子执幡前导，功服之亲同孝子哭送，孝妇、诸戚妇随柩行。诸戚排酒果于路，谓之“路祭”。沿路撒纸钱，为“买路钱”。将殡，祀后土，请尊贵点主。葬毕，奉主于寝室。三日，谒墓奠哭，焚丧服；赴各亲戚，望门叩首，行谢孝礼。（以上据清光绪二十一年《涞水县志》整理）

涿州市丧葬礼俗

坡民亲属死后，妇女以抓脸表示哀痛之切，甚至有抓成花脸者，诚恶习也。人死时不用床，置椅于坑，子女扶坐之。死后，报庙一次。送三时，亦糊驴车等纸扎。亲友来吊者，礼品极简单，不过江米条一斤或油茶面供数块而已。殡期开吊，亲友送供时，于村外鸣炮，而丧家遣鼓手、道士往接，俗谓之“迎供”。发丧后，亲戚妇女走时依然放声哭，亦特别之点也。（以上据民国二十五年《涿县志》整理）

定兴县丧葬礼俗

亲初歿，擗踊哭泣。衣衾、棺椁，称家有无。晨夕，率五服卑幼沿途号泣，焚楮镪于五道庙，谓之“报庙”。越三日，设灵床，张素帷，悬纸幡于门首，讣告亲友。预备刍车、竹马诸明器。及夕，招魂于五道庙，奉以升刍车，燃炬尽焚诸明器，亲属哭拜，谓之“送三”。并有延僧道做佛事者，士大夫家遵文公《家礼》不做佛事。于七日或九日延礼宾四人，行成服礼。逾时治丧，先期具启告亲友。立木主，题铭旌，择亲族老成一至二人总理丧事。成主、祀土，以文、武甲第主之。亲友来吊者，具牲醴、钱物为奠赙。葬前一夕，延礼傧相，孝子行迁柩礼。拜献、读祝、侑食如仪。及发引，孝子持纸幡前引，子孙、亲族哭泣随行，戚友则执绋步从。途中设奠，曰“路奠”。设棚帐，陈牲醴，曰“路祭”。至墓有茔祭。墓中或用木椁。或用砖石，四周必固。藏志石，具明器，乃窆。覆铭旌于上。葬毕，孝子捧木主归家，设奠虞祭。越三日，又祭于墓，增筑新土，谓之“圆坟”。（以上据清光绪十六年《定兴县志》整理）

安新县丧葬礼俗

亲丧居厅事。三日大殓，朝夕上食。讣告于亲友，亲友乃吊致祭。卜葬日，仍具讣帖遍告亲友，又赠赙仪。致祭品厚薄不拘，或共为铭旌、挽幛不等。丧家设酒筵以待客。士大夫家遵文公礼，不用浮屠，商民亦罕有用之者；或其族中有出家为僧道，致送亦偶然。服制皆二十七月后始复吉服。但宦场中往往从权，用墨服、灰服，居家必素冠、素衣。近来概不用素服，经用墨服。读《礼》人相效废礼，此士习之敝也。所谓丧礼，不过题主时请主官，行礼时请礼教之虚文而已。然此礼近今亦滥矣。（以上据清道光二十六年《安州志》整理）

定州市丧葬礼俗

当疾笃，易服，迁于中庭，家人环侍敬候。气不属，孝子则哭踊，披发垢面，妇女去簪珥。设灵床，覆单衾，含珠玉（或用钱及簪珥之属），絷足以丝麻，张素帷。白布做枕，锐其两头，实以麦麸，号“鸡鸣枕”，是曰“小殓”。于是讣于近亲，悬纸幡于门（按死者岁数为之，每纸或为三叠，其末条下垂，俗曰“门头纸”，或曰“左千”。男悬门左；女悬门右）。门封以白纸，供米饭一盂（俗曰“倒头饭”）。及夕，孝子以香楮诣五道神祠（或次日夕），拜哭而归，名曰“送倒头纸”。如是者三日，盖古招魂之遗意也。明日之夜，以纸扎车马、偶俑（俗曰“路马车”）及纸钱、冥镪之类，焚于路口，谓之“送行”。三日大殓。孝子以棉蘸水拭死者之面；揉麦面如棒者七、如饼者八（或按死者岁数为之，曰“岁数饼”。棒，俗则称之曰“打狗棒”），纳之袖中，左三右四。棺中铺以灰及五粮、纸钱之属，足下置酒曲一方，身下散以铜钱（俗曰“垫背钱”）。是曰“大殓”。孝子寝苫枕块，服缞麻斩齐如制。亲属皆成服。朝夕上食。讣告亲友。于是，结灵棚，设灵位，陈明器、仪仗，受吊。至七日，行家祭礼。是后每逢七日，则受吊奠祭，或延僧道为斋忏，至七七为止。将葬，先令数者卜时日，具引状遍告亲友。延乡老数人，经纪其事，延相礼者四人，赞其礼。前二日（或前一日或当日），开灵受吊。宾客具牲醴、联幛，以奠亡者，出金钱以赙丧家。留客别室，设筵酬之。亲友更相约铭旌（葬时铺柩上）。立木主，延年高有德者为宾，相者赞之，以朱点主，曰“成主”（或至墓乃点主）。前夕，相礼者赞，孝子行家祭礼，三献，读祭文、哭奠，皆有常仪。至期，乡人皆来抬柩，曰“抬重”。《檀弓》：“重，主也。”（今俗抬柩为抬重）将发，行辞灵礼，令阴阳生以刀断桑枝于门，碎碗，名“斩丧”。既举柩，孝子持纸幡引灵祭舆（幡书考妣姓氏、官爵、年寿，曰“延魂幡”）。摔瓦器于路，曰“摔献”（旧志称，盛果菜者。今则皆用为焚楮钱之瓦盆），憾不得再献于亲也。期功之属，执雪花前行（以纸为之，俗曰“雪柳”），亲友随行，女眷乘舆从灵后。戚友更陈酒食，要祭于路，曰“路祭”。盛陈明器、方相、幡仗等物；

随路散楮钱，曰“买路钱”。至墓，遣尊者一人祀土神。于是，开圹下柩，覆旌，习堪舆者为定方向。既葬，奉主安于家庙（无庙则于寝），行返灵礼。三日，诣墓所哭奠、增封，曰“圆坟”。小祥、大祥，皆诣墓哭奠。禫祭而易服，遂乃即吉。以大较而言，丧礼颇朴实，繁简均视家之有无。乡里治丧者，均能实心任事，其因丧荡产者，于此邦不多见，唯丧事而杂以鼓吹戏剧，为相沿之恶习耳。（以上据民国二十三年《定县志》整理）

唐县丧葬礼俗

丧礼最重衣衾、棺椁，称家有无，以从厚。木尚柏，松次之。圹以砖，以灰土穴为下。然多尚佛事，延僧道数人，执幡伞多件，巡街作乐器，见庙宇即拜，一日往返数次。有每七行之者，有初七行之者。戚友来祭奠助赙，留以酒馔，酬之以布帛。及葬日，戚友送郊外。及墓祀，请尊贵者点木主。三日，奠坟封土，曰“圆坟”。禫宜祭，而俗多不行，但易淡色衣，以示即吉之义。礼节仪文，贫富不能执一，唯在自尽其心已。（以上据清光绪四年《唐县志》整理）

新中国建立前，唐县丧葬形式复杂，且厚葬之风盛行，主要有如下过程：

叫魂。死者弥留之际，儿女烧断头纸，断气后上房“号丧”，以示儿女悲伤和通禀四邻，而后将死者枕头烧于门外，穿好寿衣，停于外屋或灵棚。灵前点长明灯，插打狗棒，摆供。

报丧。由本族近亲分别去死者娘家（女）、岳丈家（男）、女儿及侄女家送信报丧，得信亲属当日来吊丧。

破孝。由本族长者按本家近远和丧主经济状况，决定破孝范围和规格，再由人将孝服、孝帽、孝鞋布送往应戴孝人家中，儿女要披麻戴孝，近族穿孝衣、孝裤，较远者鞔孝鞋，戴孝帽。

入殓、守灵。先由阴阳先生写出“殃榜”，叫“开书”，写出“四忌”和“四邻镇物”。棺材放于当院，入殓时用伞或簸箕遮阳，将死者仰放棺内，用籽棉稳身，娘家人满意后方可盖棺钉盖，儿女扶棺大哭。然后，将灵柩停于灵棚，开始吊唁（俗称“吊纸”）。儿女卧跪灵柩两旁叫“守灵卧草”。停灵有三、五、七天不等。此期间，乡友、亲朋吊孝，儿女以跪礼答谢。念经超度、唱戏说书、照清过桥、放焰口、招魂、家祭点主等烦琐礼仪均在此期间进行。富户此期间有延至月余者。根据丧主意旨，再由阴阳先生择吉日埋葬。

送葬。俗称送殡。按所择吉日，中午宴请亲友，午后由“提斗”人为先导，炮队、乐队随后，长子执引魂幡，众孝子穿孝服、执丧棒，男孝子步行灵前，女眷乘车随后，女儿、媳妇扒灵，灵柩居中，女婿送至村外辞灵，一路浩荡送往墓地下葬，当晚为死者烧车马和金银库楼等纸扎。

圆三烧七。葬后三天，儿女及主要孝子到墓地为死者“圆坟”，以后每七天上墓一次叫“烧七”，从一七烧至十七为满七。旧时，富有之家循制行丧。贫寒之户丧事从简而受社会揶揄。

新中国成立后，人民政府提倡丧事简办，家祭点主、照清过桥、放焰口等已在抗日战争时期废止。五六十年代，招魂等封建迷信形式亦有收敛。70 年代，为死者开追悼会的形式曾广为流行。1984 年 7 月，县人民政府签发布告在唐县推行火葬。到 1990 年，唐县丧葬改革主要有：停灵期大为缩短，一般三日。1970 年后，引魂幡改用花圈，臂纱代替孝鞋，穿孝亦由三年缩短为一年，有的三个月。1958 年实行公墓代替祖坟。1984 年 10 月强行推行火葬。1985 年后，火葬大量减少。1990 年几乎停止。（以上据 1999 年《唐县志》整理）

高碑店市丧葬礼俗

居民皆卧土炕，始死停尸于床。剪纸人烧之，曰“烧倒头纸”。并放灯花七盏，孝眷举哀。命妇女赴五道庙，报庙三次，烧还魂纸，即古之招魂礼也。次日，净面及手，纳纸于尸棺中，曰“入殓纸”。糊车、马、船、轿及金银库等烧于五道庙前，曰“送马”。亦有三日行之者，曰“送三”。始死，煮倒头饭，即古含饭之意。以帛蒙面，谓之“蒙脸被”。以五色线束足，谓之“绊脚索”，《礼》之缀足意也。寿衣用绸及布均可，忌用缎匹。缎断同声，防断子也。棺中置七星钱及丝、麻、炭、曲。入殓时，尸手握打狗棒，尸床前置瓦盆，点油灯，焚香及纸马，半夜烧鸡鸣纸。七日或三七、五七日而葬，亦有停柩数年者。葬日，孝子戴麻冠，拿丧棒。长子摔瓦盆，执纸幡，在灵前引路；女子扶柩于后。及葬，男子折幡而归。出殡先祖道，持面包一个，掷其半埋于圹中，余半带回。葬后三日圆坟。葬之前一夕，行家祭礼，谓之“堂祭”。并请官题主或唪经，此唯富家行之。亦有演戏者，尤陋俗也。唯三年之丧，上下通行，不分贵贱。有官守者，丁忧解职，士子不准考试。民国丧礼，改三年之丧为二十七日，官不解职，士不辍考。自父母始殁以至除服，凡先圣、帝王所定一切之礼，悉废不用。此四千余年一大变也。孔子曰：“慎终追远，

民德归厚。”此之不务，而欲民德之不偷，岂可得哉。（以上据民国二十四年《新城县志》整理）

雄县丧葬礼俗

初丧，扶尸于床，覆单衾，张素帷，曰“小殓”。孝子哭踊，披发垢面，妇女去簪珥。五服卑幼沿街走号，焚楮镪于五道庙，哭以招魂，曰“报庙”。悬纸钱于门，讣告亲友，曰“报丧”。越二日，孝子浴亲尸面，置米、盐、钱、物于棺，殓尸入之，曰“入棺”，所谓大殓也。殓毕，哭赴五道庙，男丧焚纸马，女丧焚纸轿，若水乡则焚纸船，奠酒如送别仪，曰“送路”。如无五道庙，则焚于十字路口。柩停院中，上覆席棚，设灵位。亲友临吊，孝子稽颡答拜。越一至二日，致祭掩柩，曰“封灵”。每逢七日，备筵哭奠，谓之“做七日”。七者戚也。有延僧道诵经者，曰“倒头经”。士大夫家遵朱子《家礼》：于丧之五、六、七等日，延庠生行成服礼。逾月而葬，少或五七三十五日，多不过七七四十九日。然或艰于地，或窘于财，至有停丧至数十年者，此则弃礼之甚者矣。及至卜葬，先期具讣音告亲友。届期，架席棚，设乐部，陈明器，题铭旌，盛筵席，宴亲宾。发丧之前夕，延礼傧相，孝子行家祭礼，曰“堂祭”。及发丧，孝子持纸幡，引灵舆，子孙以白布挽舆；戚友执绋步从，孝眷舆从，曰“发引”。亲友架棚路旁设奠，曰“路祭”。至墓，有茔祭。求德位尊者一人，至茔题主，曰“大点”。未发引前，就柩前题主者，曰“对灵点”。又一人祀后土毕，下志石，安明器，乃窆。铺铭旌于棺上，覆土成坟，曰“安葬”。葬毕，抱主归，入庙设奠安主。葬三日，祭于墓，曰“暖墓”，亦《礼》虞祭遗意也。孝子亲手覆土一周，曰“圆坟”。圹中用灰槅或砖，土穴为下，贫者有棺无椁。孝子居丧，不御荤酒，不赴宴会，居官者回籍守制，士子不应考试，凶服缞麻，素冠扶杖，俯伏哭泣，百日不剃发。持丧二十七月服阕，肃傧相，备献仪，祝告先灵，易凶从吉。期功以下，服孝帽，顶心皆缀红绒一朵，曰“花花孝”。吊丧亲友具牲醴、幛联及银钱来赙者，丧家裂帛答之，以为孝袍、孝帽之用。古称丧礼称家之有无，然近世丧葬浮费最多，一丧车或至百人舁之；铭旌有高至五丈者，缠之以帛，费百余匹；其余香亭、幡伞、仪从之属，往往越分。又纸糊方相，长亦数丈；纸房累数十间，纸车、马、舟、船、仆从，尤难偻数。诵经而外，兼演优剧，跳竿走马，陈百戏于道，尤为悖礼。而小户贫民，至不能备礼，每多藁葬，此亦贫富悬隔之现象也。（以上据民国十八年《雄县新志》整理）

徐水县丧葬礼俗

亲殁擗踊哭号，讣告戚族。客吊，稽颡谢棺。殓后停柩在堂，即日成服，择期安葬，具引状遍告戚友。首一日，悬灵帷，合族环哭，曰“开吊”。二日，请大宾朱点木主，曰“成主”。或树旌。是夜，行家祭礼，三献，傧相引赞，孝子读祭文。三日，请大宾祀后土。发引，孝子执幡前导，逢戚友设路祭，泥首谢。至墓，先行拜圹礼，次行掩土礼。葬后三日，孝子率亲族有服者，至墓前培土，使高陈祭品，焚香楮，伏俯哭奠，曰“圆坟”。（以上据民国二十一年《徐水县新志》整理）

望都县丧葬礼俗

丧葬，凶礼也。邑仍旧俗，行三年之丧。父母亡故，合家跪地举哀，焚化纸钱，置亡者于中堂，曰“正寝”。举哀后，孝子寝苫枕块于其侧。以亡者寿终时日，讣告亲友，曰“报丧”。书亡者姓名、年岁于灵牌，供于案次，由阴阳师朱书符于瓦，覆尸上为镇物。剪白纸成缕，结为一团，曰“座前纸”，又曰“提幡”。男悬门左，女悬门右。以面制如制钱大之饼，数同亡者岁数，曰“岁数饼”。糊纸车、纸人、纸马及冥镪、冥衣等物，即所谓涂车刍灵也。富者，柏棺三四寸，椁五六寸；贫者，杨柳棺二三寸，而无椁。大殓多于日夕行之，吊者既集，有服亲属同视。成殓毕，凭吊痛哭，依次行礼，孝子答礼。丧后乃葬，有大葬、小葬之别。始丧三日，或五日、七日而葬者，谓之小葬。盖贫者无以为礼也。父母丧后，七日成服礼祭者，此大葬也。未葬之先，孝子先具讣通知亲友，曰“散讣文”。及期，宾友持冥资、食盒、奠仪或挽幛、挽联赴丧家冥祭，跪拜行礼，孝子致谢。孝子麻衣、麻冠。开灵时，延礼教四人赞行开灵礼。聘齿德俱尊者一人点木主，易吉服行成主礼，辞灵行辞灵礼。发引之前，孝子执幡引灵于前，孝妇、孝眷护灵于后，哭泣哀号，不绝于路，送之茔。举凡柩之内起、外起、安神、安灵一切祭仪毕，然后移柩就圹，行安葬礼。礼毕，封土成坟。葬后三日黎明，孝子赴茔，负土筑坟，曰“圆三”。（以上据民国二十三年《望都县志》整理）

曲阳县丧葬礼俗

丧葬，全家举哀，率男妇告于五道庙，哭而返。如是者三日，始殓。按此，似亦古者皋复之意，然不升屋而号，而告于五道庙，则非礼矣。是三日后殓，亦太缓，夏日尤不便。逢七诵经做佛事，罄力供僧道，奉魂车游街，做飞铙之戏。葬之日亦如之，用乐，为酒肉以待吊客，仪仗明器务求美观。按《礼》：丧具称家之有无，唯附身附棺勿使有悔，余概宜节省。若因丧而破家负债，其先人地下亦必不安，非孝也。延僧道之非，先儒论之详矣。用乐、饮酒、食肉，微特失礼，亦太无情。将以为乐死者耶，而骤离其骨肉，死者何乐；将以为娱宾耶，而吊者孰无情谊。知礼者宜痛革此习，勿为识者所笑。（以上据清光绪三十年《重修曲阳县志》整理）

顺平县丧葬礼俗

俗于初丧之日，延术士（县名之曰“阴阳”）书符镇压，名曰“开书”。当晚，诣庙贴纸招魂（俗用白纸，由孝子贴于庙之墙壁，纸在壁上附着不下，谓即魂所在处），号泣而归。夜半，焚冥镪及纸糊舆马等于门外，如与生人祖饯之仪。次日大殓。事前尚有种种避忌，毋庸赘述。盖棺后，孝子始戴素冠，女子去簪珥，每七哭奠，至七七始止。七七之内，有讣告亲友定日举行成服礼者，亦有按三七或五七迳行营葬者，办法丰啬不同，视家之有无而已。卜葬期定，前一夕，率延礼宾四人为之赞礼，举行遣奠，富者并延僧道诵经渡桥，为亡人解脱。殡之日，或请乡里有资望者为之题主、成主及祀土等，并备具仪卫执事，点缀丧礼。按：“丧，与其易也，宁戚。”贫寒之家，丧事至简，发引之期至多不过七日，既无碍于卫生，且有益于逝者。近世丧礼日趋奢靡，唪经不已，继以演剧。种种陋习，亟宜革除，是在有转移风化之责者。（以上据民国二十三年《完县新志》整理）

满城县丧葬礼俗

丧葬之礼，初死则使人讣告亲友，名曰“报丧”。亲友必遣人临之。招魂二次。三日殓，七日或九日成服，亲友吊祭。其讣帖仍沿旧式。斩缞、齐缞、大功、小功服制等差，亦遵旧礼。择吉安葬在百日内，贫不能举葬，有停柩终年者。葬先一日，行夜祭礼。届期，题主、祀土，每延乡绅有德望者行之。其棺椁以柏为上品，次则用柳木或用砖砌，名曰“地椁”。葬日，有延僧诵经及演剧者，县南部乡农富户多有此习，以为荣耀，读书之家及贫户，则无此。发引时，承继人执幡摔盆，盆如碗大，底有七孔，相沿已久，不知取义。无承继人，则继他人子，先亲后疏，继他姓子者有之，然甚少。殉葬之物，纸马刍灵，今此风亦稍息。（以上据民国二十

年《满城县志略》整理）

河间市丧葬礼俗

亲终三日，具棺入殓。四日，成服，告亲友。亲友赴吊致祭，则出粗布白衣及帽顶以赠，曰“送孝”。卜吉发引。前四五日复受吊，为开灵礼。近期一日，有辞灵礼。至日，加棺于舆，有遣奠礼。所经亲友之门，各设酒果，为“路祭”。至茔将葬，有拜圹礼。既葬，后归，安灵。三日始筑土，为“圆坟”。设祭墓前，丧家内外毕至。余祀土、题主及小祥、大祥、禫服、除服，俱如《家礼》式。（以上据清乾隆二十五年《河间县志》整理）

沧县丧葬礼俗

当病革属纩，家人设灵床于堂。目既瞑，易衣冠、枕褥（枕实以麸，形如伏鸡），含珠覆衾，舁于床，曰“小殓”。环伏而哭，焚纸轿于大门外，谓之“倒头”。门户皆粘素楮，曰“封门”。孝子披发，易白衣冠，曰“封白”。灵前置米罐，朝夕上食于灵前，孝子卧苫枕块于灵侧。依死者年岁，裁素纸若干幅，缀于竿，立之外户，考依左扉，妣依右扉，曰“纸孤独”。孝子造于社公，焚纸叩拜，哭而返，日三诣，曰“报庙”，大殓乃止。遣告族众与至戚，不具文，受告者皆来吊。次日夕，入棺大殓。孝子以棉蘸净水，凭棺拭死者目，曰“开光”。棺既合，家人环伏而哭。三日夕，延僧道唪经，谒灵三次。设祭案于大道，案之东，陈座西向，孝子抱孤独置于座。束草粘纸，像车马、仆从，谓之“纸扎”，陈于路。孝眷各持数炷燃之，至大门，投香于孤独，曰“报香”。按死者之称谓以呼之，如妹投香，则呼曰：“姐姐，报香啦。”每投一炷，即呼一声，投尽乃止。投香毕，家人男女皆跪伏案侧，农家妇女，必兼述说姑若母一生之艰难，嘱其今已身故，勿再自苦。俟僧道在案前讽经一次，吊客挨次行礼毕，孝子抱孤独置之纸扎车或轿，火焚纸扎，号哭返，伏灵次，曰“送路”。由溘逝之日起，每隔七日，即焚纸镪一次，五七乃止，曰“做七”。卜葬无定期，或困于财力，或惑于风水故也。如葬期在数月之内，则柩不外移；否则，或殡于静室，或厝于墓兆之外，原野之间。移柩曰“闭灵”。原野厝室，曰“丘房”。闭灵亦有出帖受吊者，然最少见。葬有期，其讣文告戚友，延才长威重者一二人经理其丧，曰“总理”，下有分类执事者若干人，丧役若干人。在开丧之前数日，大筵总理及执事者，曰“请告白”。延有礼貌者四人赞礼，曰“相宾”，以秀才为最相当。延工书望重者题主，缺主之上点不书，以待大宾点之。延兼齿、德、爵三达尊者点主，曰“大宾”；乡里之间，以老孝廉或子贵受诰封者为最相当。延形家点穴安向，曰“风鉴”。以上皆必应有者。好事之家，或更加濡毫、通神、祭土、押旨。濡毫者，于大宾点主时，濡笔毫于朱钵，以代大宾自濡之劳。通神者，题主时，书神为“礻申”，缺其直画，以待通神者补之。通神之礼，稍亚于点主。祭土者，于开圹时，祭土神者也。押旨者，死者受有封诰，须贮之黄龛，四人舁之，与仪仗同行，陈于茔次；押旨者乘马随黄龛之后，若朝廷之使然。凡此诸宾，俱预倩人约定，曰“烦宾”。备庖厨，雇乐工，具仪仗，陈纸扎，订杠夫。厅事不敷用，则结席棚，饰以彩。书丧匾、丧联，题旌铭（他方颇有重视此节者，须请品高望重者书之。沧地殊不重视，即请执事之工书者书之而已），撰祭文，写生卒碑、告丧牌。灵前设祭，插纸幡，覆瓷碗。事物皆备，届开吊日时，先行成服礼：傧相诣庐次，肃立赞仪，孝子白衣冠，斩缞挂杖（束秫裹纸为之）出灵帷，孝孙、侄辈，皆从循仪节，加麻衣、麻冠、麻带。冠有赘棉，当两耳。服既成，皆跪行上香礼，兴伏四拜。行降神礼，兴伏四拜。行初献礼，兴伏四拜。读祝，行亚献礼，伏兴四拜。行三献礼，兴伏四拜。行献茶礼，兴伏四拜。统六礼，二十四拜。三献均奏乐、侑食，甚有陈百戏者。礼毕，傧相退，举哀。吊者相继入吊，率有赙仪、挽词、祭品，其多寡腆菲，视谊之亲疏。翌日，点主。具仪仗，迎大宾至。大宾、傧相互相谒拜。茶毕，大宾入吊，退，稍息；傧相引大宾诣点主所升座。孝子去麻衣冠，释杖，抱主跪于前，执事接主陈于案。傧相赞仪。点主礼毕，大宾退息。孝子抱主归，安主于位。傧相赞礼，统二十四拜。吊者易吉服，诣位前行礼，曰“荣主”。是日之夕，行家奠礼，曰“辞灵”。傧相赞仪，统二十四拜。翌日，发引。孝子先祭丧舆，然后于灵前行礼，执幡碎瓷，伛偻哭而出。丧役舁柩置于舆，加罩。仪仗、旌铭前行，继为挽幛、挽联，再继为纸扎，再继为封诰遗容，再继即丧舆。孝子执幡前引，面深黑，哭不辍（挽舆之礼，沧境鲜有行者）。吊客左右徐步，若执绋者。舆后为孝眷，各乘车，车素盖，冢妇白布蒙首，束麻带，抱米罐，嘤嘤哭。设祭于路，吊客于路行礼者，则不送舆至墓。宾客亦有特祭于路者。至墓所，停舆，舁柩入圹。圹内有椁，或以木，或以砖，或束苇，垩以石粉。堪舆以罗盘定其山向。旌铭铺柩上，米罐置柩前，焚纸扎。吊客挨次行礼毕，孝子掬土掷圹，绕圹一周。丧役筑土成坟，插幡其上，行返虞礼（俗曰“回灵”，此礼沧地多略之）。既葬之三日，昧爽，孝子诣坟哭奠，焚其幡，曰“圆坟”。葬毕，于一至二日内，丧家遍筵执事者，曰“酬劳”。又数日，孝子遍诣各宾及来吊者家叩谢，曰“谢孝”。而丧礼毕矣。丧服之制，色尚白；二十四月大祥之后，易白为灰，曰“禫服”；三月而除，统二十七月。期服十二月，大功九月，小功七月，缌麻五月，俱遵古礼。服满而后葬者，着禫服一月，具墓铭、墓表者，恒数十年不一见。（以上据民国二十二年《沧县志》整理）

盐山县丧葬礼俗

初丧哭踊，披发垢面，女去簪珥。设灵床，覆单衾，张素帷，曰“小殓”。悬纸钱于门（俗呼“纸骨都”），门封以白纸。孝子诣土地庙（城内诣城隍庙），焚纸招魂（此礼颇不经，而习久难改）。明日之夜，西向设祭于路，焚所悬纸钱、纸扎车马、俑偶及纸钱冥镪，曰“送路”（此亦不经）。入棺曰“大殓”。设灵位，自初丧至大殓，朝夕上食。讣告亲友，受吊。孝子啜粥，不御荤酒，寝苫枕块，服缞麻斩齐如制，素冠上加麻冠，耳侧悬纩，扶杖（俗以高粱秸为之），哀至则哭。每七日则备筵哭奠，逾五七则止。卜葬期无定，近则数月，远亦不过三年。力不能葬及有他故，则停柩于殡宫或近郊（柩外筑以砖或坯，曰“丘房”），为变例。葬有期，具讣文（近丧曰“讣”，远丧曰“告期启”）告亲友，立木主，书铭旌（葬时旌铺柩上）。延长老一至二人，经其丧；延相礼者四人，赞其礼（乡间呼曰“礼宾”）。葬前二日，出吊牌，孝子行成服礼。宾客来吊，具牲醴、联幛以奠亡者，出银钱以赙丧家。具筵款客，客执绋送葬而后去（亦有不送葬而去者）。若题主，则预请齿德重望者一人为宾，届期宾至，相者赞之，以朱点主，曰“成主”。宾客以吉服礼主。葬之前夕，相礼者赞，孝子牵柩辞灵，行家祭礼，三献、读祝、侑食、哭奠，皆有常仪。柩将发，孝子持纸幡引灵祭舆，子孙、亲族以布挽舆行，戚友执绋步从，女眷舆从。设棚帐，盛陈玩好、牲醴，曰“路祭”。戚友抑或要路以祭。至墓，有茔祭；预延介宾一人，祠祭土神。圹中或用木椁，或筑砖圹，或用灰槅。安明器，下志石，覆铭旌于柩，孝子亲手覆土一周。孝子抱主归，安主于家庙，行返虞礼。无庙，祭于寝。（按：丧礼无雅乐，习俗皆以喇叭、鼓号为乐，已非其正，而又有吹歌时戏者，实为恶习。至淹柩不葬与数日渴葬者，均之为不有其亲。凡此，皆亟宜严惩者也。唯礼之丰杀，视家之有无。近日丧礼奢靡，动荡家产，否则旁观得以不孝劫持之，斯亦恶风也已）（以上据民国五年《盐山新志》整理）

吴桥县丧葬礼俗

初丧，擗踊哭泣，扶尸整衣饰，寝于床，居室正中。悬纸钱于门。择时入殓。孝属哭拜于庙，曰“烧魂纸”。次晚，焚门幡、纸扎车马、衣服于途，曰“送盘缠”。三日成服，设灵帷，立铭旌，另举门幡于大门外，门内设告牌，并讣告戚友。孝子寝苫枕块，戒荤酒，宿灵次。士夫家多守礼法。每逢七日哭奠，谓之“做七”。亲友闻丧，即素服往唁，抚尸哭；戚友之疏者，俟吊期始往奠焉。逾月而葬，志石。期定于开吊后数日发引，曰“出殡”。前一夕，行辞灵礼。厥明发引，丧举前，祭哭、明幡仗略如《家礼》所陈；亲友奠送于途，曰“路祭”。神主先题，留主字一点，求爵德俱显者茔上点之，曰“点主”。亦有行于家者，曰“点堂主”。柩起即出，无朝祖仪。葬毕，奉神主归，曰“回灵”。不反哭。三日复至茔哭奠，即释丧服。奉神主，祔于祖祠。（以上据清光绪元年《吴桥县志》整理）

东光县丧葬礼俗

士大夫家，多行文公《家礼》：随家贫富，以为丰俭。（按，《礼》：“有之丧三日而殡，凡附于身者，必诚必信，勿之有悔。三月而葬，凡附于棺者，必诚必信，勿之有悔。”只此二端，丧之大纲举矣。文公之礼颇得其中，第恐富家狃于俗见，习于纷华，未能恪守耳。尤有议者，古礼士庶之家，无得久停亲柩，自后世风水之说兴，遂致淹留，或窘于财，或艰于地，虽难概论，要唯尽心而已。盖窀穸既安，民德自归于厚也）（以上据清光绪十四年《东光县志》整理）

青县丧葬礼俗

当父母之危急，既属纩矣，设灵床于中堂，易以衣、衾、枕、褥（枕以白布缝锐其两角，以麸实之，状若伏鸡）。子孙、妇女伏环哭，焚纸车、轿于门外，谓之“倒头轿”。以白纸封门，剪纸络钱，依死者岁数定多寡，束竿竖门首，男左女右，名曰“纸骨突”。孝子披发号于土地庙，一日三诣。大殓乃止。殓讫，停于寝。讣告亲友，孝子成礼服，麻冠斩缞，持杖如仪。葬之前一夕，延道者为斋忏，焚纸扎俑偶及冥镪等物于路中，谓之“送路”。至日，过午发引安葬。间有他故不能即葬者，或停于家或厝于庙侧。至有数十年棺骸暴露不葬者，其蔑礼甚矣（速葬、淹葬皆非礼，然死者入土为安，速葬终较淹葬所得为多）。葬有期，具启告戚友，延四人赞礼。于葬之前一二日，孝子行成服礼。吊者临挽以联幛、赙以银钱，留于别舍，款以酒馔。至题主，则延缙绅齿德者一人为宾。宾至，相者赞以礼，以朱点主，曰“成主”。宾客均吉服为礼，曰“荣主”。葬前夕，孝子行家祭礼，相者赞之，三献读祝，曰“辞灵”。届日，柩既迁，孝子执幡，书考某、妣某、名氏、年岁前导。亲族各以位，步相送（犹执绋意）。女眷后以车从。至墓所，安于圹，孝子掬土覆一周。抱主归，安于家庙或中寝，行返虞礼。越三日，诣墓前哭奠，加封，谓之“圆坟”。丧礼之大都类如此，然贫富各异，繁简自不能从同。质文升降，与时移易，未可执一而论。（以上据民国二十年《青县志》整理）

南皮县丧葬礼俗

初丧哭踊，披发垢面，女去簪珥。设灵床，覆单衾，张素帷，曰“小殓”。悬纸钱于门，曰“寿纸”（此种纸钱，按亡者生岁计，每岁一张），门封白纸。诣土地庙焚纸招魂，曰“报庙”。次日之夜，西向设祭于路，焚所悬纸钱、纸扎车马、俑偶，曰“送路”。入棺，曰“大殓”。自初丧至大殓，朝夕上食。讣告亲友，受吊。孝子吸粥，不御荤酒，寝苫枕块，斩缞如制。每七日则备筵哭奠，逾五七则止。卜葬期，无定。力不能葬及有他故，则停柩于殡宫，或攒于近郊，此变例也。以迷信风水，丧期须卜，茔向必择。葬之先期，具讣报亲友。求长老一二人总理丧事，延文士四人为礼傧相，孝子行成服礼，对灵拜献，读祝如仪。又预请文士题木主，请齿德兼优者为大宾。届期，迎大宾至，相者赞之，以朱点其木主，曰“成主”。宾客以吉服礼主。亲友具牲醴、联幛、奠仪致吊。葬之前夕，礼宾相孝子行辞灵礼。柩将发，孝子持纸幡引灵祭舆，子孙、亲族以布挽舆行，戚友执绋步从，女眷舆从。途中设棚帐，陈牲醴，曰“路祭”。如系新茔，则预延武职者为介宾，祭土神，曰“祭后土”。圹中或有木椁，或砖套，贫者无椁、套。显达者有志石。孝子亲手覆土一周，成坟毕，捧主归。安主于家庙，行返虞礼，无庙祭于寝。（按：丧礼本不用乐，今以喇叭鼓号为乐，已非其正，而又有吹歌戏曲者，尤为恶习。且人子葬亲，称家有无，近日文过乎情，一味奢靡，否则，旁观将谓俭其亲。往往力不能办，停柩有年，风雨一棺，几乎朽敝，卒至草草入土。不孝其亲，莫此为甚。又，按旧礼，亲丧守制二十七月，不茹荤，着麻衣，百日不理发，娱乐场不入；今则情势一变，古制渐废，滔滔者不知伊于胡底矣）（以上据民国二十一年《南皮县志》整理）

任丘市丧葬礼俗

亲终设于正寝，即位而哭，讣告亲友。三日具棺入殓，行成服礼。悬纸钱一挂于门，谓之“招魂”。乃候亲友吊唁。或五日，或七日封灵。至日行封灵礼，殡于中堂。孝子五七后出谢吊者，嗣后不拘月日开灵，行开灵礼。或五日，或七日发引，候亲友吊奠。前一日行辞灵礼。至日加棺于舆，行遣奠礼。至茔，祀后土，点神主，安葬。葬归，安灵俱如《家礼》。期年而小祥，陈练服；再期而大祥，陈禫服；阅三月禅告祠堂，服除。（以上据清乾隆二十七年《任丘县志》整理）

献县丧葬礼俗

俗于初丧之夕，丧子号于庙，曰“报庙”。又延术士书符，称某日出殃煞。至期，家人尽避所往之方，邻揭赤色物厌之，否则哀诸镇物，曰“斩殃”。虽士族不免惑其说。三日殓，四日成礼服，多延僧道为醮事。近数十年，士夫家知不用之。至于以七为限，由一七至七七则群焉不知其谬矣。葬无定期，大约在二十七月内。居人不甚惑于风水，其停久不葬者，则俗尚虚文，力不能办也。（以上据清乾隆二十六年《献县志》整理）

枣强县丧葬礼俗

初丧悬纸钱于门，亲戚号哭还魂，即古复礼也。无大小殓，三日盖棺。成服，设灵帷，讣告亲友。孝子寝苫枕块、戒荤酒、宿灵次。士大夫家多守礼法，率勉行之。每逢七日，皆三时上食哭奠，谓之“做七”。或有延僧道为斋忏者。亲友闻丧即素服往唁，抚尸哭。戚友之疏者，俟吊期始往奠焉。逾月而葬，亦间有停柩至数年者。及筮葬，戚友来祭奠，留客于外舍，设酒馔。丧家散孝，或以帛，或以布，长短有差。富室或盛设仪文，颇多浮费。（以上据清嘉庆九年《枣强县志》整理）

深州市丧葬礼俗

初丧时，悬纸钱于门，有棺即殡。大殓、小殓，唯绅士家举行。成服不计日，便即服之，缞绖多不如礼，唯戒荤酒，饮粥，寝苫块。葬无定期，大要数月而葬，不甚拘堪舆家说。（以上据清光绪二十六年《深州风土记》整理）

安平县丧葬礼俗

丧葬为民间大事，旧时，其礼俗繁杂，且迷信色彩很浓。一般有停尸、入殓、出丧、圆坟等过程。

停尸。人病方故，速穿寿衣，戴寿帽，除穿棉衣外，着单衣数件（切忌皮、毛衣、铜扣）。“装裹”完毕，用木床或木板停尸于正房，尸仰卧，头向西，用两个土坯当枕头，口含拴线的铜线一枚，床上铺寿褥（夫妇二人先去世者只絮棉絮，没褥里，后去世者加褥里）。尸上盖蓝花蒙被。床下放谷草（俗称“隐身草”）、死者的枕头、一个瓦盆和一把菜刀。屋内地上铺谷草，供孝子守灵跪坐用。大儿子守在尸旁不能离开，以示对老人的回报。料理死者的同时，于正房外搭灵棚，设灵堂。诸事安排就绪，晚上，晚辈们须到土地庙烧“断气钱”，即报庙。

在停尸的头侧置祭品、香炉，点一油灯，谓之“万年灯”，死者入殓前香火不能断，灯不能灭。同时放瓷罐一个，曰“遗饭罐”，三天内由死者的子女每餐添饭少许，添满为止。罐口塞一蒸馍，备葬时置于棺上，门口放一饭碗（死者男放于左门墩上，女放于右门墩上），门外左侧墙上贴一殃榜，写明死者生故年月日时辰，其下放一桌子，桌上摆煮米饭一碗，用高粱穗（去粒）粘米饭插于碗内，名曰“打狗棒”。大门外挂红白纸条一团，其纸条的数目与死者年龄相同，曰“锁钱”，用木棍挑起斜插在门侧（死者男左女右）。

停尸后，即派人通知亲友，曰“报丧”。乡邻们来吊丧，男子作揖，女子号哭。每天晚饭后，死者之晚辈，赴土地庙烧纸，谓之“烧还魂钱”，哭号而归，至死者入殓为止。入殓前，死者晚辈在半夜之时，十字路口，将糊好的纸车马等物烧掉，谓之“送盘缠”，回来时不哭不回头，到灵前才能哭等于送行，哭一次等于送一程。子女守灵，晚上请族中数人看守，谓之“守夜”。

入殓。停尸时间，一般晚辈一日，长辈三日，日满则备棺入殓。此日吊客盈门，乡亲送于礼、奠幛，侄女、外甥送大旗。入殓前，棺底撒小灰（柴木灰），灰上铺纸，然后女眷撒铜钱及麸皮、棉花。同时亲人手拿香油的酒盅给死者的眼、嘴、耳、脚上抹上香油，叫“开眼光”，另一亲人拿镜子照着。之后，抬尸入棺，死者脚蹬银，头顶金（用金、银粉纸粘在土坯上）。把打狗棒装入死者右袖内，让死者攥住，以备过“恶狗村”时打“恶狗”；左手攥着钱，以备买路通天。诸事办妥，让亲人最后探视，不许哭，防止泪洒尸身。逾时封棺钉盖，全家边哭边说：

"躲钉!"

出丧。出丧又称"发丧""出殡"。出丧之时，鞭炮齐鸣，鼓乐交作，孝子执引魂幡，抱瓦在门前石头上摔碎跪下，接着抬棺出门，孝妇等晚辈随棺大哭，棺抬至大街，套上棺罩，起灵送坟，路中有亲友设供祭祀，沿途孝子不断谢孝，并有一老者将预先算好的纸钱，随走随扔，谓"买路钱"。送葬途中奏哀乐。将灵柩抬至坟地，下葬后，孝子、孝女们在坟坑周围转三圈，随转随用手往坟坑扔土。埋棺成丘，算是安葬完毕。回来时，子女须走原路，见人下跪，到门口，长子将摔瓦的石头翻三翻，次子把石头搬回家，接着宴请乡邻，谓之"回灵饭"。

圆坟。葬后三日，近亲晚辈携祭品随孝子到坟上祭祀，并将坟冢加大。此后三年不能添土。以后逢"一七"（死后第七天）、"三七""五七"，子女近亲都要上坟烧纸。

丧葬的办理，县俗历来铺张，有的富家停尸五至七天，百般陈列。除棺椁衣裳外，棺外套灵轿，灵棚设纸扎（纸人、纸马、童男、童女，等等），邀请僧道鼓乐，并请礼宾赞礼。孝子们披麻戴孝。但也有贫苦人家，无力置买衣棺，赤身裹席埋葬。

除上述外，民间丧葬还有观风水、察阴宅之俗。一夫多妻者，妻子死后，从男棺开始，由大到小、从左到右排列，谓之"排葬"；一夫两妻者，男在中间，女在两旁，曰"夹葬"。男子未婚而死或夫亡妻嫁而求死女同葬者，叫"冥婚"。家人或后人寻未婚而故之女，求人介绍，经女家同意，与自家之男合葬。

新中国成立后，政府提倡破除迷信，丧事从简，但旧俗仍基本沿存。1977 年，该县开始实行火化，然响应者甚少。进入 80 年代，又新添由丧主出资请小戏、演电影以谢乡邻之俗，且铺张迹象日显。（以上据 1996 年《安平县志》整理）

武强县丧葬礼俗

全县历来实行木棺土葬。旧时，丧葬仪式繁杂，多带迷信色彩。新中国成立后，党和政府大力提倡破除迷信，移风易俗，对丧葬实行改革，有些村庄利用盐碱地、闲散地建立"公墓"。机关干部、职工逝世召开追悼会，农村中丧葬仪式新旧夹杂，时简时繁。

初丧。人病危时即将寿衣、物备好，家人环绕。死后，立即洗脸、洗脚、理发、穿寿衣（棉衣、单衣、鞋帽俱全）。于堂屋支床铺，谓之"灵床"，将尸仰卧其上。设灵桌，置祭品，燃香烧纸。置油灯一盏，谓“万年灯”。用面捏小球状以小木棍插之，谓“打狗棒”，尸两手各握一个，灵桌碗中插放数个。就绪后，家中男女哭泣尽哀。族人或邻居帮助制作“佐钱”，以破席裹白纸条，纸条数目与死者年龄相同。挂于大门外侧（男左女右）。哭泣一阵后，家人至土地庙（今土地庙皆无，只能在遗址处）“报庙”，由二人抬桶前行，孝子孝女在土地庙前烧纸，然后大声痛哭而归，安置停当后，组织族人、邻居赴亲友处报丧，安排各种事宜。

停尸。人死后至入殓一般停尸三天，老人长些，有父母在者短些。停尸之第一日有亲友、乡邻吊唁，死者之子女、儿媳披麻戴孝于灵前守灵恸哭。灵堂门外一般搭一秫秸棚，死者侄、孙辈于灵棚同吊孝者同哭，称“陪灵”。每日晚间，赴土地庙烧纸，谓之烧“还魂钱”，至入殓后方止。

入殓。一般为晚间。先由全体孝子、儿媳、侄、孙等赴土地庙烧纸，第二趟由长子剪下门外的“佐钱”，在遗体上晃两晃，背至土地庙，回来时边走边言：“××赴宴席”。备纸车、马、轿等及餐桌茶点。以“佐钱”代死者，用“餐”后上“车”，一并烧之，谓之“上路”。持“佐钱”灰归，装入死者枕内，并于棺内糊纸撒草木灰。入殓之前，先行“开光”，孝子或孝女以棉蘸水，擦拭死者眼、耳、鼻、手、脚、口等并念叨：“开眼光，亮堂堂；开嘴光，吃四方；开耳光，听四方；开鼻光，闻四方；开手光，拿四方；开腿光，走四方”等。然后孝子亲朋向棺内撒“垫背钱”（旧时为铜币，现为硬币。）接着由乡亲抬尸入棺，孝子稳头，掀开盖脸的单子。就绪后，即行钉棺，孝子及亲友喊“××躲钉”，入殓后举家恸哭。

埋葬、辞灵。埋葬前日傍晚，举行辞灵仪式，亲友或乡邻包饺子供之，烧化纸钱。

挖坟。出殡之日早饭后，先行“破土”。由孝子抱白公鸡一只，提酒壶，到坟地后，以酒灌鸡，放之任其扑腾，落在何处，即在何处开坟，谓之吉（鸡）地。夫妇双方已丧一方者则无以鸡定位之举，而是由孝子在坟前烧纸，呼“××开门，××来了”等。坟位以宗族辈分相排，夫妻合葬。由村派青壮年数人开坟。中间为开坟者送酒饭一次，谓之“巳时饭”。

超度。旧时有钱人家于出殡之日请和尚道士诵经做道场，搭台唱戏，超度亡灵，新中国成立后废绝。今农村中尚有请一小戏班，唢呐伴奏“破土”，中午起灵前唱小戏，出殡时随同吹至坟地。

披麻戴孝。孝子孝女穿白衣、白裤、白鞋、头戴白帽、腰围麻绳。儿媳、孙媳、娘家人在出殡时为之“挂孝”，一般为蓝布，斜搭着。其他亲属男戴白孝帽，间有穿白孝衣者，女戴白头箍。旧时直系亲属穿孝三年，今多穿孝一年，有的戴黑箍，上印“孝”字，以示对死者的怀念。

打幡、摔瓦、抱罐子。制“招魂幡”，入殓之后放于棺木之上，出殡时由长子（或遗产继承人）把持，埋葬后插入坟头，于第二天烧掉。乡邻亲朋送幛子或花圈，上写挽词，以示哀悼。出嫁女送“库楼”（纸扎），孙女送花圈，下葬后烧之。人死抬入灵床后，置一瓦于死尸胸上，入殓后放棺材上，起灵时由打幡者在石上摔之，讲究越碎越好。置一小罐，内装五色粮，由长子媳妇抱之，放于墓坑穴内。

下葬。上午，开坟者将坟穴挖好后，即将灵架安置于街上。午饭后，燃放鞭炮，由乡邻将棺木移出，置架上，上盖棺罩，由乡亲轮流抬之，孝子由子侄辈搀扶在前号哭，抬灵者换人时孝子回头跪地“谢孝”。妇女坐车，执事人前行，一路撒“买路钱”。至坟穴处，以大绳将棺木系于穴内，亲属绕坟穴一周，向内撒土，谓之“圆坟”，然后由开坟者埋之。除孝子外，脱去孝衣，原路而归，至门前拿一馒头块食之。早时有送殡回来时，妯娌们赛车，谓先到家者过好日子之俗，现一般予以禁止。随即，孝子提一壶，壶嘴向后，拿一碗到坟上送“浆水”，当天下午或第二天，亲属“圆坟”，将坟头添高。因有三年不添坟之说，故此次一般将坟头堆得很大很高。（以上据1996年《武强县志》整理）

武邑县丧葬礼俗

初丧，悬纸幡于门，亲戚号哭招魂，即古复礼也。三日入殓，成服，设灵帷，讣告戚友。孝子寝苫枕块，戒荤酒，宿灵次。每逢七日，皆三时上食哭奠。逾月而葬，戚友往吊奠，送至坟茔，视掩土毕。三日后，合家至坟前奠酒，哭泣。（以上据清同治十一年《武邑县志》整理）

故城县丧葬礼俗

初丧成服，照亡人岁数做长钱为幡。烧还魂纸，城中于城隍庙，城外于土地庙。三日夜半，焚马轿、纸锞并门幡，不做佛老事。报丧于亲友，亲友哭吊，有奠有赙送旌等礼，寻常用纸锞。主人送孝布、孝帽。至亲妇女亦哭吊。丧事大率以七七为期，妇、子皆不饮酒食肉。停柩于正寝，不殡。葬无定期，有迟至数年者，非礼也。及至葬，发引日亲友皆步送抵于墓所，多火炮，盛幢幡，做纸偶、佛仙人

物、车马仆从，士大夫仍用明器。（以上据清光绪十一年续修本《故城县志》整理）

广平县丧葬礼俗

丧者先用布帛送姻家报讣；成服后，开吊散孝。三日内，姻戚馈食于丧侧，曰“倒头饭”。民间始未殓，子妇并妇女（城内妇人不押纸于外，晚间聚哭于死者之旁）薄暮沿街擗踊号哭，在城至城隍庙，在村至土地庙，曰“押纸”。士绅无之。立告布于门，书死者职衔、字讳、生卒岁月。柩前立铭旌，门外悬纸幡。柩前设布幔，置灵座，男女在柩左右髽髽苫跣。日三奠，七七日、百日，奠有加。将葬，书期于门，亲友具赙奠，送铭旌。柩出，楮幡鼓吹前导，经亲友门迎奠，曰“邀祭”。亲友送至城外，或至坟墓。请有爵者祀土，题木主。葬毕，捧木主鼓乐导归，至家虞祭。姻家馈孝子、孝妇以布帛，曰“收头”。次日，孝子诣吊客大门亲拜（居城外者不往）。三日，男女孝妇省墓，谓之“圆坟”。焚纸钱，尽哀而返。葬不甚重风水，无久停不葬者。士大夫家不用僧道做佛事。间有用俳优歌舞者，名曰“暖灵，亦曰“暖扮”，士绅家无之。幼妇死，不令入墓，寄厝茔后，夫死后乃令合葬。（以上据光绪二十年《广平府志》整理）

大名县丧葬礼俗

士族停柩中堂，男子寝苫枕块，妇女脱簪珥；自朝至于日中、昃，三哭三奠。庶人初丧，子侄盛纸于槃，哭赴城隍庙或土地神祠，谓之“押纸”。三日，焚冥资于庙，并燔刍灵车马，谓之“送盘缠”。用浮屠氏家言，于四十九日内，数七斋醮。是日，亲友亦以礼奠。县属有重四七者，有重五七者。至七七而止，俗名“尽七”，或曰取七日来复之义。发引前期，行堂祭礼。士大夫家题主、祀土，葬毕安神升祔，各如仪。四乡有力者，好做佛事，甚至演戏、做杂剧，远近聚观，若游胜会，殊属恶俗。（以上据民国二十三年《大名县志》整理）

邯郸县丧葬礼俗

居丧，即日用白纸裱门，向姻家报丧；衣、棺量力为之。丧侧点灯，曰“照命灯”，碗置干饭放棺上，曰“衣饭碗”。始丧未殓，孝子、孝眷擗踊号泣至土地庙，名曰“押纸”，亦曰“报庙”。士大夫家多不行此。本日遵礼成服，柩前设布幔，置灵座（中下民家少有此仪）。男女在柩左右，髿鬌苫跣。三日夜半，将土地庙前押之纸取回，低呼至柩前，名曰“起魂”。或有令僧道诵经。七日内早晚奠，余则逢七即奠。三七、五七、七七、百日、周年，奠礼有加。葬时，多重风水，且拘阴丧不能先葬，因此每浮厝村外或寺庙，甚有停柩数年或数十年者。将葬，书期于门外，寄讣于亲友。贫者只用吹手一二，当日葬事毕。富者数日前，或数十日前，妥做预备。前一日，鼓乐齐集，立铭旌，悬纸幡、花草等仪，曰“阴执事”。请有德爵者，题木主，名曰“点主”。晚间，陈祭物、祭器，行奠礼，名曰“家祭”，又曰“堂祭”。四相赞礼，名曰“礼宾”。设讲堂，请有学识者讲孝道，孝子跪听，如是者三。葬日，午前亲戚致奠，午后起灵。母舅家以青布束孝子、孝妇头，曰“收头”。姻家以市帛披孝子、孝妇身，曰“挂孝”。孝子跪路，置小瓦盆，碎之，曰“扳牢盆”。柩归茔，请有爵者祀土神，名曰“谢后土”。孝子、孝妇等省圹，转墓三匝，捧木主，鼓乐导归家。三日，男女省墓，谓之“圆坟”，又曰“服三”。焚纸钱，尽哀而返。（妇若先死，择地浮厝，夫死后乃令合葬）（以上据民国二十八年《邯郸县志》整理）

永年县丧葬礼俗

先用布帛送姻家报讣，成服后开吊，散孝绖于吊客。三日内，姻属馈食于丧侧，曰“倒头饭”。民间始丧未殓，子孙并妇女薄暮沿街擗踊号哭，在城至城隍庙，在村至土地庙，曰“押纸”。士绅家无之。立告布于门，书死者职衔、字讳、生卒岁月。柩前立铭旌，门外悬纸幡，日三奠。七日，曰“一七”，四十九日，曰“尽七”，及百日皆奠，视余日有加。将葬，书期于门。亲友具赙奠，送铭旌，赙用金钱，奠用羊豕、酒果及蜜造楼、塔、坊、桥之属。丧出，用旗幡纸扎，鼓乐前导；所经亲知之门，必拜奠柩前，曰“邀祭”。送至城外或至坟墓，以亲疏为差。请有爵者祀土、题木主。捧木主，鼓乐导归，至家虞祭。次日，孝子诣吊客家大门拜，居城外者不往。葬不甚重风水，无久停不葬者。士大夫家不做佛事。市民有于柩前置酒、陈鼓乐戏剧者，曰“暖灵”。士绅家无之。（以上据清光绪三年《永年县志》整理）

曲周县丧葬礼俗

以布帛讣姻戚，三日成服，乃受吊。立告布于门，书死者官爵、姓字、生卒年月日时，并丧主孝子姓名，悬纸幡于门外。柩前置布幔，设灵座，男女俯伏柩左右。髡发鬔髻，苫跣哭泣。日“三奠”，遇七及百日则奠有加。将葬，先期致引状于亲友，悬幡设灵如始丧。姻戚具赙奠、铭旌、楮币。葬之日，鼓吹前导，以纸为舆从、明器之属，次第列柩前。亲友于路设奠，谓之“邀祭”。至茔，行题主、祀土礼。姻戚妇女以币帛馈遗，俗云“收头”。葬毕，纳主魂亭，仪卫导归，虞祭。诘期谢客，遍拜吊奠者门。棺椁称家，墓以砖或灰，椁视其力。葬多祖茔，慎迁葬也。不多为华靡，遵《家礼》也。其弊也，乃有民间始丧未殓，戚属男女走街衢，号哭诣神祠，焚楮钱，曰“报庙”者；多做佛事。招僧道梵诵，张设神轴、地狱诸像，唪赞音乐为神曲，杂百戏相玩弄，曰“追度”者；俳优歌舞，设场丧者门，杂沓纷纭，竞相尚为喧笑，度曲箫管声与门以内哭声相应，曰“暖扮”者。（以上据清乾隆十二年《曲周县志》整理）

成安县丧葬礼俗

丧礼之大者，为择日开吊发引、成主家祭，居丧者不可忽也。守丧孝子，必着孝服，即极贫之家亦必赁用（皆以生白布为之），在家守丧不出，戚友闻丧，来吊唁者，不拘长幼孝子先匍匐磕头。至葬埋毕，脱去生布孝衣，另换守制孝服，虽统以三年为满，究只阅二十七月即换服也。亡者，每逢七日烧纸祭奠，但七七为止。遇周年日，亦行哭泣焚烧祭奠礼。人死着衣服后，用白纸蒙脸，谓之“蒙脸纸”。用线为环置两脚尖，谓之“绊脚丝”。然后焚纸钱及冥用车马，合家举哀，再具棺成殓。当衣冠入殓时，棺内略付青灰，铜钱七枚分置灰上。两头置坯，一头枕一足蹬。稳头瓦在头两旁，稳头花置瓦上，上铺鸡鸣枕，枕以生白布为之，折为三角形，内装十字街上土少许。又用白布包麸子，谓用以过蚂蚁山者；用白布裹小饼数枚，谓用以过恶狗村者，均装死者袖内。钩断绊脚丝，揭开蒙脸纸，始曰含殓齐备。封口时，净面，以水与死者洗面；撒子，将死者稳头花摄少许隔背一掷，曰“爹娘撒子”。入殓后即报庙，一人持托盘，上置香纸、叩魂碗等物前行，举家男前女后跟随，亦有女不上庙者。到土地或城隍庙前，焚纸上香，将碗扣地，上下垫以白纸，完毕回灵前，然后起魂。起魂时，仍一人执托盘，上置香纸在前行，到庙前上香焚纸毕，孝子用衣前襟将前扣之碗包起而回，将碗扣灵前桌下。男女虽在灵前等候，此时必止哀不哭，恐亲悲也。出殡时，有家族、戚族多人，着孝服，执丧具送至坟上，曰“送殡”。丧具不一，有风花、雪柳、功布、亚牌，按支派之亲疏而分执之。承重者执引魂幡及瓦盆，盆底钻七孔，由正孝子携之，在灵榇之前于起灵走时击碎，曰“扳劳盆”。门悬纸裹朵，有呼此为望乡台者。男死，树于门外左侧；女死，树于门外右侧。用棉纸为之，状似钟形，约是对于邻里亲友表示家有死人之意。（以上据民国二十年《成安县志》整理）

鸡泽县丧葬礼俗

立告布于门，书死者官爵、姓名、生卒日时，旁书孝子姓名。以布帛讣姻戚，朋友则不讣。成服后，乃受吊，散孝绖。门外挂幡，柩前悬旌。三日，姻戚馈食，曰“倒头饭”。男女在柩左右髽髽苫跣，日三奠。七七、百日奠有加。不肯速葬，有迟至数十年者；有三、四丧，始同殡者。习俗固然，亦人子之过也。将葬，先书期于门。亲友具赙奠，送铭旌。柩出，孝子执魂幡，摔化纸之盆，鼓吹前导，亲友设奠于路，曰“路祭”。至茔，行题主、祀土礼，宦室请显者。姻家馈妇女以布币，曰“收头”。葬毕，孝子步归，虞祭。乡遇亦有不立主者。孝妇妯娌争先恐后急走，曰“抢富贵”，良可叹。慎迁葬，必祖茔无隙地，始另择。民间有始丧即号泣诣神祠焚楮者，曰“押楮”。做佛事，殡葬用俳优歌舞，曰“暖扮”，殊非理。（以上据清乾隆三十一年增刻二十年《鸡泽县志》整理）

邱县丧葬礼俗

衣衾棺椁，称家有无，未有过侈靡者。初丧，房内立床一，上铺黄草，扶尸于上，衣衾被服完备，以蓝绸覆尸面。贫者用蓝布，腹上设磁碟一，中置盐少许，以制钱一枚，含于尸口，纳一馒首于其袖中，家属即焚楮镪，哭泣哀号。制纸幡于门外或巷口，男丧左，女丧右。使人持楮镪前导，赴土地祠，死者子孙妇女哭踊哀泣随往，曰“报庙”。即日成服，越三日，糊以纸轿，内装楮镪。夜深，焚于十字路口，曰“送盘费”，亦曰“送三”。讣告亲友，受吊，用白布书死者名讳秩衔及生卒年月日时，下书丧主姓名，悬于门内，曰“告布”。富者棺以柏木，厚五六寸。贫者用杨柳木，敛尸入之。孝子服斩缞，戴麻冠，寝苫枕块。每逢七日，则设奠哭泣。有延僧道于灵前做道场诵经超度者。葬期无定，有数日，有数月，有数年者。先期讣告亲友，曰“引状”。届期延礼生相礼，鸣鼓奏乐，孝子哭泣，行家祭礼。亲友具祭品，或挽联，或赙仪，俱来致奠，丧家设宴款待。及发丧，孝子孝孙辈，持纸幡引灵辆前行，亲友执绋步从，孝眷舆从。亲友于路旁设奠，曰“路祭”。求齿德俱尊者一人，在灵前或至茔题主。又一人，祀后土。毕，舁柩圹内，置铭旌于棺上，孝子握土实圹，绕行三周，曰“安葬”。返后，行虞祭礼。若系贫家遭丧，则无繁文缛节，死后一二日，即葬。

按：旧礼，孝子居丧不御荤酒，不赴宴会，居官者回籍守制，士子不应考试。凶服缞麻，素冠扶杖，俯伏哭泣，百日不剃发，持丧二十七月。服阕，请傧相备献仪，祝告先灵，易凶从吉。期功以下服，孝帽顶心皆缀红绒一朵，曰“花花孝”，亲友吊丧，具牲醴、幛联及银钱来赙者，丧家裂帛答之，以为孝袍或孝帽之用。自改革以来，服官者多有夺情，守制之礼废矣。至于丧服，孝子间有趋于文明者，以黑纱缠肘，其不御荤酒、不剃发之礼，则更无论矣。唯邱民风朴厚，凡遇居丧，虽不能尽合古礼，亦尚不至如今世之薄耶。所谓礼失而求之于野者，然乎？否乎？（以上据民国二十三年《邱县志》整理）

肥乡县丧葬礼俗

初丧具含殓，立告布于门内，大书某人之丧，旁列生卒年月。绅士家挂魂帛于柩上，立锦缎，金书铭旌于丧侧。门外悬纸幡，按岁多寡，男左女右。行家祭。将出殡，先书期门外。亲友具赙奠铭旌，奠用牲礼，赙用金钱。殡出，沿街搭祭棚，亲友送至坟，与孝子、孝妇收头、题主。主安灵亭内，鼓乐导归，至家行虞祭。肥俗多停柩不葬，兵乱时有被火焚者，此尤弊之大者也。（以上据民国二十九年《肥乡县志》整理）

磁县丧葬礼俗

丧礼，凶礼也。邑仍旧俗，行三年之丧。父母亡故，合家跪地举哀，焚化纸钱，置亡者于中庭，曰“正寝”。举哀后，孝子寝苫枕块于其侧。亡后三日，亲友来吊。议卜殡期。以亡者寿终时日，讣告亲友，曰“报丧”。葬礼依古厚葬，俭亲者讥之。葬日，门结彩坊，分列鼓吹，延请僧道唪经。以纸做门庭、堂室、花卉、禽畜、童婢、车轿之类，皆本事死如事生之意。作穷奢极泰之观，然非礼之本矣。宾客吊赙，乐以响之，殡奠告祭犹事鼓乐。请礼生四人，皆盛衣冠，凡三献，或命工人作歌曲，谓之“献词”。发引则棘人执幡，前行痛哭，无亲子，嗣子亦然。窆，有功布黻翣，如《仪礼》所云。（以上据民国三十年《磁县县志》整理）

武安市丧葬礼俗

初死更衣，小衣外，男长袍马褂（现有用员外衣者），女裙袄。乡间有男仍袍褂，女仍裙氅。富家有服蟒袍霞帔、冠翠凤冠者。衣数用奇。更衣后，停尸正寝，灵床燃灯焚香，供饭。焚纸糊车马，请阴阳生开殃状，家中素纸护门。男子垢面跋履，妇女脱簪珥，阖家举哀。晚，邻里来吊，就灵前哭，孝子陪哭、谢吊。诣土地庙焚纸招魂，俗称“押纸”。三日大殓。棺木，上者用柏，其次用松，再次桐、槐。棺内铺锦衾，天花板遮盖。钉棺时，家人环立棺旁，高呼躲钉。钉已，举哀成服，衣冠用素。将葬，以葬期讣告亲友。葬仪，富者成主。请齿德重望者一人为主官，相者四人赞之，以朱点主，名曰“成主”。家祭请大宾纠仪，孝子主祭，相者赞之，三献、读祝、侑食，用常仪。葬前往土地庙起魂，孝子自灵前号哭，晚辈从后，亲友提灯分列。返，孝子复哭于灵前，合家皆哭。晚请僧道唪经，放焰口。届期，亲友咸奠，奠用祭幛、馃品、油食。将发引，杠者举棺出堂，孝子号哭执幡前行，晚辈随哭。上杠时，孝子摔丧盆，号哭如前。亲友送葬者，男步行在前，女乘舆随棺后。及郊，孝子谢送殡亲友；及茔，下窆，孝子握土圆墓。葬三日，孝子烧圆墓纸。此后逢七哭奠，过七七始免。富者遇七，延僧唪经超荐。上述皆富家葬仪。若贫家，则只称排几，三日葬者为“排三”，七日葬者为“排七”，丧事简略，与富家相悬远甚。（按：武境城治及邑西柏林、阳邑一带，多有随死随葬；其余皆寄柩郊外，或停放家中，积至数具，始行葬埋，实武安陋习）（以上据民国二十九年《武安县志》整理）

邢台县丧葬礼俗

亲始死，举家男妇哭告于土地、城隍，谓之“报庙”。粘纸钱于庙壁，谓之“押纸”。三日大殓，朝夕上食。卜葬有日，赴告亲友。届期受吊，宾朋赙祭，或赠铭旌。及窆，乃题主。既葬而返，门悬红采，而不除缞绖。士大夫家类多拘忌。富室喜浮奢鼓吹，其失奢靡，务为外观，非慎终加厚也。甚且广张席幄，管乐侑觞，以悦吊者，则惑之甚矣。（以上据清光绪三十一年《邢台县志》整理）

隆尧县丧葬礼俗

父母初丧，移向中庭，卧于草，床前设几，燃灯，供馔具。子妇哭于庙，曰

“报庙”。三日殓，易衣服、衾褥，纳金银于口内，以棉花诸物置棺中；延术士用丝麻、五谷等物入于棺，作镇。四日，成礼服，治丧事，亲友往吊。自一七、二七、三七，延僧道做醮事，士族亦间为之。葬无定期，大约在二十七月之内。卜葬已定，先期报讣。至期，宾朋往吊，灵前设香案，置第沙盒，竖铭旌，做仪仗，好事者或纸扎马羊、楼阁等物置门外。发引时，鼓乐前导，礼相引主亭随行，亲朋送殡，孝子执杖引柩前，号哭至葬所。是日，主官先诣茔地，俟柩至，行礼点主毕，治葬事。葬毕，孝子迎主返室。三日，延术士至家，书符、设镇物祭宅；子妇至葬所添土，曰“圆坟”。世俗堪舆家言，颇不甚信，而习尚虚文，贤者不免。近日渴葬，半属士夫之家，拘牵于俗，欲事繁文，真无谓也。（以上据清乾隆二十九年《隆平县志》整理）

南宫市丧葬礼俗

初丧，男子披发，女去簪珥，擗踊哭泣。设灵床，覆单衾，张素帷，曰“小殓”。悬纸马、纸钱于门，亲族赴城隍庙招魂，谓即古之复礼。三日大殓，立旌成服。殓时以灰铺棺，以棉絮拭目、净面，以棉塞周身之隙。每逢七日哭奠（俗曰“做七”），过五七则止。讣告亲友，率素服往吊。葬期，近则数月，远则不逾三年以为常。葬日，延长老一至二人经纪其丧。葬日，路经亲友之门，则有路祭。戚故徒步执绋送丧。茔祭，延介宾一人以祭土神。三日，孝子夫妇诣坟祭奠，绕坟筑土，洒水，曰“圆坟”。（以上据民国二十五年《南宫县志》整理）

巨鹿县丧葬礼俗

初丧擗踊哭泣，先悬纸马，纸幡于门；丧属号泣于街衢，诣土地祠焚楮，曰“告庙”。遍讣姻戚，皆素服来唁。三日成殓，然后朋友往吊焉。每逢七日，备筵哭奠，谓之“做七”。将葬，先书期于引状，遍投亲友。葬之前一日，陈乐部堂祭，诘辰亲友备物祭奠。柩出，楮幡鼓吹前导，至茔，行题主、祀土礼，多以文、武甲第主之，亦有堂题者，贫贱者无此礼仪。葬毕，纳主魂亭，归虞祭，亦有孝子自抱主回者。又有孝妇竞先急走，谓之“抢福”。翌日，备筵遍谢执事。三日赴墓加新土，谓之“圆坟”。遵服制二十七月。（以上据光绪十二年《巨鹿县志》整理）

沙河市丧葬礼俗

亲始卒，设灵床，张素帷，朝夕上食。男披发，女去簪珥。家长率孝子哭告土地祠，曰“报庙”。孝子暨五服内眷属，晨夕三次号哭于街衢，诣土地祠焚楮，曰“押纸”。命族人奔告亲串，曰“报丧”。士绅家间有送讣文者。三日大殓，开吊。戚友持冥镪来吊者，相属。既止吊，或移柩闲室，或暂厝近郊，其即时安葬者，不数觏也。比葬，持服如初丧时，贫者诸凡粗具，草草入土而已；其富者，务为观美。西南一带村庄，中产以上必演剧三日，其余各乡有力者，延僧道诵经，张灯结彩，陈纸扎，具鼓吹。士绅则于葬前一夕，行奠献礼，请文士四人相仪，曰“家祭”。届期，请显者以朱笔点主通神，曰“成主”。发引之前，请武职诣墓祭土神，曰“祀后土”。既葬，供主于正寝，曰“安主”。将葬，亲串以孝布披孝子及女若妇背肩，层叠环绕，曰“挂孝”。孝子碎盆灵前，持幡哭导，眷属依次随行，仪仗鼓乐前列。葬毕，封墓。仍用仪仗鼓乐导归。三日，诣墓祭，曰“复三”。合邑丧礼大略如是。东北二乡，停丧较少；西乡则无不停丧者，近则数年，远则数十年，甚或终身不葬，留待后人。其少年夭亡者，葬墓地左近，谓之“寄埋”。葬时，收遗骸，谓之“拾干骨”。忍心害理，莫此为甚。至若近山村落，土阜壁立，乡民往往穿土为穴，纳柩其中。历时既久，棺木朽敝，尸骸暴露，为子孙者恬不为怪，此更不孝之尤。所当悬为厉禁者也。（以上据民国二十九年《沙河县志》整理）

新河县丧葬礼俗

初丧，家属辟踊哭泣，扶尸于床，首东向，覆衾其上。装殓毕，痛哭诣土地庙，是曰“报庙”。悬纸马、纸钱、纸幡于门，讣告亲族，院覆席棚，棚下供灵位，悬吊挂语，多挽悼及思念亲思之词。孝子寝苫枕块，凶服缞麻、素冠扶杖。亲友皆临吊唁，孝子稽颡答拜；丧家散孝衣、孝帽（男子服戴）、搋头布（女服用）。三日小殓，孝子沐浴亲尸，置米、盐、钱、物于棺中，殓于棺柩，停诸堂上，焚明器；亲戚以次拜奠毕，即盖棺。次日，亲属衣孝，所谓三日而殓、四日成服也。越数日，致祭掩柩，以钉封之，亲属环哭“避钉”，恐钉伤丧人衣也。即所谓大殓也。是日晚，家属齐集巷外，备酒饭、纸马、纸人，共送亡人，俗曰“送程”。自初丧至大殓，每朝夕设奠上食。其停丧期限，以贫富及老丧、少丧而异，多至数月，有至数年者；又有信风水之说，葬地未卜，因而移厝他处者，亦有方丧之日，即行掩埋者。每逢七日，必会戚友，备筵举哀，谓之“做七日”。七者，戚也。卜葬，先期具报启告亲友，延治丧礼宾四人相礼，择齿德兼尊者一二人，总理主丧。亲友具牲醴、幛联为奠仪，赙用银钱。相礼者赞，孝子补行成服礼，立木主，拜献、读祝、侑食如仪。以布为高架，上书死者官爵、姓字、生卒年月日时，并丧主孝子姓名，名之曰“旌”，树于门外。更延匠人为纸马、纸人、财库、用具诸明器，或有延僧道诵经、忏悔超度的，富者盛设乐部。家祭，请题主、祀后土以文武甲第，仪式繁缛；用鼓乐、修佛事，靡费不资。盖非如是，则将谓俭其亲矣。葬之前一日，闾里往吊，俗曰“辞灵”。是夕，礼宾相孝子行牵柩辞灵礼，哭奠、侑食、拜献有定仪。更鼓乐娱魂，俗曰“吵灵”。及发引，孝子持纸幡、祭大旌、引灵、祭丧舆，子孙、亲族以前舆行，戚友束帛素服，执绋步行从，公送眷舆从。邻里途中设棚帐，盛陈玩好，牲醴设奠，是曰“路祭”。至墓，有茔祭，求德位尊者一人，至茔题主，曰“大宾”。又一人祀后土神，曰“介宾”。葬，亲友行礼，乃窆。葬毕，孝子亲手覆土一周，围成坟。孝子抱主归，入家庙，设奠安主，用通行礼致祭。葬，实土成坟，封而不树，次日孝子增筑新土，谓之“添坟”。嗣后，非逾三年，不得增筑之也。是后，每值七日、百日（死后百日）忌辰，必请主在堂，具牲醴，举家拜尊奠祭焉。其他扫墓设奠之期，如寒食日、中元日、十月朔，皆至墓前，陈祭品展拜，焚冥镪，与旧丧者同。坟高五尺，多以土为之，形如圆锥，富者多以砖或石砌之，均无椁。自世重风水之说，有亲丧移厝他处，徐图择地而葬者。至于坟地植柏、立表、树碑，则行于富室，贫者少为之也。按：古礼，持丧二十七月，不进荤，着麻衣，百日不理发，今日情势大变，而古制渐废。又按：丧礼有定制，墓祭纸币、酒肴有定数。而近世辄任为增，益力崇侈靡，甚至召集亲邻开筵剧饮，鼓乐杂奏，甚或淫词小调加入哀声，有妨风化，有违礼教，亦宜严为申禁者也。（以上据民国十八年《新河县志》整理）

清河县丧葬礼俗

始丧情形。初丧时，衣衾完备，不即殓。将死者置灵床上，口内含以钱，以手握果饵，取含饭之义，以锦衾覆之，置盐盏于上，曰“停灵”。贫者不备锦衾，以纸为之。人子跣足免冠，亲属随之哭泣号踊，赴土地祠押纸，亦曰“报庙”。并制纸幡门外或巷口，男左女右，按照死者岁数制之，亦招魂之义。是夜。族人皆来丧家，曰“守灵”。至三日夜间，于街路焚纸楮哭送，曰“送三”。

遗嘱形式。除急促昏瞶病外，如自知病危，未有不临终遗嘱其子孙者。子孙或请求身后若何丧葬及一切注意事，并有遗言，子孙亦以遗言为重，谨遵之。然以文字为遗嘱及绝命请词等，殊不多有。

继承关系。有子孙，则子孙为继承人；无则以亲属之远近为继嗣问题。旧习惯，亦有一子双承者，宗祧财产专归之承嗣人，然有亲女，须尽先以优待条件为前提，继承始有效。

入殓手续。死者在灵床停一二日，备棺木入殓。棺以柏为上，杨次之，柳为下。棺中置垫背钱七，入殓稳妥，将死者生前所爱零星什物置棺内。是时，家人亲族皆在前亲视，乡里亦群集共助之，待亲属亲为净面后，始盖棺，曰“成殓”。

成服礼节。丧后三日，成服之日，至戚皆来赙吊，曰“复三”，取三日来复之义。先一日，丧家皆孝巾、孝服。是日，奠祭成服，麻冠、斩衣、腰绖、丧杖具备。冠前有布覆额，取以蔽目，不令乱视，耳旁缀以棉，取以塞耳，不令乱听。清人入关，废古衣冠殆尽，唯此未改。

丧服差等。子，斩缞三年；孙，齐缞期年；曾孙五月；玄孙三月；其他亲属有大小功服、缌服、袒免之分，大功九月，小功五月，缌麻三月。

讣告形式。讣告亲友，讣帖备书死者爵位、年岁及病故年月日时，丧居何处，开吊在何处，如殡葬有期，并注明某日发引。有将生前之履历行述，附于讣告后者，曰“哀启”。父母之丧，讣告以普及亲友为宜。

吊奠礼节。亲友闻讣，必亲往吊唁。葬日挽幛、赙礼，皆因亲疏为之，并有备肴馔、馃品灵前奠祭者。若远方不及吊唁，则邮寄联幛挽之。

发引仪式。殡日，书死者秩衔、姓字、灵位，悬之街衢，曰“铭旌”。是日，质明堂奠，礼宾导引孝子家祭仪式。发引，则孝子执幡前导；载棺以杠，上覆以棺罩，曰“灵辆”。执绋雇人为之。灵柩沿行之处，乡里设奠路旁，曰“路祭”。此唯上中家行之。贫家三日殡，曰“排三”，仪式极简单。

安葬仪式。至茔，行安葬礼。殡宫筑砖，做卷甬，内置缸、灯等冥物，并有用纸扎做人马形，在茔焚化，作殉物者。至贫家安葬，土坑而已。

服丧期间。亲丧三年，以二十七月为期，间若父丧母在或母丧父在，则服二十四月。为人嗣，则为降期子，本生父母一年，嗣父母三年，其他亲属皆依文公《家礼》，服丧降等有差。

居丧制度。古礼，人子居丧，不饮酒，不茹荤，不作乐，不居内室。故孟献子禫悬而不乐，比御而不入，孔子谓，加于人一等。至今日居丧，唯以服素为表示。

祭祀礼节。丧祭行跪拜礼，必聘请礼宾。先诣祖庙告祖，始行家祭。由盥洗以至撤馔，凡三献三侑，哀哭成礼。发引前，行遣奠、祖道等祭，至茔安葬后，虞祭。以后，岁时必有墓祭。

女子之地位。女子遭丧，形式与男子差异之点：讣告帖不列名；出嫁女子丧服减一等。旧习惯女子无继承权，今日法律女子继承权已宣布，唯实行尚待考察。其他入殓、成服、发引、安葬等仪式，与男子略同。

其他特殊情形。有特别请有爵位者为题主宾、祀土宾。于葬日，请题主宾题木主，请祀土宾祀后土，俗以题主宾为文宾，以祀土宾为武宾。亦有于七日做佛事者，谓之“做七”。然此均为特殊情形，非普通习惯。（以上据民国二十三年《清河县志》整理）

威县丧葬礼俗

凡棺椁、衣衾，亦颇称家有无，近来稍尚侈靡。至奠赙、铭旌，亲友于殡期送之。不甚重风水，故无久停不葬者。民间始丧未殓，子孙、妇女日三次沿街踊号，在城则赴城隍庙，在村则赴土地祠，曰“押纸”。唯士大夫家不行（旧志）。初丧时，衣衾被服完备，即行哭泣、焚香、烧纸，并制纸幡门外或巷口，男左女右，纸幡条数按照死者岁数制之。即日讣告亲戚，乃受吊唁。贫者三日内殡葬。上中家三日或五日行成服礼，立告布门内，书死者秩衔及生卒年月日时，并丧主子孙姓名。其纸幡即于三日夜间焚烧，哭送街路，曰“送三”，亦曰“送路”。亦有延僧道诵经或举行做七之礼者。葬期前，送引状亲友，注明候奠时日；戚友备具祭品或绫幛、赙仪，届期致奠或送灵。灵柩沿行街衢，乡里设奠路旁，名曰“路祭”。至茔行安葬礼。其用题主、祀土、虞祭等礼者，唯上中家用之。（按：城北宋村营倡议，既殓后，即用土坯贴棺，以麦秸、厚泥固封之，随时泼水，不令稍干，务使高温度之空气不得侵入尸体，自行腐败。殡期久暂，出柩时，一如初丧，实于送死渐生之道，两有裨益。闻已行之有效，特附志于此。又按：旧俗，除衣衾、棺椁费外，又有孝布费、酒席费、明器等费。近有人提议，衣衾、棺椁为正当费，至明器等费无甚用处，不如以此项为亡人捐款，储作救荒济贫之用，功德较为不朽，说颇不误）（以上据民国十八年《威县志》整理）

临城县丧葬礼俗

旧时，临城县丧葬仪式繁杂，带有许多迷信色彩。其丧葬仪式大致如下：

穿寿衣、停草铺、报庙、剪白纸吊、报丧。本家族长辈、死者儿女为死者穿寿衣，并停放在已打好的草铺上，剪白纸吊挂于门上，报丧于各亲戚家，族长领死者儿子、侄子、孙子等到土地庙压断气纸，称“报庙”。

吊孝。死者生前好友到灵前向死者跪拜或行默哀礼，以表示对死者的哀思，同时守灵者向客人还礼。

入殓。从死者断气那天数起，到第三天，将死者放入棺材内，谓之“入殓”。再将灵柩迁至打好的灵棚里，谓之“迁灵”。死者子女、家属为其守灵，至埋葬日。

埋葬。停丧日期有三、五、七天，富户有停丧九天或更长时间的。出丧时，孝子手持灵头幡、披麻戴孝，长子摔丧盆，众人抬灵柩（也有用车拉的），男前女后，号啕而行。吹鼓手（该县称“响器”）吹奏友乐，鸣放鞭炮，顺街出村至坟地，再入坟埋葬。在埋葬的同时，死者之众子女，男前女后排成队，绕坟头正转三圈，倒转三圈，谓之“烧墓”。然后，由孝子将灵头幡插在坟头上，将纸糊的童男、童女、金银元宝焚烧于坟头附近，供死者阴间享用。

葬后，从死者死亡日算起，每隔七天上坟烧纸祭奠一次，称之为“烧七纸”，至烧七七纸为止。此后，还有烧百天纸、周年纸等。

新中国成立后，殡葬仪式不断改革，自70年代开始，领导、干部、一般职工实行火化，骨灰盒替代了棺材，仪式文明、简朴。死者子女以佩戴黑纱取代穿白孝衣。火化前，生前好友及单位人员前来送花圈，开追悼会。有的村还建了公墓。但80年代以后，旧的殡葬仪式有所抬头，有的新旧仪式兼用，即尸体火化后装入骨灰盒，再放到棺材里按旧仪式埋葬。（以上据1996年《临城县志》整理）

广宗县丧葬礼俗

初丧，备衣衾，小殓。家属焚纸钱，哭踊哀号招魂，在城则赴城隍庙，在乡则赴土地祠，名曰“报庙”。盖亦古者升屋三号，不忍遽死其亲之意。即日成服，曰“穿孝”。士大夫家，有至三日延礼生行成服礼者。树纸幡于门首（俗称“纸骨都”），男丧左，女丧右。讣告亲友，受吊唁。用白布一幅，书死者秩衔及生卒年月日时，下书丧主族亲姓名，俗曰“门布”（盖古铭旌之遗制）。次日，亲友毕至，家属哭踊如前。舁死者入棺，曰“大殓”。夜深焚化纸幡并俑偶、车马、冥镪之属，名曰“送三”，亦曰“送路”。孝子啜粥，不御荤酒，寝苫枕块；服缞麻斩缞如制，冠麻冠，并缀以棉花；见人则匍匐跪拜，谓之“谢孝”。每七日，则设奠哭泣，逾七七日始止。葬期无定，有数日、数月者，有数年后者。先期，讣告亲友（近丧曰讣，远丧曰告期），名曰“引状”。届期，雇用鼓乐，延礼生四人相礼。孝子哭泣，行迁柩、朝祖并家祭礼，三献、读祝、侑食、哭奠，皆有定仪。并延爵位尊崇者，以朱笔题主。亲友具香楮、祭品、挽联、挽幛、赙仪致奠。丧家设筵以款客。柩将发，延宾一人祭路、祭舆。祭毕，孝子执灵幡，执事者移棺舆上。孝子举瓦盆碎之，执幡前行，子孙亲族以次随行。乡邻于灵舆经过时，设奠路旁，谓之“路祭”。至墓，复延宾先祭后土。祭毕，移柩圹内，孝子握土实圹，绕行三周，覆门布于柩。圹用砖石砌筑，培土为坟，插灵幡于上，行虞祭礼。孝子返，安主于庙；无庙，则安于寝。其延请僧道唪经者，名曰“超度”（士大夫家罕有用者）。葬后，植松柏等树。延能文者，撰述亡者行实，刻石立碑于墓前；亦有不述行实，但书死者官秩、姓氏者。其死后因故不葬，暂厝棺村外用砖垒筑者，俗谓之“丘”。其贫者则死一二日即葬，无复繁文缛节矣。（以上据民国二十二年《广宗县志》整理）

第六节　祭　礼

井陉县祭礼

《记》曰：“士祭其先。”孔子曰：“非其鬼而祭之，谄也。”古人神道设教，而深恶淫祀。近顷神权时代已过，而不在祀典之偶像，城乡尚所在多有。兹为破除迷信起见，只将祭祖之礼，略述于下：

祭灵柩。往昔礼节烦琐，用大宾礼宾者，所行祭礼有五拜、七拜、九拜，等等。近人日趋节略，用傧相者已少。即或用之，礼亦甚节。孝子只行匍匐礼，他人只行拜跪礼（近有改为鞠躬者）。普通吊祭，已见前丧礼节，不赘。

祭墓（扫祭）。《记》曰：“祭则观其敬而时也。”（《祭统》）又曰：“春禘秋尝。”（《祭义》）邑民之扫祭，仍沿此意。如清明，如中元，如废历十月一日，如父母生日与忌辰，例皆烧化纸钱，供以香烛酒醴（妇女且哭于墓），唯仪式简单，只两拜揖一叩首而已。

年节祭祖。邑中大姓，多建宗祠，内供宗谱（俗名“案”）与远年神主。唯宗谱，只于年节张壁间，过元宵节（或满一月），则卷而藏之。平民家中，除少数置有神主外，有供三代宗亲纸牌位者，亦有买年画（上有“供奉三代宗亲”字样）而供之者。过年节时，有盛馔，必致祭，早晚焚香叩拜，元旦、元宵，多供豆饭。

扶碑。于祖先墓前，竖立碑石。正面正行，刻祖姓名、字号、生卒年月日时

（有官爵者冠以官爵），碑尾列子媳孙侄之名氏。背面或刻祖先传略，或否，概仍古人追远之意也。

吃坟会。该地习惯，每年清明、寒食两日，与十月初一日，阖族之人，祭祖既毕，则相聚宴饮，俗谓之“吃坟会”。盖袭古人分食祭余之意。此外，如祭田多而经费充足，尚有在年节择期饮宴者。（以上据民国二十三年《井陉县志料》整理）

行唐县祭礼

古者但行于庙，无墓祭之礼。秦汉以降，始有之。后代相沿，亦于彼于此，求诸远者之义也。行邑清明祭扫，十月朔省墓，木本水源，不忘其始，君子取之。（以上据清乾隆二十八年《行唐县新志》整理）

辛集市祭礼

邑多无先祠，士民各于其家建神堂奉主祀之。主成于临葬之时，越三年，始合群主焉。元旦及生死忌日，皆设供馔于神主前；寒食、中元、十月朔，则祭于墓。（以上据清嘉庆四年《束鹿县志》整理）

晋州市祭礼

每岁当元旦、清明两节，七月望、十月朔与忌日，有木主者祭木主，兼祭墓，无木主者专祭墓。除逆子外，未有不行此礼者，诚善俗也。（以上据民国十六年《晋县志》整理）

藁城市祭礼

普通社会每当元旦、清明、十月朔日，诣墓祭扫。有家祠者，在堂陈祭馔，跪拜如仪。（以上据民国二十二年《藁城县志》整理）

高邑县祭礼

士绅繁族之有家祠者，于元日、清明、十月朔，陈馔行礼。无家祠者，唯以庶馐、纸钱祭墓。十月一日，剪纸为衣，焚于墓侧，曰“送寒衣”。先人忌日，亦具时馐纸钱，致祭祀墓，以伸追远之义。旧志谓中元家祭，今则不通行矣。凡此礼仪，四民率皆沿用，唯天主、耶稣两教以信仰不同，不相袭用。（以上据民国三十

年《高邑县志》整理）

赵县祭礼

四时祭先，无家庙，祭于寝。列历代神主，或画祖考像于轴悬之。清明、中元、十月朔，相率墓祭。夫墓祭非古也。然茔域为祖考体魄所藏，躬扫治而肃拜瞻，有仁孝之心焉。其他，颇无淫祀。（以上据清光绪二十三年《赵州志》整理）

新乐市祭礼

民间于新正元日，或初三日，及清明、七月望日、十月朔日、冬至、除岁，各祭祖先。祭器随贫富所宜，或用牲醴，或只用随时饮食、楮钱。（以上据民国二十八年《新乐县志》整理）

无极县祭礼

邑有先祠者不过数家。忌日，奉主于室，陈牲馔。清明、中元、十月朔，则祭墓。村民自祖以上名字皆不能知，安望其洁蠲奉祀乎。（以上据民国二十五年《无极县志》整理）

赞皇县祭礼

七月初七日，俗传刘猛将军诞辰。是日，人民以五色小帜植木箱上。用长竿两人肩荷，后有旗鼓百戏，穿街过巷，至神前焚楮帛，祈无蝗蝻，名曰“行会”。（以上据清光绪二年《赞皇县志》整理）

元氏县祭礼

不外祭神与祭祖二者。元旦辰，长幼服新衣冠，具香烛、牲肴、酒醴祭先祖于家庙或坟墓。清明，祭祖扫墓，以纸条插墓上，俗云“插柳”。十月朔日，以五色纸剪成衣服，焚于墓前，俗称“送寒衣”。此外，遇父母忌辰，必拜墓祭奠。（以上据民国二十二年《元氏县志》整理）

平山县祭礼

寻常人家非年节不祀神，遇有起庙会者，则祀之。至祖先之祭，皆有定时，生、忌日则祭于神主前，每年清明节插柳，与旧历十月初一日，家家皆到坟前祭扫，名曰“送寒衣”。（以上据民国二十一年《平山县志料集》整理）

宣化县祭礼

祭之期，如岁时佳节、三月清明、七月十五、十月朔日，祀之甚谨。过生死忌辰亦必祭。祭物或以面食、荤肉，果品亦随用之。俗尚龙神，各城堡俱建庙。秋成后，必醵钱演戏，以报神庥。凡祭，设特羊于神前，酒浇其颈，俟羊首摇毛动，然后用之，谓之“领羊”，盖卜牲遗意也。（以上据民国十一年《宣化县新志》整理）

赤城县祭礼

四仲月，士大夫家，各奉其所宜祭者祀于祠。无祠者即于中庭正寝设主供祀。生死忌辰，以时祭于墓。俗尚龙神，各城堡俱建庙。秋成后，必醵钱演戏。凡祭，设特羊于神前，酒浇其颈，俟羊首毛动，然后用之，谓之“领羊”。岁值旱，人戴柳枝，用幡幢笙鼓，迎龙神像置坛场祷祈，得雨乃止。（以上据清乾隆十二年《赤城县志》整理）

怀来县祭礼

清明、中元、初冬，俱酒醴祭于墓，又荐于主。遇生辰、忌辰，俱祭于主，无主者，祭于墓。其无力备牲者，皆面为之。俗尚龙神，各村堡皆有庙，秋成必醵钱演戏，以报神庥。工商各有所祭，亦各以时演戏，殆赛之义欤！唯搬演杂剧中有淫祠秽状，男女聚观，侮慢神明，莫此为甚！往往演至夜分，昏黑中因之生事。有心世道者深惧焉。凡祭设特羊于神前，浇酒于其项，羊首摇毛动，然后用之，谓之“领牲”。亦牲卜之遗也。（以上据清光绪八年《怀来县志》整理）

张北县祭礼

祭礼者，祭祀之礼节也。有丧祭与平常祭之分。丧祭者，丧礼中各种祭礼也；平常祭者，平日祭祖、祀神各种祭祀也。唯张北五方杂处，礼节不一。兹将最普通者，分述于下。

丧祭。丧祭礼节最繁，普通约请礼生四人，多以前清秀才充之，现在变通，以学校毕业者充之。分叙如下：

家祭。孝子为主祭者，孝眷等为陪祭者。礼生分通、赞、引、读四人。其仪式以孝子鼓乐跪请，礼生至香案前为始。四礼生向香案前行三鞠躬礼，分左右立，上方二人为通、赞，下方二人为引、读。主祭者、陪祭者依次立香案下左方。预备盆架、手巾、镜子为盥洗所。两旁各备桌一，左为茶所，桌上置茶杯三、馃品三；右为酒所，桌上置酒爵三、帛三。各所由二人照料，名为“执事”。礼生另置桌二。置备全席一桌，猪一羊一。各礼生引吭高唱，各有专责。其次序如下：

执事二人引孝子鼓乐向礼生行四拜礼，引至香案前。各礼生先行三鞠躬礼，分左右立。通：执事者各司其事。赞：孝子就位。通：孝眷皆就位。通：释杖。引：孝子诣盥洗所。读：濯水。引：净巾。读：整容。引：诣香案前。通：焚香。赞：俯伏。通：兴。（俯伏、兴，共计四次，以下均称四拜）通：启帘。赞：孝子行初献礼。引：孝子诣酒盅所。读：举杯。引：酌酒。读：捧帛。引：诣灵柩前（以下分别高歌）。跪，献帛，献爵，献箸，献牲，献肴，献馔，献羹，俯伏，兴，复位（四拜）。垂帘。奏乐。举箸。侑食。乐止。启帘。孝子诣茶盅所，举杯，酌茶。诣灵柩前，跪，献茗，献馃品，俯伏，兴，复位（四拜）。垂帘。奏乐。乐止。启帘。孝子行亚献礼。孝子诣酒盅所，举杯，酌酒。诣灵柩前，跪，献爵，献牲，献肴，献馔，献羹，俯伏，兴，复位（四拜）。垂帘。奏乐。举箸。侑食。乐止。启帘。孝子诣茶盅所，举杯，酌茶。诣灵柩前，跪，献茗，献馃品，俯伏，兴，复位（四拜）。垂帘。奏乐。乐止。启帘。孝子行终献礼。孝子诣酒盅所，举杯，酌酒。诣灵柩前，跪，献爵，献牲，献肴，献馔，献羹，献祝，祝，焚祝，举哀，哀止，俯伏，兴，复位（四拜）。垂帘。奏乐。举箸。侑食。乐止。启帘。孝子诣茶盅所，举杯，酌茶。诣灵柩前，跪，献茗，献馃品，俯伏，兴，复位（四拜）。垂帘。奏乐。乐止。启帘。望燎。诣望燎所，焚香，焚帛（四拜）。复位，跪。全家举哀。礼成。

宾客祭。又谓之公祭，由各亲朋祭祀，与家祭仪式相同。唯主祭者为亲朋，陪祭者为孝子，是其小异也。

点主。点主者须约大宾一人，以功名最高、声望素著者充之。礼生四人如前仪。高歌：内外肃静，暂停喧哗。执事者各司其事。孝子就位。孝眷皆就位。释杖。击鼓三通（击鼓者报告三次）。鸣金（鸣金者报告鸣金已毕）。焚香（四拜）。孝子请大宾（到衙署后，礼生向大宾先行三鞠躬礼）。孝子礼大宾（四拜）。请大宾出衙署。走街，鸣锣喊道，鼓乐喧天，至丧家门前，孝子跪道。请大宾行参灵礼。就位，迎灵，行三鞠躬礼。请大宾诣盥洗所，濯水，净巾，整容。请大宾入更衣所，更衣，更礼衣，升冠，升礼冠。请大宾出更衣所。请大宾升公堂，升公座。孝子礼大宾（四拜）。孝子捧主，诣孝帷前。孝子捧主出孝帷，举哀（孝子哭三声），哀止。孝子捧主升公案，启蒙，启椟，出主，卧主，分主。润朱笔，刺血，秉朱笔，拜朱笔（四拜）。受生气。点内主。点主，通神，点生年、生月、生日、生时；卒年、卒月、卒日、卒时。点外主。点主，通神，圈左耳，左耳聪，圈右耳，右耳明；光前，裕后。释朱笔。覆主。润墨笔，秉墨笔。覆内主。覆主，覆神。覆外主。覆主，覆神。释墨笔。合主，竖主，入主，合椟，合蒙。请大宾赞主。孝子捧主入孝帷（孝子捧主置放神位前，仍返公案前）。请大宾行安主礼，（四礼生同上）就位，焚香，读告文，焚告文，焚表，奠爵，奠茗，行三鞠躬礼，礼毕。请大宾复位。孝子谢大宾（四拜）。送大宾回衙署（四礼生同孝子鼓乐走街，返回，孝子跪道）。孝子礼大宾（四拜）。四礼生仍向大宾行三鞠躬礼，礼生同孝子返回。丧家对大宾、礼生待遇时特别尊重，筵席、茶点格外丰满。大宾孝，有给红绸一匹者，有给蓝绫一匹者；礼生孝，系细洋布一方。事后，仍须分别谢袍褂及各色礼物，此非富者不能举行。

辞灵祭。辞灵祭者，发引之前晚，各亲友观香已毕之时，其手续较家祭皆简。开首四礼生序列，释杖，上香，四拜，诣灵柩前跪，初献爵，亚献爵，终献爵，读祝文，俯伏，兴，复位（四拜），焚祝文，化财，合家举哀，礼毕。

门祭。门祭者，为发引时灵柩离家、将起棺之祭祀也。与辞灵祭相同，唯祭毕孝子击盆而送灵。

路祭。路祭者，移棺至街前，各亲友在路旁祭祀也。其手续最简便，不用礼生，仅主祭之亲友上香、化纸、叩首，孝子跪路旁陪祭、叩谢而已。

周年祭。死者死后第一、二、三年之祭祀也。家人及亲友每遇周年，向主位设供菜祭奠。此丧祭之大概情形也。

平常祭。分为时节祭、生辰、忌日祭及墓祭。

时节祭。如元旦节、元宵节、端午节、中秋节、重阳节、腊八节、祭灶节，各家每遇此等时节，均在神前供馔、焚香、焚表、叩首，以答神灵。

生辰、忌日祭。为祖先或父母生日、死日举行之祭祀也。供品较时节祭稍丰满，而手续略同。

墓祭。墓祭者，赴祖茔，按时祭祀也。各家在一年之中，于元旦日、清明节、

七月十五日、十月一日，均到墓前，供酒肉、点心，焚香化钱，叩首而已。（以上据民国二十四年《张北县志》整理）

阳原县祭礼

本志所谓祭者，祭人鬼，即祭宗祖也。其祭亦各不同，分述如下。

忌辰。每遇曾祖妣、祖妣、考母（近代多以考妣对称，然考殷墟卜辞，皆以祖妣考母对称）忌辰，阖家斋戒，恭诣木主前，并备酒食祭品，焚香烧纸，四叩首焉。若死者未过三年，且须举哀。是日，免赴宴会、娱乐，以志哀悼。

时祭。时祭则远及高祖。祭品同上。祭日例用四时仲月之朔。仪式亦合家四叩首焉。

荐新。荐新似亦远及高祖。每遇佳节，依时恭荐新谷、蔬菜、瓜果之类。如元旦、上元、端阳、中秋、重阳、冬至诸节，除荐新外，亦并佐以酒食，香楮纸钱，用昭肃敬，仪式同前。

墓祭。除新丧未满三年，于忌辰日必须墓祭外，余则每岁元月、清明、中元及十月之朔，皆为墓祭定期。祭品、仪式，类同以上各祭，唯仅男子，妇人不与，盖以莲步难行，并无其他理由焉。贫者墓无明堂，则于适中地点行之。富者即于明堂位设案陈供，以示合祭。更于较亲者之墓前，供拜如仪，以示近支。唯清明日为扫墓期，故除祭祖外，并备香楮、酒席，兼祀后土。祀毕，则取土于吉地，增于各坟头上，谓之“添土”。十月朔祭墓时，于供品外，并备纸衣、新棉，焚化墓前，谓之“送寒衣”，此又其特别者焉。

祠祭。该县巨族，如揣骨疃之李，曲长城之苏，浮图讲之朱，东城之王、马，辛堡之郝，治城之张、王、李、井以及其他诸大族，皆有合族以及分支之宗祠。曾祖以下，各供木主于家，以上多移供于祠，故于元旦、上元、清明、中元、中秋、十月朔以及月尽日，除各家自祭外，并于早十时同赴宗祠，各依行辈肃立恭祭。祭品由祠堂自备。祭毕会餐，族长并向子弟训诂，勉以孝悌忠信、齐家、服劳等大事。餐毕，同谒祖墓。一切费用，均由祠堂经费支出。此外，族人有不正者，亦可由族长于祖宗神前惩处之。贫死无棺或赴考少费者，宗祠亦可酌给。此虽宗法社会之孑遗，然行之数百年，其规过劝善、周济穷乏之效，亦自不浅。不过近十年来，青年日众，思想弥新，此种制度并在打倒之列。所谓族长者，亦不过经理祠产，贤者公开，不肖者肥己。国家如斯，大姓亦如斯。往昔道德沦胥以尽，民族兴亡须于此处占之。若夫人不聊生，流匪遍地，犹其小者；盖心理建设，历时须久，四千余年根本伦常，破坏殆尽，贤者复起，亦莫如之何也已矣。

谒告。每月朔望，诣各家木主及宗祠行礼，谓之“谒告”。届期，早起盥浴，具香楮，肃衣冠，再拜而退。此种祭礼，吾幼时尚见有伯叔辈行之，及长已废，三十年来，早成历史名词矣。（以上据民国二十四年《阳原县志》整理）

怀安县祭礼

昔云：“慎终追远，民德归厚。”斯言洵不爽矣。怀俗每于清明节及废历七月十五、十月一日，具备锡箔香纸、酒肉点心，携同子侄上坟祭扫，享馂之余，亦有醉而返者。加遇尊亲生前诞辰、周年等日，晚间炷香焚楮，哭于门外，悲痛异常，行路闻之，无不恻然。所具祭品虽甚简单，然其不忘先人之意，具征一斑矣。（以上据民国二十三年《怀安县志》整理）

万全县祭礼

祭祀分丧祭与平常祭二种。丧祭者，丧礼中之各种祭祀也。平常祭者，平日祭祖、祀神之各种祭祀也。唯旧祭礼由来已久，非过于烦琐，即偏重形式，既不经济，又极迷信，殊与时代不合，亟应改进者也。兹分述如下。

丧祭。丧祭又分家祭、宾客祭、点主、门祭、路祭、安主等。唯丧祭最为繁杂，普通皆需约礼生四人。除送祭与路祭为亲友主祭、孝子陪祭外，其余主祭者皆为孝子。至礼生须士林中充之，尤以前清秀才为最合格。兹分如后。

家祭与宾客祭。家祭与宾客祭之仪式，以孝子跪请礼生至灵前为始，分左右立，立上方之二人，名为东西通、赞，下方者，名为东西引、读。主祭者依次立阶下，陪祭者最后立。又于阶下左方置盆架，名“盥洗所”。两旁各备桌一，上分别安置茶、酒器具各三副，左名“酒所”，右名“茶所”。酒所并置帛匣一。各所有二人照料，名“执事”。礼生引吭高唱，各有专责。先令就位后，孝子释杖，诣盥洗所，酌水，净巾。然后上香，四拜毕，行初献礼。孝子先诣酒所，执事者酌酒、捧帛，随诣灵柩前，跪献帛，初献爵，敬箸，敬肴，敬羹，俯伏平身。诣祭文所，跪读祭文毕，俯伏平身。合门奏乐，启门止乐。孝子诣茶所，执事者酌茶，同诣灵柩前，跪献茶，俯伏平身。复位四拜，则初献毕。再行亚献及终献礼，皆同前，唯不读祭文，不献帛。最后殿以焚祭文，化钱纸，孝子举哀，礼毕。以上三献、三奏乐、十六拜，系家祭与送祭之大略也。唯送祭，主祭者为宾客，孝子为陪祭，是其小异也。

点主。点主需约大宾一人，以功名最高、声望素著者充之。礼生四人，如前仪式。礼生先唱序列，释杖，然后孝子请大宾。诣大宾所，行四拜礼，同诣公案前，大宾升坐，孝子拜大宾，仍为四拜。孝子请主诣灵柩前，上香四拜。孝子捧主登案。大宾捧笔，孝子拜笔，四拜。点主，孝子跪，执事者启函出主，点内主，点外主，易笔罩朱成神，入主罩函，俯伏平身。大宾捧笔，孝子再谢笔，仍四拜。孝子捧主归原，诣神位前，再上香，仍四拜，复位。孝子谢大宾，又四拜。然后，大宾参灵，诣香案前，上香，脱帽三鞠躬。孝子送大宾。礼毕。

门祭。门祭为发引时灵柩离家、甫至杠上，将起身之祭也。其仪式较家祭、点主手续皆简。开首为序列、释杖、上香。诣香案前上香毕，复位四拜，行献礼。再诣灵柩前跪，初献爵，亚献爵，终献爵，读祝文，俯伏平身，复位四拜，随焚祭文，化钱纸，孝子击盆举哀，礼毕。

安主祭。安主祭者，迎灵返家，将神主供于停灵原地之祭也。其仪式略同门祭，唯开首不释杖，最后不举哀而已。

路祭与周年祭。路祭最为简便，不用礼生，仅主祭之亲友上香、化纸、叩首，孝子跪路旁陪祭，叩谢而已。周年亦有祭者，唯不用礼生，只家人供馔奠祭。此丧祭之大略也。

平常祭分时节祭，生辰、忌日祭，墓祭三种。

时节祭。如元旦、元宵、端午、中秋、重阳、祭灶以及各神之圣诞祭，祭者皆在神前分别设祭，手续尚不繁，只略备供馔，焚香叩首而已。

生辰、忌日祭。为祖先或父母生日、死日举行之祭祀也。手续同时节祭，不过供馔略丰耳。

墓祭。即按时祖茔祭扫之谓。仪式简单，只供酒肉、点心，焚香化钱，叩首而已。(以上据民国二十三年《万全县志》整理)

隆化县祭礼

除各庙会虔诚进香或望空祷祝外，唯清明及夏历七月十五日、十月初一等日，赴祖茔行祭，以白钱纸压于坟顶间，有在家以酒食奉祀者，若旱，则各家门前插柳，延僧道唪经祷雨于龙潭或龙王庙。祭祀，春秋上丁，假三清观，权设孔子位及配哲从祀各祀位。县知事率僚属及学生，谨按典礼将事。上戊，假南庙，权设关岳及从祀各祀位，县知事率军警各员，致祭如仪。（以上据民国八年《隆化县志》整理）

围场县祭礼

多是和节日同时进行，如春节、清明节、端午节等，到坟地为死去的亲人焚化纸钱或上坟添土。人死后，其亲人要在三十五天内的“一七”“三七”“五七”及“百日”和前三个“周年”举行祭祀，一般直近亲属都参加祭祀。焚化纸饰有牛、马、金山、银山、摇钱树、聚宝盆、衣物、箱、柜等，近年部分人家又增加了电视机、洗衣机、小汽车等现代化用品纸饰。另外，还要焚化死人生前喜欢吃的食物，如为长辈祭祀也办酒席。

清代时，满族祭祀比较隆重。满族原信奉萨满教（即拜物教），后来也信佛教和道教等宗教。按支系由长支供祖先口袋、佛爷匣子、佛托妈妈（满语详称佛勒格楚克）和祖先（渥扯库）以及关帝（关羽）菩萨。祖先口袋平时挂在一大间及两小间的“胡同”屋里。祭祀形式很多，主要有常祭和特别祭祀两种。常祭分月祭、年祭等，特别祭有家祭、跳家神等形式。

常祭。每月初一、十五向祖宗板（渥扯库）上香，表示怀念故乡长白山的祖宗。祖宗板和家谱供在里屋西墙上，祖宗板用满文写：“白山黑水，源远流长。”其上设有佛托妈妈的神位。上挂小口袋，袋装五色线、无佛像。下面有一木盒，盒盖上有蒙子，蒙子色是按红、白、黄、蓝旗色分，属哪旗用哪旗色。盖上摆木制香碟，祖宗板下墙上有“影帖”，里面是老罕王努尔哈赤骑马奔跑图。平素忌看用纱遮着，大年三十晚上才准揭影拜见。祖宗板下首还有一小木箱，内供有关老爷、观音佛像。

年祭。也叫冬祝福，是一年大祭。从腊月二十三开始“过小年”，也称“祭灶”，要送灶王爷上天，“用糖甜嘴”多说好事。家家吃祭灶麻糖和“萨其马”（一种甜食点心，也叫“糖缠”）。

大年三十下午，家主人净手，将祖宗板掸净，请下木香碟，点燃“鞑子香”，全家人三叩首后，再将香碟复位。傍晚，家主人点上灯笼，背起“上坟衣”（即故去亲人生前喜穿的衣服，没有亲人衣服用纸衣代），去“送包袱衣服”。烧纸钱后，将“包袱衣服”点燃连呼祖宗三遍“请回家过年”，然后快步归来，途中不准回头。到家后把手中灯笼供在桌上敬上碗筷，全家三叩首后上炕吃“团圆饭”。守岁时，家长给晚辈讲家族史以及有关满族的神话传说故事、续写家谱等。这时，可以“揭影”瞻仰祖像及老罕王御影。午夜，小辈给长辈磕头辞岁，长者给晚辈分发压岁钱。

在年内大小祭中，全家老少不准哭泣，不准讲不吉利话。年二十这天，姑娘无论出嫁与否，都要在祭祀时回避，尤其是“五明头”接财神时，更不准待在家里，要躲进茅房或凉房里。

从正月初一到“破五”的五天内，是拜年的日子，长子带领同辈依次给长者请安、叩头。如长辈阵亡或外出，便向长辈衣帽或遗物叩头行礼，然后再到亲戚家去拜年。守孝的子女一年内不拜年，不请客，不办婚事，不出远门。

家祭。长辈祝寿或家中有喜庆之事都要隆重庆贺，同时进行家祭。有钱家庭按春秋四季举行四次家祭。重大喜庆要祭奠三天。

祭佛（满语福希赫）。第一天把关帝、观音佛像“请下来”，让小男孩抱着骑马在院中走一圈儿，叫作“备马下地”，然后再供上享祭礼。

祭祖（满语漫扯库）。祭前的头天晚上，拉一口猪到祖宗板下“领牲”，就是用酒往猪耳朵里灌，只要猪耳朵一动，便认为祖宗已经“领牲”了，然后拉出院宰杀，煮熟后供在祖宗板下。将灯光、香火熄灭，称之“背灯”，请祖宗享受。

祭天地（满语阿布卡纳）。第二天在索拨竿前，主人手托香碟高唱满语祭祀歌，大意是：“上天有灵，请接受家族的祈祷，我家有了喜庆，全托您的保佑。今天，我带领全家向您敬贡，请您接受。请您继续保佑我家事事吉祥如意，合家平安，多福多寿。”全家人跪拜随声附和。礼毕全家人在索拨竿下分食猪肉，过往客人也可进门分享。

祭母（满语佛勒格楚克）。第三天清早，把“佛勒格楚克”神袋请下来，挂在索拨竿下，下面摆供品，家人席地就餐。这一天忌外人来。

祭星。正月初八日为祭星日，在夜幕星星出全，主祭北斗星，用面做成七个灯，点燃香表祭之。

跳家神。跳家神是满族最隆重的祭神仪式。每逢婚嫁、生育子女、庆丰收等，向祖先祈祷都要跳家神。届时全族都到场，亲戚朋友也请来。祭祖开始时，先由“穆昆达”向祖先祷告“敬佛为大，敬祖为先，父兄为长，举我为尊”。完毕其他祭祖项目由察玛引导进行。打开佛爷匣子，架上绫子，在屋门口站四至六名姑娘或小伙子，敲打起手里的插器。在北炕上悬起一面狍皮大鼓。察玛穿彩色民族衣裤，扎起腰铃，手着抓鼓，用鼓鞭打鼓走，摆动腰铃唱起神歌。同时，在北炕上的大鼓敲打起“老三点”，站在门口的青年姑娘或小伙子打起手中的插器，随着神歌拍打手掌应和。与此同时，杀猪祭神招待宾客，一跳三天。全部猪肉必须吃光，剩下的要送给外人，家里人不能再吃，送不出去的便都扔掉。

跳家神的高潮是“祖马”，也叫“塔河马”，是祭祀救过罕王的大青马。由穆昆达向祖先祷告：“扎昆背色，京乌勒么金那么，乌云背色也金勒么金那么，伊能也伊东得，片几那我你混得!”意思是：“佛爷，愿您收下，请您保佑。”这时察玛在西炕神位前对跳对唱，让族中一长者到马厩中选一匹最高大俊美的雄马把笼头摘掉，马随鼓点声从房门走进屋中，顺北炕走到西炕沿，转头向南站立在神位前，察玛端过一大碗米酒，对马说：“今年轮你的班了要侍候好祖先，这就是你的功劳，请你把这碗米酒喝下去吧!”马把米酒喝进，打响鼻。察玛说：“请你回去吧，养养神，一定尽职责。”马听话后走回马厩。屋内鼓声大作，察玛唱颂词。这匹马这年就是祖马，也干活，但不打鬃尾，不许女人坐祖马车。仪式完了，装好佛爷匣子，送走亲友，跳家神结束。

磕哑巴头：磕哑巴头是一种祭祀仪式，说是跳不起家神的旗人要磕哑巴头，还有说汉人随旗当差要磕哑巴头。在满族中从前不跳家神或不磕哑巴头是没有的。方式是杀一口猪，杀猪人不许进屋，多冷的天也要在院子里。杀完了不用水煺毛，在三块石中间架起火后，把猪放在火上燎净毛，把猪头猪尾割下来放在供桌上祭祖，然后再开膛，摘肠子，摘下肠子油放锅中，把淘好的小米放入油锅中煮，饭煮熟后由长者开始从锅中盛饭，全家由老到小都要吃，吃饭时一律坐在外面，不许进屋。因为这时已是星光满天的小半夜，所以叫“小夜饭”，也叫“达子饭”，吃罢这顿小夜饭，把收拾好的猪切成八块，切后再合在一起，放在供桌上，这时祭祀祖先正式开始，族中人由穆昆达率领，在供桌前叩头，然后按辈分排成长队，进到屋中给西炕供着的老佛爷和祖先磕头，不准讲话，磕头时要磕响头，越响表明心越诚。磕完头在燎猪的三块大石头上架锅，将猪放进去煮熟后，请族中人来吃猪肉，把亲戚、朋友也请来吃，全部吃净，连汤也不许剩。事后，这三块架锅的石头要放在干净处视为“神物”，不准弄脏。

新中国成立后，随着人们科学文化知识水平的提高，这些习俗有了很大变化，有的停止或废弃，有的仍在流传。健康向上的新风俗代替旧事物进入了各族人民的生活。

域内蒙古族信奉黄教，通称“喇嘛教”。清朝广为提倡当喇嘛，如一家兄弟三人，要有二人去当喇嘛。被称之活佛的也就进入了蒙古封建主的层次。由于喇嘛以活佛的面目出现，在蒙古族人民心目中被视为神的代表，凡是移茔地（迁坟）、婚、丧、喜庆、生老病死、灾害等都要请活佛祈祷诵经，求神灵保佑平安。喇嘛庙宇是蒙古人活动的中心。朝佛礼拜是蒙民生活中一件大事，人们常常不顾路途遥远，诚心诚意并尽其所有向寺庙布施，求神佛保佑安康。（以上据 1997 年《围场满族蒙古族自治县志》整理）

宽城县祭礼

满族人崇敬祖先。每逢年节或婚娶、生子、丰收等喜庆之事，或因病许愿祈求保佑等，皆要对祖先举行祭祀。

宽城县满族祭祖，富者要专设一间屋（大部在正房西屋）为“祖先堂”。祭祖时，先在“祖先堂”前“上香”摆“高供”。其供品有黄米饽饽、粉（将粉炸后置木棍上，下插红萝卜内）、整猪（将公猪杀死后，用两股铁叉从肛门处直戳前腿，之后放在坯池内用炭火熏烤，边烤边上香油，意在酥香好吃。供后，此肉只给家族人吃）、馒头等。然后，全家族按辈分排列，长者在前、少者在后磕头祭祀。贫者无有“祖先堂”，即在卧室外屋放一桌子，上置祖宗匣和一般供品（如黄米饽饽、猪头、猪尾等），行“磕头祭”。

秋后庆丰收时，祭祖的第二天还要祭天。旧时，宽城满族大部庭院中，有一影壁墙，墙后置一根高杆，称“索伦杆”。祭天时，将杆顶套一块猪肉及一些猪内脏等，让乌鸦来吃，称为“神享”。如三天内吃完，使认为是大吉大利，来年更好。现在，满族的隆重祭祖活动已演变为一般的敬祖。（以上据 1989 年《宽城县民族志》整理）

玉田县祭礼

旧时，县内祭祖风盛。大户巨族聚居的村落，立家庙，建祠堂，庙内供奉祖先的木主（俗称“神主”）。清明节，全族祭祖并聚餐（只限男性参加）。遇年节或本家祖先诞辰，由各家入祠单祭，祭品因家庭情况而异。1949 年后，全族祭祖聚餐之俗已废，春节或清明祭祖之风，至今仍在沿袭。（以上据 1993 年《玉田县志》

整理）

遵化市祭礼

敬鬼神，祀天地、日月星辰、山川及先大人，有健名者，亦同祀。以牛羊祀毕，皆烧之，饮必先祭(《魏书·乌桓传》)。民间每书“天、地、君、亲、师”五字，晨夕致敬，各香三炷，允宜雅俗。岁除供神祃，曰“天地纸”；村舍结棚，曰“天地棚”，五日而撤，祭以茶果，鲜用牲醴者。婚娶家亦供神祃于案，曰“天地桌”，夫妇拜之，曰“拜天地”，礼成而撤。仲春朔日，以饼供日，曰“太阳糕”。仲秋望日，以饼供月，曰“月饼”。山居者祀山神，近水者祀水神。蒙童入塾，陈四子书使拜，曰“拜圣人”，朝至暮归必揖，朔望亦献瓣香。习俗相沿，愚诚将敬，未可绳以僭妄也。若夫门曰门神，灶曰灶王，比户皆祭，必不可阙。仓神则农家祀之，财神铺户祀之，百工多祀鲁班，炉冶多祀老君。龙神、雹神、火神，祈祷者祀之。虫王、牛王、马王，树畜者祀之。各因其业，犹是先穑先蚕之义。求名则祀魁星，求子则祀张仙，各因其义。遇甲子金奎则祀文昌，金危危、金尾危、金斗满，则祀财神，又各因其时。至于小儿初生，则祀床公、床母，出痘则祀哥哥、娘娘，随时称名，尤不可穷诘矣。世家大族多建宗祠，春秋祭祀，牲醴具陈，阖族长幼序拜；礼毕，享胙而归。士庶家无祠者，设龛堂室中，以安木主，生辰、忌日，设供以祭；或画祖考像于轴，岁除张于堂，戚友贺岁必先展拜，谓之“拜影”。过正月望，收而藏于椟。祭墓非古，然近多行之者。正月上旬，诹吉展墓；清明祭扫敷土，以土块压纸钱冢上，前后十日，亦可有合族公献羊豕、鼓吹祭奠者，礼毕，亦饮胙始归，谓之“上夥坟”。有各支次第分祭者，各从家俗。七月望，献麻谷，多焚镪楮，鲜具牲醴者。十月朔，焚所剪五色纸，曰“送寒衣”，只祭于祠，或祭于寝。（以上据清光绪十二年《遵化通志》整理）

乐亭县祭礼

礼行于家庙，而家庙之设，缙绅亦罕。士庶于堂室之中，设龛以位主，无主者，用牌书其先讳，月朔望拜焉。岁中逢节及忌辰，必祭新物，则以时荐。俗尤重墓祭，清明于冢上增土，备牲、楮为奠，合族长幼咸集。七月中元，唯奠牲、楮于墓。若新冢，则孝子先中元一日丑时往墓，以麻谷招魂至家，设牌于堂，具服哭临，至亲皆与祭之，明日仍于丑时以麻谷送魂于墓。外神唯灶为常祀，腊月二十三日，设糖饼、果菜，祀于灶陉。元旦日，五鼓迎神，起造苇棚于院落，设天地神祇位于内，早晚上香，以元宵节为止。此实近僭，而习以为常。若男女祷于寺庙求福邀功，盖亦往往而有是，则愚夫、愚妇蛊惑之，深有难以理晓者，诗礼之家，痛以此为戒。（以上据清光绪三年《乐亭县志》整理）

滦县祭礼

祭，吉礼也。丧则有奠无祭。滦俗自初丧迄虞祭，均谓之祭，非古也。夫祭必于庙。今有宗祠者，每岁以清明为期，牲牢酒醴，品物庶馐惟备，族长率幼辈以祭。此士大夫家则然。其平民无庙者，清明日皆祭于墓，各冢培以土，挂纸钱于上。虽至贫贱，至日亦必只鸡麦饭，跪拜于墓前。中元节复诣墓，荐以酒果。新丧则谓之“瓜祭”，又曰“麻谷”，言谷既新升，麻又早熟，荐新也。十月朔，再祭于墓，焚冥衣，谓之“送寒衣”，岁终或正月二三日，焚楮帛于墓。除夕，必祭其先于家，品物较他时为丰备。盖岁有四祭焉。士人值祖父母、父母忌辰，则祭；农、商家亦有知此礼者。

上为旧俗。民国以来，丧礼率沿旧制。较前稍异者，则为黑纱与花圈也。男子左腕围黑纱；女子胸际缀黑纱结，是为新制。伊者无多，丧家男女仍着白袍。至花圈供奉灵座，则数见不鲜矣。（以上据民国二十六年《滦县志》整理）

卢龙县祭礼

按士庶之祭，内之重于先，外之重于社。若品官家庙，今制未定，尝仿家礼为祠堂。如今制，祭四代，庶人当从制及祖，依古荐于寝可也。北方世爵及缙绅崛起，家构第，以居有堂室，有房寝壮丽，独未见立家庙，其荐祭之仪亦简。士夫之裔，尤知作主，而贫者多共一扁书。始祖不论应祀者几，以神像置中，而家神则配之。贫甚，则以楮书讳，甚至讳楮亦无矣。举祭在礼，上香者爇萧之义，求神于阳也。酹酒者，灌地之义，求神于阴也。乃奠酒以致享礼毕，而焚帛，无帛则以楮代之，非祭义所当知乎！今大都上香后即焚楮，焚楮后方酹酒，不奠即拜，而礼毕矣。然俗重墓祭，每清明于冢上增土，备牲楮为奠。七月中元，唯奠牲楮。十月朔，则益以冥衣，邀亲众享奠品于墦间。其新冢遇三祭时，每具服哭临，三日服除乃已。士夫及齐民皆然，虽不合礼，亦报本孝敬之厚道也。祭社具于左，但家祭除夕、元旦，祀天地、日月。而商旅之赛于家，亦曰焚天地、日月楮，不知庶人不敢

渎，而赛用羊豕其分乎！（以上据清康熙十八年《永平府志》整理）

三河市祭礼

四时享祭如礼者，必须设祠置龛，唯世家行之，普通平民鲜有行此礼者。大抵遵庶人祭于寝之义，例于室内列主，或朔望展拜，或先人生殁之辰，或四时荐新，行家祭之礼。墓祭唯清明节行之，七月十五日、十月一日亦为必祭之期。

域内回族人初死者之各祭日：三日、七日、四十日、百日、周年、生日。以上各祭，请宗教师在家诵经以外，并到坟前游坟诵经，无他礼节。不追画像，不设牌位，不行扶跪礼。（以上据民国二十四年《三河县志》整理）

文安县祭礼

据事死如事生之义，凡有特别食品孝亲者，率用以祀先，然无常品，无定期。定期设祭，尽人行之，则风俗之所关也。元旦祭家祠，无祠祭木主，无主祭墓（祭用庶馐，焚香奠酒，燃爆竹，化纸钱、冥镪，每祭皆如之，后不再赘）。上元祭；清明祭；端午祭以角黍；中元祭；中秋祭以瓜果月饼，不用馐；十月一日祭；腊月八日祭以粥；除夕祭，焚香达旦；忌日祭，以三代为断，远祖唯始祖设祭，余则否，亦五世亲尽遗意。（以上据民国十一年《文安县志》整理）

定兴县祭礼

士大夫家立祠堂，春秋致祭，备羊豕、酒醴，合族咸集。其无祠者，则于堂中设龛，以奉神主。若村氓，唯于岁暮，以纸疏书某门宗亲神位，设供以祭。忌日则祭于墓。乡村建庙祀神，各以其时。如春日祀土神、谷神，立夏祀龙神、雹神，四月八日祀佛祖，五月五日祀火神，是也。乡众醵钱致祭，各有常仪。唯秋后报赛，每招优人演剧，观者甚众。家家备酒肴，款亲友，酬酢欢洽，饶有古风。过此则各安生理，不敢浪费金钱也。（以上据清光绪十六年《定兴县志》整理）

定州市祭礼

祭礼之行于乡间者，唯士庶祭先之礼。然定俗朴质，士人之有庙者，十无一二，大率祭于墓，或致祭于主。其致祭之期为正月初三日、清明日、中元日、十月朔日。忌日，则以时食行礼墓前。其说具详岁时篇。至若地方公仪，则有司之事，

兹不具。（以上据民国二十三年《定县志》整理）

唐县祭礼

祭天地、鬼神外，多祭雹神、龙神。旧志云：“或春或夏，不一其时；或城或社，不一其地。”余唯冢祭。清明，剪纸钱敬挂冢前，郊外妇女哭声时闻。中元，取新麻、五谷献于墓，曰“送麻谷”。十月朔，剪纸衣、楮钱焚于墓，曰“送寒衣”。唯元旦祭祖先于家，亦有祭于墓所者。（以上据清光绪四年《唐县志》整理）

高碑店市祭礼

祭礼，凡载在《祀典》者，有司职之，兹不具论。乡里所通行者如下。正月元旦，谒墓以纸钱冥镪，燃爆竹。上元，荐元宵。元宵，以糯米裹以糖，滚之使圆，犹汤圆也。清明，筑墓添七，祭以庶馐，燃纸钱、金银纸锞，拜墓。端午，荐角黍，俗曰“粽子”。七月七日，荐瓜果，祭牵牛、织女，乞巧。八月十五日，荐瓜果，祭月。十月朔，焚纸钱，拜墓，送寒衣。是日，村人公做盂兰会，以祭诸鬼。腊八日，做腊八粥，祭先人。二十三日，祭灶，具香马、糖食送神。岁除，设祭，祀天地诸神及其先人。忌日，斋戒、荐食。近则有逢先人生日做冥寿者，此则《礼》之所无也。（以上据民国二十四年《新城县志》整理）

雄县祭礼

清明节，上坟，悬挂纸钱，燃爆竹，奠于墓下。回集家庙，广设几筵，合族会食；亦有取次分门，在家会饮者。其无家庙者，于室中设龛安主；无主者，裁红笺，书某门宗亲神位或画祖考像，悬而祀之。七月十五日，献麻谷；十月朔，送寒衣；元旦、除夕、端午、中秋以及生辰、忌日，皆设供致祭。士大夫家遇有入泮、领乡荐、成进士者，皆告庙、祭墓，若遇覃恩，又有焚黄告祭之礼。（以上据民国十八年《雄县新志》整理）

徐水县祭礼

凡遇先人生日及忌辰，均设祭。清明节，扫墓挂纸。中元节，家家在坟前焚纸锞，备祭品。十月朔，祭墓，焚寒衣纸。除夕日，至先人墓前迎神，回家致祭。（以上据民国二十一年《徐水县新志》整理）

安国市祭礼

士夫之家有堂祭礼。每逢丧之七日，晚延娴礼者四赞之，主祭者具馔肴，率合家男妇三献九拜，擗踊号涕，行至五七止。葬之前一夕，亦如之。又忌日、节令，祭于墓，士民同。（以上据清乾隆二十一年《祁州志》整理）

望都县祭礼

祭祀，吉礼也。自祀孔，祀关、岳，祀各坛庙之礼废，行于民间者，有祭先祖礼。岁时荐新，于年节、清明、端午、中元、中秋行之；春秋扫墓，于清明、中元、十月初一行之。所以重春露秋霜之感也。届时，洁衣冠，具蔬酌，焚香叩首，祭毕而撤，家人聚餐，曰“食神惠”。（以上据民国二十三年《望都县志》整理）

曲阳县祭礼

大夫祭五祀，士祭其先，庶民亦只可祭其先，外此皆淫祀也。今曲阳绅富，多建宗祠，颇为知礼。唯男妇多好修庙烧香，以为求福。此盖晋末、后魏、唐、宋、金、元以来，崇尚佛老，其风遂遍天下。而曲阳寺观之多，尤为惑世诬民。不知淫祀无福，劳民伤财，废时失业，其弊不可胜言，更有建造佛幢，以为孝亲者，亦为大惑，均宜戒之。（以上据清光绪三十年《重修曲阳县志》整理）

顺平县祭礼

境内各祠宇，祭祀之礼或隆或杀，无一定准则。按照风俗习惯，实有确定时期。元旦（以下时期均指旧历而言），民间所祀之神极多，未能历举，约略言之，上下神祇及祖先而已。二月十五日，祀尧帝（尧城村有尧帝庙，旧日知县亲往致祭，商贾辐辏，百货毕集）。三月十五日，祀刘真（庙在南关外，今已改建小学，然届期犹演剧致祭）。三月二十日，祀雹神（庙在北坝，旧日演剧四班，今渐衰落）。三月二十八日，祀城隍（今改建设局，祀事久废）。四月八日，浴佛，即于是日祀木兰（东街东关均赛会场所，商贾云集，人最拥挤）。四月二十八日，祀药王（庙在东关，今久废不行）。五月五日，祀瘟神（偶像已毁，赛会犹照旧举行）。五月十三日祀关帝（旧于是日必演剧致祭，改革以后，迄未举行）。旧历清明节，俗于是日扫墓。七月十五日中元节，民间亦于是日祭扫。十月一日，俗于是日展墓送寒衣。八月十五日，以瓜果祭月（各界于是日休息宴饮，但祭月之风已减）。习俗每值先人忌日，必谒墓致祭，从无为先人做阴寿者。以上所述，俱就民间习惯而言，至文、武庙及社稷坛等，从前载在祀典者，概不列入。（以上据民国二十三年《完县新志》整理）

满城县祭礼

祭墓名曰“上坟”，行于清明及中元节，所谓春露秋霜之感也。父母，祖先忌日，必具酒馔、楮镪，祭于墓前，亦曰“上坟”。唯十月朔，兼焚五色纸，剪作衣状，名曰“送寒衣”。至其他祭礼，唯观音大士及灶神为最普通。妇女多迷信之观音赛会，在旧历二月，以二月十九日为“观音诞”也。“祀灶”则在腊月二十三日，送灶供品用糖瓜，即胶牙饧也。小儿有病，每祷于灶前，或验或否。近则迷信破除，此风稍息。（以上据民国二十年《满城县志略》整理）

沧州市祭礼

绅士用木主，立家庙，无庙者多祭于堂寝。以时或因事祭之。唯新正、清明、七月望、十月朔祭于墓。然仪文缺略，或不足以将诚敬，以《家礼》斟酌行之则善矣。至寺观淫祀及妇女入庙烧香，尤宜变革。（以上据清乾隆八年《沧州志》整理）

河间市祭礼

岁首及清明、中元、下元，俱墓祭。先人忌日及生人诞日、婚娶日，俱祀祠堂。其无祠者，奉主于家。小民或不能做主，则为位以祭。腊月二十三日，祭灶。元旦，设案于庭，备牲馔，祭合宅应祀诸神。（以上据清乾隆二十五年《河间县志》整理）

沧县祭礼

民间祭礼有五：一曰“祭木主”。元旦、清明、中元、十月朔、忌辰，均拜祭。上元、端阳、中秋、除日，祭而不拜。荐新、荐珍，无定时，陈荐而不拜。（屋宇广者，奉主于静室，屋宇狭者，即奉于堂。有家祠者，邑中不过三十余家，然其近五代之主，亦多奉之于家，而不奉之于祠）二曰“祭墓”。元旦、清明、中元、十月朔行之。三曰“祭佛”。农家无牌位，而有“家堂”（印板画轴上，绘家祠状，中可填写三代名讳。年节鬻画者备之，农家购悬，以代木主之用）。其居室外间有“魂台”（以土坯垒成案形，涂以泥），台上供佛龛，龛内悬佛像，龛后即悬家堂。故其祭祖，必兼祭佛，然其意仍重于佛，而轻于祖，故叩拜时，恒曰磕在佛前。四曰“祭灶”，概祭于腊月二十三日。五曰“酬愿”。妇女偶逢灾害，恒祷神以祈愿，灾害幸免，则备祭以酬其所祷之神。或入庙会，或在庭屋，无定时，无定地。（以上据民国二十二年《沧县志》整理）

盐山县祭礼

凡载在祀典者，则有司存，毋庸赘述。其行于乡者，唯庶人祭先之礼尔。祭先则于家庙，盐山唯士夫繁族间见一二，殊寥寥也。率祭于主，或于墓。元旦谒墓（或以阴正初二日），则以纸钱冥镪，燃爆竹。上元荐元宵（以糯米、黍米面裹以糖馅，曰“元宵”）。清明扫墓筑坟，祭以庶馐，燃纸钱，拜墓。端午，荐角黍，麦熟则荐新。中元，荐瓜果，焚纸谒墓。八月望，则以瓜果祭月。十月朔，则焚纸拜墓。岁除，设祭达旦。月逢朔望，则拈香。此岁时常祭也。忌日，斋戒素服，祭以时食，行礼主前（无主则设位），此特祭也。（以上据民国五年《盐山新志》整理）

青县祭礼

凡《祀典》所载，各以位祭，士庶不敢知也。兹书其祭之宜者。家庙之制，唯士大夫族之繁者间有之，概不多见。其余祭礼，唯主与墓而已。祭于家者，有四时荐新，有生、忌、朔、望等祀。若展墓之期，正月元日（间有初二者）；清明加土于冢，谓之“添坟”；七月朔日、十月朔日剪纸制衣，谓之“送寒衣”。如期具以酒肴、纸镪，诣墓拜奠。邑俗大都然也。至岁除日，燃香楮于家庙，或诣墓所，亦有未可概论者。（以上据民国二十年《青县志》整理）

献县祭礼

祭不讲久矣。士大夫家亦鲜有立祠、置龛，循宗法四时享祀如礼者。大都一室列主，祭唯簋豆数事，其稍虔则有朔望展拜、四时荐新者。墓祭在岁首、清明、七月望、十月一日。（以上据清乾隆二十六年《献县志》整理）

深州市祭礼

士民多无祠堂，岁时伏腊，或设主，或悬画像，具牲醴、果肴祭拜。（以上据清光绪二十六年《深州风土记》整理）

故城县祭礼

初丧，七七或十七为尽。七、百日俱行祭。每年遇忌日必祭。士大夫四时皆祭其祖先，由始祖以下皆祭。（以上据清光绪十一年续修本《故城县志》整理）

广平县祭礼

士大夫家，多奉先世神主于寝，间有立家庙者，或画祖考像于轴悬之者。除夕、元旦、令节，家家设供致祭。岁时行墓祭礼：寒食添土，墓颠挂楮钱；五月荐新麦，谓之“简汤”；七月十五日，献麻谷；十月一日，制纸衣送墓间，曰“送寒衣”。亡者生辰、忌日，亦墓祭。遇婚娶、登科，告祭于墓，曰“祭祖”。遇亲友丧事，送馒首、面果，或用面三五斤蒸如纬帽形者，曰“大饭”，加馃、鸡、鱼、肉等物，曰“全祭”。（按：古无墓祭之文，封植始于孔子。唐开元初，敕寒食上墓，墓祭或始于此。又按，《太平寰宇记·洛州风俗》引《隋图经》云：“今赵氏数百家，每有祭祀，别设位以祭公孙杵臼及程婴二氏，历代相传，号曰‘祀客’。”今之风俗，久无此祭云）（以上据光绪二十年《广平府志》整理）

大名县祭礼

故家多建祠设主。元旦、元宵聚族拜享。朔望入祠，序拜如礼。正月三日、清明、中元、十月朔，必祭于墓，焚化纸钱，名曰“送寒衣”。遇忌，或谒庙，或拜墓。三周之祭最重，亲友毕来奠享，如葬之日。诸神之祭，庙寺林立，关帝最多，释迦、观音次之。至场神祭于场，仓神祭于仓，门于门，灶于灶，圈于圈，各以其所。若士人祭孔子，匠人祭鲁班，亦其物也。乡媪祀某奶奶、某姑姑类，为祈福禳病而设，无稽甚矣。（以上据民国二十三年《大名县志》整理）

邯郸县祭礼

民间率祭于寝，士大夫家奉先世神主于寝；间有立家庙者，或绘祖考像于轴悬之；除夕、元旦、令节，家家设供致祭。岁时行墓祭礼，正月三日，寒食日，七月望日，十月朔日，亡者生辰、忌日，皆墓祭。遇婚娶、登科，告祭于墓，曰“祭祖”。遇亲友丧事，或以奠幛，或以奠敬，或以羊豕三牲、馒首面果，或用面三五斤，蒸如纬帽形者，名曰“大饭”，加馃食数品及鸡、鱼、肉等物，名曰“全祭”。（以上据民国二十八年《邯郸县志》整理）

永年县祭礼

士大夫家多奉先世神主于寝，间有立家庙者。岁时行墓祭礼；寒食，添土墓颠；五月荐新麦，谓之“简汤”；十月一日，制纸衣送墓间，曰“送寒衣”。亡者生辰、忌日，亦墓祭。（以上据清光绪三年《永年县志》整理）

曲周县祭礼

四时遇节，皆与士大夫设奠于家庙，无者奠于寝，清明则祭于墓。中元、十月朔，亦间有墓祭者。生忌、死周，必以时祀。有大事若科第告祖，必于墓并及母、妻家，曰“祭祖”。（以上据清乾隆十二年《曲周县志》整理）

鸡泽县祭礼

四时祀先，无家庙祭于寝，列历代神主或画祖考像于轴悬之。清明、中元、十月朔，多祭于墓。如得功名，告祭必于墓，有及母、妻家墓者。生忌死周，知礼者亦祭。遇令节或祈雨，皆祀天地、神佛，设供焚楮，或假师巫、簇旗鼓、抬杠箱、以为致虔。若乡社赛神、春祈秋报，醵钱谷，具礼张乐，演剧于神庙。先一日曰“暖神”，本日曰“正赛”。祭毕馂余，曰“破盘”。立春前一日，迎春东郊，各行人扮杂剧，男妇竞观之。小儿争从土牛腹下过，曰“稀痘”。设春盘，食萝卜，曰“咬春”。（以上据清乾隆三十一年增刻二十年《鸡泽县志》整理）

肥乡县祭礼

寒食，挂钱纸，添新土。七月十五日，荐麻谷。十月朔，送寒衣。诞日、忌辰，皆祭墓所。士大大家不尽立祠堂，奉神主于寝室，民间多画祖宗昭穆图供奉。（以上据民国二十九年《肥乡县志》整理）

磁县祭礼

吉礼也。祀孔、祀关岳、祀各坛庙之礼，废行久矣。事变后，恢复祀孔、祀武庙，每年春秋均祀之。于民间者，有祀先祖礼。岁时荐新，于年节、清明、中元、中秋行之。春秋扫墓，于清明、中元，十月初一行之，所以重春露秋霜之感也。届时，洁衣冠、具蔬酌、焚香叩首，祭毕而归，家人聚餐，曰“食神惠”。（以上据民国三十年《磁县县志》整理）

武安市祭礼

武俗尚鬼，多淫祀。南乡祭白马天神（神姓名、里居无考。相传，神初来时骑白马，有功民众，故立庙祀）、马奶奶（不知何神。相传，马庄马氏之女未嫁得道，乡人祀之。或疑为麻姑仙人之误，皆不可考）。四乡则祀张爷（俗传，顺德布商贩布至武，有功武民，为立庙祀。余疑此即花蕊夫人所祀之张仙，或乡人不知误传之耳。皆不可考）。皆附会流俗，祀典不载。通常所祭，乡间则有关帝、龙神、药王、文昌、土地等，名目繁多，不可殚记。家中则有家堂、天地、灶王、钟馗、门神、马王等。工商各业皆有专祀，而典仪隆重。厥唯士庶祭先祖，有宗祠者祭于宗祠，无宗祠则或祭于寝，或祭于墓，皆恪恭将事，无敢或怠，为民间最隆重之祀典。（以上据民国二十九年《武安县志》整理）

隆尧县祭礼

士大夫之家，无祠堂寝庙，唯奉先世神主，或以题像飨之。岁时伏腊，吊丧扫墓，亦各致祭；其品，面饭、鸡肉、黄糕、酒醴；其仪，香楮、灯烛；其礼，拜跪无算。（以上据清乾隆二十九年《隆平县志》整理）

南宫市祭礼

庶人祭先人之礼尔。士大夫家祭于宗祠，无祠则祭于寝，祭于主，祭于墓。元旦以祭品、纸箔祭先。清明则扫墓筑坟，以庶馐、焚纸钱拜墓。端午荐角黍，麦熟则荐新。中元荐瓜果，焚纸谒墓。八月望，则陈瓜果于中庭，以祭月。十月朔，焚纸拜墓或祭主前。岁除设祭达旦。月逢朔望则拈香。此岁时常祭也。此外，忌日斋戒素服，祭以时食，行礼主前，无主则设位，为特祭。先人生日，南方亦多祭者，

北方则罕，又或祝阴寿则诞矣。（以上据民国二十五年《南宫县志》整理）

沙河市祭礼

邑中鲜缙绅望族，皆祭其先于寝室。士做木主；民悬画轴；穷僻村落则裁红笺，书三代宗亲。其建有祠堂者，寥寥也。除夕、元旦、上元及端午、中秋，设供焚楮，祀天地列神与祖考。正月十六，合族长幼诣墓祭，谓之“上坟”。清明、孟冬朔，则诣墓焚纸衣，谓之“烧纸”。虽礼文简略，犹存追远遗意。至若春秋祈报，醵钱演剧，士女麇集，荒废本业，积年陋俗，改革殊非易事。又岁时朔望，女巫之号称“善友者”，召集多数女子，诣神庙击有柄鼓（俗名“善鼓”），呼号跳跃，丑态万状，伤风败俗，亟宜设法禁止。（以上据民国二十九年《沙河县志》整理）

内丘县祭礼

古者祭以继养，孝子之事也。亲友助祭，助祭者献爵爵帛奔走，职事随班同哭而已。即或情不容已，别为鸡黍之献，可也，近乃羊豕煮炸，列桌数十，过于飨天子、飨元侯几倍，死者敢凭几受之耶。至若服有隆杀，古者人各自制，今乃孝子代亲姻而制服，亲姻代孝子以奠飨，皆与古反。天下皆然，不独一内丘。甚至有索祭、索服之讼，折银、折钱，恬不相怪，于死者何益，可笑甚矣。（以上据清道光十二年《内丘县志》整理）

新河县祭礼

士大夫家有家庙，庶人有宗祠，奉木主于中堂，四时节序及祖先忌辰，合族长幼咸集，及时奠酒焚楮以祭；朔望焚祝；出入祇告，生子、娶妇诸事亦如之。（以上据民国十八年《新河县志》整理）

威县祭礼

士夫家多奉先世神主于寝，至岁时则必行墓祭礼。寒食添土坟头，五月荐新麦，十月一日焚寒衣，亡者生辰、忌日亦多诣墓祭之。（旧志）正朔祭祖庙为南北乡通礼。唯墓祭礼，南乡则正月五日，北乡则正月二日；至清明为“修墓节”，皆上墓致祭；七月十五日、十月朔日，均有墓祭。近年七月十五日，亦多有设盂兰盆会者。遇先人忌日，或祭于墓，或祭于家祠，上中等家行之。又清代娶妻、登科，

告祖于墓，名曰“祭祖”。（以上据民国十八年《威县志》整理）

广宗县祭礼

祭礼，以祖宗为重。除夕、元旦，启历代木主供于家庙；无木主，则悬宗谱；无庙，则供于寝室。设奠致祭，每食必荐，朝夕焚香，至初五日止，或有至十五日者。清明日、七月十五日、十月初一日，皆行墓祭。遇娶妇、嫁女、登科第、晋官爵，则致祭，谓之“祭祖”。值忌日，亦如之，亦无一定仪式。（以上据民国二十二年《广宗县志》整理）

第七节　杂　礼

井陉县交往礼仪

相见礼。《仪礼·士相见礼》：“挚，冬用雉，夏用腒。”今人相见，虽不固执古礼，而于古人微意，则尚有可考者。重寒暄，叙阔情，或谈家常，或话旧事，见面礼节，有脱帽鞠躬者，有握手者，有拜揖者，有点头者，极不一致。所具礼物虽薄（如点心蒸馍等），而妙手空空者，则极少焉。

问候礼。此礼似与庆会相同，而实有区别。盖庆，必以喜；吊，必以忧；而问候，则属平常交际焉。宾主会面，寒暄谈叙，同相见礼。然有为陉人所特重者：如老翁之中表兄弟、老妇之母家戚眷，每年春秋闲暇时，例须结伴前来，终日攀谈，娓娓不倦。既具任姻睦恤之风，又有尊敬长老之意。乡俗流传，邑中全境，莫不如是。他若翁婿母女之互相通候，至亲厚友之交相往来，年有所赠，节有所馈，麦秋食新，每相受授；虽物品有限，而敦笃可嘉，亦有与他处不同者。（以上据民国二十三年《井陉县志料》整理）

深泽县交往礼仪

问候。深泽县人民朴实忠厚谦逊，素重礼节，晚辈遇长辈或朋友相见，多行拱手礼、鞠躬礼。40 年代末，通行握手礼、招手礼，并致问候。其用语，早晨相见问：“你起得早？”饭后相见问：“吃饭了？”平日相见问：“有事吗？有时间去家里玩。”久日相见问：“您好？看上去身体很结实，工作一定很忙。”“××（尊称）身体好吗？”80 年代始，相见时还问：“有事吗？请说话，有事找我。”办清事后说

“谢谢”“对不起”，等等。

尊称。县境内对长辈和比自己大的同辈都呼尊称，直呼姓名为不礼貌行为，一般按排行呼尊称。如大伯、二大伯、三大伯；大叔、二叔、三叔；大哥、二哥、三哥。也有挂名呼尊称的如××哥、××叔、××大伯、××爷。路遇生人并求其办事，比自己年龄大，男的呼“大伯、大叔、大爷”，女的呼“大娘、大婶”；与自己年龄相当的，男呼“大哥”，女的呼“大嫂、大姐”；路遇外乡人称“先生”。50年代后多以同志相称，80年代称“师傅”。

待客。深泽人待人热情厚道，重礼仪，每逢客至，主人必迎之，寒暄后，让客人上座，敬烟、倒茶，然后以好食相待。饭前必上菜、敬酒，酒毕方上饭，请客人先吃，陪客者自觉慢吃，客桌上有备饭，尤忌客人等饭，待客人吃好后，陪客者方能放碗筷。进入80年代，待客饭菜尤为丰盛，客人走时，主人送至门外话别。

串亲戚。亲戚朋友之间，素重往来，谓之“串亲戚”。正月初二、三、四、六为“串亲日”，平日每月初一、十五、二十三为月忌，禁串亲。串亲戚一般都带礼品，主人对亲友好吃相待。探视病人还要赠送罐头、糕点、鸡蛋、挂面、奶粉等补养食品。（以上据1997年《深泽县志》整理）

赞皇县交往礼仪

会面。赞皇民间重礼节。施礼方式，清代行跪拜礼，民国间时兴鞠躬礼。新中国成立后，鞠躬礼仍旧流行。现时，在隆重场面，仍施鞠躬礼。熟人会见，点头或举手致意并稍问寒暄。如与新客会见，同性之间常行握手礼，异性之间多点头示意，并加问候。民间常用寒暄语因一日内不同时间有所变化，饭时多问：“吃饭了？”晚间多问：“还没睡？”早上多问：“起来了？”

称谓。民间，同族之内，除长辈对晚辈、兄（姐）对弟（妹）直呼其名字外，晚辈对长辈严格尊敬称呼，弟（妹）对兄（姐）多尊称，但也有少数直呼姓名者。乡里不同族的街坊，根据双方年龄差别或传统辈分，分别称××爷（奶）、××伯（大大或大娘）、××叔（婶）等；年龄相近者称哥弟（姐妹）或直呼其名，这种习俗现仍沿袭。民间，对于不熟悉的人习惯称“老乡”。新中国成立后，老乡与同志并称。近年，称师傅者渐多。

待客。赞皇民间待客，热情而大方。客来，迎至门外，引客入室，宾客要坐上位，并以水茶相待。请客人吃饭，拣好吃的做，并由主人相陪。客人离去，送至户外，并致意再来。

新中国成立后，旧时礼仪沿袭。随着人民生活水平提高，待客一般都有好茶、好烟。远客、贵客到来，常以酒、菜招待，并留客共餐。

访亲。民间，亲友之间素重来往。除春节外，凡遇婚丧、生育、患病，均要带礼品前去探视。礼品的形式因事而异，如遇婚嫁，要带馍馍、挂面之类；吊丧要带花卷、纸钱等；生育要带鸡蛋、挂面、花布、儿装等；看视病人，多带水果、点心之类。（以上据1998年《赞皇县志》整理）

元氏县交往礼仪

元氏民众习重礼节，亲戚好友相见，旧时有相互作揖或脱帽鞠躬礼。近年较普遍的为点头示意，互相寒暄。学生向教师行鞠躬礼，少先队员行队礼，同志间相见多行握手礼。

对长辈习重尊称，不直呼姓名，有排行的按排行顺序尊称，如：大爷爷、二爷爷；大伯、二伯；大哥、二哥……远门家族或乡里有挂名尊称的如：××哥、××叔等。

到外乡求人办事时，对年长者称大爷、大伯、大娘、大婶等，对与己年龄相当的称大哥、大嫂等。近年以“同志”或“师傅”相称者已较普遍。

元氏民众性淳朴，习重寒暄。早晨相见问：“您起得早？”饭后相见问：“吃了吗？”平时相见问：“干什么？”“到家坐会儿吧！”送客出门时说：“改天还来。”

亲戚朋友间多重往来。串亲时一般要“提篮子”，旧时多为馍馍，近年则多以油条代替，访友多携糕点，探望病人多赠鸡蛋、挂面、点心、水果等。亲友相见宾主相互问候，互拉家常，主家一般要以纸烟、香茶、美酒、佳肴招待。（以上据1995年《元氏县志》整理）

蔚县交往礼仪

相见。旧时，熟人相见或施礼作揖，或脱帽鞠躬、点头示意。新中国成立后或握手、招手，或点头示意。日常相见，问候语为“吃啦？”“做啥哩？”“去哪呀？”“进家吧！”“有事言语”等。逢婚事便问：“喜啦？”生小孩便问：“添喜啦？”亲朋相见，探问各家情况，问长辈“身子骨好”？农民相见，多问：“庄稼好？”“年景好？”80年代，“您好”“再见”“谢谢”“对不起”等礼貌用语为越来越多的人所习用。

请客。县人热情好客，请客时或面请，或下请帖。客人到家先敬烟茶，吃饭时主人相陪，敬酒、递饭菜用双手，客人也用双手接。主人要等客人吃好后再放碗筷，并说“您吃好了”“再吃点”等语。饭后沏茶、递烟、叙谈。客人告辞时，主人要挽留，先请客人出门，并送至门外，握手告别。客人走远后，主客相互招手，主人方可回家。（以上据 1995 年《蔚县志》整理）

尚义县交往礼仪

尚义人性刚强、直率、坦白、朴实忠厚，待人以诚实为礼，不善逢迎，不会敷衍、寒暄之词，但尊老爱幼，长幼有序，不失礼貌。清末民初，小辈见长辈男子拱手作揖，女子行万福礼。富有之家的媳妇，每日早晨向公婆请安、问好；一般平民家的媳妇，每日问婆婆做什么饭。行路让长辈或老人在先，乘车为老人让座。有客上门，笑脸相迎，敬茶递烟，先请喝水饮茶，而后以好饭相待。客去相送，惯说“慢走”“改日再来”。

吃饭时，由家长一人相陪。陪客要等候客人吃完后放筷子，并问客人“吃好啦”。酒席宴会，请长辈和客人坐首席。吃菜请客人先下筷，敬酒先敬宾，先吃饱的招呼他人“慢吃”，对晚席的人要说“偏饭了”。

县内，逢年过节，亲朋之间有互相请吃请喝的习惯，节前登门送礼，节后你邀我请，即使素有隔阂的亲朋，借过节之机，一反往常，笑脸相迎，旧日不快烟消云散。新婚男子第一个新年要去岳父家拜年，岳父家的亲戚凡接受新年礼品者，都要轮流请酒，称“请新女婿”。新年后，家族、亲戚“请新媳妇”。

亲朋之间，遇有三灾六难，有相互探望、慰问的习惯，并有互相支援、互相帮助的优良传统。

县内对长辈和同辈都用尊称称呼，直呼其名被视为不礼貌。即使陌生路人，也视对方年纪，分别称为爷爷、老大爷、叔叔或大哥、大嫂、大姐、小弟弟、小妹妹等。

新中国成立后，作揖、万福礼已废除，小辈见长辈以谦恭之态为礼；平辈相见点头示意；相互之间多以“同志”相称，同志之间见面行握手礼。在隆重会议中和庆典纪念场合下行鞠躬礼。进入 80 年代，陌生人见面多以“师傅”相称。近年来，开展“五讲、四美、三热爱”活动，开始用“您早”“您好”“再见”“谢谢”“对

不起”等礼貌用语。(以上据1999年《尚义县志》整理)

阳原县交往礼仪

嫁娶之礼，亲友往贺，已述于婚礼中。此外，对于庆寿、建屋、商店开张、生子弥月，均有宗族亲友往贺。不过婚丧大事，可赠金钱（自铜圆三十二枚至洋一元)，而以上诸事，必须赠物：贺寿则送美酒、寿言、寿桃（以白面蒸成)、绸缎、贺幛等；建屋则送陈设物品；商店开张，则送喜对、贺幛；生子弥月，则送喜面、首饰。但凡以上各种庆祝，皆系富家，贫者则生子无人庆，老死无人怜，建屋、开张更无其事，仅遇婚丧，略有酬酢而已矣。（以上据民国二十四年《阳原县志》整理)

万全县交往礼仪

尚不烦琐。除至戚挚友来往外，几不知交际之为何也。对亲族之稍疏者，多不通音问，虽亦间有通庆吊者，不多睹也。至戚友之较亲者，交际较为频繁，每岁春秋二节后，互相宴会。宴会如系席面，则以上全席为最敬。上全席者，为八小碗、四大碗、四大菜、三次腰饭、一次羹饭，二十四压桌是也，俗又名“八八”。次为“六六”，即六大碗、六小碗。再次为“六四”，即六小碗、四大碗。普通席面有五碗、四煮，俗名“九个菜”及“八大碗”等名称。如不开席，则以四盘，一火锅或仅四盘为寻常请客所用者。至对出阁之女及婿，则终年馈赠不绝，宴会无已；生甥则更优，遇年节后有压岁钱，中元赠面人，中秋送月饼，并赠所谓提浆人者。此为定例，平常每面必赠钱物，不能枚举也。（以上据民国二十三年《万全县志》整理)

围场县交往礼仪

过去，在汉族居民中常行接待礼，亲朋之间见面互相问好。新中国成立前，男行作揖礼，女行裣衽礼，见长辈行鞠躬礼。新中国成立后改行握手礼。晚辈还行鞠躬礼。早晚相遇互相问候致意。

满族人有本民族独特的礼节和习惯。主要礼节是，不穿礼服（长衣）不准路拜行礼。见到长辈人要行礼，通常男人行请安礼，称“打千”（也叫“单腿跪”)，右腿略弯，右手沿膝下垂。未婚女子行鞠躬礼，已婚女子则曲双膝身体下蹲，两手抚在膝盖上，称“请安”。还有靠肩礼、执手礼、叩头礼。对外来亲友，妇女也行抱见礼。长辈见幼童，双手抱起举过头顶，或一手扶其背，一手抚其前额，以示喜爱。来客用餐，由长辈奉陪，晚辈站立一旁。长辈不在家时，晚辈见客先替长辈问好，然后自己问安。客人走时送出门口。小辈要分列两旁躬身然后随长辈送出门外。长辈之间谈话，晚辈不准插话。路遇长者，晚辈要下车，当长辈走过再行走。

在蒙古包做客时以烟待客。过去多用水烟，现在是旱烟，木管烟袋。先敬客人吸一口，客人再回敬主人，屋内人数较多则轮流吸，表示尊敬友爱。另一种是鼻烟，主人拿出精制鼻烟壶，取出闻烟给你嗅一嗅，或同客人相互交换嗅。蒙民十分珍视鼻烟壶，以此相赠，受赠者感到一生荣幸。

饮酒多用奶酒，现在也用白酒。蒙民饮酒一醉方休。客人见主人饮酒，可上桌便饮不用主人让。现在七八十岁老人饮酒，仍先敬天地，斟头一杯时，用筷子蘸酒向上、向下各滴两滴，然后再饮。（以上据 1997 年《围场满族蒙古族自治县志》整理）

宽城县交往礼仪

宽城境内汉族民风淳朴，待客热情，一般亲友来临，主人迎出门外，让客人先行，晚辈打帘子，以示尊敬，进屋后让客人上坐，主人下坐相陪。相互问候的同时，晚辈人献茶递烟。招待亲友吃饭时，由家长一人相陪，不能让客人等菜、等饭。客人喝好、吃好后，主人才能酒饭毕，菜饭必须有剩余。客人告别，让客人先行，送出大门外，说“你走好”“有空再来”。（以上据 1990 年《宽城县志》整理）

宽城满族对长辈极其恭敬。过去，每天早起，晚辈都要向父母请安。施礼时，男有“问安”“打千儿”“叩头”礼。“问安”，是请小安，垂手站立问好；“打千儿”是请大安，也叫“单腿跪”，即先敏捷地弹下马蹄袖头，左腿前屈，右腿后蹲，左手扶膝，右手下垂，头与身略前倾，似拾物状；“叩头”，即磕头。女人礼仪与男人不同，有“蹲安礼”，即双手扶膝下蹲。

随着时代的发展，宽城满族有些礼节正在演变。但在年节晚辈予长辈拜年或在日常丧葬中亲戚、朋友去“吊纸”“上供”时，仍渗透着满族传统的礼节，如“磕头礼”等。

宽城满族人平时交往也很注重礼节，至今未易。亲友相见，分别有“抱见礼”“顶头礼”“擦肩礼”。女人有“拉手礼”（左右手同时进行，不同于握手）和“抹鬓礼”等。

平日满族家里来客，小辈要一旁站立相陪。老人不在家时，先替老人问好，然后自己问安。途遇长者，小辈垂手立路旁（不识者以长幼为序），对长辈要按规矩问好，待长者走过，再自己行走。长辈见幼童，双手抱起举过头顶，或一手扶其背，一手扶其前额，以示爱抚。

满族家有喜庆之事，待客皆设席，每张地、炕桌均坐六人。菜肴每桌八碟八碗。酒，足量为准。饭以小米、大米、大黄米、高粱米豆干饭为主。宴后要敬茶。若是婚娶宴席，新郎新娘要在席间向每位客人敬酒递烟。此俗，宽城县农村至今盛行。（以上据 1989 年《宽城县民族志》整理）

丰润县交往礼仪

相见。平日，邻里乡亲见面，晚辈要主动向长辈打招呼问候，问话大多为：“你老吃了?”“你老上哪去?”“你老还没睡呢?”长辈也要有适当的答话，否则被视为无礼。

询问。出门向陌生人问路或打听情况，则需先开口尊称对方为“大爷”“大娘”“大哥”“大姐”等，然后说：“向你老打听……”问清情况后要说“谢谢你老”或“麻烦你老”之类的客气话，对方则回答“不谢”或“没啥”。请人让路时，则先说：“借光，请让一让。”新中国成立后称呼多为“同志”。80 年代后，称“师傅”，年轻人对中老年妇女称“大姨”。

待客。有客来访，主人迎出门外，先问“冷不冷”“热不热”“累不累”等，让客人前行。进入居室，请客人坐炕上（炕为上座），敬茶水，客人有小孩，要找些食物吃。若留饭则要先请客人入座，然后让酒布菜，待客人吃喝完毕主人方能撂筷。客人告辞，主人送至门口或更远的地方，告别后目送客人走远，方能回家。（以上据 1993 年《丰润县志》整理）

抚宁县交往礼仪

士庶人相见，凡乡党序齿。士农工商平居相见谒拜之礼，主人敬客则先拜客，客敬主人则先拜主人。岁时宴会，施坐之列，长者居上。致仕官居乡，于宗族及外祖、妻家，仍序尊卑如家人礼，筵宴则设别席，不坐于无官者之下（若自为主人则不论）。民间子、孙、弟、侄、甥、婿见尊长，生徒见其师，久别行拜礼，近别行

揖礼，其余亲戚长幼，悉依等第行礼。（以上据清光绪三年《抚宁县志》整理）

固安县交往礼仪

新年元旦，合村后辈必与长辈沿户叩拜，俗曰“拜年”。在正月中间，有设宴联欢互相聚餐者，俗曰“请春酒”。即在平常，有婚事举村称庆，有丧事合村往吊。如路行时，乘坐车马过村须下，遇尊长亦须下。有火警、盗警，齐来扑救。是所谓古道存于乡云。（以上据民国三十二年《固安县志》整理）

大城县交往礼仪

礼节。该地人民诚实淳朴，热情好客。相见习惯互相招呼问候或施礼。如“到哪去?”“早吃了?”“上集啊?”“歇着啦?”等为普通的见面话。旧时，与人相遇多以拱手为礼，一般是双手合拳高拱，稍重些礼节则拱手同时弯腰作揖。民国后流行鞠躬礼，特别是学生对老师行鞠躬礼。新中国成立后，人们相遇时多点头或扬手示意，握手礼也很普遍，请人帮忙时习惯道声“借光”“麻烦你老”“劳驾”。

称呼长辈或比自己大的同辈不能直呼其名，否则被视为不礼貌。如果是近人，用排行加辈分称呼，如大伯、三叔、二哥、三嫂等；如是乡亲辈则用名字加辈分，如××伯、××叔、××哥、嫂等。当和别人谈及长辈时，多不用“他”这个代词，而称“我”的什么辈分，如“俺大伯”“俺老叔”“我娘”等。和长辈谈话也多用辈分称呼，往往也称呼“你老”。旧时，“先生”的称呼也广泛使用，和现在称“同志”相似，但对教师称为先生则是另有专意的尊称，就和现在称教师为老师一样。与不知姓名者接触时，习惯根据其年龄大小分别称为大伯、大叔、大娘、大婶、大哥、大嫂、大姐等。

交往。当地人们非常注重这一传统的社会习俗。逢年过节，亲友邻里之间互相看望和馈赠礼品。在遇有婚、丧、生孩子、过生日、盖房等较大举动时，亲友邻里或参与料理，或赠送钱物，俗叫“随份子”。喜事称为“随喜”，丧事称为“出礼”，盖房称为“压碱”。探视病人在旧时习惯提串果子或糕点（俗称“和子”）或送鸡蛋，近年多送罐头、蛋糕、麦乳精等营养品类。

待客。客人临门，先沏茶、递烟，宾主相互问候，叙谈家常，之后准备饭菜，当地多习惯以饺子款待客人。如客人饮酒，要特意做一些菜肴，将客人让于上位，主人陪客人共饮，直到客人表示已有醉感不能再饮时方能上饭。饭间主人不时为客人夹菜添饭，吃饺子时总是撤下凉的让客人吃热的，待客人饭毕，主人方可搁筷。客人要走挽留不住时，全家要送出门外。如客人是骑自行车来，主人总要把车子推出门外，如客人路不熟，还要送上大道，再指点路途。近些年来，人民生活普遍提高，家庭待客多有名烟、名酒，菜肴更为丰盛。（以上据 1995 年《大城县志》整理）

涿州市交往礼仪

宾客周旋，如初晤面时，或脱帽，或鞠躬，或握手，此等礼节现在极为普通，若临丧致祭，亦不过三鞠躬而已。至跪拜，早经革除，唯穷乡僻壤间或仍有行之者，然亦不多见也。（以上据民国二十五年《涿县志》整理）

唐县交往礼仪

清前，晚辈向长辈行叩首礼。一拜一叩为常礼，一拜三叩为重礼，三拜九叩为大礼。平辈男行作揖礼，女行万福礼。民见官、贫见富称老爷。民国时期流行鞠躬礼（俗称“高礼儿”）。生人相见称先生。抗日战争时期，八路军军政人员相见行握手礼，不论尊长，皆以同志相称。新中国成立后至 1990 年，境内居民求神拜佛及丧葬仍行叩首礼，讲究“神三鬼四人一个”，作揖时男抱拳，女合十。晚辈向长辈多行鞠躬礼，平辈多行握手礼。行路乘车多行招手、点头、致意礼，送行施注目礼。学生对老师行鞠躬礼，少先队员行举手礼，问路等咨询呼同志、师傅、大伯、大娘等尊称，问过以“劳驾”“谢谢”等语致谢意。（以上据 1999 年《唐县志》整理）

雄县交往礼仪

待客。来客，主人迎出门外问候、施礼、开门，请客人先入。进屋让座、递烟点火、沏茶倒水，茶不斟满，双手捧至客人面前。客人如带小孩，则给些食物、玩物。喜庆节日来客，一般多以瓜子、糖果招待。就餐时，客人上座。席间，主人让酒让菜，客人吃完饭后，主人方可撂筷。客走时，主人表示挽留，请客人先行，送至大门外，并目送一程，举手招呼“有时间再来”。

见面。平日乡亲见面，晚辈先开口，主动打招呼。外出回来，进村见到乡亲主动打招呼，如坐车、骑车先下车。（以上据 1992 年《雄县志》整理）

徐水县交往礼仪

凡绅民见官长，初见递名柬，均向官长行脱帽鞠躬礼，官长答礼。及退，复鞠躬，官长答礼。凡人民相见，初见通名刺，宾入，主人迎于门，各脱帽一鞠躬。及退，主人送于门外。常见亦如之。凡幼年见长者，初见通名柬，会面时脱帽鞠躬，长者答礼。及退，一鞠躬，长者答礼，送于门内。若长者来见，则送于门外，如前仪。凡弟子见师长，初见通名柬，师长出见，向师长行脱帽鞠躬礼，师长答礼。及退，一鞠躬，师长答礼，送及门内。若师长来见，弟子迎于门外，如前仪。凡女子相见及男子与女子相见，均各以其等差适，用以上各礼，唯女子均不脱帽。（以上据民国二十一年《徐水县新志》整理）

河间市交往礼仪

有礼见之俗。如岁首、冬至、辞见、贺谢之类是也。卑幼谒尊长，盛服四拜；尊者受而不报；长者具榜子报之。有宴见之俗，如候问起居、质疑白事及赴请召是也。常服相见而不拜。至则通名，主人出迎；退则望送焉。有旅见之俗。如幼者拜尊长，则跪而扶之。少者则跪扶而答其半。坚请纳拜，则尊者立受，而长者跪扶焉。有途遇之俗。如遇尊长，则揖而俟其行。遇乘者，则趋而避之。或皆乘，遇尊长避之。乘而遇徒者，便则避，否则下车揖。尊长虽避已，亦趋而揖之。有请召之俗。有宴集之俗。不相仿者，以齿为序，以左为让，以专召为上客。有迎送之俗。尊者远行，咸送、迎之。少者以下，俟其归，往省焉。有庆吊之俗。嘉礼，则有赠仪以庆之；凶礼，则有赙仪以吊之。远者，遣使存问焉。近时士人宴集亦少，声伎不至，有先民风。（以上据清乾隆二十五年《河间县志》整理）

沧县交往礼仪

嘉礼。沧境所行嘉礼，综约十二种：科举（清时甲乙榜获隽，均有定日备筵受贺者。学校毕业则无之）；升官；诰封；旌表；上寿；五世同堂；生子百日（即三日汤饼宴之意，特移于百日行之，俗名“做百岁”）；春酒（元旦、上元之间，延饮亲族、故旧、邻里）；暖居（具酒以贺迁居、落成者也）；酬劳；洗尘（亦曰“接风”）；祖饯。

相见礼。叩拜之仪凡四：两揖一叩首（先一揖，跪叩首，起立复一揖），用于人者也；两揖四叩首（先一揖，跪四叩首，起立复一揖），用于神者也；不揖一叩首，仆役与着丧服者用之；一跪三叩首，清时宦家用之（三跪九叩之仪，民间无用者）。相揖，用于平辈者，故旧亲戚相遇、生客乍见、寻常道贺，皆行之。拱手，与相揖略同，唯其人其事稍轻，则拱手而不揖。问好，用之尊辈，即古人相见问无恙之意。问食，用之尊辈，朝夕恒遇者。磬折，即今之鞠躬，特不脱帽耳。泛交相逢于路，率行之。点首，用于仅相识面而无交谊者。请安，亦曰“打千”，屈右膝也。清时宦家子弟、仆从皆用之。握手，亲戚故旧、知心莫逆者，久别乍见，诚意而行之，非虚仪也。鞠躬，此民国之制，脱帽一鞠躬为常礼，脱帽三鞠躬为大礼。立正，军警礼也。近日学生见师长、尊辈多行之。举手，举右手加鬓，亦军礼也，民间无用者。（以上据民国二十二年《沧县志》整理）

南皮县交往礼仪

士相见礼，载于《仪礼》《周礼》。司徒定六礼以节民性，相见与冠、婚、丧、祭并列。后世愈演愈繁，节级太分。跪拜、长揖之外，清用胡制，又行相见请安礼。入民国后，礼尚简易，废跪拜，改行鞠躬礼。普通相见，行脱帽一鞠躬礼；初见尊长或见官长，行脱帽再鞠躬礼；婚、寿、丧、祭、庆、吊，均行三鞠躬礼。亦有相见长揖者。女子相见亦适用以上规定，唯不脱帽耳。（以上据民国二十二年《南皮县志》整理）

武强县交往礼仪

问候。早晨相见，习惯问：“起来啦?”饭后相见，问：“吃饭啦?”或“吃啦?”平时遇见，一般问：“干吗呢?”“到哪里去?”老人相见或青年人见老人，问：“结实不?”来客送出大门时说：“慢点走!”“有空还来”。久不相见者见面后一般说：“少见啊!”“净干吗呢?”亲戚朋友相见，还问家中长辈、孩子安好。近些年来，由于互相办事，相见时有时问：“有事吗?”“有事请言声”。机关干部、职工中，开始使用“谢谢”“再见”“对不起”等礼貌用语。

待客。客人来家，热情诚恳接待。起身欢迎，请客人入座。客人初次来访，将自己亲属一一向客人介绍。为客人倒水、泡茶、递烟，客人带有小孩，给小孩以水果、糖等。分宾主落座与客人交谈。若又有客人新来，将客人互相介绍，一同接待，至吃饭时，以好饭相待，吃饭时由家长一人相陪，主人邀请客人进餐，敬酒、让菜。上菜、饭时，随吃随端，不等客人吃完提前端来，客人吃好后必须有剩余。客人带礼物来，主人家留一部分或赠之以其他物品，不能让客人空手而回。客人告辞时，起身相送，亲切道别。对远程客人送至车站。新中国成立以后，人民生活水平大为提高，待客一般饮食比较丰盛，有的全家与客人同餐。

走亲、访友。亲朋之间，或多日不见乘暇寒暄叙谈，或探亲问病，或对方遇有重大事情，亲朋之间走动一番，多带有一定的礼物，走亲访友多在春节及亲朋中有婚、丧事宜或有生病者之时。有麦收后携礼品看已嫁闺女之俗。

礼仪稽首。亦称“磕头”“叩首”。双膝跪于地，两手拄地，引首至地且做短暂停留，是晚辈对长辈表示毕恭毕敬的大礼，一般为一次，重大礼节需三叩首。民国以来，稽首仪式渐衰，但农村中过年、婚、丧事宜中一直沿用。

拱手。亦称“作揖”。两手抱拳至胸前向上拱举至额前。旧时亲朋或乡邻相见多用此礼。今农村中正月初一拜年时乡邻在街上相遇仍用拱手礼。

拜。旧时，女子拜仪。两手抱拳至侧，上下微动，头微低。今此式只有部分老年妇女偶用。

鞠躬。脱帽，两脚并拢，两手下垂于大腿两侧，弯曲上身以表敬意。民国以来，开追悼会、机关公职人员吊丧、结婚及庆典纪念场合等仪式中多用鞠躬礼。

握手。新中国成立后，同志之间见面时行握手礼。

点头。平素常见面者点头示意。

尊称。有排行者，一般按排行尊称，如大伯、二大伯、二婶、二哥、三哥等，有挂名尊称，如××叔、××爷爷、××哥。路遇生人求人办事，比自己年龄大者，称老爷爷、大伯、大叔或大娘、大婶，与自己年龄相当的称大哥、大嫂、大姐等。旧时，对外乡人称“先生”或“老乡”；新中国成立后，互相多以“同志”相称，或称“老同志”“小同志”等。

赴宴。一般讲究穿着整齐大方，梳理头发，按时赴约。主人介绍亲朋时，点头示意，或握手寒暄。主人敬酒，起立回敬。讲究饮食动作。散席时向主人道谢、告别。(以上据1996年《武强县志》整理)

新河县交往礼仪

乡宴。中秋及新年，邻里聚餐，依年德入座，所以和闾邻、敦礼教也。犹有乡饮酒礼之遗风。

相见礼。尊卑长幼相见，各有礼，即闾里之不同姓者，亦各序长幼，相见有礼。以脱帽鞠躬为常礼，揖拜之礼渐废。

庆吊。家有婚，举村称庆；有丧，合村往吊。

请旌。村有忠孝节义，或德高望重、表率一方者，乡人辄为之请旌，或恭颂匾额，以资观感焉。

救恤。村有火警，鸣锣，民众相集扑救，有盗亦如之。有贫苦不能糊口者，辄敛衣粮给养之。

乘马（下马）。过村入乡，须下马而行，乘车者亦如之。

家礼。族有长，家亦有长，以年高者为之，主持家族事务。吾国为宗法社会，故家族政治，自古已严。一家之内，子必从父、妇必从夫、弟必从兄；以数世同居为美谈，亲丧，兄弟亦不分爨。每值年节及尊长生日，族人相集，依次跪拜。娶儿嫁妇、生子抱孙，辄置筵称贺，族人亦与焉。每外出，必向亲族告别，行跪拜礼；归自远方，亦必依次拜。此礼渐废，而城西古朴，尚未尽革。其他家礼，与各地略同者，则不著焉。（以上据民国十八年《新河县志》整理）

临城县交往礼仪

临城人民以热情、诚厚待客为重。

家中来客，主人先迎接客人于上房或客厅，敬以烟茶后，再以酒饭相待。招待男客多饮白酒、啤酒，招待女客多喝饮料、果酒、香槟之类。吃饭时，主人陪客，不能让客人等饭。待客人吃好后，主人才放碗筷，还要问客人“您吃好”之类的话。客人告辞，主人要挽留。送客时，客人在前，主人在后，送客人至大门外或路口，说些告别之语，目送客人走远后才回家。（以上据1996年《临城县志》整理）

第八节　杂　俗

井陉县杂俗

凡事行之日久，在少数人谓之习惯，在多数人则谓之风俗。原其始，肇自一二人心（或著书立说，或发号施令）所趋向，久而久之，遂成为风俗，而具有转移一般人心之力。顾地方习俗，优劣不一，慎择而加以去留，不特握政权者有其责，凡造育人才暨望重乡间者，皆不可不加之意也！爰归纳阖县普行之风俗，约为五种如下：

良俗 好积蓄。境内多山，十年九旱，灾歉频仍，故邑民好积蓄，以防不测。最著者如拔会，老人会，喜会，储蓄菜蔬、枣面等。

拔会分无会首者和有会首者两种。(1) 无会首者。会友十数家，议定会规。初会，无食，以后，每会由拔会者预备酒席，款待会友（俗称为“摆会”），如六元之会。初开拔时，每会友散与一帖，任写六元以下数，揉为纸球，集合淆混，逐一检唱其人名钱数。数最少者，得拔；数相同者，先唱者得拔；其余，各按最少数出钱（名曰“破份”）与拔会者。唯以后开拔，则已拔会者，出满份钱（六元）逐一开拔，至末后一会，谓之“底会”，所有会友，皆入满份（六元）。每年会期，常例四次（有二、五、八、十一月者；有三、六、九、十二月者），亦有三次者。议会规定时，定月不定日。初会日期，由会友同议，以后每会日期，由上期拔会者在前一月出帖规定。此种拔会，亦有不备酒食者（由议会时规定）。(2) 有会首者。由会首（即该会发起人）预备酒食，款待会友，订会期，征会钱（诸会友每期应纳份钱），会首只收底会钱（会友所纳席钱，谓之“底会钱”。因都为满份，故亦谓为“底会”。底会期例在例会以后，开拔以前），而不纳每期份钱（间有每期如数退底会钱一份者；亦有少退若干者；亦有拔会人反与会首钱若干者）。会规（席钱若干，酒菜如何，规定会期定于何月，会钱若干以银圆计，或以制钱计，开拔时数目涨落或以百计，或以角计）如何，由各会友于第一次会期议定，谓之“议会”。其余一切，与前述相同。唯此种拔会，又分两种：①有保会者。由会首邀家富品优者二三人，为保会人。保会人又分两种：有只保会首备席集钱者，如会首不按会规备席，每期会钱不齐者，唯保会人是问。有兼保会友每期必如数出份者，例须由会首出文契写房田若干，如不按会规行事，须听保会人为业。已拔会之会友，亦须出文契写房田若干，如到会期不纳满份者，亦须听保会人为业。两种文契，皆交保会人，至完会为止，方各退还本主文契。②无保会者。如会首与会友俱系富饶之家，彼此毫不疑虑，则有无保会者。开拔之法，亦有明拔、暗拔之别。暗拔，已见前述，合邑普行。明拔，以掷骰点数，定座次先后，座次既定，由第一座之人唱数（如云我拔三元五角）依次唱至末座，各记其所唱之数。连唱三次，以唱极少数者为拔会人。此法，城西一带行之。

老人会，俗谓某家人死，曰某家老下人了。老人会法：有若干人，立定会规，每人出资若干，助工几名。如会员家（会员限于本乡）遇丧事，则各出资摊工，协助一切（如掘墓、舁柩等），但每家只限一次，轮流完毕，会期告竣。如遇赓续，则另行定规。此会，城关一带，往昔进行，今亦尚有此风。东北乡之老人会会员，只助丧家以会费。会费，较寻常吊客助丧家之钱为多。是古人行赙之意，非储蓄，乃互助也。

喜会（如娶妻订媳之类）办法与老人会略同，唯会员不限于本乡，不协助工作。

陉民无终岁粒食者，茹糠咽菜，习以为常。盖以土地硗瘠，产量不敷所需。为适应环境计，不得不储蓄菜蔬也。

秋日，妇孺负袋携篮，到田野拾风落枣（因风而落）者触目皆是。拾归，掺以谷黍糠，碾压晒干，磨成枣面，似备冬春食用。如有所余，则储蓄之，以备凶荒水旱。

尚俭朴。俭为美德，古人所重。陉人衣食器用，唯俭是尚。此固生计艰难所致，然处今日侈靡之世，国奢示俭，实应如斯！

耐劳苦。吃苦耐劳，陉民特著。业农者，无论矣。读书士子，亦概能工作田间，所谓“半耕半读”也。春冬两季，农作较为轻闲，而沿河居民，烧石灰，安水磨。距河远者，则驮煤运炭，五更起，半夜眠，不敢少逸。其吃苦耐劳，有如此者！

讲信用。陉人敦笃，最重信用。往往有极其重要之事只凭中人或口头订约而不立契据者。虽曰文化程度较低，社会组织未密，然可证忠信之古风犹在也。

重乡谊。邑民婚丧互助，患难与共，最敦乡谊。结伙出境外佣工者，乡谊观念尤重。且对于邻乡，岁时效伶歌舞，交相往来，极力联络，尤为特色。

重族谊。家有家长，族有族长。族中不能解决之事，往往取决于族长。每年除夕之夜，同族中各家，具酒菜，赴族长处攀谈宴饮，畅话半夜，俗名“辞岁酒”（如族长家中狭隘，或有他故，时先期辞谢。则各支中，各就其长辈，杯茗谈叙）。盖示族人以亲睦，且分尊卑上下焉。

忠厚。陉民业农者，占百分之九十有奇，经营商贩者极少。出境者，与人农佣，即为苦力工作，绝少市侩狡猾之习。忠厚可喜，为游陉者所乐道。

互助。凡遇婚丧庆吊诸事，家人力不能给，例邀族人相助，亦有邀亲戚乡友者。一家有火灾盗窃，则他家必闻风抢救，恐后争先。近年地方多故，偶有逃兵溃匪入境骚扰，不只本乡共同抵御，且联合邻村互相保卫焉（第三区北部诸乡尤著）。

尚武。陉邑地邻晋省，而人民之刚健，则远非晋民所可比。平素耐劳吃苦，为一邑所同。各乡有武术会（俗名“武会”，亦名“社伙会”）于冬季演习刀枪剑戟拳术等功夫，不但可保卫乡邻，而且可锻炼体魄，且与古人农隙讲武之意甚相符合。

崇礼。井陉僻处山中，土地硗瘠，人民谋生不暇，奚暇治礼。顾礼失求野，古有明训。陉民虽质胜于文，而向义实其天性。

过乡下马。乡俗相传，乘马过乡，例须下马步行，不然，为乡人所鄙视。

爱护和平。邑民平居戒争斗，有排难解纷者，乡俗极崇拜之。一般心理，大都以息讼为高，对于词讼，则深为痛恶。此固由于贪官污吏，玩法受贿，两造涉讼，往往倾家荡产，人民借为殷鉴，遂视赴法庭如入虎穴。然亦可证陉民爱好和平之一斑矣。

尊重人格。三代而后，直道不行。一般人丧失其礼义廉耻之本心，利之所在，虽吮痈舐痔，亦多为之。邑民吃苦耐劳，生活简单，需要无多。故往往有境遇极贫困，尚能尊重自己之人格，而不肯苟求荣利者。兹举一二，以例其余：士绅不慕势。陉人久居山野，什九孤傲性成，见有势力者，避之若浼。人或笑其愚拙，岸然弗顾也。女子不做妾。穷而有节，几成邑民习性，男子然，女子亦然。邑中女子，甘于做妾者，自昔未闻。辛亥之役，蔡庄某姓女，被匪掳去，流离异乡，夤缘际遇，得充曹锟之内嬖。嗣曹锟位至极峰，遣人来县访询某姓，拟认为外戚，与之共安乐。而某姓以其女为人做妾为耻，终弗认焉。

恶俗 缠足。陉邑妇女缠足风最盛，变法以来，识者提倡改革，然效力未宏。民国八九年间，县长赵公椿熙，与邑绅组织放足会，拟定章程，方逐户调查，开始劝导。乃赵公因故卸篆，继任者对于此事漠不关心，放足事业，遂辍中途。迨十七年北伐成功。迫于政令，县政府组禁止妇女缠足会，各区置男女检查员，分期劝导，违者酌罚。先自士夫家起，渐及民众，逐户检罚，缠足之风，一时丕变。近顷该会撤销，乡愚渐复故辙。积重难返，于此可见。今夏（民国二十年）行政会议，有人提议继前会办理，以期翦此恶风。果能见诸实行，宁非井邑妇女之幸福哉！

溺女。陉民迫于生计，溺女之风，由来已久。历任县长，如常熟言家驹、阆中赵椿熙等，立说劝导，慈祥恻隐，令人钦佩。但民生不能充裕，无根本解决之方，积习难除，终无办法。近年男口过剩（据民国十九年井陉县户口调查表：男子共18472 口；女子共 89120 口），已成社会最大问题。以致聘女嫁孀，女家向男家多方苛索。狡黠者流，遂乘机贩卖妇女（由外邑贩来），内外勾结，来县放鹰（男女相约，卖女于人，复暗暗诱拐而逃，邑人谓之“放鹰”），于是乡人为娶一妇，而倾家荡产者有之，人财两空者有之（本地妇女缺乏，人民生计又极艰难，贫寒乏家，节衣减食，积累若干年，始能以三四百元之价得一妻室。乃一遇放鹰案发生，官厅往往弗恤民艰，任令放鹰者，不费一文，即将原人领去。结果，娶妇者倾家荡产，人财两空，甚或出于自杀一途。噫！陉民何不幸之甚耶）。如无救济之方，则以后贫家娶妇，更非易事。近日救济院筹设育婴所，诚属对症下药，惜经费拮据，不能大行发展。望邦人士广筹良法，济众博施，社会前途，其庶有豸乎！

赌博。陉民生计窘迫，以理推之，赌博风当不致旺盛。而实际不然，新年无论矣；即春秋佳日，游闲辈昼夜以赌博为事者所在多有。尤以邻县毗壤地为最。老妪借叶子戏消遣，几于遍地皆然，莫可救药。然为政者，一时雷厉风行，则赌风顿息。惜乎五分钟热度一过，多即搁置。甚或故为张弛，唯利是图，而恶俗遂永不能除去。此盖各县皆然，毋庸隐讳，移风易俗，是不能不望于握政柄诸公也！

演戏。戏剧，本社会教育之一，且与民同乐，为中外古今所不能无。然旧剧诲淫诲盗，漫无限制。陉民故习，酷嗜戏剧，废时荒业，已属莫大之害。况酬神敛醵，聚众赌博诸恶习，且因是而兴乎？近年自治经费竭蹶，邑绅对于戏捐，迭有所增，寓禁于征，演剧之风，较诸以前已稍杀矣。

妇女久住娘家。妇人内夫家，而外母家，出嫁后，至母家则为宾客，乃理之常。顾井陉习俗，已嫁之女，仍久住母家（常有出嫁若干年、已生育子女数人尚住母家者），因姑嫂不和，致婆媳勃豀，兄嫂反目者，比比皆是。恶俗相沿，不能骤去，将来女子教育发达，此风或能改革也。

陋俗　井陉陋俗，多属迷信。概列如下：

供奉年画。每至废历年节，小贩东由武强县运若干年画，如天地、家堂、灶君、财神之类，来邑贩卖。乡民购贴于家，焚香化纸，祈福禳灾，且多有买画像以为祖宗而跪拜供奉者，诚鄙俚可笑也！

送祖宗。年节祀祖宗，至正月二十五日（亦有于十七日或二十日）夜间，焚香祭祀，化纸门外，俗谓为“送祖宗”。

组织神会。乡民任意组织神会（如玉皇会、关帝会、老母会、全神会等），或摊钱储蓄，放债生息；或合资买当地亩，协力耕获；如有余资，则买鼓锣等诸器具（亦有购置戏衣、岁时效伶人歌舞者）与香纸油烛。年节前后，焚香纸，奏鼓乐，一面敬神，一面娱乐（近年迷信程度稍减，分一部余资购物均分，大有消费合作社之意）。

迎神赛会。乡民尚未脱神权时代之思想，故对于附近高山或大庙之偶像，以为有无上威权，进香顶礼，迎神赛会（如社伙会与扮演戏出者），岁有定期（如雪花山会期在废历四月十八日，苍岩山会期在废历三月十四五日之类）。届期，锣鼓仪仗，杂然并陈，文武各会，比赛歌舞。附近乡民，停工往观，大有如潮如海之势！

圆经（亦称“打醮”）。邑谚云：“山西好修庙，井陉好起醮。”该县各乡，多有老母全神诸会，蓄积祈福祷病者所施之钱，令会首经理生息，积至相当数目，则订期圆经。预先盖搭神祠，邀订戏剧，向他乡下帖，请文武会出，尚有做花炮写竿（卖艺者缚竿刀于高树而攀登者）跑马（如马戏）者。届时热闹，较迎神赛会尤甚。

打坐。妇女结伙持香，或至打醮之村，或赴某地庙会，于神前念佛，整坐一夜，谓之“打坐”。多有借此而斗纸牌者。

祈雨。桑林祷雨，载诸史乘。嗣后上行下效，每遇天旱，例有祈雨之举。井陉气候属大陆性，十年九旱。届时由各村会首香头（或按户值年，或每年公举），集众执香，赴附近龙王庙、大王庙等神祠，许愿祈祷（或演戏，或赛会，或悬匾，或焚香大祭，或重修神像神祠），或以三日为期，或以五日为期，如期内降雨，则必如愿酬神。

祭灾。井陉妇女，多信奉秘密教（如先天、后天、八卦、九宫等教），往往摆列许多祭品于宽敞之区，焚香祈祷，求免灾殃，谓为“祭灾”。择户强派祭品，被派者，唯命是听，不敢稍有违抗。

路祭。愚夫愚妇，迷信观念最深。街衢之口，以为有路神司之。故恒于每月（废历）十四日及三十日（小建则二十九日）焚香设供以祭之。

唾鬼。乡愚偶有恐惧事，必以为有鬼作祟，口中必连唾几口，曰：“呸！呸！”意谓鬼怕唾也。

持咒。乡愚相传，谓念咒可疗病驱鬼。最普通者，为禁蝎子咒（咒云：“蝎子蝎，上方草格节，头儿化成脓，笛儿化成血，南斗六郎，北斗七星，太上老君急急如律令。”）。除夕夜半后，于天地神前，焚香叩首，连念三次，俗名为“持咒”，谓可一年有效。元宵与端午持咒者，亦然。或有被蝎子蜇而念咒不疼者，其理不可解。殆如催眠术所谓精神治疗者欤。

泼散。在田亩间食饭者，未食之先，以饭少许，向四方乱撒，俗谓之“泼散”，意谓先祭百神也，又乡愚当饮酒之先，以中指蘸酒少许，在杯侧点三点，然后敢饮，盖亦泼散之意。

游百病。元宵节之后一天（废历正月十六日）红男绿女，赴各庙闲游，俗谓之“游百病”。意谓情怀畅适，可去百病也。

跪香治病。巫婆于诸神（如观音、关帝、北斗等神）前，焚香长跪，托神力治病。庸人不察，辄为伊等所误。

盖狐仙庙（俗名“草州城”）。迷信狐仙，不知始自何时。时人因俗绘狐仙像多清人装束（男像着台帽袍褂，女像长髻持烟袋），遂谓始自清初。邑民对于狐仙极为迷信。染神经病者，辄谓为狐仙作祟，多有在房隅场角盖小庙，状如鸡狗窝，而岁时焚香致祭者。又凡大庙宇中，亦辄塑狐仙神像。

树上挂匾。多年老树，乡愚多以为其上有神，时有悬红布匾额（上书“有求必应”“如在其上”等字）者。如不得已而砍伐，则预前粘以红帖（或写某月某日伐树大吉，或写太公在此诸神退位）焉。

点纸灯花。正月间，偶有不慎，而摔碎器具，俗人以为不祥，急以五色纸折成灯状（俗名“灯花”），燃于摔碎处，谓之“点灯花”，盖谓可以祓除不祥也。

避忌月房。妇人产生小儿之屋，俗名“月房”。一月之内，人多避而不入。焚香之人，尤避之若浼。意谓进月房，则染污垢，不合斋戒敬神之意。满月时，点纸灯花，人即不再避忌，盖以为污垢已去也。

妇女避忌。如元旦不拿针、不持帚，正月初十不拿针，正月二十五日不拿针，二月初二不拿针之类。盖起初本懒妇托词，而相传既久，遂成习俗。近年此种避忌，渐为人所不信。

小儿寄锁开锁。子嗣缺乏之家，偶得一儿，父母为之寄锁神前（向神前焚香纸时，以白线或红绳系钱结套，缀红布一小方，供奉片时，令小儿戴于项，年换一次，至十二岁为止，谓之“寄锁”。满十二岁时，焚以前绳线于神前，令小儿项佩锁子开于神前，谓之“开锁”），亦有令小儿认他人（多子之人）为义父而寄锁开锁者。

特俗　结账分两期。本邑结账期，每年两次，即麦秋与腊月是也。唯不重麦秋，而重腊月，有“农人八月，商人腊月”之谚。

童养媳。普通童养媳，多受婆母虐待，故在法令禁止之列。然在井陉，则有特殊情形，不可与他处一概而论。近年妇女缺乏，男子过剩，贫家以娶妇为难，除以女易妇（甲以女与乙之子做妇，乙亦以女与甲之子做妇，俗谓之“换亲”）外，抱他人弃女而乳养成妇者，到处有之，不可胜数。凡乳养之媳，视与亲女无异。既救该女之生命，复省订婚之钱财。间有童养媳被婆母虐待者，为数固极少也。（以上据民国二十三年《井陉县志料》整理）

深泽县杂俗

分家 分家历来为不快之事，但儿女长大或兄弟不睦或妯娌不和，使其家庭生产生活受到影响，往往分家另居，各自过日子，能促其劳动、家庭和睦，因而兄弟分家形成了一种风俗。分家第一步，请近族长辈或舅父首先解决家庭纠纷，或说服老人，或批评晚辈，经劝解无效，矛盾难解，即商议分家；第二步搭配财产，先把养老财产留下，然后将房屋、宅基、土地和其他财物，按兄弟人数公平搭配，对财产搭配均无意见后，哥让弟先挑，或者“拿纸球”，如有未婚小弟者，所分家产由父母经管，姐妹不分家产；第三步，协商赡养老人事宜和对小弟成婚负担，一切商议妥当即书写分单，立分单人和主事人按手印，兄弟各执一张；第四步，分家诸事完毕，请参与分家的主事人、近族长辈和村里干部聚餐一顿，从此便另立锅灶，是为分家。

过继 过继即立嗣，旧时较普遍。即身边无子，将兄弟或他人之子过继过来以养老送终。封建社会，无子之家常受人歧视，过继便是其唯一立世之法。新中国成立后，随着社会福利事业的发展，提倡男女平等。现今过继之俗已不多见，无孩夫妇抱养别人孩子的仍不乏其人。

命名 命名，俗称起名字。名，是代表一个人的符号，也是一定社会意识的反映。不同历史时期，人们的起名往往有倾向性，表现了民族意识、政治观念、宗教信仰、道德传统和文化素质的不同。因此，人名日益缤纷多彩、趣味横生。多数人的名字都反映了对真、善、美的追求。在县境内命名之俗有以下类别：

以族谱辈次起名，即同辈人的名字相连一字。相传，唐宋时以族谱辈次起名的风俗逐渐盛行，到了明清时进入高潮。此俗多系富豪家，贫苦人家甚少。它反映了封建家族思想和儒家的道德观念。

以排行起名。旧时一般贫苦平民百姓，不许起名字，只是以兄弟排行称呼。男性的称“老大、老二、小三、小四、小五……”；女性的称“大闺女、二闺女、三闺女……”50 年代后，以此起名者甚少。

旧时，民俗以动物或人体特征起名，以防夭折，盼其成人，如拴羊、拴狗、小猫、黑狗、大眼、大嘴、大头……此俗近些年已灭迹。

父母对子女多寄予希望，表现对理想、抱负、情操和传统美德的祝愿起名的，如喜旺、双兴、兴旺、振兴、志恒。表现对伟大领袖毛主席的敬慕起名的：学东、卫东、向东……

以名连姓成意起名的，如林森、高翔、田畴……姓名合成一个意思，表示兴旺顺利。

以反映男女不同属性起名的。古人认为男子属阳性，所以在给男性起名多表现阳刚美，如用鹏、龙、虎、彪、麒麟象征勇猛、威武和吉祥，用松、柏、桐、槐象征富有生命力，用山、岳、峰、江、海、洲、星、辰象征崇高、广大和光明，用金、银、铭、衡象征贵重。古人认为女子属阴性，所以给女性起名多表现柔美，如用兰、莲、芳、英象征香洁，用燕、鹃、凤象征灵巧，用云、霞、虹象征潇洒，用彩、艳、美、丽、倩、红、素、琴象征美丽和文雅，用贞、淑、端、娴、静、慧表现品德、性情的美好，用叠字双名如盼盼、婷婷、媛媛、娟娟、红红表现文雅别致。此俗现在依然盛行。

以时代起名，出生在何时代即以何时代起名，如民国间出生的起名民众、民生、民国，新中国成立后出生的起名振国、建国、振华，平分时出生的起名平分、平均、分田，抗战时期出生的起名抗日、战军、战争等。这表现了对时代的怀念和希望。

在农历二十四节气期间出生的起名春生、秋生、仲秋、秋红、立秋、秋忙、立冬、冬至、秋分等。

除给子女起名外，男性长大到成人后，还要送号。即由村里有功名的人给送号，将所送号写在红纸上张贴于街中心，并唱戏祝贺。送号习俗 50 年代后已不流传。

压岁钱　春节时，长辈给幼小晚辈馈赠的钱币，俗称“压岁钱”，此俗在县内历史久远。80 年代后，随着人民的富有，“压岁钱”的数额逐年增多。爷爷、奶奶及近亲给“压岁钱”每个小孩十至五十元不等。一个小孩春节得压岁钱几十元甚至几千元。（以上据 1997 年《深泽县志》整理）

赞皇县杂俗

旧时，民间建房属家庭重事，礼俗甚多。初建时，要请“风水先生”择基、选向、择吉日开工。上梁要选在吉日良时（多在正午），在梁上张贴吉祥楹联，还要鸣爆竹，以呈吉利，并以薄酒招待工匠、乡邻。迁居新居，亦要宴请邻里乡亲。

新中国成立后，建房过程的迷信活动渐被废除。已很少有人再请风水先生，但其他习惯如择吉日、鸣爆竹、贴楹联等活动依旧时行。（以上据 1998 年《赞皇县志》整理）

康保县杂俗

盖房 旧时讲迷信，上梁前要放鞭炮，上房梁时要择看吉日，以三、六、九日为最好（农历）。压栈（顶）时，要选择零星小雨日，谓之“浇梁雨”，取其安康、永久之意。房中梁要系红布以驱邪。在压栈（顶）完毕之后，要吃“压栈糕”，喝喜酒，凡来帮工者都要受到招待。此俗在农村仍流行，在县城由于包工，有的免去。

迁居 迁居谓之“乔迁之喜”。旧时，搬迁选择吉日，于五更天搬锅灶，安入新居，并喝红豆稀粥，取日子越过越红火之意。新中国成立后，有的人还沿此习俗。

升学 孩子考入大中专学校或重点中学，家长一般要庆祝，吃好饭。开学前，做新衣被，购买日用品，亲朋好友都来看望祝贺。（以上据 1991 年《康保县志》整理）

蔚县杂俗

家庭结构 旧时家庭大多数为儿孙与祖辈同堂的组合体，特别是富户家庭，讲究几代同堂，家族兴旺。新中国成立后，家庭结构发生了变化，几代同堂的家庭逐步解体，子女结婚大都另立门户。近年，国家提倡一对夫妇只生一个孩子，有独生子女或两个孩子的三口、四口的新型家庭结构比较普遍。

家规家风 新中国成立前，夫权至上，男子为一家之主，妇女处附庸地位。几代同堂之家都有当家人，主事决策家庭之事，如劳力调配、家务分工、日常开销等。富户人家繁文缛礼甚多，长者回家，少者要请其坐下，问寒暖劳累情况，再以茶饭待之；少者回家后，必须先进长者屋立侍，赐座后坐而互谈，准许后才可回自己屋子。儿媳每日早晚要问公婆起居等情况，家庭气氛严肃沉闷。普通百姓之家，长幼有序，相濡以沫。新中国成立后，男女平等，妇女在家庭中与男子拥有同等主事权力，男子参加家务劳动已属平常，特别是双职工家庭，家务劳动夫妻共同分担。旧时一人说了算的“一言堂”家规家风已变成全家参与、共议家事、尊老爱幼的家风。

名号 新中国成立前，婴儿出生，只有乳名，七八岁或上学时请先生起新名，称官名。有钱的人还要起同官名有联系的别名，叫“字”，有的还要造号，叫“颂号”。颂号时，需请先生裁定字号，第一，字号与名要有出处，名与号不悖；第二，不能与祖宗名号犯重音或重字；第三，称呼顺口；第四，要用易读易写字，不至于谬误；第五，字号二字取声一平一仄，响亮顺耳。裁定后，在农历二月初二举行送号典礼，新友送礼拜喜，称作“帮号”。蔚县有“女子坐坐轿，男子颂颂号”之谣，颂号场面隆重不亚于婚典。颂号后，社会人士尊称其号，有称全号的，有称全号第一个字的。但父在或祖父在不能颂号，以示在尊长面前不能称老。颂号习俗到民国初年已不流行。旧时妇女地位低下，乡村妇女不起名，本人姓氏和夫家姓氏相加便是名字，如张李氏、李王氏等。

新中国成立后，新生儿起乳名，上学时起学名（官名），不起别名，更不颂号。随着时代的发展，起名也出现了阶段性特征，如50年代叫建国、跃进；60年代叫红卫、卫东；70年代叫建兵、卫国；80年代出现叠名，如娜娜、婷婷等。一字加姓的名字增多，造成重名增多。

称谓 蔚县以血统和婚姻关系的称谓如下：

父亲，又称爹、爸爸。

母亲，又称娘、妈妈。

对父亲的父母称爷爷、奶奶，自称孙子（孙女）。

对母亲的父母称姥爷、姥姥，自称外孙子（外孙女子）。

对父亲的姐（姐夫）、妹（妹夫）称姑姑（姑夫），哥（嫂）、弟（弟媳）称大爷（大娘）、叔叔（婶子），自称侄（侄女）。

对母亲的姐（姐夫）、妹（妹夫）称姨姨（姨夫），哥（嫂）、弟（弟媳）称舅舅（舅母），自称外甥（外甥女）。

对丈夫的父母称公公、婆婆，当面称爹、娘或爸爸、妈妈。

对妻子的父母称外父、外母，当面称爹、娘或爸爸、妈妈。

丈夫在人前称妻子为老婆、孩子他妈；妻子在人前称丈夫为当家的、孩子他爸。有的夫妻直呼其名，或在姓前加“小”字或“老”字，如小李、老王。

同辈人称哥（嫂）、姐（姐夫）、弟（弟媳）、妹（妹夫）。

弟兄的妻子之间称妯娌，当面按辈序称嫂子、弟妹。

姐妹的丈夫之间称连襟、一担挑、两业，当面称姐夫、妹夫。

邻里和社会交往，少者称长者为叔叔、大爷、大娘、婶子、姨姨等。（以上据1995年《蔚县志》整理）

尚义县杂俗

旧时，县内起房盖屋，选“吉日”破土动工，择“黄道”立柱上梁。正梁贴八卦图，上钉制钱、筷子、红布，用红纸书写“太公在此，诸神退位”“立木适逢黄道日，上梁正遇紫微星”对联，贴在柱子和檩子上，中午由木工对着八卦图祭奠。同时，燃鞭放竹，午饭吃糕庆贺。新中国成立后，一些带有迷信色彩的活动被剔除，贴对联，放爆竹，吃糕庆贺，依然如故。新房落成，迁入新居时，择良辰吉日，特别要躲过“天坑”，即春季忌往东南搬，夏季忌往西南搬，秋季忌往西北搬，冬季忌往东北搬。届时，亲朋好友都来庆贺乔迁之喜，主食必须是油炸糕，说“搬家不吃糕，一年搬三遭”，意为不吉利。新中国成立后，择吉日的很少，躲“天坑”的忌讳仍然流行，吃糕庆贺依旧。（以上据1999年《尚义县志》整理）

张北县杂俗

人民日常往来应酬，互相接触之事务也。张北僻居塞外，往来应酬之事甚少，不易聚会，非遇会期或庆吊事项外，无他机会晤面。故每遇此等事发生，凡亲友稍有瓜葛者，即纷纷麇集，往往有不识面者，必须叙其原委，始知其来历，不免有人满之患，所以饭菜甚为简单，或蒸黏糕，或蒸馒头，酒菜一二种而已。排难解纷之事，多由各村乡长负责，亦有村中年高有德者为之排解，所谓“三位老人一员官”，得了即了，比以前好斗好讼之风，减杀多多矣。在数十年前，人民丰富，财足气盛，不肯让人，争斗者日有所闻，打官司者，县城各店几为之满。现在民穷财尽，非不得已之事，不愿起诉，即发生事端，忍气吞声，得过且过，将就了结而已，似抱一种消极主义者也。（以上据民国二十四年《张北县志》整理）

围场县杂俗

探视 该县有史以来，亲友患病，一般都要带上味道鲜美、营养丰富的食品前往探视，以表安慰。探视病人都在上午，禁忌下午探视。如亲友遭受意外伤害，也要带上食品探视，有时还要给予物质或劳务上的帮助。

分家 家产只分给男儿，“儿得家业女吃饭”，出嫁的女儿无份。分家时多请村中德高望重的长者主持，新中国成立后有的请村干部为中证人，舅父健在者必须请到场，先给老人留下养老财产然后再分。不留的由儿子轮养，将财产分成若干份，然后“抓阄”得份。有债务者亦言明，由得财产者平均负担，各无异议写分家单，并写明财产分配和对老人赡养、债务负担等，由当事人与证人签字按手印，随后吃“散伙饭”。80年代后，职工干部家庭，父母有把钱、物送给女儿的。（以上据1997年《围场满族蒙古族自治县志》整理）

丰润县杂俗

填宅 迁入新居后，亲友皆来填宅，要送吉祥礼物，如高粱米（意为步步高升）、筷子、馒头（意为快快发财）、鲤鱼（意为富贵有余）、火柴（意为日子过得火爆），主人则设宴款待。随着生活水平的提高，所送礼物逐渐加重，如高压锅（步步高升）、煤气灶（日子火旺）等。

探病 亲友生病，需要带慰问品探望。探望时间必须在上午，下午为日落西山，不吉利。慰问品多为点心、水果之类。70年代后多为罐头、橘子汁、麦乳精、蜂蜜等，亦有送钱的。

发脚 亲友出外远行（姑娘出嫁，男儿外出学艺、读书、参军等），临行前数日，争相请吃饭，主食须是饺子，有发脚顺风、一路平安之意。

压惊 亲友遭遇意外不幸事件（失火、被盗、车祸、因误会被拘捕等）均须带慰问品前去压惊，并说些宽慰话，使其消惊。

随礼 亲属之间遇有红白大事，均须随礼。礼分三个档次：家礼，五服之内的族人互随，礼金较低，同族吃“伙饭”；庄礼，村内老亲属、相处密切者互随，亲戚礼，近亲之间互随，此二种礼金中等；朋友礼（也称“随份子”）礼金较高，近年因生活水平提高，礼金额多在十至五十元之间。（以上据1993年《丰润县志》整理）

卢龙县杂俗

建房 旧时建房，要请阴阳先生选择地址，看“风水”，然后动工兴建。上梁时屋中檩上要贴阴阳八卦图和“上梁大吉”等楹联，并鸣放爆竹。房主人备丰盛饭席宴请木匠、瓦工等，还做黏饽饽。现今建房，除讲究样式和质量，上梁日燃放爆竹外，杜绝了过去陋习。

乔迁 喜迁新居，邻里亲友前来庆贺，俗称“燎锅底”。一般带粉条、肉、笤帚、米、面等物。主人设宴招待。（以上据 1994 年《卢龙县志》整理）

昌黎县杂俗

分家 旧社会分家，家产一般只分给儿子，出嫁的女儿无份，未嫁的女儿留浮财。请近门长者主持，舅父在场。先给老人留下养老财产，余下再分。有债务的，由得财者均担。写好分家单，吃顿“散伙饭”，然后各立门户。新中国成立后分家，女儿依法有权分得家产，但在农村多数出嫁女儿仍不享受这种权利。

过嗣 俗称“过房儿子”。旧社会，老而无子者为防老，多从多子女的胞兄弟中过继一子为继承人。过继时邀请族长、亲友等到场监护、做证，填写“过子单”，写明脱离与生身父母的关系，继承继父母的财产权，保证对继父母的赡养义务，然后由族长、亲友等签字画押。新中国成立后，这种过嗣习俗逐渐淘汰。

置产 农业合作化以前，农村置买土地、房屋，多经中人介绍，议价成交后，买主邀请四邻、中人同卖主将土地、房屋丈量清楚，在买主家用桑皮纸书写卖契（俗称“白契”），主要写清买卖双方姓名，房、地产坐落和四至、数量、质量、成交款数等字样。买主当面交清价款后，由买卖双方、中保与代笔人以及四邻在契约上签字画押做证，并由买主设宴招待。然后持白契到税契处交纳税款公证，这时称为红契，为产权所有的正式凭证。农业合作化后，土地归集体所有，私人不得随意买卖。房屋交易仍然存在。（以上据 1992 年《昌黎县志》整理）

雄县杂俗

农村建新房，亲友多以烟、酒、粉条等物为礼物前来庆贺。谓之“压碱”“上梁”。搬入新居，亲友携带礼品前来祝贺，谓之“温锅”“转房”，主人筵席招待。（以上据 1992 年《雄县志》整理）

吴桥县杂俗

境内行一年三次看闺女的风俗。每逢端午、中秋、春节前，娘家做些花色面食，买些糕点果品，盛于竹篮，篮外挂两条大鱼，送到女儿家。有的近族、近亲也要去，以表看亲人、庆丰年之意。（以上据 1992 年《吴桥县志》整理）

武强县杂俗

贺新居称“温锅”。旧时视建屋为大事，迁入新屋时要表示祝贺，称为乔迁之喜。亲朋乡里送喜联、写贺词，表示祝贺，主人请茶请酒，以示谢意。新中国成立后，此习渐衰。

商业、饮食服务业开张营业，举行典礼，亲朋、有关部门送镜子、贺词表示祝贺。主人放鞭炮，设宴招待宾客。

近有贺升学、就业、提职者，设酒宴招待亲朋。（以上据 1996 年《武强县志》整理）

第五章　信仰民俗

信仰民俗，是指在民间信仰活动过程中形成的种种民俗事象。民俗信仰，又称民间信仰、民俗宗教，它不同于人为宗教，没有专职的神职人员，也没有严格的教义教规，但它是民众生活的有机组成部分，融会在人们的日常生活之中。信仰民间的对象包罗万象，既有产生于远古时期的原始自然崇拜，又有大量人为宗教的神灵，还有许许多多为民众所“造”的神灵，既有巫术禁忌，又有卜筮算卦。在此基础上形成的民间信仰，文化层积深厚，异彩纷呈。在今天，有的已逐渐被淘汰，有的则还在流行。

第一节　民间信仰

赞皇县民间信仰

清代，民间崇尚之神甚多。供奉神灵的处所有关帝庙、社稷坛、城隍庙、先农坛、玉皇庙、王母庙、阎王庙等，文庙为其中规模最大的庙宇，除供孔子外，还供复（颜子）、述（思子）、宗（曾子）、亚（孟子）四圣，先贤十二哲（闵损、冉雍、端木赐、仲由、卜商、有若、冉耕、宰予、冉求、言偃、颛孙师、朱熹）及其他先贤、先儒一百三十余尊。各庙、坛祭由县衙组织，每年分春秋两次祭奠。各乡村一般都有玉皇、土地、五道爷等庙，各家诸户则有天地、土地、财神、灶神等神位，每逢过年过节就有一些农妇秉烛燃香祭之。

新中国成立后，大力破除迷信，各种庙宇和从事迷信活动的场所先后拆除，各种祭神活动大幅度减少。虽然有不少家庭在过年时节还立神位，但人们的思想已发生根本性的变化，人们不再相信神能庇佑，而是祝愿一年幸福、康安。（以上据

1998 年《赞皇县志》整理）

阳原县民间信仰

该县所祀诸神约分三类：有想象无上之神，如“天地三界十方万灵真宰”之类是也；有历史人物之神，如“大成至圣先师孔子神位”之类是也；有小说宣传之神，如“玉皇大帝”“五路财神”之类是也。然崇拜之者，亦分阶别：如祀孔子，则须士林（清系廪增附生以上，始得参与祀典）；祀天地，则系全民；祀龙神，则系农人；祀财神，则系商贾。兹依类分述如下。

宦士所祀者：此类祀典，参加者或为县官，或为士子，或官士共祀。其别如后。

孔子　清代，关于祀孔典礼，各县皆同，载在祀典，无须特述。迄于清末，崇升大祀，犹称释奠，每岁春秋两次，每祀玉帛牲牷。民国三年，改文庙为孔子庙，祀礼仍昔。迄十五年，改定国历十月八日为孔子诞辰。届期，举行祀仪，然亦不过本县长官率教育人员鞠躬致敬，不复如前之大祀矣。十七年后，北伐成功，并此纪念亦无形废除。二十三年，国府于孔子诞辰，忽派大员致祭。本年复与孔子裔孙以特任官待遇，俾得奉祀。上行下效，此后各县又当从祀，自在意中也。

关岳　清季，均以春秋仲诹吉及五月十三日，致祭关公。祀典亚于文庙。民国三年，陆海军部呈请合祀汉关羽、宋岳飞。每岁春秋，祭于武庙。迄十五年，改定国历九月三十日，崇祀关、岳，至今未替。其祀典亦无定式，仅县长率警察官长鞠躬致敬而已。

城隍　该县治城，有城隍庙。相传，城隍之在阴界，亦如县令之在人间，故县令必祀城隍。每届节令，清代知县及民初知事，必恭诣其庙取祭。有特别刑事案件，无法审讯者，亦恒祷于城隍。但民十以后，该庙香火已衰，因科学时代知县事者，已不若前之迷信矣。

普遍所祀者：此类祀典，人无贵贱贫富，并皆行之。不过供品丰啬则随境遇不同。仪式率皆三跪三叩。时期，则每月朔望，具香楮而小祭。以外大祀，则各不同。分述于后。

天地　该县各家皆供“天地三界十方万灵真宰”之位。盖以为宇宙一切事物，冥冥中必有主宰，故恒供奉，以求免祸降福。此与古代天子所祭之天，性质不同。平时位在北房中楹廊下，迄元旦日，则移于院中。前设香案，供三牲，每晚烧烛，至夜十时始止。上元后仍移原位。清时，知县每于元旦后，祀天于郊。民国三年，更郊祀名为祀天。每岁冬至，地方长官行礼南郊。五年，地方祀典废止，唯民间行之，至今弗替。

灶神 民间各供灶神于厨下。每月朔望，具香楮肃拜，三跪三叩。神像系一男一女，其职司在察各家琐事。每于腊月二十三日归天呈报，故是日为祭灶神节。家供米糖、草豆，米糖以糊神口，草豆以饲马匹。迷信之深，今不稍衰。

五道 此庙多在各街之口。治城不下二十余处，各村则一至数处不等。祀期无定。每有祷祈，即持香纸跪求，有因病者，亦有因子嗣或他事者，每晚必有人祈。民国二十年，县长刘志鸿有鉴于香楮之靡费，病者之徒死，令毁其庙以绝之，然迷信甚深，过期又跪拜如昔矣。

土地 此庙各村皆有，唯不若五道之多，且多附于大庙。民间有兴土木者，工毕必延僧哮经，暂设神位于庭堂，名曰“谢土”。以外无特别祀典焉。

泰山 泰山庙，大村始有，中供之神，名曰“奶奶”，各家所生子女，皆奶奶送来者。奶奶之旁，有送子哥哥若干，即奶奶之随从。祀日在四月初八，届期献戏三日。富家有子，于弥月、百日或十二岁时，且特别献戏焉。

阎罗 各村皆有此庙，不过规模大小不同。民间死人，于第三日至阎罗殿哭告，名曰“报庙”。

各行所祝者：此则因职业不同，而所祀之神亦异；又因贫富之不同，而供品之丰啬又异。兹分记之。

龙神 龙神之祀，亦甚普遍，各村皆有，农民祀之甚虔。因其职司云云，故每于初秋（七月十五者多）献戏三日以外，因天旱而祈雨，若降甘霖，临时献戏者亦有之。

鲁班 凡木工、瓦工，皆于其店中各供鲁班神位。治城有鲁班社，每年于三月献戏。各村则仅各供奉，无大祀典焉。

马王 凡饲养骡马之家，皆供之于厩旁，大村且建庙立社祀之。每年三月十五，献戏三日以酬之。

财神 商家各供于号中。每岁正月，为财神特别祀期，如民家之祀天地然。每岁二月十八日，亦献戏以酬之。此外，如药行之祀药王，酒店之祀李白。凡百所业，各有厥神。如前所述，乃其昭然者耳。至献戏酬神，清代期绝不爽，迄于民国初年，尚能继续，不过期移前后，略有变更，虽属迷信，借此稍娱劳作之苦。民十以后，苛捐杂税，兵匪频临，民不聊生，胡能演剧，鼓乐歌声不见于吾县者，几十五年矣。民苦无穷，民乐未有，歌“誓将去汝”之诗，泪如雨下矣。（以上据民国二十四年《阳原县志》整理）

武安市民间信仰

我国古时以神道设教，凡天地、日月星辰、雷雨等神皆有祠，以祈年祈谷。然其祭也，皆有等级，天子祭天地、诸侯祭山川、大夫祭五祀、士庶人各祭其先，各有专祀，无或僭也。春秋而降，淫祀渐兴，巫觋迭起；虽经历代名贤匡衡、贡禹、应劭、西门豹、汤斌等，立辟谬妄，卒不能禁，甚至缙绅士夫，亦为所惑。武处偏僻之区，俗陋民愚。迷信神权，固其宜也。

城隍　城隍二字始见于《周易・泰卦》。《礼》伊耆氏始为腊。腊有八，而水庸次居七。水，隍也；庸，城也。祀城隍神始此，然但求保护城垣坚固而已，非有他也。自明初加封郡、州、县城隍为公、侯、伯，又诏天下郡县建立城隍神庙，于是民间遂以城隍实有其神，敬谨奉祀，无敢亵慢。武安城隍庙在县政府前街，庙宇宏壮。前清时，每年清明、七月十五、十月朔，城隍出巡，衙署班房胥吏以及城乡士民提灯送迎，招优庆祝。今庙宇改为女子高级小学，神像已无，而愚民敬奉犹不少减。

龙王　《华严经》有无量诸大龙王，兴云布雨，令诸众生热恼消灭，后世祈雨求龙王，本此。又《河南志》：“清雍正五年，奉旨京师装塑神像，各省遣官崇祀。”是为龙神塑像之始。今各省皆有白龙王、黑龙王神庙。武安龙王除黑龙、白龙外，又有青龙、九龙、苍龙、黄龙、三郎等神，诬诞不可究诘。各神多有男觋传语，名曰“马庇”。遇旱时，马庇降坛传神语；决年岁丰歉，验即歌舞报赛。所在敬奉，比他神特为虔诚。

文昌　《史记》载匡六星，曰文昌宫。又《河南通志》载曹汴碑，梓潼祀文昌帝君。《明史》载神为张姓，名亚子，居蜀七曲山，仕晋战殁，人为立庙。道家谓，帝命梓潼掌文昌府事。大都皆文人热心功名利禄者祀之，今则少减。

吕祖　即吕洞宾，俗称八仙之一。按：吕，唐时进士，黄巢乱避居终南，莫知所终，人以为仙去。今武境南乡奉者甚多，设有吕祖坛，有病及问休咎者皆往坛内扶乩决之，自谓奇中。

土地　俗称里社之神，曰“土地”，人死往其庙押魂。

送子娘娘 为三女神，或疑即碧霄、琼霄、云霄。小儿生产，俗皆谓为该神所司。妇女求子，络绎不绝。

财神 一称“增福财神”，有文财神、武财神之说。商店、居民多争祀之。

瘟神 俗传能传播瘟疫。蓝面红发，俗称为“瘟元帅”。

灶君 为五祀之一。《淮南子》：“黄帝做灶，死为灶神。”《酉阳杂俎》：“灶神名隗，状如美女。又云姓张名单，字子郭，夫人字卿忌，有六女。”腊月二十三日，糖瓜祭灶。

狐仙 俗称“狐神”。有女巫代传神语，名为“师婆”，各乡皆有，城北尤甚。每岁二三月，师婆群集，击鼓下神，婆娑跳舞，男女聚观，俗称为“师婆会”。（以上据民国二十九年《武安县志》整理）

新河县民间信仰

新河各家，除崇奉杂教、西教外，均祀神多种，或木偶，或画像，均安置佛龛。神之种类有天、地、人三皇（俗称“天、地、爷”）、释迦牟尼（俗称“佛爷”）、南海菩萨、关羽（俗称“关老爷”，唯城西颜良之后不祀之）、财神（有路财神、场财神及仙家等类）、门神、宅神、仓神、灶君（俗称“张姓”）、牛马王、地藏王、青龙、白虎等神。祖先则多供宗祠中。生子多夭折者，则供张仙，月朔望、佳节，妇女必焚香供奉，朝夕如之。农家供奉诸神，既如上述。至于工人，则各供祖神，商则只供关帝及财神，每值佳节，祀之以礼。（以上据民国十八年《新河县志》整理）

广宗县民间信仰

自昔以神道设教，鬼神之说，深入人心，牢不可破。每于春秋佳日，迎神报赛，演戏修醮，广设帐幕，陈列神祇（有菩萨、阎王、风师、雨师、雷神诸名目，绘为奇形怪状，以吓乡愚，其源皆本于释道之流），飞笺邻村，招致百戏。男妇远道趋赴，焚香膜拜，鼓乐喧阗。所费以数千计，无吝啬也。各村偶像，所在多有，以土地祠、关帝庙为最多，余如真武、菩萨、碧霞元君、泰岳行宫、水火三官等次之。每逢水旱，焚香拜祷。或遇疾病，延巫祈禳唯诚唯谨。自革命成功，极力破除迷信，然此风仍未艾也。

信教自由，为文明国所同。广宗人士，尊信孔教者居大多数，然孔子非宗教家也，其可称宗教者，唯释道与天主、耶稣、回教而已。县中无回民奉释教者。李怀集永安寺、真武庙、牛家寨钟楼寺、尹村莲社庵、张魏村玉皇庙，各有住持僧一人。城内城隍庙、庞村菩萨庙、冶村天仙观、田家庄奶奶庙、件只村碧霞宫，各有道士一名，盖数人而已。奉天主教者，张固寨教堂一所，男一百二名，女一百一十名；新立村教堂一所，男九十一名，女九十名，共四百零三人。奉耶稣教者，城内福音堂，男七十七名，女一百名，共一百七十人；南辛庄男女共九十四名。天主教堂设立已久，耶稣教堂设立不过二十年。唯境内民教相安，不致酿成争端，是可幸也，又有在理教者，其聚会之处曰公所。其徒以不饮酒、不吸烟为要义，其教祖称杨莱如。此外，乡曲男女有在家礼、闻香八卦及大灵山各种教名，其内容秘密，讳莫如深，局外人不得而知，故人数亦不得而详。至于拜道士为师，服道衣道冠，为人唪经斋醮者，所在多有，不过为衣食计，非真心信仰者流，不足数也。（以上据民国二十二年《广宗县志》整理）

第二节　祈　雨

卢龙县祈雨习俗

清末民初，县内求雨习俗盛行。每逢久旱不雨，三里五村集体求雨。每户参加一男人，赤足，头戴柳条圈，抬着“龙王”或“关帝”像，沿村祈祷。每到一村，鸣炮三声，预报让路，行至庙前，众人伏跪，由名人读“皇表”，祈求龙王开恩，大降甘霖，仪式完毕，沿街行进。家家门前摆桌子，上放水碗，旁备水桶，供求雨人饮用。求雨人过后，人们将剩下的水朝空中泼去，并高呼：“下雨了！”求雨人群行至最后一村村外，焚烧旱雹（旱魔）而散。此俗于解放战争后期销声匿迹。（以上据1994年《卢龙县志》整理）

满城县祈雨习俗

满邑近山恒苦旱，乡农聚众祈雨，由来已久。祈雨，先跪香三日，家家门首设水坛，坛插柳枝。过三日，遣人赴抱阳山，或龙潭，或一亩泉，取水供之。乡众接水，人各戴柳圈舁龙王牌，钲鼓喧阗，几等游戏。会雨降，则以为应验，演剧赛神，名曰“谢雨”。（以上据民国二十年《满城县志略》）

沧县祈雨习俗

五六月间旱，乡民乃祈雨。先有一二无赖子夜入关帝庙，负偶像置村外。翌晨，村人相惊曰："关帝至矣!"乃结芦棚，击铙鼓，抬香案至偶像前。罗拜祈祷毕，舁偶像置之香案上，折柳做冠加像首，抬入棚。村人每日铙鼓进香者四五起。若斯三日，名曰"坐坛"。四之日，乃出巡，意使关帝见旱槁之景象也。先一人执大锣，带黄纸符数十张，书"祈雨"二字，入村粘树上或人家门户。大群之行前，二人鸣锣开道，一品执事列其后；再后为童子扮雷公、闪将、风婆、云童，壮者肩之行；再后十余鼓，再鼓铙钹四五随之；再后为龙公、龙母，手车一轮，上置大坛，贮水插柳，龙公推之，龙母挽之，做丑装丑态，以乐观者；再后为僧道，逢井泉或路祭者，则击法器诵经，笙管和之；再后为关公仆从，俭者四、奢者八，乘马做清官僚庐儿崽子装，再后为赤兔马，赤色骏马一匹，鞍辔陆离，马童做剧场装，抱大刀，挽络缓步；再后为神案，四人舁之，关帝偶像在其上，社首四五人，长衫摇扇，安步左右；最后有抬大柳钵者，收祭品杂置钵中。出巡三日，归复安坛三日，如坐坛礼，前后凡九日。九日内微有雨，则归功于羽，演剧以酬之。或未出巡，雨已沾足，则仍具仪仗出行，名曰"夸观"。九日不雨，则曰："吾村关帝不灵。"次年复旱，则窃他村偶像以祈之。或两村出巡相遇，则争道曰："吾村之帝，不让汝村之帝也。"东北一带，有抬大土龙者，较之乞灵于关羽，尚稍近理。（以上据民国二十二年《沧县志》整理）

南皮县祈雨习俗

遇天旱之时，农民有求雨之举。请关帝或龙王像，设坛三日，舁像铙鼓游行，门插柳枝，人戴柳帽，且执柳洒水做雨状。雨降则演戏酬神。（以上据民国二十二年《南皮县志》整理）

新河县祈雨习俗

遇天旱之时，农民有求雨之举。曝龙王像烈日下，村人不食辛味，信女每日以帚扫床炕。三日后抬龙王像游行，会首事人，会末人从护之，仪仗前导，锣鼓喧天聒耳，观者如堵，群呼求雨口号。又有所谓马子者，男巫也。代神言定雨期，所言辄效，善男信女多信之。（以上据民国十八年《新河县志》整理）

第三节　庙会

正定县庙会

城隍庙会　正定府城隍庙坐落在城内西南隅（现在的木制厂院内），占地十余亩。明洪武三年始建，成化元年扩建。

城隍庙正殿供有城隍爷塑像，判官、牛头、马面及小鬼等侍立两旁。两庑有刀山、油锅、石碾、石磨等。

城隍本意是城墙和护城河。后来，人们尊奉为当地办过一些好事的文臣武将为城隍。继之，道教引申为阴间委派到各府、州、县管理该城鬼蜮的地方神。

农历五月十七是正定城隍庙会。相传，滹沱河南某村一位老太太带着十七八岁的姑娘到城隍庙烧香磕头，忽然，城隍爷的扇子飘落在姑娘手中，老太太急忙说："你这闺女怎么敢拿城隍爷的扇子呀！快给他老人家送回去。"二人转身要走，扇子又落在姑娘手里。老太太生气地说："怎么你又拿城隍爷的扇子呀！这回送回去不许再拿了。"二人未出门，扇子又落在姑娘手里。老太太心领神会地笑着说："扇子三番两次地到你手中，这是城隍爷要送给你这把扇子，你就要了吧。"姑娘回家后，卧床不起。第三天，她嫂子进屋看望，把被子一揭，只见两条大花蛇盘踞在炕上，转眼又不见了。消息传出，一些迷信鬼神的人认为是城隍爷把姑娘娶走了，于是就抬上纸糊的花轿和姑娘"替身"到城隍庙焚化，为城隍祝贺结婚之喜。这一天正是五月十七。后来，人们就把五月十七作为城隍庙的庙会。滹沱河南一些迷信神鬼的中老年妇女，以城隍奶奶娘家人的身份，于五月十六下午到庙里，在城隍奶奶身边守候一夜，以表示跟城隍爷是亲戚，祈祷不要再从那里娶媳妇。城北一些迷信神鬼的人也怕城隍爷要姑娘，五月十七这一天就抬上纸糊的花轿和姑娘替身到城隍面前焚化，表示已经给城隍爷送来了媳妇，祈祷不要再向他们那里要姑娘。赶庙的人很多，商业、饮食业生意兴隆，文艺团体和民间花会也前来表演助兴。多数农民趁麦收后的余暇到庙会出售农产品，购买生产资料，为秋季生产做必要的准备。还有很多人是逛庙会、看热闹。因此，五月十七的庙会成了全县最大的庙会。

如今，人民群众相信科学，破除迷信，庙会已变成交流物资、技术、信息的大会。

蟠桃庙会　蟠桃村西北有座王母庙，建于唐朝开元年间，农历四月十五日为庙会。相传，王母娘娘每逢三月三寿诞之日，宴请各路神仙，后来有白猿偷桃孝母、孙悟空偷吃仙果大闹蟠桃会等原因，使盛会不能如期召开，故而推迟到四月十五，会期流传至今。

旧时，蟠桃庙会闻名遐迩，烧香许愿的善男信女很多，商业兴隆，戏曲杂耍及民间花会种类繁多，人们尽情歌舞，一片热闹景象。现在的蟠桃庙会，物资交流和娱乐活动不减当年，传统庙会已成物资、信息交流和科技传播的场所。

韩通庙会　农历九月初一是韩通庙会。这个庙会最初叫冰雹会。据说，大约一千多年以前，韩通村连年遭受冰雹灾害，庄稼颗粒不收，贫苦农民背井离乡，乞讨求生。当时，有人在村北土岗上烧香拜佛，祈求神仙显灵，老天保佑。几天内，轰动了全村，烧香磕头者剧增，并许愿：如果来年不下冰雹，村民愿捐款唱五天大戏。事有凑巧，第二年果然风调雨顺，秋庄稼获得丰收。众百姓迷信神仙显灵，于是搭台唱戏还愿，从九月初一开始，连唱五天。从此，冰雹会便成了庙会，延续至今，变成了物资交流会。

北孙庙会　农历六月十三日是北孙村的龙王庙会。相传，很久以前，北孙一带冬不下雪，春不下雨，井水干枯，庄稼没法种。一个算命先生说：“若要求雨，向龙王烧香许愿，方能解脱大旱。”人们信以为真，修建了龙王庙，烧香化纸，唱戏求雨，从初春一直求到雨季，六月十三日终于下了一场透雨。人们以为龙王显灵，此后每年到了这天都烧香拜神，唱戏庆贺，成了庙会。

南化庙会　农历四月初八是南化村的庙会。据传，唐代该村始建“苍岩圣母”庙。正殿供赵公明三个妹妹云霄、碧霄、琼霄的塑像。因为她们经常在这一带行医治病，乐善好施，人们感恩不尽，为三霄女修了庙宇，塑了金身。每逢四月初八圣母生日，烧香求医、磕头还愿的人络绎不绝。同时，商贩赶来做买卖，戏班应邀唱戏助兴。由于这个庙会时近麦收，成了销售三夏用品、大中小型农具的市场。

曲阳桥庙会　曲阳桥村北的大鸣泉旁有座龙王堂，正殿为龙王堂，后殿为孔雀佛阁，阁内塑有“准提骑孔宣”泥像。相传，很早以前，这一带有个孔雀精叫孔宣，经常骚扰村庄，吃人害命。后来，有个叫准提的道人路过此地，决心为民除害。他从二月二十五日一直等到十一月初五，终于在大鸣泉旁拿住了孔雀精，灭了孽障，安定了黎民。人们感恩戴德，建庙塑像，把准提来时的二月二十五日和降服孔雀精的十一月初五定为庙会，一年两次烧香化纸，唱戏祝贺。每逢庙会，种类繁多的皮毛山货、鱼虾莲藕、草编柳编工艺品、家具农具、粮食畜禽云集于此，成了盛大的物资交流会，还吸引了吉林、陕西、山西、河南、山东等地的客商。它的贸易场地扩展到了上曲阳、东曲阳、南曲阳、曲阳桥四个村庄，形成了规模较大的农贸市场。

吴兴庙会 吴兴村有一座玄帝庙，始建年代不详，每逢农历三月初三为庙会。由于会期正值春耕时节，逐渐形成了以销售农具为主的物资交流大会。

平邱庙会 平邱村东有一座圣母庙（俗称“奶奶庙”），农历三月二十七日为庙会。新中国成立前，每到这天多有巫婆、神汉跳神，老太太为儿女来套娃娃。同时，各路行商来做买卖。因该地接近滹沱河滩，盛产木杈、扫帚、柳编制品，多年来形成了以此类物品为大宗的物资交流会。（以上据 1992 年《正定县志》整理）

深泽县庙会

过庙称“庙会”。旧时，深泽县所辖村庄全年有九个村庄十次庙会。50 年代后，除深泽县城、铁杆镇继续有庙会外，其他村庄的庙会已自消自灭。庙会间主要进行物资交流，还邀请戏剧、歌舞、杂技、马戏、驯兽、魔术等为庙会助兴。赶庙的人山人海，极为热闹。此俗从旧时相沿至今日，庙会规模愈来愈大。（以上据 1997 年《深泽县志》整理）

赞皇县庙会

旧时，县城和少数大村镇有庙会，但规模大小有异。规模较大的有在南回东村东李左车城旧址的二月十五城子庙会（50 年代迁入县城），有在城厢镇（县城）的三月二十四庙会、西坛菩萨庙会、六月初六庙会、十月十一城隍庙会等。其他庙会如院头镇的三月初八八达庙会和十月十三庙会、野草湾的二月十五菩萨庙会等，规模相对较小。百姓把庙会期称作“过庙”，把赶赴庙会称作“赶庙”。庙会上，商业活动十分活跃，商人们从事各种经营活动，农民们进行农副产品和手工业品的交换，购买生产、生活用品。艺人们把丰富多彩的传统文化活动带给庙会，给庙会增添了许多生机，这些文化活动有社戏、演武、杂耍、说书、弹唱、拉“西洋景”等。其中以社戏规模最大，常是两台戏对唱，互相争技斗艺，百姓称之为“唱对台戏”。然而，旧时的庙会又多有迷信色彩，如祈神、祈福、求药、求子、算命、占卜等。

新中国成立后，庙会沿袭，但求神问卜的迷信活动废止。“文化大革命”时期，庙会取消，1978 年恢复。1980 年后，商品经济飞速发展，各庙会实际上成为城乡物资交流的场所。届时，国营、集体及个体众多商业和服务摊点星罗棋布，相邻诸县商客也云涌而来。省内外的马戏、杂技、驯兽等团体也应邀或闻讯而至，呈现出一派升平景色。

旧时，民间香会很多。与庙会比较，其规模小得多，且多是迷信活动。这些香会又多在那些崇神信鬼、吃素念佛的人们中间进行。他们入庙磕头烧香、祈神许愿，以求神仙赐给平乐康安、免除灾祸，或求风调雨顺、丰衣足食。

新中国成立后取消封建迷信，各种香会活动基本革除。1980 年后，民间的少数香会活动又有复燃之势，一些旧时的庙宇重新恢复，并设立偶像，逢会期间香客成群。

五马山香会设在五马山东麓，是赞皇县历史较久、规模最大的一个香会，宋代便有活动，清代已具规模。旧有殿宇四处，面积约六千平方米，并有五马石雕和众多石象生。旧时，每逢农历三月十一至十五日、十月十一至十月十五日为香会期，香会期间香客结队成群前来进香。来这里进香的除当地农民外，还有柏乡、高邑、元氏、赵县等县农民。抗日战争时期，殿宇拆毁。新中国成立后，香会活动基本停止，但仍偶有香客前来。1980 年后，香会自然恢复。近年，附近一些农民在旧址重新建立庙宇。香会期间，日人流量达数万之众。当然，这里除了少部分是进香者之外，大部分是游山玩水和观看香会景观的人。（以上据 1998 年《赞皇县志》整理）

元氏县庙会

县内大部分村镇都有庙会，民国以前较盛行。新中国成立后，有的自行消失，有的改变日期，有的延续至今，新增者亦有之。如北白楼庙会属近年新增；董堡庙会原为八月二十八日，70 年代改。现时庙会已成为物资交流大会或走亲访友的日期。届时，往往有大戏、马戏、杂技等文艺表演团体助兴。仅将近年流行的庙会录于后。

元氏县庙会一览表

庙会时间（农历）	庙会地点
正月十五日	县城
正月十八日	范家庄、段村

续表 1

庙会时间（农历）	庙会地点
正月十九日	东杜、西杜、南杜、北杜
正月二十日	营里
正月二十二日	马村
正月二十五日	使庄
正月二十八日	北白楼
二月初二日	建安、东杜
二月十二日	里余
二月十九日	县城南街、南吴会、东贾、小孔
三月初三日	聊村
三月初八日	北吴会、董堡
三月十一日	褚固
三月十八日	池村
三月二十五日	胡泉
三月二十八日	县城东关
四月初一日	西于科
四月初四	井下
四月初六	南佐镇
四月初八日	张掖、翟北凡、仝梅吕、南凡、吴村、下汪
四月初十日	东同下
四月十五日	郭北、上庄、沟北、纸屯、县城西街
四月十八日	前仙、后仙
四月二十八日	北程
五月十三日	南因
五月二十五日	县城、万年
五月二十八日	西同下
六月初六日	南佐镇、赵村
六月初十日	县城东街、西贾
六月十五日	正庄
六月十九日	西郝、姬村

续表 2

庙会时间（农历）	庙会地点
六月二十八日	前营
七月初一日	龙正
七月初二日	赤良
七月初七日	赵同
七月十五日	北沙滩
七月三十日	解村、孟村、褚固、东岗汪、西岗汪
九月初九	殷村、东杜、西杜、北杜、西富村
九月十三日	县城中街、赵堡
九月十五日	纸屯
九月二十日	魏村
九月二十五日	叩村、西同下、万年
九月二十八日	董堡、院家村
十月初四日	墨池
十月初十	褚庄、泉村
十月十三日	毛遗
十月十五日	东城角、后营
十月十六日	北褚、小留
十月十八日	池村
十月二十日	魏村
十二月二十五日	县城西关

（以上据 1995 年《元氏县志》整理）

尚义县庙会

清代和民国年间，县内盛行“庙会”，俗称“赶会”。县内庙会因佛不同，集会时间也不同：每年农历四月十八日，大青沟、狮子沟奶奶（泰山）庙会；农历四月二十八日，土木路奶奶庙会；农历六月初六日，套里庄龙王庙会；农历六月十四日，大青沟关帝庙会；农历七月初七日，豆腐窑胡神庙会。每年届时演戏酬神，香客摩肩接踵，赶会进香，求神祈福。商贩借此经商，摊点星罗棋布。百货、棉布、土特产品、农具、畜产品等应有尽有。庙会期间，晋剧、马戏、杂技、卖艺杂耍、拉洋片、说书、测字算命等样样齐全，吸引着成千上万群众观赏游览。

新中国成立后，50 年代沿此俗。1964 年“四清”时改为物资交流大会，时间仍沿庙会旧时，带有迷信色彩的庙会彻底根除。“文化大革命”期间，物资交流会停办。1979 年，在县城、大青沟、红土梁、小蒜沟等一些大集镇或乡所在地，恢复物资交流大会，时间多在秋收前。（以上据 1999 年《尚义县志》整理）

张北县庙会

张北全县，在民国十五年以前，庙会最多。第一区之县城、庙滩、馒头营子、石柱梁、兴隆村、大河、苏计梁，第二区之嗬嗽庙、高家营子、摆察村、驿马图、五十家子，第三区之三脑包、富贵村、兴胜村、吉庆窑、白庙滩、大梁底、红果图、兴隆滩、六号湾、苦井图、延侯二台、东富公，第四区之太平庄、东沟门、狮子沟、双台子、耗儿沁、三间房、二郎城、产子城滩、大圐圙，第五区之土木路、乌里雅素台、西城窑子、套里庄、狐神庙、毛儿忽沁、羊官窑、下纳令、宣府窑子、狮子沟、旧庙、上六合成、三合店，以上各村均系有庙会之地。会期均在四、五、六、七四个月内，因系骡马会居多，酬龙神次之，其酬他神者较少。此时骡马肥腯，正可出售，借此机会买卖骡马；次则售卖农家收获器具，会期后，即可收秋；再次估衣、刀剪、杂货、布匹等物。天津、北平、张家口商人，来此售货者，亦不在少。骡马大会，出入款总数多者十余万元，少亦五六万元。酬神小会，约在数万元。无论大会、小会，均有戏剧、杂技，演唱日期均为六日，亦有四日者。至民国十五年后，天灾人祸，纷至沓来，以致有庙会之村庄，均行停止，现在有会者，仅有县城一处。四月二十八日，系泰山庙酬神小会。至六月二十四日，系骡马大会，以买卖牲畜为大宗，估衣、杂货、布匹次之，一切食物又次之。民国十五年前，此会出入总款数目在十余万元，会期以六日为限，戏剧、杂技分别赛演。在百里以内之乡村男女，乘车骑马，络绎于途，会场街市，万头攒动，几无隙地，为数不下七八万人，颇极一时之盛。购买牲畜者，远自上海、天津之客商，故经济颇为充裕。至十五年后，每年虽仍有会，按其出入款总数论之，不及以前二分之一，亦足征民生凋敝，财力维艰，金融滞塞，经济日渐低弱也。

按：他处庙会，不过演剧消遣，买卖杂货、玩物而已，唯县城夏历六月二十四日庙会，对于社会、家庭、经济，有种种深意存焉。此会为定期，历有年所，远近皆知，为一成不变之习惯。此时将届秋令，收获禾稼一切农具购买困难。借此会期，内地商贩运来出售，远近农民均来争购。此便于农民者，一也。各乡农民该外、外该债务，结账还债，远隔一方，殊形不易，大多数规定会期彼此接头，清结一切，无异他处标期。此便于整理经济者，二也。农民嫁娶，对于首饰、衣服、妆奁等件，购买困难，借此会期，领女携男，亲自到会购买，自由挑拣，心满意足。此便于婚嫁事者，三也。农家终年劳碌，省亲看女、探亲访友，既无暇晷，亦无机会，借此会期，不约而同，均可会面，各叙衷曲。此便于会亲者，四也。至口内商贩，届时争先恐后，云集会场，买卖牲畜，而各乡农民所畜牛、马、猪、羊、鸡、蛋等项，均可出售。借此活动换生活费者，五也。以上各种情形，足证此会于人民关系匪浅，未可淡然视之也。（以上据民国二十四年《张北县志》整理）

阳原县庙会

该县庙会有二，一在西关泰山庙，每年夏历四月中旬至下旬举行，以售百货为主；一在北关真武庙，每年九月上旬至中旬举行，以易骡马为主。其创设究在何年，已不可考，唯九月之会，在光绪年间曾经停办，至宣统元年，知县高承枢，以骡马交易多至宣化县属之化稍营，利久外溢，乃复举办。治城外，三区之揣骨疃、四区之东城，亦各有之。前者在龙神庙，七月中旬举行，后者在关帝庙，六月中旬举行，均以售百货为主。往岁各会，均各演戏以佐兴，三日至九日不等。所演之腔，乃山西北路梆子（有时亦演弦子腔，略近昆曲，但百不一次），与蒲陕调大同而小异。所演故事概多忠臣孝子一类，庄严悲烈，适合该县民性，故社会颇欢迎之，虽在农忙，台下亦无隙地。观剧时，男立于前，女坐于后，大家眷属则各坐于自备轿车中，秩序井然，无须官宪维持也。演员概为男子，清末，张垣坤伶亦有来者，偶演秦腔（即京梆子），声悲音锐，未若晋调之幽雅，县人未甚欢迎也。北京马戏，每至会期，亦恒远来奏演，间有女子亦能表其武艺。该县女皆身弱，观此精神一振，妇女装饰往往亦缘以变进，娱乐之中，更有移风易俗之效，殊雅事也。惜近十年来，匪乱民穷，庙会虽仍举行，各戏莫能奏演，所陈百货，亦均减色多多矣。每届会期，当地及附近村堡，无论贫富，均给子女会资若干，用购玩物以及妇女装饰各品。为家长者，力皆赴会备办全年衣料以及其他用品；若有婚嫁，并购郎妇需物。终岁所积，率多备费于此数日中，然求仁得仁，其乐固融融也。（以上据民国二十四年《阳原县志》整理）

宽城庙会

新中国成立前，宽城境内凡有大庙的地方，多选择神灵节日在庙内或附近定期举行大小不等的庙会（也称庙市）。归纳起来，皆属春祈、秋报、许愿、还愿等活动。

春祈，是劳动人民在春天祈求神灵恩赐风调雨顺，盼望五谷丰登的求神活动。

秋报，是劳动人民于秋后酬谢“神灵”而进行的祭神活动。如果家庭中有人生病遭灾，或求子祈寿，先向神灵祷告许愿，而后报神还愿。因庙会之日人数众多，各种货摊摆满街头庙所。所以，当时庙会也是集市的一种形式，成为物资交流的场所。

火神庙会　正月二十八日（阴历，下同），是为祭祀火神圣诞而举行的盛大庙会。每年从正月二十五日起，于关帝庙戏楼演戏六天。从二十七日起，出花会（有龙灯、武会、狮子、旱船、高跷、秧歌、采茶、背歌等）三天。期间，抬有火德真君木塑像的仪仗队伍，从西街到北街游行（花会在前面打场），接受商民及各界的焚香叩拜。同时，各地商贾辐集宽城，货摊、饭棚摆满街道左右，日用百货、农具、牲畜应有尽有。

偏岭子娘娘庙会　四月十八日，庙会以进香为主。是日，人们多赶至庙地、祈求“子孙娘娘”保生贵子，并烧“替身”，撂香钱。庙市多买卖农家用品、香裱纸扎及饮食等。

真武庙会　四月二十八日，是为纪念眼光圣母圣诞而举行的庙市。会址在真武庙前，逶迤于北街。寺内由善男信女进香、许愿、还愿。市上以买卖端午节货物为主（有黄米、红枣、粽子叶、红糖、纸扎葫芦、草帽、凉席等），农家用品较多。

龙须门药王庙会　四月二十八日，是为纪念药王而举办的庙市。庙前有戏台，货摊、饭棚林立。赶庙烧香的、看戏买东西的人们擦肩接踵，热闹非常。

黄崖子关帝庙会　五月十三日，是纪念武圣关羽大帝的庙市。会期，演出戏剧和花会，有饭棚、货摊摆列店前。赶庙的人在烧香敬神之后，游览万塔黄崖者较多。

板城十王殿庙会　七月三十日，是冥奠地藏王的生日，也称“鬼节”。此日，庙内大摆香案，有道士诵经，人们以进香超度“亡魂”为主，有时也演戏敬神。庙市的物资交流活动热闹。

都山娘娘庙会　三月二十八日，以进香赛会为主。是日，都山附近的汤道河、苇子沟、板城、亮甲台、东黄花川及峪耳崖、葫芦峪、孤山子、大地等地，都有花会香头前往都山顶娘娘庙赛会进香。同时，青龙县大转、长沟、王厂、牧马、八道河、塔沟等地的花会香头，也登上都山顶。庙内道士大摆香案，敲磬诵经；信徒参拜娘娘、许愿还愿；各地花会先后表演，热闹非常。

此外，还有大前坡峪菩萨庙会（二月十九日）、榆树沟老爷庙会（二月十九日）、山家湾子娘娘庙会（四月十八日）、大马沟和缘宫庙会（十月初一）、柳树底下关公庙会（五月十三）等，多以进香敬神为主，间有演戏酬神之举，无盛大庙市。

日伪统治后期，宽城境内集家并村、讨伐检举，人民处于水深火热之中，有组织的庙会不再举行。新中国成立后，党号召破除迷信，不信神鬼，所有村庄搬神拆庙，庙会活动随之停止。

放河灯，亦称放鬼灯。过去，宽城、汤道河一带有放河灯的习俗。七月十五晚上，抬出纸扎的地藏王偶像，吹吹打打，沿街游行，两旁摆街灯（用三四寸见方的红绿纸，粘折成杯形，内放米糠、木屑，加进少许煤油，中竖一支灯草），沿街居民向地藏王偶像焚香叩拜，祈祷超度亡魂。最后，将土藏王偶像抬至河边，由香头参拜祈祷，超度溺死“亡魂”。同时，将扎好的纸船放上莲花灯，无数的草把子放上河灯，边焚化地藏王偶像，边点燃河灯，投放水面。船灯领先，数百盏河灯顺流而下，如繁星一片，甚为壮观，观者如潮。新中国成立后，此俗停止。（以上据1990年《宽城县志》整理）

迁安市庙会

较悠久的传统庙会有药王庙会、娘娘庙会、龙王庙会等，今只保留春季农历四月十八日建昌营庙会和秋季农历九月二十六日城关庙会。庙会一般五天左右，期间有影剧、花会等文艺活动，县内及邻县市的商业部门，个体摊贩，前来庙会销售生产、生活用具及百货、食品等，人数多、商品齐全、成交额大。（以上据1994年《迁安县志》整理）

滦县庙会

古者年丰人乐，礼有报赛。滦俗于每岁举之，谓之庙会。其会各有定期：在城之会，城隍庙为大，五月十三日、十月一日，皆有会。在乡之会，寺为大，社必有寺，凡在社内大小村庄，供奉一寺之香火，俗谓之“风光”。董事人谓之“会首”。寺会多在四五月间，如四月初八、十八、二十八等日，五月初五、十三、十七等日。至期演杂剧、陈百货，男女杂沓；执香花诣庙求福，烟焰涨天，钟磬声不绝。各村又饰儿童为百戏，执戈扬盾，如傩状。导以幡幢，肃以仪仗，钲鼓喧阗。衣冠者一人，背黄袱而垂其两端若绥，盖神之画像，并进香者姓名榜文也。后拥大纛，尾以金鼓钹铙，擂吹聒耳，挨村迂绕，跳舞讴歌。一一呈态毕，始诣庙鸣爆，读榜、化像、焚香。观者蜂拥蚁簇，妇女登巢车以望，举国若狂。《左氏传》云：“公如齐观社。”想即其遗意乜。一社之会，一日之间，如是者或十数起，靡费无算。此外，又有各村所自主之庙神，各有诞期，多荒谬不经。其村或遇诞日演戏为会，借以申明条约，如纵鸡、豚、牛、羊伤稼，及妇女、儿童窃禾等类，大书禁止，违则有罚。强半富庶村庄乃尔，亦不必按年举行。间有因旱蝗、雨涝，入庙祈祷，竟不至成灾者，亦演剧以赛，无定期。（以上据民国二十六年《滦县志》整理）

玉田县庙会

旧时，县内庙会有城隍庙会、娘娘庙会、玉皇庙会、龙王庙会等多种。庙会期间，百货开备，演戏过会，善男信女，摩肩接踵，焚香拜佛。其中集市庙会因与农民关系密切最为盛行。但各地时间不一，林南仓为农历正月二十八，玉田为三月十八，鸦鸿桥为三月二十。赶庙会的人远近皆有。商贩云集、艺人献艺，各种生产工具、日用家具，应有尽有，热闹非凡。“四月庙”是流行最普遍的庙会。庙期均在农历四月，但地区不同，具体日子不一，如县城周围赶四月十三的城隍庙，彩亭桥、松官屯一带赶四月初一的陀龙寺庙，林南仓赶四月十三的娘娘庙，刘学庄附近赶四月十八的朱家桥庙等。是日，赶庙会的人身着盛装，从四面八方蜂拥而至，几台戏对唱，杂要、小卖颇多。中午各户以丰盛的饭菜招待老少出嫁的姑娘及其女婿。至今仍沿袭，但庙已拆除，只聚餐，无庙会了。（以上据 1993 年《玉田县志》整理）

卢龙县庙会

庙会为上庙进香祭神日，前来赶会做生意者众。县境主要有二月初四日大李佃子庵子庙会、三月初三日燕窝庄红山庙会、四月初五日燕河营娘娘庙会、四月初八日陈官屯安山庙会、四月十八日郝佃子娘娘庙会、五月初五日徐家山雹神庙会、五月二十四日县城城隍庙会、六月十三日燕窝庄龙王庙会等。城隍庙会和雹神庙会，远近驰名。会期有多种文娱活动，各方商贸络绎不绝。棉布杂货种类齐全，肉菜鱼虾品种多样，食品糕点应有尽有，要艺售药五花八门，占卜相面纷至沓来，香灯纸祃难以数计。会期，贵妇绅男，齐集逛会，诸多民众比肩接踵，车水马龙。长工短月，东家放假。携眷游览，进庙上香。每有喜爱便宜之物，争相购买，热闹非凡。至庙进香，多为妇女，有的为丈夫久病祈祷，疾愈还愿；有的为婚后不育祈求子嗣；有的饥寒交迫贫病交加祈求富裕幸福；有的常遭祸灾祈神佛保佑平安。进香者给庙祝人员晋礼，谓之“布施”或“庙奉”，其人为“施主”。庙中“长老”主祭神位。所谓“善男信女”，有的从庙门一步一个头，直磕至大殿，以示虔诚。50 年代初期，庙宇大部被拆除，或改建为校舍，庙会进香者无。60 年代，多借旧日庙会，进行物资交流，调剂民间余缺需求，活跃城乡市场。现在古刹文物，系观赏研究之古建筑，均定为各级文物单位，加以维修保护，以供旅游览赏。（以上据 1994 年《卢龙县志》整理）

昌黎县庙会

新中国成立前，该县在每年春夏之交庙会盛行。每逢庙会，各家迎接亲朋好友，善男信女到庙堂烧香上供、拜佛求仙，求寿求福。庙会上，该县、邻近各县及平、津、东北各地商贾云集，摆摊设点出售商品；地方小吃、糖果、冷饮争相叫卖；各种文艺杂耍锣鼓喧天，逛庙会的人来人往，熙熙攘攘。庙会既是烧香拜佛的迷信场地，也是物资交流的好市场。该县较大的庙会有：靖安延福寺庙会，会期四天（农历四月初八到十一日）；崖上娘娘庙庙会，会期四天（农历四月十二日到十五日）；昌黎北山水岩寺庙会，会期一天（农历四月十三日）；昌黎城关娘娘庙庙会，会期一天（农历四月十八日）。新中国成立后，这一风俗逐渐消失。（以上据 1992 年《昌黎县志》整理）

霸州市庙会

新中国成立前，霸县民间盛行多神崇拜。除家家户户供有灶王、财神、天地堂等神龛外，境内庵观寺院颇多。据民国二十三年县志记载，霸县计有土地庙、文庙、城隍庙、文昌祠、文昌阁、奎星阁、八蜡庙、岳武穆庙、五岳朝天庙、先农庙、三义庙、火神庙、关王庙、真武庙、龙王庙、三官庙、药王庙、东岳庙、碧霞元君庙、菩萨庙、财神庙、百子庙、圣中庙、全神庙、刘河间庙、牛王马王庙、天妃庙、金龙庙、二郎庙、天地庙、二圣庙、三元庙、三教堂、三皇庙、五圣庙、七神庙、八神庙、九神庙、十王堂、太阳庙、老姆庙，小圣庙、老君堂、玉皇庙、玉皇阁、地藏庵、白衣庵、西佛庵、张仙庵、般若庵、雨花庵、大悲庵、朝阳庵、准提庵、水花庵、观音庵、侧座观音庵、水月庵、大悲寺、泰山行宫、白玉庵、墙里庙、观音寺、园通寺、金山寺、双塔寺、潮海寺、兴国寺、丛林寺、普济寺、普安寺、普和寺、大觉寺、镇观寺、兴善寺、永兴寺、开太寺、三齐庙、龙泉寺、大佛寺、淀神庙、恩公祠、卢公祠、苏公祠、吴公祠、陶公祠、四神庙、刘神庙，多达八十九种六百多处所，遍布城乡各地，有的一村十几处。这些庙宇有的每年有定期例会（群众叫“庙会”），有香火庙、交易庙两种形式。

香火庙以焚香上供、施舍许愿为主，会期内来自各地烧香还愿、祈福求财的善男信女络绎不绝，兼有买卖摊贩、群众文艺团体“赶庙”演出和做生意。规模最庞大兴盛的是城内城隍庙和胜芳关帝庙。城内城隍庙每年庙会时间是农历三月十四至十六日两天，会期内香客云集，“许愿”“还愿”“爬鞍”“打扇”“割肉”“叩头”等，名目很多。此外，还有武术、曲艺演唱等助兴，民国二十五年庙会曾有四台戏同时演出，热闹非常。胜芳关帝府庙会始自四月二十八，会期九天，有时长达半月之久，会间有本地和来自外地的很多民间文艺团体，演出项目有少林、高跷、小车、旱船、飞叉、杠箱、中幡、秋千、杠子、杆会、刀山、挎鼓、秧歌、音乐、升平等，多达七十二道会，坐地或流动演出。镇内有些富户还在庙会期间穿上长袍大褂逛庙，名曰“大褂子会”。到处人流滚滚，拥挤不动。

交易会以物资交流为主，兼有焚香许愿、祈福求财者。规模最大的是东关老君堂庙和信安龙泉寺庙。赶庙会的有很多是本县和外地的商贾，从事买卖生涯者到处皆是，人们借庙会之机购买各种农用工具和日用百货等。会期内，也有玩杂耍、拉洋片、算命、卖艺的，很是热闹。

七七事变后，由于战争原因，庙宇大都年久失修，有的被拆毁，庙会活动逐渐萧条。新中国成立后，党和政府坚持宣传唯物主义、无神论，很多带有迷信色彩的东西被取消，昔日的庵观寺院多改建为公共场所，一年几届的物资交流大会代替了过去的庙会活动，人民群众多神崇拜的思想逐步消除，过去人们在家庭中长期供奉的佛龛、神像也早已不复存在了。（以上据 1989 年《霸县志》整理）

景县庙会

明清至民国时期，县内有二十一个村镇设有庙会。至期远近商民云集，搭棚设摊，充街盈巷。上市商品有牲口、木料、布匹、皮货、农具、百货、土产等。说书的、唱戏的、拉洋片的、跑马戏的，吸引着四乡男女。临近会场的村庄，各家均住满赶会的亲友。此外，有的趁赶会烧香许愿，求神取药，使平时清静的寺庙也热闹起来。旧时，龙华镇一年四季有会；堤子王村庙会以“牛市”出名，四方数百里贩牛者俱来此买卖；留智庙会会大人多，货物品类俱全，各设专市，四方商贩前来批发零售，会期长达二十天。新中国成立后的 50 年代，少数村镇仍保有庙会，“大跃进”“文化大革命”时期废止，后为物资交流会所代替。

新中国成立前庙会情况表

地点	到会天数	时间	大宗货品
城内城隍庙	五	正月十六、六月十四	布匹、鞋帽、夏货
南关	五	二月初九、九月二十	春会：木料、布匹；秋会：皮货、布匹、牲畜
里厢屯	一	四月十七	瓦罐、农具
洚河流	五	二月十五、十一月十五	春会：木料、牲畜；冬会：布匹、鞋帽
宋名扬	五	三月十五	木料、牲畜、农具
安陵	五	四月初十	夏货、农具
梁集	五	二月、九月	木料、牲畜、农具
五门	五	四月初十	农具、夏货
孙镇	五	六月、十月	布匹、夏货、农具、牲畜
万庄	四	四月	
宋门	五	二月、四月	
王谦寺	五	十月初十	布匹、牲畜、皮货
庄头	四至五	九月初九	
龙华	四至五	三月十五、五月初五、八月、十一月	农具、牲畜、皮货、布匹
大冯古庄	四至五	二月十五	

续表

地　点	到会天数	时　　间	大宗货品
青兰	四至五	三月初八、十月十五	布匹、木料、牲畜、皮货
隆兴	四	十一月	布匹、皮货
留智庙	二十	四月初八	各种货品都有专市
杨八刀屯	四至五	三月初五	
野林庄	五	十一月十五	
堤子庄	五	十二月初八	牛市极盛
八佛堂	四	十月	

（以上据1991年《景县志》整理）

新河县庙会

新河乡鄙，佛老教盛，故蕞尔小邑，如新河寺观之多，竟达二十余所。于普通庙宇，以碑记考之，多建于元。赵瓯北《陔余丛考》谓“佛事之盛”，“以元为最”，信不诬矣。又多重修于明代，而以太监捐资修缮者尤多，规模宏大，壮丽可观。谚所谓“唐代修塔，明代修寺”也。清季，僧纲、道纪两司，就废寺观虽多塌毁，然各村庙宇则多屡次重修。民国元二年之际，多改建学校。庙地充公，而住持僧道所借以糊口者，唯敛香资、募化分文而已，开道场荐亡、执乐送葬，形同吹手者，亦复不少。十七年冬，县党务登记处，以为破除迷信首应打倒偶像，全县寺观、庙宇偶像，于以拉倒，庙产或充公，或佐学款，迷信顿除，气象一新。兹就访册所述，胪列乡村庙宇种类，以备观风者考（其见于经政考及故实考者，从略）

全神庙、东岳庙、泰山圣母庙、天齐庙、天宫地母庙、八蜡庙、火神庙、三教堂、全圣庙、三圣庙、五圣庙、九圣宫、七圣庙、大圣庙、三官庙、三大士庙、三皇庙、天地庙、佛爷庙、如来庙、大悲庙、韦驮庙、白马天将庙、九莲庙、关帝庙、圣人庙（孔子庙）、周公庙、太公庙、三义庙、二郎庙、后稷庙、土地庙、文昌庙、东阳庙、玄武庙、真武庙、玉皇庙、人祖庙、慈光庙、菩萨庙、观音堂、送子观音庙、王灵官庙、府君庙、金老大王庙、刘秀庙、龙王老张庙、龙王庙、瘟神庙、十代名医庙、药王庙、白玉庙、牛王庙、马王庙、虫王庙、九神庙、七神庙、财神庙、路神庙、张仙庙、天仙庙、大仙庙、白衣庵。

各村庙宇多有年会。届期，商贩咸集，游人如织，丰收之年，辄演剧助盛。庙会者，实农村一大交易场及娱乐场也。医卜星相之流，及说书、幻术、技击、西洋镜、大兴棚等杂技，亦搭棚献艺。善男信女，执乐送经进驾（纸糊之宅第），或祝福，或求子，或求寿，或还愿。又有大开赌场者。近年以来，庙会远不如昔日之盛，盖民智日开，迷信风衰，且交通日便，都市勃兴，娱乐、交易多不专恃乎庙会也。（以上据民国十八年《新河县志》整理）

第四节　民间禁忌

蔚县禁忌

正月初一忌吵架，忌说不吉利语，忌讳打家什。初三、十三、二十三忌吃米饭。十三不出远门，十五前忌针线活。腊月二十三至正月初五、八月十五忌已婚女儿住娘家。腊月初八忌食荤，忌打水。新婚洞房忌寡妇、孕妇和服孝之人。忌出嫁女儿在娘家生小孩。办丧事借用物品需立即送还，并忌门三日。借用药壶要等着来取。盖房上梁需看时辰，忌孕妇在场。搬家忌“天坑”。迁居三天内忌外人进家。盆内忌放菜刀，吃糕不吃第一铲，叫“放糕头”。婚后男女忌“逢九”。禁忌反映了群众祈运避灾的愿望，随着社会进步有些禁忌已不为人所注意。（以上据1995年《蔚县志》整理）

张北县忌讳

忌日不准哭。送丧回家时，孝服在门外必须脱下，由墙掷入。出殡后，非过三日，亲友不能返家，若借物件，亦不能送。出殡方向，避免天坑。葬时、添土时，不准呼人名。（以上据民国二十四年《张北县志》整理）

尚义县禁忌

岁时节令忌　正月初一太阳出宫前忌开箱揭柜，怕钻进老鼠；忌洒水、扫地，洒水怕生疮，扫地怕扫穷。正月初五前妇女忌做针线活，怕起手疔；二十日、二十五日为“填仓”节，忌针，怕扎瞎玉皇大帝的眼；二月二忌针，怕刺龙眼；三月小孩子不剃头，怕起桃花癣；五月不打扫家，怕扫穷；“端午”节忌洗衣服，怕碰上鬼；八月忌拆洗被褥，怕八辈受穷。新中国成立后，青年人多不忌讳，老年人仍沿此俗。

衣食住行忌　忌“逢九”。所谓“逢九”是一个人的年龄能被“九”除尽便是逢九。逢九年要穿红腰子、系红裤带、缀红腰弥（衣服口袋），说逢九年不吉利，红色可以降福避邪。逢九年忌与人吵嘴斗殴，忌进“孝房”“喜房”，忌出远门。新中国成立后，公职人员不再理会，农村一些老年人仍有忌讳。

旧时，女多儿少的人家，生下男孩称“娇养养”或叫“缺欠欠”。“娇养养”忌蓄发，忌穿右大襟袄十二年，过了十二岁恢复正常。新中国成立后，此俗废除。

嫁娶忌穿白衣，丧葬忌穿红衣，平时忌穿满身白衣，怕不吉利。现在仍沿此俗。未成年男女忌吃“开盆糕”和饭铲上粘的饭，说男的吃了娶铁心媳妇，女的吃了嫁负心汉子；青年男女忌蒜和辣椒同时吃，怕生不男不女的“二异子”；喝红豆粥忌吃大蒜，怕长“少白头”；炸糕时，忌说锅里的油不多了。新中国成立后，公职人员多不再忌，农村人仍有忌讳。

搬家忌“天坑”。说天坑依季节变换方位：春在东南，夏在西南，秋在西北，冬在东北。按八卦图的方位依次是“春巽、夏坤、秋在乾，冬季在艮不安然”，说躲不过“天坑”不出百日有大灾大难。现在仍沿此俗。出嫁女儿忌在娘家过春节、中秋节；女儿、女婿忌在岳父家同宿一床。现在仍沿此俗。

正月十三和腊月十九是“羊公忌日”，忌出远门，怕出远门有去无回；十月一日是“鬼节日”，也忌外出，怕碰上“五魂恶鬼”；外出途中忌碰上下葬的，怕鬼缠身，万一碰上朝下葬方向撒尿，同时把裤脚扯开二三寸，可以免灾去难。现在这一习俗多数人不再忌讳，农村中一些老年人还忌。

婚丧嫁娶忌　新娘上轿、入洞房“妨三相”，防谁依新娘的属相而定：甲子辰年（新娘属相）蛇鸡牛（被妨属相）（下同），亥卯未年龙鼠猴，已酉丑年虎马狗，寅戊戌年猪兔羊。被妨的人不娶亲，不搀亲，不进喜房，看热闹时也退避三舍。新人不过百天忌见新人，怕互相冲了喜气，新人忌见孕妇，怕互相妨；新人忌住新房（未住过人的新房），怕人物相妨。上述陋俗，新中国成立后逐渐消亡。

人死后，装裹忌用皮袄裤、皮裤带、皮鞋等。子先逝妻死亡忌入祖坟，等父（夫）亡后一同迁入祖坟。筑坟建墓忌“天坑”，说躲不过天坑人丁不吉利；挖坟墓忌把脚印留在坟墓内，挖成后用扫帚把脚印扫掉。死人“妨四相”，依死的月份定妨的属相：正、四、七、十月（死的月份）虎猴蛇猪（被妨的属相，下同），二、五、八、十二月鼠马鸡兔，三、六、九、十二月龙狗牛羊。埋葬死人时，相互不能直呼其名，怕把活人的灵魂埋入坟墓；送葬回家时忌穿孝服入门，在大门外将孝服脱下从墙掷入院内，怕带进鬼魂；长辈死后子女“忌孝”三年，三年内春节不贴红对联，平时不穿红衣服，百日内不嫁娶；人死外地忌抬尸入村，需停柩村外，怕带进勾魂鬼。新中国成立后，公职人员不再忌讳，农村一些人仍有忌讳。

怀孕、生育忌 孕期忌吃大牲畜肉，怕怀胎十二个月，误吃者临产期还得再吃一次，用以化解；孕期忌吃兔子肉，怕生出三瓣嘴孩子。孕妇忌进“孝房”和“喜房”，怕染上邪气不吉利；孕妇忌与新娘见面，怕冲了胎儿。

产期（一个月内）忌生人靠近产房，怕“贵着”婴儿，怕“踩”了奶水；一般人也避忌产房，说产房晦气，怕“冲”了好运；产期内忌给乞丐食物，怕把奶水送走；产房外挂红布条，以防生人入内。出嫁女儿忌在妈家生孩子，怕“冲”了娘家灵气，人丁不兴旺，财源不茂盛。上述诸忌，新中国成立后仍在沿袭。

交往馈赠忌 亲友交往馈赠礼品，县内忌讳多且各地不同，有的地方赠送礼品忌讳单数，说单数不吉利，应成双成对，送酒二瓶、糕点二盒；有的地方忌讳双数，尤其忌讳“四”，说“四”是祭奠死者用的数，例如邻居之间送糕送五个、七个或九个。办红白两事赠送礼品与平素又有不同，送“喜糕”总是六个、八个或十个，一定要成双配对；办丧事送糕就送七个或九个单数，忌送双数。

县内，有的地方在探望病人带礼品时，忌用梨或梨罐头，说“梨”象征面黄肌瘦。

新中国成立后，此俗继续沿用。

祭祀忌 家礼供奉时，忌邋遢，衣冠不整齐。祭礼前洗手洗脸，整理衣冠；祭祀时，举止文雅，态度恭敬而有诚意。祭神时，忌女人在场，说女人污秽，怕冲了神灵；女子除了出殡后三天去坟里圆坟外，以后切忌女子上坟祭奠，怕踩陷坟墓，后辈儿孙倒霉。新中国成立后，以上陋俗逐步消失。

劳动生产忌 旧时县内打井忌妇女在场，说妇女在场打不出水来。从场面往家里扛粮时忌妇女在场，说妇女在场粮食扛得少。打下粮食，在场面圆成堆后，忌说“粮堆不大”。新中国成立后，不再忌讳。（以上据1999年《尚义县志》整理）

宽城县忌讳

该境忌讳主要有以下几种：

出嫁的女人，忌在娘家生孩子、过腊八、腊月十五、小年和大年。老年人忌讳五十二、七十三和八十四三个岁数。认为五十二“歇”，七十三、八十四“坎”。到此年龄者，一般多说或少说一岁，意能平安度过。人有眼跳，认为左眼跳财，右眼跳灾。右眼跳时，用小纸片贴在眼皮上镇之。忌讳于下午、晚上探视病人。忌讳说人“死了”，要说人“老了”。盖房上梁和打井时忌讳孕妇到场或经过现场，认为孕妇冲喜、招灾。“过年”忌说“破”字，如饺子破了，需说饺子“挣了”，以图吉庆。忌猫头鹰叫，猫头鹰叫被人们认为是不吉利之兆。忌乌鸦在房前屋后叫，视乌鸦叫为不祥之兆。除夕夜忌灭灯，正月初一至初五以前忌打碎碗、盒等食、用具。

以上所忌，新中国成立后尚未彻底消失，农村仍有不少信奉者。（以上据1990年《宽城县志》整理）

宽城县满族人至今不吃狗肉，不用狗皮制品。平日养狗不勒（杀）狗，对狗极为爱惜，狗死后，用土埋上。此外，满族人亦不打乌鸦和喜鹊。（以上据1989年《宽城县民族志》整理）

丰润县禁忌

忌讳俗称“有论儿”，妇女尤其“论儿”多。民间忌讳繁多，主要有以下几种:孕妇忌，打井和建房上梁时不得观看，结婚时不得近前；不得入产房，违犯则认为“冲喜”，谓妨主人。出嫁女不许在娘家过年或过中秋节，谓妨兄弟。夫妇留宿娘家不得同房，同房者要在临走时于炕席下放些钱，象征交了“房租钱”，以免妨主人。正月初一至十五日妇女不得做针线活，谓妨丈夫和子女。路遇丢失烟袋，不得拾捡，谓捡回气筒子，会招致家庭不睦。右眼跳为不祥之兆，谓“左眼跳财，右眼跳祸”，应迅速用细篾贴在眼皮上止跳。老年人的年龄忌讳“九”字，谓“封九”有寿终之嫌，故六十九、七十九岁老人，谈及岁数时都加一岁，说七十岁、八十岁。正月里不兴剃头，谓妨舅。宴请客人添饭时，不得说：“要饭不?”加调料时，不得说：“吃醋不?”姑娘在本命年不得结婚，谓克夫。除夕包饺子不得剩馅，馅为“破”，面为“整”，剩馅则预示日子过得破碎。（以上据1993年《丰润县志》整理）

卢龙县禁忌

民间生活中夙有很多忌讳：

出嫁女不能在娘家过年、生孩子，否则娘家受穷。产妇不过满月不能串门子，怕大血扑门不吉利。盖房上梁，产妇不准观看，故在新房门口悬挂草圈，称为“忌门”。去产妇房间，不能带钥匙，怕小孩没奶吃。正月理发说妨舅。忌猫头鹰笑，有“不怕猪头鹰叫，就怕猫头鹰笑”之说，一笑就死人。一旦耳热打喷嚏，说有人在背后议论自己。打门帘若拧花（即不平整下垂），则有客人来。遇到“旋风”，则说见了鬼，便大唾不止。人偶得疾病，说是死人灵魂进家来要钱，俗称“撞克”，家人将三只筷子戳于碗中，边向上浇水边提死人名字，以筷子立稳定“撞主”，然后烧纸祈祷。妊娠时忌吃兔肉，说所生幼儿为三瓣嘴；忌吃驴马肉，说驴年马月才能生；忌吃螃蟹，说所生幼儿为六指。农历初一、十五或年节，忌口角、摔坏家具，说不吉利。把蚕说成是天虫，不能说爬，要说“行”；放至松枝做茧要说是“上山”。船家渔户，严禁锅、碗、瓢、盆扣放，更忌“翻”字。借用煎熬中药的器皿不准送还，说会“送去病”。正月不准做针线活，说“二十七八，不动绳麻”，违忌者一年不发。姐姐不出阁，弟弟不许娶亲，如果弟弟先婚，弟媳与大姑姐要隔门对拜，先拜者“长寿”，后拜者“夭折”。（以上据1994年《卢龙县志》整理）

雄县禁忌

该县人称禁忌为“有论道”。旧时较多，新中国成立后有些封建迷信，歧视妇女的陋习已逐渐破除。主要禁忌有：

生产禁忌　烧砖、装窑、出窑忌妇女在场。淀塘山鱼忌妇女在场。打井忌妇女看。扬场忌码道前过人。建房上梁忌孕妇路过观望。

生活禁忌　从正月二十一至二月二，妇女忌针线。二月二，忌动刀，忌食面条、米饭、豆芽菜。除夕，忌做糊饭、打碎碗碟、说不吉利的话。正月忌理发。借用药锅，忌送还，需由主家自取。

生育禁忌　妇女怀孕后，忌家人劈柴、院内种葡萄。出嫁闺女忌在娘家生孩子。妇女生育时，忌有生理缺陷和无儿的妇女进产房。妇女生育后，十二天内忌外人进室，满月前忌邻居拔锅、动土。妇女在“月子”里忌与孕妇谈话。

婚丧禁忌　“娶女客”忌孕妇或“缺角”人（没丈夫、儿女不全）。婚时，忌新娘送娘家人过道。长辈亡，儿女用白布鞔鞋（穿孝）忌过百天。亡者入殓，忌哭嚎和呼喊名字。

社交禁忌　探视病人忌在下午。写信忌用红笔。出嫁的闺女忌在娘家过年，正月十五忌看娘家的灯。

其他禁忌　小孩起名字忌与长辈名字同字同音。老年人忌说“七十三”（岁）、

“八十四”（岁），此年多说一岁。忌在院内伤害狐狸、黄鼬、蛇。（以上据 1992 年《雄县志》整理）

武强县禁忌

正月初一忌动针线和挑水。放茶壶时壶嘴忌冲着人。忌筷子插在饭碗中央。忌提水壶壶嘴冲后。忌二人抬空水桶。忌正月理发。有“正月剃头死舅”之说。生孩子后第一个月禁生人进。忌红墨水写信。初五、十四、二十三为月忌日，有“初五、十四、二十三，新人不走月忌天”之说。忌闻猫头鹰叫（俗语：夜猫子进宅，无事不来）。家中忌种杏树（称人幸它不杏，它杏人不幸）。起名忌与长辈名字同音。年三十忌说不吉利话。忌家中种柳树，有语：家里种柳，有福即走。清明节等上坟烧纸，忌在上坟前带烧纸进家。家中的树忌刨，只能锯（意刨树，即断了根）。忌晚上在外放小孩及女人衣物。忌在娘家生孩子。忌说一百岁。人称体重忌说两（斤以下单位）。老人死后在埋葬前忌扫地。盖房时忌门窗相对。忌下半月订婚。六月、腊月不做被子，有“六、腊月不做被，做被没人睡”之说，意思是六月、腊月做被不吉利，会死人的。忌无立春日之年嫁娶，无春之年为“寡妇年”。娶亲忌出、进西街口，禁走岔道，要来去走一条道。婚期确定后忌变动，有“动一动死公公，挪一挪死婆婆”的说法。忌姑家的女儿嫁给舅家的儿子，有“骨血不倒流”之说。忌不出五服者结婚。新媳妇正月十四、十五、十六必须在娘家过，俗称“躲灯”。有语：“看了婆家的灯死公公，看了婆家的火死婆婆。”但正月十七至十九必须在婆家过，有“过了七死小妮，过了八死全家，过了九死两口”之说。新媳妇必须在婆家出正，有“不出正死公公”的说法，二月初一回娘家。新媳妇二月初二必须在娘家过，不吃婆家的饺子，俗语“吃了婆家的饺子撑死婆婆。”腊八，新媳妇原在娘家过，有语：“喝了腊八粥往婆家遇。”70 年代改为在婆家过，有“吃了娘家的腊八米死女婿”之说。新媳妇清明节、芒种必须在婆家过，有“过了清明死公公，过了芒种婆婆黄病”的说法。腊月二十三，糖果祭灶。新媳妇必须上婆家去过，有“天大的媳妇不过二十三”之说。婴儿降生后忌穿新衣服，穿了新衣服一说长大了费穿，二说不长寿。忌四天、六天时探望产妇。小孩的尿布、垫子等不能晒高了，有一说是晒高了孩子胆小，爱吓着。忌孕妇到产妇家串门，婴儿未满月时孕妇禁坐产妇的床，认为会沾走产妇的奶。正月初一出太阳前忌动笤帚。忌正月初一至十五空锅，总要在锅内放点食物。老人死后忌穿褂子。报丧者忌中途串门。孕妇送殡不下车，主孝如下车，预先拾块瓦（起灵时主孝子摔的瓦）即可。寿衣用绸子或其他布做，忌用缎子，忌缀扣子。破土、出殡、圆坟，孝子禁走岔道，去时走哪条道，回来还走那条道。棺材用时要刷漆或涂色，忌白茬。父母死后一个月内不理发，第一年的春节不起五更，不贴对联。不能混吃的食物：鸡蛋和鬼子姜、甘薯和酒。抓来的中药忌放在三台上（窗台、锅台和炕）。药吊子只借不送还，等谁用时谁来拿。忌下午看望病人。人活到七十三或八十四岁时，忌说这两个岁数，有“七十三、八十四，阎王爷不叫自己去”的说法。（以上据1996年《武强县志》整理）

大名县禁忌

妇女婚后不能长期居住在娘家。农历的春节、中秋、冬至等节日更不允许在娘家过。妇女生孩子必须在自己家，绝不可在别人家，即使是在娘家也是不可以的。产后回娘家走满月以前，不能到别人家去。父母去世后百日内不能剃头。父母去世未满三年，农历正月初一不能去别人家拜年，须在年三十晚上去。家有丧事，去亲戚家报丧，不直接进入人家，须在门外将主人喊出，在门口撒一道柴灰或炉灰。床席下铺的谷秆草不能竖放，因为只有死人身下才铺竖草。不能将筷子插在盛有饭菜的碗上，因为供餐死人时才这样。向碗里盛粥、饭时，勺子须向里侧倒，若内外侧倒就将财倒走了。除夕包饺子忌说包“完”了，包“停当”了，要说包“满”了。（以上据1994年《大名县志》整理）

临城县禁忌

新中国成立前，人们忌讳颇多。新中国成立后，一些人（尤其年轻人）对这些忌讳已不再重视。临城县人忌讳主要有以下几种：

忌猫头鹰叫。人们视此鸟为不祥之鸟。夜间猫头鹰在谁家附近或家里嚎叫，便认为是不祥之兆，大难将临头，有“猫头鹰叫，祸事到”“夜猫子进宅，无事不来”之俗话。忌讳三、六、九或下午、晚上探望病人。忌讳右眼跳，有“右眼跳，祸事到”之说。忌讳已出嫁的闺女在娘家生小孩。老年人最忌讳七十三、八十四这两个年岁，据说七十三、八十四岁的老人最易死亡。忌讳大伯子与弟媳开玩笑。忌讳写信用红色墨水。忌讳妇女正月初一、十二、十七及二月初二做针线活。忌讳从方格式窗户向外递（或拿）东西吃，认为吃后易得噎食病（即食道癌）。忌讳属相犯克的男女结婚，如成婚，被克者多病、早死。忌讳埋人后，在回家的路上回头看，以免将鬼带到家中。死人入棺后，不要看着死人哭，以免泪落棺中而连累（泪）自己。忌讳男孩穿花鞋。如穿，当官的命运就被冲散。讲究“门前不栽桑，房后不植柳，院中不长鬼拍手（杨树）”等。认为门前栽桑，年轻人早死；屋后植柳，女人风流（淫浪）；院中有杨，风吹树叶响，噪声多不安宁。忌讳正月里剃头，据说正月剃头死舅舅。忌讳正月初五走亲戚。忌讳过丧事人家的子女或亲友穿戴孝服踏入别人的家门，如有急事，或脱掉孝服去或转告他人去。（以上据 1996 年《临城县志》整理）

第六章　游艺民俗

河北省地处黄河中下游流域，是中华民族发祥地之一，也是全国唯一的兼有平原、草原、高原、山地、湖泊和海滨的省份。优越的自然条件，悠久的历史，底蕴丰富的燕赵文化，孕育了绚丽多彩、形式多样的游艺习俗。

第一节　民间戏曲

围场县戏剧

民国二年，朝阳湾乡邢家营村李安玉建该县第一个流口影班。到民国十八年间，共办起十九个流口影班。其中仅民国十八年一年建十一个，从业人员九十七人。这一时期，演出较好的有水泉村的“孙宫影班”，牌楼村的“毕怀玉影班”，画山村的“高庄影班”，顺井村的“梅凤武影班”，这些流口影班，坚持演出达十年以上。

民国二十九年滦州杨奎胜影班来围场演唱翻卷影后，该县一些影班逐渐改唱翻卷影。从民国十九年到民国三十五年全县唱翻卷影的影班三十六个，从艺人达一百七十二名。新中国成立后，皮影班数量不多，都在农村演唱。（以上据 1997 年《围场满族蒙古族自治县志》整理）

宽城县戏剧

清光绪年间，迁西李琛皮影班、常明利皮影班来宽城一带演出，各收艺徒一人，为宽城皮影艺术的发展奠定了基础。1905 年，宽城境内始有孟老彩、椴木峪、周朝三家皮影班。1910 年，沟口子叶庆文皮影班成立。以上皮影班活动于宽城、迁西、青龙、平泉、承德一带，演出影目有《全家福》《万仙阵》和《高君宝下南唐》等。

1919年后，滦县、迁西三个皮影班先后来境演出，共收艺徒十人。此后，口里皮影班纷纷流入，并广开传艺之门。于是，炮岭、大屯、姜杖子、岔沟、缸窑沟等十一个皮影班相继成立。其中，岔沟的万春堂（影班名）皮影班活动时间最长，影响最大。该皮影班聚集了李秀、陈永生、玄振荣等一批优秀皮影艺人，活动于宽城、青龙、迁西一带。各影班演出影目非常丰富，有《五锋会》《二度梅》《锁木阳》和《包文正下阴曹》等。

抗日战争和解放战争时期，境内仅剩七个皮影班。1945年冬，罗家沟、瓜铺皮影班自编自演了现代影《王三宝戒大烟》《王三虎开荒》《破除迷信》《大军开到平津唐》等。

新中国成立后，宽城境内的皮影班、社逐渐增加，1955年发展到十五个，其中青龙县皮影社四分社最为突出。该影社活动于宽城境内，并以演现代影目为主，影目有《血泪仇》《购粮》《烈军属》等。

“文化大革命”时期，皮影遭受劫难，大部分影箱、影卷、影人被毁。当时仅有北局子皮影班坚持活动，但只能演《智取威虎山》《平原枪声》两部皮影。

十一届三中全会后，皮影艺术获得新生，全县皮影班发展到六十三个，这些影班，农忙务农，农闲唱影，深受群众欢迎。县文化主管部门重视影卷净化工作，先后删除了《双锋剑》《仙桃会》等二十一部影卷中的封建迷信、黄色淫秽内容，并举办了两次皮影会演，交流技艺，使皮影艺术得到进一步发展。

1981年，县文化馆成立了宽城县皮影社，并做了一系列艺术革新。始用较先进的灯光和扩音设备，影人、场片打破了传统造型的框子，讲究透视关系。武场方面在继承传统的基础上，吸收了许多戏曲锣鼓经。1982年，该影社创作演出了神话影目《珊瑚笛》，为全县皮影班社起到了示范作用。（以上据1990年《宽城县志》整理）

滦县戏剧

戏剧之设，所以供人民娱乐、演述往事、借寓劝惩，乃升平时代之点缀，为研究社会教育者所不当忽视者也。滦境昔无剧馆，近几年来，唐山、赵各庄、偏凉汀等处，为谋市面之繁荣，先后设有长期之剧馆。唯所演之剧多无足观。兹就滦县今昔所有之戏剧，分述如后。

影戏 用薄片透明之驴皮雕成人物等形，夜间于台上架纸窗，借灯光照映，远视之，意态生动，惟妙惟肖，故谓之影戏。戏本多长篇，传达古代忠孝节义等事，颇有益于风俗，唯中多迷信之出。清季曾设有影剧改良社，惜改者无多。故近今所演，仍不免迷信等事，然与他剧相较，则益多而害少。每演三夜或四夜为一台，每台价昂者须四五十元至百元，少者十数元至五六十元不等。于人家还愿或喜庆时用之，亦有岁时丰宁，乡村醵资开演，以资娱乐者。

莲花落 莲花落原名莲花乐，俗谓之“蹦蹦戏”。昔时丐者沿街乞讨之歌曲也。嗣后日益发展，居然登台。唯奏曲作态，俗鄙不堪，诚足以伤风败俗。然市井游闲之辈，热烈欢迎，顾曲者摩肩接踵，争先恐后。殆所谓下里巴人，国中属而和者数千人欤。嘻！可以觇世风之升降矣。近且有借营副业者，假售票以广播押花会之号单；愚而贪者，趋之若骛，是亟宜取缔者也。

昆弋、皮黄、梆子 昆弋，又曰“昆高腔”，调高辞雅，惜不通俗，顾曲者寥若晨星。殆所谓白雪阳春，曲高和寡欤。曩年庙会，多演此酬神，今绝响矣。皮黄，俗曰“二黄”。调虽不俗，而在滦唱者极劣，每与梆子合班分演，观者不感兴趣。梆子即梆子腔，调近俗俚，颇受民众欢迎。昔年庙会或富家喜庆多演此。然费用极繁，每演四日，需二三百元。近年来，四方多难，城乡经济拮据，不复昔日弦歌之盛矣。

新剧 学、军两界，遇纪念日，或演新剧，多有可观。唯纪念日每不值农隙，故观众率城市各界，乡农无几人也。(以上据民国二十六年《滦县志》整理)

昌黎县戏剧

蹦蹦戏 由地秧歌逐渐分衍而来。地秧歌在产生初期是边唱边舞、唱舞结合的一种表演形式的舞蹈。唱的是秧歌调，也叫秧歌绺子，由艺人自己填词即兴演唱。1921 年以后，秧歌中唱的部分逐渐转为舞台艺术，即以喇叭腔为基本曲调在舞台上演唱，当地俗称“蹦蹦戏”。这是昌黎艺人的一种创造，当时经常上演的节目有《李贵香打柴》《王二姐思夫》《书囊记》等。这种戏剧演员少，伴奏简单，化装、舞台条件要求低，在广大农村颇为流行。新中国成立后，这种剧种在本县已绝迹。

莲花落 这是从清朝后期直到民国年间在昌黎、滦县、乐亭等县流行的一种曲艺形式。开始以打竹板演唱，以后逐渐进化为“彩粉莲花落”，伴奏也逐步改为以锣、鼓、板胡为主，并开始向舞台艺术方向发展，后发展为评剧。

评戏　评戏是在莲花落的基础上，吸收了滦东平腔梆子、皮影、京剧的演唱和表演方法逐步发展而成，俗称“落子”。在该县颇为流行，深受群众的欢迎。在20年代该县建立的群仙茶园，就是昌黎较早的一座评剧演出场所。

京剧　该县流行的剧种之一。

话剧　五四运动以后开始在昌黎汇文中学出现，俗称“文明戏”。日本入侵中国后，汇文中学在开展救亡运动中，演出了《放下你的鞭子》等话剧，当时对社会震动很大。40年代后期，汇文中学话剧演出比较活跃。从1945年日本投降到昌黎解放，先后演出大型话剧《家》《雷雨》《秋海棠》《万世师表》《升官图》等。昌黎师范学校也有演出活动。

歌剧　歌剧是从解放区兴起的，特别50年代受唐山地委文工团的影响，在昌黎颇为盛行。流行的大型歌剧有《白毛女》《王秀鸾》《赤叶河》《刘胡兰》，小型歌剧有《兄妹开荒》《宝山参军》《给毛主席拜年》《花条布》等。

皮影　皮影是该县人民喜闻乐见的一种地方戏剧，它在该县的活动历史悠久。其演出形式是以驴皮雕刻着色的影人，借助灯光将影人的影像映在影窗（以薄匀的白布做成，长约七尺，宽约三尺）上。影人首、身、四肢均能活动，由掌线人操纵，演员在台后演唱。掌线人随唱词和剧情的需要而操纵影人活动。在清朝和民国年间，皮影是由民间皮影艺人搭班演出。从演出性质看，一种是私人“祝贺”或“许愿”演出的“祝愿影”，一般演出三夜；一种是“会影”，即在逢年过节或庙会时，由群众集资或由庙产开支，请影班演唱，一般多是四夜。当时经常上演的节目有《五峰会》《二度梅》《乾坤带》《绿珠坠楼》《薛刚反唐》《瓦岗寨》《薛礼征东》等剧目。皮影在其发展过程中，多次受到封建主义、帝国主义的压制和摧残。清光绪五年，该县靖安乡蔡各庄张老庆影社，被清朝统治者诬为“白莲教”“悬灯匪”，利用纸人纸马“兴妖造反”，大肆抓捕屠杀。辛亥革命后，皮影艺术有所发展，但社会上把皮影艺人列为“下九流”。日本侵华期间，日本人唯恐聚众抗日，严禁演出。日本投降以后直到解放，该县除解放区以外，其他地方的影班很少活动。

在解放区，皮影艺术则得到共产党和民主政府的大力扶植，公立和私人影社很多，为宣传抗日和民族解放事业做出了一定贡献。当时演出的剧目有：《齐心杀敌》《阖家进步》《地道战》《国害家仇》《白毛女》《血泪仇》《解放锦州》《张国安反正》《解放抚宁》《张月刺特》等。

新中国成立后，皮影艺术继承了老解放区的光荣革命传统，皮影艺人努力学习，思想觉悟不断提高，把皮影艺术推向一个新阶段。1956年，全县皮影艺人开展了“掘传统、献影卷、出好影”活动。到1957年5月，全县皮影老艺人献出《程咬金招亲》《牛郎织女》《闯王进京》《杨二姐告状》《杨八姐游春》《汴梁图》等传统剧目二十五部，连同过去《杨家将》《五峰会》等老剧目一起进行整理加工，剔除了其中的封建糟粕，使这些传统剧目面目一新，变成了优秀传统剧目。同时，大胆改革演出技巧，改制成大影人（由八寸改为一尺五寸），改换成大影窗（由七尺改为一丈二尺），添置了灯光、布景，改革了唱腔，增添了三弦、二胡、低音胡、笛子等伴奏乐器。改进皮影戏的操作技术，使整个皮影演出达到影像、布景清晰逼真，提高了皮影的演出效果。

在改进皮影表演艺术上，该县皮影世家出身的齐永衡有卓著造诣。他不仅改革了影人的造型和结构，由过去的死影人制作出头躯和四肢全能活动的新式影人，而且在影人的操纵上，要弄得活灵活现，栩栩如生，被群众誉为“箭杆五”。1982年，他应联合国教科文组织邀请赴法国为九个国家影戏学员讲学、授艺，后随河北省艺术团出访美国，受到高度评价。

进入80年代，皮影演出日趋消沉。（以上据1992年《昌黎县志》整理）

沧县戏剧

剧以秦腔为主部，间有山东梆子、呵呵腔（此种发源于盐山、庆云，所行不出百里）。民国以来，秦腔班中，间有二三徽剧角色，坤伶亦渐盛。民国初，邑治有两舞台并兴，均以入不敷出歇业。五十年前，成立剧班者，概系仕宦富豪弟子，自制剧装，炫奇斗胜，因以荡产者，比比然也。近则土棍、流氓，或潦倒伶人为之，赖此以博利，与昔大异矣。（以上据民国二十二年《沧县志》整理）

武安市戏剧

武俗好戏，酬神演唱无日无之，甚有一日数台者。农民喜平调（本地土戏）；绅商以皮黄、梆子为适宜；村夫愚妇最迷乐子腔，唯其戏有伤风化，历来禁演。

自乐班 武民往往自组剧部，延老曲家教演，至正月灯节前后演唱。角色，剧本亦与通行戏剧无异，唯腔调咯嵘（咭）生疏，舛误屡见，每为观众捧腹，俗称为

“良家头”。

打地摊　武民当业务余闲，或春秋佳日，即聚集一般戏剧家，并坐一处，金石迭奏，三五对唱，音调抑扬合节，竟夜浩歌，其乐陶然，俗称“打地摊”。（以上据民国二十九年《武安县志》整理）

第二节　民间音乐

崇礼县民间音乐

县内流传的民间乐器有：二胡、四胡、板胡、三弦、笛子、笙、唢呐、木鱼、锣、鼓、镲、钹等。遇有婚丧庆典，常请“鼓匠班”奏乐、吹打；声乐有民间小调（或称“小油儿”）等，演唱时，有的用二胡、板胡、三弦、笛、笙、木鱼等乐器伴奏，有的不用乐器伴奏。

崇礼县流传的民歌一百多首，主要分布在西沟、中沟一带群众文化活跃的村里。县文化馆干部赵一星、王文启；县文化馆干部孙汉章分别于1963年、1980年搜集整理县内流传的民间歌曲，两次共搜集民歌九十余首，辑印成《崇礼县民歌选》。其中有四十七首入选张家口地区卷，三十八首入选河北省卷。崇礼民歌，多为“二人台”之歌曲，虽然与正宗“二人台”不完全相同，但显然是在流传过程中被演唱者加工、润色，逐渐演变而成的，其旋律活泼、优美，行腔粗犷豪放。（以上据1995年《崇礼县志》整理）

宽城县民间音乐

该县音乐，有民间创作，有传入的革命歌曲和流行歌曲。

新中国成立后，解放区的革命歌曲广受人民喜爱，逢会必唱，主要有《没有共产党就没有新中国》《东方红》《三大纪律八项注意》等。新中国成立后，盛行《二郎山》《洪湖水浪打浪》《学习雷锋好榜样》等。“文化大革命”期间，除继续演唱《东方红》《国际歌》外，大多演唱《大海航行靠舵手》和毛主席语录歌等歌曲。80年代，各种流行歌曲盛行。

县文化馆从1963—1986年先后举办小提琴、打击乐器以及乐理、声乐专题培训班七期，共培训学员三百余人。1984、1986年，县组织第一、第二届河北音乐之春活动，在两届音乐之春活动评比中，该县在地区获特别奖，县文化馆获先进集体奖。

该县民间音乐，称吹鼓（或吹歌），从冀东流入，清代开始盛行，主要用于民间婚丧嫁娶，也用于民间花会伴奏。乐队编制形式，一般为两支唢呐（大杆喇叭，一支为上手，一支为下手），加大鼓、大锣、大钹（指大场面）。或加小鼓、小锣、小钹（指婚丧之类）。在特殊情况下，加管、笛、笙、箫，但以唢呐为主奏乐器。吹奏乐曲以曲牌为主，地方小调为辅，经常吹奏的乐曲有《小开门》《句句双》《小叶番》《柳青娘》《满堂红》《朝天子》《锔大缸》《秧歌调》等。两支喇叭有时同度演奏，有时上下句交替，还有的一问一答。一般先慢后快，慢了加花，快了减字（减音符）。声音洪亮而远，悦耳动听。全县著名的吹奏乐队有宽城、板城、孟子岭等地的乐队。（以上据 1990 年《宽城县志》整理）

昌黎县民间音乐

民歌　民歌反映了该县劳动人民生产生活的状况、悲欢离合的感情和对美好生活的向往与追求，是群众喜闻乐见的一种艺术形式。

昌黎民歌从内容上可分为劳动号子、故事传说、情歌和抗敌民歌四类；从演唱形式上可分为秧歌调（也叫“秧歌绺子”“打风流”）、单口唱（也叫“昆腔曲”）、对口篇（可分为蹦蹦调、划拉调、哼哼调）和表演唱四种。昌黎民歌的演唱多用微调式，转调曲子较少，演唱民歌必须“情引歌声出，声送歌声走”，运用卷舌音、嘟噜音、颤喉音、喉鼻音、控制音、补字音、滑音、装饰音和重尾音。

新中国成立前，昌黎民歌被封建统治者贬为“花子腔”“要饭调”，是不能登大雅之堂的。在中国共产党开辟的抗日根据地和解放区，民歌这一艺术形式得到了热情扶持和广泛利用。在抗日战争和解放战争中，人们利用民歌曲调编写了很多革命歌曲，在群众中广为传唱，发挥了巨大的宣传鼓动作用，大大鼓舞了根据地军民的斗志。

吹歌　吹歌是以唢呐吹奏乐曲（俗称“吹喇叭”）伴以鼓、钹，较大场面有时伴以笙、管、笛、胡琴等乐器。新中国成立前，吹歌一般在婚丧嫁娶或年节喜庆日子演奏。新中国成立后，主要用以为秧歌伴奏或大型祝贺性集会时演奏，婚丧嫁娶则很少演奏了。

昌黎吹歌乐曲可分为三大类：

一是秧歌曲，即昌黎地秧歌的伴奏曲。它的曲式短小完整，结构严谨，节奏鲜明，曲调欢快流畅。常奏的乐曲有“句句双”“柳青娘”“满堂红”“大姑娘爱”等。

二是汉吹曲，这类乐曲较多，分大汉吹与小汉吹，这种曲调起伏抒情，多用于丧事演奏。常奏曲有“泰山观景”“玉芙蓉”“绣红灯”等。

三是牌子曲，是一种套曲形式，曲体较长，结构复杂，一般不做大的反复。常奏乐曲有“四来”“雁落”“三风”等。

吹歌艺人，大多半农半艺，自愿搭班或驻“鼓乐班”从事吹歌活动。由于艺人之间相互竞赛，并与颇有名气的艺人相互学习、切磋技艺，因而，对前人遗留下来的曲谱不断发展、革新，大大提高了演奏艺术，丰富了演奏曲目。新中国成立后，县文化馆三次大规模地挖掘整理昌黎“三歌”，作为三歌之一的昌黎吹歌，得到了应有的重视。1985 年，县文化馆再次辅导吹歌艺人进行吹歌改革，探讨了昌黎吹歌的沿革发展概况，并现场录制了老艺人唢呐演奏录音带十八盘，共计吹歌曲九十五首，作为宝贵遗产予以保存。

昌黎吹歌艺人按其流派分为南派和北派。南派在曲目和演奏方法上接近于乐亭，代表艺人有巢老四、王耀全、阎希九、巢善文、巢善福、刘金凤等人；北派接近于卢龙和抚宁，代表艺人有吴殿奎、吴庆余、吴庆龙等人。现在又有学院派，这派主要指在舞台上演奏的艺人，代表人物有马希华、史德洋、宋逢斌等人。另外，绕湾村陈水成出身唢呐世家，是二三十年代的著名吹歌艺人。（以上据 1992 年《昌黎县志》整理）

第三节　民间说唱

围场县民间说唱艺术

除流传的“单口落子”外，其他曲种均从外地传入。清光绪年间，四平调、大鼓评书、小落子流入。三四十年代，该县“小落子”艺人，在“小落子”基础上发展、演奏出更通俗、上口的“单口落子”（也称“竹板落子”），使其成为特有的曲艺形式。“单口落子”“四平调”大鼓，流传时间最长，影响最大。

新中国成立初，流行数快板。1955 年，清泉村转业军人王世明从部队把山东快书引入，在部分地区流传。60 年代初，该县新故事活动开展较普及。后来，部分学校、机关说相声。至 70 年代初，京东大鼓、西河大鼓、东北大鼓、山东柳琴、单弦、天津快板、对口词、快板、三句半等曲种也有流传，为专业、业余文艺演出主要曲种。这个时期是曲艺活动兴盛时期。

单口落子适合演唱小段和中篇节目，流传节目有《杨八姐游春》《鸳鸯嫁老雕》《井台会》《王二姐思夫》《夜宿花亭》等，演唱较好的老艺人有王甲、张振芳、阎春海、孙桂等。李瑞武专唱四平调大鼓，自民国以来到新中国成立初在围场演唱二十多年，影响较广。刘彬是棋盘山文化站干部，创作过许多快板、鼓词小调。（以上据 1997 年《围场满族蒙古族自治县志》整理）

宽城县民间说唱艺术

自清以来，流入宽城境内的曲种有快板、评词、大鼓书等，多为盲艺人演唱，曲目有《精忠传》《金鞭记》《丝绒记》等。

新中国成立后，境内有流散曲艺人员十余人，以说书、弹唱为主。1964 年，县文化馆将盲艺人组织起来，成立了曲艺队。“文化大革命”期间停止了传统唱段，艺人流散。1976 年后，重新组织盲人曲艺队，有队员十七人。曲种有东北大鼓、乐亭大鼓、单弦、评书等。曲目有《杨家将》《武工队》和《水浒》等段子。

1978 年后，该县剧团、业余剧团涌现出一批优秀的曲艺工作者和曲艺演唱者。曲艺作品二十一件，曲种有快板、相声、单弦、西河大鼓、天津时调和热河二人转等。其中参加省戏曲会演的有秧歌剧《回娘家》、单弦联唱《打井姑娘》和坐唱二人转《凌泉浪花》。1985 年，在地区曲艺会演中，县文化馆获先进集体奖。（以上据 1990 年《宽城县志》整理）

昌黎县民间说唱艺术

新中国成立前，县城只有一个说书馆，尽管条件很差，但当时著名乐亭大鼓演员张来凤和西河大鼓名演员马俊英都曾在这里演出过。进入 40 年代，这个书馆多为妓女出入和演唱，一般群众很少观赏。也有一些流动的曲艺演员在东南城墙根撂地摊演出，最多时有四五处。1947 年前后，西河大鼓老艺人辛书元在城外东南角曲艺大棚里长期固定演出，直到县城解放，主要演出的有《杨家将》《呼家将》《三下南京》《浔阳楼》等传统节目和《劝夫参军》《新事新办》《鸭绿江》《渔民复仇》《早婚害》等新节目。由辛书元改编的《新儿女英雄传》大鼓唱词，受到群众好评。1955 年，辛书元去世，其子辛焕山继父业在昌黎曲艺组带班演出。他演出的主要是评书，除传统节目外，还有新书节目《邢燕子》《烈火金刚》等。“文化大革命”开始，曲艺表演停止。十一届三中全会后，辛焕山又重新组建曲艺组，并收徒传艺，在该县农村或到外地演出。（以上据1992年《昌黎县志》整理）

沧县民间说唱艺术

鼓书按之方言，可分三类。最先者为“鼓儿词”，明杨慎所撰《念一史弹词》，即此类也。普通所演，虽不甚高雅，然可与四平腔相埒，其声调顿挫淋漓，足表燕赵感慨悲歌之声。清末甲午之后，此调已消亡。继起者为“大鼓”，其种类繁多，不胜指屈。词调均逊于鼓词。最近者为何来凤，又名“梨花片”，其节音绰板率以铁制，与大鼓绰板以木制者异。此类又分男女二种，女子所唱虽亦鄙俚，然尚有宛转之致；男子所唱，声调既难入耳，其书词亦甚牵强，而一般负贩、农民最为欢迎。下里巴人，古今同慨。（以上据民国二十二年《沧县志》整理）

第四节 民间舞蹈

崇礼县民间舞蹈

县内民间舞蹈有“打溜子”，队形整齐对称。二人为对，四人成组，载歌载舞，采用扇子、手帕、鞭、鼓等道具渲染气氛。其中“踢日门到”“八封穿顶”“九龙混水”“卷白菜”等节目，舞蹈性较强。传说康熙五十一年，喇嘛庙村建关帝庙。农民以拜三官（即天、地、水官）为名，举行庆祝活动（即打溜子）。后人相传下来，多在庙宇前举行，一般安排在农历正月十二至十六日（正月十三举行请三关仪式，正月十六举行送三关仪式），三日内还要逐户拜，邻近村互相拜，目的是祈求“神灵”保佑合家欢乐，五谷丰登。

新中国成立后，经过宣传，逐步剔除了舞蹈中的迷信色彩，“打溜子”得以健康发展，至今沿袭下来。但取消了拜神，只举行挨门逐户拜、邻近村庄互相拜的仪式。1985年，县文化馆魏凤翔将县内“打溜子”经过搜集整理，形成舞蹈材料，分别编入《中国民间舞蹈集成》的河北省卷和全国卷，1986年出版。（以上据1995年《崇礼县志》整理）

昌黎县民间舞蹈

该县的民间舞蹈主要是地秧歌，历史悠久，可追溯到元代。地秧歌的演出，一般是在年、节、庙会或其他喜庆日子，由群众自己组织起来，由会头出面主持演出，谓之“出会”，主要是为了庆贺丰收，祈求风调雨顺、国泰民安、祝贺祝愿等。演出内容有故事传说、戏曲片段、生活情趣以及男女青年对爱情的追求等。演出形式分排街演出和场地演出两种。地秧歌中分为扭、生、丑、扌广等角色。道具一般是一把扇子、一块手帕、烟袋、棒槌等。昌黎地秧歌因战乱和明清移民等历史原因，也融合了其他民族和地区民间艺术成分，形成了昌黎地秧歌的独特风格。如唱的秧歌调就掺有《凤阳花鼓》曲调，丑角的晃肩、跨步动作，就是蒙古舞蹈的痕迹。

昌黎地秧歌产生初期是唱舞结合，唱的曲调叫秧歌调（也有乡间小调或民歌）。清朝后期，秧歌中唱的部分逐渐向舞台艺术——莲花落、蹦蹦戏等方面发展，地秧歌逐渐演变成现在的纯舞蹈了。新中国成立后，经过挖掘和整理，剔除旧秧歌中的糟粕，充实了新的生活内容。从此，昌黎地秧歌得到了新生。1952 年起，县、地、省，直至中央，相继举办了民间音乐、舞蹈会演，更有力地推动了昌黎民间文艺（包括地秧歌）的健康发展。1953 年，由民间艺人周国宝等演出的地秧歌《跑驴》，参加河北省第一届民间音乐、舞蹈艺术会演，荣获一等奖。同年，又参加全国第一届民间音乐、舞蹈会演。会演后，该县的《跑驴》被列入全国优秀节目之一，并由北京电影制片厂拍摄成艺术片。1956 年，中央歌舞团带着周国宝等传授的《跑驴》参加了在匈牙利布达佩斯举行的第四届世界青年联欢节，并获银质奖章。继《跑驴》之后，昌黎民间艺人和专业文艺工作者相结合，又创作了《捶布舞》《大秧歌》《智过敌哨卡》等新秧歌节目，分别参加了省会演和全国第二届民间音乐、舞蹈会演，均被评为优秀节目并获奖。由于昌黎地秧歌取得的成就和不断扩大的影响，自全国第一届会演后，昌黎一些著名艺人如周国宝、周国珍、张谦等先后被聘到全国各地艺术院校和文艺团体任教传艺。

“文化大革命”期间，昌黎地秧歌被禁止，直到十一届三中全会后才恢复了生机。广大专业和业余文化工作者密切配合，先后编创了不少地秧歌节目，如《半夜鸡叫》《卖花扇》等，在省舞蹈会演中分别获奖。1985 年，河北省文化厅为表彰昌黎在民间舞蹈改革工作中取得的成绩，向昌黎县文化馆颁发了“民间花会改革奖杯”。

其他民间舞蹈还有高跷、射杆、抬杆、旱船、竹竿轿、中幡、狮子舞、霸王鞭、龙灯、太平跤（也叫“二鬼摔跤”）等。（以上据 1992 年《昌黎县志》整理）

第五节　民间杂技

吴桥县民间杂技

吴桥县的杂技艺术历史悠久，具有广泛的群众性，在国内外享有盛名，被誉为“杂技之乡”。

杂技艺术早在公元前8世纪就有了萌芽。周朝，称为“蚩尤戏”，后来形成竞技角力的游戏，具打杂技的雏形。秦时称“角抵戏”，汉时称“百戏”。人们可以从南北朝东魏的一座古墓的壁画上，看到杂技表演的各种形象，如蝎子爬、倒立、肚顶、马术等。据《吴桥县志》载，明时“元宵掌灯三日，放烟火、演杂技、仕女喧闹、官不禁夜”。明末阁老范景文（吴桥县人）在其《游南园记》中，详细记述了当时在祭风台（吴桥旧城南门外）观看马戏的盛况。

县杂技的产生是有深刻的社会背景和历史渊源的。吴桥位于古冀州南部、古黄河的下游。西南临钩盘河，西有南运河，东临四女寺减河（今漳卫新河）。每遇秋涝，则泛滥成灾，生灵涂炭，一片荒凉。加之战乱频仍，封建官僚地主残酷剥削和压榨，这里的人民过着“隔邻含泣卖妻儿”的悲惨生活。他们借取无门、走投无路，只好走出家门，打个跟头、要要大刀、变个魔术、玩玩哈巴狗和猴子之类，沿街卖艺，借以糊口。吴桥附近的黄镇（今属山东省宁津县），每年九月庙会，专卖杂技、戏法、傀儡戏等各种道具和驯服好的猴、熊、狗、蛇等动物，方圆二百里内的杂技艺人，届时都到这里集会，或搭帮结伙，或参加戏班，奔波全国各地卖艺。不少艺人还流落到印度、东南亚等地。

吴桥的杂技艺术经历了由简单到复杂、由低级到高级的发展过程。它与劳动人民的生活有着密切的联系，是劳动人民在生活、生产过程中创造出来的。直到现在，杂技传袭下来的许多道具都是生活、生产的日用品，如桌、椅、凳、坛、碟、绳、杆、梯等，具有独特的民族风格和浓厚的乡土色彩。

吴桥杂技初期发展是由跟头、小戏法和简单的武术组排起来的：或二三人一伙，或四五人一档，就地摆场，做几个简单的动作，引人一笑，向观众要个干粮什么的，以饱饥肠；后来逐步发展起来，增添了飞叉、刀门、转碟、地圈、云锣、小魔术等。有的艺人出入国内外，引进了大型魔术、跳板、驯熊、驯虎等节目，使杂技艺术得到交流和发展。这时的演出形式也发生了变化，从三四人发展到十多人

（主要是当家近支和亲友），以“摆地摊”“撂明地”为主要演出形式。

在杂技发展中期，随着杂技艺术的不断发展和竞争，比较富裕的杂技艺人开始置买车马、棚杆道具，招收杂技演员、竖杆立班，变成了杂技班，表演节目更加丰富，出现了大型的高空节目。后期，由于社会的原因，杂技艺术逐渐掺杂了商业的内容，班主为了赚钱，竟将一些恐怖、低级、庸俗、丑恶的表演以及摧残演员身心健康的节目也塞到杂技节目中，诸如李星托（即打嘴巴、踢屁股）、打滑稽板子、山跟、海剁、活人上吊、打腕子、吊辫子、踩鸭子、吞蛇、吞剑、吃火、大兴、刺兴等。这些节目，新中国成立后被人民政府禁止演出。

新中国成立后，古老的杂技艺术得到了新生和发展。杂技艺人们有了自己的组织——吴桥县群艺联合会。有的杂技艺人还当上了人大代表，有的加入了共产党。全县相继组织了三十个杂技团和三十个马戏团、四百七十二个杂技组（后合并为十二个共和马戏杂技团），其余团组和部分杂技艺人输送到兄弟省市。随着组织的调整，杂技艺术已发展为完整的、综合性的舞台艺术，许多杂技节目经过改革、创新，把戏剧、舞蹈动作、体操造型等有选择地吸收到杂技表演中来，显得更加丰富多彩，动作优美、音乐轻快悦耳，服装、道具、灯光也为之一新，从而使杂技艺术达到内容和形式尽可能完美的统一。

吴桥杂技有四多，即学艺的多，练功的多，杂技艺人多，到外地演出的多。全县二十个乡镇，几乎各乡镇都有杂技艺人，尤其多集中在仓上、城关、范屯、沟店铺等乡镇。有些村庄，上自年过花甲的老人，下至四五岁的娃娃，每逢农闲或劳动之余，人们就在街头、院落、场间、地头，操起生产、生活用具练杂技。如范屯乡范屯村三百户人家，则有五十多人在外地杂技团工作。村里还有老艺人和会杂技的村民、学生达四百多人。像这样的典型村子，全县就有五十多个。目前，中国杂技团，沈阳、天津、齐齐哈尔、旅大、重庆、昆明、太原、西安、兰州、广州、武汉等著名杂技团以及其他省杂技团都有吴桥的杂技艺人。

吴桥的杂技艺人，新中国成立前曾到过三十多个国家，现在仍有十六个国家的吴桥艺人和家乡亲朋好友们保持着联系和往来，有些艺人在国外很有声望，如艺人姚振奎曾因给埃塞俄比亚皇帝演出杂技而获得金牌。1979 年，英国泰晤士电视台、香港凤凰影业公司曾分别来吴桥拍摄《吴桥杂技之乡》的电视片和影片。特别是反映吴桥杂技艺人新中国成立前苦难生涯的电影《红牡丹》在全国放映后，受到广大人民群众的普遍赞扬和好评，使吴桥“杂技之乡”的盛名更加誉满中外。（以上据

1992年《吴桥县志》整理）

第六节　民间歌谣

井陉县民间歌谣

井陉歌谣，特有其时间性与空间性。盖歌谣，为民间文学，为人民实际生活之反映。生活不得正当疏导，则喷薄而为文，以鸣其不平。故关切民生者，对于民间歌谣之考究，不遗余力。详察陉邑民谣，其新近流传者，厥为苦兵歌一类。盖近年兵燹燎原，民不聊生，咏叹呻吟，乃意中事。其流传久远者，可分为抒情、儿歌、恋歌、农歌等数类，其中抒情歌、儿歌最多。抒情歌之内容，以反对宗法社会及不自由之婚姻为最显著。儿歌内容，多为神话、童话之变体，间有歌咏自然者。大都音节铿锵，溜溜易读。恋歌流传甚少，文辞亦不健全。

苦兵歌　陉邑当燕、晋通衢，处处险要，兵家视为必争之地。有清以前战绩，代远年湮，今人已不复道及。清末，庚子、辛亥两役，邑民受害甚矣。事过境迁，今已大半忘却。近年，晋奉之战，连绵数月，大军到处，罗掘一空。人民至今思之，犹有余痛。乃作苦兵歌。

军队无其数，个个如狼虎；就地征粮草，人民吃不住。

老百姓，真正苦，出钱出驴又当夫。抬伤兵，送给养，说个不去就挨棒。

老百姓，真倒霉，连闹兵灾带闹匪。杀人放火绑肉票，官府知道不敢追。

听说东西军，吓掉妇女的魂。本是青春年少女，打扮成个老妇人。前边短发向后贴，罩上一块破手巾。

天不怕，地不怕，就怕飞机拉屉屉。

儿歌　井陉儿歌，流传极广，内容约可分为儿童谣歌、游戏歌、催眠歌数种。儿童谣歌与游戏歌，皆系儿童自身歌唱。调多促迫，韵多尖锐，内容多自然活泼。可以兴奋儿童之精神，故为儿歌之嫡系。至催眠歌，乃出自保姆养娘之口。以其作用关系，调韵每乏抑扬顿挫，韵脚多叶以团音，内容亦少周折，多平板，易将儿童催眠，为儿歌之流派。兹各录数首，以做对证。

小老鼠，上灯台，偷油吃，下不来。吱吱吅吅叫唤开。

月亮月亮跟我走，我吃烧饼你喝酒。

星星月亮，打板开唱。你拿鼓，我拿板，咱俩唱个稀稀罕。

麻子麻，钻篱笆。狗又咬，刺又扎。弄得麻子呲了牙。

风来了，雨来了，一群人敲着鼓来了。什么鼓？大花鼓！咚咚咚咚过十五。

一个蛤蟆肚皮黄，跳跳跃跃入佛堂。叫它念经它不念，吃了个大肚走他娘。

一个大汉丈三尺，骑着大马挎着刀。刀子长，杀个羊；羊有血，杀个鳖；鳖有油，炸个麻花嗤喽喽。

小小孩，上庙台，打了个跟头拾了个钱。说了个花媳妇，生下了一对孩儿。一个叫个筐，一个叫个篮。

黑枣树，叶儿多，一群孩子上南坡。上不去，你拉我，绝了我的盘带对你娘说。

小枣树，格弯弯，小闺女，炕上站。想吃桃，桃不甜。想吃杏，杏又酸。吃个枣儿解解馋。

南边来了一只牛，牛背上坐着个胖丫头。红绫袄，绿挽袖，上边缀着板板扣。板板扣上一朵花，摇摇摆摆到娘家。娘家过了个九月九，又吃黏糕又吃酒。

笤帚枝，乱穰穰，姐妹十个一个娘。大姐得了病，九个妹妹都着慌。二姐摸脉，三姐开方。四姐熬好药，大姐喝上见阎王。五姐去打墓，六姐拉板当木匠。七姐八姐抬到坟上，九姐送殡泪汪汪。

拨灯棍，打灯台，爷爷娶下个后奶奶。脚又大，嘴又歪，气得爷爷起不来。奶奶、奶奶你快走，不走定挨鞭子抽。走到半沟里，碰见个卖肉哩！什么肉，老鼠肉，孩子吃上不咳嗽。孩子吃了一块肉，坑咯坑咯更咳嗽。我把你个老促寿！

小孩子，坐门墩，啼啼哭哭要媳妇。要媳妇干么？做鞋做袜，做袍做褂。点灯说话，吹灯做伴。

杜梨树，开白花，我上南边去放马。解了缰，跑了马，一跑跑到丈人家。丈人丈母都不在，大姨子小姨子往家拉。把我拉到楼底下，风吹门帘看见她。鲜红的嘴唇雪白的牙，白白的脸蛋黑丝头发。回家对我爹娘说："看个日期快娶过来吧！"

小孩小孩看石榴，石榴下来砸破头。对爹说，爹赏给一头牛。对娘说，娘赏给一匹绸。对哥说，哥赏给一把红伞遮日头。对嫂说，嫂赏给一个大丫头。骑上我的牛，披上我的绸，打上我的红伞遮日头，后边跟上一个大丫头。

红锣圈，绿锣圈，姊妹两个上高山。高山顶上一盘磨，猴推，鹰和簸。狼叉柴，狗烧火，猫在炕上捏窝窝。老鼠掏饭打了锅，长虫担水伤着脚。哈哈！笑死我。

太阳出来一片红，照得菜园华洞洞。白萝卜爷爷坐天下，红萝卜娘娘掌正宫。白菜打着黄罗伞，小葱执起枪一根。豆角蔓上提兵马，眉豆蔓上动刀兵。吓得黄瓜上了吊，吓得茄子紫不棱登。吓得西瓜红了肚，吓得芫荽乱蓬蓬。

老南瓜，它为王，瓠子说，数它长。丝瓜住在高楼上，打开西瓜流血汤。气得甜瓜面皮黄，菜瓜出在年青小，小黄瓜长着一身疮。

一个大汉喝了酒，拿着钢刀往前走。看见鸭子想动手。鸭子说："留下我，好下蛋，杀我不如杀个雁。"雁说："我春来，秋又去，杀我不如杀个鸡。"鸡说："我叫鸣，声音高，杀我不如杀个猫。"猫说："捕老鼠，数我强，杀我不如杀个羊。"羊说："我的肉，不可口，杀我不如杀个狗。"狗说："我看门，贼人怕，杀我不如杀个马。"马说："我拉套，圆溜溜，杀我不如杀个牛。"牛说："我耕田，气力粗，杀我不如杀个猪。"猪说："愿欲杀，你就杀，天天泔水和粗糠，我也咽不下，不如死就死了吧！"

花园里走，菜园里行，韭菜娘娘住正宫。宫旁花开朵朵红，两边桃柳青生生。蝴蝶飞来又飞去，蜜蜂嗡嗡忙做工。

梅豆叶圆，石榴叶尖，两口子吃饭喜喜欢欢。蝇子叼了一个米，两口子赶到太行山。太行山上有一个庙，跪下胡祷告。祷告天，祷告地，求着爷爷给点福气。爷爷给了他二百钱，手里拿着忽扇扇。回去打个金簪簪，戴到头上明连连。

小金姐，骑金马，金马不快金鞭打。梧桐树，开金花。开庙门，金菩萨。琉璃井，金蛤蟆。

半天空里住着一家，炉台圪塄里安着半亩瓜。一个赤屁股的小孩来掏火，裤腰包里扼了二十三。聋子听见他，瞎子看见他，哑巴呐喊他，拐子赶上他。

咯咯咯，天明了。快起！滚了锅。下上米，我去邻家借笊篱。去时桃树才开花，回时桃儿大煞煞。要想摘个尝尝鲜，又怕锅里米太软。紧跑，慢跑，回来不软不硬正好。

粽子叶，呼唰唰，我和姐姐往姥娘家。姥娘见了给买花戴，妗子见了给买粉擦。舅舅给了一瓶油，我和姐姐对梳头。姐姐梳得光油油，我就梳了个圆绣球。姐姐戴着金簪银簪，我就戴着根打枣竿。姐姐骑着金马银马，我就骑着个树格杈。姐姐踏着金蹬银蹬，我就踏着个墙窟窿。姐姐抱着金娃娃银娃娃，我就抱着个疥蛤蟆。姐姐寻了个好汉汉，我就寻了个破罐罐。提起来，我摔它两半半。

梅豆叶，四方方，骑上大马去烧香。大马拴在梧桐树，小马拴在花枝上。鞭子挂在庙门上，鞍子搁在墙头上。开庙门，关庙门，里边住着个小媳妇。盘着腿，坐着椅，咯吧咯吧嗑瓜子，一嗑嗑了个黑嘴头。

圆蒲墩，团团转，一转转到金銮殿。香炉满，供桌高，踏上供桌摘仙桃。吃了桃，成了仙，跟上王母去西天。西天有棵乌梨树，常年花红叶子绿。

下雨下雪，冻死老鳖。老鳖告状，告给和尚。和尚念经，念给先生。先生算卦，算给蛤蟆。蛤蟆泅水，泅给小鬼。小鬼磕牙，磕出二斗秕芝麻。炒炒炸炸，拿回去大家吃了它。

板凳板凳落落，上边坐着大哥。大哥出来买菜，碰见张家姐姐。姐姐出来烧香，碰见李家姑娘。姐姐出来点灯，碰见周家表兄。表兄出来买油，碰见一个孙猴。孙猴出来没处走，连连打了几个筋斗。

凤仙花，秋季开，它的颜色紫红白。女儿采花染指甲，十指尖儿有光彩。

蛋蛋蛋蛋光光，荞麦地里放羊。打枣落枣，不着老子吃一个。

哽哽哽！天明了，鸡鸡上棚了。罐子里没来米了，孩子老婆都该起了。

拉板，锯板；背板，卖钱，买了红袄咱俩穿。你穿得多，我穿得少，断打起来没有个了。

拉锯扯锯，姥娘门上一台戏。请闺女，叫女婿，外甥儿，偏不去。我嫌你家尿臊气！

拉锯扯锯，姥娘门前一台戏。请闺女，叫女婿，外甥女儿也想去。姥娘家，没的吃。粗糠搅细糠，捏了个窝窝有翅膀。扑啦啦！飞到南边柳树上。炉台圪塄里就留下一碗黑茶汤。

又想啼哭又想笑，给你馍馍又想要。不要我就喂了狗，你再想要也没有。

一格拧，二爱；要三，四快；刚五，大六；猴七，猎八；终九，格杈。

点点逗逗，王三咳嗽。可车可马，拿刀就刮。红布绿布，麻糖过路。铜锤铁锤，捉住谁来算谁！

盘，盘，盘脚盘！盘三年。三年整，烙花饼。花饼花，二百八。一对果子两对瓜，珍珠玛瑙满地抓。

你一，我一，大年初一吃好的。你二，我二，老两口子管家事。你三，我三，举子连中三元。你四，我四，拿文房四宝写字。你五，我五，五根指头不齐楚。你六，我六，六月六日看谷秀。你七，我七，七七牛郎会织女。你八，我八，八仙过海神通大。你九，我九，一九两手藏袖口。你十，我十，十月十日国庆日。

大姐红鞋，二姐绿鞋。三姐品红，四姐藕色。撒开，铜钟，铁钟，丝线花一层。

送大，走仨；送二，走俩；送三，光他；送四，一把抓。撒开，芍药、牡丹，西番莲一竿。

你东边，你西边，你看老窝你赶蛋。

鸡鸡翎，跑马城。马城开，快把马儿送过来。

红眼红，红眼红，腰里带着眼药瓶。走一走，抹一抹，这个红眼累死我。

东风晾，西风晾，孩子吃了会上炕。东风吹，西风吹，孩子吃了会捉贼。

菜！菜！是好菜，孩子吃上人人爱。饭！饭！是好饭，孩子吃上都喜欢。

疙瘩，疙瘩，散散！别教姥娘看见。

呜！呜！呜！孩子睡，羊捣碓。姑姑场里掐谷穗，掐下谷穗捣黄米，捣下黄米卖钱钱，卖下钱钱买篮篮，买下篮篮拾酸酸，拾下酸酸喂绵绵，喂下绵绵赶毡毡。孩子睡在毡上边，不多几年就长得挨着天。

词！词！剥驴驹。驴驹长大，变个娃娃。娃娃不着拉拉，拿个石头砸砸。砸成面，烙成饼，吥咂吥咂吃两嘴。

羊巴巴蛋，滚南坡，你是兄弟我是哥。打一壶酒，咱俩喝。喝醉了，打老婆。打得老婆上高桌。高桌没格磴，跌下来变烂杏。烂杏没核，变个牛犊。牛犊不吃草，变个土地佬。土地佬不吃饭，变个鞋底片。东屋里跑，西屋里窜，一脚踩它个稀巴巴烂。

农歌　井陉农歌，大都寥寥一二语，纯系赤裸裸写实文字，无文学价值可言。又有单词只句之农谚掺杂其间，更单调无趣，不应与歌谣混为一体。但以其为农民经验之结晶，与民众生活，大有攸关。故拓开一格，用裨参考。不过歌中月令，仍系沿用废历。刻下国历业已通行，如欲施用，应行加以改铸。不然，将成古董，只作农歌史观而已。兹就本地农歌农谚详加分析，大抵不外耕耘、播种、收获、天象、民生、日常工作、卫生、农家副业、农人常识若干类，具录之如次：

耕地看柁头，擦地看牛头，种地看耧斗。

早晨锄地趁凉爽，正午锄地趁太阳。

干锄谷子湿锄麻，不干不湿锄棉花。

干搂谷子湿搂豆，扑凉扑淋搂小豆。

早锄一顿，强如上粪。

伏天的草，拨剌倒。

伏天锄破皮，抵住秋后耕一犁。

耕三耙六锄八遍。

三月三的葫芦一嘟噜。

谷雨前后，安瓜点豆。

枣发芽，安棉花。

谷雨早，小满迟，立夏的棉花正应时。

小满的花，不回家。

头伏萝卜二伏菜，到了三伏种荞麦。

要想萝卜大，五月把籽下。

二伏有雨多种菜，三伏有雨多种麦。

麦子不得九月节，但怕来年二月雪；麦子得了九月节，不怕来年二月雪。

参不落，地不冻，有骡有马总管种。

栽蒜不出九。

清明高粱小满谷。

稙黍晚麦不回家。

秋分麦入土，寒露正应时。

社前社后麦交窝。

立秋三天种白菜。

麻黄种麦，麦黄种麻。

立夏见麦芒，芒种麦登场。

芒种不开镰，不过三五天，到了夏至麦茎干。

立秋瓦屋，谷长胯骨。

立秋靠住钱，还有半半年。

六月六，见谷秀；七月七，吃新米。

白露不秀，寒露不收。

白露不出头，割了喂了牛。

天河调角，吃上北瓜豆荚。

七月十五红圈，八月十五动竿。

蚕老四十五。

姑姑不吃五月桑（土人名蚕为姑姑）。

李子不受伏天的气。

瓜老四十五。

去暑拔麻摘老瓜。

去暑捆扫帚。

去暑见新粮。

去暑割黍。

去暑十天碰割谷。

七月十五的核桃满仁。

霜降柿子寒露枣。

小雪拔白菜。

春打六九头，卖了皮袄买个牛。

惊蛰地透。

九尽杨花开。

星星稠，满地流。

缸穿裙，山戴帽，蚂蚁搬家蛇过道。

蛤蟆叫，水瓮津，既然不信拔麦根。

狗吃草，瓮打津，看看老天爷阴不阴。

云彩往东一阵风，云彩往西水和泥，云彩往南水连天，云彩往北一阵黑。

黑吃红，等不到明；红吃黑，下不到黑。

东虹雷，西虹雨，南虹卖儿女，北虹过来三个钱一斗米。

双耳晴，单耳阴，三环套日动刀兵。

八月初一下一阵，旱到来年五月尽。

八月十五云遮月，准备来年雪打灯。

九月九晴一冬温；九月九阴一冬冰。

九月九，至十三；不下雨，一冬干。

重阳无雨一冬晴。

东风下雨西风晴。

早看东南，晚看西北。

早烧连阴晚烧晴。

淋了伏头，下到伏尾。

冷在三九，热在三伏。

九九有风，伏伏有雨。

一九、二九，在家孤朽（不舒展之状）。三九、四九，冻破杵臼。五九、六九，沿河看柳。七九六十三，行路人儿把衣担。八九连九九，从此犁牛遍地走。

冬至属一九，两手藏袖口。二九一十八，口中似吃辣。三九二十七，见火亲如蜜。四九三十六，关住门把炉守。五九四十五，开门寻暖处。六九五十四，杨柳的皮色发细致。七九六十三，路上行人把衣担。八九七十二，柳絮长上翅。九九八十一，以后农夫该早起。

收花不收花，单看正月二十八。

二月雷，麦孤堆。

三月三的风，四月四的雨，麦子黄疸谷子秕。

有钱难买五月旱，六月连阴吃饱饭。

六月初一龙滴泪，新粮定比旧粮贵。

数伏不起尘，起尘饿杀人。

雨洒尘，饿死人。

烂豆子，熟麦子；烂麦子，熟豆子。

雪压灯山，狗吃干饭。

春雨贵如油。

春冷麦不收。

雪流成河麦不收。

麦收八十三场雨。

麦收三月雨，谷收七月风。

穷不怕，富不怕，半拉紧扎活累煞。

天河朝东朝西，家家预备棉衣。

去暑寒驴（土人名蟋蟀为寒驴）叫，吓了穷人一大跳。

三红一黑都不怕，就怕霜打眉豆架。

零打油，整打盐，家里不放烧酒罐。

想吃白面泥里陷，想吃大米水里见，想吃小米也得多出汗。

东泼散，西泼散，一亩地里打八石。

伴种地，伙安瓜，一个院不要住两三家。

糖瓜祭灶，新年来到。闺女要鞋，小子要帽，老婆子还要二百绵胡桃。

好汉子别忘了秋天耕地，好老婆别忘了伏天纳底。

晚上下雨白天里晴，给来长工个不放松。

阴天下雨长工歇，放牛羊的小子造下孽。

庄稼不使粪，瞎和人家混。

粪大水勤，不用问人。

早饭要早，午饭要饱，晚饭少吃，不吃也好。

春暖秋冻，不害杂病。

家有一盘连轴转，不愁没饱饭。

犉牛下犉牛，不多几年一大溜。

养花不如养柳，养鸟不如养鸡。

南枣北柿子。

桃三杏四梨五年，花红果子七八年。

辰（土人名商星为辰）晌午锄田，参晌午过年。

天旱锄田，下雨浇园。

大旱三年，且莫随雨种田。

家有千顷地，少种黍和稷。

种地种黑，十年九得。

不歪脖的铁灯盏，一歪脖便打石二三。

六月的韭，臭死狗。

立了秋，高矮一齐揪。

高粱晒了米，壁虱（即臭虫）肿了嘴。

正月茵陈二月蒿，三月四月当柴烧。

荞麦不能纳粮，闺女不能养娘。

蒜见蒜，一包面；梨见梨，一垛泥。

风刮面，眼不见。

好地十年有一丢，坏地十年有一收。

家有三桩宝，丑妻、下地、破皮袄。

庄稼人生的俏，越贵越不粜。

锄头上有水，杈头上有火。

马不得夜草不肥。

冻葱，暖蒜。

谷三千，麦八十。

蚕一时，麦一晌。（以上据民国二十三年《井陉县志料》整理）

迁安市民间歌谣

汉谣

燕南陲，赵北际，中央不合大如砺，唯有易地可避世。

明谣

白豹哥哥劲又劲（此言前总兵郭琥之勇也），赤虎头又来胜，雷也轰，地也震，急急如律令。（此言戚少保继光治军严肃，号为神明也）

村谣

张大嫂，李大嫂，往南洼，摘豆角。风来了，雨来了，急急忙忙往家跑。盖酱缸，蔽柴草，坐在炕，抚孩小。（按：此歌有歌颂勤劳之意）

数一数二数王冈，王冈老婆会要枪。枪对枪，杆对杆，不多不少十六个点。（按：此谣有尚武之意）（以上据民国二十年《迁安县志》整理）

卢龙县民间歌谣

历史歌谣

卢龙原是古肥如（春秋为肥子国，汉为肥如县），开皇十八命名初（隋开皇十八年初名卢龙），夙称瘠苦地，殷富不曾书。

地理歌谣

卢龙县地面狭（协平声），多山多水多白沙。十几顷地称上户，一两顷也算富家。再往上说地百顷，全县之内难找他。非山即是水，何处宜桑麻。

古迹歌谣

脚踏烟墩山，箭射虎头石。将军不封侯，千古留奇迹。（山在城西南十里，今已倾颓。石在城南六里，形尚依稀焉）

名贤歌谣

漆水之东夷齐里，滦水之西孤竹城。贤哉二弟兄，古称圣之清。千秋仰令名。

家庭歌谣

山高遮不过太阳去，背惠的爷娘，不下雨的天。（人宜亲其亲，长其长）

打折胳膊袖里褪（读如 tùn），一个姓儿掰不开（自家宜亲睦也）。清官难断家务事，笑话别教他人看。（义同前）

我国人偏向男，都说养女光赔钱，推不得磨，挑不得水，养活闺女别夸嘴。（喻女子亦宜自励，不可一味依赖也）

千间房子万顷地，就怕没有好子弟。骑快马，坐快车，不抽大烟不算阔。大烟真是淘气鬼，纵然入瘾也不悔。大烟斗，眼儿小，万贯家财进去了。（戒子弟吸食鸦片也）

小媳妇坐椅子，锥帮子，纳底子，赚了半升小米子，供养他的婆母儿。（劝孝）

大麦秸，小麦秸，他家有个花姐姐。十八咧，该娶咧，爹爹他叫木匠打柜箱，妈妈他叫裁缝做衣裳，嫂子你陪什么？破盆子，烂罐子，打发丫头嫁汉子。嫂子嫂子别噘嘴，你也生儿与养女，你既是个过来人，男婚女嫁同一理。（意义同前，妒妇宜戒）

好儿不要多，一个顶十个。（为子弟者，各宜自勉）

小兰花，小兰花，哭啼啼，想他妈，亲妈死了一年多，后妈叫他去做活。后妈是个恶老婆，不给吃来不给喝。白天给点残剩饭，夜晚睡在猪狗窝。睡梦见了他亲娘，醒来两眼泪汪汪。（人宜怜惜孤苦孩儿也）

天上星星颗颗黄，小小闺女没爹娘。有爹有娘是活宝，没有爹娘一根草。屋里梳头嫂也打，厨房洗脸嫂也骂。奉劝嫂子平平气，过几年我就要出嫁。（意义同前）

小闺女，上梯子，老鸹鸽了眼珠子。爹也着急，娘也着急，嫂子说死了才好呢。妹妹说鸽得不要紧，嫂子何必太心狠。（姑嫂宜和）

社会歌谣

衙门口儿朝南开，有理无理拿钱来。（戒讼）

上山捉虎易，开口告人难。一朝经官，十辈子结怨。（戒讼）

远亲不如近邻，近邻不如对门。（遇急难可相扶持也）

东家长，西家短，人家事情你别管。（戒好事也）

各人打扫门前雪，别管他人瓦上霜。是非只为多开口，烦恼皆因强出头。（意同前）

指杨树说柳树，数黄瓜道茄子。（言人有所不满，情见乎辞也）

既敢开店，就不怕大肚子汉。（喻遇事敢当也）

麻面无须不可交，矬人肚里三把刀。扬头婆子低头汉，黄眼珠子也不善。（相人）

但得一步地，何须不为人。十个手指不能齐，舌头哪有不碍牙。（应世接物宜加涵养功夫也）

操行歌谣

好男不登城，好女不逛灯，好铁不打钉。（人宜敦品励行也）

身贫莫言祖宗贵，好汉不怕出身低。（随时论势，总要自强）

要学好，问到老。要学拙，背地窝。（人不可自是）

他人骑马我骑驴，后面还有推车的，比上不足，比下有余。（人宜知足）

家有千金，总不如能耐在身。（言空有财不足恃也。该邑谓技艺为能耐）

有茶别嫌淡，有驴别嫌慢，有肉别想酒，有妻室别嫌丑。（人宜知足）

有麝自然香，不必当风扬。（实至名归不必卖弄，即君子求诸己之谓）

风俗歌谣

二十三祭灶天，二十四写联对，二十五做豆腐，二十六割年肉，二十七宰年鸡，二十八蒸枣花，二十九蒙香斗，三十日耗油儿，初一初二磕头儿，初三初四耍球儿，初五初六跳猴儿。（此描写每年岁前岁后数日之动作，也大半出自妇孺之口）

儿歌

窗棂纸，哗啦啦，小孩睡觉找他妈。爱宝贝，心肝肺，不要害怕妈在这。（此小儿催眠歌也。“贝”读如“bèr，“肺”读如 fèr，这读如 zhèr）

猫来咧，狗来咧，马猴跳墙咬来咧。墙倒咧，马猴子吓跑咧。（意同前，“咧”读如 lē）

扯勒勒，拽勒勒，打成面，做成饽。你一个，我一个，剩下给你留一个。扯勒张，拽勒张，打成面，做成汤。你一碗，我一碗，剩下给你留一碗。（慰儿歌）

疙瘩疙瘩散散，别叫你妈看见。疙瘩疙瘩流流，别叫你妈发愁。（小儿每于失足跌肿时，其母以手抚摩痛处为此歌，以慰之）

哈巴呵过船咧（“咧”读如 lē。下同），过到那边给钱咧。（小儿初试步时，其母辄对面携手，令儿起右足做左倾状，随起右足做左倾状。随作随歌，连做不已，如乘船簸荡然。母作此歌，小儿欣然从之。盖实寓体育之意也）

蒸糕，炸糕，翻过来瞧瞧。（儿童作此歌时，对面携手，由一方举起，同时均

由腋下钻入，翻身做相背状。随将彼方之手举起翻身折入，做相对状，手仍不放。随做随歌，饶有兴趣。盖亦体育中之一端也）

磕一二，连三棍，棍棍点，桃花板。板板清，单打罗汉十六声。六声六，扎花铺。扎什么，扎八月八。八匹大马往前杀，一杀杀到东南角，核桃栗子吃个饱。东菜园，西菜园，我把果品吃个全。（此歌并无意义，唯儿童做此歌时，先相向对立，各持与身等齐轻而易举之杆棒，上下相击，一字一下，一句一顿，急徐适中，亦有节拍，较前歌尤饶兴趣焉。按前歌为柔软体操之一，此歌为棍棒体操之一也）

常识歌谣

多年的道走成河，多年的媳妇熬成婆。（此歌侧重下句，以慰不得志之妇女也）

好猫护三邻，好狗护三村。（比恶人之为害乡曲，反不如猫狗畜类也）

南吃雁，北吃蛋，当中落个白看转。（俗谓雁于冬日在南方，如家禽之驯，故人得食其肉。春夏产卵于北方，故人得食其卵。唯不南不北之人，只看其转来转去也）

天河调角，要裤子要袄。（秋日天汉转成斜角，寒候将至，宜备御寒之衣也）

牛马年，好种田，准备猪猴那二年。（言牛马年主丰，猪猴年主歉也）

吃不穷，喝不穷，打算不到准受穷。（此即一日之计在于晨，一年之计在于春之意。言人不可无计划也）

春暖秋冻，不害杂病。（衣服卫生）

早饭要早，午饭要饱，晚饭要少，不吃也好。（饮食卫生）

省了盐，酸了酱。省了坯，塌了炕。（戒惜小费）

宁受小时苦，不受老来贫。（幼时宜勤苦自励，勿使老境不堪也）

春天工价贱，秋收吃饱饭。（农村经验）

算来慢雀先飞远，铁打房梁磨绣针。（言工到自能成功，不可畏难苟功也）

衣襟左旋，右腿向前，将来分娩，一定是男。若左改右，乃生婵娟。（孕育子女之征兆也）

小蜘蛛是益虫，结个网儿在天空，你在网儿当中站，专捉飞虫不放松。能给我们除了害，大家爱你算应该。（蜘蛛歌）

自然歌谣

一九二九伸不出手，三九四九冻杀老狗，五九六九阳坡看柳，七九河开，八九雁来，九九加一九，遍地耕牛走。（九九歌，一名消寒歌）

腊七腊八，冻掉下巴。三九不封河，惊蛰冻死鹅。（气候）

寒食刮去坟前土，老农白受一年苦。（农村占验，谓是日不宜风）

端午下雨是丰年，四月廿八最难缠。（俗谓四月二十八为草生日，是日遇雨，有遇阴四十九日之说）

八月初一下一阵，旱到来年五月尽。八月十五云遮月，正月十五雪打灯。（农村占验）

云彩往东，雨过一场空。云彩往西，下雨披蓑衣。云彩往南，下雨摆大船。云彩往北，下雨发大水。（同前）

朝起黄澄澄，必定刮大风，朝起浮云走，晌午晒死狗。（同前）

天将雨，有先兆。蚂蚁堵窝蛇过道，水缸穿裙山戴帽，燕子钻天水雀叫。（同前）

鹁鸽叫，阴或晴，月亮带圈必刮风。（同前）

月亮牙仰，粮价往上长，月亮牙歪，粮价往下摔。（同前）

头伏遇浇，末伏必烧。又曰：淋伏头，烧伏尾。（同前）

黑夜下雨白日晴，打的粮食没处盛。（同前。此言夜雨胜于午雨也）

连阴不开晴，必要起腻虫。雷声来得暴，腻虫不撒尿。（恐害虫为患，冀其速去，故欲有暴雷之力也）

园艺歌谣

养鸡不养鸭，栽树不栽花。（重实利也）

一亩园，十亩田。（言种园一亩，须费十亩之人工、肥料，方能获十亩田之利益也）

人勤地不懒，黄土变成金。（人之于耕耘不宜鲁莽灭裂也）

头伏萝卜二伏菜，三伏不晚种荞麦。（农事宜及时也）

油见油，十年仇。（油类植物不宜连年种在同一地内，否则收获难丰，故曰仇。又其他植物亦何莫不然）

要发财，种三白。（芝麻、粳与棉）

过了芒种，不可强种。（播种以时，否则失败）

谷儿黄，饿死娘。（言旧谷既没，新谷未升，黄白不接也）

干榜棉花湿榜瓜，沥沥拉拉榜芝麻。（锄田必以时也）

荞麦开花，沥沥拉拉。（是时宜雨也）

春旱不算旱，秋旱减一半。（言春旱较可，唯恐秋旱也）

五月半，田禾没瓦罐。六月六，看谷秀。处暑找黍，白露割谷。（均谓农事必有其时也）

立秋不出头，割下喂老牛。（言晚禾难实，过立秋节尚未吐穗，已无收获希望，不如割以饲牛之为愈也）

磨镰能走谷，到囤才是粮。（该邑习惯，谓仓为囤。言禾稼将熟，仍无把握也）

白薯落花生，将来把人倾。落花生白薯，一亩顶二亩。（前言试种二种时之怀疑，后言收获二种时之满意也。该乡谓山芋为白薯。此歌谣表示两种态度）（以上据民国二十年《卢龙县志》整理）

抚宁县民间歌谣

节气歌

立春阳气转，雨水沿河边。惊蛰乌鸦叫，春分地皮干。清明忙种麦，谷雨种大田。立夏风不起，小满鸟来全。芒种忙开铲，夏至不拿棉。小暑不算热，大暑三伏天。立秋温差大，处暑动刀镰。白露忙割谷，秋分割大田。寒露刨白薯，霜降变了天。立冬北风起，小雪地封严。大雪河结冰，冬至冷几天。小寒不算冷，大寒三九天。

种地歌

古今种地没神鬼，全靠农人工粪水。想让庄稼长得茂，防旱防虫又防涝。防旱就得勤耪地，锄板头上出金币。头遍耪来要认真，二遍耪来要锄深，三遍耪来大步跑，四遍蹭蹭就完了。三榜不如一次蹚，又压草末又保墒。追肥宜早不宜迟，旱田庄稼看两时。迟了贪青不爱熟，疯长秧来不结实。各种庄稼要灵活，不可一律打家伙。三春不如一次秋，秋收颗粒回仓中。一年汗水全在此，不可大意失荆州。要想来年再齉收，秋垅春耕莫停牛。一冬时节别荒废，来年准备要加倍。不可聚人来行路，哄着孩子挑豆种。

农夫赞

身穿粗布衣，吃的家常饭，腰里掖着旱烟袋，头戴草帽圈。春种万颗籽，夏洒千滴汗，秋来又是好收成，打下粮万担。请问天下人，谁能不吃饭？世上没有庄稼汉，谁能活在天地间？

短工谣

打打忙工，落了一空；能饱夏日，挨饿一冬。天阴下雨，人家不用；大好天气，小价雇工。富了财主，害了百姓。仔细想想，为何受穷？

长工谣

年小不要，老了不要，二三十岁，做工正好。不歇晌午，摸黑起早。早起担水，晌午锄草，五更喂骡，不能睡觉。得了场病，主人不要，赶出门外，死了拉倒。不如主家，毛驴一条。有多伤心，真是可怕！

逃荒谣

谁没子女，谁没爹娘？谁愿离家，谁愿离乡？逼咱没法，只有逃荒。翼城关上，卖了闺女，蒲县地方，饿死老娘。提起这事，眼泪汪汪。

租地谣

提起租地，伤心摇头，打了一石，交租五斗。斗大二升，就得六斗，风车一扇，还大一斗。扇出秕谷，地主拿走，不是喂鸡，就是喂狗。灾荒年月，租税照收，逼咱没法，西边逃走。

欠债谣

正月好熬，腊月难过，东家藏藏，西家躲躲。财主逮住，浑身哆嗦，还不了本，利钱滚过。一亩半地，两件布衫，全搭进去，将就凑合。孩子没吃，大人没穿。财主过年，喜事欢欢，穷人过年，叫苦连天。

肥乡县民间歌谣

奉行阳历极方便，二十四节最好算。每月两节有定期，日久自然成习惯。若合新历并旧历，相差不过一两日。旧历有时须闰月，不如阳历更划一。读者请记这一篇，宪书可以不用翻。半年六日二十一，半年八日二十三。一月小寒接大寒，冰冻三尺雪绵绵。二月立春加雨水，运送肥料在地边。三月惊蛰继春分，耕犁地土须要勤。四月清明谷雨过，油菜花黄麦苗新。五月立夏望小满，菜籽登场蚕成茧。六月芒种夏至到，割麦插禾莫偷懒。七月小暑接大暑，烈日炎炎农人苦。八月立秋处暑来，黍稷红粮用斗数。九月白露秋分继，农事将完修农器。十月寒露接霜降，只剩著棉还在地。十一立冬小雪天，拿取米棉去换钱。十二大雪并冬至，围炉把酒过新年。（以上据民国二十九年《肥乡县志》整理）

柏乡县民间歌谣

农民二十四节歌谣

立春至雨水，早起须晚睡。粪田又耙地，速速谋生计。惊蛰春分天气新，大麦豌豆种纷纷。清明寒食种红粱，浇麦植树切莫忘。谷雨前后，种瓜种豆。节近立夏，速种棉花。小满棉花，种不还家。四月芒种熟了麦，五月芒种麦不熟。六月六，看谷秀。七月七，割黍稷。八月八，摘棉花。秋分麦入土，每亩收两斛。霜降种晚麦，不收且莫怪。立秋种荞麦，附带种油菜。荞麦红，油菜绿，一次耕种收两季。十月地净又场光，百谷收敛皆入仓。

儿女月令花歌

一月水仙呈素妆，二月迎春是海棠，三月桃杏花如锦，四月牡丹发浓香，五月榴花红似火，六月荷花满池塘，七月葵花倾向日，八月桂花流芬芳，九月菊花如黄金，十月样锦不凋伤，十一月款冬开偏艳，十二月梅花耐雪霜。（以上据民国二十一年《柏乡县志》整理）

南和县民间歌谣

灾荒谣

民国三十二年灾荒真可怜，提起来灾荒时候真叫人心寒。八月三十一日老天爷阴了脸，接接连连昼夜不停下了七八天。水大受了潮湿人人得伤寒，男女老少算计算计死了一多半。家中无有粮食生活真困难，树皮树叶野菜草根用来当饭餐。

名胜谣

城北五里铁打路，城南一座笔架山；庙里有河河里庙，城外套城南和县；树粗九搂十八步，佛爷头大三尺三；牌坊上边摞牌坊，河上摞河真稀罕；见桥不走桥上庙，桥大三百（柏）有一孔，铁树开花在庙院；海市蜃楼瓦砾岗，三皇姑出家白雀庵；南和名胜唱不尽，唐朝名称“小江南”。

产业谣

大会塔，编荆笆，一溜营（指梁营、刘昔、谢营、朱营、宁营、兰营）安莱瓜;邵里屯，合丝线，前后寺上解箩圈；丰化庄，熬小盐，白佛就把油担儿担；范家庄，纸坊多，冀屯会扣织布梭；北葭旋盆最拿手儿，郑庄都会编席篓儿；南韩韭菜连成片，郭平打瓜滚成蛋儿；任城铁匠东林的锉，岗上盖房的把式多；程徐梁庄粉条细，南高粉皮旋的薄；北高锔盆又锔碗，果寨户户糖稀锅；张相人人编拍子，左村迓祜编簸箩。

南和城里活计全，门面一个挨一个。

土布歌

白如云，亮似雪，乱晃动，翻银波。要问说得是什么，听我唱支《土布歌》。土布本是农家宝，它的用处实在多。染成毛蓝印花布，生活用品都使得。把它做成蒙头巾，火红日头晒不着。你要用它做围裙，煞在腰里挺利索。做成女孩错襟袄，美观大方又舒适。若嫌毛蓝太老气，想染啥色染啥色。月白港靠蓝士林，四匹缯里加方格。做成裤子绷绷直，做成长衫不打褶。千层底，青布鞋，结实耐穿数得着。要是置办新被窠，土布做里最暖和。要问销路怎么样，顺德府里花市街。零售用户都来买，大批收购有坐客。买主把布接在手，翻开里边看成色。然后把布搭在肩，一五一十用臂托。布是八层为一匹，每层足足三大尺。一捆一摞买到手，大车装来骡马驮。这是一项好副业，农家自古讲耕织。南和历来出大布，谁织谁能增收入。拿到市上卖成钱，票子换来一大摞。家三伙四置买全，宽宽绰绰过生活。勤劳致富真不错，优良传统不可失。

纺车谣

纺花车，嗡嗡转，俺家老婆来纺线。纺来米，纺来面，纺来闺女绣花线，纺来儿子笔和砚，纺来老头旱烟吸不断。

纺花车，乌隆隆，新娶的媳妇怕过冬。夜晚伴着纺车睡，纺了一更又一更，累死累活谁心疼。婆婆骂，小姑拧，就俺是个受气种。满共女婿还好些，外人送号“愣头青”。满肚子冤苦没处诉，纺车替俺诉苦情，纺花车，乌隆隆。

织布歌

轧花轧，弹弓弹，弹花娘娘拉弓弦，纺花娘娘摇车转，轮线娘娘瞪着眼，经线娘娘来回走，刷线娘娘手不闲，织布娘娘穿梭过，捶布娘娘上下窜。（以上据 1996 年《南和县志》整理）

第七节　民间娱乐

赞皇县民间娱乐

旧时，民间娱乐活动以自娱自乐为主，主要形式有戏曲演唱、杂艺表演、武术活动、棋子活动等。这些娱乐活动以冬闲时节和春节期间最为活跃。在平时，象棋活动最为普遍。当然，旧时，广大劳苦大众生活饥寒交迫，是少有时间和少有情趣进行大量娱乐活动的。对于他们来说，黄昏时候，听听艺人说书或是冬闲时在暖和旮旯儿谈天说地、聊古论今却是甚为普遍。

新中国成立后，民间的娱乐活动逐渐丰富。除了传统娱乐活动之外，看电影、演看文艺节目、参加体育比赛、玩扑克牌、听收音机也成为主要形式。1980 年后，电视机逐步普及，在劳作之余，较多的人们是在电视机前打发时光。（以上据 1998 年《赞皇县志》整理）

康保县民间娱乐

新中国成立前，该县交通闭塞文化落后，娱乐形式较少。主要有戏剧、马戏、高跷，龙灯、旱船几种。戏剧以“蹦蹦”（街头艺人）为主，其次为山西梆子。每演一次以三日为期，较好的大村每年三四次，小村每年一二次，多在庙会时进行，其费用自由捐助或联合数村共同负担。县内绝大多数村数年无一次文娱活动。蹦蹦的主要剧目有《走西口》《五哥放羊》等。民国年间，山西省刘庭宪的山西梆子和刘海波的马戏数次来县演出，在该县影响较大。县内无职业剧团，看戏十分困难。

新中国成立后，娱乐内容增多，城乡辟有电影院、电影队等公共娱乐场所。除邻省流入晋剧、豫剧、京剧、话剧、歌剧、舞剧外，还有本省的河北梆子、评剧等。县内建有职业剧团、业余剧团，常年巡回演出，剧目主要有《秦香莲》《宝莲灯》《蝴蝶杯》《杨三姐告状》《小二黑结婚》《朝阳沟》等。进入 80 年代除经常放映电影外，电视录像逐渐普及，也时有外地轻音乐歌舞团来县。1987 年该县也有了轻音乐歌舞，且歌且舞，中西相伴，青年人特别爱看。县内文化馆、工会及其他机关单位和乡文化站设有象棋、跳棋、乒乓球、篮球、羽毛球等供人娱乐和锻炼身体，基本改变了过去娱乐形式单调的情形。同年，县建成文化宫，娱乐形式增加，有电瓶车、游艺机、哈哈镜、台球等。该县家庭娱乐为数不多，仅有扑克、棋类、电视几种。电视机已成为家庭的必备之物，并由黑白向彩色转化，闲暇时间人们多在电视机旁度过。（以上据 1991 年《康保县志》整理）

尚义县民间娱乐

新中国成立前，农村在农闲时组织二人台演唱节目。春节期间有旱船、高跷、龙灯、烟火等娱乐活动。每年农历四、六月庙会上有戏剧、马戏、要猴、拉洋片、变魔术为人观赏。日军侵华后，县城、大青沟、套里庄、土木路曾开办俱乐部（赌博场），佐以晋剧、评剧、京剧供人娱乐。新中国成立后，娱乐内容不断增多。50年代，一般大村都有业余剧团。60年代，县城有职业晋剧团，经常下乡巡回演出，各乡均有电影队，沿村放映，外地的晋剧、二人台、京剧、歌舞不断来县献技。80年代，县城有电影院、录像厅、文化馆，工会设有象棋、乒乓球、康乐棋，供人玩要。家庭中的收音机几乎普及，电视机、收录机亦在逐年增多。收看电视节目、听录音已是人们茶余饭后的娱乐形式。（以上据1999年《尚义县志》整理）

张北县民间娱乐

人民终岁勤动，而娱乐消遣之事，亦不可无也。

赛马会 张北为产马之区，不比赛无以见高低，不竞争无以显优劣。兹邑绅张万善，观拟设立赛马会，俾得全县良马均来比赛，以资提倡良马，不至湮没不彰。购马者，亦可借此招徕，此举可为公共谋利益者也。

攞场 各村中，每于秋季禾稼登场后，用碌碡轧籽，或用连枷打籽，陆续收积成堆，再用扇车扇播，或用木锨撒扬。至时，村中人均来帮忙，不用金钱，只晚间飨以黏糕、烧酒、简单蔬菜而已，至各家借牲畜、物件使用，若有，无不借给，此亦互相扶助之义也。

跑马 蒙古族人民每年于六月间择定吉日，均到各大庙内，男女聚会，带假面具装扮鬼神，鼓乐喧天，按照音乐节奏动作，一切游戏，谓之“跳鬼”。会毕，会餐一饭。亦取以神道设教之义也。每于跳鬼之际，择选不过十三岁之小孩，骑无鞍之马竞赛，优者有赏，亦为娱乐之一种。

祭脑包 每年于夏季择定吉日，祭祀脑包。脑包者，以山顶砌以碎石，上插许多树枝，并贴五色彩纸。高搭帐篷，预延喇嘛数人，诵经三日，宰杀牛羊设祭奠礼。至时，由蒙古族地方长官率领民众致祭祈祷，以求山神保护一方，风调雨顺，人民牲畜平安，祭后做赛马、摔跤等娱乐，以尽余兴。（以上据民国二十四年《张北县志》整理）

怀安县民间娱乐

年节娱乐 旧时除夕前，家家大扫除，修岁事。至元旦五更，焚香爆竹，祭天地、祖考，以次拜及尊长，共亲友亦有相互庆谒者。是日，合眷痛饮大餐，儿童欢天喜地，终日博戏，竭尽所能；意谓除旧更新，计在一年之内，精神之愉快无有过于此者。

元宵节娱乐　是日做灯，民商醵资以为灯火费。推一人为首，曰“灯官”。杂以高跷、秧歌，装男扮女，擦黑抹红；昼则沿街唱曲，夜则灯下做舞，五花八门，无奇不有。所演剧调，都属荒诞不经，故做俚词，以博人笑。男红女绿，争先聚观，途为之塞，亦属一时之盛。其城外大屯堡，亦演秧歌、高跷以为乐。并有立竹木，设九曲黄河图，擎灯三百六十盏，灯上圈以五色纸罩，名曰“九曲灯”。男女中夜穿逐，谓之“散百病”，以取一时之快。

端阳节娱乐　是日正为旧历五月初五日，又名“天中节”。人多佩艾，贴纸画虎蝎，饮雄黄酒，亦有用米粽、面粽互赠亲友者。

中元节娱乐　是节，即旧历七月十五日也。多持斋送经，上坟祭祖。僧家建盂兰会。相传是日天狗下降食婴孩，民家蒸面为人，令小儿自抱俾做替身，多自外家持赠者，是又为婴孩特别娱乐之节也。

中秋节娱乐　是日为月球最圆之期，故以斯夜为特别娱乐之节。家家备瓜果，制月饼，以相饷遗。至夕剖瓜赏月，全眷聚餐一室，名曰“大团圆”。倘有男或妇，未及回家者，即视为最大缺憾，是以在外游人，每于是夜多动乡感焉。（以上据民国二十三年《怀安县志》整理）

迁安市民间娱乐

新中国成立后，娱乐活动开始活跃，形式逐渐增多。1953 年在县城南街兴建戏院，县成立了评剧团、电影队，经常在城关或下村演出。有时亦请外地剧团演京剧或评剧，请艺人说书。逢节日或庙会，一些村则举办花会，如秧歌、高跷等。由于收音机普及，平时则听收音机广播。进入 80 年代，听收录机、看电视已成为人们主要的日常娱乐内容。（以上据 1994 年《迁安县志》整理）

丰润县民间娱乐

旧时乡民固守在土地上，过着封闭式生活，绝大多数人一生没去过县城，只活动（赶集或串亲戚）在十里八乡之内，文化精神生活极其匮乏。较大村镇在年节期间办花会、唱大戏，农闲时节唱影，各家大多“接闺女，叫女婿”前来观看。平日闲暇时间，男人们可以玩踢球、下土棋等。土棋有五虎、挑加、三六九、跳坑、钻牛角、拿大贼等，就地画上棋盘，拣几个石子或草节儿为棋子，自娱自乐。女人们可以抓子儿、织花线板、游小胡（非赌博）等。四月庙会期间，男女老幼多去逛庙，除购物外，多为游乐，观看拉洋片、变戏法、跑马戏、练武功等。

新中国成立后，除保留了传统的形式外，县内逐渐成立了评剧团、皮影社、电影队，定期下乡演出，文化娱乐生活渐丰。下土棋、游小胡已被下象棋、打扑克取代。80年代后，收音机已普及，电视机也走进千家万户，收听广播、收看电视已为人们普遍喜欢的娱乐形式。（以上据1993年《丰润县志》整理）

大城县民间娱乐

旧时，农村平日娱乐活动较贫乏，传统的娱乐活动多集中于庙会和春节期间。

七七事变前，县城或有庙宇的大乡镇都设有庙会，每年春秋两季举办。除了烧香还愿、求医问卜、物资交流外，庙会还是个相当集中的娱乐场所。此间有说书、唱戏、拉洋片、耍猴、变戏法、跑马戏、武术等，还有押宝、摆棋式、套圈、抓彩等具有赌博性质的娱乐活动。

春节期间的娱乐活动更为集中，村剧团、花会演出竞相表演，群众自演自乐，一般从农历正月初六到十五为止。

放鞭炮、烟花也是在春节期间人们喜爱的一种娱乐，在农历正月十四、十五、十六形成高潮，晚上放烟花的场地人山人海，用铸铁容器内装药剂，点燃后喷射出各种颜色的火花，构成各种景象，蔚为壮观。近年的花炮种类繁多，更增添了节日的气氛。

旧时，在平日里除了偶尔有串乡的大鼓艺人说书卖唱，以供农民以欣赏娱乐外，夏季晚上乘凉、冬季围炉取暖，则是老头们讲故事的好时候，常常吸引许多青年。故事粗俗文雅不等，取之一笑。棋类有象棋、围棋、军棋、跳棋等。此类活动多为有文化的人们所爱好，农民在歇畔间隙则以摆坷垃为乐，有走顶、走乱、鳖牛角、二十人打虎等，简便易行。

此外，还有一些儿童的娱乐活动，女孩子喜欢抓子（又称“拾子”）、踢毽子、跳绳、跳房子、跳皮筋、捉迷藏、丢手绢等。男孩子喜欢打瓦、打老鸹窝、打弹球、放风筝等。近年来，台球、门球传到县内，为中老年人所喜爱。

随着社会科学的发展、生活水平的提高，娱乐形式也在不断变化。50年代开始有了矿石收音机，可收听电台广播。60 年代半导体收音机已很普遍。剧团、电影放映队经常巡回下乡演出，农民可以经常看到电影和戏剧。70 年代已有部分户看上了电视和使用了录音机。近几年，彩色电视机和录音机已很普遍，有的人家有了照相机和录像机，电子游戏机出现在县城。（以上据 1995 年《大城县志》整理）

武安市民间娱乐

武民勤劳业务，终年作息田间，无敢休息。唯至旧历正月，新年甫过，农事未兴，居民饱食之余，无所事事，即多寻娱乐。闺中则好为纸牌之戏，每针余无事，即与姊姒宛若共坐一室，斗牌为戏。男子则各寻所好：好赌者则相与同入赌场，或押宝，或斗牌，或掷骰子，穷昼极夜，不以为疲；好武者于广场罗列刀矛，演习刺击，金鼓一鸣，赤臂下场，纠纠桓桓，皆有临阵杀敌之概。商民铺户，则于饭后茶余玩弄丝竹，急管繁弦，亦颇可听。街中则备设戏具供人玩赏，如秋千、木驴、船游、旋床、过梁游、灯山、鳌山等戏。绿女红男，群集嬉游，极歌舞升平之乐。（以上据民国二十九年《武安县志》整理）

第八节　民间花会

阳原县民间花会

高跷　此种娱乐，每岁正月举行。六人至十人成组，足登五尺木橼，上与胫缚，载驰载驱，游行街市，每至人家门首，即做种种表演。既歌且舞，佐以音乐，所扮皆系旧剧人物。此技各村农人皆善之，而以治城城隍庙所组织者为最佳。

抬阁　此种娱乐，亦在正月举行。以木囵铁筋（即以铁制之杠，圆径约二寸），上绑童女（皆十至十四者），扮作旧剧，如宋太祖送妹、断桥、奇双会等，八人抬之，游行街市。有时以高跷为导，以船灯或龙灯殿后（以纸糊一长船或一长龙，分作若干段，每人一段，徐行如船，龙在水者然，中燃烛，晚更美观）；有时各自为政，不相统属。抬阁以揣骨疃为最出名，龙灯以东城为最长大。每届举行，观者途塞，但近亦多年停组矣。（以上据民国二十四年《阳原县志》整理）

蔚县民间花会

蔚县民间社火，历史悠久，种类繁多，它是劳动人民庆丰收、欢度节日和寄托美好愿望的社会性民间娱乐活动形式，俗称“耍红火”。常见的民间社火形式现存二十二种。

灯会 是蔚县传统的自发性民间赛灯活动，一般有挂灯、提灯两种。挂灯是指将内燃蜡烛的花灯悬挂于大街小巷、庙门、户首，从而形成一种自然的赛灯形式。提灯是在春节和元宵节晚上，大人小孩手提花灯集体游街串巷。花灯有花鸟类灯、瓜菜类灯、农作物类灯、建工类灯，还有宫灯、福字灯、河灯、对联灯等。暖泉镇因花灯制作工艺精细、品种繁多被誉为蔚县“花灯之乡”。

摆灯盏 兴起于清代，主要流行于暖泉、桃花、吉家庄、白草窑、宋家庄和柏树等乡镇，活动于元宵节前后。灯盏的制作是用瓷盘或小瓷碗，内放棉捻食油，放置在圆形小薄木板上，外糊筒状彩条即成。灯盏摆置在墙头、井台、窗台为摆灯盏。此外，还有摆灯山、布灯阵，并有平年摆三百六十盏，闰年摆三百九十盏的规定。灯山一般陈设于庙宇、戏楼前，竖起两根木杆，分层横搭数条木板，四周加灯框，形成四米宽、六米高的主体，各层横板陈设灯盏，摆出“天下太平”“人寿年丰”“天官赐富”等吉祥词语，前面再罩上黄纱布。布灯阵又称“九曲黄河灯”。一般设在庙宇旁边或开阔地，按“九曲黄河图”等距设木柱，架起横杆，形成弯曲巷道，各柱安放灯盏，图案可间插一根三十六尺高的木杆，上挂红灯，游者从入口弯曲转入大杆前，表达传统的“抱抱杆，活一千”的美好愿望。

焰火 分简易烟花和架子焰火，在蔚县已有二百多年的历史，主要流行于河川地区。简易烟花指零星点燃的焰火。架子焰火又称“点竿”“响竿”，艺人将多种花炮组合成一个系列装置，通过四方斗、紫金树等支系，利用花炮的不同表现形式，交错有序地燃放半小时至一小时左右，环环紧扣，首尾呼应，场面极为壮观。

树花 又称“打树花”，在蔚县已有几百年历史，流行于暖泉、县城一带，表演形式是将生铁炼成铁水，保持恒温，打花人用长把木勺舀起铁水甩在城墙上，铁花四溅，形成树冠形的火花。

龙灯 俗称“斗活龙”，在蔚县兴起于元朝，流行于平川地区。龙灯长约十二至十三米，用铁丝、竹条、麻纸、纱布、木柄等扎制而成，表演分双人舞和单人舞，套路有“二龙戏珠”“二龙出水”“单龙吐火”“口吐灯联”“双龙叠盘”等，热情奔放，为节日不可缺少的民间娱乐活动。

牛斗虎 民国三十四年蔚县，一名区干部传授于暖泉西古堡村，后又流传于城关、南留庄镇一带。牛斗虎由五人表演，其中二人扮牛，二人扮虎，一人扮牧童。

表演套路有牛吃草、喝水、跪卧、舔毛，虎吃飞食、伸腰、挠腮、掏耳、跳跃、翻、滚等，而后牛虎大战，以虎败结束，寄托了劳动人民对于真善美战胜假恶丑的美好愿望。

背阁　主要流行于暖泉、南留庄、县城、代王城、桃花、白乐等乡镇。将扎好的背架捆在背者背上，并将一小孩捆绑在背架上的脚踏板和腰卡处，装扮成所需角色。上下两层人为一架背阁，一般平年十二架，闰年十三架，在打击乐的伴奏下，下层人按节奏迈方步变换队形，上层人摆动起舞，以悬险、奇妙、美观取胜。

扛阁　流行于蔚州镇一带，道具制作与背阁相同，只是力的支点改在肩上，表演形式近似背阁。

抬阁　流行于白乐、县城等地。道具制作原理与背阁相似。抬阁是四人抬木板，木板上站立几个小孩分别扮饰一出戏里的几个主要角色，并与道具主体组成一个完整的戏剧造型，如“天女散花”“嫦娥奔月”“西游记”等。随着时代发展，现已由机动车代替了人抬，上层人物增加到了十几人。

晃　清代兴起于暖泉镇西场庄村，流行于西部平川地区。晃根据杠杆原理制作而成。表演时，杆稍座板坐一小孩，扮成芝麻官，俗称“坐晃”，十几人推动车轮，同时将晃杆不断压放起伏、左右摆动，坐晃人随杆而舞。近几年，人们将晃杆支点固定在汽车或拖拉机上，提高了升降高度和摆度，减轻了劳动强度。

独杆轿　源于暖泉风水庄村，流行于暖泉、县城、白乐等镇。表演者站在取掉座板的古式太师椅中间，椅子扮成轿状，前面安有稻草扎制的假腿。表演者提起椅轿，身着古代官服，乘兴而舞。

活马　也称“骑马人”，流传于平川与部分丘陵区。活马用白纸裱糊而成，表演的青年男女从中间挎起，一手握缰绳，一手执鞭，随着打击乐碎步颠跑，变换队形。

旱船　兴起于清代，又称“跑旱船”，流行于平川地区。

推车舞　在蔚县兴起于明末清初，流行于平川地区。推车由简易手推车装饰成轿车形，一架推车舞由四至五人表演，分别扮作挎车女子、车夫、帮手、顽童拉绳等，表演套路有起车、晃车、倒车、陷车、单手推车、双手推车等。

跑驴　新中国成立后传入，流行于白乐、西合营、县城等地，道具用竹条、麻纸、铁丝、白麻扎制而成。表演者将装饰好的驴挎起，驴身围着布围，遮住表演者双腿，再在胯两侧安装一条彩裤、着绣鞋的假腿。表演者扮作少女，观其外表，似一少女骑在驴背，另一人扮赶驴男子，与骑驴人化装成一对夫妻。表演套路有上下坡、过河、卧驴、跑走、惊驴、拦驴等，表演风趣幽默。

舞狮 俗称“耍狮子”，在蔚县兴起于明末清初，流行于平川区和少数半山区。表演的套路有“喜鹊登梅”“二龙出水”“回击头”“急急风”等。

老汉背妻 同“猪八戒背媳妇”是一种形式，在蔚县兴起于清代，为社火中最诙谐、幽默的一种形式，主要流行于平川地区和少数半山区。

打架人 亦称“摔跤人”，是由一人背上道具扮作两人来表演的，我拉你推，你踢我绊，生动逼真，活泼可爱，主要流行于东半县的吉家庄、白乐、桃花等地。

大头人 亦称“大头和尚”“大头娃娃”，60 年代从山西省广灵县传入暖泉镇中小堡村，逐步流行于大部分平川区和一些半山区。

高跷 俗称“蹬拐子”，在蔚县兴起于明朝，主要流行于平川地区和少数半山区。过去参加登高跷的只有男性，近几年不少女青年也参加演出。在表演高跷时，往往还演唱一些群众自编的民歌，俗称“高跷调”，演唱题材已取消了过去不健康的内容。

地秧歌 亦称“地蹦子”，是蔚县民间社火活动中群众性较强的一种形式。流行于各个乡镇，表演形式很多，主要流行的有担挑姑娘、提灯人、身披鱼虾蚌道具的舞蹈等，最常见的是“老妈子”和“老王八”两个丑角，表演滑稽风趣逗人。

在蔚县民间社火活动中，灯官是一种特殊的表演形式，流行于川下较大的乡村。灯官又是社火活动中的最高权威者，负责组织筹划社火活动的一切事宜，扮演者大都是当地较有名望的人。灯官的扮装类似于戏剧中县令的形象，坐骑高头大红马，行于社火队之首，因此也称“灯官大老爷”。灯官后面紧跟一班灯吏，身着衙役服，手持“肃静”“回避”堂牌和仗棒。灯官前面有十二名古装美女手持彩绸，扭着秧歌，伴奏乐队在前面开道，烘托“大老爷”的威风。这一古老形式于 50 年代后逐步消失。（以上据 1995 年《蔚县志》整理）

围场县民间花会

光绪二十八年，花会传入。初称皇会，队伍前要抬乾隆画像，最后边抬火神塑像。新中国成立后到“文化大革命”前，每年春节县城举办花会表演，1978 年以后每年正月十五前后以县城为中心大办数日，观众挤满主要街道，为群众最喜爱的文艺形式。

县内流行较广的花会除高跷、小车、旱船、龙灯外，还有满、蒙民族风格迥异的“二贵摔跤”“背哥”等。

高跷　由二十余人组成，多穿得类似戏剧服饰，表演内容穿插戏曲形式，如《刘二姐逛庙》《白蛇传》《西游记》《背娃子进府》《渔家乐》等。表演中一些角色随走随扑蝶、卧龟，伴锣鼓边舞边跳并插些演技，如下岔、背剑、旋风脚、鹞子翻身、跳高桌、跳坡等。场外有大鼓、大锣、大钹伴奏。

龙灯　用布做龙皮，竹木做骨架。由头至尾二十余节，颜色有红、黄、蓝三种。表演时，一人用红球引龙舞动。耍起来，前后翻腾摇头摆尾，上下跳跃，左右回旋，编丈子、走盘肠，形式多样。龙的花样变换，舞的快慢由龙球指引。

小车会　亦称太平车。木制车架外用布绘制，绘有车轮、车棚，一人似坐于车上，实将车套系在表演者腰间，另一人推车。表演时载歌载舞，有推车赶路、上山、过桥等，辅助人物有阔少爷、担行李的、拿夜壶的等，表演内容从生活中来，经艺术夸张，富于喜剧性。

旱船　光绪年间最为流行，城乡均有表演，1978 年恢复后保留原风格。一般演《白蛇传》中的白娘子、青蛇、许仙、法海，穿插戏剧情节，演员表情诙谐、风趣。队形大致有“双插花”“摸鱼儿”“剪子股”“四门斗”“龙摆尾”等。在笙、管、笛、箫的伴奏下演员齐唱，表现庆贺新年和春夏秋冬的词调。

二贵摔跤　由一人表演。道具为连在一起的两个人物模型，装饰成韩昌和杨七郎两个历史人物。演员双手双脚着地背上模型，在锣鼓乐伴奏下，抓滚、下绊，打得不可开交。虽是一人扮演形同二人相争。为满族特有花会。

背哥　由一大人和一个五至七岁儿童表演，大人背着一个特制背架，不外露，儿童站上随大人扭动做戏，配合默契，表演戏剧故事，儿童服装和化妆也随剧中人物各有不同。整个节目融大人的技巧和儿童的天真活泼为一体。

大秧歌　这是把古老的九曲黄河灯部分形式融合于歌舞、大小落子之中形成的独具特色的秧歌。演出时演员手持各式花灯打场，跑出迷魂阵、龙摆尾、卷白菜心、车轱辘阵、里罗城外罗城、挂葫芦等各种队形。下场先由伞头演唱祝词，多是见景生情、唱祝福平安的赞歌。接着再由两个演员演唱，一个包头，一个提唱词，多是《绣灯笼》《蓝桥会》《杨八姐游春》等唱段。

五花鼓　民国初年，山东人潘虎、潘豹四兄妹来围场卖艺时传入，由两男两女表演，手持霸王鞭，穿袍衣袍裤，边奏边舞，舞中伴唱“二十棵树”，词中贯穿各个历史时期的故事传说，表演动作粗犷豪放。为黄土坎乡花会中一档。

此外，还有武会、要中幡等。（以上据 1997 年《围场满族蒙古族自治县志》整理）

宽城县民间花会

该县传统民间舞蹈以地秧歌、寸子、高跷为主，并有旱船、狮子、龙灯和背歌、跑驴、灯官会、小车会等舞蹈形式。新中国成立后，秧歌舞、霸王鞭、服鼓等传入本境，一些小型多样的舞蹈在学校广为流行。50～60 年代，中小学师生于课外跳邀请舞，青年职工跳交谊舞。“文化大革命”时期，跳小型秧歌舞。80 年代以来，城镇青年流行跳迪斯科舞。每逢春节期间，全县各地业余歌舞组织纷纷活动，在清脆优美的唢呐声和节奏鲜明的锣鼓声中，翩翩起舞，以增加节日欢乐气氛。

秧歌　地秧歌是该县普遍性、自强性的民间舞蹈形式。传说，秧歌起源于元末，清代初期流传到宽城境内。每逢年节、庙会，农村文艺爱好者装扮成各种人物形象，手持花扇、彩带等，组成秧歌队（最少二十四人），在大喇叭的伴奏下翩翩起舞。传统节日有以戏曲为内容的小“出子”，如《拾玉镯》《断桥》《金玉奴》等，也有以民间生活为内容的“小出子”，如《锔大缸》《小放牛》等。新中国成立后，有摆字道情，如“天下太平”“人民万岁”等，为宽城西街老艺人于子述所新创。

高跷　高跷比秧歌流入稍晚。演员一半装扮成生角，一半装扮成旦角，扮演十二出戏，多数手舞花扇彩绸，少数手持鱼竿、蝶杆、棒槌、鞭子等。间或做一些技巧表演，如“怀中抱月”“苏秦背剑”“大劈叉”“钓鱼”“扑蝴蝶”“捉蜻蜓”“骑象”等。新中国成立以后，表演加入政治内容，出现工农兵形象，如装扮表演《斗地主》《刘巧儿》《红灯记》等，更为农民喜闻乐见。

旱船　一般由四人分两组化装表演。两人坐船，一扮女性，一扮男性。两人赶船，扮为船翁。多扮演《借伞》《打渔杀家》《傻柱子接媳妇》等戏出。表演时，走圆场，串花样，边走边舞，饶有风趣。新中国成立前，舞旱船不用喇叭吹奏，而用扁鼓、小锣、小钹，以管、笛为主奏乐器，演唱昆曲（昆曲唱腔现已失传）。新中国成立后，以喇叭伴奏跑舞。

龙灯　龙灯用竹、绸扎成龙体状（平年为十二节，闰年为十三节），体内各节点有明灯，体外贴有金色鳞片。十几人装扮成龙腿，以木棒挑龙，使龙在空中舞动。龙头前有一人持绣球引逗。有时两条龙灯同时上下舞动，由一人持球引逗，称“二龙戏珠”。“耍龙灯”只用大鼓、大锣、大钹伴奏，时慢、时紧，时高、时低，以烘托龙的舞动。如在晚上，在远处看龙灯的舞动，犹如空中行龙。

狮子舞　狮子舞多为一对，有时带小狮子。为两人相抱，共披一张五官俱全的“狮子皮”。表演时，“狮”前有一人（武士打扮）持绣球引退，间有技巧表演，故称“狮子滚绣球”。狮子舞动时，只用打击乐伴奏。

背歌　该境宽城镇独有，始于清代，盛行于民国。背歌一般为十二架，每架由青壮的男人顶架，架上由幼女一至三人舞动。一架上下角色扮演一出戏。一架的上顶一人，如《算粮登殿》《借女吊孝》等；两架的上顶两人，如《二度梅》《借伞》等；三架的上顶三人，如《战洪洲》《麒麟送子》等。走场舞动时，用喇叭、管、笙、小鼓，小锣、小钹伴奏，为群众喜闻乐见、常看不厌的民间舞蹈。新中国成立前后，曾于重大节日演出。以后，由于开支较大而停止演出。“文化大革命”中将会馆保管的道具、服装全部毁掉，这一著名的民间舞蹈停止活动三十余年。1990 年 6 月庆祝满族自治县成立时恢复演出。

此外，宽城中街过去有《采茶》，演员手持花篮边舞边唱。演唱昆腔曲调，伴奏以笛、管、笙为主，加扁鼓、小锣、小钹。晚上改用各种花灯，走圆场跑花灯，甚是美观。民国中期，一场火灾毁掉所有道具、服装，从此《采茶》舞蹈消失。（以上据 1990 年《宽城县志》整理）

霸州市民间花会

霸州市花会历史悠久，形式与内容丰富多彩，具有鲜明的地方特色，是活跃人民节日文化生活的一种主要形式。

花会分文会、武会和服务性花会三类，清末和民国年间是其鼎盛时期，全县花会有三十二种一百三十一道之多。各种花会多在冬闲时排练，在年节和庙会期间走乡串街进行义演，给节日增添了斑斓色彩和欢乐气氛。新中国成立后，由于技艺失传和破除封建迷信，有些花会已自行消亡，至今还保留的有高跷、龙灯、狮舞、少林、飞叉、小车等十几种。

少林会　全县有三十八道少林会，仅胜芳镇就有十三道。此会门户繁多，表演各种武术器械和拳脚、对打等武功，表演时用打击乐伴奏，群众很是喜爱。

登云会　也叫高跷会，有“大高跷”“十二乐”之分。演员都扎腿子表演，但化妆角色不同，伴奏乐器和节奏也不一样。

狮子会 用彩绘巨狮两头，二人舞一头，另有一人执球，引导两头狮子表演“滚绣球”“抖毛”和“上高桌”等技艺。有的还有幼狮助舞，生动活泼。

龙灯会 由十几个人共舞一条用布制作的数丈长彩色巨龙，晚上在龙体内点燃蜡烛，上下翻舞，灯火闪烁，故名“龙灯”。

刀山会 在广场上竖一高杆，顶端缚一横木，横木上固定铁圈、彩旗、小秋千等表演用具，表演者要赤脚登上用许多铡刀连缀而成的云梯上去表演，像上刀山一样艰难，故名“刀山会”。

中幡会 用长竹篙制成彩幡，幡顶饰以各种彩旗，表演者用肩、顶、肘、齿舞弄表演，彩幡直立不倒。

飞叉会 简称叉会。演员扮演“五鬼拿刘氏”的迷信节目，表演飞叉，技艺精巧纯熟。也有的只舞飞叉，不化装。

杆会 演员爬上很高的桅杆表演各种惊险技艺，有的还把桅杆绑在大车上在街上边走边演，更加惊险动人。

十锦会 表演顶坛子、耍碗等柔功杂技。

藤牌会 舞藤牌、单刀。

三佛会 表演“油锅抓钱”“手掳火索”“花炮击身”等奇异节目，间有迷信色彩。

皇会 俗称“花子会”，演员众多。此会以康仙庄最有名，出会时几乎全村出动，沿街表演各种节目。据说，这村的“传瓢”节目是别村所没有的。

转游会 为胜芳所独有。表演时，由十几个小孩穿彩衣，在转动的木架上打秋千、耍叶子，嬉戏玩耍。清乾隆帝下江南，曾在胜芳看过此会，大加赞赏，钦赐御匾一块、宫灯两盏，故有“御览转秋千”之称。

挎鼓会 众演员挎鼓数十面，边舞边奏古代鼓乐。胜芳镇的挎鼓会乾隆帝也曾御览，封赠穿蓝长袍、黄马褂，鼓佩黄襻，一时传为佳话。

小秧歌会 也叫“地蹦子”，类似高跷，但演员不登腿子，只舞不唱。

风云会 由众演员扮演梁山泊英雄好汉，宋江怀抱令旗在帅字旗下督队，在街上游行，不舞不唱，也不表演武技。

杠子会 表演攀杠子。

小车会 由三人扮演，一老汉推车，一婆儿拉车，一个娘娘坐车。边走边演，由丝竹乐器伴奏。带“劫杀”内容的还有武打。

焰火会　以燃放花炮、焰火的形式为节日助兴，其节目有“放盒子”“火烧葡萄架”“猴捅马蜂窝”和“炮打襄阳城”等，节目精彩别致，观众人山人海。

音乐会　以管弦乐为主，吹奏古老乐曲。“十番会”也是音乐会的一种，但以打击乐器为主，演奏内容是昆剧各种曲牌。

其他花会还有大头会、点头会、篓子会、碌碡会、冰雹会、火神会、灯会，其形式和内容也各具特色，有的带有迷信色彩，也很吸引观众。

此外，还有属于服务性的花会，如界方会、茶棚会、小孩会、太平会、道奶奶会等，主要是在庙会期间为各会安排演出场地、次序，供应饮水，收容遗失儿童，维持秩序及负责消防等事。（以上据1989年《霸县志》整理）

大城县民间花会

花会是群众喜闻乐见的业余歌舞表演形式。历史上该县有十五种共五十九道。其中“落子”“旱船”“碌碡”“灯官”“秧歌”等花会由于荒于排练，后继无人，因此相继停演，濒于失传。

1978年以后，有些停办的花会又在一些乡村重办或新兴起来。每年上演的花会有“登云”“武高跷”“龙灯”“少林”“狮子”“十二相”“小车会”“竹马”“太平颤”等九种二十六道。

登云会　清同治年间，西子牙河北村请来文安县张么口村教师传授，后又传于大尚屯村后街。此会为“文高跷”，演员二十六人，均登高达一米的木制高跷腿，采用昆曲或民歌小调，演唱戏曲单折或片断。演员按所唱戏段分别装扮成各种角色。已流传下来的戏曲十四出，按走街演出的顺序是：《五更歌》《征东》《子胥过江》《绣荷包》《茉莉花》《四大景》《二姐受气》《织蒲席》《上庙》《学舌》《丁山射雁》《王小赶脚》《出家》《二姐做梦》。乐队使用民族丝竹乐二胡、四胡、笙笛、板鼓伴奏。在出会“踩街”“拜客”时，乐队则以大锣、大鼓、钗铙等打击乐器伴奏。此会以演唱为主，在舞蹈上无高难动作，具有地方色彩。

武高跷　俗称“十二乐”。县内最早表演武高跷的是姚马渡村，从东子牙村学来，后来又传入西空城，再传任前庄。王远头村的武高跷，表演形式、化妆、音乐、舞蹈等基本格局，与姚马渡武高跷同一流派，都是以表演水泊梁山的英雄故事为主。演员一般在十二人左右。领头的扮演武松，带陀头，扎紧身，系大带，手拿两根长约二尺的短棒，表演时击舞两棒，节奏清脆，铿锵有力，还要出多种花样，以棒点或棒花指挥其他演员的行动，如前进、摞场、起舞、休息等。后面的人物有佐子、樵夫、青杆、渔翁、白杆、柴夫以及妈妈和傻小子。其他人物，各村会则按演员的特长选定，不求统一。武高跷以两个演员成对起舞，一般村会都有一两对技艺精湛的演员，专门表演高难度动作，如放叉、连叉、翻跟头、单腿跳、大翻身，等等。在表演中通过腰鼓、手锣打击乐器紧慢结合的伴奏，气氛欢快，节奏紧张，舞姿健美，颇受群众欢迎。

龙灯会　为大尚屯镇南北街和西街的传统花会，从 1980 年以后，重新兴办起来。都是舞九节单龙，另有九人擎灯伴舞，每年正月十五演出。龙体和彩灯翻腾起伏，以大鼓、铙、钹伴舞甚为壮观。

少林会　在把式行武术班基础上兴起的一种花会形式。表演套路沿袭武术规范。每逢传统节日，以鼓、钹列队上街表演，向群众贺年助兴。该会分布在全县八个村庄。

狮子会　大尚屯镇于 1905 年兴办，王屯乡西牛村的狮子会也有较长的历史。表演时前后两人，前面狮头，后面狮尾。原可表演钻圈、窜桌、登高等高难舞蹈动作。因多年工夫荒废，难度较大的动作已无人能够表演。

小车会　用木料做成的小车上排形状，上搭彩篷，篷四檐配以彩绣短帘和线穗，非常艳丽。饰演少妇的演员将小车架束于腰胯，假腿盘坐于车上，车下部用布帘遮住，围布上画出车轮，扭动起来像坐在车上一般。后面是银须老人推车，前面的老妇人拉车，右面是一个年轻和尚时时挑逗少妇，左右是年轻的丫鬟扶车，小车前面有小炉匠、王大娘、白娘子、许仙、青衣、富翁、丑婆、傻小子等。此会踩街主要表演小车舞，演出《锔大缸》《傻柱子拜年》《阔大爷》《武家坡》等剧目。踩街以大鼓、大钹、小钱、小锣伴奏。摞场表演以唢呐、板胡、横笛伴奏。该会分布在全县十六个村庄。

十二相会　里坦镇独有的花会。由十二个演员挎上按十二属相扎成的彩形，穿戴有该属相特色的服装、头盔，配以鼓铙伴奏表演。早年上演时，各属相不但各有唱段，还有各属相之间的成对表演舞蹈、对舞动作和唱词、曲调，均已失传。80 年代后虽又组会上演，但已无原会之特色。

竹马会　早年从山东传入小流漂村，演员由十二人组成，八人扮成骑马人物，四名武功演员扮作马童，以锣鼓伴奏。马形用竹篾扎成，分别用纸或布糊成红、白、黄、青四色。表演时演员将马形束于肩上，按马色分扮成男、女、老、少，各持一条马鞭，边走边舞，马身下部挂同色绸布，遮住演员腿脚。表演有几种步法和花样，并穿插马童的武技表演与对打。入夜，马的头、颈、股都点燃蜡烛，演员的马鞭都改为彩灯。在微光夜晚，甚能吸引观众。

太平颤　俗称“甩会”，是二姑院村流传数代的独有花会。演员六人，扮县官一人，把杠夫四人，道具是一根两丈长的杉杆。前头坐扮县官的十几岁少年，在杉杆距前头的一丈三四尺处捆着一横杆，左右共四人抬着，杉杆后头由一人把尾，用大鼓、铙、钹伴奏表演。走街进行时扮演县官演员，随锣鼓节奏表演摇头晃肩的动作。当表演进入高潮时，把尾杠夫高喊“请老爷高升啦!”众杠夫也随应一声“升啦”，把杠夫猛力下按杉杆后头，同时四个抬杠夫也配合举托原来肩上的杠棍，而使杉杆尖猛然直竖冲天。扮县官演员同时假作吃惊状态，以逗观众一笑。此会每年都与该村“小车会”“清唱会”同演。有时观众即兴提出一些难题让“县官”回答，县官即兴回答，穿插一些插科打诨的讽刺昏官笑料。（以上据1995年《大城县志》整理）

唐县民间花会

相传，该县花会是清初高昌灵源寺一僧人病重，由北放水村善施者医好，僧人无以报答，就将自己的花会、拳术教给村民。以后北放水村不但学会了高跷、地平跷、跑驴、旱船等花会项目，还组织起北放水拳房，民国时非常活跃，每逢春节都应邀到外地演出。新中国成立后，过春节、庆丰收、开大会搞宣传、过庙会都有花会助兴，每年正月县城组织文艺会演，亦为不可缺之项。“文革”中被当成“四旧”禁演，打倒“四人帮”后复活新生，到1990年，该村花会艺人男女老少二百多人，经常演出者六十余人，同时传及庄头、山阳等，但形式、内容基本仍沿旧习。（以上据1999年《唐县志》整理）

沧县民间花会

秧歌　新正，农民暇豫时，好事者聚村童而扮演之。各村相赠送以取乐，非有专业而求值者。其命名之义，有谓南人种稻插秧而歌，是其所由昉也，其或然欤!又谓，因其起于凤阳，故曰“阳歌”。其装扮之制，略如古之社火。大率饰美女装者，或四或六；饰公子装者，或二或四；状若戏剧中之丑角老人一，丑旦一，黑面披发、戴笠持鱼竿者一，曰尉迟敬德钓鱼；又有长袍短褂、皂靴羽缨、持红罗伞者，或二或四；两手各持一箸者，或二或四，状如前清官吏之随从。此其定制也。以外杂角，添减无定规。不伦不类，实无理可解。其演唱之法，先击鼓鸣铙，全班往来，穿插急走，稍定则鱼贯而成一大环，徐步围绕。老人出至场中，高声独歌，歌毕而退。美女及公子出，美女手竹板，公子持乐子（以竹竿长二尺许，每节凿扁孔，孔缀铜钱三四枚，振之作响，名曰“乐子”），男女相间成一小环，且歌且舞，以相调笑。所歌为时曲，率男女相悦之词，鄙俚殊甚。其互相赠送也，先曰以帖至，书某日敬送秧歌一场，某村同拜。受者，至日择广场，旁设几凳，几上置茶点。闻鼓铙声渐近，则年长者三五人出迎于路。歌者下车，排两行，率者前行，长者与率者揖，引入场。长者择壮者十余人，两人各持竿之一端，以栏观者，勿使搀越。演毕，复列两行，长者以果点强置其囊，云酬歌者，送至村外，登车去。率未至而申去。是虽无足观，而亦农家作苦，岁时行乐之一端也。又有高跷者，即宋之踏跷也。其扮演概同，特足下缚木高二尺余，行走为难耳。

竹马 斯亦与秧歌同时而演者也。屈竹象马，粘纸为皮毛，儿童古装跨之，多者数十骑，少者十余。演必以夜，以掩其蹄迹。壮者以长竿挑灯四绕，鼓铙以助势，与马铃银铛之声相和，颇助夜游之兴。《后汉书》：‘郭伋为并州牧，有童儿骑竹马迎之。盖折竹跨之，呼为马耳。”路德延《小儿》诗：“嫩竹骑为马。”是其证。与今所演者迥异。

狮戏 俗名“狮豹”。束竹篾为狮形，粘以纸，染麻披之象其毛，头、足、干、尾分数节，中藏二人，前者立，后者偻，跳跃效狮舞。演必二狮，中立一人，剧装执大火齐，以引二狮，二狮争扑火齐，名曰“狮子滚绣球”。

大头娃娃 粘纸多层，以像人头，空其中，使儿童戴以行，大者如五斗栲栳，次如斗如瓢；粉面、阔口、大耳、巨目，动人骇异。此戏唯见于邑治，乡村未有也。

五虎棍 表演小说宋太祖结义五虎故事。此戏唯拳师率弟子为之，借以炫其技也，平人无演者。

灯棚 《帝京景物略》：“正月十一日至十八日，乡村人缚黍秸做棚，悬杂灯，门径曲诘，藏三四里，入者误不得径，即久迷不出，曰‘九曲黄河灯’。”今灯棚唯做于城坊，地狭而径直，殊不能做此巨观，但所悬纱灯，书画间或出之名手，点缀上元，亦颇引人入胜。

烟火　城关村镇每届上元，烟火之戏颇盛。如缸花、盒子灯、起花牌、文武鞭、三耀明、二起焦灯、花炮、飞鼠、烟龙，不下十余种，恒为京津所无。

灯谜　升平之世，沧邑此风颇盛，几经丧乱，无此逸兴矣。（以上据民国二十二年《沧县志》整理）

武安市民间花会

赛会。扮演诸般杂剧、歌舞酬神，俗谓赛会，亦称“成会”。其剧有高跷、竹马、彩船、武术、秧歌、大鼓书。皆农民自相扮演，且行且歌，举市若狂。北乡最喜为此，酬神报赛岁有举行，虽耗巨费，亦所不计。（以上据民国二十九年《武安县志》整理）

第九节　民间游戏

阳原县游戏

灯谜　此种娱乐，多系士人每于元宵佳节，即备灯谜若干，或悬公众庙社，以便同村士子之猜；或悬自家宗祠，以供同姓晚辈之乐；有时亦仅在家，以示子女。猜中者，奖以文玩小品。

赌博　妇女所赌，十九为叶子戏（即纸牌）；男子所赌，十九为骰子戏（即掷骰子，吊三侯之类）及猜宝（即分一、二、三、四四面，令人猜之；开宝心后，猜一面者，中则赔三倍；猜二面者，中则倍偿）；男妇皆喜之局，即为骨牌戏（有丁骨牌及别杠之分）。近十年来，麻雀牌亦盛输入，然仅政学各界以及富商乐之，尚未普遍焉。民国十五年前，赌风特甚，以此破产者不少，是娱乐而反不乐，故十五年后，当局严禁开赌，然民生凋敝，亦其忽尔而息大原也。

象棋　该县向无围棋，而能象棋者颇众。四十以上之有闲阶级，往往酒后茶余相互对弈于街头庙后，并吸旱烟以为乐，观者亦各参谋一方，习以为常，闲情逸致，人间能有几人耶？（以上据民国二十四年《阳原县志》整理）

围场县游戏

踢毽　不需要规则的场地，可单人踢、双人踢、几个人合伙踢、众人围成一圈踢，踢毽的方法有踢、足奔、盘、顶、拐、剪打、后打、四门斗、颤等，人们在踢毽时一边踢一边说唱：“一个毽踢四瓣，打花鼓卖花线，里踢外拐八仙过海，九十九一百。”接着数一、二、三、四……直到踢不着为止。毽的种类有鸡翎毽、狗尾巴毽、麻线毽、纸片毽、纤维线毽等。毽托用清大钱、铁圈、胶皮中间夹纸片等做成。

打尜　用木棒削成两头尖，中间长十至十二厘米、粗二点五至三厘米的尜和长四十厘米，粗四至五厘米的尜棒。选一平地，画一方形或圆形的疆。由打尜人一脚疆里，一脚疆外用棒击尜身，将尜打飞，另一方去接，如接到尜，打尜的就失败；如接不到，尜落地后，拾起来向疆中抛去，抛入疆内的一小圈内（叫“油锅”），打尜的就失败；抛入疆内的其他地方，打尜者用棒将尜打出疆去，然后用棒磕尜尖使其向远处飞去，根据距“疆”的远近要尺或丈，另一方认可后，拾起继续向疆进攻。如打尜者来将疆中的尜击出疆外，则算失败，换另一方打，以先打满丈者为胜。

抓嘎拉哈　抓嘎拉哈是满族姑娘最喜欢的玩耍之一，似一种坐舞，是腰肢、手腿配合的动作，三五人都可以玩，姿态自然，活动量不大。嘎拉哈是满语，就是猪踝关节上的一块骨骼，学名叫“距骨”。她们把攒积起来的嘎拉哈用红或蓝色染好，用精制的木匣装起来收藏，到游戏时，一人或数人玩耍。玩法很多，如掷珍、抓子、马头等，以多得骨子为优胜。汉族大部分玩羊距骨、猪距骨，称“抓骨头子”。

包笊篱姑娘　玩包笊篱姑娘是满族游戏项目之一，包笊篱姑娘是用一把柳条编的笊篱作胎，用白纸把外面包好，在纸面上画好姑娘脸，涂上肥脂，扎上彩巾，戴上花圈。做好后从族里选一名长得美丽的十三四岁的女童，打扮得花枝招展，双手擎着这个笊篱姑娘，并在小女孩的头上蒙上一块头巾，人们用高粱老酒喷她的头，喷洒时围着她边舞边唱，歌词是：“戴上花、披上彩，笊篱姑娘下山来。啥时来，快快快，扭扭嗒嗒招人爱。”手擎笊篱姑娘的女孩随歌声舞起来，人们欢呼着“笊篱姑娘请来了”。于是，笊篱姑娘向哪边舞，人们就跟着她舞，在歌舞欢笑声中形成热烈的集体群舞。（以上据1997年《围场满族蒙古族自治县志》整理）

卢龙县游戏

扔坑　北半县叫“扔疆”。用铜板一枚，两面覆以方孔钱，然后将铜板砸薄窝回，把孔钱包住后磨光，叫“锞子”。玩时，相距约十米远两端挖小圆坑（直径约二厘米），每人持锞子站一坑向另一坑轮流投掷，锞子距小圆坑最近者为胜，或二人或多人玩，多为青少年。清末民初盛行，今已无。

丢手绢　集体游戏，多为小孩。众人围坐一圆圈，一人持手帕在圈外跑，将手帕偷偷丢至某人背后，若发觉拾起即追丢绢人，追住为胜。若未发觉，被丢绢人绕一圈逮住为败，罚以“唱、舞、说笑话、讲故事”等。

老鹰叼鸡　俗称“拉拉狗”。集体游戏，多为小孩。一人为头，众人扯其后衣襟连接之，此一方为“鸡”，另方一人扮“鹰”。捉鸡时，为头者百般遮拦，阻止“鸡”被“鹰”叼走。叼走时鹰胜，叼不走鹰败。

打抬　三五人所玩之游戏。每人持约一米长木棒一根（叫“抬”），相距二米远之地，各画一疆，众人先抓阄排出序号，一号者站于一疆上，众人之木棒齐排于疆上，一号以其木棒碓所排之木棒，当碓出另一疆外之木棒时为胜，即可得此木棒，依次碓之。今已无。

捉迷藏　俗称“藏猫猫”。可二人或多人玩之。捉者站于明处，众人藏于暗处（或墙角，或柴垛后，或门旮旯等地）。当藏者喊“藏好了”，捉者即可四处寻觅藏者，寻着时为胜。

轱辘砖　亦称“轱辘钱”。可二人或多人玩之。斜靠一砖于小石上，砖前二尺远处挖一小圆坑（直径约二厘米）。玩者依次把铜板沿砖面滚下，谁之铜板距小圆坑最近为胜，滚入圆坑时叫“入眼儿”，可得铜板一枚。今已无。

顶锤　二人或多人玩之。玩时二人将腿弯曲，以手搬着脚，互顶膝部，被顶倒者为败。胜者再依次与另一人顶之。北半县也有把此种游戏叫“顶牛”的。

抓大把儿　多为女孩游戏，二人或多人玩之。以磨光之小石子（或猪、羊跗骨）为子儿。翻手心、手背排出序号，一号者以一子作头，将其扔过头，趁机将地上子抓起，得石子最多者为胜。

跳方格儿　二人或众人玩之。地画方格若干，以花布内装粮粒或小石子缝成小方袋。玩时，一人将小方袋扔于第一方格内，一脚弯起，以另一脚蹦入格内，踢小布袋，依次将各方格蹦踢完，如压疆则为败，然后再把小布袋扔入第二格内，照样蹦踢之，把格儿全部蹦踢完者为胜。

跳皮筋　三人或多人玩之。玩时，二人各牵皮筋一端，一人以脚勾跳，完成各种勾跳动作后，二牵皮筋人，把所扯皮筋高度升一格，再勾跳之，直至一定高度时，没完成规定勾跳动作为败，则另换人勾跳，如此依序进行。多为女孩玩此游戏。

摔派司纸　用废纸折叠成方形纸片，二人或多人玩之，多为男孩。一人把帕纸放在地上，另一人用力摔自己帕纸，以能将地上帕纸掀翻为胜。则可得此帕纸，然后继续摔之。

弹球　亦称“弹琉璃”。二人、众人玩均可。地上挖数个小圆坑，用玻璃球依次弹入各小圆坑者为胜，可得对方一玻璃球。亦有先从固定疆线弹入坑后，再弹击对方玻璃球为胜者。

弹杏核（或桃核）　可二人或众人玩。先将若干杏核泼洒地上，在二核间画一横疆，以能将二核弹撞上为胜，可得杏核一个。弹撞不上，第二人等依次弹撞。

下连儿　地上画大小相套三方框，方框正中以线相连（叫“九连儿”），四角亦用斜线相连（叫“十二连儿”）。玩时各人手执小石子，九连（小连）每人执九子；十二连（大连）每人执十二子，按交叉点三子连成一线为“成连儿”，可吃掉对方一子，剩子多者为胜。

下五虎　随地画五格方形图案，成联有“三斜”“小井”，可吃掉对方一子，四斜、五虎可吃掉对方二子；对角线成联时为“通天”（即五斜），可吃掉对方三子。子过少或无路可走者为败。

跳五虎　画一大套一小米字形方格，玩时于中间纵横交叉点上各码一堆小石子（每堆五个），一人持一大石子（叫“头”）在格上走之，每越过一堆时，吃掉一子，另一人即随之走一步。二人轮流走到把对方憋得无路可走为胜。

上山吃桃　三人玩之。画三套方格，中间画互相垂直线，一端画一小菱形。中有十字。玩时甲为一、四、七，乙为二、五、八，丙为三、六、九。每人手中有三子，三人可随意出子，所出子之和为几，就该谁走（如一、四、七甲走，二、五、八乙走，三、六、九丙走），直奔小菱形一步步走去，先至小菱形内者，为“吃着桃了”，即胜。然后再步步返回，谁先返回原地者为胜。

掷乌龟　地上画一乌龟图，头放三个杏核，爪放二个，尾放一个，心放四个。玩时二人以四个杏核（一面磨得露杏仁，一面不磨）扔掷，如为一露仁者得尾子，二露仁者得爪子，三露仁者得头子，四露仁者得心子，各部位无子时则添之。最后得杏核多者为胜。

顶牛　画一井形方格，二人玩之。每人于两端各摆不同四子，于是轮流沿格走步，当一方有二子顶着对方一子时即吃掉。待一方剩子过少无路可走时为败。

挤卵儿　画一田字格，于上端再画三个小圆圈。甲乙二人各摆三个不同小石子。当一方把另一方三子均挤入小圆圈内时为胜。

挤旮旯　众人排列在墙一边成一队，向一角挤之。挤出者为败。

掰腕子　二人互握正手，手心向内。当把对方手心掰至向上时为胜。

跳绳　二人或众人各执一短绳，轮流将绳绕过头跳之。跳的次数多者为胜。或二人各执长绳之一端，绳抡起众人趁机跳之。

踢毽　二人或众人玩之。方孔铜钱内绑一束鸡毛，轮流踢之，踢的次数多者为胜。亦有以花样多者为俏。

攻仗　俗称“铆仗”。众人分甲乙两方，各站在一沟壑边沿，以砂、小石子和雪球攻击对方。如能从对方俘虏过一人来，为胜。属军事性游戏。有危险性，家长多不让孩子参加。

堆雪人或滚雪球　大雪天后，孩子们以锹铲雪堆起，塑成人状，并涂以口、鼻、眼、耳等。或在地上滚雪球，越滚越大。（以上据1994年《卢龙县志》整理）

沧县游戏

纸鸢　《独醒杂志》谓：“今之风筝，古之纸鸢也。创始于韩淮阴，方是时，陈豨反代，高祖自将征之，淮阴与豨约，从中应，做纸鸢以为期，谋败身戮。而纸鸢之制，今为儿戏。按梁武帝为侯景所围，亦做纸鹞以通外耗。鹞亦鸢类。他鸟飞必鼓翼，鸢则健翮凌风，翼平舒而不动；纸作鸟形，翼不能动，故独以鸢名。今之制，形类繁多，不胜枚举，或缚以小弓，风动弦鸣，声类弹筝，故又名风筝。”近今所制之软翅鹰，最肖实状，行人往往误为真鸢。

瓜灯　以西瓜腰剖之，刳食其瓤，置灯于半壳，放之陂塘，上红下碧，荡漾动目。或镂壳做鬼脸状，行人几疑为水鬼夜游。

龙舟　邑治西临卫河，端阳节候，龙舟竞渡。每舟设人三五，革衣绘彩，蹲舷若兽，呼为水兽。倾城士女，夹岸而观。雄黄搅酒，贮坛皮封，争掷波心，各舟水兽，急没探取。两岸欢噪，声闻数里。此清初沧江最盛之时，乾嘉而后，繁华消歇矣。

赛马　清光绪二十五年，治北水月寺曾开赛马之场，兼及驴、骡，骏骑雕鞍，有来自三百里外者，颇极一时之盛，然一举而不复继矣。

花会　城南二里河曲之南，有村曰佟家花园，村民百户，有田二百亩。八亩之家，即为首富，盖村人以种花为业，以供全境富室赏玩。其人美衣鲜食，较树谷为逸乐。夫以蕞尔之邑，而豢百家之花户，其俗不谓不奢，然足觇县人之充裕也。郑燮咏扬州诗云："十里栽花当种田。"此虽不足以媲之，然亦近似矣。每届六月二十四日，则有所谓花会者，延僧道唪经，以赛花神，各陈其奇葩异种，盆列成行，邑中士女，结队游赏，亦盛事也。秋日复有赛菊之会。

斗蟀　斗蟀之风，学童、雅士多好为之。每当秋夜，吟声四起，水涯草际，恒见灯光隐现，则知捕蟀者出矣。夫废学失时，不辞劳瘁，必其勇酣奋斗之状，振翅奏凯之声，大有以偿其劳者。近三十年来，邑城设有斗盆，俨然赌场，地痞纨绔，孤注千百，雅风扫地矣。

豢鸟　豢鹦鹉、鸲鸽者不恒有，最多者为画眉、啊啦、红脖，豢鸽者亦多。桑扈衔珠之戏，清末极盛，今不多见。

敲诗　择不经见之诗句，书于条纸，空其一字，下书五字，一为原字，余四为配字，阅者于五字中推敲，何者为原字，中则赢，不中则输，是亦诗钟之类也。沧中有此，不过五十年。科举时代，每值试期，则诗摊弥望，今则腊尽春初，设者仍多。

奕棋　围棋，邑中习者不多，亦未闻有名手。象棋，则到处有之。下至牧竖，亦恒以消日。三国棋、满洲棋，间有戏者，新出之海、陆、军战棋，学生戏之。

气灯　以秫或苇束扎成笼，高如人，围合抱，糊以纸，中燃蜡，复以烟熏于其下；迨烟满笼，体轻于空气，乃上腾数十丈，远望如火球，蜡尽烟消，徐徐自坠。

击壤　周处《风土记》曰："击壤以木为之，前广后锐，长尺三寸，其形如履，先侧一壤于地，遥于三十四步，以手中壤击之，中者为上。"王深宁曰："古儿童所戏之器，非土壤也。"今乡里儿童，每届冬令，此戏极盛，名曰"打台（上声）"。其物但折枝为之，不作履形，虽以木击，而击处必着地，故以击壤为名。

手影　闺中妇女，尝以手指、拳伸缩之变化，映烛照壁，做人、马、兔、豕各影，以引儿童之笑乐，有极生动逼肖者。

线戏　斯亦闺中妇女所戏也。戏必二人，以彩缕长七八尺，两端相结，用左右手之拇指、食指架之，使之往复回络，穿插相交，做成有规格之花纹；其他一人，亦用食指、无名指翻而架之，其纹又变。二人屡翻屡变，其纹层出不穷。

拾子　乡村小女子，检瓷瓦碎砺，稍磨治为圆形，大如枇杷之核，其数用五，列置床笫，指捻掷空，或承以掌心，或承以掌背，或夹以指缝，五子腾起错落，在空者、在手者、在床者，变幻迷离，百端其势。啭喉细讴，以唱其手法，声之缓急，随手之势。偶有错落，则停指以让他人。斯非十三龄以下之女子不能为，盖其指柔而疾也。

儿童杂戏　乡里儿童，冬季闲暇，群聚而为种种之杂戏。如打顺、跑城、猜破车、打瞎、盲猴把竿、捉迷藏、狮子滚绣球、老牛驼干菜、溜冰、泅泳（此戏夏日为之）、撞钟、投屦及画地为格之种种村棋，名目繁多，不胜缕记。其最有技艺兴味，且可锻炼身、目、手、足之灵活者，唯打瓦一戏。（以上据民国二十二年《沧县志》整理）

临城县游戏

临城县流行的棋类，除了传统的象棋、军棋、跳棋、围棋外，还有田间地头即可对弈的四子棋、五子棋、下六儿、走憋死牛、狼吃羊、老虎吃羊、进北京、鸡毛蒜皮等。现择其常见的介绍如下。

下六儿　棋盘内横竖六条线交叉成二十五个方格。棋子可用土块或石子代替，二人对局。开棋时，双方轮流将棋子任意摆放在棋盘中的横竖交叉点上。如果一方将四个子摆成“□”形，叫“方”，将六个子摆在一条线上，叫“六儿”。成“方”或成“六”后，就可以将自己额外的一子放在对方任意一颗子上，称“炸子”。双方在棋盘上布满子后，便将“炸子”拿掉，如果棋盘上没有“炸子”，双方可以从棋盘上拿掉对方任何一个关键子，然后开始走棋。横、直走均可，但只能沿线走一步，使自己的子成“方”或成“六儿”。成“方”后，可从棋盘上拿掉对方一个子；成“六儿”后，可拿掉对方两个子；最后以剩子多者为胜。

走憋死牛　棋盘为‘区”字形，在无边的一侧画一圆圈代表井。每人两子，一次走一子。不能走子的一方即被“憋死”。先走子者，第一着不准将对方“憋死”。

狼吃羊　两人对局。一人持小子十枚为“羊”，一人持大子一枚为狼，两人轮流走子，羊千方百计围狼，狼如能跳过一枚小子即可拿掉此枚子，叫“吃羊”。最后，如果小子能把大子围得无步可走即“羊”赢，如大子把小子吃得无力围狼即“狼”赢。（以上据1996年《临城县志》整理）

第十节　民间体育

武安市民间体育

城乡壮健青年尚拳术，于村中自组拳班，演习枪棒，俗称为“武少林”。暇即

聚集广场，击刺为戏。（以上据民国二十九年《武安县志》整理）

临城县民间体育

梅花拳 县内主要拳种之一。义和团运动失败后，一位曹姓师傅从霸县（今霸州市）一路教拳到内丘，传给郑姓师傅，后传入县内。主要分布在鸭鸽营、郝庄、营等、石城一带。此拳种多次在地区级比赛中获得好名次，主要器械有刀、枪、剑、戟、护手钩、叉、棍、双锏、鹿手钩、日月风火轮、三节棍、单骑枪、骑枪、大杆、九节鞭等二十余种。

八卦拳 主要分布在县内东镇、鸭鸽营一带，器械有刀、枪、剑、叉、棍、三节棍、绳鞭、九节鞭、双刀、大杆等二十余种。20 世纪 20 年代，东羊泉人何文成、北高村人姜老五都曾拜内丘县两旁村郑金文学拳，成为著名拳师。1945 年，何文成曾获地区武术单、双刀第一名。

二郎拳 流传于鸭鸽营一带，是由霸王李（李茂春）传给高城穆风明，后传于鸭鸽营王保善、王付合的。王付合曾参加八路军武术训练，担任教练员。

形意拳 分布于营等一带，由山东济南府党家庄的杨凯义、杨德义传入县内。

黑虎拳 分布于西竖一带。（以上据 1996 年《临城县志》整理）